Thomas Brandlmeier
Kameraautoren – Technik und Ästhetik

Es werde Licht!
(Genesis)

Thomas Brandlmeier

Kameraautoren
Technik und Ästhetik

Bibliografische Information der Deutschen Nationalbibliothek
Die Deutsche Nationalbibliothek verzeichnet diese Publikation in der Deutschen Nationalbibliografie; detaillierte bibliografische Daten sind im Internet über http://dnb.d-nb.de abrufbar.

Band 6 der Edition «film-dienst»

Bisher erschienen sind:
Bd. 1 Margarete Wach: «Krzystof Kieslowski»
Bd. 2 Helmut G. Asper: «Etwas Besseres als den Tod ... Filmexil in Hollywood»
Bd. 3 Franz Everschor: «Brennpunkt Hollywood»
Bd. 4 Susanne Marschall: «Farbe im Kino»
Bd. 5 Felicitas Kleiner: «Scheherazade im Kino»

Abbildungsnachweis:
Alpines Museum, München (1); Archiv Cinegraph (20); Archiv Hochschule für Fernsehen und Film, München (24); ARRI (3); Film-Dienst (452); Filmmuseum, München (8); Film & TV-Kameramann (1); Deutsche Kinemathek, Berlin (30); Deutsches Museum, München (6); Sammlung Ammon (6); Sammlung Fromm (1); Sammlung Tauber (13)
Nicht in allen Fällen konnten die Rechte geklärt werden. Berechtigte Ansprüche bitten wir dem Verlag zu melden.

Schüren Verlag GmbH
Universitätsstr. 55 · D-35037 Marburg
www.schueren-verlag.de
© Schüren Verlag 2008
Alle Rechte vorbehalten
Gestaltung: Erik Schüßler
Gestaltung Umschlag: Wolfgang Diemer, Köln unter Verwendung eines Fotos von Alain Venisse (Dreharbeiten zu LA FEMME D'À CÔTÉ [Truffaut, 1981])
Druck: Printer Trento
Printed in Italy
ISBN 978-3-89472-486-3

Inhalt

Dank	7
Geleitwort von Jost Vacano, bvk/ASC	9
Einleitung	11
Technik I. Die Geburt des Kinos aus dem Geist der Technik	24
Technik II. Ein kurzer historischer Überblick	30
Deutscher Kamerastil bis 1933	41
Der letzte Mann und die entfesselte Kamera	57
Varieté und das moderne Sehen	72
Die britische Kameraschule	83
Europäische Emigranten und der visuelle Stil des film noir	97
Farbe im Kino	103
Kameraleute	
Henri Alekan	117
Néstor Almendros	125
John Alton	135
Lucian Ballard	144
Michael Ballhaus	150
Billy Bitzer	160
William H. Clothier	167
Stanley Cortez	173
Curt Courant	181
Raoul Coutard	187
Jordan Cronenweth	196
William H. Daniels	201

Henri Decaë	208
Gianni Di Venanzo	213
Hans Ertl	221
Gabriel Figueroa	229
Karl Freund	237
Lee Garmes	250
Conrad L. Hall	257
Carl Hoffmann	263
James Wong Howe	270
Boris Kaufman	280
Georg Krause	287
William Lubtchansky	293
Rudolph Maté	299
Christian Matras	304
Russell Metty	310
Kazuo Miyagawa	318
Bruno Mondi	324
Sven Nykvist	331
Günther Rittau	338
Giuseppe Rotunno	345
Eugen Schüfftan	353
Guido Seeber	362
Vittorio Storaro	370
Eduard Tissé	380
Gregg Toland	391
Rollie Totheroh	398
Jost Vacano	407
Sacha Vierny	416
Fritz Arno Wagner	425
Haskell Wexler	434
Gordon Willis	443
Freddie Young	449
Vilmos Zsigmond	457

Fachbegriffe
(zusammengestellt von Rüdiger Laske, bvk)   468

Literaturauswahl   500

Personenregister   504

Dank

Dieses Buch ist gefördert vom Kulturwerk der VG Bild-Kunst GmbH, Bonn. Ohne diesen großzügigen Druckkostenbeitrag, wäre es noch lange in diversen Schubladen gelegen. Einige Texte sind Überarbeitungen von Texten aus dem CINEGRAPH, der edition text+kritik und den Zeitschriften FILM-DIENST und epd-FILM. Helga Belach, Gabriele Jatho und Kerstin Stutterheim danke ich für Recherchen in Berliner Archiven. Besonderer Dank gilt Rüdiger Laske, bvk, der das Manuskript mit großer Geduld gegengelesen hat und die Fachbegriffe im Anhang als nützliches kleines Lexikon gestaltet hat. Die Firma ARRI hat das Projekt in einer schwierigen Phase hilfreich unterstützt. Der bvk (Bundesverbank Kamera), Michael Neubauer, hat verschiedentlich geholfen. Zu danken ist auch dem Sammler Helmut Ammon und seinem Kino Museum München. Schließlich ist noch die selbstlose Unterstützung einer Reihe von Archiven zu nennen: Filmmuseum München, Stefan Drößler und Gerhard Ullmann, Friedrich Wilhelm Murnau-Stiftung, Friedemann Beyer und Gudrun Weiss, Hochschule für Fernsehen und Film, Peter Heinrich und Fritz Tauber, Cinegraph, Hans-Michael Bock und Johannes Roschlau, Deutsches Museum, Wilhelm Füßl, Deutsche Kinemathek, Werner Sudendorf und Peter Latta, Alpines Museum, Sebastian Lindmeyr, Sammlung Gerhard Fromm, Redaktion ‹Film & TV-Kameramann›, Philipp von Lucke. Und alle die, die ich jetzt übersehen habe.

Thomas Brandlmeier

Geleitwort

Ohne Bilder ist alles nur Hörspiel

Kameraautoren – ein umstrittener Begriff, mit dem sich das vorliegende Buch befasst. Natürlich sind die Autoren der Bilder auch ihre Urheber, und bei dieser Frage nach der Autorenschaft von Kameraleuten geht es leider immer auch um Geld. Sparen ist erste Produzentenpflicht, also weg mit dem ‹Autor›, ‹Kameramann› muss reichen. Die Arbeit mit einer komplizierten Technik zeige ja sowieso, dass sie vorrangig Techniker seien. Außerdem wisse doch der Regisseur angeblich immer genau, was er wolle, gebe präzise Anweisungen und habe überhaupt immer das ‹letzte Wort›!? Die Produzenten behaupten das gerne, denn von Technikern braucht man keine Rechte zu erwerben.

Kameraautoren – auch die Regisseure lieben dieses Alleinstellungsmerkmal ‹Ein Film von …› und zeigen sich bevorzugt dann hinter der Kamera, wenn die Presse auftaucht. Und in den Kritiken werden die ‹starken Bilder› und das ‹wundervolle Licht› dann natürlich dem Regisseur zugeschrieben. Ist es mangelndes Selbstbewusstsein, dass einige Kameraleute da willig Platz machen, oder gar erklären, dass sie nur die Visionen ihres Regisseurs verwirklichen? Die Einen stehen im Licht, die Anderen sieht man nicht – oder trauen sie sich nicht?

Kameraautoren – in der Drehpraxis ist das völlig anders, da wären die Regisseure ohne ‹ihren› Bildgestalter verloren. Der Regisseur ist für die Szene vor der Kamera verantwortlich, für die Szenenauflösung meist beide gemeinsam und für die Bilder und das Licht, also für die gesamte Fotografie, der Kameramensch alleine. Außer ihm kann das sonst auch niemand. Aber was ist mit den angeblichen präzisen Anweisungen der Regie, dem ‹letzten Wort›? Falls es so etwas in der Praxis überhaupt jemals gäbe, wessen Handschrift würden die Bilder des Filmes dann zeigen? Vielleicht hilft hier ein Vergleich mit der Bildenden Kunst.

Viele Werke der Kunstgeschichte waren *Auftragswerke*. Hier als modellhaftes Beispiel der Portraitauftrag eines Fürsten für seine Ahnengalerie:

Zunächst wird der Fürst einen ihm stilistisch zusagenden Maler beauftragen, um damit die Ästhetik des Bildes schon etwas vorzubestimmen. Dieser Maler wird dann seine Arbeit beginnen, weisungsgebunden an die detaillierten Vorgaben des Fürsten.

Zuerst *Genre* und *Inhalt* des Bildes (Portrait der neuen Fürstin), dann *Größe*, *Perspektive*, *Hintergrund*, *Lichteinfall*, *Farbgebung* und *Malstil* (jeweils passend zu den bereits vorhandenen Bildern der Galerie). Der Fürst übt weiterhin *Kontrolle* über Fortgang und *Qualität* des Bildes aus, fordert *Korrekturen* (die Nase sei zu groß) und behält die letzte *Entscheidung*, ob dieses Bild, trotz möglicher handwerklicher *Fehler* (die Nase ist jetzt zu klein) überhaupt in die Ahnengalerie aufgenommen wird.

In diesem Modellbeispiel einer Auftragsarbeit sind also in extremer Form alle nur denkbaren Weisungen, Vorgaben, Kontrollen, Korrekturen und sonstigen Einschränkungen der gestalterischen Freiheit des Malers gegeben, wie sie zum Beweis einer angeblichen Nichtexistenz von Rechten der Kameraleute oft angeführt werden. Trotzdem ist der Maler der Urheber dieses Bildes und nicht etwa der Fürst, niemand würde das in Frage stellen. Mit welcher Begründung aber sollte dies bei Filmwerken anders sein?

Ist Oskar Niemeyer deswegen nur ein ‹Techniker›, weil er die Gesetze der Statik souverän anwendet, um seine berühmten Bauwerke zu schaffen? Oder ist Jean Tinguely deshalb ein Handwerker, nur weil das Schweißen die technische Grundlage seiner Metallplastiken ist?

Besser kann man die zahlreichen Argumente zur Ablehnung eines Urheberrechts der Kameraleute wohl kaum ad absurdum führen. Dieses Buch leistet einen wichtigen Beitrag dazu.

Jost Vacano, ASC / bvk

Einleitung

> Das Licht sagt: Ich bin, und die Formen und Farben werden nur sein durch mich.
>
> *Adolphe Appia*

In diesem Buch geht es um das Verhältnis von gestalterischen Konzeptionen in der Filmgeschichte und deren technischer Umsetzung. An der entscheidenden Schnittstelle befindet sich die Kamera. Der Kameramann, inzwischen auch die Kamerafrau, muss hier technische Mittel und ästhetische Anforderungen zusammenbringen. Dieser technikästhetische Aspekt der Filmgeschichte ist bislang noch wenig erforscht; hier sollen einige Lücken gefüllt werden.

Es geht aber auch um den künstlerischen Anteil der Kameraarbeit am Film. Es steht außer Zweifel, dass die Filmregie die übergeordnete Funktion ist, wo alle Fäden zusammenlaufen. Kameraleute, auf ihr Verhältnis zur Regie befragt, erklären – von wenigen Ausnahmen abgesehen – eigentlich immer, dass sie sich in einer unterstützenden Rolle sehen; das Ziel sollte immer sein, der Regie und dem Stoff gerecht zu werden. Erst auf Nachfrage hin, räumen Kameraleute ein, dass sie auch so etwas wie einen wieder erkennbaren Stil haben. Und hier wird die Sache interessant. Die Autorentheorie besagt, dass es jenseits der industriellen Zwänge Regisseure gibt, die einen so eigenen Stil haben, dass man sie wie etwa die Autoren der Literaturgeschichte an einem definierten Corpus festmachen kann. Kurz gesagt, gibt es auch so etwas wie Kameraautoren? Ich habe diesen Begriff 1976 das erste Mal geprägt für eine Artikelserie, die 1977 im *Film- und Ton-Magazin* erschienen ist. Natürlich mit all den Einschränkungen, die sich aus der Position der Kameraarbeit in der Arbeitsteilung der Filmproduktion ergeben. Neben der Regie gibt es ja auch andere wichtige kreative Bereiche, deren Funktion als eigenständiger Beitrag gewürdigt werden kann. Das ist sicherlich der Drehbuchautor, aber auch der Filmschnitt, Bauten und Kostüme oder die Filmmusik. So zentral die Rolle der Regie ist, muss trotzdem festgehalten werden, dass das Gesamtkunstwerk Film eine kollektive Leistung darstellt. Aus guten Gründen legt der bvk (Bundesverband Kamera) Wert auf Begriffe wie Bildautor, wenn es um Fragen des Urheberrechts geht, und die präzisere Benennung der Tätigkeit mit Bildgestaltung statt dem etwas altfränkischen Wort Kameraarbeit.

Was zunächst auffällt, ist der enge Zusammenhang vieler bedeutender Regisseure mit bestimmten Kameraleuten, die wesentliche Teile ihres Werks gestaltet haben. Ingmar Bergman und Sven Nykvist, Friedrich Wilhelm Murnau und Karl Freund/Carl Hoff-

1 Dreharbeiten in Berlin um 1900; Kamera nicht identifiziert

2 Stummfilm um 1920 im Film: LE SILENCE EST D'OR (René Clair, 1946); Kamera vermutlich ein Vorläufer der Debrie um 1900

3 Das Messter-Atelier in Berlin um 1907

Einleitung

4 Dreharbeiten zu Four Feathers (Ernest Schoedsack und Meriam Cooper, 1928) mit verschiedenen Mitchell-Kameras

5 Dreharbeiten zu Goldrush (Charles Chaplin, 1925) mit Mitchell-Standard-Kameras

6 Dreharbeiten zu Der Totentanz (Urban Gad, 1912) mit Guido Seeber an einer Messter-Kamera

7 Dreharbeiten zu Daddy-Long-Legs (Marshall Neilan, 1919), rechts eine Pathé-Kamera, links eine Bell&Howell-Kamera

mann, David Wark Griffith und Billy Bitzer, Charles Chaplin und Rollie Totheroh, Alfred Hitchcock und Cox/Knowles/Burks, Federico Fellini und Martelli/Di Venanzo/Rotunno, David Lean und Freddie Young, Sergej Eisenstein und Eduard Tissé, G. W. Pabst und Fritz Arno Wagner, Jean-Luc Godard und Raoul Coutard, Greenaway/Resnais und Sacha Vierny, Bertolucci/Coppola/Saura und Vittorio Storaro, Eric Rohmer und Néstor Almendros, Martin Scorsese und Michael Ballhaus, Paul Verhoeven und Jost Vacano, Max Ophüls und Eugen Schüfftan, Coppola/Allen und Gordon Willis, Michelangelo Antonioni und Gianni Di Venanzo, Emilio Fernández und Gabriel Figueroa, Vigo/Kazan/Lumet und Boris Kaufman, Straub/Huillet/Iosseliani/Rivette und William Lubtchansky, Kenji Mizoguchi und Kazuo Miyagawa, Douglas Sirk und Weihmayr/Metty/Schüfftan, Patrice Leconte und Eduardo Serra, Wolfgang Staudte und Friedl Behn-Grund, Alexander Mitta und Sergej Urusevskij, Zanussi/Kieslowski und Slawomir Idziak, Tom Tykwer und Frank Griebe, Claude Chabrol und Jean Rabier, Wong Kar-wai und Christopher Doyle, Rainer Fassbinder und Lohmann/Ballhaus, Bernard Tavernier und Pierre-William Glenn, Werner Herzog und Mauch/Schmidt-Reitwein, Jean Renoir und Claude Renoir, Frank Capra und Joseph Walker, Oliver Stone und Robert Richardson, Clint Eastwood und Jack Green. Die Reihe ließe sich beliebig fortsetzen. Partnerschaft kann dabei bis zur Mittäterschaft gehen: Veit Harlan und Bruno Mondi. Auch dieser Aspekt soll in diesem Buch nicht verschwiegen werden.

Gute Regisseure wissen, was sie an einem Kameramann haben, der zu ihnen passt. Umgekehrt ist es ein Desaster für beide Seiten. Sind Kameraleute deswegen verkappte Regisseure? Nein. Es kommt immer wieder vor, dass Kameraleute den Sprung zur Regie machen, genauso wie Drehbuchautoren, Schauspieler, Produzenten, Filmarchitekten und andere Filmleute. Das geht nicht immer gut. Aber es gibt auch überzeugende Fälle wie Maté, Fleming, Stevens, Cardiff, Freund, Roeg, Schilling, Troell, Wexler, Schwarzenberger, Menges oder Porter. Edwin S. Porter ist ein gutes Beispiel dafür, wie am Anfang der Filmgeschichte alles in einer Person vereinigt war. LIFE OF AN AMERICAN FIREMAN (1903) ist zweifelsohne in der Geschichte der visuellen Sprache ein Meilenstein: Regie, Kamera, Drehbuch, Produktion sind von Porter. Bauten, Schnitt, Darsteller waren oft auch Funktionen der frühen Kameramänner. Die Arbeitsteilung musste erst noch erfunden werden.

Trotzdem ist eine gute Kameraarbeit immer noch eine übergreifende Funktion. Es beginnt mit der visuellen Entwicklung des Drehbuchs, dem künstlerischen Konzept bevor noch die erste Klappe fällt; dazu kommt die Vorauswahl von Drehorten, von Technik und vielem mehr. Bei den Dreharbeiten muss der Kameramann fähig sein, auf Schauspieler und andere Unwägbarkeiten schnell und sensibel zu reagieren. Mit seiner visuellen Organisation des Materials (visual continuity) greift er dem Schnitt vor bzw. ermöglicht überhaupt erst ein gutes Editing. Er muss beim Drehen, genauso wie der Regisseur, den späteren Schnitt mitdenken. Und mit der letzten Klappe ist seine Arbeit nicht beendet. Die Nullkopie (answer print) muss im Labor mit seiner Hilfe bearbeitet werden: Lichtausgleich, Farbausgleich, Dichtigkeit, Spezialverfahren u. a. m.

Die klassische Arbeitsteilung zwischen Regie und Kamera ist die von Schauspielerführung einerseits und Bild- und Lichtregie andererseits. Es gibt Regisseure, die sich nur um die Schauspieler kümmern und die Aufnahme ganz dem Kameramann überlassen. Und es gibt Regisseure, die beständig durch die Kamera schauen. Orson Welles hat am ersten Drehtag von CITIZEN KANE angefangen die Scheinwerfer aufzubauen und durch die Kamera zu schauen, bis ihm Gregg Toland sagte, dass das üblicherweise die Aufgabe des Kameramanns ist. Ein Kameramann erwartet von einer guten Partnerschaft in aller Regel, dass der Regisseur etwas von seiner Arbeit versteht, ihm visuelle Vorgaben gibt und ihn dann aber in Ruhe arbeiten lässt. Wenn es zwischen Regisseur und Kameramann knirscht, wird in aller Regel der Kameramann ausgetauscht. Aber auch wenn es sonst Probleme gibt, ist der Kameramann ein beliebter Sündenbock. Der Austausch des Kameramanns ist ein Akt von hoher symbolischer Bedeutung, ohne dass teurere Funktionen wie Regie oder executive producer beschädigt werden. Selbst die besten Kameraleute haben in ihrer Laufbahn diese Erfahrung gemacht.

Im internationalen Vergleich ist der Grad der Arbeitsteilung und die Tätigkeit des Kameramanns sehr unterschiedlich. Bei kleinen Produktionen macht der Kameramann alles selbst, ein Kameraassistent ist da schon ein Luxus. Bei besseren Produktionen gilt als Standard, dass der Kameramann ein kleines Team hat. Bei Großproduktionen sitzt der Kameramann neben dem Regisseur. International heißt er director of photography, kurz DOP. Die Kamera wird von einem Operator bedient, der vom ersten und zweiten Assistent unterstützt wird; bevor es die technisch aufwändigeren Funktionen wie Videoausspielung, Monitoraufstellung etc. gab, hießen diese Funktionen auch focus puller und Kassettenwechsler. Eine ganze Truppe von Elektrikern und Beleuchtern baut das Licht nach Vorgabe des DOP auf, und eine Truppe von Technikern löst vor Ort die Bewegungsprobleme der Kamera. Meist sind es mehrere Kameras. Dies gilt vor allem für den Hollywood-Standard. Mancher europäische Kameramann hat damit sein Problem: Ein ‹Handwerker› soll plötzlich eine industrielle Produktion leiten. Das physische Empfinden, der körperliche Kontakt geht verloren. Sterilität ist die ästhetische Gefahr der Großproduktionen. Ein bescheidener Ersatz ist der video assist, der in den 1980er Jahren aufkam, eine Ausspielung des aktuellen Kamerabildes auf einen kleinen Videoschirm für Regisseur und DOP. Seit der pilzartigen Vermehrung dieser Videoschirme, ist das Verfahren sehr umstritten: Jeder, der am Set etwas zu sagen hat, schaut in seinen eigenen Videoschirm und mischt sich in die Arbeit des DOP ein. Es gibt auch sehr unterschiedliche Schwerpunkte in der Arbeit des Chefkameramanns. In England ist sie ganz stark auf die Lichtsetzung ausgerichtet, in Japan ganz stark auf die Arbeit an der Kamera; in England ist der lighting cameraman der Chefkameramann, in Japan ist dieser dem director of photography zugeordnet, der sich primär um die Kamera und das Kamerateam kümmert.

8 Tonfilm im Tonfilm: Der Schuss Im Tonfilmatelier (Alfred Zeisler, 1930) mit der Debrie Parvo L

9 Dreharbeiten zu Mad Love (Karl Freund, 1935) mit Gregg Toland neben der Mitchell BNC-Kamera

10 *links* Dreharbeiten zu The Paradine Case (Alfred Hitchcock, 1948) mit Mitchell BNCR-Kameras

11 *rechts* Dreharbeiten zu Citizen Kane (Orson Welles, 1941) mit Gregg Toland neben der Mitchell BNCR-Kamera

12 Dreharbeiten zu This Is The Army (Michael Curtiz, 1943)

Die Kameraleute, die hier vorgestellt werden, haben auf ganz unterschiedlichen Produktionsniveaus gearbeitet. Aber jeder von ihnen verdient den Namen Kameraautor im Sinne eines Coautors. Sie haben mit ihrem persönlichen visuellen Stil Filme bereichert und teilweise sogar geprägt. Sie haben aus den virtuell unendlichen Möglichkeiten von Licht und Schatten, von Schwarz-Weiß und Farbe, von Schärfe und Unschärfe, von Cadrage und Bewegung ihre persönliche Wahl getroffen. Sie waren dabei Hebammen nie gesehener Bilder und manchmal auch von Schauspielern und Regisseuren. Die meisten von ihnen sind in der Filmgeschichte unterschätzt oder vergessen. Es gibt nicht nur eine Filmgeschichte der Regisseure, sondern auch eine der Kameraleute. Graatkjær, Freund, Toland, Figueroa zum Beispiel. Das ist eine Reihe von Lehrern und Schülern, die von den skandinavischen Fjorden zu den mexikanischen Gebirgen, vom expressiven Bild zum film noir reicht.

Natürlich kann man sich über die hier getroffene Auswahl von Personen trefflich streiten. Es gibt vieles, das mir selbst noch vorschwebt, und der Bedarf, einen zweiten Band zu schreiben, besteht sicherlich. An dieser Stelle sei auch beklagt, dass dieses Buch sehr vom westlichen Filmmarkt abhängt und z.B. kein Afrikaner oder Inder vorkommt; auch die osteuropäische Kameraschule kommt zu kurz. Und keine Kameraautorin. Seit Beginn der Filmgeschichte gibt es vereinzelt immer wieder Kamerafrauen, aber selbst heute ist der Anteil noch bescheiden. Immerhin gibt es bereits ein Buch über Kamerafrauen von Alexis Krasilovsky (Women Behind the Camera. London 1997). In den USA gab es z.B. zwischen 1913 und 1920 nachweislich drei Kamerafrauen: Dorothy Dunn, Grace Davison und Margaret Ordway. Am Anfang der Filmgeschichte war die Kamera ganz klar auch ein patriarchales Terrain. Die deutsche Filmgroteske EIN HOCH DER KINOKUNST (Fragment von ca. 1910) handelt davon, dass eine Kamerafrau von ihren männlichen Kollegen brutal aus dem Geschäft gedrängt wird.

Kameraleute brauchen für ihre Arbeit technisches Gerät. Seit es Menschen gibt, folgt die Entwicklung von technischem Gerät dem System der Bedürfnisse. Daran hat sich bis heute nichts geändert, aber mit dem Aufkommen des kapitalistischen Markts ist es zu einer sekundären Überformung gekommen. Entwicklungslinien sind deshalb nur im Nachhinein linear. Die Erfindung des Kinos gehört in den Kontext der visuellen Revolution, die in der Renaissance ihren Ausgangspunkt nimmt. Der neue Herrschaftsblick des Renaissancemenschen richtet sich auf eine Welt, die schrittweise in die Immanenz eintritt. Der Sehsinn hat alle anderen überflügelt. Das Sehen wird wissenschaftlich und ökonomisch und somit auch ideologisch zum zentralen Sinn. Und genau in diesem Spannungsfeld liegt auch die Erfindung des Films. Wissenschaftler suchen nach genauerer Beobachtung, die Fotoindustrie sucht nach einem neuen Produkt. In einer Nische zwischen Markt und Jahrmarkt wächst innerhalb weniger Jahre eine neue Industrie, die von Sehsinn und Sehlust lebt. Wissenschaft und Massenbetrug sind die Pole zwischen denen sich das neue Medium bewegt.

Wer war zuerst, die Henne oder das Ei? Diese absurde Diskussion soll hier nicht geführt werden. Wie bei der Erfindung des Kinos selbst beschleunigt der Markt die Entwicklung, indem er auch ohne Nachfrage beständig neue Produkte kreiiert, die wie Fragezeichen im Konsumraum auftauchen. Farbe und Ton haben sich nach vielfältig gewundenen Anläufen durchgesetzt, 3D und extreme Formate sind Ausnahmen geblieben. Was nicht heißt, dass sie keine digitale Zukunft haben. Anderseits haben sich fortschrittliche Kameramänner mit beschränktem Equipment herumgeschlagen und sind so oft selbst zu Erfindern geworden. Festzuhalten ist, dass es unter Marktbedingungen neben der klassischen Produktentwicklung nach einem aktuellen Bedürfnis immer auch die spekulative Produktentwicklung gibt. Als die ersten Kameramotoren aufkamen, waren sie eine technische Spielerei, mit der die Kameraleute wenig anfangen konnten. Ein guter Stummfilm-Kameramann beherrschte es, das Kurbeltempo den Szenen anzupassen. Ein Kameramotor war da fast so etwas wie eine Beleidigung. Actionszenen wurden z.B. langsamer gekurbelt, damit sie noch dynamischer wirken. Erst mit dem LETZTEN MANN von 1924 wird der Kameramotor der Stachovkamera zu einem unverzichtbaren Hilfsmittel. Mitunter kommt es auch vor, dass Neuerungen von Kameraleuten als Rückschritt betrachtet werden. Die Automatisierung von Kameras bedeutet, dass es weniger Möglichkeiten gibt, manuell einzugreifen; wenn sich z.B. eine Kamera nicht mehr zurückspulen lässt, kann man auch nicht mehr in der Kamera doppelt belichten.

Dieses Buch behandelt häufig kameratechnische Fragen, aber ist kein kameratechnisches Lehrbuch. Kameratechnik ist hier nur im Zusammenhang mit Kamerastil interessant. Ein Kapitel befasst sich nur mit Kameratechnik, um eine Hilfestellung zum historischen Verständnis zu geben. In den Einzeltexten wird die historische Situation nicht immer wieder neu erläutert, allenfalls im Nebensatz erwähnt. Wenn ein Kameramann in den 1950er Jahren von einem ‹schnellen Film› redet, wäre dasselbe Material heute ein alter Hut – und um 1900 eine Weltsensation gewesen. Die Einzeltexte dienen aber durchaus dazu, wichtige Entwicklungen an Fallbeispielen zu zeigen. Selbstverständlich ist Technik nur künstlerisches Hilfsmittel; es gibt keinen kameratechnischen Königsweg des Films. Es gibt namhafte Kameraleute, die vermeiden Filter, wo es geht, andere, nicht minder namhafte, arbeiten mit Tausenden von Filtern, die einen hassen die Zoomoptik, andere finden beständig neue Varianten der Arbeit mit dem Zoom, die einen wollen alles mit der Kamera machen, andere arbeiten genauso viel im Labor wie mit der Kamera. Innerhalb dessen, was die Naturgesetze zulassen, gibt es handwerklich keine Grenzen. Dieses Buch ist eine Analyse kameratechnischer Ansätze, keine Anweisung für die Arbeit mit Kamera. Es ist ein Versuch, Essay, den kreativen Prozessen auf die Spur zu kommen; es finden sich deshalb auch keine Filmografien und Biografien, die in jedem Fachlexikon nachzulesen sind. Die Beschreibung technischer Sachverhalte war ein mühseliges Geschäft. Ich habe mich bemüht, oft sehr komplexe

13 Dreharbeiten zu Moonfleet (Fritz Lang, 1955) mit Vistavision-Kameras

14 Mike Figgis mit der Aaton

15 Dreharbeiten zu À BOUT DE SOUFFLE (Jean-Luc Godard, 1960) mit Raoul Coutard an der Cameflex

16 Filmteam im Film: ROMA (Federico Fellini, 1972), Foto: Deutsches Museum

Zusammenhänge auf Allgemeinverständlichkeit herunter zu brechen, auch wenn die Gefahr besteht, dass der Fachmann manches als unzulässig vereinfacht betrachten mag. Dem Leser mag auffallen, dass in Zitaten ungewöhnlich oft gekürzt wird. Dies hängt damit zusammen, dass in der Filmliteratur kameratechnische Fragen oft falsch übertragen, übersetzt oder verstanden werden. Selbst den American Cinematographer muss man kritisch lesen. Durch Kürzungen, mitunter auch durch Ergänzungen in Klammern oder Anmerkungen, habe ich mich um Textreparatur bemüht.

«Oh, che dolce cosa è questa prospettiva!» pflegte Uccello zu sagen, wenn ihn seine Frau zu später Stunde ermahnte, endlich ins Bett zu kommen. Die Entdeckung der Perspektive revolutionierte die Wahrnehmung, die Philosophie, die Mathematik. Der Triumph des Auges war die Droge des Quattrocento. Wir wissen, wie die Geschichte des Sehens nach dieser Umwälzung auf vielfältig gewundenen Pfaden auf das Kino zusteuerte: Camera obscura bzw. Laterna magica auf der technischen Seite, Dynamisierung der Malerei auf der ästhetischen Seite. Die ersten Gehversuche von Lumière sind einerseits noch ganz dem fotografischen Apparat verpflichtet – andererseits wird ein beschleunigter Bewegungsvektor durch den Focus gezogen (ARRIVÉE D'UN TRAIN EN GARE DE LA CIOTAT) oder der Focus selbst in Bewegung gesetzt, indem die Kamera, auf der Pariser Metro postiert, über Brücken fährt, durch die Stadt panoramiert. Méliès, indem er beim Stopptrick die ersten Schnitte macht, hat den Sprung im Kontinuum von Zeit und Raum entdeckt, auch wenn er dabei noch ganz den Metamorphosen des Jahrmarkts verpflichtet ist. Feuillade, der genial die Techniken von Lumière und Méliès zu einer protosurrealen Vision vereinigt, ist bereits unübersehbar an der Schwelle einer zweiten visuellen Revolution. Nachdem die Filmgeschichte so ihren Cimabue, Duccio und Giotto gehabt hat, wechselt sie den Schauplatz. Griffith entwickelt die Montage und Eisenstein den point of view, die filmische Perspektive. Die entscheidende Umwälzung findet aber im deutschen Kino der 1920er Jahre statt. Vor allem zwei Filme haben unsere Sehweise grundlegend verändert: DER LETZTE MANN (Murnau, 1924) und VARIETÉ (Dupont, 1925). Der Kameramann war in beiden Fällen Karl Freund, der Mann mit der entfesselten Kamera.

Eigene Kapitel sind deshalb den Filmen DER LETZTE MANN und VARIETÉ gewidmet sowie der deutschen Kameraschule bis 1933; mit der Emigration vieler Spitzenkräfte, der Internationalisierung vieler Errungenschaften der deutschen Kameraschule und den Standardisierungstendenzen im Dritten Reich ist 1933 ein deutlicher Einschnitt. Dazu kommt um 1930 der Einschnitt des frühen Tonfilms, der exemplarisch im britischen Film an den deutschbritischen Kooperationen diskutiert wird. Ein Kapitel gilt dem film noir als dem Höhepunkt der Schwarz-Weiß-Fotografie, der sich einem einzigartigen Synkretismus aus expressivem Kino, poetischem Realismus und amerikanischem Gangsterfilm verdankt. Ein Beispiel für erfolgreichen Synkretismus stellt auch das britische Kino dar, das amerikanische Schule, deutsche Schule und britischen

Dokumentarfilm verschmilzt. Andere Entwicklungen sind im Kontext der ausgewählten Personen dargestellt. Zum Beispiel: Eugen Schüfftan und der poetische Realismus. Hans Ertl und der Bergfilm. Gianni Di Venanzo und der Neorealismus. Coutard/Almendros und die Nouvelle Vague. Willis/Zsigmond/Cronenweth und der Neonoir. Michael Ballhaus und der Neue Deutsche Film. William Lubtchansky und der jüngere französische Film. Vittorio Storaro und der Neue Italienische Film. Redaktionsschluss für die Texte dieses Buches war der Dezember 2006. Die Bildauswahl orientiert sich an dem Prinzip Schwarz-Weiß ist Schwarz-Weiß, Farbe ist Farbe, und stark zugeschnittene Bilder scheiden aus; die Cadrage sollte noch einigermaßen erkennbar sein. Es ist kein Buch mit Hochglanz-Starfotos, sondern Arbeitsfotos.

Fast schon komisch ist ein Argumentationsstrang über Kamerakunst, den es unter Kameraleuten, aber auch über ihre Arbeit, seit Beginn der Filmgeschichte gibt: Die Realismus-Debatte. Es ist – neben psychologischen, symbolischen und anderen Ansätzen – das Hauptargument, das die Debatten bestimmt. Änderungen und Neuerungen werden so verfochten. Wenn man das ernst nehmen würde, hätte die Filmgeschichte bis heute sich zu einem immer größeren Realismus entwickeln müssen. Vor allem gegenüber Hollywood-Produzenten ist das ganz offensichtlich ein strategisches Argument, um künstlerische Ambitionen zu legitimieren. Natürlich gibt es in der Filmgeschichte unterschiedliche realistische Strömungen, die immer dem ‹Realismus› einer bestimmten Zeit entsprechen. Aber selbst beim Neorealismus oder bei den britischen Dokumentaristen sollte man genau hinschauen, wie dieser Realismus immer auch hergestellt wird. Dieses Buch blendet diese Scheindebatte aus guten Gründen aus. Von wenigen Ausnahmen abgesehen gibt es nichts Konstruierteres und Unnatürlicheres als das Kino. Die Affinität zur physischen Realität, von der Kracauer spricht, darf nicht als einfache Verdopplung missverstanden werden. Es ist immer eine zweite, anverwandelte Realität. Was Kameraleute über ihre Arbeit sagen, muss immer im Kontext verstanden werden. Die Rede von einem schönen Bild meint alles, nur kein schönes Bild; es kann ein logisches, einfaches, dramaturgisch richtiges, pointiertes, passendes, distanziertes, wesentliches Bild und vieles mehr sein.

Technik I.
Die Geburt des Kinos aus dem Geist der Technik

Film ist ein technisches Medium. Im Unterschied zu Literatur, Theater, Malerei ist beim Film die Technik eine konstituierende Voraussetzung, die Rede von Filmindustrie würde sonst keinen Sinn machen. Alle Beschäftigung mit Film ohne Berücksichtigung der technischen Seite ist schöngeistiger Idealismus. Von zentraler Bedeutung ist dabei die Filmkamera selbst, aber auch Studiotechnik, Tricktechnik, Labortechnik, und Technik der Wiedergabe gehören hierher. Die Filmkamera, genauso wie die Fotokamera, basiert auf der camera obscura, die seit der Renaissance bekannt ist. Die Filmkamera gehört deshalb in eine gesamteuropäische Entwicklungslinie des zentralperspektivischen Sehens, die sich mit der Entstehung der Filmkamera dramatisch fortentwickelt: Die Zentralperspektive wird in Bewegung gebracht.

Für die Entwicklung von Film- und Kameratechnik sind verschiedene Tendenzen wirksam, die meist zusammen auftreten. Die erste Filmkamera der Gebrüder Lumière ist ein gutes Beispiel. Der stroboskopische Effekt war schon lange bekannt, aber man benötigte wickelfähiges Filmmaterial, das in Bruchteilen einer Sekunde belichtet werden konnte. Ferner mussten Probleme feinmechanischer Präzisionsarbeit gelöst werden, die an die Grenzen der damaligen Möglichkeiten gingen. Gegenüber den konkurrierenden Erfinderhandwerkern in aller Welt, war die Foto-Fabrik Lumière im Vorteil. Sie hatte die technologische und ökonomische Potenz in ein Produkt zu investieren, für das ihr eigener Markt zur Verfügung stand. Gegenüber dem ebenfalls industriell organisierten Kinetoskop von Edison hatte ihr Produkt aber zudem die richtige ästhetische Entscheidung impliziert: Ihr Produkt war nicht auf Einzelbenutzer ausgelegt, sondern (gleichzeitig als Projektor benutzbar) als Konkurrenz zu Theater und Varieté (auch wenn zunächst die Amateurfotografen als Hauptzielgruppe gelten mochten). Ganz ähnliche Verknüpfungen von technologischem Fortschritt, industriellem Kalkül und ästhetischen Entscheidungen kann man bei allen wichtigen Entwicklungsschritten der Filmtechnik nachweisen (entfesselte Kamera, Tonfilm, Farbfilm, Spezialverfahren etc.).

Das Interesse an Filmtechnik als elementarer Voraussetzung von Film überhaupt wie auch als Motor für die Fortentwicklung des Mediums und seiner Ästhetik ist in der Filmforschung oft unterentwickelt. Es findet sich primär bei Praktikern, bei Kameraleuten, bei Produzenten filmtechnischer Geräte. Paul Liesegang, Oskar Messter und Guido Seeber, alles Filmpioniere der ersten Stunde, haben in Deutschland bis in die 1930er Jahre mit ihren Publikationen die Diskussion über Filmtechnik bestimmt. Seeber ist sicherlich die wichtigste Figur in dieser Periode Ab 1919 ist er Mitbegründer und spiritus rector der Deutschen Kinotechnischen Gesellschaft e.V. sowie deren Zeitschrift *Die Kinotechnik*, ab 1925 Mitbegründer der *Filmtechnik*.

Das filmtechnische Schrifttum zerfällt prinzipiell in drei Kategorien, in rein technische Berichte über Probleme, Entwicklungen und Neuheiten, in historische und systematische Darstellungen ganzer technischer Teilgebiete (z.B. Liesegangs *Handbuch der praktischen Kinematographie*, Seebers *Der praktische Kameramann*) und in interdisziplinäre Publikationen. Dies trifft vor allem auf viele Texte der *Filmtechnik* zu, die ästhetische und technische Fragen synoptisch darstellen. Entsprechend weit war die Wirkung der *Filmtechnik* auch über Deutschland hinaus.

Das Verhältnis von Technik und Ästhetik im Sinne einer Wirkungsgeschichte war auch im Dritten Reich ein durchaus erwünschtes Thema. Die Filmliteratur beschäftigt sich rege und scheinbar apolitisch mit technischen ‹Effekten›. In der Nachkriegszeit dominieren am deutschsprachigen Markt die aufwendig und sachkundig hergestellten filmtechnischen Bücher aus der DDR. Hier sind vor allem die exzellenten Bücher aus dem Fotokinoverlag in Leipzig zu nennen Erst ab den 1980er Jahren erfolgt hierzulande durch eine Reihe von westdeutschen/westberliner Publikationen ein neuer Schub in der ästhetischen Auseinandersetzung mit Filmtechnik. So das Buch von Hagemann zur 3-D-Technik, das von Giesen über Special Effects, das von Koshofer über Farbfilm und das von Belach/Jacobsen über CinemaScope. Die Zeitschrift *Film & TV-Kameramann* wird seit den 1980er Jahren zu einem deutschen Gegenstück des *American Cinematographer*. Der Kameramann und seine vermittelnde Tätigkeit von Technik und Ästhetik in der Filmgeschichte werden vor allem in *CineGraph*-Texten neu entdeckt. Damit wird auch der Weg bereitet für Monographien wie sie vor allem im Schüren Verlag verstärkt erscheinen.

Brian Coes Hauptwerk, *The History of Movie Photography* ist ein populärwissenschaftliches Werk in bester englischer Tradition. Gegen alle Modeströmungen schwimmt Barry Salts Buch *Film Style and Technology* von 1983 an. Er ist ein unerschütterlicher Vertreter des englischen Positivismus, der außer Zahlen, Statistiken und harten Fakten nichts gelten lässt. John Altons *Painting with Light* und Henri Alekans *Des Lumières et des ombres* sind von Kameramännern geschrieben, die die Arbeit hinter der Kamera als angewandte Theorie des Lichts verstehen. John Alton macht aus dem Licht sogar eine Lebensphilosophie, gibt Anweisungen, wie man erst das Licht studieren soll, bevor man handelt. Alekan sieht sich als Schüfftanschüler ganz in der Tradition der alten Meister: Licht erschafft neue Welten. Alekans Vorliebe für die Malerei ist aber auch eine typisch französische Haltung. Die französische Literatur über Technik und Stil steht

17 Ed Wild mit der ARRI-CAM, Roger Christian schaut in den Videoassist

18 Dreharbeiten zu DAS PARFÜM (Tom Tykwer, 2006): Steadycam mit ARRICAM und Videoassist

19 Guido Seeber: Der Praktische Kameramann. Berlin 1927 (Nachlass W. Dieterle)

20 Cover der ersten Ausgabe von *Der Deutsche Kameramann* vom Januar 1951 (heute: *Film- & TV-Kameramann*, Redaktion: München, www.kameramann.de)

im beständigen Komparativ zur bildenden Kunst. Pascal Bonitzers *Peinture et cinéma* von 1985 ist ein Höhepunkt dieses Diskurses über den Film als strukturiertes Bild.

Psychophysiologische Phänomene sind das Bindeglied zwischen Technik, Stil und Wahrnehmung. Sie spielen immer dann eine Rolle, wenn die Wirkung im Vordergrund steht, sei es des Tons, der Farbe, der Raumkonstruktion (Perspektive) oder der filmischen Zeit (Montage). In besonderem Maße gilt dies für den stroboskopischen Effekt, die Basis der kinematografischen Wahrnehmung. Hugo Münsterbergs *The Photoplay: A Psychological Study* von 1916 ist das erste Werk, das wissenschaftlich fundiert nachgewiesen hat, dass filmische Wahrnehmung bei weitem mehr zerebrale Aktivitäten voraussetzt als nur den stroboskopischen Effekt. Christian Mikundas Buch *Kino spüren* fasst die grundlegenden psychophysiologischen Phänomene des Kinos zusammen.

Ein interessanter historischer Kontrapunkt ist das Buch des Russen Vladimir Nilsen: *The Cinema as Graphic Art* von 1936. Nilsen, ein Schüler von Tissé und Eistenstein, diskutiert schwerpunktmäßig und fast ausschließlich das Verhältnis von Malerei und Film für die filmische Raumkonstruktion. In den 1920er und 1930er Jahren stand das Konstruktive im Vordergrund. Filmtechnik war eine Ingenieurtechnik wie Brückenbau und Tunnelbau. Dieser Zeitgeist ist am deutlichsten dokumentiert in der Zeitschrift *Close Up*.

Der große Umschwung der Nachkriegszeit kam über den Einfluss der französischen Strukturalisten. Begriffe wie cadrage (was ist im Bild, was nicht?) und découpage (welche Ausschnitte finden Verwendung, welche nicht?) sind typisch für diesen Neuansatz. Filmtechnik wird jetzt als Netzwerk wie Mikroelektronik oder Telekommunikation rezipiert. Von vielen Autoren wird die Veränderung von theoretischen Positionen und Filmpraxis auch im Zusammenhang mit Strukturveränderungen von Gesellschaft und Kapital diskutiert. Die Parallelen sind in der Tat kaum von der Hand zu weisen. Stellvertretend sei Steve Neales Buch *Cinema and Technology* genannt. In dem Reader von Elisabeth Weis und John Belton zum Tonfilm *(Film Sound)* ist die Entwicklungslinie anhand der Tonfilmtheorie und -praxis dokumentiert. Orson Welles, der Hörspieltechniken aufs Kino überträgt, markiert dabei einen unübersehbaren Wendepunkt.

Digitalisierung, Videotechnik, Computersimulation u. ä. können das klassische professionelle Kino bislang nicht vollständig ersetzen; beim Kinofilm sind zumindest Aufnahmematerial und Kinokopie noch klassisches Filmmaterial. Aber die technische Entwicklung hat ein atemberaubendes Tempo und wird wahrscheinlich alles revolutionieren. Was von der Theorie und Praxis der klassischen Filmtechnik nach den ersten hundert Jahren übrig bleibt, kann niemand sagen. Die theoretische Aufarbeitung des Verhältnisses von Technik und Stil konnte in den letzten Dekaden noch manches Defizit ausmachen (so wurden filmische Zeitstrukturen erstmals von Deleuze in seiner Filmtheorie in den Mittelpunkt gestellt). Die klassische Filmtechnik liegt dagegen als abgerundetes Kompendium vor. Bücher aus den 1970er Jahren wie Russell Campbells

Photographic Theory for the Motion Picture Cameraman, Sidney F. Rays *The Photographic Lens* oder das Buch von Freddie Young und Paul Petzold *The Work of the Motion Picture Cameraman* dokumentieren im Grunde ein technisch weitgehend abgeschlossenes Kapitel.

Die zunehmende Beschäftigung mit dem Frühen Kino führte auch zu einer stärkeren Aufmerksamkeit für das Material des Films, die Filmkopien und ihre notwendige Rekonstruktion. Ein Zentrum der Wiederentdeckung war – mit den Festivals in Pordenone und Bologna – Italien. So stammen von dort auch zwei Bücher, in denen die technischen und philologischen Probleme des Umgangs mit alten Filmmaterialien reflektiert werden: Vittorio Giaccis *Via col tempo* und das von Gian Luca Farinelli und Nicola Marzanti edierte *Il cinema ritrovato*. Ein von Catherine A. Surowiec herausgegebener, opulent bebilderter Band dokumentiert die Arbeit der Filmarchive im Rahmen des verdienstvollen – inzwischen von der EU wieder abgeschafften – Projecto Lumiere zur Bewahrung des europäischen Filmerbes. Ein Standardwerk zur Kopienpflege ist Korovkins Buch *Die Pflege und Erhaltung von Kinofilmen*, 1954 in der DDR erschienen, wo Materialknappheit einen pfleglichen Umgang mit den Kinokopien nötig machte.

Technik II.
Ein kurzer historischer Überblick

Die Filmgeschichte hat sich darauf festgelegt, dass die Gebrüder Lumière 1895 das Kino erfunden haben. Kernstück der Erfindung ist der cinématographe, der Kamera und Projektor zugleich ist. Diese Entscheidung mag willkürlich erscheinen angesichts der vielen scharfen Konkurrenten, aber bei genauer Betrachtung ist sie goldrichtig. Von der Erfindungshöhe her ist der cinématographe allen ähnlichen Erfindungen haushoch überlegen: ein einfacher, kompakter Apparat, der sich obendrein für Aufnahme und Wiedergabe eignet. Der historisch schärfste Konkurrent ist sicherlich Edison. Sein Kinetograph hatte aber die Dimensionen eines Pianos und die öffentlichen Filmprojektionen, die Edison schon vor den Gebrüdern Lumière veranstaltete, hatten mit Kino nichts zu tun. Es waren Guckkasten-Automaten, in die eine Person reinschauen konnte (gegen Einwurf eines Penny). Die Lumière-Kamera setzt den Projektionsraum, das spätere Kinotheater voraus; diese technisch-ästhetische Entscheidung macht zusammen mit der Erfindungshöhe des Apparats die Bahn brechende Neuerung der Gebrüder Lumière aus.

Film war zu diesem Zeitpunkt ein Handwerk wie das des Fotografen. Kameramann, Regisseur und Ausstatter waren dieselbe Person – heute dirigiert ein Kameramann eine Mannschaft von 10 bis 20 Leuten und heißt in den USA zu recht director of photography. Aber Kino war von Anfang an nicht mehr Theater, auch wenn wir bis heute vom Kinotheater sprechen. Zwar funktionierte die Kamera üblicherweise einfach als Rekorder, aber was sie aufnahm, war medienspezifisch. Nicht nur, dass der Kamera die gesamte physische Realität zur Verfügung stand, sie war auch der exklusive Zuschauer, auf den hin Bild, Spiel und – soweit vorhanden – Regie konzipiert waren. Der häufig gebrauchte Ausdruck ‹theaterhaft› im Zusammenhang mit dem frühen Kino verschleiert etwas diese grundlegende Veränderung.

Eine internationale Filmindustrie war nur möglich mit internationalen Standards. Der 35mm-Film mit genormter Perforation wird 1909 festgeschrieben; das Bild war 18mm x 24mm groß (1:1,33). Die einzige Lichtquelle des frühen Films war die Sonne; die ersten Studios werden mit Dächern gebaut, die sich öffnen lassen, ab 1910 folgen die Glashaus-Ateliers. So errichtet Guido Seeber 1911 das erste Glashaus in Neubabelsberg. Die Manipulation des Lichts begann mit weißen Tüchern zum Abdecken, die ein gleichmäßig diffuses Licht produzieren, und mit Reflektoren zur Lichtverstärkung.

1896, mit einer venezianischen Gondel, wird die erste Kamerafahrt gedreht; Lumière bringt den Film als ‹Panorama› heraus. Ab 1900 kommen die ersten Bogenlampen mit ihrem gefährlichen UV-Anteil auf, die manche Schauspielerkarriere in Blindheit enden lassen; bald danach folgen die Quecksilber-Dampflampen mit ihrem hohen Blauanteil. Da der frühe orthochromatische Film im Blauen und Ultravioletten seine Maxima hatte, waren diese Lampen sehr effektiv. Blau wurde bei starkem Licht weiß, Rot wurde schwarz; Schauspieler mit hellblauen Augen konnten gespenstisch weiße Augen bekommen.

Immer wieder überraschend ist die mitunter fantastische Schärfentiefe früher Filme mit und trotz dem als besonders schlecht beleumundeten frühen Orthofilm. Es gibt aber eine Reihe von Faktoren, die das gut möglich machten. Mit ca. 18 Bildern in der Sekunde war die Belichtungszeit gegenüber 24 Bildern länger. Die niedrige ASA-Zahl wird kompensiert durch ein enges Farbspektrum von Blau bis Ultraviolett mit hoher Empfindlichkeit, und das kontrastreiche Material betont zudem den linearen Bildaufbau. Die Objektive selbst konnten nicht weiter als f: 3,5 öffnen; das Sonnenlicht ermöglicht aber kleinere Blenden von f: 5,6 aufwärts mit guter Tiefe (Tiefenwirkung). Und wenn dann noch ein leichtes Weitwinkel verwendet wurde, konnten gestochen tiefenscharfe Bilder erzeugt werden.

Im Kamerabau setzt sich das Malteserkreuz (Messter um 1900) durch, das Jahrzehnte lang den sichersten Filmtransport ermöglicht und heute noch in Projektoren verwendet wird. In den 1910er Jahren wurde das Filmmaterial zusehends verbessert; 1914, mit dem Kodak X-Back, wird die Emulsion durch eine antistatische Beschichtung geschützt. 1926 kam der Negativfilm von Eastman, Ende der 1920er Jahre setzt sich der panchromatische Film durch, der endlich im ganzen sichtbaren Bereich eine weitgehend gleichmäßige Empfindlichkeit hatte. Eine Lichtlenkung (durch optische Systeme und Fokussierung) war mit den frühen Flutlichtlampen kaum möglich. Die Lichtempfindlichkeit des Films lag mit 10 ASA um den Faktor 100 unter dem, was heute mit einem 500 ASA-Material und relativ risikoloser Unterbelichtung um eine Blende möglich ist. Die Kameras hatten meist nur ein 50mm-Objektiv. Den frühen Kamerabau beherrschen die französischen Modelle bis um 1920, vor allem Pathé und Debrie (Parvo). In den 1910er Jahren kommt Bell & Howell mit einer stabileren Kamera auf den Markt. Die erste Kamera mit Motor ist die Moy-Kamera für Luftaufnahmen (Moy aerial, 1912). Mit der Ernemann-Zeitlupe von 1916 eröffnen sich dem Trickfilm neue Dimensionen.

Um 1920 war die Beleuchtungstechnik so weit fortgeschritten, dass die alten Glashäuser schwarz angemalt wurden. Man war jetzt unabhängig von den Launen des Wetters. Bitzer hatte das Hinterlicht und das gerichtete Licht entdeckt und Seitz das Prinzip des Führungslichts. In Frankreich wird der Film impressionistisch, in Deutschland expressiv. Vor allem die neuen leistungsstarken Kohle-Bogenlampen, die sich auch fo-

21, 22 Cinématographe Lumière 1895. Foto: Deutsches Museum

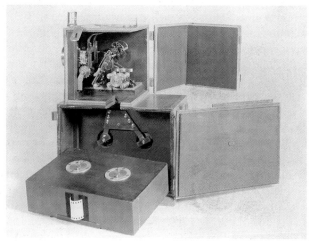

23 Auszug aus den Büchern von Oskar Messter mit dem Verkauf der ersten Kamera im Mai 1896

24 Messter-Kamera von 1899. Foto: Deutsches Museum

25 Robert Richter und August Arnold 1918 mit ihren Kameras (Debrie Parvo). Foto: Deutsches Museum

26 Pathé professionelle (Tapon) 1905 - 1912, Sammlung Helmut Ammon

27 Bell&Howell-Cinekamera 2709 (Standard) 1912 - 1921, Sammlung Helmut Ammon

28 Mitchell-Standard, Sammlung Helmut Ammon

kussieren lassen, revolutionieren die Studios; es gibt sie von 15 bis 300 Ampere. Mit der Mitchell-Kamera wird die Fokussierung erheblich verbessert, da vor dem Dreh direkt durch das Objektiv fokussiert werden kann (rack-over-focus). Außerdem eignet sich die Mitchell sehr gut für einen Kameramotor. Wechselnde Einstellungen und Perspektiven waren üblich geworden. Stative, auf denen man ordentlich schwenken konnte, waren Standard. Kamerafahrten kommen auf. Manche Kameramänner bauen sich primitive Kamerawägen mit Ballonreifen (erstmals 1914 bei CABIRIA). Eine Auswahl von Objektiven (von Weitwinkel bis leichtem Tele) und Speziallinsen wird selbstverständlich. Neben der Rückprojektion wird die Tricktechnik durch das Schüfftan-Verfahren (1925) revolutioniert: Kleine Modelle und Realaufnahmen können durch Einspiegelung kombiniert werden. 1927 kommt die kleine Handkamera Eyemo von Bell & Howell heraus. Weltweit erreicht die künstlerische Bildgestaltung einen ersten Höhepunkt.

Ebenso wie Farbverfahren gab es in der Filmtechnik von Anfang an auch Tonexperimente. Aber mit der Einführung des Licht-Tons um 1930 verändert sich die Situation dramatisch. THE JAZZ SINGER war, nach früheren Versuchen mit Tonfilm, 1927 der erste Tonfilm in den Kinos. Der wichtigste Mann im Studio ist jetzt der Tonmeister. Die Kameras müssen synchron zum Licht-Ton mit 24 Bildern in der Sekunde laufen, was nur mit Motoren geht. Die Kameras werden mitsamt Kameraoperateuren und Assistenten in schalldichte Boxen gesteckt. Die Tongeräte behindern zudem die Beleuchtung. Die Bildgestaltung war schlagartig um ein Jahrzehnt zurückgeworfen. Auch die Beleuchtung durfte keinen Lärm machen, wie etwa das Zischen der gebräuchlichen Bogenlampen. Der panchromatische Film (Eastman 1928) ermöglichte zwar neue Lichtquellen wie das Glühlampenlicht (mit seinem Rotmaximum), machte aber bei seiner Einführung große Probleme, da z.B. alle Optiken auf Blau korrigiert waren und die Lichtintensität der Glühlampen gering war. Auch die postproduction im Labor entglitt dem Kameramann, da der Tonfilm standardisierte Entwicklungsmethoden verlangt. Eine ganze Generation älterer Kameramänner ging in dieser Situation in den Ruhestand.

Nach einigen turbulenten Jahren beruhigt sich die Branche wieder und der Kameramann geht aus dem Kampf mit dem Tonmeister mächtiger hervor als zuvor. Neue Techniken wie geblimpte Kameras, teures Gerät, um elegante Bewegungen fast lautlos auszuführen, Schienen, Kamerawägen, Kräne, eine kontinuierliche Verbesserung von Filmmaterial und Linsen, technische Fortschritte des Tonfilms und neue komfortable Tonfilmstudios mit riesigen Beleuchtungsbühnen helfen ihm dabei. Ganz selbstverständlich arbeitet man inzwischen nach dem Beleuchtungsprinzip der drei Lichtquellen, dem Führungslicht, dem Fülllicht und dem Hinterlicht. Es wird alles sehr perfekt und oft auch langweilig genormt. Es war die Zeit des soft focus bei MGM, in der große Kameramänner wie Daniels alle, einschließlich den Regisseur, in die Kantine schickten, das Studio zusperrten und erst einmal einen halben Tag lang die Szene einleuchteten.

1931 bringt Bell & Howell den ersten Dolly heraus, 1932 den ersten Zoom, der aber noch einen sehr hohen Lichtverlust mit sich bringt. Debrie entwickelt die Super Parvo als reine Tonfilmkamera. Neue massivere Stative werden für die Tonfilmkameras produziert, die bald auch in der Höhe hydraulisch verstellbar sind. Der panchromatische Negativfilm SSC von Kodak (1931) beherrscht die Produktion der 1930er Jahre. 1934 kommt die selbstgeblimpte Mitchell BNC (blimped noiseless camera) auf den Markt, die wesentlich leichter ist als die Kameras mit den schweren und unhandlichen Blimpgehäusen; sie wird bis ca. 1970 die Markt führende Kamera sein. 1935 kommen die Fresnell-Linsen für Scheinwerfer; die gestuften Linsen ermöglichten eine ausgezeichnete Fokussierung. Schallabsorbierende Gehäuse um den zischenden Lichtbogen machen den Einsatz des starken Bogenlampenlichts wieder möglich; Höhepunkt dieser Entwicklung ist der 225 Ampere-Brute, den Mole Richardson 1946 herausbrachte.

1937 wird die Arriflex 35, die erste Spiegelreflexkamera, auf der Leipziger Messe vorgestellt; die leichte und handliche Kamera mit einem Revolverkopf für drei Objektive ist eine ideale Reportagekamera. Die Ascania von 1938 ist eine Tonfilmkamera, die durch ihre kompakte und praktische Bauweise besticht. Im selben Jahr kommt mit der Auricon Pro eine Kamera heraus, die Bild und Lichtton auf dem gleichen Negativ aufzeichnen konnte. 1938 bringt Eastman zwei revolutionierende Filmtypen, Plus X und Super XX, heraus, mit 80/125 ASA (Kunstlicht/Tageslicht) bzw. 160/250 ASA. Farbfilm (richtiger Farbfilm mit Emulsionen auf drei Farben-Basis) wird erprobt; mit dem negativ-positiv-Farbfilm ist Agfa führend. BASF bringt das Magnetband heraus, das neue Möglichkeiten des Tonfilms eröffnet. Zum Ende des Zweiten Weltkriegs stehen die deutschen Patente international zur Verfügung. Beschichtete Linsen mit verbesserter Lichtdurchlässigkeit kommen auf (1935/36). Cooke bringt verzerrungsfreie Weitwinkelobjektive heraus. Präzise Einsatzblenden ermöglichen so kleine Blendenwerte wie f:22; Gregg Toland revolutionierte damit die Ästhetik der Tiefenschärfe. Die Caméflex von Eclair ist in den 1940er Jahren eine scharfe Konkurrenz zur Arriflex. Die 1940er Jahre sind von visuellen Experimenten wie dem film noir oder dem Neorealismus geprägt, die diese technischen Neuerungen erst möglich gemacht haben. Sicherheitsfilm (Kodak 1948) löst den explosiven Nitrofilm langsam ab.

Die Konkurrenz des Fernsehens führt in den 1950er Jahren zu großen Investitionen in Breitwandverfahren; zeitweise auch 3-D-Verfahren. Von Mogelbreitwand (Techniscope: halbe Negativ-Bildhöhe auf Cinemascope-Format projiziert) über anamorphotische Systeme auf Basis von Chrétiens Hypergonar (1927) bis zum doppelten Bildformat des 70mm-Films reicht das Spektrum. Die beste Qualität liefert das 70mm-Verfahren mit 6-Kanal-Ton. Geblieben ist von dieser Hype eine heillose Verwirrung der Formate; 1958 einigte man sich als neuen Industriestandard auf ein Bild von 13,25mm x 22mm (1:1,66). Heute werden Filme standardmäßig im Format 1:1,66 oder 1:1,85 gedreht, so dass sie recht gut mit dem neuen TV-Format 1:1,78 kompatibel sind. Farbfilm wird mehr und mehr Standard, auch wenn die geringe Lichtempfindlichkeit noch lange ein großes Problem ist; um 1960 erreicht Schwarz-Weiß-Film bereits 400 ASA, während Farbfilm noch bei 40 ASA liegt. Allerdings hat Farbfilm den Vorteil, dass die Trennung von Vordergrund und Hintergrund einfach durch Farbe hergestellt werden kann.

Die Entwicklung des klassischen Dolly erreicht mit dem hydraulischen crab-dolly, bei dem die Räder in unterschiedlichen Kombinationen steuerbar sind, um 1960 einen Höhepunkt; daneben ist der Elemack-Dolly eine gute Alternative durch seine bessere Beweglichkeit, besonders in engen Räumen. Vom kleinen Mini-Jib bis zum riesigen Chapman-Titan Kamerakran hat sich eine ganze Technologie zur Dynamisierung der Kamera etabliert. Helivision (Lamorisse 1955) ermöglicht Aufnahmen vom Helikopter ohne Zentrifugal- und Gravitationsprobleme. Weitwinkel von 18mm und Teleobjektive von 150mm gehören um 1960 zur Standardausrüstung des Kameramanns; der Zoom kommt als Alternative zu den Wechselobjektiven auf. Stativköpfe werden zu Kurbelköpfen mit unterschiedlich wählbarer Untersetzung. Sie ermöglichen Schwenks mit großer Präzision.

1961 bringt Sylvania die Quarzjodid-Lampen heraus, die die Wolfram-Glühlampen vor der Schwärzung durch Wolfram-Dampf schützen. In den 1960er Jahren kommt mit den Quarzlampen reflektiertes Softlight auf; anfangs eine Revolution wird es in den 1970er Jahren schnell zu einem neuen Beleuchtungsstil («Aquariumlicht»). Auch die neuen Zoomobjektive von Angenieux bereichern das Kino der 1960er Jahre; ihr inflationärer Einsatz in den 1970er Jahren verbraucht die Zoom-Ästhetik rasch. Im Bereich des dokumentarischen Filmens ist der Nagra-Magnetton neben der geblimpten Arriflex 16 BL und der Eclair 16 NPR ein Durchbruch zu neuen schnellen Techniken; mit Pilot-Ton und Direkt-Ton wird auch das Kino direkt: cinéma direct. 1976 revolutionierte die Aäton die Reportagekamera mit der Möglichkeit, mittels Timecode mehrere Kameras und Tonaufnahmegeräte zu verkoppeln, um beim Dreh völlig unabhängig voneinander arbeiten zu können und beim Schnitt die Synchronität von Bild und Ton und der diversen Kameras untereinander herstellen zu können. Es entsteht eine neue schnelle Technik, zu der auch der Zoom gehört. In Frankreich kommt der Begriff cinéma verité auf. Vieles, was hier ausprobiert wird, kommt der Filmästhetik insgesamt zugute.

In den 1970er Jahren setzt sich der Farbfilm durch. Lichtempfindlichkeit und Kontrast des Filmmaterials sind jetzt so gut, dass es sich zum Experimentieren eignet. Zeiss bringt Objektive mit einer maximalen Öffnung von f:1,3 heraus; mit Weltraumoptik von f:0,7 kann man sogar mit Kerzenlicht drehen – bei ‹Null Schärfentiefe› (BARRY LYNDON). Die blue screen revolutioniert die Tricktechnik. Es ist die Zeit des legendären Kodak 5247 mit 100 ASA. Flashing, Bleichbadüberbrückung und ähnliche Verfahren kommen auf. Auch die Labortechnik lässt mit Kopiermaschinen, die mit additiver Lichtsteuerung arbeiten (weißes Licht wird in drei farbige Strahlengänge zerlegt, die dadurch individuell dosiert werden können) Experimente zu. Die handliche PSR bzw. PVSR (panavision silent reflex camera) von 1968 löst langsam die Vorherrschaft der Mitchell BNC-Serie ab.

Der Louma-Kran der 1970er Jahre mit ferngesteuerter Kamera ließ sich auch in verwinkelten Räumlichkeiten einsetzen. Gyroskopische Stabilisatoren für die bewegte Kamera, sei es aus der Hand, auf dem Schiff oder im Flugzeug, steigern die Beweglichkeit der Kamera (DAS BOOT). Bald werden sie abgelöst von der Steadicam (Garrett Brown, 1976), einem Kameratragesystem mit dem das Kino eine nie geahnte Mobilität erhält. In der Beleuchtungstechnik setzen sich die mini-brutes (Batterien mit 6 und mehr Quartzlampen) und die gepulsten Quecksilberjodid-Lampen, kurz HMI, durch. Fuji hatte einen Farbfilm mit 250 ASA herausgebracht, was einen sensationellen Wettlauf zwischen den verschiedenen Herstellern einläutete; Eastman bringt 1984 den Typ 5293 mit 200 ASA heraus, was als revolutionär galt. Heute sind 500 ASA ganz normal; selbst bei einer Belichtung auf 1000 ASA gibt es noch gute Ergebnisse. Was man bei diesem Wettlauf schon lange vergessen hatte, war die Haltbarkeit. Die Filmschaffenden mussten mit Entsetzen feststellen, dass alte Filme bis Mitte der 1950er Jahre stabilere Emulsionen hatten als neuere Filme. Nach einem Proteststurm in den 1980er Jahren reagierten die Hersteller rasch. Die handlichen Arri-Kameras mit ihren Koaxialkassetten werden eine immer schärfere Konkurrenz zu Panavision. Heute beherrscht Arri – nach dem Zusammenschluss mit der österreichischen Moviecam – zusammen mit Panavision den Profi-Kameramarkt. Die ersten professionellen Filme auf Video werden gedreht.

Die 1980er Jahre bringen eine Rückkehr zu expressivem Licht und starkem Kontrast. Mit dem T-Grain-Film von Kodak schien fast alles möglich, mehr Lichtempfindlichkeit, mehr Schärfe, feineres Korn; selbst in der Nacht konnte das Bild noch aufgelöst werden. Video gewinnt gleichzeitig an Bedeutung, zunächst nur im Fernsehen und als Videokontrolle des aktuellen Filmbilds (video assist). Mit der Digitalisierung in den 1990er Jahren wird Video zur echten Konkurrenz, auch wenn die Pixelzahl anfangs noch erheblich unter der chemischen Emulsion liegt. Mit der Verbesserung der Pixelzahl tritt das digitale Paradox auf: Bilder mit mathematischer Perfektion wirken unecht. Die Schärfentiefe ist gewaltig, der Kontrastumfang ist bescheiden.

In der postproduction läuft heute schon fast alles digital. Prinzipiell muss zwischen verschiedenen Stufen unterschieden werden, beim computer aided design funktioniert der Computer wie ein Korrekturgerät, computer controlled motion ist Animation mit dem Computer, computer-manipulated pictures ist Tricktechnik mit virtuellen Computerbildern und computer-generated images ersetzen Filmbilder durch Computerbilder. Zum technischen Abbild gesellt sich das imaginäre Bild; neben Studiotechnik, Lichttechnik, Kameratechnik, Labortechnik und Schnitt-Technik treten computergrafische Techniken. Vieles, was früher unendlich teuer war, wird jetzt billiger und oft auch besser. Der Ehrlichkeit halber muss man sagen, dass das einzige wirklich neue Verfah-

29 Arriflex 35. Foto: Deutsches Museum

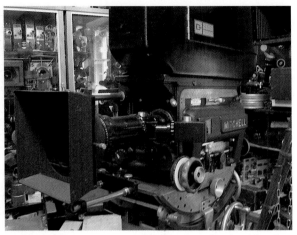

30 Mitchell-Kamera (BNC), im Kino Museum München (Sammlung Helmut Ammon)

31 Eclair-Cameflex, Sammlung Helmut Ammon

32 Panavision Silent Reflex Kamera (PSR)

33 James Wong Howe mit der PSR

34 Arricam

ren das motion tracking ist, die Kombination von Kamerabewegung und bewegtem Digitalbild. Computer finden sich aber auch seit den 1990er Jahren in den Kameras. Heute ermöglicht ein Motion Control System wie Arrimotion, die komplexesten Kamera-Operationen und Dolly-Bewegungen digital zu speichern und mit diesen Daten vollautomatisch und exakt zu wiederholen. Damit lassen sich CGIs mit realem Material perfekt kombinieren. Arri hat mit diesem System seine Position weiter ausgebaut. Dazu kommen die fast perfekten Hawks-Linsen mit neu berechneter Anamorphotik. Seit es die digitalen Kopien ohne Datenverlust von Generation zu Generation gibt, gibt es auch den Streit um die Archivierung, auf Film oder digital. Gutes Filmmaterial, richtig gelagert, hält sehr, sehr lang; eine Verschlechterung des Materials ist ein sehr langsamer Prozess. Digitales Material scheint sehr lange zu halten, gibt es aber einen Datenverlust, dann kann schlagartig alles weg sein.

Deutscher Kamerastil bis 1933

> Der eigentliche Dichter des Films muss die Kamera sein.
> *Paul Wegener*

Eines der frühesten Dokumente eines Kameraschwenks stammt von Guido Seeber. Am 31. 07. 1900 filmt er die AUSFAHRT DER CHINAKRIEGER; gemeint sind deutsche Truppen, die zur Niederschlagung des Boxeraufstands nach China entsandt wurden. Um die Größe des Schlachtschiffs zu zeigen, schwenkt die Kamera den Schiffsrumpf entlang. Mangels geeigneter Instrumente besteht der Schwenk aus einer Folge ruckartiger Bewegungen. Dem holprigen Bewegungsablauf ist, hegelianisch gesprochen, der Wille zum Schwenk eingeschrieben.

Kameratechnisch war der Ruf des deutschen Kinos der Kaiserzeit nicht besonders gut. Giovanni Pastrones Kameramänner unter dem Chefkameramann Segundo de Chomon realisierten für CABIRIA (1913/14) Sensationelles. David Wark Griffith' Kameramann Billy Bitzer versucht 1914 mit Filmen wie JUDITH OF BETHULIA gleichzuziehen. Die Gaumont-Produktionen in Frankreich sind legendär für ihre hochwertige Kameraarbeit: Léon Gaumont, der führende Rohfilmproduzent, legt größten Wert auf die Qualität der Arbeit seiner Kameraleute als Werbung für sein Filmmaterial. Den besten Ruf in Europa besitzen aber die skandinavischen Kameramänner, die für ihre eindrucksvollen Naturaufnahmen und malerischen Interieurs berühmt sind (Julius Jaenzon und seine Fotografie von TERJE VIGEN, 1916). Sie sind so berühmt, dass die deutsche Filmindustrie gezielt Skandinavier abwirbt.

Axel Graatkjaer wird 1913, Frederic Fuglsang 1915 von der Nordisk zur PAGU (Projektions AG Union) abgeworben. In LULU von 1916 fällt Fuglsang durch seine Kamerafahrten auf. Graatkjaer vermittelt seinem Schüler Karl Freund bei Urban Gad/Asta Nielsen-Filmen von 1913/14 alles Technische, aber durchaus nicht als Selbstzweck: «Die Technik», so Graatkjaer, «muss sich dem rein Künstlerischen unterordnen.»[1] Noch vor Karl Freund arbeitet Guido Seeber mit Asta Nielsen. Die künstlerisch ambitionierten Urban Gad/Asta Nielsen-Filme sind ein Glücksfall für den Aufstieg der deutschen Kameratechnik in den 1910er Jahren. Künstlerische Fotografie ist hier nicht nur erwünscht, sondern ausdrücklich gefordert.

---

1   Interview mit Axel Graatkjär. In: *Film-Kurier*, 22. 06. 1925.

35–38 Cabiria (Giovanni Pastrone, 1913/14), Bild: Segundo de Chomon

39 Terje Vigen (Victor Sjöström, 1916), Bild: Julius Jaenzon

Nach gängiger Auffassung der Filmgeschichte ist der Aufstieg des deutschen Films mit dem Aufbruch und den Krisen der Weimarer Republik eng verknüpft, wobei die wesentlichen Stilrichtungen zunächst im Expressionismus und dann in der Neuen Sachlichkeit zu finden sind. Das ist in verschiedener Hinsicht zu relativieren. Karl Freund dreht in den 1910er Jahren für Max Reinhardt Filme, die sich an Vorbilder aus der deutschen Malerei des 19. Jh. orientieren. Und vielfach finden sich bis weit in die 1920er Jahre Auswirkungen des Jugendstils.

Eine generelle Anmerkung scheint mir notwendig zu Kunststilen im Kino. Von impressionistischen oder expressionistischen Filmen überhaupt zu sprechen, ist bis auf wenige Beispiele ganz unhaltbar. Es ist dagegen etwas ganz anderes, wenn man festhält, dass im deutschen Kino der zwanziger Jahre ein durchgängiger Hang zu expressiven Bildern besteht oder vice versa in Frankreich zu impressiven Bildern. Ein Touch macht aber noch keinen Stil. Expressionismus heißt auf gar keinen Fall flach: der expressionistische Verzicht auf klassische Perspektive macht es erst möglich, aus der Ebene zu springen, ein Spezifikum des Expressionismus. Wo der Expressionismus flächig ist, ist er noch im Übergang vom Jugendstil. Einen Wechsel zwischen expressiven Bildern und flächigen Jugendstilornamenten kann man sehr schön in Skifilmen von Fanck beobachten. Zuerst die sehr expressive Wirkung einer Landschaft, die den Mittelgrund ausspart, also nur aus Vordergrund und Hintergrund besteht, und dann plötzlich ganz flach die ornamentalen Erdzeichen, von Skifahrern gezogen. Filmischer Expressionismus muss deshalb logischerweise dynamische Raumerfassung durch die Kamera sein. Dieser filmische Expressionismus beginnt bei Filmen wie DAS BACCHANAL DES TODES (Eichberg, 1913, Fragment), DER STUDENT VON PRAG (Rye, 1913), DER GOLEM (Galeen, 1914, Fragment), DER FELDARZT (Leni, 1916), HOMUNCULUS (Rippert, 1916 Fragment) und endet 1925 mit Murnaus FAUST-Film.

Der Caligarismus, der den Expressionismus auf seine Fahnen geschrieben hatte, hat von filmischem Expressionismus nichts begriffen. Filme wie CALIGARI (Wiene, 1919), VON MORGENS BIS MITTERNACHTS (Martin, 1920), GENUINE (Wiene, 1920), RASKOLNIKOW (Wiene, 1922) sind expressionistische Schauspielkunst, abgefilmt vor expressionistischer Graphik und Malerei. Expressionistische Schauspieltechnik ist antipsychologisch, ja spielt mitunter gegen die Szene an. Der antipsychologisch agierende, fast zeichenhafte Ernst Deutsch in VON MORGENS BIS MITTERNACHTSist ein expressionistischer Schauspieler, der psychologisierende Eugen Klöpfer in DIE STRASSE (Grune, 1923) ist kein expressionistischer Schauspieler. Wenn Kortner und Dieterle in HINTERTREPPE (Jessner, 1921) gegen die Szene anspielen, kann man fast idealtypisch sehen, wie verselbständigte Expression alle individualistische Einfühlung wegwischt. Sobald aber psychologisiert wird, wie bei Pick oder Pabst, kann von expressionistischer Schauspieltechnik keine Rede mehr sein.

Die Neue Sachlichkeit scheint zwar im Kontext von Futurismus, Konstruktivismus u. ä. zu stehen, ist aber vor allem eine sehr deutsche Angelegenheit: eine ganz und gar

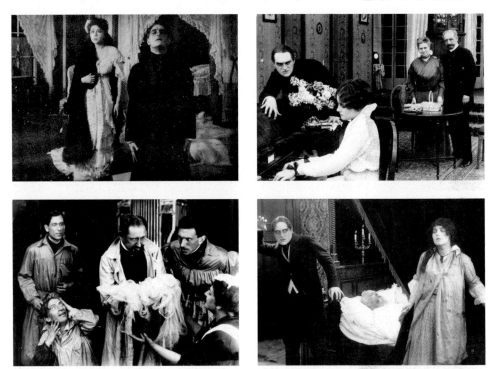

40–43 Homunculus (Otto Rippert, 1916), Bild: Carl Hoffmann; expressionistisches Kino der 1910er Jahre

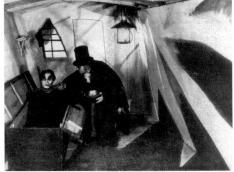

44–47 Caligari (Robert Wiene, 1919), Bild: Willy Hameister; Caligarismus: expressionistische Schauspielkunst vor expressionistischer Grafik

48–51 Dr. Mabuse (Fritz Lang 1921/22), Bild: Carl Hoffmann; spätexpressionistisches Kino der 1920er Jahre

konstruierte Wirklichkeit, das extreme Gegenstück zu Jean Renoir, der den Zufall, das Vorgefundene, das Spontane liebt. Und wo der Futurismus voluntaristisch die Technik verherrlicht bzw. der Konstruktivismus die Wirklichkeit technisch neu erschaffen will, unterwirft sich die Neue Sachlichkeit fatalistisch dem technischen Ding, dem Zwang der Sachen, dem Sosein des Faktischen. Der Weg vom Expressionismus zur Neuen Sachlichkeit ist keine ideologische Kehrtwendung um 180 Grad, sondern der Umschlag von Nachkriegsverzweiflung in präfaschistische Apathie. Insofern ist MENSCHEN AM SONNTAG (1929), ein Kollektivfilm von Ulmer, Zinnemann, Wilder und Robert und Kurt Siodmak, dort, wo Schüfftans Kamera mit der Wirklichkeit kokettiert und Zufälliges erhascht, bei allen Krankheiten der Neuen Sachlichkeit, ein bemerkenswerter Sonderfall.

Stilistisch gesehen ist die Ikonographie des Helldunkel eine der wesentlichen Entwicklungslinien des deutschen Kinos der 1920er Jahre. Carl Hoffmann gilt zu Recht als Kameramann des wirklich filmischen Expressionismus, denn er dynamisiert das Bild selbst expressiv. Erste Höhepunkte sind dabei die DR. MABUSE-Filme, die Fritz Lang 1921/22 inszeniert. Die nächtlichen Straßen mit flackernden Lichtern und schimmerndem Asphalt sind heute noch sensationell. «Zum ersten Male hat das Problem erleuchteter nächtlicher Straßen seine Lösung gefunden» (Eugen Tannenbaum).[2] Und Alfred Rosenthal berichtet: «Der erste große Beifall, der spontan den großen Zuschauerraum bei der Premiere des DR. MABUSE durchbrauste, galt jener Szene, wo die Autos durch die abendlichen Straßen jagen, deren Bogenlampen fast kilometertief gleich Sternen in der Dunkelheit aufleuchten.»[3] «Wie ich die Nacht einfing», rühmt sich Carl Hoffmann in der Presse.[4]

Die expressive Lichtgebung ist bei Carl Hoffmann strikt antinaturalistisch. In DIE NIBELUNGEN (Fritz Lang, 1922/24) entwickelt er neue Lichttechniken, die dies besonders deutlich machen. Mit dem Führungslicht modelliert er Gesichter, Augen, Stirn, Mund. Die Logik der Dramaturgie bestimmt das Licht. Das entspricht kongenial Fritz Langs Blick auf die deutsche Mythologie, mit ihren Wurzeln im Unheimlichen. DIE NIBELUNGEN haben ihren festen Platz in der seismografischen Landschaft der 1920er Jahre. Die festen Formen verschwimmen, alles ist im Flusse, in Auflösung begriffen. Das Licht zersetzt die ehernen Formen, noch bevor sie in den Untergang hineingerissen werden. Irrlichternd beginnt die Götterdämmerung. «Jetzt experimentierten Hoffmann und Rittau mit Oberbeleuchter Biermann und seiner Beleuchterkolonne in jeder freien Minute, bis tief in die Nacht hinein mit den größten verfügbaren Scheinwerfern, den so genannten Tausendern, um eine Methode zu finden, mit welcher sich

---

2 Eugen Tannenbaum: DR. MABUSE. In: *B.Z. am Mittag*, 28. 04. 1922.
3 Aros (= Alfred Rosenthal): Der Triumph der Bogenlampen. In: *Berliner Lokal-Anzeiger*, 01. 05. 1922.
4 Carl Hoffmann: Wie ich die Nacht einfing. In: *Film-B.Z.*, 07. 05. 1922.

52–55 Fortwirken von Elementen des Jugendstils

52 METROPOLIS (Fritz Lang, 1925), Bild: Karl Freund

53 DIE NIBELUNGEN (Fritz Lang, 1922-1924), Bild: Carl Hoffmann

54 Mitte rechts: DIE BERGKATZE (Ernst Lubitsch, 1924), Bild: Theodor Sparkuhl

55 NACHTGESTALTEN (Richard Oswald, 1919), Bild: Carl Hoffmann

das geheimnisvolle, lautlose Lichtspiel auf der riesigen, weiß gestrichenen Horizontwand erzielen ließ. [...] Die durch diese ständig leicht pendelnden und sich drehenden Glasscherben gebrochenen Lichtbündel der Scheinwerfer projizierten sich auf den Horizont als bewegte Lichteffekte. Mehrere Beleuchter hielten anstelle der Glasstücke lange Birkenzweige vor die Lichtquellen und unterbrachen, indem sie die Zweige auf und ab schwenkten, die horizontalen Bewegungen der Lichtschlieren. Durch Proben bis Mitternacht wurde so das Nordlicht erfunden.» So der Filmarchitekt Kettelhut in seinen Memoiren.[5] Für die NIBELUNGEN geht Hoffmanns expressive Lichtgebung in ihrer antinaturalistischen Manier einen Schritt weiter. Der Hell-Dunkel-Dualismus wird durch einen Lichtdualismus überlagert, der ein spezifisch deutsches Phänomen der Lichtgebung im Kino darstellt: das Zwei-Sonnen-Phänomen. Szenisches Licht und Führungslicht sprengen dabei die Geschlossenheit des einen Kosmos. Ikonographisch taucht dieses Phänomen das erste Mal in der Tintoretto-Schule auf, später – in der Illuminatenkunst – wird es bewusst als ideologisches Mittel eingesetzt. Im filmischen Bewegungsfluss werden so die festen Formen zersetzt. Irrlichternd beginnt die Götterdämmerung.

Geradezu ketzerisch setzt Carl Hoffmann die Zwei-Sonnen-Technik bei dem zweiten mythischen Stoff der Deutschen ein. Der FAUST-Film ist Hoffmanns Meisterwerk, ein einziges Kreisen und Taumeln der Kamera wie des Bildes selbst. Eric Rohmer, in seinem Buch über den FAUST-Film, weist nach, dass kein einziges Bild ohne Kontraktion oder Expansion, meist als konzentrische oder exzentrische Bewegung, vorkommt.[6] Gerade so, als hätte man Caravaggio-Gemälde wie ‹Das Martyrium des Hl. Matthäus› oder ‹Die sieben Werke der Barmherzigkeit› in Bewegung gesetzt. Das Licht, durchweg Chiaroscuro, macht hier keine Ausnahme. Es geht übernatürlich und mit dem Teufel zu. Unter zwei Sonnen macht es Hoffmann nicht. Oder die Objekte leuchten selbst und Sonne kommt gar nicht mehr vor. Oder künstliche Sonnen erstehen: «Von den sechsundfünfzig im FAUST nachzuweisenden Gegenständen leuchten dreißig (die meisten sind kreisförmig oder wirken so durch die Intensität des Lichts, das von ihnen ausgeht [...]).» (Rohmer).[7] Der Faust-Film ist der Atelier-Film par excellence. Was Hoffmann mit der bewegten Kamera in FAUST bewerkstelligt, z.B. der atemberaubende Flug der Kamera über den Dächern der Stadt auf einer Art Achterbahn, ist bereits ein Reflex auf Karl Freunds entfesselte Kamera in DER LETZTE MANN.

Karl Freund gilt neben Hoffmann als der exponierteste Vertreter des expressiven deutschen Bildstils. Aber schon bei Freund sind auch ganz andere Quellen wirksam. 1920 übernimmt er die Kamera zu DER GOLEM, WIE ER IN DIE WELT KAM (Paul We-

---

5   Erich Kettelhut nach Wolfgang Jacobsen (Hg.): *Babelsberg*. Berlin 1992. S. 77.
6   Eric Rohmer: *Murnaus Faustfilm*. München, Wien 1980.
7   Eric Rohmer: ebd. S. 57.

gener) und Der verlorene Schatten (Rochus Gliese). Beide Filme gelten als Beispiele deutscher expressiver Bildtechnik, in beiden Filmen zeigt Freunds Kamera aber auch Beispiele von eindrucksvollem Pleinairismus. Von der Filmwissenschaft fast vergessen ist die Wirkung des Jugendstils als Bildquelle im deutschen Film: Bei den Bauten von Antoni Gaudí und jenen von Hans Poelzig in Der Golem dominiert dieselbe quellende Pflanzlichkeit, ebenso erinnern viele Entwürfe von Kettelhut aus Die Nibelungen und Metropolis an Jugendstilgrafik. Die Lichtgebung im Jugendstil rührt aus dem Irgendwoher, ist nicht existent oder bewusst diffus. Sie setzt Paul Cézanne voraus, den Höhepunkt und Endpunkt des Impressionismus. Karl Freund führt 1923 die Kamera zu Die Finanzen des Grossherzogs, Bauten: Rochus Gliese. Viele haben Murnau den Film nie verziehen. So atypisch er für ihn sein mag, ist er andererseits ein wichtiges Indiz für das Nebeneinander verschiedenster Quellen des Bildstils: Pleinairismus, aber auch reines grafisches Flächenlicht, Chiaroscuro nur in homöopathischen Dosen.

Die Jahre 1922/23 sind durch ein reges Experimentieren mit dem beweglichen Bild gekennzeichnet. In Murnaus Phantom experimentieren Kameramann Axel Graatkjaer und Filmarchitekt Hermann Warm mit subjektiver und objektiver Bewegung: Die ‹laufende Straße› der ‹taumelnde Tag› sind legendär. Die Kameraarbeit von Hoffmann, Freund und Fritz Arno Wagner in Langs Dr. Mabuse und Murnaus Der brennende Acker zeugt von einem vehementen Drang zum bewegten Bild. Sylvester (Regie: Lupu Pick) kommt den Errungenschaften in Der letzte Mann schon sehr nah; Karl Hasselmann und Guido Seeber nehmen mit der Fotografie des nächtlichen Luxusrestaurants die dynamischen Hotelszenen aus Der letzte Mann bereits vorweg. Theoretisch, in den Köpfen, ist die Kamera schon seit geraumer Zeit entfesselt. Carl Mayer, der Autor von Sylvester und Der letzte Mann, hat bereits fertig ausgearbeitete Vorstellungen von einer entfesselten Kamera. Das zeigt sich in seinem Drehbuch zu Sylvester, dessen Szenenentwurf bereits zum Verwechseln ähnlich mit Der letzte Mann ist.

Aus dem Drehbuch zu Sylvester:[8]

6. Bild:

DAS VORNEHME HAUS GEGENÜBER

Doch entfernt!
        Denn:
        aus Entfernung langsam
schräg heranrollend:

---

[8] Carl Mayer: Sylvester. Auszüge in: Rolf Hempel: *Carl Mayer*. Berlin 1968. S. 116f.

56–58 Sylvester (Lupu Pick, 1923), Bild: Guido Seeber; ein Vorläufer der entfesselten Kamera

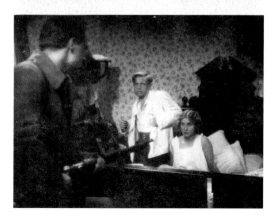

59–61 Westfront 1918 (Georg Wilhelm Pabst, 1930), Bild: Fritz Arno Wagner; neusachliches Kino der Weimarer Republik

	Zeichnet sich jetzt erst und immer deutlicher:
	Jenes Hauses Flucht. Mit hohen Fenstern dahin.
	Die erleuchtet sind hell.
	Und!
	Passanten! Volk! Zeitungsschreier! Plakatträger!
	Und Autos auch. Fahrend heran.
	Denn:
immer näher heranrollend:	
	Zeichnet deutlicher sich jetzt des Hauses Eingang.
	Eine Drehtüre. Die immer sich dreht in Licht.
	Und!
	Davor:
	Ein Portier! Hoch von Gestalt. Lakaienhaft starr.
	Und jetzt: Starr grüßt er so.
	Denn:
	Ein Auto. Eben wieder fahrend vor.
	Und!
	Eine Dame. Ein Herr. In Pelz. Beide der Drehtüre zu.
	Die der Portier immer dreht.
	Und!
	Jetzt:
	Während das Auto wieder fährt davon: Steht starr wieder der Portier. Starr auch jetzt immer: Wiewohl fröstelndes Volk jetzt schleicht vorbei. Das gaffend ein Plakat jetzt liest: Das neben dem Eingang ist aufgestellt.
	Denn:
groß:	
	Dieses Plakat:

(lesbar)
HEUTE
GROSSE SYLVESTERFEIER
(verziert ist die Schrift)

	Sekunden. Dann:
größer wieder:	
	Die Drehtüre.
	Und!
leicht zurückrollend:	
	Während jene zerlumpten Gestalten sich drücken in

	eine Ecke: Grüßt wieder der Portier.
	Denn:
	Ein Auto. Dem wieder ein Paar entsteigt. In Pelz.
	Und!
	Während der Portier die Drehtüre wieder dreht:
	Und wieder das Auto fährt davon:
verdunkelt langsam dies Bild.	
13. Bild: JENE DREHTÜRE	
	Und!
heranrollend von des Platzes Richtung aus:	
	Der Portier. Er grüßt. Wieder!
	Und!
	Wieder dreht die Drehtüre er.
	Denn:
	Wieder: Ein Auto.
	Und!
	Gäste. In Zylinder und Pelz.
	Und!
	Jetzt:
der Apparat folgt der Drehtüre Bewegung:	
	Wodurch ein Foyer sich zeichnet. In Licht.

DER LETZTE MANN bringt die Dynamisierung des Bildes zum Durchbruch. Karl Freund gilt jetzt als der ‹Mann mit der entfesselten Kamera›. 1925 führt er die Kamera in E. A. Duponts VARIETÉ. Er übersteigert die Effekte der entfesselten Kamera – vor allem in der berühmten Trapezszene im Berliner Wintergarten – bis zum Manierismus. Der Film wird ein Welterfolg. Deutsche Bildgestaltung wird zum Begriff. Aber die starke Position der Filmarchitektur im deutschen Film darf trotz des bildgestalterischen Niveaus nicht vergessen werden. Hinsichtlich der Kameraarbeit ist das nicht unproblematisch und durchaus umstritten. Carl Hoffmann betont, «dass die Dekoration gleichsam dem Objektiv entgegen gebogen werden muss.»[9] Murnau vertritt diese Position, auch Du-

---

9 Interview mit Carl Hoffmann. In: *Film-Kurier*, 11. 09. 1926.

pont und Pabst. Lang, der von der Architektur kommt, weniger. Ebenso Regisseure, die vom Theater stammen wie Arthur von Gerlach (ZUR CHRONIK VON GRIESHUUS), Karl Grune (AM RANDE DER WELT), Leopold Jessner (HINTERTREPPE) oder Arthur Robison (MANON LESCAUT). Zeitgemäß lässt Arthur von Gerlach 1925 seinen Kameramann Fritz Arno Wagner in ZUR CHRONIK VON GRIESHUUS mit einem Kamerawagen operieren. Aber das übermächtige Dekor erschlägt die Kamerafahrten, sie wirken schwer wie mit einem Ochsenwagen. Es ist eine theaterhafte Schwere, die selbst zum Stilmittel wird. In MANON LESCAUT ist dies bis in die Physiognomie der Darsteller zu verfolgen. Kreimeier schreibt über Lya de Puttis Rolle: «[...] als Körperwesen vor der unbarmherzigen Kamera Theodor Sparkuhls kämpft sie gegen eine dicke Schicht kalkweißer Schminke, die ihrem Gesicht – wären nicht die dunklen, mal traumverlorenen, mal leidenschaftlich lodernden Augen – jede Individualität geraubt hätte.»[10]

Ähnliches gilt für Langs METROPOLIS (1925/26). Karl Freund ist zusammen mit Günther Rittau für die Kamera verantwortlich. Aber das fotografisch Bestechende an dem Film sind nicht Fahrten, sondern die Trickaufnahmen. Das von Eugen Schüfftan, dem späteren Starkameramann, entwickelte Spiegeltrick Verfahren, das die Tricktechnik bis auf den heutigen Tag nachhaltig beeinflusst hat, wird hier in größerem Maße – ausgeführt durch Helmar Lerski – praktisch eingesetzt: Um große, teure Bauten zu sparen, werden kleine Modelle in die Szene passend eingespiegelt. Wo Murnau mit leichter Hand Rötelzeichnungen hinwirft, führt Fritz Lang Regie mit dem Faustkeil. Für DIE NIBELUNGEN baut er einen stilisierten Wald im Studio. «Die geraden Gipsstämme des Zauberwaldes und am Atelierboden ausgestreute Waggonladungen von Salz sollten die Illusion eines verschneiten, erstarrten Waldes erzeugen, der durch die Anspielung hochstrebender Bündelpfeiler einen Sakralraum vortäuschen sollte [...]» (Helmut Weihsmann).[11] Später, in DAS TESTAMENT DES DR. MABUSE (1932), muss Fritz Arno Wagner für Lang den Spreewald aufnehmen, als wäre er im Studio gebaut. «Abgehauene Bäume werden in Massen einher geschleppt [...] sie werden aufs Neue in die Erde eingegraben, dorthin wo ihr Schöpfer Lang es befiehlt. – Lang übersieht sein Werk und siehe, es scheint ihm noch nicht gut, noch wird umgestellt, umgebaut mit diesem lebendigen Material der Natur, seine Hand formt im Schaffenswillen die Landschaft.» So die Zeitgenossin Eisner.[12]

METROPOLIS ist voller pflanzlicher, vegetativer Formen, die zu Stein erstarrt sind, der Turm von Babel mit seiner Blütenkrone, Yoshiwara und die Gärten der Lust, der Dom und Rotwangs Haus. Ähnliches in SPIONE (1927) und FRAU IM MOND (1928/29). Auch hier scheinen wieder Reflexe des Jugendstils auf wie in der zeitgenössischen Bau-

---

10 Klaus Kreimeier: *Die Ufa-Story*. München, Wien 1992. S. 179.
11 Helmut Weihsmann: *Gebaute Illusionen*. Wien 1988. S. 127.
12 Lotte H. Eisner: Drehbericht DAS TESTAMENT DES DR. MABUSE. In: *Film-Kurier*, 03. 10. 1932.

haus-Architektur. Das dominierende fotografische Element ist bei Fritz Lang das gebaute Licht. Die Kamera von Carl Hoffmann, Karl Freund und Fritz Arno Wagner, der wichtigsten Kameramänner von Fritz Lang, wird hier auf architektonisches Licht eingeschworen. Was bei Murnau frei und luftig wirkt, hat hier die Bedrohlichkeit von Suchscheinwerfern.

METROPOLIS und DER LETZTE MANN stehen stilistisch an der Bruchstelle vom expressiven Bildstil zur Neuen Sachlichkeit. G. W. Pabst wird ihr großer Exponent. 1926 dreht er mit Guido Seeber GEHEIMNISSE EINER SEELE, ab 1927 mit Fritz Arno Wagner DIE LIEBE DER JEANNE NEY, WESTFRONT 1918 und andere Filme. GEHEIMNISSE EINER SEELE, der als der erste Psychoanalyse-Film gilt, exorziert das deutsche Dämonenkino, das in einer Alptraum-Sequenz eingespielt wird. Die Handlung selbst ist in differenzierten Grautönen gehalten, bewusst und nüchtern abgesetzt von allem Blendwerk des Chiaroscuro. Seeber ist für dieses Unterfangen der Kameramann der Wahl; als Meister des Chiaroscuro hat er doch immer schon einen Hang zu nüchternen Milieustudien. Neben Karl Freund ist er der beste Porträtist unter den deutschen Kameramännern. Die Ikonografie der frühen Asta Nielsen hat Seeber geprägt. Auf Asta Nielsens Wunsch soll er als Kameramann für DIRNENTRAGÖDIE (1927) verpflichtet worden sein.

Fritz Arno Wagners Kamerastil in DIE LIEBE DER JEANNE NEY ist dem faktografischen Erzählgestus von Pabst mitunter gegenläufig. Pabst lässt seine Protagonisten wie beiläufig durch die Pariser Hallen promenieren oder inszeniert eine große Abschiedsszene mit zurückhaltender Nüchternheit. Wagner aber, wie die meisten deutschen Kameramänner seiner Generation, setzt dieser Regie immer wieder expressive Schlaglichter auf. So sind expressive Elemente auch in der Neuen Sachlichkeit präsent, was zugleich viel zu deren ikonografischem Reichtum beiträgt. Rittaus Zusammenarbeit mit Joe May – HEIMKEHR (1928) und ASPHALT (1929) – ist hier sicher beispielhaft. Sei es ein sibirisches Bergwerk, ein russischer Bahnhof oder der regennasse Asphalt eines Berliner Boulevards – die inzwischen wie selbstverständlich gleitende und fahrende Kamera fängt immer wieder Bilder von gefährlichem Glanz und dämonischem Schimmer ein. Eine erhöhte Mobilität und Souveränität des Kameraauges gewährleistet in beiden Filmen ein Vorläufer des Kamerakrans.

In ASPHALT zeigt der deutsche Film, dass er jetzt alles kann, sogar spielerische Leichtigkeit: «Die Ateliertüren öffnen sich: Dann öffnen sich hinten, rechts und links, die Atelierschiebetüren. Die Straße wird aufs Freigelände fortgesetzt. In ihrer Verlängerung die Fassade eines Bürohochhauses mit modernen, breiten Fenstern. Davor eine getreue Wiedergabe des Universumeinganges. Die Plakate machen Reklame für den Film ASPHALT. Film im Film, eine amüsante Spielerei.» So der Zeitgenosse Hans Feld in einem Drehbericht.[13] Für Borde, Buache und Courtade in ihrem Buch ‹Le Cinéma réaliste

---

13 Hans Feld: Die Asphaltsraße im Film-Atelier. In: *Film-Kurier*, 03. 11. 1928.

allemande› bildet Asphalt den Gipfel deutscher Lichtspielkunst: «Es lässt sich nichts ‹Moderneres› [...] denken als die verblüffende Lebendigkeit der Straßenszenen [...]: Die Kamera beherrscht alles, wählt aus, isoliert, sie arbeitet wie das menschliche Auge, ist von einer immensen Wachheit. Aber auch die Verführungsszene [...] ist ein wahres Lehrstück des Kinos. 1927 hatte der Stummfilm seinen großen klassischen Stil gefunden. Keine leeren Stellen mehr, kein Theater mehr: Das Kino war zu allem fähig.»[14]

Die einzigartige Rolle, die der Kamera in den 1920er Jahren zufällt, hat ohne Zweifel auch etwas damit zu tun, dass der Film in dieser Dekade eine Tendenz zum reinen Lichtbild hat. Die frühen Farbverfahren wie Tinting und Toning hat man aufgegeben, da die Schwarz-Weiß-Fotografie einen solchen Hochstand erreicht hat, dass Farbe als störend empfunden wird. Ton als szenischen Ton gibt es noch nicht. Die Theorie des Cinéma pur ist nicht zufällig ein Kind der 1920er Jahre. In Deutschland entspringt sie mitten im Wirkungsfeld starker plastisch-bildnerischer und dynamisch-bildnerischer Kräfte. Jugendstil und Expressionismus sind vielleicht die wichtigsten Impulse. Nirgends, auch nicht in der Bauhaus-Tradition, ist es zu einer so fruchtbaren Verschmelzung durchaus gegensätzlicher Elemente gekommen. Und im Gegensätzlichen, das wissen wir seit Hegel theoretisch, seit Hölderlin ästhetisch und seit Faust immer schon, hat das deutsche Wesen gut Schwelgen.

Die 1920er Jahre im deutschen Kino: Das ist gebautes Licht am einen Ende und leuchtende Architektur am anderen, dazu eine Generation selbstbewusster Kameramänner und Architekten – eine einmalige Konstellation. «Der Kameramann ist der moderne Zauberer», sagt Rittau,[15] und Hoffmann bezeichnet die Kamera als «unumschränkte Alleinherrscherin».[16] Im Bewusstsein der führenden Kameramänner herrscht ein künstlerischer Gruppengeist, der die Industrie in der Rolle des modernen Mäzens sieht. Man müsse auf der Kamera wie auf einem Instrument spielen, meint Seeber,[17] und Schüfftan erklärt, «dass die Industrie zum Künstler gehen muss, um sich neue Eindrücke und Möglichkeiten für den Film zu holen».[18] Die ganze Ambivalenz von künstlerischem Anspruch und politischer Naivität, von der ästhetischen Erschaffung wahrhaft neuer Welten, die doch dem Weimarer Syndrom verpflichtet sind, spiegelt sich hier berufsständisch wider. Und natürlich ist diese künstlerische Avantgarde nur bedingt repräsentativ für das allgemeine Niveau. Neben den herausragenden Leistungen der führenden deutschen Kameramänner wie Karl Freund, Carl Hoffmann, Fritz Arno Wagner, Guido Seeber, Theodor Sparkuhl, Axel Graatkjaer, Curt Courant, Franz Planer oder Günther Rittau, gibt es auch einen Standard unauffälliger Gediegenheit.

14 Raymond Borde, Freddy Buache, Francis Courtade: *Le Cinéma réaliste allemand*. Lyon 1965. S. 114.
15 Günther Rittau: Die Trickaufnahmen im Metropolis-Film. In: *Reichsfilmblatt*, Nr. 27, 1927.
16 Carl Hoffmann: Die Film-Bildkamera in ihrer Wandlung. In: *Die Filmwoche*, Nr. 10, 1932.
17 Interview mit Guido Seeber. In: *Film-Kurier*, 22. 07. 1925.
18 Interview mit Eugen Schüfftan. In: *Filmpress*, Nr. 16, 1951.

Der letzte Mann und die entfesselte Kamera

> Mit dem Film ist der Riss zwischen den Künsten der Zeit und den Künsten des Raums überwunden.
> *Ricciotto Canudo: Die Geburt der Sechsten Kunst*

> Mit den fortschreitenden Begebenheiten sollen diese Bewegungen auch in Tiefen und Höhen geführt werden, um bildhaft zu geben: den inmitten der Natur alle Welt erfassenden Taumel.
> *Martin Heidegger: Sein und Zeit*

> Aber gleichzeitig beginnt es diese heroische Monumentalität allmählich ins Immaterielle zu transponieren, und zwar einzig und allein durch die – von Karl Freund unglaublich feinfühlig – exekutierte Bewegung des Aufnahmeapparates. Wir beginnen diese Bewegung zu fühlen – sie ist vorsichtigerweise vorerst fast immer irgendwie praktisch begründet durch die Bewegung der Personen oder den Fortgang der Handlung; so schleicht sie sich unvermerkt als das stärkst bestimmende Element bei uns ein.
> *Willy Haas: Der letzte Mann*

Dem amerikanischen Film verdankt die Filmgeschichte die Montage (vor allem Griffith), dem russischen Kino die filmische Perspektive/point of view (vor allem Eisenstein), dem deutschen Kino die mobile Kamera. Den entscheidenden Durchbruch markiert 1924 Murnaus Film Der letzte Mann; die Kamera führt Karl Freund.

Die Zensurfassung des Films vom 16. 12. 1924 hat eine Länge von 2315 m. In den Jahren 2001/2002 wurde in Zusammenarbeit von Bundesarchiv-Filmarchiv, Cinémathèque Suisse, Museum of Modern Art und Friedrich-Wilhelm-Murnau-Stiftung eine Rekonstruktion unter Verwendung alles noch vorhandenen Materials durchgeführt. Mit 2023 m (deutsche Fassung) und 2050 m (Exportfassung) sind wir von der ursprünglichen Länge weit entfernt. Hinzu kommt, dass der Film für eine internationale Auswertung vorgesehen war, wofür damals mehrere Negative benötigt wurden, die immer Abweichungen aufweisen. Manches, was in der zeitgenössischen Literatur steht, findet sich deshalb heute nicht mehr oder nicht mehr in genau dieser Form. Ich will hier keinen quellenkritischen Text verfassen, sondern nur vorweg auf das Problem hingewiesen haben.

Was den LETZTEN MANN zu einem Meilenstein in der Geschichte des abendländischen Sehens macht, ist nicht, dass die Kamera sich bewegt, sondern dass sie sich ganz selbstverständlich bewegt. Willy Haas rief damals wie Napoleon vor Valmy aus: «Von hier und heute beginnt eine neue Epoche in der Geschichte der Kinematographie!»[1] Historisch bewertend muss man präzisieren: Ab hier ist die Zentralperspektive wirklich in Bewegung geraten. Von entfesselter Kamera spricht die Filmgeschichte, was ein bisschen nach Manier klingt, aber die Kamera ist dabei immer streng funktional und narrativ. «Die Kamera wurde auf ein Fahrrad gestellt und fuhr – mit Blick auf die Hotelhalle – (im offenen Fahrstuhl T.B.) hinunter und durch die Halle bis zum Portier, zur Drehtür und (mit Zwischenschnitt) hinaus auf die Straße.» So beschreibt Robert Herlth, der Filmarchitekt, den establishing shot des Films.[2] In der erhaltenen Fassung ist der Zwischenschnitt, ziemlich unmerklich, am Ende der Fahrstuhlfahrt und die Kamera fährt nicht durch die Drehtür, sondern blickt durch die gläserne Drehtür hinaus. An der Fulminanz der Einstellung ändert das nichts. Sie charakterisiert von vornherein den Film mit seinen 24, z. T. sehr komplexen, Kamerafahrten, seinen zahlreichen Kameraschwenks und seiner dynamischen Montage von Einstellungsgrößen, die ohne Zwischentitel auskommt.

David Wark Griffith, der schon zehn Jahre früher lineare Kamerafahrten mit Autos, Eisenbahnen und einmal sogar mit einem eigens konstruierten kranartigen Gerät (in INTOLERANCE, 1916) durchführte, fühlte sich durch den sensationellen Erfolg des LETZTEN MANNS um seinen Ruhm gebracht. Seine polemische Frage «Wussten Sie, dass die ersten Filme, die wir machten, ohne Zwischentitel waren?» ist auf den LETZTEN MANN gemünzt.[3] Für Griffith waren Zwischentitel eine erzählerische Errungenschaft, gleich wichtig der Großaufnahme, der Irisblende, dem Kasch, dem Schwenk oder eben einer linearen Kamerafahrt. Bei dieser einmal entwickelten Erzählsprache blieb er stehen. Den Sprung zum Bewegungsfluss als eine neue Qualität hat er nicht mehr vollzogen. Den Unterschied zu Griffith kann man vielleicht am deutlichsten in einer sehr subtilen Kleinigkeit sehen, nämlich wie sich sogar Bewegungen von Licht, Schatten und Spiegelungen in den Bewegungsfluss des LETZTEN MANNS einfügen.

Friedrich Wilhelm Murnau, der Regisseur des Films, gilt mit Werken wie NOSFERATU (1921), PHANTOM (1922) und FAUST (1926) als ein herausragender Vertreter des deutschen expressionistischen Films. Für Murnau war filmischer Expressionismus nie

---

1 Willy Haas: DER LETZTE MANN. In: *Film-Kurier*, 24. 12. 1924.
2 Robert Herlth: Dreharbeiten mit Murnau. In: Lotte H. Eisner: *Murnau*. Hannover 1967. S. 127.
3 David Wark Griffith: Don't Blame the Movies! In: *Motion Picture Magazine*, Nr. 31, 1926.

Caligarismus, d. h. expressionistische Schauspielkunst abgefilmt vor expressionistischer Malerei, sondern Kino mit Licht und Schatten, mit mobiler Kamera und dynamischem Schnitt. Der letzte Mann vereinigt ein Spitzenteam. Neben Karl Freund an der Kamera steht Murnau der beste Drehbuchautor in Deutschland zur Verfügung: Carl Mayer. Filme wie Sylvester und Scherben (Lupu Pick, 1923 und 1921), Der Gang in die Nacht und Schloss Vogelöd (Murnau, 1920 und 1921) und Das Cabinet des Dr. Caligari (Robert Wiene, 1919) sind von ihm geschrieben. «Mayers schöpferische Fantasie», erinnert sich Freund, «hatte uns überzeugt, dass wir alles tun konnten.»[4]

Zu dem Team kommen schließlich noch Robert Herlth und Walter Röhrig, die bereits so wichtige Filme wie Der Golem (Wegener, 1920), Der müde Tod (Lang, 1921) und Der Schatz (Pabst, 1923) architektonisch geprägt hatten. «Der letzte Mann (ist) eine Drehtür mit Mauern und Fenstern. Die Metaphysik des Dekors», schreibt Henri Langlois, «ist ein Geheimnis des deutschen Films. Und in diesen Filmen, bei denen die Kompilation alles bedeutet, ist der Filmarchitekt der Alchimist einer Welt, die er dank seines Wissens quellend erstehen lässt […]. Man muss Robert Herlth gesehen haben, um zu begreifen, dass dies kein Bild, sondern die strikte Wahrheit ist. Dieser Mann stand wirklich am Kreuzweg der Jahrhunderte.»[5]

Der filmhistorische Glücksfall wird komplett durch Erich Pommer, den Produzenten. Pommer war filmbesessen, der seltene Fall eines Produzenten, dem die künstlerischen Ambitionen mindestens genauso wichtig waren wie das Geschäft. Mit Metropolis (1925) brachten Pommer und Lang die Ufa fast zum Bankrott. Dem Team vom Letzten Mann gab Pommer mit: «Erfindet bitte etwas Neues, auch wenn es verrückt sein sollte!» So Robert Herlth.[6] Karl Freund gibt uns eine Vorstellung von der fruchtbaren Zusammenarbeit, in die auch Emil Jannings, der Star des Films, frühzeitig mit eingebunden war: «Mit Jannings, der im selben Mietshaus in einem anderen Stock wohnte, probierte Mayer neue Ideen und Einstellungen aus, lange bevor sie gefilmt wurden. Deshalb dauerten die Vorarbeiten zum Letzten Mann auch zweieinhalb Monate. Während dieser Zeit diskutierte Mayer täglich wenigstens mit einem von uns – mit Murnau, mit den Architekten Herlth und Röhrig, mit Pommer, mit Jannings oder mir. Aus dieser Kollektivarbeit heraus entwickelten sich all die Neuerungen im Letzten Mann!»[7] Spätestens hier fällt einem natürlich Elie Faure ein, der den Vergleich des Kinos mit einer Dombauhütte aufgebracht hat: eine Vielzahl von Meistern, deren Arbeit von einem Baumeister koordiniert wird.

---

[4] Karl Freund: A Film Artist. In: A. Asquith et al.: *A Tribute to Carl Mayer. Memorial Programme*, Scala Theatre. London 1947. S. 11.
[5] Henri Langlois: Robert Herlth. In: DIFF (Hg.): *Filmarchitektur. Robert Herlth.* München 1965. S. 20.
[6] Robert Herlth: Dreharbeiten mit Murnau. In: Lotte H. Eisner: *Murnau.* Hannover 1967. S. 126.
[7] Karl Freund: A Film Artist. In: A. Asquith et al.: *A Tribute to Carl Mayer. Memorial Programme*, Scala Theatre. London 1947. S. 11.

Der letzte Mann ist zweifelsohne eine Vision der entfesselten Kamera aus dem Geist des Expressionismus. Der Film gilt wie Scherben (Lupu Pick, 1921) als Stummfilm ohne Zwischentitel. Es gibt allerdings zwei Titel, die dem nicht wirklich widersprechen. Der erste Zwischentitel ist dem Film als Motto vorangestellt: «Heute bist Du der Erste, geachtet von Allen, ein Minister, ein General, vielleicht sogar ein Fürst – weißt Du, was Du morgen bist?!» Daraufhin folgt der erwähnte establishing shot, der nach heutiger Kopienlage aus zwei Kamerafahrten besteht. Die Bedeutung der Drehtür wird optisch ins Zentrum gerückt: Alles bewegt sich hin zur Drehtür, alles bewegt sich fort von der Drehtür. Das großstädtische Leben pulsiert.

Draußen auf der regennassen Straße agiert Jannings, der Portier, mit Regenschirm und Regencape. Jannings ist ein rauschebärtiger Herr, fast eine Art Nikolaus. Es ist alles wie ein Spiel, leicht, beschwingt, aber nur kurz. Ein Wagen mit einem schweren Schrankkoffer am Gepäckträger fährt vor. Die Gäste zu begrüßen und sie beschirmt bis zur Drehtür zu begleiten, das ist fast wie nicht entfremdete Arbeit, eine Berufung. Aber da ist der Koffer. Die Kamera packt den Portier von oben. Der ruft, pfeift auf seiner Trillerpfeife. Panik, keine Hilfe ist da. Der Koffer steht jetzt schwer und gegenlichtig im Regen. Er muss wohl selbst anpacken. Als der Chauffeur den Koffer auf ihn absenkt, wird er fast erdrückt, ein Koffer schleppt sich durch die Drehtür ins Hotel. Es ist vollbracht.

Der Portier verschnauft sich. Unterdessen ist der Hoteldirektor mit wichtigen Gästen beschäftigt. Er geleitet sie hinaus, sucht vergebens nach dem Portier und muss selbst ein Taxi rufen. Auch der Page ist gerade beschäftigt, er muss den alten Portier mit einem heißen, wohl alkoholischen Getränk stärken. Der Direktor sieht es. Beide begegnen sich an der Drehtür ohne sich zu begegnen. Das haben Drehtüren so an sich. Der Direktor macht sich eine Notiz. Der Portier legt das Regencape ab, es regnet nicht mehr. Man kann ihn jetzt in der vollen Pracht seiner Uniform sehen, eine Operettenuniform mit Tressen und Königskronen, ein Minister, ein General, ein Fürst. Sein militärischer Gruß macht jetzt erst richtig Sinn. Mit einem Handspiegel prüft er seinen Bart. So selbstgefällig ist er jetzt wieder bei sich selbst. Zwei Mädels warten vor dem Eingang auf ein Taxi, von der nassen Straße spritzt es, sie ducken sich in den Eingang. Der Portier pfeift. Ein Taxi. Mit dem Schirm, der gar nicht mehr nötig ist, geleitet er sie, schäkert etwas. Ein Herr, der hinterher kommt, ermahnt ihn scherzhaft.

Szenenwechsel. Arbeiterviertel, Hinterhof. Durch einen Torbogen kommen Passanten, die einen eilen hinaus, die anderen kommen erschöpft zurück. Manche haben Wohnung mit Balkon, andere wohnen in einem Kellerloch. Auch hier gibt es eine Hierarchie und der Portier, den alle grüßen, steht offenbar an ihrer Spitze. Sein Weg, die Treppe hinauf, ist ein Triumphzug, die Tür steht schon offen für ihn. Die große Welt, mondän und glamourös, wirft ein Licht in diesen Hof, wo die Lichter mit Einbruch der Dunkelheit gelöscht werden. Das letzte in der Wohnung des Portiers. Abblende.

Aufblende. Morgen. Passanten im Hof. Die Bettwäsche wird gelüftet. Die Nichte des Portiers bürstet seine Uniform aus. Dann richtet sie in der Küche einen Kuchen her; mit der Spritzdüse schreibt sie ‹Den Hochzeitsgästen›. Der eitle Portier kämmt sich unterdessen vor dem Spiegel; die Küchenszene sehen er und die Kamera im Spiegel. Fast eine Voyeurszene. Den Brautschleier befummelt er als wäre es seine Braut. Es ist jetzt alles ein bisschen am Rande der Karikatur. Wenn er die Nachbarinnen im Treppenhaus militärisch grüßt und die vor ihm das Geländer abputzen, merkt man, dass es von der Hochachtung zum Hohn nur ein kleiner Schritt ist. Aber der Film setzt noch eins drauf: Im Hof balgen die Kinder, ein kleines Mädchen liegt am Boden. Der Portier greift ein, tröstet das Kleine und schenkt ihm eine Tüte Bonbons, die er für solche Anlässe wohl immer bei sich hat. Die Sequenz schließt mit einem Gegenschnitt aufs Treppenhaus, wo Vorbereitungen für die Hochzeit getroffen werden. Ein Regulator wird hoch getragen, die Herrschaft der regulierten Zeit ist auch in den einfachen Milieus angekommen.

Menschen hasten zur Arbeit, der Portier schreitet. Halb in der Drehtür entdeckt er einen anderen Portier, der Dienst tut, jung, kräftig, sachlich. Der alte und der neue Portier begegnen sich an der Drehtür, ohne sich zu begegnen. Das haben Drehtüren so an sich. Für einen Moment ein zorniges Aufwallen, auf dem Sprung zum Einschreiten, aber dann kommt der Page, hält ihn zurück und zieht ihn durch die Drehtür ins Foyer. Spätestens jetzt ist klar, dass diese Drehtür ein allegorischer Ort ist. Das mittelalterliche ‹fortunae rota volvitur›, übertragen auf den Kapitalismus. Durch die Glastür sieht man ins Büro des Direktors. Der händigt dem Portier einen Brief aus und zündet sich eine Zigarette an. Der Portier kramt umständlich nach einer Brille, die Kamera fährt durchs Glas heran. Der Brief teilt mit, was längst bekannt ist, aber er wird nicht entlassen. Entlassen wird ein anderer, der älteste Angestellte wird in ein Versorgungsheim geschickt, so dass dessen Austragstelle frei wird. Oval wird die Szene in den Brief eingeblendet: Ein uralter Mann gibt seine weiße Jacke ab; es ist der Job des Klomanns. Der Brief schließt mit dem Satz: «Der Grund der Maßnahme ist Ihre Altersschwäche.» Der Satz verschwimmt.

Der Direktor sitzt am Schreibtisch, irgendwie ist ihm das alles peinlich. Der Portier senkt die Brille ab, eine Mischung aus Protest und Ohnmacht. Der Brief geht zu Boden. Im Eck steht ein schwerer Schrankkoffer, die Chance, seine Kraft zu beweisen. Der Koffer geht zu Boden. Gegenschnitt zum neuen Portier, ein zackiger Typ, kein Kaiserreich-Rauschebart. Der Direktor ruft einen Hoteldiener, um die Szene zu beenden. Er wäscht sich die Hände, ein Pilatustyp, ein Agent des Kapitals, der versucht, seinen Job anständig zu machen, kein Schlächter. Der Hoteldiener schält den alten Portier aus der Uniform wie einen Krebs aus seiner Schale. Ein Knopf geht zu Boden. Im Foyer taucht ein wichtiger Gast auf. Alle sind beschäftigt, der alte Portier bleibt allein zurück. Er sieht an sich runter, unförmig. Im Schrank hängt die Uniform, prächtig, sein Ego. Er nützt die Gelegenheit, den Schrankschlüssel zu entwenden. Gegenschnitt zur Hochzeit. Der alte Portier erhält jetzt die weiße Jacke des Klomanns. Gegenschnitt zum neuen Portier. Mit einem Stapel Handtücher, den Insignien seines neuen Jobs, geht der Klomann ab, durch eine Schwingtüre die Treppe nach unten, durch eine Schwingtüre in den Orkus. Wir sind jetzt im Reich der Schwingtüren angekommen, hier geht es nur noch nach unten und nach oben.

Das Atlantic-Hotel bei Nacht. Der Hinterhof bei Nacht. Hochzeitsgäste am Balkon wundern sich, wo der Portier bleibt. Der schleicht durch das Hotel, um die Uniform zu klauen. In pseudosubjektiven Fahrten folgt ihm die Kamera. Der Lichtkegel des Nachtwächters kommt dazwischen. Die Sequenz ist mit viel suspense gebaut. Schließlich gelingt der Diebstahl. Panisch und im Schutz der Nacht flieht der alte Portier hinaus durch die Drehtür. Die Kamera rast vorne weg. An eine Wand geklammert, hält er inne. Die Fassaden wanken. In einem wilden Gegenwind schlüpft er in die Uniform.

Die Hochzeitsgesellschaft ist angetrunken, die Treppe kommt ein Schatten hinauf. Als ihn die Tür verschluckt hat, wieder Schatten. Rauch und Köpfe, plötzlich ein Toast auf den Portier, die Stimmung schlägt um. Man sieht die hell erleuchteten Fenster von außen, drinnen geht es hoch her. Schließlich gehen die ersten Gäste, der Portier trinkt sich glücklich. Er fängt an, auf seiner Trillerpfeife zu pfeifen und zu salutieren. Das Glück hat etwas Panisches an sich. Die alte Tante des Bräutigams lacht. Alles endet in sinnloser Trunkenheit und Ruhestörung. Die betrunkene Trompete eines Gasts im Hof schwenkt mit dem Schalltrichter in die Kamera, die Kamera fliegt über den Hof zum Portier hinauf, der schaut zurück auf die kleine Trompete im Hof. Alles dreht sich, das Zimmer schwankt. Die Trompete geht ins Unscharfe, der Portier schläft.

Die Drehtür erscheint jetzt als Traumfigur, schmal und riesig hoch, so dass der Portier groß und klein zugleich erscheint. Im Hinterhof ist jetzt plötzlich ein Auto mit einem Riesenkoffer, sechs Mann schleppen sich an ihm ab. Zwischendrin verschwimmt alles, irgendwelche Schatten rotieren durchs Bild wie in einem abstrakten Film, das Drehtürmotiv als Muster. Der Portier stemmt den Koffer mit einer Hand. Hinterhof und Foyer verschwimmen. Mit dem Koffer, wie schwerelos, führt er ein Ballett auf.

Am nächsten Morgen taucht die alte Tante mit einer Kaffeekanne auf, die Stelle der verheirateten Nichte einnehmend. Im Hof wird Wäsche ausgeklopft. Ein Blick auf die Uhr treibt zur Eile an. An der Uniform fehlt ein Knopf; die Alte näht einen neuen an. Leicht angesäuselt betritt der alte Portier die Treppe. Nachbarinnen und Hoflandschaft sind verzerrt. Die Alte winkt am Fenster. In beschwingter Parallelfahrt geht es zur Arbeit, alle Passanten werden militärisch gegrüßt. Ein Amüsierstück. Bis verschwommen das Atlantic-Hotel auftaucht. Im wirklichen Leben muss die gestohlene Uniform an der Gepäckabgabe aufgegeben werden. Die Bahnhofsuhr zeigt bedrohlich die fortgeschrittene Zeit. Hastig geht es durch die Hintertür die Treppe nach unten. Da steht ein Schrank mit den täglichen Utensilien, der weißen Jacke und einer Schublade ganz unten, die der Alte nur im Knien zu öffnen vermag. Beschwingt kommt ein Gast durch die Schwingtüren, der Klomann, wie narkotisiert, schläft im Stehen. Der Gast lacht und gibt ein großes Trinkgeld. Durch den Lichtschacht fällt ein Gitterschatten wie in einem Gefängnis.

Gegenschnitt zu der alten Tante, die mit einem Topf Mittagessen kommt. In der Küche des Hotels herrscht reger Betrieb, für den Klomann gibt es eine Suppe. Die Suppen-Mahlzeit wird gestört durch einen Gast, der sich wenig appetitlich schnäuzt, ein Bild, das auf den eigentlichen Zweck des Klos verweist. Die Suppe schmeckt nicht mehr. Gegenschnitt zum Hotel-Restaurant, Austern werden geschlürft. Die alte Tante ist inzwischen an der Drehtür angekommen. Lockend und erwartungsvoll hält sie den Topf um die Ecke. Teilnahmslos und unbarmherzig dreht sich die Drehtür. Der Klomann ahnt nichts von dem Drama, das sich anbahnt, und putzt das Klo. Mit Schrecken erkennt die Alte den neuen Portier, der ihr den Zutritt durch die Drehtür verwehrt und sie zum Hintereingang schickt. Den wechselseitigen Schock fasst die Kamera mit Großaufnahmen und Fahrten über die Klotreppe. Wie ein Tier, das nicht mehr entfliehen kann, duckt sich der Klomann hinter die Schwingtür, nur ein Spalt, aber die Lüge ist entlarvt. Ein Gast mit Zigarre löst den schrecklichen Bann. Die Alte flieht, rennt durch die Straßen.

Der Klomann ist völlig konsterniert, der Gast mit Zigarre hält den Klomann für einen renitenten Kerl, der seine Arbeit nicht machen will. Empört rennt er raus; es setzt eine Beschwerde. Im Reich der Schwingtüren gibt es nur noch oben und unten, der Schein der Egalität ist aufgelöst. Der Klomann ist am Ende. Abblende. Die Alte hat unterdessen den Innenhof erreicht. Ihr Schock verwandelt sich in Empörung. Von der Nachbarin springt die Botschaft über Treppenhaus, Balkone und Fenster. Der Minister, General, Fürst, der nie einer war, ist entmachtet. Sehet, der Kaiser hat keine Kleider!

Im Restaurant des Hotels spielen Geigen auf als wollten sie den Klomann in der Einsamkeit seiner Nacht verhöhnen. Die Völlerei der Gäste und das Klo werden durch die Montage bereits das dritte Mal verklammert. Fast ein Existentialismus des Bauchs: Die Ausscheidung als Endziel aller Völlerei. Eine Hochbahn rauscht in der Nähe des nächtlichen Hotels vorbei, die Tragödie eines Klomanns interessiert niemand. Im Foyer business as usual. Durch die Hintertür schleicht sich der Portier auf die Straße, kontrastiert von der Drehtür. Abblende. Als er seine Uniform am Bahnhof abholt, läuft die Geschichte wie ein umgekehrter ‹Hauptmann von Köpenick› ab. Es ist spät und die Lichter im Hinterhof sind schon an. Die Nachbarinnen lauern in der Dunkelheit. Die Durchfahrt zum Hinterhof wird von einer Lampe beleuchtet, die den Schatten des Klomanns expressiv voraus wirft. Mehrmals kämpft sich der Schatten nach vorne. Keine besonderen Vorkommnisse, einer, der vorbei kommt, grüßt teilnahmslos. Aber kaum hat er ein paar Schritte in den Hinterhof gemacht, bricht der Hohn und Spott über ihn herein. Sogar aus dem Kellerloch kommen sie. Ein Spießrutenlauf. Selbst als er in seine Wohnung kommt, findet er sich schutzlos, die Fenster stehen weit offen, die

64 DER LETZTE MANN und die entfesselte Kamera

Der letzte Mann *und die entfesselte Kamera*

62–68 Der letzte Mann (Friedrich Wilhelm Murnau 1924), Bild: Karl Freund

69 Dreharbeiten zu Der letzte Mann; Karl Freund mit Stachow-Kamera

Vorhänge wehen im Wind. Vorsichtig geht er die Treppe rauf zur Wohnung der Alten, wo jetzt seine Nichte mit ihrem Mann lebt. Ungern lässt man ihn ein, inquisitorisch ist der Blick auf ihn. Durch die Treppe geht er wieder ab.

Das Atlantic-Hotel bei Nacht. Der Nachtwächter findet den Klomann, der die entwendete Uniform wieder zurück bringen will. Er händigt sie dem Nachtwächter aus, der sie heimlich wieder zurück hängt. Ein zweites Mal trifft der Nachtwächter auf den Klomann, im Kegel seiner Lampe ein Bündel Mensch, am Ende des Waschraums zusammengesunken. Eine Gefängnisszene. Der Nachtwächter zieht seine Uniform aus und deckt ihn damit zu. Ein St. Martin des Kapitalismus. Nacht.

Jetzt kommt der zweite Zwischentitel des Films, der eigentlich keiner ist und den 6. Akt einleitet. Wie dieser 6. Akt des Films, ein angepapptes happy ending, zustande kam, werden wir wohl nicht mehr einwandfrei klären können: Pommer und Jannings sollen darauf gedrängt haben, Jannings soll angeblich sogar Regie geführt haben. Murnau, Mayer, Freund und die Mehrheit des Teams sollen opponiert haben. Becce, der Komponist, hat keine einzige Note dafür geschrieben. Der falsche Zwischentitel trägt einiges zur Klärung bei: «Hier, an dieser Stätte seiner Schmach, würde der Alte den Rest seines Lebens elend verkümmern – und es wäre die Geschichte hier eigentlich aus. Aber es nimmt sich des von Allen verlassenen – der Autor an, indem er ihm ein Nachspiel schreibt, worin es ungefähr so zugeht, wie es im Leben – leider – nicht zuzugehen pflegt.» Dies ist ein erklärendes Dementi, das zum Verständnis des Nachspiels unerlässlich ist. Erzählbruch, Stilbruch und Genrebruch müssen dadurch beständig reflexiv gelesen werden.

Alle lachen. Das Foyer, das Restaurant, das ganze Hotel scheint sich vor Lachen zu biegen. Das Testament eines Millionärs, enthüllt uns eine Zeitungsmeldung, hat denjenigen zu seinem Erben bestimmt, in dessen Armen er stirbt. Dass dies der Klomann war, war wohl nicht vorgesehen. Der Wortlaut des Testaments lässt wohl eher auf eine exzessive Sexualität schließen, aber der Subtext der Ausscheidung als Ziel aller Gier erfüllt sich hier geradezu biblisch: Die Letzten werden die Ersten sein.

Ein reich gedeckter Tisch, eine Riesen-Torten-Pasteten-Sauerei füllt das Bild. Dahinter taucht Jannings auf, fressend. Der Oberkellner moniert ein leeres Gedeck neben ihm, aber Jannings besteht darauf, dass es am Platz bleibt. Liebevoll dekoriert er es mit Blumen. Dann blickt er auf die Uhr als erwarte er eine Geliebte. Auch im Paradies des Kapitalismus herrscht noch die Uhr. Die Kellner zwinkern. Auftritt Nachtwächter. Mit einem Berg von Einkaufs-Päckchen. Freudig begrüßt ihn Jannings. Wieder der Blick auf die Uhr. In der Küche herrscht Hochbetrieb. Eine Essorgie. Es muss auch noch Kaviar sein. Der Hoteldirektor schaut indigniert. Der Nachtwächter, verunsichert, steht auf. Dann setzt er seine Essorgie fort. Plötzlich ist der Teller weg – und Jannings ist auch weg. Ein hingehauchter suspense.

Jannings ist unterdessen dort angekommen, wo alle Völlerei endet, am Klo. Den

Klomann küsst er, überschüttet ihn mit Trinkgeld, verpasst ihm eine Zigarre. Der Ort der Ausscheidung wird zum Ort der Lust. Ein Gast kommt, Jannings spielt den Klomann. Das Reich der Schwingtüren ist jetzt ganz beschwingt. Der Nachtwächter schläft unterdessen am Tag. Zwei Damen sind amüsiert. Jetzt wird's endlich ganz märchenhaft. Eine Kutsche mit vier Schimmeln steht vor dem Hotel. Die Drehtür darf wieder ihren Dienst tun. Der Klomann-Millionär wird jetzt zum Portier. Er zückt seine Trillerpfeife. Und alle kommen, um sich ihr Trinkgeld abzuholen. Ein Bettler will auch was abhaben; der neue Portier weist ihn zurück. Jannings interveniert, lädt den Bettler mit zu sich und dem Nachtwächter in die Kutsche ein. Im Zweisitzer ist es zu eng. Der Bettler rutscht den Kutschbock runter und sitzt am Boden. Ein letztes Mal das Atlantic-Hotel. Abblende.

Ohne Zweifel ist die neue, Bahn brechende Dynamik des LETZTEN MANNS aus ursprünglich expressionistischen Vorstellungen entsprungen. Manches im Film ist auch deutlich expressiv, wie etwa die Behandlung des Schattens von Jannings in den Hinterhofszenen. Doch eine Zuordnung zum expressionistischen Film wirft sofort Probleme auf, wenn man die Bauten betrachtet, die Herlth und Röhrig für das Atlantic-Hotel entworfen haben. Mag der Hinterhof noch das Lehmige, Klumpige, Voluminöse und Wuchernde haben, das Atlantic-Hotel, die Straße, das Foyer, das Luftige, Spiegelnde, Gläserne, Nüchterne spricht eine andere Sprache. Thomas Koebner nennt Murnau in diesem Zusammenhang den Mies van der Rohe des Films, auch wenn das sicher nur der halbe Murnau ist. Karl Freunds Kameraarbeit, die immer schon Elemente von Pleinairismus zeigte (DAS BRILLANTENSCHIFF, 1919; DER VERLORENE SCHATTEN, 1921; DER BRENNENDE ACKER, 1922; LUCREZIA BORGIA, 1922; FINANZEN DES GROSSHERZOGS, 1923), liebt diese neue Welt aus Licht und Spiegelungen und Weiten, in denen sie sich bewegen kann. Das Tempo der Straße und das Tempo der Kamera. Das Hotel Atlantic schwimmt wie ein Ozeandampfer in den Straßen, bei Nacht oder Regen noch mehr als am Tag.

Die Kamera schwelgt in der neuen Freiheit: «Karl Freunds Kamera folgt diesem Niedergang unablässig, dringt überall ein, schlängelt sich durch die Hotelkorridore, verwertet die Lichteffekte einer Nachtwächter-Lampe, die über dunkle Wände gleiten, wenn der Wächter näher kommt. [...] Der Erfolg des hinreißenden Auftaktes des LETZTEN MANNS ist völlig auf die souveräne Handhabung der entfesselten Kamera aufgebaut. Wir erfassen mit einem Blick den gesamten Komplex – das Hotelvestibül und das Bollwerk der Etagen – durch die Glastür eines langsam herab gleitenden Lifts. Wir spüren sofort die Besonderheit der Hotel-Atmosphäre, das Hin- und Herströmen der Gäste, die durch die Drehtür eintreten oder hinausgehen, die unaufhörlich flimmernde Wandlungsfähigkeit, diese Mischung von Licht und Bewegung, die sich hier bietet. Konturen zerreißen, bilden sich aufs Neue, gleiten ineinander, und diese Kette optischer Eindrücke nimmt uns in ihrem grandiosen Fluss den Atem» (Lotte Eisner).[8]

Es lohnt sich, einen Blick auf das (leider sehr fragmentarische) Drehbuch von Carl Mayer zu werfen:[9]

Nah:
>Aus der Drehtür sich heraustastend: Der Alte.
>Die Livree in Händen.
>So zurücklauschend.
>Mit eines Diebes scheuem Rücken.
>Da! Unvermittelt!
>Ein Windstoß?
>Es flackert die Bogenlampe.
>Auf. Ab.
>Schwingend umher im erstehenden Sturm.

Während der Alte da losrannte.
>Dumpf entsetzt.
>Und –
>Während der Apparat vor ihm herläuft:
>Rennt er.
>Krampfend umklammernd die Livree.

Ein Kleinbürger-Schicksal, wie es Mayer liebt. Die Drehtür, die in SYLVESTER als Motiv bereits auftaucht, wird hier zum zentralen Strukturelement des Films. In der mechanischen Gleichgültigkeit der Drehtür wird das Schicksalsdrama ins Fatalistische umgebogen, die dramatis persona wird zu einem Anschauungsobjekt, die pseudosubjektive Kamera wechselt fließend die Positionen zur beobachtenden, allgegenwärtigen, vorauseilenden Kamera. Und hier kommt Karl Freund ins Spiel, der das aufzugreifen weiß.

So ist dem Team Murnau, Mayer, Freund, Herlth und Röhrig unter der Hand aus einer expressionistischen Vision der erste Film der Neuen Sachlichkeit gelungen. Abgesehen vom Schluss, den Lotte Eisner als schwerfälligen Ufastil klassifiziert. Dieser Schluss, wie immer er zustande kam, ist aber so reflexiv daran und daneben gesetzt, dass der Film letztlich gewinnt. Farce und Melodram ergänzen sich dialektisch: «Der spöttelnde Stil dieser Schluss-Szene», schreibt Kracauer, «erhärtet den einleitenden Zwischentitel, indem er die Skepsis des Autors gegen ein Happy End und die Kategorien von Glück und Pech ausdrückt. Wenn es für Hotelportiers, die zu Klowärtern degradiert werden, einen Ausweg gäbe, dann wäre es gewiss keiner Lösung verwandt,

---

8 Lotte H. Eisner: *Dämonische Leinwand*. Wiesbaden 1955. S. 98f.
9 Carl Mayer: DER LETZTE MANN. Auszüge in: Rolf Hempel: *Carl Mayer*. Berlin 1968. S. 122.

die die oberflächlichen Rezepte der westlichen Welt anbieten. Kraft seines zweiten Schlusses unterstreicht der Film die Bedeutung des ersten [...]»[10] Bemerkenswert ist auch die Figur des Bettlers, die ganz zum Schluss eingeführt wird und sichtlich keinen Platz findet, weder unter den Trinkgeldempfängern noch auf der Kutsche, ein langer schlaksiger Kerl, der manche Assoziationen an Murnau selbst auslöst.

Rätsel gibt der Erfolg des Films auf. Mayers Kleinbürgerdramen waren eigentlich ein Nischenkino; das normale Weimarer Kino war völlig anders. Einige Kritiken betonen dies ausdrücklich: «Endlich, wird man sagen, einer, der es wagt, die ausgefahrenen Geleise des gewöhnlichen Films, die absurden Liebesgeschichten und Verbrecherjagden, die Eisenbahnzusammenstösse, Spielhöllen und Theateraufführungen zu verlassen und Neues zu machen» (Roland Schacht).[11] Die romantische Ironie der Schlusswendung war sicher hilfreich; sie verbindet das Kassengift Kleinbürgerdrama mit eskapistischen Sehgewohnheiten.

Alle Kritiken sind sich im Lob einig, aber es gibt einige Besonderheiten. Der übliche Aufbau einer Kritik bestand aus einer interpretierenden Inhaltsbeschreibung und einer kurzen Würdigung von Regie und Hauptdarstellern, vielleicht noch Autor; Nebendarsteller, Kamera, Bauten etc. folgen als Block am Schluss. Tatsächlich konnte ich keine einzige Kritik finden, die diesem Schema entsprochen hätte. Fast immer werden Jannings, Mayer, Murnau, Freund, gelegentlich auch Pommer und die Architekten in ihrer Leistung ausgiebig gewürdigt, wobei es total spannend wird, wie die Rollenverteilung zwischen Autor, Regie und Kamera ausfällt. Meist werden die drei Leistungen mehr oder weniger gleichgewichtig zusammen gebracht. Es gibt aber auch eine ganze Reihe von Kritiken, die von «Carl Mayers neuer Film»,[12] von «Carl Mayer mit gutem Filminstinkt geschaffen»[13] oder gar von «Es bleibt dem Regisseur nun verhältnismäßig wenig zu tun übrig»[14] sprechen. Andere betonen die Rolle von Karl Freund, dessen Name der Film «in riesenhaften Lettern tragen müsste»[15] oder von der «unglaublich feinfühlig» exekutierten Bewegung der Kamera «als das stärkst-bestimmende Element».[16] DER LETZTE MANN, eine Ausnahmefilm mit einem Ausnahmeerfolg.

Oberflächlich gesehen handelt DER LETZTE MANN vom deutschen Uniformfimmel; zumindest ist das der manifeste Inhalt. In den Schichten des Films erschließt sich aber ein hochaktuelles, universelles Gefüge. Dietrich Leder arbeitet in seiner Analyse das Zeitmoment heraus: Der Portier, ein Relikt der Kaiserzeit, wird durch den neuen Por-

---

10 Siegfried Kracauer: *Von Caligari bis Hitler*. Frankfurt/Main 1979. S.140.
11 Balthasar (=Roland Schacht): DER LETZTE MANN. In: *Das Blaue Heft*, Nr. 8, 1925.
12 Monty Jacobs: DER LETZTE MANN. In: *Vossische Zeitung*, Nr. 592, 1924.
13 Frank Warschauer: DER LETZTE MANN. In: *Die Weltbühne*, Nr. 2, 1925.
14 Joseph Roth: DER LETZTE MANN. In: *Frankfurter Zeitung*, 08. 01. 1925
15 DER LETZTE MANN. In: *Der Kinematograph*, Nr. 933, 1925
16 Willy Haas: DER LETZTE MANN. In: *Film-Kurier*, 24. 12. 1924.

tier abgelöst, der zwar auch eine Uniform trägt, aber als funktionales Instrument seiner Tätigkeit.[17] Diese Zeitschiene vom Alten zum Neuen ist nur ein Beispiel für eine Gesellschaft, die vom beständigen Umbruch lebt. Der Portier gehört, so Thomas Koebner, zu den Modernisierungsverlierern.[18] Ein Marktgesetz, das parallele Welten erzeugt, nicht aus Bosheit oder Grausamkeit, sondern aus struktureller Notwendigkeit. Für Egon Günther wird der Film deshalb zur universellen kapitalistischen Parabel (Egon Günther).[19] Neusachlich verbleibt er aber auch in dieser Position. Erst der Schluss in seiner dialektischen Positionierung lässt in der ideologischen Form des happy ending alle naiven Seifenblasen platzen: Weder können alle Millionäre werden, noch können alle von Almosen leben, weder schändet Arbeit, noch adelt sie.

Die horizontal zeitliche und vertikal gesellschaftliche Struktur stehen aber nicht unverbunden nebeneinander, der Film hat eine, sagen wir mal, Diagonale. Fritz Göttler spricht von einem mehrschichtigen Modell wie die Psychoanalyse aus Offenem und Verborgenem: «Die durchsichtige Welt des Hotels und der Großstadt, der Männer und ihrer Repräsentation gegenüber der dunklen Welt der (Miets)kasernen, der Frauen und Mütter, mit ihren unverputzten Wänden und dampfenden Herden. Der letzte Mann, das ist ein Überbleibsel aus der Mütterwelt. Er verfranst sich in der neuen Herrenwelt.»[20] Die männliche Panzerung, von der Klaus Theweleit spricht, gilt für den letzten Mann nur bedingt. Ohne seine Uniform zerfließt er. Der neue Portier demonstriert, was Panzerung wirklich bedeutet: Er braucht seine Uniform nur noch als Arbeitskleidung, mit jeder Geste zeigt er, dass Energie, Nüchternheit und Selbstdisziplin seine zweite Natur sind. Der letzte Mann ist auch eines der Murnau-Phantome, verloren zwischen den Zeiten und den Welten, zwischen Matriarchat und Patriarchat, zwischen dem 19. und dem 20. Jahrhundert, zwischen Hinterhof und mondäner Welt, zwischen Kleinbürgertum und alles verschlingender Modernisierung, zwischen Schein und Sein, zwischen Drehtür und Klo.

DER LETZTE MANN ist ein radikal neuer Blick. Man kann darüber nicht reden ohne die technische Seite. Karl Freund hat den Film mit einer Stachow-Kamera gedreht, eine der wenigen Kameras, die damals für einen Kameramotor geeignet waren; Zweitkamera war eine Pathé. Die Stachow-Kamera ist trotz Motor relativ leicht, robust und bedienungsfreundlich. Das war die Grundvoraussetzung für die entfesselte Kamera.

---

17 Dietrich Leder: Tragischer Abstieg. In: Klaus Kreimeier (Hg.): *Friedrich Wilhelm Murnau*. Bielefeld 1988.
18 Thomas Koebner: Der romantische Preuße. In: Helmut Prinzler (Hg.): *Friedrich Wilhelm Murnau*. Berlin 2003.
19 Egon Günther: Lässig und mit tiefer Verachtung. In: Hans Helmut Prinzler (Hg.): *Friedrich Wilhelm Murnau*. Berlin 2003.
20 Fritz Göttler: Kommentierte Filmografie. In: Peter W. Jansen, Wolfram Schütte (Hg.): *Friedrich Wilhelm Murnau*. München, Wien 1990. S. 168.

Es gab auch schon Stative, auf denen man vernünftig schwenken konnte. Sonst fehlten so ziemlich alle Voraussetzungen für die kühnen Kamerafahrten des Films. Freund und die Studiotechniker mussten vieles improvisieren, um die Kamera zu mobilisieren. Eine Umschnallapparatur nimmt sich wie die Vision der Steadicam aus. Gitterträger und Feuerwehrleitern müssen die Funktion eines Kamerakrans übernehmen, ein Fahrrad und ein Wagen mit Gummirädern die Funktion eines Kamerawagens. Mit der so entfesselten Kamera erreicht die Zentralperspektive den Endpunkt ihrer technischen Evolution. Noch wird sie nicht aufgesprengt. Die berühmte Eröffnungssequenz in der Hotelhalle ist dafür ein gutes Beispiel. Erst fährt sie im offenen Aufzug von oben nach unten, hat aber immer eine klassische zentralperspektivische Einstellung kadriert. Dann fährt sie gerade durchs Foyer, wieder in einer klassischen zentralperspektivischen Einstellung. Bei allen Fahrten und Schwenks des Films wird die Einheit von optischer Achse, Raum und filmischer Perspektive/point of view nicht aufgegeben. Ein Jahr danach dreht E. A. Dupont VARIETÉ (1925), der noch einen entscheidenden Schritt weiter geht.

1924/25, mit DER LETZTE MANN und dem darauf aufbauenden VARIETÉ wurde das abendländische Sehen zu einem Endpunkt gebracht. Die Dynamisierung von Räumen erreicht im LETZTEN MANN einen Moment der souveränen Beherrschung von Raum und Zeit, der in VARIETÉ seinen Umschlag findet: Räume zersplittern, der einheitliche point of view geht verloren, Zeit wird sequenziert, zerhackt. Der objektive Schein von Individualität, der noch den LETZTEN MANN auszeichnet, wird zur Versuchsanordnung anonymer Kräfte. Wo die torkelnde ‹trunkene Kamera› in DER LETZTE MANN den drohenden Verlust des Selbst thematisiert, verliert sich bei Dupont das Ego im nicht mehr kontrollierten Blick.

Varieté oder das moderne Sehen

> Diese spezifischen Möglichkeiten des Films lassen sich definieren als Dynamisierung des Raumes und entsprechend als Verräumlichung der Zeit.
>
> *Erwin Panofsky: Stil und Stoff im Film*

> Ein Raum, der aktiv geworden ist, der blüht, reift und vergeht.
> Im Gegensatz zum ‹Raum-als-Grenze›.
> Die Vorstellung des Raumes fast immer mit Passivität verbunden.
> ...
> Im Gegensatz dazu ein handelnder Raum, wo die Körper nur Flugbahnen wären.
> Dass nicht die Rede sei vom Gegenstand im Raum.
> Es ist der Gegenstand der Raum wird.
> Ein richtig verstandener Raum umfasst ein großes Spiel von Öffnungen, Zirkulationen, Wechselbeziehungen und Durchdringungen.
>
> *André Masson: Abschweifungen über den Raum*

> Zeit ist innerer Raum […] Raum ist äußere Zeit.
>
> *Novalis: Fragment 236*

Selbst Filmhistoriker kennen den Namen Ewald André Dupont nur durch ein einziges bedeutendes Werk: Varieté von 1925. Nicht nur Eisner und Kracauer, die Klassiker deutscher Filmgeschichte, auch Willy Haas,[1] Hans Siemsens,[2] Herbert Ihering,[3] Ru-

---

1   Haas nennt Dupont einen «geistreichen Techniker», dessen kluge Erwägungen «aus der Szene abstrahiert, nicht in das Gesamtgefüge hinein gewoben sind». Und weiter: «Seine technische Leistung übertrifft alle Vorgänger […] Der Film ist ein Anregungsfilm großen Ranges.» (*Film-Kurier*, 17. 11. 1925).
2   Siemsen stört vor allem die erfundene, übersteigerte Darstellung in Varieté: «Solch ein Publikum von Tier-Fratzen gibt es nicht. Gibt es nirgends. Nicht einmal in einer deutsch-nationalen Versammlung […]. Die Rummelplatz-Besucher dieses Films sind Ausgeburten eines literaturverseuchten Gehirns.» (*Weltbühne*, 08. 12. 1925).
3   Ihering lobt die Brillanz des Films, nicht ohne den obligatorischen Zusatz: «Ein neues Mittel wird fast zu Tode gehetzt.» (*Berliner Börsen-Courier*, 17. 11. 1925).

dolf Arnheim,[4] Kurt London[5] und viele andere prominente Autoren haben die Grundeinschätzung festgeschrieben: Dupont als Autor eines einzigen herausragenden Films, VARIETÉ, der aber an artifizieller Überreizung leidet. «Die Handlung beschränkt sich darauf, das Motiv der Auflehnung und Unterwerfung mit dem vertrauten Thema des Triebdramas auf ziemlich banale Weise zu verknüpfen. [...] Sowohl psychologische Allgegenwärtigkeit als auch die Fluidität des bildlichen Erzählens stammten aus dem Film DER LETZTE MANN.»[6] Diese Platzzuweisung Kracauers war gültige Einschätzung: Banale Variante des Triebdramas, stilistische Abhängigkeit von Murnaus Film DER LETZTE MANN (1924), in dem die «entfesselte Kamera» erstmals realisiert wurde. Das Urteil ist, wenn nicht verkehrt, zumindest sehr schief, denn es übersieht das wesentlich Neue an VARIETÉ. Erst einige Veranstaltungen rund um das Jubeljahr 1995 – 100 Jahre Kino – führten zu einer ersten Revision: VARIETÉ ist ein zentrales Beweisstück für das Verhältnis von Technik und Ästhetik in unserer visuellen Wahrnehmung.[7]

Wer den Film VARIETÉ heute sehen will, muss warten, bis er mal im Fernsehen oder in einem anspruchsvollen Kino kommt. Wie so oft, ist auch bei diesem Werk das Wie wichtiger als das Was. Die Story ist eine klassische Dreiecksgeschichte: Boss (dargestellt von Emil Jannings), ein runtergekommener Artist, betreibt eine Jahrmarktsbude mit erotischen Attraktionen. Eines Tages hat er eine neue Attraktion, dargestellt von Lya de Putti, jung, schön und talentiert. Er fängt mit ihr eine Affäre an, verlässt Frau und Kind und tritt mit ihr am Trapez auf. Die beiden haben Erfolg und werden die Partner des Varietéstars Artinelli (Warwick Ward). Artinelli verführt Lya de Putti. Der eifersüchtige Boss ermordet Artinelli. Die Geschichte selbst ist eine Rückblende: Boss berichtet seinem Gefängnisdirektor.

Duponts Werk zeigt einen Regisseur, der ganz Mann der filmindustriellen Norm ist, der aber ein durchgängiges Faible für ‹verrückte Dinge› mit der Kamera hat: In Duponts Hauptwerk, so disparat die losen Enden auch zueinander stehen mögen, ist doch ein durchgängiges Stilmerkmal sichtbar: die Zersplitterung des Raums. Es ist eine Ästhetik des drohenden Verlustes. Das aber hat mit Duponts Grundthema zu tun, das die unterschiedlichsten Welten von Entertainment, Shtetl und Bauernhof vereint: Ausbruchsversuche, die schrecklich scheitern an der Kraft der Normen. Menschen, die den Boden unter den Füßen verlieren. Seine Geschichten mögen banal sein, aber die dramaturgische Funktion der Kamera ist die des aufgeklärten Melodrams: Die Psychologie

---

4   Auch für Arnheim zählt VARIETÉ zu den «allerbesten Filmen», er sieht aber in Dupont nur einen «brauchbaren Regisseur» ohne Stil. (*Das Stachelschein*, Nr. 6, 1926 und *Medium*, Nr. 9, 1975).
5   Kurt London äußert sich 1930 enttäuscht über Dupont, «dem der stumme Film zum Ruhm verhalf». Er spricht sogar von «primitiver Arbeit» (*Der Film*, 20. 9. 1930).
6   Siegfried Kracauer: *Von Caligari zu Hitler*. Frankfurt/Main 1979. S. 136 f.
7   Thomas Brandlmeier: Zeiträume. In: Hans-Michael Bock, Wolfgang Jacobsen, Jörg Schöning (Hg.): *Ewald André Dupont*. München 1992.

hält Einzug. Die Perspektive kommt ins Spiel. Im Kino ist das die Stunde der Kamera. Als Doppelagent der Regie und des Kamerablicks agiert und lenkt sie. Vor ihrem unbarmherzig-unbestechlichen Auge ist niemand sicher, sie lässt die Akteure des Melos hilflos zappeln im Käfig ihrer Vorurteile, Normen und Gefühlswerte.

Diese beiden Momente begründen zusammen etwas absolut Revolutionäres, was die bisherige Rezeption von Dupont völlig übersehen hat. Die Strategie des aufgeklärten Melodramatikers, Erzählräume wie mit dem Seziermesser aufzuschneiden, zu zersplittern, zu atomisieren, bricht mit einem Kanon, der in Murnaus LETZTER MANN noch Gültigkeit hat: die Einheit von optischer Achse, Raum und point of view. Die seit der Renaissance fortschreitende Dynamisierung von Räumen erreicht im LETZTEN MANN einen Moment der souveränen Herrschaft über Raum und Zeit, der in VARIETÉ seinen dialektischen Umschlag findet: Die Zersplitterung des Raums und der Verlust eines einheitlichen point of view gehen Hand in Hand. Raum, Zeit und Handlung sind segmentiert. Der objektive Schein von Individualität, der noch DER LETZTE MANN auszeichnet, verkommt zur Geworfenheit. Dem establishing shot in DER LETZTE MANN ist eine doppelte Bewegungsachse eingezogen, horizontal und vertikal, vom Lift zum Foyer. In VARIETÉ ist es eine durch die Kameraposition ellipsoid verzerrte Kreisbahn über den Jahrmarkt, die der freien Schwingungsrotation unterliegt.

Filmhistoriker und Kunstgeschichtler sind sich heute einig, dass mit der Erfindung des Films ein neues Sehen einsetzt. Aber die Revolution des Sehens, das nie Geschaute kommt in VARIETÉ zum Durchbruch.[8] Die drei wichtigsten Kameramänner der 1920er Jahre, Guido Seeber, Carl Hoffmann, Karl Freund, haben im deutschen expressiven Kino der entfesselten Kamera zum Durchbruch verholfen, eine Neuerung, die sofort weltweite Beachtung fand. Die entfesselte Kamera ist dabei erheblich mehr als nur eine innerfilmische Entwicklung, sie ist die Erfüllung aller Visionen von dynamisierten Räumen und virtueller Zeitlichkeit in der Geschichte der abendländischen Malerei bis zum Anbruch der Moderne. Mit der Fotografie wird die Zentralperspektive automatisiert, mit dem Film wird sie in Bewegung gebracht. So faszinierend es die Zeitgenossen am Anfang der Filmgeschichte finden mussten, dass sich Menschen und Dinge scheinbar bewegten, bedurfte es doch noch einer 30jährigen (technischen und stilistischen) Entwicklung bis die Raumbeherrschung der entfesselten Kamera erreicht war. Etwa gleichzeitig erreichten Montage und filmische Perspektive/point of view den Grad der Perfektion; dies vor allem im amerikanischen und russischen Film.

In der Zusammenarbeit von Dupont und seinem Kameramann Karl Freund werden in einem erfolgreichen Kinofilm erstmals delirierende Bilder hergestellt. (Einige wenige Aufnahmen sind von Carl Hoffmann.) Was hier geschieht, betrifft nicht ein beschränkte

---

8   Thomas Brandlmeier: Entfesseltes Sehen. In: Corinna Müller, Harro Segeberg (Hg.): *Mediengeschichte des Films*. Band 3. München 2000.

künstlerische Avantgarde und ihr Publikum, sondern ein Massenpublikum, das reif war, für eine grundlegende Veränderung des Sehens: Der Jahrmarkt selbst bewegt sich in gegenläufig stürzenden Perspektiven, gleichzeitig schwingen die Schiffsschaukeln gegeneinander, jede Orientierung auflösend. Im nächsten Moment ist die Kamera am Riesenrad postiert, die Bewegungen gehen aufwärts und abwärts zugleich, die lateralen Begrenzungen stürzen optisch verzerrt ins Bodenlose. Mit diesen wenigen Einstellungen bereits ist eine Sichtweise der Welt aufgehoben worden, die 500 Jahre lang den visuellen Diskurs beherrscht hat. Fluchtpunkt und Standpunkt sind nicht mehr fixiert, sie wechseln beständig, sind mehrfach besetzt oder existieren überhaupt nicht mehr. Die Aufweitung des Sehwinkels (durch kürzere Brennweiten) führt zu hyperbolischen Raum-Erfahrungen, die Kombination mit engen räumlichen Verhältnissen zusätzlich zu parabolischen Verzerrungen. Immer wieder im Film, Stil bestimmend für das Kammerspiel anonymer, verlorener Individuen, taucht dieser besondere Weitwinkeleffekt auf.[9]

Damit gewinnt VARIETÉ aber auch eine radikale Modernität. Der aus der Bahn geschleuderte Sehsinn tangiert die Jahrhunderte lange Voraussetzung des souveränen Blicks: Der sechste Sinn, der Gleichgewichtssinn, verliert zunächst seine stabilisierende Funktion. Es gibt kein Zentrum mehr, sondern viele Sehzentren, der Beobachter rückt an den Rand.[10] Dies bleibt nicht ohne Konsequenz für die filmische Zeit: In VARIETÉ ist die Dimension der Zeit in ganz neuer Form realisiert. Am dramatischsten wird dies deutlich, wenn die Kamera selbst zum Pendel wird. Was Jahrhunderte lang die Zeitmessung bestimmte, die gleichmäßige Pendelbewegung, wird hier von der Kamera selbst beschrieben. Nicht mehr Raum, sondern Zeit und ihre Erscheinungsformen werden in VARIETÉ zum Gegenstand. Kinematografische Raumanalyse ohne Zeitanalyse wird spätestens mit VARIETÉ obsolet. Nicht nur, dass Kinematographie selbst ein Zeitfluss-Phänomen ist, in VARIETÉ wird der Raum beständig in Zeitphänomene aufgelöst. In der Ästhetik von Zeiträumen kommt die eigentliche Innovation des Kinos zu sich selbst.[11]

Filmhistorische Probleme werfen fast immer Fragen der Montage auf. Die Überlieferung des Films, wie so oft bei Stummfilmen, lässt zu wünschen übrig. International kursieren etwa zwei Dutzend Kopien von VARIETÉ, aber sicher weniger verschiedene Versionen. Eine Restaurierung des Films ist wünschenswert und bei der Masse des Materials wohl auch möglich. Ich habe in den letzten Jahren Gelegenheit gehabt, Material aus verschiedenen Quellen zu sichten, so dass ich Schnitte und Sequenzen mit einiger Sicherheit bewerten kann. Mit der nötigen Vorsicht kann ich deshalb meine

---

9   Thomas Brandlmeier: ebd. S. 154.
10 Thomas Brandlmeier: ebd. S. 154.
11 Thomas Brandlmeier: ebd. S. 156 f.

70–80 Varieté (Ewald André Dupont, 1925), Bild: Karl Freund

Varieté *oder das moderne Sehen*

Analyse um Fragen der Montage erweitern. Wo bei Dupont die entfesselte Kamera, oft in Tateinheit mit dem point of view, den Raum verzeitlicht, wird in der Montage Zeit verräumlicht.

Dupont war immer ein großer Polemiker. 1919 mokiert er sich über ‹Abwege der Filmregie›: «Zu der überraschenden Entdeckung, dass eine Blende – von einigen Ausnahmen abgesehen – lediglich zur Überbrückung von Zeitunterschieden da ist, werden sich die wenigsten durchgerungen haben [...].»[12] Die Rahmenhandlung des Films beginnt und endet mit Aufblende bzw. Abblende. Danach erfolgt die Rückblenden-Erzählung (mit einer Überblendung eingeleitet). Die Aufblende geht auf den Gefängnisdirektor, inszeniert als Gottvater-Figur. Er kommt direkt aus der kinematografischen Ewigkeit bzw. Zeitlosigkeit. Der Raum, in dem er sich befindet, existiert nur durch Licht, das aus der Aufblende ersteht. Der Zusammenhang zu Gefängnis wird erst durch einen Zwischentitel und das erste delirierende Bild, den Malstrom, in dem die Gefangenen kreisen, hergestellt. Eine Piranesiwelt, Gott residiert im Gefängnis; die Bildkonstruktion erinnert an die Gefängnishöfe von van Gogh und Doré, aber in Bewegung gesetzt. Foucault spricht in seiner ‹Geburt des Gefängnisses› von Panoptismus. Was mit einer Apotheose von Aufblende beginnt, endet mit einer Abblende auf eine Sträflingsnummer. Das Subjekt ist abgestempelt, als gefallener Nummernträger oder – am Trikot der Artisten – als geworfener Todgeweihter. Die Rahmenerzählung baut den Raum um die Erzählzeit. Die erzählte Zeit ist ein Geständnis, nach Foucault «all jene Prozeduren, durch die man das Subjekt dazu veranlasst, über seine Sexualität einen Wahrheitsdiskurs zu führen».[13]

Der Wirbel des überblendeten Jahrmarkts wirft die namenlose Zahl in einen entfesselten Erzählstrom. Die schnelle Folge entfesselter Räume ist auch ein Entfliehen. Das Evasive findet erst wieder vor einer Schaubude zurück zu einem Moment erzählerischer Dauer. Es geht zu wie in der Groteske, der Kundige wähnt sich im falschen Film. Groteske und Melodram operieren mit grundsätzlich verschiedenen Organisationen von Zeit und Systemen von Raum. Dupont müsste ein schlechter Regisseur sein, wenn er die dialektischen Vorteile eines Genresprungs nicht nützen würde.

Der Wettkampf der Schaubudenbesitzer findet vor den Buden statt, dazwischen wogt eine amüsierte Masse. Karnevaleske Gestalten. Die Außenfronten sind das Versprechen der Innenseite. Muskelkraft und Frauenfleisch werden angekündigt. In der Groteske geht es natürlich nicht um Ideales wie ‹Anmut-Plastik-Jugend›, wie Boss (Jannings) marktschreierisch verspricht, sondern um Handfestes, Körperliches. Die Kerls rempeln und rauchen. Kurt Gerron frisst eine Stulle. Die routiniert gelangweilten Grazien schrecken nicht ab; die Show ist ein einverständiger Betrug. Groteske Räume sind nicht

---

12   E. A. Dupont: Abwege der Filmregie, in: *Film-Kurier*, 29. 07. 1919.
13   Michel Foucault: *Dispositive der Macht*. Berlin 1978. S. 154.

differenziert, sondern schwappen ineinander über. Die Amüsiermasse brandet von Bude zu Bude, erklimmt die Stufen, drängt in den Innenraum. «Keine falsche Scham, wer vorn sitzt, sieht am meisten.» Die Trennung von Zuschauerraum und Bühne ist provisorisch, fließend. Die Handlung beschleunigt sich und retardiert abwechselnd, wie die wogende Masse, wie die kleinen Gags, wie der Wechsel von Totale, Halbtotale und Großaufnahme.

Dieselbe Szenerie verwandelt sich in zwei späteren Sequenzen in eine melodramatische. Der Boss hat eine neue Attraktion, eine exotische Tänzerin (Lya de Putti). Boss vergleicht die pantoffeligen Füße seiner alternden Frau mit den Beinen der Tänzerin. Beine und ihre Wirkung, eine Art Leitmotiv des Films. Albrecht Joseph erinnert sich in seinen Memoiren[14] an Dupont als einen Beinfetischisten. Der Blick von Boss fixiert und isoliert die Frauen. Die grölende Menge interessiert sich mehr für die üppigen Rundungen der Tänzerin. Boss ist isoliert, am Rande des Geschehens. An einem Vorhang, der zwischen Innen und Außen trennt, wechselt er die Räume. Die Räume sind jetzt strikt getrennt. Der Raum des Zuschauens und der Raum des Wegschauens. Auch das Vordrängeln des Publikums ist jetzt nicht groteske Überschreitung, sondern melodramatische Grenzverletzung. Die Schnittfolge spitzt sich linear und streng parallel in Totalen, Halbtotalen und Halbnah zu. Boss erklärt die Vorstellung für beendet. Die beschleunigte Zeit hält für einen Augenblick inne. Großaufnahme. Dann zieht die Masse murrend ab. Der raumgreifende, pseudosubjektive Schwenk der Kamera über die leeren Sitzreihen konstituiert eine melodramatische Dauer: Besitz von Raum ist auch Herrschaftsanspruch.

Die Raumergreifung der Personen in VARIETÉ wird durch die entfesselte Kamera ebenso schnell wieder zu Verlorenheit im Raum. Es gibt noch eine weitere, nicht minder ambivalente Form, die ich Raumerfüllung nennen möchte. Sie resultiert schlicht daraus, dass die meisten Akteure schwere Raucher sind. Rauch erfüllt den Raum, verdeckt aber auch. Der Innenraum des Schaustellerwagens ist ein privater Raum. Bachtin spricht in diesem Zusammenhang vom Chronotopos des Privaten: «Im Unterschied zum öffentlichen Leben ist das ausgesprochen private Leben […] naturgemäß verdeckt.» Im Kino operiert die Kamera als heimlicher Lauscher: «Man kann es im Grunde genommen nur heimlich beobachten und belauschen.»[15]

Boss verbreitet im Wohnwagen Rauchwolken, die ihn als Herrn des Raums ausweisen, aber auch als Versteck seiner wechselnden Gefühle dienen. Antithetisch gibt es dieses blitzschnelle Wegkicken der Kippen. Ein labiles Gleichgewicht stellen auch die Vorhänge dar, die sich öffnen und schließen. Virtuelle Räume, labil, bedrohlich, ungewiss. Mehrere Umschwünge sind so aufgebaut. Boss, der von Lya de Putti angemacht

---

14 Albrecht Joseph: *Ein Tisch bei Romanoffs*. Mönchengladbach 1991.
15 Michail Bachtin: *Formen der Zeit im Roman*. Frankfurt/Main 1989. S. 53.

wird, qualmt vor sich hin. Boss, der ihren Reizen erliegt, während seine Frau hinter einem Vorhang lauscht, die Position des Zuschauers verdoppelnd. Auch Artinelli, der Nebenbuhler von Boss, erscheint als vernebelnder Verführer, wenn er Lya de Putti ein Geschenk macht oder wenn er sie in sein Zimmer lockt.

Wahre Rauchschwaden der Verheimlichung, Verdeckung und Verblendung breitet Dupont aber über die Caféhaus-Szene aus, in der Boss schließlich die private Wahrheit in einem öffentlichen Raum – als Karikatur auf einem Caféhaus-Tisch – entdecken muss. Einmal, bevor in letzter Sekunde eine Hand den gehörnten Boss am Cafétisch verdeckt, überbrückt eine Rauchschwade den gefährlichen Moment. Bezeichnenderweise ist es ein liegen gelassenes Zigarettenetui, das ihn wieder zurück und die Treppe hinauf lockt. Nach dem Wutausbruch seines pseudosubjektiven Rückens (Jannings ist vorwiegend von hinten oder seitlich im Halbrücken gefilmt), geht er die Treppe runter ab, wie einer, dem man über den Kopf geschlagen hat. «Oben, unten, die Treppe, die Schwelle, die Diele, der Treppenabsatz werden zu jenen räumlichen Punkten, wo sich die Krise, der radikale Wechsel, die unerwartete Schicksalswende vollzieht, wo Entschlüsse fallen, wo die Grenze zum Verbotenen überschritten wird, wo sich die Erneuerung oder der Untergang abspielt,» heißt es bei Bachtin.[16]

Fast schon eine Karikatur auf das Motiv ist der Kampf der Rivalen am Schluss. Artinelli, rauchend, versucht zu verbergen, zu täuschen. Nervös fängt er an Kettenzurauchen, bietet Jannings eine Zigarette an, die dieser ablehnt, wirft sich in Rauch gehüllt aufs Bett. Als Jannings ihn mit einem Messer bedroht und beginnt bis Drei zu zählen, damit er sich mit dem anderen Messer wehre, fällt ihm vor Schreck die Zigarette aus der Hand. Damit ist sein Schicksal besiegelt.

Boss, nachdem er Frau und Kind verlassen hat, wohnt zunächst mit Lya de Putti wieder in einem Wohnwagen. Dupont inszeniert das wie eine Samson und Dalilah-Idylle. Boss bedient Lya de Putti, kocht, spült ab. Dupont liebt Anschlüsse mit Schnitten, die die Handlung über den Schnitt rüberziehen. Räume und Gegenstände werden so ineinander geschoben, verschränkt. Eine Art Kubismus. Boss kocht und zündet sich eine Zigarre an. Aber die Zigarre ist in der Ingwerdose versteckt. Anzünden tut er sie am Gasherd. Boss kippt das Schmutzwasser zur offenen Tür des Wohnwagens hinaus. Draußen werden seine Besucher halb nass gespritzt. Boss verhandelt draußen wegen eines Engagements im Wintergarten. Dann öffnet sich das Fenster und Lya de Putti schaut raus. Boss ist gegen das Engagement, Lya de Putti dafür. Sie streckt ihm ihr Bein mit einem löchrigen Strumpf entgegen. Boss nimmt den Strumpf und stopft ihn. Sie überredet ihn zum Engagement. Zur Belohnung streckt sie ihm den Fuß hin. Er zieht den Strumpf drüber, liebkost das Bein von unten nach oben. Der anthropologische Raum, heißt es bei Kant, sei die Möglichkeit des Beisammenseins.

16 Michail Bachtin: *Literatur und Karneval*. München 1969. S. 73.

Dupont operiert bei dem späteren Künstlerfest nochmals mit der Dialektik von Groteske und Melodram. Er reizt das melodramatisch Obsessive des Beinfetischismus im grotesken Kontext aus. Boss, am Höhepunkt einer karnevalesken Szene, spielt mit dem hochgereckten Bein von Lya de Putti Gitarre. Die Szene endet damit, dass Lya de Putti in den Armen des Nebenbuhlers Artinelli landet. Den Kuss sehen wir nicht: Das Licht geht aus. Der Schwarzfilm bringt uns schlagartig zurück ins Melodram. Das Fest ist zu Ende. Ein leerer Garderobenständer. Ein leerer Flur. Schwarzfilm und Bilder der Leere. Deutlicher kann der Bruch nicht markiert werden.

Die Verführungsszene am nächsten Tag beruht auf einer Raumintrige. Artinelli öffnet das Fenster seines Hotelzimmers und stellt die Schuhe auf den Flur, vergewissert sich, dass Lya de Putti allein ist. Er weiß, sie muss den Gang entlangkommen. Er fängt sie ab und verwickelt sie in ein Gespräch. Indem er vom Flur zurück in sein Zimmer geht, zwingt er sie, die Türschwelle zu betreten. Das geöffnete Fenster erzeugt den erwünschten Effekt: Es zieht, so dass er sie bitten kann, die Tür zu schließen. Der Raum wird zur Falle. Boss spielt Karten. Das Bild der Falle komplettiert sich, indem der Roll-Laden runtergeht. Boss gewinnt beim Kartenspiel. Der Roll-Laden geht wieder rauf. Die Dauer einer Kartenpartie.

Eine andere Variante der Konstruktion von Zeit im Raum findet sich in der Nacht des Frühlingsfests. Lya de Putti kommt nicht zurück, es wird 2 Uhr, 3 Uhr, halb Fünf. Die unterschiedlichen Helligkeitsvaleurs der aufgehenden Sonne hinter den Gardinen. Ein Blick von oben auf die letzte Hure und den letzten Müßiggänger der Nacht. Die Straßenbeleuchtung ist noch an, wirft aber im diffusen Morgenlicht keinen Schatten.

Die akustische Variante: Auftritt im Wintergarten. Boss am Trapez. Er überlegt, ob er Artinelli abstürzen lassen soll. Der Schweiß bricht ihm aus. Der Agent ist der einzige im Publikum, der weiß, was los ist. Auch ihm bricht der Schweiß aus. Die starrende Augenmasse wird konterkariert durch den Agenten, der nicht hinschauen will. In Panik flieht er nach draußen. Dann hört er den erlösenden Applaus (Klatschen im Stummfilm!). Erleichtert verlässt er den Raum des Wegschauens und geht in den Zuschauerraum zurück.

Die Dinge und ihre Macht erfüllen ihre dramaturgische Funktion im Melodram auf obsessive Weise. Rauchen und Kartenspielen sind Sucht, Ersatz und Symbol. Lya de Putti bekommt von Artinelli einen Armreif geschenkt. Als sie am frühen Morgen zurückkommt, schminkt sie sich neu, aber vergisst den Armreif. In der Umarmung von Boss streift sie ihn heimlich ab. Der Chronotopos des Verbergens läuft später routiniert ab. Hitchcock hat das Motiv in THE RING (1927) variiert.

Der soziale Aufstieg von Boss drückt sich im Wechsel seiner Kleidung aus. Das letzte Relikt des Jahrmarkts ist die Schiebermütze. Der Höhepunkt seiner Hybris ist durch einen Hut markiert. In der Caféhaus-Szene, kurz vor der Peripetie, trägt er einen eleganten Hut. Nachdem er seinen Nebenbuhler ermordet hat, ist sein Zustand am Hut sichtbar. Er ist zerbeult und eingerissen.

Der Film schließt sich mit der Überblendung von Boss auf den Sträfling Nr. 28. Die Ikonografie des Apotheotischen wird wieder herbeizitiert. Auf die Absolution folgt jenes Schlussbild, das von allen Kritikern als düster und hoffnungslos interpretiert wird. Die Nr. 28 ist verschwunden, noch nicht einmal der pseudosubjektive Rücken, der den ganzen Film über die Hauptfigur wie determiniert charakterisiert, ist sichtbar. Ein dunkles Tor öffnet sich auf eine Hobbema-Pappelallee. Aber die Kamera ist ins Nichts gehalten. Kein Fluchtpunkt, kein Horizont. «Die Abstraktheit des Neuen ist notwendig, man kennt es so wenig wie das furchtbare Geheimnis von Poes Grube» (Adorno).[17] Die schreckliche Wirkung des Bildes basiert auf einer völligen Zerstörung der klassischen hodologischen Ordnung: Kein Weg ist sichtbar. Aber wo die Gerichtetheit von vorne nach hinten fehlt, ist die Zeit vernichtet.

Dupont ist in der Filmgeschichte ein Fall wie Caravaggio oder Luca Signorelli in der Kunstgeschichte. Unter Fachleuten steigt sein Wert langsam aber stetig. Seine Zeitgenossen waren für Vieles betriebsblind, dessen Tragweite man eigentlich erst aus der rückblickenden Distanz erkennen mag. Historische Bewertungen sehen Murnau als den «Klassiker des deutschen Films», dessen «große Kunst» unumstritten ist. Daneben Dupont, dessen «Feingefühl», «Begabung» und «optische Impressionen» (alle Begriffe von Lotte Eisner)[18] durchaus gelobt werden, ohne die radikale Modernität, den Mut zur völlig neuen Form, den tatsächlich revolutionären Sprung innerhalb der abendländischen Geschichte des Sehens zu erkennen. Die historischen Bewertungen sehen Dupont zwangsläufig nur innerhalb ihrer Planquadrate: Evolution des Expressiven im Film, manieristische Übernahme der entfesselten Kamera, Weimar und die Folgen im Spiegel des Kinos. Ich will mich nicht an der Diskussion beteiligen, wessen Kunst größer sei: Murnau hat sicherlich einen klassischen Formwillen, den Dupont nie hatte. Dupont ist der Zerstörer, der das Neue schafft, das uns erschreckt. Murnau hat die Mauern der Wahrnehmung transparent gemacht, Dupont aber ist der Riss in der Grundmauer.

---

17 Theodor W. Adorno: *Ästhetische Theorie. Gesammelte Schriften.* Band 7. Frankfurt/Main 1970. S. 37.
18 Der apodiktische Untertitel des Murnau-Buchs von Lotte Eisner lautet: Der Klassiker des deutschen Films. Alle anderen Begriffe sind aus ihrem Standardwerk, ‹Die dämonische Leinwand›, entnommen.

Die britische Kameraschule

Die britische Kameraschule stellt sich historisch aus einer Synthese aus amerikanischen, deutschen und britischen Einflüssen dar. Aus Amerika kam vor allem der Hollywood-Standard, aus Deutschland expressive Bildgestaltung; die klassische Stärke des britischen Films ist der nüchterne dokumentarische Blick.

I. Amerikanische Kameraschule in Großbritannien

1919 gründete Famous Players-Lasky eine britische Niederlassung. Das war der Beginn des technischen und personellen Austauschs zwischen Amerika und England. Der amerikanische Standard war, in einer Synthese von Bitzer und Seitz, die Technik der drei bis vier Lichtquellen: Key-Light, Back-Light und Fill-Light und mitunter Cross-Light. Britische Filme hatten den notorisch schlechten Ruf, flach zu sein; das Licht war für die Belichtung da, an weitergehende künstlerische Möglichkeiten dachte niemand. Freddie Young erinnert sich: «Die meisten Kameraleute waren ältere Herren, die von weiß Gott wo in die Filmindustrie gekommen waren. […] Es gab keinen Versuch künstlerischer Gestaltung. […] Man konnte es wirklich nicht Lichtgebung nennen, es war schlicht Beleuchtungstechnik.»[1] Mit der amerikanischen Lichttechnik konnten junge englische Kameraleute einen industriellen Standard kennen lernen, der englische Filme konkurrenzfähig machte.

Der erste wichtige Kameramann, der nach England kam, war Arthur Miller. Er drehte 1922 für George Fitzmaurice THREE LIVE GHOSTS und THE MAN FROM HOME. «Stars erwarteten ein besseres Licht als es britische Kameraleute bereitstellen konnten.» So beschreibt Anthony Slide die Situation.[2] Hal Young dreht für Graham Cutts THE RAT (1925) und THE SEA URCHIN (1926). Die Filme fallen auf durch ihre bewegliche Kamera. Charles Rosher kommt 1929 nach England. Er hatte 1928 für die bewegliche Kamera und die Gestaltung des Zwielichts in Murnaus SUNRISE den ersten Kamera-Oscar bekommen. Er war einer der Pioniere schlechthin: 1911 errichtet er an einer dreckigen Straße, die heute Sunset Boulevard heißt, das erste Studio in Hollywood. Er ist Mary

---

1 Freddie Young: *Seventy Light Years*. London, New York. 1999. S. 16.
2 Anthony Slide: American Cinematographers in Britain. In: *American Cinematographer*, November 1986.

Pickfords Kameramann, dem es gelingt noch den größten Kitsch zu veredeln. «Rosher gestaltete ihre visuelle Erscheinung mit so erstaunlicher Qualität, dass selbst Fachleute für Fotografie geradezu von Ehrfurcht ergriffen wurden.» (Kevin Brownlow).[3] Unter seinen zahllosen Erfindungen ist die ‹Rosher Kino Portrait Lens› die bekannteste. Rosher dreht mit die ersten englischen Tonfilme. Für Dupont dreht er 1929 ATLANTIC, ein Film, dem man das verzweifelte Bemühen ansieht, die Kamera irgendwie beweglich zu halten. 1930 dreht Rosher in England für Elinor Glyn KNOWING MEN und THE PRICE OF THINGS. In den 1930er Jahren folgen Ray Rennahan und Harry Stradling Sr. mit Filmen wie WINGS OF THE MORNING (Harold Schuster 1937) und KNIGHT WITHOUT ARMOUR (Jacques Feyder 1937).

Neben großen Technikern wie Rosher und Miller kommen aber auch eigenwillige Künstler wie Musuraca oder Howe nach England, die alternative Optionen im Umgang mit Licht bieten. Nick Musuraca ist ein Kameramann, der ein Faible für low key-Beleuchtung hat. Später wurde Musuraca ein Meister des film noir (OUT OF THE PAST, STRANGER ON THE THIRD FLOOR und der legendäre Val Lewton-Zyklus). Für Stuart Blackton dreht er THE GLORIOUS ADVENTURE (1922), A GYPSY CAVALIER (1922) und THE VIRGIN QUEEN (1923). Marian Blackton erinnert sich an die Dreharbeiten zu THE VIRGIN QUEEN: «Während der ganzen Produktion benützten wir kein Studioset. Wir brachten unsere Kameras und Ausrüstung direkt in das Schloss und die Abtei (Beaulieu Castle). Bei Tag kombinierten wir Kunstlicht mit Sonnenlicht und erzielten wunderbare Effekte. Die spektakuläre Kameraarbeit ist wesentlich Nick Musuraca geschuldet […].»[4] Hal Rosson dreht THE SCARLET PIMPERNEL (Harold Young 1934) und THE GHOST GOES WEST (René Clair 1935), beides Filme, die mit viel Atmosphäre arbeiten, auf überflüssigen Glamour verzichten und einen Hang zu schmuddeligem Realismus zeigen. James Wong Howe dreht FIRE OVER ENGLAND (William K. Howard 1937) und UNDER THE RED ROBE (Victor Sjöström 1937). Das elisabethanische Zeitalter in FIRE OVER ENGLAND ist ein gutes Beispiel für das Lieblingsprinzip von Howe: «Es ist nicht notwendig, immer die Gesichter der Hauptdarsteller ganz auszuleuchten. Low key-Licht und Schattenzonen können die Spannung steigern.»[5] Freddie Young resümiert 1939: » […] ich denke, dass der Einfluss der Amerikaner, die in britischen Studios Filme gedreht haben, viel bewirkt hat, um uns auf den richtigen Weg zu bringen.»[6]

---

3   Kevin Brownlow: *The Parade's Gone By…* New York 1968. S. 257.
4   Marian Blackton nach Anthony Slide: American Cinematographers in Britain. In: *American Cinematographer*, November 1986.
5   James Wong Howe nach Jack Jacobs: James Wong Howe. In: *Films in Review*, April 1961.
6   Freddie Young: British Cinematographer Talks of Hollywood. In: *American Cinematographer*, March 1999.

II. Deutsche Kameraschule in Großbritannien

Seit den Kooperationen der 1920er Jahre gibt es einen Zustrom deutscher Kameraleute nach England, der seit 1933 durch Filmemigranten verstärkt wurde. Deutsche Kameraschule, das sind Polen, Tschechen, Wiener ... aufgesogen von der Dominanz der deutschen Filmindustrie in Mitteleuropa, d.h. vor allem der Berliner Produktion. Eine solche Schule ausfindig zu machen in britischen Filmen, setzt den Versuch voraus, Inszeniertes und Fotografiertes zu trennen. Von anderen Komplikationen der ästhetischen Theorie ganz zu schweigen. Die Quadratur des Kreises. Annäherungen an deutsche Syndrome.

‹München 1912›. Die Kamera inszeniert einen blonden Engel. Opaleszenz und Weichzeichner. Eine Offiziersmütze und ein Stethoskop bilden ein surreales Ensemble. Lichtimpressionen. Rauch. Schimmerndes Glas. Blumen werfen Schatten. Eine Raum teilende Kette. Objekte im Vordergrund bilden weitere Raumteiler. Vorhänge und Pflanzen, Gewebe und Gespinste überwuchern die Leinwand. Spiegelovale. Rahmen im Rahmen. Diffuses Licht, Räume wie Fallen, Lichtrippen. Ein deutsches Syndrom: der blinde Drehorgelmann. Riesenlampen wie Fleisch fressende Pflanzen. Vorhänge zerreißen. Luftangriff. – MADEMOISELLE DOCTEUR von Edmond T. Greville (1937). Kamera: Otto Heller, später vor allem für seine Farbgestaltung berühmt (PEEPING TOM, LADYKILLERS).

Eine Schießerei wie bei Fritz Lang. Ein Blick durch Glas, ein Blick über Spiegel wie bei Pabst. Nachtaufnahmen. Jeder Schatten ist bedeutungsvoll und expressiv: drohend, vorausahnend, klaustrophob. Die Kamera schlängelt sich durch die Menge, drückt sich in Hauseingänge, Kramläden, Kaschemmen. Frame within the frame. Großaufnahmen im Chaos der Objekte. Geringe Schärfentiefe, spiegelndes Glas, diffuse Lichtquellen. Ein Verhör in einem Nachtlokal. Ein deutsches Syndrom: der blinde Bettler. Die Kamera ist überall, fährt, schlingert, wackelt, blickt vom Dach auf den Todessturz. Die Lichter eines Zuges hinter Rauglas. Ein Gekreuzigter schneidet sich mit einem Schattenkreuz. – THE INFORMER von Arthur Robison (1929). Kamera: Werner Brandes und Theodor Sparkuhl. Die Erfahrungen von DIE HERRIN DER WELT und DAS INDISCHE GRABMAL, von DIE AUGEN DER MUMIE MA und CARMEN, von DIE GRÜNE MANUELA, DER DEMÜTIGE und DIE SÄNGERIN UND DAS ALTE GESETZ. Die Kamera als «gestrenger Richter» (Sparkuhl),[7] eine Bauhüttenidee von Kameraarbeit, «eine Gemeinschaftsarbeit, ein Baustein» (Brandes).[8]

---

7   Interview mit Theodor Sparkuhl. In: *Film-Kurier*, 09. 05. 1925.
8   Interview mit Werner Brandes anlässlich der Uraufführung von STRADIVARI am 26. 08. 1935. Zeitungsausschnitt ohne Quelle im Archiv der Hochschule für Fernsehen und Film/München.

Volksbelustigungen in schrägen Untersichten, eine blutgierige Menge im Banne der Guillotine, englische Aristokraten beim Kricket. Eine Kamera, die kühn Bauten und Räume erfasst. Weiße Hüte irrlichtern durch die Nacht. Deutsche Schatten an geheimen Plätzen und im Wohlfahrtsausschuss. Extreme Untersicht, ein Sprung über die Kamera von Mutz Greenbaum in The Return Of The Scarlet Pimpernel von Hanns Schwarz (1937). Bei E. A. Dupont hatte Greenbaum 1930 die Kamera zu Two Worlds / Zwei Welten geführt, als Max Greene dreht er in England u. a. mit Victor Saville Hindle Wakes (1931) und mit Walter Forde Bulldog Jack (1935).

Curt Courant, bekannter durch La Bete Humaine, Le Jour Se Leve und Monsieur Verdoux als durch seine deutschen Arbeiten wie Hilde Warren und der Tod, Hamlet, Der Mann, Der den Mord Beging oder Scampolo, dreht in England The Passing Of The Third Floor Back (Berthold Viertel, 1935) und Broken Blossoms (Hans Brahm, 1936). Er gestaltet die Filme mit genauer Milieuzeichnung und Atmosphäre, aber auch plötzlichen Umbrüchen. Otto Kanturek fotografiert 1935/36 für die Grune-Eisler-Kortner-Connection Abdul The Damned und Pagliacci, 1934 für Paul L. Stein Blossoms Time. – 1908, Orient-Express, Nacht, Schemen und Schatten, Doppelgänger und Attentäter, Vordergrund und Hintergrund. Streichholzlicht, Kerzenlicht, Geheimgänge und Schattenmasken. Raster, Gitter und Arabesken, blendende und spiegelnde Flächen, Plakatives und Klischeehaftes. Ein schwarzer Kortner und eine weiße Katze. Amerikanische Cadrage, Schnitt in der Kamera durch Überblenden u. ä., unmerkliche Fahrten und Bewegungen, die Kamera gleitet zwischen Köpfen und Objekten. Barockes Gitterwerk. Gefängnisgitter als Notenzeilen. Die Schwarz-Weiß-Technik wird nie gewichtig. Problemlos operiert Kanturek mit den Pastelltönen des British Chemicolor in Pagliacci.

Günther Krampf, der Kameramann von Alraune, Die Büchse Der Pandora, Die Letzte Kompagnie, aber auch von Cyankali und Kuhle Wampe, ist der Erfolgreichste unter den Deutsch-Engländern. 1932 dreht er Michael Balcons Prestigeprojekt Rome Express (Regie: Walter Forde), 1934 mit Berthold Viertel Little Friend und mit Lothar Mendes und neben Bernard Knowles Jew Süss. 1935 folgt die britische Superproduktion The Tunnel von Maurice Elvey. Deutsche Kontraste, deutsche Blickwinkel, ungewöhnlich, verkantet, ein hohes Tempo, eine rastlose Kamera, ein bewegter Prospekt, Bahnhof und Zug, Vibrationen und Lichtblitze, die Kamera klettert sogar durch Nacht und Rauch. «Krampf malt mit Licht», schreibt Sinclair Hill im Presseheft zu The First Mrs. Fraser (1932). Frosch- und Kinderperspektive, Verzerrungen, Karikatur. Trickkamera und Futuristisches wie in Metropolis. Hoch gerühmt die Bohrarbeiten und Katastrophenszenen aus The Tunnel.

Schüfftan, der Tricktechniker von Metropolis und einer der Lieblingskameramänner von Ophüls, Carné und später Sirk, fotografiert 1936 für Friedrich Feher The Robber Symphony, ein kleines vergessenes Meisterwerk der Filmgroteske, auch in der

Kameraarbeit. Die expressive Technik, die ungewöhnlichen Kamerapositionen und das hohe Tempo verweisen deutlich auf deutsche Traditionen. Herausragend die Exteriurs in den Alpen, Schnee mit geradezu fantastischer Plastizität. Schüfftan: «Die Dreidimensionalität des Bildes ergibt sich aus der Bewegung, und sie wird wesentlich begünstigt durch die ständige Erweiterung der Grautöneskala.»[9] THE ROBBER SYMPHONY fand damals keinen Verleih. Zu ungewöhnlich.

III. Tonfilmprobleme

Die Produkte der Deutsch-Engländer sind mitunter sehr angepasst und nur in wenigen Momenten auffällig. Franz Planers Kamera zu THE DICTATOR (Al Santell und Victor Saville, 1934/35) ist sicher ein Paradebeispiel dafür. Extreme Technik wirft am englischen Markt leicht Probleme auf. Adolf Schlasy, der Kameramann von ARIANE, dreht 1929 für Paul Czinner THE WOMAN HE SCORNED. Das Drama in einem Fischerdorf mit brandender See, Felsenküste und weißer Gischt ist in den Interieurs mit ausgefallenen Winkeln und schiefer Kamera aufgenommen. Bioscope mokiert sich 1930 anlässlich dieses Films über die berühmte deutsche Kameratechnik: «Deutschland, das der Welt viel Wertvolles in der Filmtechnik gegeben hat, wird uns eines Tages einen kühnen Kameramann liefern, dessen Gier nach neuen Effekten darin gipfelt, einen Film komplett auf dem Kopf zu drehen. Ich bin mir dessen ganz sicher, nachdem ich den britischen Pola Negri-Film THE WOMAN HE SCORNED gesehen habe. [...] Schlasy scheint sich ausgedacht zu haben, was für Tricks er mit der Kamera noch machen kann und der fertige Film legt nahe, dass er einen Ziegelstein unter einem Stativbein befestigt hat und seinen Kopf schief auf der Schulter gelegt hat. Jede derartige Szene sieht aus wie durch Alkohol benebelt. Kinobesucher, die Filme gewöhnlich nur im frühen Stadium des Rausches ansehen, können so ihr Geld sparen, indem sie in THE WOMAN HE SCORNED gehen. [...] Die dies nicht wollen, werden einen Film sehen, der als Stummfilm gedreht wurde und dann mit krampfhaften Passagen von Tonfilm aufgepeppt wurde [...].»[10]

In derselben Nummer von Bioscope schreibt ein Kollege wesentlich moderater: «Die Bilder von See und Felsenküste und die Hüttenbauten des blendenden Dorfes sind extrem schön und die Außenaufnahmen sind perfekt. In den wenigen Innenaufnahmen hat der Kameramann eine Vorliebe für ungewöhnliche Winkel, die horizontale und vertikale Linien mit kuriosen Effekten kreuzen und wenig erkennbaren Zweck haben.»[11] Die Problematik ist symptomatisch. Deutscher Kameratechnik geht ein exzellenter Ruf vor-

---

9 Eugen Schüfftan: Wir stehen erst am Anfang. In: *Die Tat*, 11. 01. 1953.
10 *Bioscope*, Nr. 1231, 07. 05. 1930.
11 *Bioscope*, ebd.

aus. Filme wie DER LETZTE MANN und VARIETÉ, METROPOLIS und die MABUSE-Filme, DIE LIEBE DER JEANNE NEY und DIE BÜCHSE DER PANDORA haben international einen nachhaltigen Eindruck hinterlassen. In der Fachwelt sind Kameramänner der deutschen Schule begehrt. Der Zeitpunkt dieses Interesses fällt aber zusammen mit dem Beginn des Tonfilms. Deutscher Kamerastil, so vielseitig und unvereinbar er im Einzelfall sein mag, lässt sich zu diesem Zeitpunkt durchaus auf eine gewisse abstrakte Formel bringen: bewegte Kamera, ungewöhnliche Winkel und verkantete Bilder, hoch entwickelte Porträtkunst, Ikonografie des Helldunkel in der ganzen Spannweite von caligaristischer Schattenwelt bis zu atmosphärischem Rauch, Dampf und Nebel, Rivalität des Lichts mit dem Dekor, mit den extremen Polen von gebautem Licht und leuchtender Architektur.

Die Probleme, die sich dabei in England stellten, waren nicht unähnlich den Problemen des deutschen Kamerastils mit dem Aufkommen des Tonfilms in Deutschland selbst: Ein Kamerastil, der unter den Bedingungen des Stummfilms optimiert worden war, musste sich dem Tonatelier adaptieren. Diese Situation ist im englischen Film allerdings dramatisch zugespitzt, da unter anderen Sehgewohnheiten der deutsche Kamerastil schnell als Manierismus erscheinen muss. Die Kritik, die hier an einem exemplarischen Fall vorgeführt wurde, macht aus englischer Sicht durchaus Sinn. Der britische Dokumentarfilm liefert in den 30er Jahren das Kontrastprogramm. Die solide englische Weise des Sehens operiert mit einer einfachen, übersichtlichen Technik, Schuss statt Fahrt, natürliches Licht statt Studiolicht.

Es kommt hier aber noch eine andere Spaltung zum Tragen: die auch ästhetisch nachvollziehbare Spaltung der Märkte in einen kontinentaleuropäischen und einen angloamerikanischen Markt mit grundsätzlich unterschiedlichen Positionen zum Beginn der Tonfilmära. Während auf dem angloamerikanischen Markt der Tonfilm fast uneingeschränkt als Novum begrüßt wird und eine große Bereitschaft festzustellen ist, mit dem Ton zu experimentieren, gibt es im kontinentaleuropäischen Kino eine breite theoretische wie praktische Rivalität von Bild und Ton. Spannend wird es, wenn man die Reaktionen deutscher Kameramänner auf die Erfahrungen im britischen Studiobetrieb betrachtet. Günther Krampf meldet noch 1930 im Film-Kurier gegen die kameratechnischen Anforderungen des Tonfilms Protest an. Die Tonfilm-Technik versucht durch mehrere Kameras den Mangel der Kameramobilität wettzumachen. Er lehnt dies wegen der Lichtprobleme ab: «Die Beleuchtung, die für den Schusswinkel der Hauptkamera vorzüglich ist, eignet sich bei einiger Kritik wenig für seitlich und in einem anderen Schusswinkel postierte Kameras.» [12]

Die Debatte ums Licht und die Bewegung im Tonfilm ist in dieser Periode das Tagesthema unter den deutschen Kameramännern. Umso auffälliger ist ein Beitrag von Heinrich Gärtner, der zu diesem Zeitpunkt bereits Londoner Tonfilm-Erfahrungen hat

---

12 Günther Krampf: Mehrere Kameras für Tonfilme? In: *Film-Kurier*, 24. 05. 1930.

(THE FLAME OF LOVE, NIGHT BIRDS, BRIDEGROOM FOR TWO). Er argumentiert wenige Wochen vorher im Film-Kurier für die Lösung mit mehreren Kameras: «Bald sind wir darauf gekommen, dass wir so nicht weiterkommen, benutzten mehrere Apparate gleichzeitig und bei einer großen Szene hatten wir sogar sieben Kameras in Tätigkeit.»[13] Freilich räumt auch Gärtner die Lichtprobleme ein: «Aber es ist keineswegs einfach, die Ausleuchtung so vorzunehmen, dass sie für alle drei Einstellungsarten (gemeint: Großaufnahme, Halbnah und Totale / T. B.) stimmt.»

Die Signifikanz des Falls Gärtner wird deutlich, wenn man eine seiner letzten Stummfilmarbeiten, die noch 1929 entstandene deutsch-britische Co-Produktion GROSSSTADTSCHMEITERLING (Regie: Richard Eichberg), betrachtet. Seine Kamera, zusammen mit Otto Baecker, ist geradezu ein Paradebeispiel des deutschen Bildstils. – Ein Jahrmarkt mit Untersichten und Obersichten. Ein Unfall: das Bild dreht sich. Eine Menge ist sichtbar zwischen den Beinen des Mörders. Bei einem Künstlerfest in einem Dachatelier und bei einer Versteigerung findet sich das urteutonische Zwei-Sonnen-Phänomen.[14] Immer wieder Orte mit schillernden Lichtkaskaden wie Varietés, ein Fest auf der Seine, ein Karneval in Nizza. Schicksal und Zufall, Roulette und Rauch, Nacht und Nebel. Ein Säulengang ins Ungefähre entlässt den Zuschauer. Unverkennbar ein deutscher Handwerker-, Tüftler- und Bastlerfilm. Wenn Gärtner 1930 konstatiert «Rationalisierung zuerst, das ist mit das Wichtigste, was wir drüben gelernt haben»,[15] lässt sich die grundlegend veränderte Situation erahnen.

Günther Krampf hadert, nach Jahren in der britischen Filmindustrie, immer noch mit dem Primat des Tons im britischen Film. ‹The Curse of Dialogue / Der Fluch des Dialogs›[16] ist der Titel seiner Polemik in World Screen News (1937): «Der Kameramann in Deutschland war der König des Studios», beklagt er sich. «Britische Produzenten geben ihren Kameraleuten nicht diese Macht.» Die uralte, und man kann durchaus auch sagen ewige, deutsche Debatte um den Filmdichter erfährt in seinem Text eine Neuauflage: «Diese Betonung des Dialogs widerspricht dem Grundprinzip des Films, der immer Emotionen durch das Auge der bildlichen Wirkung kommunizieren muss [...]. Ein Film sollte speziell für die Leinwand geschrieben werden [...]. Die Story muss vom Bild und der Atmosphäre, die der Kameramann gefunden hat, erzählt werden.» Im Grunde weiß er, dass die neue Internationalität eines (scheinbar) klassenlosen Sprechfilms seine Argumentation ins Vorgestrige verweist. Er wendet deshalb sein ästhetisches Plädoyer in ein Marktargument: «Grundlegend wichtig ist es, die Story mit

---

13 Heinrich Gärtner über Londoner Kamera-Erfahrungen. In: *Film-Kurier*, 07. 02. 1930.
14 Nach Wolfgang Schöne (*Über das Licht in der Malerei*. Berlin 1954) ist der Ursprung des Zwei-Sonnen-Phänomens in der venezianischen Malerei der Tintorettoschule zu suchen. Eine maniera, die die deutschen Kameraleute für sich wiederentdeckten (vgl. das Kapitel ‹Deutscher Kamerastil bis 1933›).
15 Heinrich Gärtner über Londoner Kamera-Erfahrungen. In: *Film-Kurier*, 07. 02. 1930.
16 Günther Krampf: The Curse of Dialogue. In: *World Film News*, Nr. 11, Februar 1937.

dem Bild zu erzählen, nah an der visuellen Wirkung zu bleiben. In diesem Grundprinzip des Kinos, hat der Film eine Sprache, die zu allen Nationalitäten spricht. Darin ist er eine Kunst.» Interessant an diesem Text ist aber auch die Fortsetzung der Lichtdebatte aus seinem Text von 1930 im Film-Kurier: Die lückenlose Tonfilm-Ausleuchtung blendet ganze Teile der physischen Realität aus. «Im Film sind Wahrheit und Seriosität schwer zu erreichen. Es gibt zahlreiche Versuchungen, eine Szene überzubeleuchten, Dreck und Unordnung zu vermeiden, wo sie normalerweise sein sollten.»

Die Arbeit deutscher Kameramänner im britischen Film wird in der Regel beiläufig, aber mit hohem Lob erwähnt. «Superb», «excellent», «brilliant», heißt es wiederkehrend in der britischen Presse. Daneben ist immer wieder große Verunsicherung festzustellen, wo der Stil zu sehr von der deutschen Schule geprägt erscheint. «Uneven quality», «artificial effect» sind typische Ausdrücke des Befremdens. Ein Problem, das im Zusammenhang mit E. A. Duponts Ästhetik der Zersplitterung des Raums schon angesprochen wurde;[17] auch Dupont hat in England vorwiegend mit deutschen Kameramännern gearbeitet. Der Anpassungsdruck deutscher Kameraarbeit im britischen Exil ist nicht identisch, aber in mancher Hinsicht doch vergleichbar dem Gleichschaltungsdruck im Dritten Reich. Die Adaptionsprobleme an den Tonfilm sind in beiden Fällen nicht nur technisch, sondern im besonderen Maß dialogbelastet. Wo die deutsche Schauspielerei im Film des Dritten Reichs rhetorisch wird, ist sie im britischen Kino vom Theater geprägt. Aus dem Rahmen fallen deshalb britische Stellungnahmen, die gegen den britischen Film quasi kontinentaleuropäische Kritik vorbringen. Das Monthly Film Bulletin bemerkt 1934 zu JEW SÜSS: «Die Fotografie ist durchgängig fachmännisch, und in der Tat wäre es vorteilhaft gewesen, manchen Dialog der Kamera zu überlassen.»[18] Und anlässlich von ROME EXPRESS heißt es 1932: «Die drei Kardinalsünden der britischen Produktion waren immer schlechtes Licht, schlechte Kamera und langsames Tempo.»[19] Die deutsche Kameraschule hatte – bei allen Verlusten an Identität – durchaus etwas in den britischen Film hinüberzuretten. Wie stark dieser Einfluss im britischen Film fortgewirkt hat, ist im Einzelfall schwer auszumachen.

IV. Die britische Synthese ab 1940

«Ich kann für diesen Zeitpunkt feststellen, dass ich alle britischen Filmemacher lausig finde – und dass die Kamerakunst in Großbritannien so gut wie unbekannt ist», no-

---

17 Vgl. Thomas Brandlmeier: Zeiträume. In: Jürgen Bretschneider (Hg.): *E. A. Dupont*. München 1992.
18 *Monthly Film Bulletin*, Nr. 9, Oktober 1934.
19 C. A. Cajenne: ROME EXPRESS arrives. In: *Sunday Times*, 20. 11. 1932.

tiert Terry Ramsaye 1929.[20] Und noch Mitte der 1930er Jahre monierte der britische Kameramann Henry Harris, dass der britische Film «nur bestrebt ist, die großen amerikanischen Erfolge zu kopieren und dabei vergisst, die Filme mit Kamerabewusstsein zu drehen».[21] Viele der Probleme in England waren auch der notorischen Unterkapitalisierung der Firmen und dem Geiz der Produzenten geschuldet. Duncan Petrie resümiert: «Die Ergebnisse waren sehr flach und statisch, mit wenig Gespür für die dramaturgischen Möglichkeiten, die sich durch den kreativen Gebrauch des Lichts oder die Gliederung des kinematografischen Raums anboten.»[22] Mit der Ankunft amerikanischer und deutscher Kameramänner und Filmleute lernten junge Engländer ihre Lektion. Jack Cox und Bernard Knowles, beide Hitchcock-Kameramänner, und Freddie Young machen schon in den 1930er Jahren auf sich aufmerksam. Die 1940er Jahre sind die Wende. Es entsteht eine englische, etwas soignierte Variante des film noir, der sich deutsche und amerikanische Elemente anverwandelt.

Guy Green dreht die Dickens-Verfilmung GREAT EXPECTATIONS (David Lean 1946), die auf einem Friedhof beginnt und die Mühsal der Nachkriegszeit in die Vergangenheit projiziert. Jack Cardiff (BLACK NARZISSUS, Powell/Pressburger 1947) gestaltet in Atem beraubenden Farben ein schwarzes Kloster-Melodram. Robert Krasker dreht ODD MAN OUT und THE THIRD MAN (Carol Reed 1947 und 1949). Green, Cardiff und Krasker räumen jeder einen Oscar ab. Jack Cardiff landet mit THE RED SHOES (Powell/Pressburger 1948) einen Welterfolg; ein Musical aus England gräbt den amerikanischen Majors in ihrer unumstrittenen Domäne das Wasser ab. Die Wirkung der Tanzszenen steigert er, indem er mit einem Spezialmotor die Drehgeschwindigkeit manipuliert. Mit Farbfiltern manipuliert er das Licht. Die Leute von Technicolor toben, weil sich Cardiff nicht an ihre Vorgaben hält und mit Farbfilm düstere Szenen und dissonante Farbtöne schafft. Die Spezialisten von Technicolor waren reine Techniker, für die ein gutes Bild hell, kontrastarm und gleichmäßig ausgeleuchtet zu sein hatte; Natalie Kalmus, die Frau des Firmenchefs und vertraglich mitgelieferte Farbdiktatorin, liebte schöne Farben. Cardiff erinnert sich: «Zu dieser Zeit benützte man keinen Nebelfilter, weil sich bei Technicolor alles darum drehte, dass das Bild sehr scharf sein sollte. Am nächsten Tag kam ein Telefonanruf von Technicolor, dass die Abzüge ruiniert wären und dass sie das Material rüberbringen würden, um es Michael Powell zu zeigen. Ich fühlte mich natürlich elend. Aber als es auf der Leinwand erschien, wusste ich, dass es gut war.»[23]

---

20 Terry Ramsaye nach Anthony Slide: American Cinematographers in Britain. In: *American Cinematographer*, November 1986.
21 Henry Harris nach Anthony Slide: American Cinematographers in Britain. In: *American Cinematographer*, November 1986.
22 Duncan Petrie: A Brief History of British Cinematography. In: *American Cinematographer*, Dezember 1999.
23 Jack Cardiff nach Duncan Petrie: *The British Cinematographer*. London 1996. S. 77.

81–84 The Scarlet Pimpernel (Harold Young, 1934), Bild: Hal Rossen

85 Little Friend (Berthold Viertel, 1934), Bild: Günther Krampf

86 Robber Symphony (Friedrich Feher, 1936), Bild: Eugen Schüfftan

IV. Die britische Synthese ab 1940

87–88 THE RED SHOES (Michael Powell/Emeric Pressburger, 1948), Bild: Jack Cardiff

89 ODD MAN OUT (Carol Reed, 1947), Bild: Robert Krasker

90 MOULIN ROUGE (John Huston, 1952), Bild: Oswald Morris

91 A TASTE OF HONEY (Tony Richardson, 1961), Bild: Walter Lassally

92–97 Tom Jones (Tony Richardson, 1962), Bild: Walter Lassally

IV. Die britische Synthese ab 1940

Um das neue Selbstverständnis der britischen Kameramänner zu dokumentieren, heißt der Kameramann in England lighting cameraman. Nirgends ist der Kameramann so sehr auf die Lichtsetzung festgelegt wie in Großbritannien. Oswald Morris macht mit John Huston die frühen Farbexperimente von MOULIN ROUGE (1952) und MOBY DICK (1956) – in Hollywood wäre das kaum möglich gewesen. Die Farbberater erklärten Morris: «Sie entweihen Technicolor. Sie ruinieren alles, wofür wir stehen, und wir können das nicht unterstützen, was sie da machen.»[24] Die stimmungsvollen Horrorfilme der Hammer-Filme werden von Jack Asher gestaltet, Freddie Francis dreht den Geisterfilm THE INNOCENTS (Jack Clayton 1961). Robert Murphy schreibt über die Hammer-Production: «Die drohenden Schatten und desorientierenden Kamerawinkel, die das Vermächtnis des deutschen expressionistischen Films der 1930er Jahre ausmachen, wurden von Hammer enterbt. Farbe verlieh ihm eine ganze Reihe von Varianten in der Wertigkeit. [...] Asher erlaubte sich ein noch freieres Regime, obwohl er nie den verhaltenen Realismus von Fishers Inszenierung aufgekündigt hat; seine gothischen Filme sind reich an eindrucksvollen visuellen Sequenzen.»[25] Neben Vampiren und Gespenstern ist unterkühlter Humor ein britischer Exportartikel. Douglas Slocombe liefert dazu groteke Bilder (KIND HEARTS AND CORONETS, THE LAVENDER HILL MOB, THE MAN IN THE WHITE SUIT).

Eine Stärke des britischen Films seit den 1930er Jahren war der Dokumentarfilm mit so großen Namen wie Humphrey Jennings, John Grierson, Harry Watt, Basil Wright und Alberto Cavalcanti. Als «Dramatisierung der Realität» charakterisiert Harry Watt das künstlerische Prinzip.[26] Und Humphrey Jennings gewinnt dem Dokumentarischen immer wieder poetische Qualitäten ab. Dies machte es leicht, den dokumentarischen touch für den Spielfilm zu entdecken. Mit Kameraleuten wie Wolfgang Suschitzky (NO RESTING PLACE, GET CARTER), Walter Lassally (A TASTE OF HONEY, THE LONELINESS OF THE LONG DISTANCE RUNNER) und Arthur Grant (THE BRAVE DON'T CRY) fließen auch die Erfahrungen der britischen Dokumentarschule in den Spielfilm ein. Es ist die Geburt des englischen ‹kitchen-sink-realism›: «Die Regisseure wollten weg vom Studio-Look. So griffen sie lieber auf Kameraleute zurück, die es gewohnt waren on location zu drehen, als auf überwiegend im Studio erfahrene Kameraleute.» (Billy Williams).[27] Douglas Slocombe bekennt: «Ich hatte absolut keine Ahnung von den traditionellen Techniken der Chef-Kameraleute. [...] mitunter erinnere ich mich mit Bedauern an die heroischen Zeiten meiner Anfänge. Oft habe ich z.B. das Bedürfnis, die Kamera in die Hand zu nehmen.»[28] Walter Lassally, ein Exponent des Free Cinema,

---

24 Oswald Morris nach Duncan Petrie: *The British Cinematographer*. London 1996. S. 125.
25 Robert Murphy: *Sixties British Cinema*. London 1992. S. 164.
26 Interview mit Harry Watt. In: Eva Orbanz: *Eine Reise in die Legende und zurück*. Berlin 1977. S. 85.
27 Billy Williams nach Duncan Petrie: *The British Cinematographer*. London 1996. S. 55.
28 Interview mit Douglas Slocombe. In: *Cinématgraphe*, Nr. 69, 1981.

scheute sich nicht, mit verwaschenen Bildern zu arbeiten. Für Innenräume verwendete er den grobkörnigen Ilford HPS-Film. «Für mich», erklärt Lassally, «bedeutete die Arbeit an Spiel- oder Dokumentarfilmen immer nur einen Unterschied der Art, aber nicht von Qualität und Status.»[29] Die britische New Wave mit ihrer Vorliebe für indirektes Licht, Handkamera und reportagehaften Stil ist um 1960 der Vorreiter für die Revolution der Nouvelle Vague. Selbst noch in einem period picture wie TOM JONES (Tony Richardson, 1962; Kamera: Walter Lassally) ist die Handkamera so beweglich wie in einer Dokumentation, teilweise mit drei Arriflex gleichzeitig gedreht.

---

29 Walter Lassally: *Itinerant Cameraman*. London 1987. S. 22.

Europäische Emigranten und der visuelle Stil des film noir

«Fast jeder Kritiker hat seine eigene Definition des film noir und eine persönliche Liste von Filmtiteln und Daten, um das zu untermauern», schreibt Paul Schrader 1972. Unabhängig von dem Theoriestreit über den film noir, gibt es doch einen wieder erkennbaren Kamerastil. Schrader schildert den film noir als eine scheinbar unmögliche Mischung aus knall-hartem Realismus und deutschem Expressionismus (vermittelt über Emigranten): «[…] aber es ist die einzigartige Qualität des film noir, dass er in der Lage war, scheinbar widersprüchliche Elemente in einen einheitlichen Stil zu gießen. Die besten Künstler des film noir machten die ganze Welt zu einem Studio, indem sie unnatürliches und expressionistisches Licht auf realistische Sets lenkten.»[1] Als weitere wichtige Einflüsse gibt er den amerikanischen Gangsterfilm der 1930er Jahre und den französischen Film des poetischen Realismus an. Er spricht von einer geradezu Freudschen Fixierung der Filme an Wasser, schiefe Linien und Schatten dominieren das Bild. Typisch für den film noir ist eine low key-Technik, das Licht ist insgesamt reduziert, das Führungslicht wirkt dominierend.[2]

1940 und 1941 kann man in den USA eine Reihe von Filmen finden (meist sind europäische Emigranten beteiligt), die die Technik des deutschen Dämonenkinos wiederbeleben. Robert Porfirio schreibt über STRANGER ON THE THIRD FLOOR (1940, Ingster): «[…] dieser unbekannte B film noir, ein ganzes Jahr vor CITIZEN KANE entstanden, demonstriert den äußerst starken Einfluss des deutschen Expressionismus auf den amerikanischen Verbrecherfilm […].»[3] Den eigentlichen stilistischen Durchbruch stellt aber Orson Welles' CITIZEN KANE (1941) mit seinen ungewöhnlichen Kamerawinkeln, Tiefenschärfe und low key-Beleuchtung dar. Seine komplexe Erzählstruktur mit verschiedenen Rückblenden zur Erforschung eines mystery nimmt eine ganze Reihe von films noirs direkt vorweg, wie THE MASK OF DIMITRIOS (Negulesco, 1944), THE KILLERS (Siodmak, 1946), CROSSFIRE (Dmytryk, 1947), SORRY, WRONG NUMBER (Litvak, 1948), THE LOCKET (Brahm, 1946), THE ENFORCER (Windust, 1951).

---

1   Paul Schrader: Notes on Film Noir. In: *Film Comment*, Spring 1972.
2   Vgl. dazu: J. A. Place, L. S. Peterson: Some Visual Motifs of film noir. In: *Film Comment*, January/February 1974.
3   Robert G. Porfirio: Stranger on the Third Floor. In: Alain Silver, Elizabeth Ward (Hg.): *Film Noir. An Encyclopedic Reference to the American Style*. Woodstock, New York 1979. S.269.

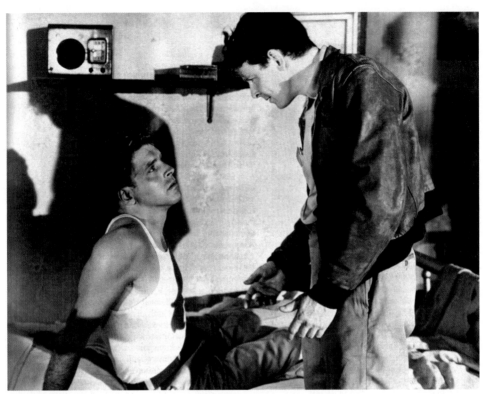

98 The Killers (Robert Siodmak, 1946), Bild: Woody Bredell

99–100 The Maltese Falcon (John Huston, 1941), Bild: Arthur Edeson

Europäische Emigranten und der visuelle Stil des film noir

101–103 OUT OF THE PAST (Jacques Tourneur, 1947), Bild: Nicholas Musuraca

105–107 Criss Cross (Robert Siodmak, 1949), Bild: Franz Planer

Ohne Übertreibung kann man sagen, dass sich CITIZEN KANE das Zeitgefühl ‹time is running out› zum Thema setzt: Dem sterbenden Kane rollt eine Glaskugel, mit der Erinnerung seiner Kindheit befrachtet, aus der Hand und zerschellt. Ein Reporter versucht das Geheimnis dieses Lebens zu rekonstruieren, indem er dem letzten mysteriösen Wort Kanes nachjagt: Rosebud. Aber die Recherche verliert sich ergebnislos im Wirrwarr der überlappenden Erzählzeiten. Zum Schluss wirft der Reporter ein riesiges Puzzle auf den Boden des labyrinthischen Xanadu. Hier treffen wir zum ersten Mal auf die typische Erzählstruktur des film noir, die keine logische Handlungsfolge mehr begründet. Zum Schluss von THE MALTESE FALCON stellt sich ebenfalls heraus, dass das mystery ungelöst bleibt: «Its fate remains a mystery to this day/sein Schicksal bleibt bis heute ein Rätsel.» Der Falke, dem alle nachjagten, war falsch, die ganze Handlung (scheinbar) sinnlos. Erzählzeit wird zur Traumarbeit: «The stuff that dreams are made of/der Stoff, aus dem Träume gemacht werden.»

Es war eine historische Phase, die von Ängsten und Bedrohungen geprägt war, die die USA in dieser Form bisher nicht kannten. Die Serie von Kriegsangst, Krieg, Nachkriegsdepression, Atombombe, Kaltem Krieg, HUAC-Paranoia und Koreakrieg ebnete den Weg für ein Filmgenre, das diesem gesellschaftlichen Schock einen privaten Ausdruck gab, dem film noir. Die wenig kontrollierten Billigfilme der Studios entwickelten sich zu einem fruchtbaren Experimentierfeld, wo diese Themen in verwandelter Form behandelt wurden. Gleichzeitig erreichte die Zahl europäischer Film-Emigranten in Hollywood mit dem Ausbruch des Zweiten Weltkriegs einen Höhepunkt. Sie waren froh, wenn sie in billigen Produktionen Arbeit bekamen. Bei der Regie war der Anteil europäischer Emigranten am film noir mit rund 40% am höchsten.

Bei den Kameraleuten finden sich amerikanische Meister des low key wie Nicholas Musuraca, John Alton, Lee Garmes, James Wong Howe, Woody Bredell und Russell Metty neben europäischen Emigranten, die durch die expressive deutsche Schule geprägt sind wie Theodor Sparkuhl, Franz Planer, Rudolph Maté, Karl Freund und Max Greene (= Mutz Greenbaum). Eugen Schüfftan, der in Deutschland mit MENSCHEN AM SONNTAG (1929) ein Meister der Neuen Sachlichkeit war, hatte in den 1930er Jahren in Frankreich eine ganze Kameraschule begründet. Henri Alekan ist sein bedeutendster Schüler. Der poetische Realismus ist durch ihn, aber auch Rudolph Maté, Curt Courant, Otto Heller und Franz Planer stark geprägt worden. Die Filme von Carné, Renoir, Duvivier und anderen Vertretern dieses Stils fanden in den USA Ende der 1930er Jahre beim Fachpublikum ein reges Interesse. Das Ergebnis dieses Synkretismus aus verschiedenen Quellen ist die visuell eindrucksvollste Periode der Filmgeschichte und sicherlich ein glanzvoller Höhepunkt der Schwarz-Weiß-Fotografie.

Theodor Sparkuhl gestaltet in Stuart Heislers GLASS KEY (1948) ein Amerika aus Korruption, Intrigen und nächtlichen Schattenspielen. Selbst Veronika Lake bekommt mitunter ein hässliches Licht. Nur Alan Ladd wird von ihm gefilmt wie ein Ufa-Star.

Der Mann aus der Unterwelt als erlösender Engel. Nicholas Musuraca filmt für Jacques Tourneur OUT OF THE PAST (1947). Als Jane Greer das erste Mal aus der Sonne von Acapulco in Bobby Mitchums Blickfeld tritt, ist sie wie eine Lichterscheinung. Später, wenn sie ihn betrügt, gibt er ihr in nächtlichen Szenen direktes frontales Licht. Sie erscheint wie ein Selenit. Eine Liebesszene gestaltet er so, dass Bobby Mitchum ein schwarzer Zigarettenschatten brutal aufs Kinn fällt, während ihr Gesicht halb im Schatten ist. Musuracas Motto war: «Der beste Weg, eine Sache zu machen, ist üblicherweise der einfachste.»[4] CRISS CROSS (Robert Siodmak, 1948) wird von Franz Planer gedreht. Ein schmuddeliges Bunker Hill wird zum Schauplatz eines fatalistischen Dramas. Das Licht eines Scheinwerfers erfasst die verbotene Liebe. Burt Lancaster geht in eine Tanzhalle und erblickt mit einer langen Linse am Ende des Saals eine Frau. Später sehen wir im Nebel der Rauchbomben, wie er einen Überfall inszeniert. Legendär ist der Schluss. Die Kamera starrt mit dem point of view von Yvonne de Carlo nach draußen in die schwarze Leere, aus der Dan Duryea kommen muss. In NIGHT AND THE CITY (Jules Dassin, 1950) zeigt Max Greene ein nächtliches London, das bei der britischen Presse lautstarken Protest hervorrief. Richard Widmark, in Panik, durchquert Soho und das Hafenviertel. Die Stadt stößt ihn ab, spuckt ihn aus und verschluckt ihn zugleich. Im schiefen Winkel, haltlos taumelnd, von Schatten quer übers Gesicht entstellt. Großaufnahmen mit Weitwinkel erzeugen groteske Fratzen. Gitter und Schattengitter. Eine rotierende Spiegelkugel wirft delirierendes Licht auf den lebenden Toten: «You've got it all, but you're a dead man/du hast alles bekommen, aber du bist ein toter Mann.»

---

4   Interview mit Nicholas Musuraca. In: *American Cinematographer*, February 1941.

Farbe im Kino

> Ein Bild (ursprünglich eine dumme, leere Fläche) wird im Laufe seiner Entstehung mit einem rhythmisch abgemessenen Netz von Farben, Linien und Punkten überzogen, das in seiner endgültigen Form eine Summe von lebendiger Bewegung hervorruft.
>
> *August Macke*

Mit der Farbe im Kino verhält es sich ähnlich wie mit der Musik: Sie war schon immer da, aber die Filmgeschichte hat sie aus pragmatischen Gründen vergessen. Denn ebenso wie die Original-Filmmusiken oft verloren sind, sind beim Umkopieren auf Sicherheitsfilm die alten Farbfassungen verloren gegangen oder es war nur Ausgangsmaterial überliefert, das noch nicht koloriert war. Aber damit nicht genug: Zu Recht wurde bei der Farbfilm-Retrospektive 1988 in Berlin als ältestes Beispiel Emile Reynauds Pauvre Pierrot aus dem Jahr 1891 gezeigt. Denn das, was es als unmittelbare Vorläufer der eigentlichen Kinosituation (Lumière 1895: Projektion eines Films in einem dunklen Saal) gab, lässt sich ja heute ohne größere Probleme in diese Form bringen – und das war oft schon herrlich ‹bunt›. Farbenprächtig waren auch die frühen hand- und schablonenkolorierten Filme, soweit sie in gutem Zustand überliefert sind (Blütezeit Anfang des 20. Jahrhunderts). Diese ‹Buntheit› macht schon auf eine erste Besonderheit von Farbe im Kino aufmerksam: Durch den schwarzen Raum, in dem die Farben auf der Leinwand erscheinen, gibt es eine Grundtendenz zum Buntfilm. Ein Phänomen, das dem Kirchenfenster verwandt ist. Und gerade deshalb ist der Farbfilm-Standard so problematisch: Er orientiert sich an einem naturalistischen Konzept. Jede gute Farbkamera und Farbdramaturgie im Kino wird deshalb versuchen, auf die eine oder andere Weise davon abzuweichen. Aus der Grundtendenz zum Buntfilm ergibt sich also zwangsläufig ein Plädoyer für antinaturalistische Farbkonzeptionen im Kino.

Das kolorierte Bild wurde wegen des enormen Arbeitsaufwands von der einfarbigen Virage abgelöst. Dabei gibt es zwei Varianten, entweder wird der ganze Filmstreifen mit einer Farbe eingefärbt, so dass die hellen Flächen farbig erscheinen (Tinting), oder das fixierte Silber wird chemisch in ein farbiges Silbersalz, umgewandelt, so dass ein einfarbiges Bild auf weißem Grund entsteht (Toning). In seltenen Fällen gibt es eine Kombination von Tinting und Toning (z. B. nachtblaue Meeresszenerie mit rosaschimmernden Schaumkronen auf den Wellen). Für die Virage gab es gewisse Grundregeln

108–109 THE GREAT TRAIN ROBBERY (Edwin S. Porter, 1903); handcoloriert

110–111 LES TULIPES (Segundo de Chomon, 1907); schablonencoloriert

112 SCHMETTERLINGSTANZ um (1900); handcoloriert

113 PAPILLONS JAPONAISES (1908); schablonencoloriert

114 Miss Harry's Femme Serpent (1911); schablonencoloriert

115 Mitte links Helena (Manfred Noa, 1923/24); Virage mit Tinting. Aus der Kopie des Filmmuseums München, Gerhard Ullmann
116 Mitte rechts Harakiri (Fritz Lang, 1919); Virage mit Toning. Aus der Kopie des Filmmuseums München, Gerhard Ullmann. Rechte: Murnau Stiftung, Vertrieb: Transit Film

117–118 Bronenosez Potemkin/Panzerkreuzer Potemkin (Eisenstein, 1925), Bild: Eduard Tissé; handcolorierter Schluss aus der Kopie des Filmmuseums München, Gerhard Ullmann

wie Blau für außen/Nacht, Gelb für innen/Nacht, Grün für Natur, Rot für Feuer/Gefahr/Liebe. Durch weitere Töne wie Blaugrün, Rosa, Orange, Violett, Brauntöne und reines Schwarzweiß stand in der Praxis eine Vielzahl von Gestaltungsmöglichkeiten mit einer breiten Varianz der überlieferten Beispiele zur Verfügung; darunter findet sich auch durchaus expressiver Gebrauch von Farbe (z.B. in Fritz Langs HARAKIRI, 1919 zur Steigerung der Spannung kurze Stücke mit rotgefärbten Detail- und Großaufnahmen). Ein sicheres Indiz für fehlende Virage ist in alten Filmen eine taghelle Außen/Nacht- Szene; der richtige Eindruck ergibt sich erst durch die Blaufärbung.

Im Verlauf der 1920er Jahre wurde dann der reine Schwarzweiß- Film zunehmend geschätzt, da die besten Kameraleute eine solche Meisterschaft im Umgang mit Licht, Dampf, Rauch, Nebel, Bildtiefe und entfesselter Kamera erreicht hatten, dass hier eine Viragierung eher störend gewirkt hätte. Aber auch in diesen Filmen der ‹Schwarzweißkunst› wurden mitunter gezielt Farbeffekte eingesetzt wie in Eisensteins GENERALLINIE, 1929.[1]

Der Weg zur naturalistischen Farbe

> Und sein Farbenreichtum würde sie ganz gefangengenommen haben, wenn er seine Arbeiten nur weiter ausgeführt hätte oder wenn sie nicht von Zeit zu Zeit durch einen fliederfarben getönten Streifen Erde oder einen blauen Baum abgeschreckt worden wäre. Eines Tages, als sie ein Wort der Kritik wagte – es handelte sich um eine Pappel, die ganz in Himmelblau schwamm –, machte er sich die Mühe, ihr diesen bläulichen Ton in der Natur selbst nachzuweisen. Ja, gewiss, der Baum war blau! Aber innerlich gab sie das nicht zu. Sie verwarf die Wirklichkeit. Es war doch nicht möglich, dass die Natur Bäume blau machte ...
>
> *Emile Zola*

> [...] mit der Farbe die Massen anlegen, wie der Bildhauer mit dem Ton, dem Marmor oder dem Steine.
>
> *Eugène Delacroix*

> Die Basis der Farbenzerlegung ist der Kontrast. Der Kontrast – ist er nicht die Kunst selbst?
>
> *Paul Signac*

---

1   Vgl. dazu: Sergej Eisenstein: *Schriften* 4. München 1984. S. 210 f.

Ende der 1920er Jahre und massiv verstärkt durch die Wirtschaftskrise begann ein Wettlauf der Studios um neue technische Attraktionen wie Tonfilm und (naturalistischen) Farbfilm. Dabei wurde auf dem Gebiet des Farbfilms so ungefähr alles ausprobiert, was man sich in einer perversen Ingenieur- und Chemikerphantasie vorstellen kann. Es sind Verfahren entstanden, die bei geschickter Anwendung durchaus ihre ganz eigenen Reize haben können. Z.B.: über verschiedene Optiken und Farbfilter getrennt erzeugte Schwarzweißbilder, die auf mehr oder weniger synchrone Weise über entsprechende Farbfilter wiedergegeben werden (Hauptproblem: Verschiebungen an den Flächenrändern, bedingt durch Parallaxe oder Zeitversatz, vor allem bei Bewegungen). Z. B.: Rasterfilme in Form von Kornrastern oder Linienrastern auf dem Film oder Linienrastern, die wie Filter auf den Film wirken (Hauptproblem: bei genauem Hinsehen sieht man die Strukturen). Z.B.: Zweifarbfilme mit getrennten Filmstreifen für Blaugrün oder Rotorange im subtraktiven Verfahren (Hauptproblem: beschränkte Farbskala, Unschärfen). Z. B.: Gasparcolor mit bereits drei Farbstoffschichten (Purpur, Gelb und Blaugrün), hohem Kontrast, großer Farbreinheit und fantastischer Stabilität (Azo-Farbstoffe!), aber: so geringe Lichtdurchlässigkeit, dass nur Trickfilme hergestellt werden konnten, wie u.a. die Farbfilme von Fischinger. Ein Verfahren, das es eigentlich verdient hätte, weiterentwickelt zu werden.

Der entscheidende Durchbruch zu Dreifarbenfilmen mit genügender Lichtempfindlichkeit gelang zuerst der Firma Technicolor: Die Aufnahme arbeitete mit zwei Lichtwegen (ein Bipackfilm für Rot und Blau, ein Film für Grün), die Wiedergabe arbeitete bereits mit einem Druckprozess in drei Farben (Purpur, Blaugrün und Gelb), d.h. kinogängig für Normalprojektion. Es entstanden in diesem Verfahren so bekannte Prestigefilme wie A STAR IS BORN (Wellman, 1937), GONE WITH THE WIND (Fleming, 1939) und THE RED SHOES (Powell/Pressburger, 1948). Technisch gesehen perfekt wurde die Sache, als – wie bei der Farbfotografie – ein Negativ-Positiv-Verfahren auf Drei-Farben- Basis entwickelt wurde. Agfa hatte hier die Nase vorne, und 1939 entstand der erste Spielfilm FRAUEN SIND DOCH BESSERE DIPLOMATEN unter der Regie von Georg Jacoby. Die Großfilme des 3. Reichs in Farbe haben sinnigerweise alle den Braunstich von Agfacolor. «Bringt diese Scheiße raus hier und verbrennt sie!» soll Goebbels nach dem ersten Musterfilm gebrüllt haben.[2] Die bekanntesten Beispiele des frühen Agfacolor sind DIE GOLDENE STADT (Harlan, 1942), IMMENSEE (Harlan, 1943), OPFERGANG (Harlan, 1944), KOLBERG (Harlan, 1945), MÜNCHHAUSEN (Baky, 1943), DIE FRAU MEINER TRÄUME (Jacoby, 1944) und GROSSE FREIHEIT NR. 7 (Käutner, 1944).

Nach 1945 wurde das Agfacolor-Verfahren von den Alliierten allgemein zugänglich gemacht und über einige Umwege zur Basis aller Nachkriegsverfahren. Den Wettlauf gewann schließlich Eastman Color aufgrund hoher Lichtempfindlichkeit/Schärfe, Far-

---

2 Joseph Goebbels nach Gert Koshofer: *Color. Die Farben des Films*. Berlin 1988. S. 89.

119–124 Gone With The Wind (Victor Fleming, 1939), Bild: Ernest Haller, Ray Rennahan (Technicolor)

Der Weg zur naturalistischen Farbe

125–127 OPFERGANG (Veit Harlan, 1944), Bild: Bruno Mondi (Agfacolor)

breinheit und Einfachheit des Verfahrens im Verlauf der 1950er Jahre. Frühe Beispiele sind Johnny Guitar (Ray, 1954), A Star Is Born (Cukor, 1954), French Cancan (Renoir, 1955), Broken Lance (Dmytryk, 1954) und Der Hauptmann Von Köpenick (Käutner, 1956). Hinter dem, was sich heute Technicolor nennt, verbirgt sich nur noch ein Kopierwerk. Generell gibt es heute nur noch zwei nennenswerte Anbieter, Eastman Color/Kodak und Fujicolor. Schwarz-Weiß-Material ist so vom Markt verdrängt, dass Regisseure wie Wenders, die gerne auch mit Schwarz-Weiß arbeiten, enorme Probleme haben, überhaupt das notwendige Rohmaterial und die Laborarbeiten zu bekommen (so Wenders bei Der Stand Der Dinge,1982).

Als letzte Neuerungen gibt es im Kino zunächst die analoge Videotechnik, heute die digitale Bildplatte. Das Material wird entweder auf Film umkopiert oder auch schon als direkte Projektion vorgeführt. Auch wenn dies formal der klassischen Kinosituation entsprechen mag, produziert es doch eine ganz neue Art des Sehens: Es ist ein neues Verhältnis von Bildaufbau und Hell-Dunkel-Phasen mit psychologischen Konsequenzen, in Hinblick auf den filmischen Zeit-Raum, die den Rahmen dieser Untersuchung sprengen würden.

Diese Technikgeschichte der fortschreitenden Perfektion täuscht über das eigentliche Problem hinweg. Will man Farbdekoration oder Farbvolumen? Das ist nicht gerade der Scheideweg des Herkules oder der Sündenfall des Farbfilms, wovon ich hier sprechen möchte, aber es ist sicher einfacher und einverständiger, im Farbfilm mit Dekor, Ornament und Schnörkel zu arbeiten als plastisch zu werden – oder auch bewusst flächig. Dies ist aber nur bedingt eine Frage der technischen Voraussetzungen wie Kontrast, Farbreinheit und Schärfe. Man kann dies schon an den vorgenannten Beispielen demonstrieren. Michael Curtiz dreht 1933 im Dicolor-Verfahren den Film Mystery of the Wax Museum (Kamera: Ray Rennahan), ein Film, der geradezu maßgeschneidert ist auf plastisches Arbeiten mit den Komplementärfarben Rotorange und Blaugrün. Das warme rotorange Rosa von Fleisch und Wachs, das immer austauschbarer wird bis zu der großen Schluss-Szene, wo Fay Wray in Wachs gegossen wird, und das kalte Blaugrün der Gewölbe, nächtlichen Straßen und Roben. Powell/Pressburger hatten in The Red Shoes (Kamera: Jack Cardiff) die ebenso simple wie wirkungsvolle Idee, mit den leuchtend roten Schuhe, die sich durch ein Bild von geringer Schärfentiefe bewegen, imaginäre Bewegungsvolumina zu schreiben. In Käutners Grosse Freiheit Nr. 7 (Kamera: Werner Krien) gelingt es, dem braunstichigen Agfacolor die Wirkung lichterfüllter Räume abzuringen, es ist ein Farbfilm aus dem Geist des expressiven deutschen Schwarz-Weiß-Films: Räume mit Licht bauen. Eigentlich fast schon ein Grenzfall von Farbfilm. Das gilt auch für Rays Johnny Guitar (Kamera: Harry Stradling Sr.). Mit dem späten Technicolor begann die Ära der dezenten Farben. Aber wer mir in Johnny Guitar eine einzige dezente Farbe nachweist, bekommt von mir sein Exemplar dieses Buchs signiert. Und dass mir ja niemand den hemmungslosen Gebrauch von schwar-

Der Weg zur naturalistischen Farbe

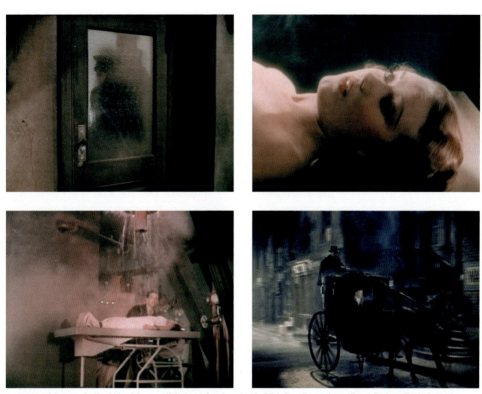

128–131 Mystery Of The Wax Museum (Michael Curtiz, 1933); Bild: Ray Rennahan (Zwei-Farben-Technicolor)

132–133 Nosferatu (Friedrich Wilhelm Murnau, 1921), Bild: Fritz Arno Wagner; Schluss mit und ohne Tinting aus den Kopien des Filmmuseums München, Gerhard Ullmann. Rechte: Murnau Stiftung, Vertrieb: Transit Film

zen und weißen Volumina in diesem Farbfilm als dezent bezeichnet! Tati, Jerry Lewis oder Alain Resnais dagegen benutzen Farbe oft flächig und bewusst platt, wie in der Werbewelt und in Comics. Bemerkenswert, dass einige der besten Farbfilme von den großen Filmkomikern stammen: platt angemalte oder zweidimensional bunte Bilder funktionieren gerade in der Groteske gut. Und Alain Resnais, ist er nicht auch ein Meister des grotesken Melodrams?

Ketzergedanken

> Man kann in der Geschichte des Okzidents von zwei großen ästhetischen Strömungen sprechen. Der Ästhetik des Erscheinens von Formen, Statuen, Gesetzen, Systemen, Erscheinungen [...] und von der Ästhetik des Verschwindens, die sich mit dem Cinematograph entwickelt und sich heute mit Video und Telematik fortsetzt [...]. Alles spielt sich von nun an in der Weise des Verschwindens nicht nur des Bildes (Kinematik), sondern auch der Körper, der Objekte, der Länder, Landschaften, ja sogar ganzer Kontinente [...] ab.
>
> *Paul Virilio*

> Alles findet erst durch Kontraste einen Wert; es gibt keine ein für alle Mal festgelegte Farbe, jede Farbe wird erst durch ihren Kontrast zu anderen Farben bestimmt, jede Farbe ist in Bewegung, alles ist Tiefe.
>
> *Robert Delaunay*

Technikgeschichte ist Filmgeschichte. Und umgekehrt. Es ist eine der Verrücktheiten der Filmgeschichte, dass das, was in anderen künstlerischen Medien als Grenzbedingung auftritt, das Wesen der Sache selbst berührt. Eine der notwendig offenen Fragen der Filmgeschichte ist die Frage nach dem Original. Es wird prinzipiell relativiert durch Bearbeitung, Schnitt, Synchronisation, Produzenteneingriffe u.a.m. Hier wollen wir von Reproduktions- und Lagerschäden reden. «Farbfilm kennt keine Patina, nur Zerfall» (Frieda Grafe).[3] Jede Kopie, die man von einem Film zieht, beeinträchtigt das Ausgangsmaterial – Kino aber existiert nur visuell, nur so gibt es lebendige Filmgeschichte. Das Flüchtige existiert nur, indem es immer von neuem entflieht. Und selbst wenn man Filme nur lagert, sind sie mehr oder weniger stark dem Zerfall aus-

---

3 Frieda Grafe: *Farbfilmfest*. Berlin 1988. S. 5.

gesetzt. Die Kodak-Filme der 1960er und 1970er Jahre darf man schon jetzt zu einer der schlimmsten Zerfallsperioden der Filmgeschichte (durch ‹color-fading›) rechnen. Erst der von Scorsese initiierte massive Protest der Filmemacher, die der chemischen Zerstörung ihres Werks nicht zusehen wollten, führte zu neuen, stabileren Emulsionen und Pigmenten. Die Rekonstruktion von Farbfassungen ist zwar möglich, aber kommt – wenn der Vergleich zulässig ist – der Konservierung von Gemälden durch Übermalung gleich. Bei Technicolor, wenn die drei S/W-Negative für die Grundfarben erhalten sind, ist die Situation deutlich besser. In jedem Fall ist es aber die Suche nach einem brauchbaren Kompromiss. Wenn man von Farbe im Kino redet, ist Mutmaßung und Fehlurteil eigentlich schon vorprogrammiert. Der Begriff ‹Originalfassung› sollte streng genommen verboten werden.

Ideen zur Philosophie der Geschichte des Farbfilms

> Es ist kein leeres Bild, keine Allegorie, wenn der Musiker sagt, dass ihm Farbe, Düfte, Strahlen als Töne erscheinen und er in ihrer Verschlingung ein wunderbares Konzert erblickt.
>
> *E. T. A. Hoffmann*

> Wer Romantik sagt, sagt moderne Kunst, d.h. Intimität, Geistigkeit, Farbe, Streben nach dem Unendlichen, ausgedrückt durch alle Mittel, die die Künste besitzen.
>
> *Charles Baudelaire*

> Il y a une logique de la couleur, parbleu/Es gibt eine Farbenlogik, in der Tat.
>
> *Paul Cézanne*

> Zeitweise schien es mir, dass der Pinsel, der mit unerbittlichem Willen Stücke aus diesen lebenden, schäumenden Wesen herausriss, einen besonderen musikalischen Klang hervorrief. Ich vernahm manchmal ein Zischen der sich mischenden Farben.
>
> *Wassili Kandinsky*

Bei der Lektüre von Farbtheorien stolpert man auf Schritt und Tritt über Begriffe wie Farbpartitur, Farbmelodie, Farbton, Farbklang, Farbenmusik, Farbkomposition, Farborchestrierung etc. Die Musiktheorie kennt dafür Begriffe wie Chromatik, Klangfarbe, Klangmalerei, Tongemälde etc. Die Ästhetik der Farben ist immer auch Synästhetik.

Komponisten wie Skriabin behaupten eine direkte Zuordnung von Farb- und Toneindrücken. Über die Theorien von Skriabin und Wagner fand Kandinsky zur abstrakten Malerei. Tatsächlich findet man solche Relationen in allen Kulturen, aber es gibt kein einheitliches Muster.[4] Dunkelblau entspricht in vorderasiatisch-ägyptischer Tradition der Note ‹c›, in China der Note ‹a›, in Indien der Note ‹d›. Auf die Farbe muss man sich von Fall zu Fall neu einlassen. Die Farbe kann symbolisch. sein, sie kann Stimmung sein, sie kann naturalistisch sein, sie kann flächig oder plastisch sein, sie kann «couleur pour la couleur» (R. Delaunay) sein, sie kann begrenzt und unendlich sein, sie kann alles sein.[5]

Dennoch gibt es vielleicht ein paar Grundregeln für Farbe im Kino. Und wie immer ist es hilfreich, zum Ursprung zurückzugehen, zur Renaissance, zur Erfindung der Zentralperspektive, die bis auf den heutigen Tag auch das Kameraauge beherrscht. Der alte Streit zwischen ‹disegno› und ‹colorire›, zwischen der strengen Schule der Perspektiven und den Abtrünnigen, den Coloristen, tut sich auch auf, sobald man mehr als nur einen Farbklecks ins Bild setzt, z.B. viragiert. Was die Meisterwerke des Schwarzweißfilms seit den 1920er Jahren geschaffen haben, lässt sich sehen – ganz wörtlich – neben und nach den großen Techniken der disegno-Schule, rilievo, sfumato, chiaroscuro ... Aber im Kino ist die Situation dramatisch verschärft. Film reagiert auf Farbe so extrem aufgrund seines Lichtbildcharakters. Sobald ein Kinobild viragiert erscheint, verändern sich Licht und Raum.

NOSFERATU, viragiert und vielleicht noch mit Musik, ist nicht mehr derselbe Film. Die zu hellen Nachtszenen verschwinden und gewinnen an Stimmung. Aber die Raumtiefe bei anderen Szenen (z.B. die nächtlichen Alpträume von Hutter in Nosferatus Schloss) wird abgeschwächt. Das rosarote Morgengrauen gibt dem Schluss eine ganze andere Wirkung, der Tod des Vampirs erscheint weniger schrecklich, Murnaus Anliegen der Liebestat erscheint klarer. «Färben war ein Mittel, Gespenster zu bannen» (Kracauer).[6] Montagen über weite Strecken erscheinen in verschiedenen Farben plausibler, und wenn dann noch die Begleitmusik das Leitmotiv einer abwesenden Figur einer anwesenden unterlegt, ändert sich der Sinn ganzer Szenen.

Wenn es so etwas wie eine Aristotelik des Kinos gibt, dann ist es die Multiplizität von Orten/Räumen, Zeiten und Handlungen. Wo Räume durch Licht gebaut werden, ist Schwarzweiß unschlagbar, verschiedene Zeiten und Handlungen dagegen lassen sich mit Farbe gut in den Griff bekommen.

---

4 Vgl. dazu Publikationen wie: Alexander Skrjabin: *Prometheische Phantasien*. Stuttgart 1924. Albert Wellek: *Doppelempfinden und Programm-Musik*. Wien 1928. Antoine Goléa: *Musik unserer Zeit*. München 1955.
5 Robert Delaunay nach Walter Hess: *Das Problem der Farbe in den Selbstzeugnissen moderner Maler*. München 1953. S. 82.
6 Siegfried Kracauer: *Theorie des Films*. Fankfurt/Main 1964. S. 189.

Zum Beispiel Musical

> Schwarz und weiß sind auch Farben.
>
> *Vincent van Gogh*

> Das beschattete Fleisch ist ganz traurig.
>
> *Vincent van Gogh*

> Wenn ich an Grau, Grün und Weiß denke oder an Schwarzgelb, Schwefelgelb und Violett, überläuft mich ein Schauer von Wollust.
>
> *Max Beckmann*

Frieda Grafe schreibt: «Als die Farbe zum Tonfilm kam, sah sich das Musical gezwungen, den Stil zu wechseln. Das bedeutete in seinem Fall: den Inhalt. […] und auch das farblose, geruchlose Geld beginnt den Platz zu wechseln.»[7] Da muss man erst dreimal schlucken. – Das bedarf einer ‹explication du texte›. Wenn es wahr ist, dass unsere Träume in Schwarzweiß sind und Farbeffekte nur eine bescheidene Rolle spielen, dann gibt es kein Genre, das so nah bei den kollektiven Träumen angesiedelt ist wie das alte Schwarz-Weiß-Musical, in dem man schwarz auf weiß alles über die Liebe im Kapitalismus erfahren kann.

Scheinbare Egalität herrscht im Musical. Dutzende von Paaren in Schwarz und Weiß wirbeln herum. Alles wird hineingerissen in einen einzigen großen Sog, einen panerotischen Fluxus. Klassenschranken scheinen nicht zu existieren. Dass der Adel bürgerlich heiratet, ist ein Standardtopos des Musicals. Bürgerlich geschäftsmäßig geht es im Musical zu. Alles ist käuflich, aber nicht jeder kann alles kaufen. Die Liebe ist frei, aber zum Schluss wird das Liebesverhältnis im Eheverhältnis verrechnet. Der Libertingeist des Musicals existiert nur vor dem Hintergrund des Geldverhältnisses. Geld kauft Schönheit. Oder: Schönheit will Geld heiraten, ein Hochstapler eine reiche Erbin. Die Herrschaft des Geldsystems setzt die formale Gleichheit voraus. Im Schwarzweiß-Musical sind die Tänzer alle gleich: schwarzer Frack, weiße Handschuhe und spiegelglatter Stock – aber es ist immer einer da, der die anderen mit seinem Stöckchen niedermäht.

Im Musical ist alles ganz abstrakt vereinfacht. Niemand erwirbt Reichtum, indem er jahrzehntelang die Gesetze der Ökonomie befolgt und dabei auch noch Glück hat. Das Musical reduziert das alles auf die Formel ‹Wie gewonnen, so zerronnen› und umgekehrt. Nur noch das schnelle Glück bleibt da übrig. Glücksspiel als Background spielt eine große Rolle. Jeder ist gleich, jeder hat die gleiche Chance. «Fate is the fool's

---

[7] Frieda Grafe: *Farbfilmfest*. Berlin 1988. S. 11.

name for chance», «Chance is a foolish name for fate» usw. wird endlos in THE GAY DIVORCEE (Sandrich, 1934) dahin geblödelt. Schon die Ausstattung demonstriert den Reichtum der Gesellschaft, von dem man sich nur eine Scheibe abzuschneiden braucht. Jeder kann Geld haben, aber nicht jeder hat es, und im Musical braucht es auch nicht jeder, man muss nur tanzen können. Tanz ist im Musical ein Äquivalent von Geld, einige können sogar davon leben. Das (klassische) Musical ist ein Versprechen von Freiheit, das sofort in nichts verpufft, sobald die Musik verklingt, das Licht erlischt und die Füße nicht mehr zehn Zentimeter über dem Boden schweben.

Der Einbruch naturalistischer Farbe in diesen Kosmos kommt einer einseitigen Störung des kollektiven Traums gleich, und die Affinität des Kinos zum Traum, die das alte Musical hemmungslos exploitiert hat, wird aufgekündigt. Lokalfarben, selbst in der verwegensten Verfremdung, lassen die Alltäglichkeit ihr banales Haupt erheben. Die Intervalle zwischen Tanz und Nichttanz – den Zirkulationszyklen des Musicals – werden spürbar. Fred Astaire in THE BELLE OF NEW YORK (Walters, 1952) muss sogar wirkliches Geld investieren, um den Zyklus in Gang zu halten. Die Ausstattung muss jede Farbe auf ihren erotischen Tauschwert abklopfen. Ein einziger falscher Ton lässt sofort den Massenbetrug sichtbar werden. Kollektive Träume in Farbe sind gefährlich. Intersubjektivität, Konsens und Akzeptanz sind gefährdet, wenn die Naht- und Bruchstellen der Ideologie sichtbar werden. Da kann es schnell passieren, dass eine ideologische Form mit der anderen kollidiert und sie sich wechselseitig kritisieren, wenn die ästhetischen Vorurteile von realistischer Handlung, wahrem Schein der Szene und glatter Form der Übergänge sich geltend machen.

Der Verfall des Musicals als Genre in den 1960er Jahren ging u.a. auch mit einem Verfall der Farbdramaturgie einher. Bemerkenswert erscheint mir deshalb ein restauriertes Stück Farbmusical von 1929, GOLD DIGGERS OF BROADWAY von Roy Del Ruth. Der Film ist im alten Zweifarbenverfahren gedreht und lässt sich bewusst auf einen Rosastich ein. Da ist gar nicht erst der Versuch, etwas anderes als schale Töne und seichte Unterhaltung zu bringen. Das funktioniert wirklich wie ein Traum in Pastelltönen, ein Kitschtraum. Boy meets girl. Er fragt sie, was sie hier tue. «I'm gold digging.» Und schon sieht man, wie sie sich in die rastlose Zirkulation stürzt und mit ihrem rosaroten Fleisch das Gold vom Boden der Bühne schürft, dem Sprungbrett für ganz andere Bühnen.

Henri Alekan

> Einen Gegenstand beleuchten, heißt in erster Linie in Licht denken.
>
> *Henri Alekan*
>
> Der durch die moderne Optik gefilterte Blick bedeutet eine Veränderung der Welt.
>
> *Henri Alekan*

Henri Alekan gehört neben Almendros, Alton, Seeber, Storaro oder Ballhaus zu den wenigen Kameramännern, die über ihre Kunst ein Buch geschrieben haben und deshalb der literaturgläubigen Filmwissenschaft vertraut sind. Der Titel ‹Des Lumières et des Ombres› ist programmatisch: von Lichtern und Schatten. Alekan, der nach einer optischen Ausbildung als Assistent von Matras und Schüfftan begann, verwaltet ein doppeltes Erbe: das deutsche Helldunkel und den poetischen Realismus Frankreichs. Interessant ist auch, dass er in den Jahren 1928 – 1930 noch zwischen Kamera und Marionettentheater, das immer auch ein Schattenspiel ist, schwankte. Schüfftan war sicherlich der stärkste Einfluss, von ihm hat er gelernt, das Licht in der Malerei zu studieren. Alekan, der in seinem Buch ungefähr 60 verschiedene Lichtqualitäten beschreibt, erklärt das vorwiegend an Beispielen aus der Malerei. Und von Schüfftan hat er gelernt, das Licht ästhetisierend einzusetzen: «Das ästhetisierende Licht (kommt) nicht aus einer präzisen natürlichen Quelle, sondern nur aus den Gedanken seines Schöpfers, den Gedanken des Künstlers, der meint, da müsse es einen Lichtfleck geben, selbst wenn es nicht logisch ist.»[1] Das in sich zwiespältige, diffus gerichtete Licht, eine contradictio in adjecto, hat Alekan bei Schüfftan gelernt. Die Wirkung eines solchen Lichts beschreibt Alekan als «subversives» Element.[2]

Den Durchbruch bringt das Jahr 1945, wo Alekan parallel LA BATAILLE DU RAIL für René Clement und LA BELLE ET LA BÊTE für Jean Cocteau dreht. Für LA BATAILLE DU RAIL über den Widerstand der französischen Eisenbahner während der Besatzungszeit ist Alekan, selbst ein hochdekorierter Widerstandskämpfer, prädestiniert. Der Film ist ein französisches Pendant zum Neorealismus, die dokumentarische Wertigkeit

---

1 Henri Alekan nach Heidi Wiese (Hg.): *Die Metaphysik des Lichts*. Marburg 1996. S. 37.
2 Henri Alekan: *Des Lumières et des ombres*. Paris 1996. S. 145.

von Grautönen steht im Vordergrund. Auffällig ist die Dynamik der Kamera, die auch schon mal zur fliegenden Granate wird. La Belle et la Bête dagegen ist überwiegend in einem harten clair-obscur gehalten und nur da, wo es der poetische Stoff nicht anders zulässt, greift Alekan auf die Vorliebe der französischen Tradition für Diffuses zurück. Cocteau hatte es so gewünscht, wie handpoliertes Silber «ohne die Raster, die Gaze, die Schleier, die Weichheit»; später rühmt er die «nie gekannten Reliefs der Bilder Alekans».[3] Beide Filme sind ein großer Erfolg und begründen den Ruf Alekans als Kameramann von größter Vielseitigkeit. Alekan selbst aber präferiert eindeutig den Stil, den er in der Zusammenarbeit mit Cocteau gefunden hat. Das Relief wird sein Markenzeichen, unter seinen Regiearbeiten ragt die Dokumentation über Rodin (L'enfer De Rodin, 1958) heraus, die die Skulpturen in Bewegung versetzt. Alekan ergänzt die continuité visuelle durch die continuité plastique.[4]

Cocteau hatte für die fantastischen Szenen von La Belle et la Bête Gustave Dorés Illustrationen als Vorbild, für die historischen Szenen Jan Vermeer, Pieter de Hooch und andere Flamen. Das eigentliche reliefartige Arbeiten verdankte sich aber einem Zufall, der sich beim Einrichten des Lichts ergab. Das Licht traf plötzlich das Gesicht von Mira Parely sehr heftig und mit einem starken Schlagschatten. Cocteau rief: «Alekan, schau! Das ist so schön! Wir müssen die Schauspieler mit den Bogenscheinwerfern treffen.»[5] Und das war der Schlüssel zum plastischen Licht. Alekan wird dadurch ermutigt noch über Schüfftan hinauszugehen, wenn es die plastische Wirkung erfordert. Schatten werden aber auch selbst zu Akteuren, ein sich vergrößernder Schatten scheint das Tor zum Schloss aufzustoßen.[6]

Alekan spricht in diesem Kontext von ‹choc émotionell› und von Attraktion und Repulsion im Bildraum.[7] Alekans Präferenz fürs inszenierte Licht macht ihn zum Studiokameramann: «Bei mir gibt es kein indifferentes Licht.»[8] Und: «Es kommt nicht darauf an, die Wirklichkeit zu erfassen, wie schön sie auch sei, sondern sie zu erschaffen.»[9] Selbstredend ist alle Tricktechnik in der Kamera gemacht. Eine der verblüffendsten Szenen zeigt Josette Day, wie sie durch das Schloss gleitet. Alekan ließ sie durch das Schloss laufen und nahm gleichzeitig mit einer hohen Bildfrequenz auf. Bei Normalgeschwindigkeit (24 Bilder/Sekunde) gleitet die gelernte Tänzerin elegant durch die Flure.

3   Jean Cocteau: *Kino und Poesie*, München, Wien 1979. S. 23f.
4   Vgl. Interview mit Henri Alekan. In: *Positif*, Nr. 286, 1984. Und Interview mit Henri Alekan. In: Christian Gilles: *Les Directeurs de la photo et leur image*. Paris 1989. S. 16f.
5   Jean Cocteau nach einem Interview mit Henri Alekan. In: *Cinématographe*, Nr. 68, 1981.
6   «Comme par magie, la porte du château s'entrouvre sous la mystérieuse poussée de l'ombre grandissante.» Henri Alekan: *Des Lumières et des ombres*. Paris 1996. S. 245.
7   Interview mit Henri Alekan. In: Christian Gilles: *Les Directeurs de la photo et leur image*. Paris 1989. S. 21 und Henri Alekan: *Des Lumières et des ombres*. Paris 1996. S. 67.
8   Interview mit Henri Alekan. In: Christian Gilles: *Les Directeurs de la photo et leur image*. Paris 1989. S. 21.
9   Interview mit Henri Alekan. In: *Positif*, Nr. 286, 1984.

Alekan wird zum führenden Kameramann des französischen Nachkriegskinos, das von den Kritikern der Cahiers du Cinéma in abschätzigem Sinn als ‹cinéma de qualité› klassifiziert wird, ein Kino, das sich im schönen Schein ergeht. Dieses Verdikt machte lange Zeit blind für die vielseitigen Leistungen, die Alekan in dieser Zeit erbringt. In ANNA KARENINE (Julien Duvivier, 1947) zaubert er russische Winterlandschaften mit bizarren Eisgebilden und Spiegelungen, in UNE SI JOLIE PETITE PLAGE (Yves Allégret, 1948) ist seine Kamera verspielt in Grautönen, in LES AMANTS DE VERONE (André Cayatte, 1948) liefert er Aufnahmen von Dreharbeiten und Intrigen hinter den Kulissen in modellierendem Kunstlicht, jedes Tageslicht oder gar das modische ‹contrejour› (Sonnenlicht als Hinterlicht) vermeidend. In ARCH OF TRIUMPH (Lewis Milestone, 1947, Kamera zusammen mit Russel Metty) gestaltet er ein Emigrantendrama im Stil des poetischen Realismus, in LA MARIE DU PORT (Marcel Carné, 1949) ersteht mit dem ‹diffus-gebündeltem›[10] Licht der Western-Electric-Scheinwerfer ein zweiter QUAI DES BRUMES, in QUAND TU LIRAS CETTE LETTRE (Jean-Pierre Melville, 1952) arbeitet er betont mit ‹anti-solaire› (Gegen-Sonnenlicht, Licht von unten), das die stärksten Reliefkonturen liefert.[11] Eine Oscar-Nominierung bringt ihm ROMAN HOLIDAYS (William Wyler, 1953, Kamera mit Franz Planer) ein. Um Alekans Kameraarbeit zu verstehen, darf man nicht bei der Lichtanalyse stehen bleiben. Er denkt und arbeitet wie ein zweiter Regisseur. Es gibt eine Art magisches Dreieck zwischen Statik, Dynamik und Licht. In statischen Szenen wird sein Licht dynamisch und umgekehrt. Alekan ergänzt die mise en scène durch mise en lumière.[12]

FROU-FROU (Augustino Genina, 1955) ist der erste französische Farbfilm. Farbfilm bedeutet für Alekan Rückfall in den Verismus, er fordert deshalb einen Farbfilm, der der Malerei gerecht wird. Er unterscheidet zwischen mise en rélief (Schwarz-Weiß-Film als Gravur) und mise en couleur (Farbfilm als Malerei). «Schwarz-Weiß-Film, das ist Gravur. […] Farbfilm, das ist Malerei.»[13] Mit Ophüls, der im selben Jahr LOLA MONTEZ dreht, hat er einen regen Gedankenaustausch. Es entstehen zwei ganz außerordentliche, richtungsweisende Farbfilme mit einer ausgeprägten Farbdramaturgie. Für Alekan ist das nur ein Anfang, immer wieder erklärt er, oft unzufrieden mit seinen Regisseuren: «Ich finde, das Kino kommt nicht an die Farben heran, die man in den Gemälden der großen Meister sieht – Velásquez, Rembrandt. Goya. In diesen Gemälden schaffen die

---

10 «Dieser Scheinwerfer ist ein Wunderwerk! Ich verstehe nicht, dass man heute nicht versucht, ihn nachzubauen. Mit einem allzu perfektionierten Scheinwerfer kann man nicht gleichzeitig diffuses und gebündeltes Licht erzeugen. Doch mit der Optik des ‹Western› wird das Licht gleichzeitig gebündelt und diffus. Es gibt einfach nichts Besseres!» Henri Alekan nach *CICIM*, Nr. 31-33, 1991.
11 Henri Alekan: *Des Lumières et des ombres*. Paris 1996. S. 107.
12 Vgl. Henri Alekan: *Des Lumières et des ombres*. Paris 1996. S. 199 und S.254. Und: Interview mit Henri Alekan. In: *Positif*, Nr. 286, 1984.
13 Interview mit Henri Alekan. In: *Cinéma 73*, Nr. 173, 1973.

Schatten der Farben einen dreidimensionalen Effekt, ähnlich dem Effekt, den Licht und Schatten im Schwarz-Weiß-Film erzeugen. […] Farbfilm existiert noch gar nicht.»[14] 1959 dreht er für Abel Gance AUSTERLITZ. Der Napoleon-Film baut die Schlacht von Austerlitz nach dem Gemälde von François Gérard mit Dyaliscope in Farben, die dem Empirestil entgegen kommen. Das Pastell mit einzelnen prägnanten Farbtönen ist komplett im Studio inszeniert. TOPKAPI (Jules Dassin, 1963) ist in Alekans Augen eine seiner besten Arbeiten in Farbe. «In manchen Filmszenen glaubt man ein direktes Echo der bildenden Kunst zu spüren: Wenn der Kunsträuber selbst zum Kunstwerk wird, im Dunkel des Museums mit nacktem Oberkörper im Zwielicht des Verbrechens aussieht wie eine lebende Variation auf Caravaggio» (Anke Sterneborg).[15] Der Umgang mit Farbe ist oft geradezu tachistisch, die Gartenszene am Anfang, die verwirbelten Nachtszenen. Mit Filtern und geometrischen Formen legt er auf Realbilder sogar abstrakte Muster. Häufig adaptiert Alekan auch Caravaggios Technik, einen Raum vollständig zu verdunkeln und nur ein kleines Loch für hereinbrechendes Licht offen zu lassen.

FIGURES IN A LANDSCAPE (Joseph Losey, 1969) ist ein sehr spezieller Fall. Alekan erklärt: «Die Beleuchtung dieses Films warf das Problem auf, sehr ausgedehnte Flächen künstlich zu beleuchten ohne auf das Verfahren der ‹amerikanischen Nacht› zurück zu greifen. Die einzige Lösung bestand im Gebrauch von extrem lichtintensiven Bogenlampen, die auf Gerüsten montiert wurden. Die Einheit der Beleuchtung wurde durch eine Steuerung der Lichtströmungen erreicht, die die Illusion von Mondstrahlen vermittelte. Zehn Zeilen Text, zehn Tage Dreharbeiten […].»[16] Wenn es ein gutes Beispiel gibt für die continuité plastique die der Kameramann nach Alekan der continuité visuelle des Regisseurs hinzufügen muss, ist es dieser Film mit seinen atemberaubenden Plansequenzen.[17] Zwei Männer, Tag und Nacht auf der Flucht, querfeldein, ohne dass es langweilig, flach oder banal wirkt. René Prédal schreibt: «Alekan suchte in den Stichen von Piranesi die künstlich geschaffenen großen Schattenzonen, um die sehr lichterfüllte Landschaft dramatisch zu gestalten, denn diese Wahrnehmung von Klarheit und Halbschatten wirkt sich zutiefst auf die Art aus, in der man ein Bild empfindet.»[18]

1978 erklärt Raúl Ruiz: «Die Nouvelle Vague war eine Katastrophe, sie brachte einen Verlust an Techniken, den Reichtum des Bildes auszuschöpfen. Dank Henri Alekan

---

14 Interview mit Henri Alekan. In: *Sight and Sound*, June 1993.
15 Anke Sterneborg: Zauberer mit Lichtern und Schatten. In: *Süddeutsche Zeitung*, 17. 05. 1993.
16 Henri Alekan nach Heidi Wiese (Hg.): *Die Metaphysik des Lichts*. Marburg 1996. S. 148. Der Text bezieht sich darauf, dass bei einer Imitation des Mondlichtes auf einem großen Set mehrere Scheinwerfer eingesetzt werden müssen; um nicht mehrere Schatten zu bekommen, muss das Licht mit Fahnen oder ähnlichen Hilfsmitteln gesteuert werden.
17 Interview mit Henri Alekan. In: Christian Gilles: *Les Directeurs de la photo et leur image*. Paris 1989. S. 16ff.
18 René Prédal: *La Photo de cinéma*. Paris 1985. S. 137.

sind wir uns dieser Möglichkeiten wieder bewusst geworden.»[19] Alekan selbst sieht das entspannter, er ist mit Almendros, einem Exponenten der Nouvelle Vague, befreundet und konzediert gerne, dass es nichts Schöneres gibt als das natürliche Sonnenlicht. Aber er bevorzugt «ein übernatürliches Licht, mit dem man nachdenken und nachmodellieren kann, um aus einer Sache mehr herauszuholen. Das ist meine Kunst.»[20] Etwas titanisch fügt er hinzu: «Manchmal stört es mich, dass ich nicht über die Mittel verfüge, die Bedingungen der natürlichen Beleuchtung, das Sonnenlicht, zu verändern.»[21] Alekans Zusammenarbeit mit Ruiz begründet seine Alterskarriere: «(Ruiz) war immer glücklich, wenn ich etwas Bizarres vorschlug.»[22] Mit Raúl Ruiz dreht er LES DIVISIONS DE LA NATURE (1978), LE TERRITOIRE (1980) und LE TOIT DE LA BALAINE (1981). LES DIVISIONS DE LA NATURE macht aus dem von Touristen überlaufenen Schloss Chambord die Vision eines lebenden Baukörpers. Licht verwandelt Statisches in Dynamisches, ein Treppenhaus wird von rotem Licht wie von Blut durchströmt, das Schloss befindet sich auf einem fantastischen Planeten mit zwei bis drei Sonnen. In LE TERRITOIRE lässt Alekan einen Wald golden schimmern, indem er vergoldete Bäume zwischen die richtigen stellt. In LE TOIT DE LA BALAINE bewohnen die Menschen von Georges de la Tour die Häuser von Magritte. Diese Lichtgebung, die keiner klassischen Schule mehr folgt, weder neutral noch modellierend ist, bezeichnet Alekan als partisanenhaft.[23] Alekan, obwohl er ein großer Meister im Ausleuchten von Schauspielern ist, leuchtet generell lieber die Szene aus (im Gegensatz zur amerikanischen Lichttechnik); die Arbeit mit Ruiz kommt dem sehr entgegen. Ähnlich ist seine Kamera für Alain Robbe-Grillet in LA BELLE CAPTIVE (1982), die mit surrealen Bildeffekten arbeitet. Tag, Nacht und Dämmerung in einem Bild. Die Farbgebung dieser Filme nennt Alekan ‹transcolor›.[24]

Für Straub/Huillet dreht Alekan EN RACHACHANT (1982) und PAUL CÉZANNE (1991). Alekans Kamera wird hier erwartungsgemäß sehr puristisch, aber die wenigen Bewegungen sind dann umso auffälliger. Das Licht von Murnau, von dem Straub immer so schwärmt, hat ihm Alekan nicht gezaubert, dafür aber den Bildern der Filme ihre elementare Plastizität verliehen.

Wim Wenders holte sich Alekan für DER STAND DER DINGE (1982) und DER HIMMEL ÜBER BERLIN (1986). Für STAND DER DINGE musste Alekan eine Person aufnehmen, die in einem Bürohaus durch einen langen Korridor geht, in dem es nur ein spär-

---

19   Raúl Ruiz nach Heidi Wiese (Hg.): *Die Metaphysik des Lichts*. Marburg 1996. S. 150.
20   Interview mit Henri Alekan in: *Cinématographe*, Nr. 68, 1981.
21   Interview mit Henri Alekan. In: *Positif*, Nr. 286, 1984.
22   Henri Alekan nach Benjamin Bergery: Henri Alekan. The Doyen of French Cinematography. In: *American Cinematographer*, March 1996.
23   Vgl. Henri Alekan: *Des Lumières et des ombres*. Paris 1996. S. 136. Und: Interview mit Henri Alekan. In: *Cahiers du Cinéma*, Nr. 345, 1983.
24   Interview mit Henri Alekan. In: *Cinématographe*, Nr. 68, 1981.

134–137 LA BELLE ET LA BÊTE (Jean Cocteau, 1945), Bild: Henri Alekan

138–139 TOPKAPI (Jules Dassin, 1963), Bild: Henri Alekan

140–141 LA BELLE CAPTIVE (Alain Robbe-Grillet, 1982), Bild: Henri Alekan

142 LE TOIT DE BALEINE (Raúl Ruiz, 1981), Bild : Henri Alekan

143 LES DIVISIONS DE LA NATURE (Raúl Ruiz, 1978), Bild : Henri Alekan

144 DER HIMMEL ÜBER BERLIN (Wim Wenders, 1986), Bild: Henri Alekan

145 PAUL CÉZANNE (Jean-Marie Straub/Danielle Huillet, 1991), Bild: Henri Alekan

liches Neonlicht gab. Das nötige Licht zum Aufhellen schuf Alekan durch eine einzige Lichtquelle am Ende des Gangs mit einer Art Gitter davor, das dem Licht Gestalt gab. Sam Fuller, der den Kameramann im Film spielt, war für Alekan eine seltsame Erfahrung von Verdopplung, da Fuller Alekan als Vorbild für seine Rollengestaltung nahm. Der Film im Film gewinnt dadurch an Intensität. Legendär ist der Schluss des Films mit dem Wohnwagen, dessen Dach Alekan mit einem ganzen Wald von Lichtquellen bestückte. Mit dieser Aufmachung und einer komplizierten Schaltung, die die wechselnden Lichtquellen einer Fahrt simulierten, ging es tagelang durch die Straßen Hollywoods. Die tatsächlich im Straßenverkehr vorkommenden Lichter hätten für diesen Effekt nie ausgereicht. «Es war ein Zirkus», erinnert sich Alekan.[25] Im HIMMEL ÜBER BERLIN greift Alekan auf mittelalterliche Muster der Ikonografie zurück, Bildausschnitt und Kamerawinkel lassen Engel überirdisch und groß erscheinen. Das Licht erinnert an mittelalterliche Kathedralen. Alekan ergänzt die Theorie des ‹cadre cache› um das ‹lumière cache›: So, wie das Kinobild nicht am Rahmen enden muss, sondern einen Ausschnitt liefert, ist das Licht im Bild oft nur der sichtbare Teil eines Lichts, das außerhalb existiert.[26] Es ist das, was Alekan an Schüfftan immer so bewundert hat, das metaphysische Licht. «Ihm gelingt es», sagt Wenders, «über das Licht immaterielle Gestalten zu schaffen. Als habe er selbst im Geheimnis des Lichts Zugang zu diesem feenhaften Universum.»[27] Und die Kamera wird schwerelos in ihren Bewegungen. Wenders, der Kenner der Filmgeschichte, verordnet in der Zirkusszene Alekans Kamera jenes desorientierende Schaukeln, das Karl Freund erstmals in VARIETÉ (E. A. Dupont, 1925) ausprobiert hat. DER HIMMEL ÜBER BERLIN, das ist auch ein postmodernes Echo auf die visuelle Revolution von VARIETÉ.

---

25 Henri Alekan nach Benjamin Bergery: Henri Alekan. The Doyen of French Cinematography. In: *American Cinematographer*, March 1996.
26 In *Des Lumières et des ombres* S. 197 spricht Alekan z.B. vom Sonnenlicht, «qui nous happe de l'extérieur du cadre» im Gegensatz zu szenischem Licht.
27 Wim Wenders nach Fritz Göttler: Kontrolle des Lichts. In: *Süddeutsche Zeitung*, 16./17. 06. 2001.

Néstor Almendros

> Ich glaube, dass das, was funktional ist, auch schön ist, dass funktionales Licht schönes Licht ist. Ich bemühe mich, sicher zu stellen, dass mein Licht eher logisch ist als ästhetisch.
>
> *Néstor Almendros*

> Was ich erreichen wollte, war eher reflektiertes Licht, natürliches Licht, als einen künstlichen Moment zu erschaffen. Ich will warten, bis sich das Wirkliche ereignet. Ein großer Moment ist es wert, dass man den ganzen Tag darauf wartet. In der Wirklichkeit kommt das Licht nicht von den Seiten eines Raums. [...] Ich könnte Picasso paraphrasieren und sagen, dass ich nicht erfinde, ich finde.
>
> *Néstor Almendros*

Néstor Almendros wurde 1930 in Spanien geboren. Als Jugendlicher in Barcelona sah er begeistert deutsche Filmklassiker der 1920er Jahre. Später bekennt er: «Viele Leute glaubten, als die Nouvelle Vague begann die Kameras so zu bewegen, dass das etwas Neues sei. Aber das war es nicht. Es holte etwas zurück.»[1] Mit seinem antifaschistischen Vater kam er 1948 nach Havanna; er gründete einen Filmclub, der u.a. Kopien aus Henri Langlois' Sammlung zeigte, und begann, Filmkritiken zu schreiben. Der Batista-Putsch veranlasste ihn 1956, nach Rom ans Centro Sperimentale di Cinematografia zu gehen, wo er mit den konventionellen Lehrinhalten nicht zu Rande kam. 1957 schlug er sich in New York als Spanischlehrer durch und lernte die Avantgarde der Ostküste kennen: Hans Richter, Maya Deren, Jonas Mekas u.a.

Damals schreibt er für die Zeitschrift ‹Film Culture› einen bemerkenswerten Text über G. R. Aldo, den bedeutendsten Kameramann des Neorealismus. Mit einigen wenigen Filmen – er starb 1953 bei einem Autounfall – hat er eine ganze Schule begründet. Aldo, schreibt Almendros, «war der erste, der bewusst und technisch kontrolliert die neorealistischen Phänomene in der Kameraarbeit verfolgte [...]: Belichtung für den Schatten; high key-Licht; unübertrefflich reiche und dichte Tönungen bei allgemein

---

1   Interview mit Néstor Almendros. In: *Framing – A Symposion on Cinematography*. Kopenhagen, April 1990. Transskript von 1995. S. 60.

eher geringem Lichtaufwand; Drehen unter extrem schlechten Lichtverhältnissen, die früher tabu waren. Die Beleuchtung der echten Interieurs ging vom natürlichen Licht aus, das durch Fenster und Türen eindrang. Unterstützt wurde es von künstlichem Licht, aber immer durch Schleier oder gebrochen an Wänden oder Reflektoren, so dass eine große Ähnlichkeit zu natürlichem Licht entstand. Er vermeidet den klar umrissenen glamourösen Aspekt des Studiolichts. Keine lächerlichen ‹Haarlichter›, keine Angst vor der so genannten ‹flachen› Fotografie, die Hintergrund und Personen ‹verschmilzt›, keine abgenutzten Formeln.»[2]

1959, nach dem Sturz von Batista, kehrte er nach Kuba zurück und drehte Dokumentationen für das kubanische Filminstitut ICAIC. 1961 realisierte er LA GENTE DE PLAYA über das Freizeitleben am Strand. Hier arbeitete Almendros das erste Mal nach dem Prinzip, dass natürliches Licht besser ist als künstliches. Der Film wurde technisch kritisiert, der Inhalt als konterrevolutionär bezeichnet. Almendros setzte sich mit einer heimlich gezogenen Kopie des Films nach Paris ab. Er zeigte den Film Henri Langlois und Mary Meerson. «Das ist cinéma verité», erklärte Mary Meerson und verschaffte ihm ein Entree bei Jean Rouch und der Pariser Filmavantgarde.[3] 1964 drehte er für Eric Rohmer eine Episode von PARIS VU PAR... .

Seinen künstlerischen Durchbruch hatte Almendros 1966 mit LA COLLECTIONNEUSE von Rohmer. «Für mich ist LA COLLECTIONNEUSE wie ein Manifest», erklärt Almendros.[4] Ähnlich wie Raoul Coutard arbeitete er mit reflektiertem Licht von Wänden und Decken, notfalls auch von Spiegeln, wobei er als Lichtquelle das Sonnenlicht bevorzugte, das mit seinem breiten Spektrum im Farbfilm optimal zur Geltung kommt. «Ich mag es nicht, wenn man die Technik sieht. Genauso, seit meiner Zeit am Centro Sperimentale in Rom, stören mich Beleuchterbühnen am Set. Sie projizieren ein diagonales Licht auf die Schauspieler, das es im wirklichen Leben nicht gibt. Es ist wahr, dass die Beleuchterbühnen den Gaffern die Arbeit erleichtern: Sie lassen die Kabel an der Rückseite der Bühnen runter, bringen das Set nicht durcheinander und vermeiden einen ganzen Wald von Stativen und Lichtern im Drehbereich. Aber für mich machen diese Vorteile die Künstlichkeit des Lichts nicht wett.»[5] Das verändert aber auch die gesamte Atmosphäre am Set. Die Schauspieler sind bei reflektiertem Licht nicht der Hitze der Scheinwerfer ausgesetzt und in ihren Bewegungen nicht auf die ausgeleuchteten Zonen festgelegt, da der ganze Raum gleichmäßig ausgeleuchtet ist.

1968 folgte ein Zwischenspiel im New-Hollywood-Film THE WILD RACERS, einer Roger-Corman-Produktion. Die Biker-Filme mit ihren billigen Off-Hollywood-Me-

---

2   Néstor Almendros: Neorealist Cinematography. In: *Film Culture*, Nr. 20, 1959.
3   Mary Meerson nach Néstor Almendros: *A Man with a Camera*. New York 1984. S. 42.
4   Interview mit Néstor Almendros. In: *Cinéma 73*, Nr. 172, 1973.
5   Néstor Almendros: *A Man with a Camera*. New York 1984. S. 108.

thoden waren ein wichtiges Übungsfeld für die ‹jungen Wilden› des amerikanischen Films. Mit MORE (Barbet Schröder, 1969) drehte Almendros erstmals einen Film mit kommerziellem Erfolg. Wieder war seine Lichttechnik revolutionär. Er drehte ‹night for night›: «In MORE benützte ich das erste Mal eine Nikkor-Linse, adaptiert für die Cameflex; diese Linse hatte eine Öffnung von f: 1,4, die es mir erlaubte, nachts ohne Extralicht zu drehen. Es gab eine neue Filmemulsion von Kodak, die in Frankreich noch nicht erhältlich war, mit einer Sensibilität von 100 ASA. Wir hatten etwa zehn 120m-Rollen dieses neuen Filmmaterials aus den USA eingeschmuggelt und benutzten es für die Nachtszenen. Wir drehten nur mit dem Licht der Pariser Straßenlampen, und zu unserer Überraschung konnten wir alles sehen.»⁶

MA NUIT CHEZ MAUD von Eric Rohmer (1969) war Almendros' erster Schwarz-Weiß-Film. Um die Kontraste heraus zu arbeiten, waren Bauten und Kostüme in Schwarz-, Weiß- und Grautönen gehalten. Trotzdem gibt es einen gewissen Mangel an Bildtiefe, aber Almendros erklärte, dass das seiner Sicht der Welt als Kurzsichtiger entspricht. Mit Truffauts L'ENFANT SAUVAGE (1969) folgte ein weiterer Schwarz-Weiß-Film, und auch hier musste Almendros die beinahe verlorenen Techniken des Schwarz-Weiß-Films neu erfinden, wie Iris-Blenden in der Kamera, die weder zu scharf noch zu weich sind; auch für den Kontrast von Personen und Szenerie musste er wohl oder übel Lösungen finden, auch wenn er am Centro Sperimentale die Technik mit Spitzlichtern gehasst hat.

In den 1970er-Jahren gab es technische Verbesserungen, die Almendros stilistisch entgegen kamen. ‹Soft lights›, ‹schnellere› Linsen und empfindlichere Filme kamen auf den Markt. Bei Außenaufnahmen konnte er kühner werden, während sich fürs Arbeiten im Studio ganz neue Perspektiven eröffneten. «Wie beim Impressionismus, als Farbtuben erfunden wurden und die Maler nach draußen gehen konnten und das aktuelle Licht einfangen konnten, so kam mit den ‹schnellen› Linsen der Moment für das natürliche Licht.»⁷ Für die intimen Filme von Truffaut und Rohmer entwickelte er Techniken, die die Gesichter der Schauspieler heraus stellen, während der Rest des Bildes an der lichttechnischen Grenze balanciert. «Gewöhnlich benütze ich nur ein Licht, sowohl für den Hintergrund wie für die Schauspieler. Ich mag die klassische Technik nicht, bei der zuerst die Gesichter und dann der Hintergrund getrennt ausgeleuchtet wird, da es eines meiner Grundprinzipien ist, dass das Gesicht heraustreten soll, besonders in einem intimen, unspektakulären Film wie diesem. Wenn der Hintergrund etwas verschattet ist, vermutet der Zuschauer mehr als er sieht; er trägt aktiv bei, indem er unbewusst ‹kreativ› wird und den Set aufbessert.» So Almendros über LES DEUX ANGLAISES ET LE CONTINENT (1971).⁸

---

6 Néstor Almendros: ebd. S. 70.
7 Néstor Almendros nach: *American Cinematographer*, Memorial, March 1992.
8 Néstor Almendros: *A Man with a Camera*. New York 1984. S. 105.

L'AMOUR L'APRÈS-MIDI (Rohmer, 1972) war Almendros' erster reiner Studiofilm: «So paradox es erscheint, aber die Studioarbeit kann auf der Leinwand echter erscheinen als die Arbeit on location. [...] Und es gibt noch einen anderen Vorteil bei der Studioarbeit, speziell bei einem Film wie L'AMOUR L'APRÈS-MIDI, wo der Zeitraum von mehreren Monaten sichtbar zu machen war, obwohl die Drehzeit nur sieben Wochen betrug. Der Film beginnt im Winter, und wenn Chloé ins Büro kommt, muss das Licht, das durch die Fenster dringt, soft sein. Wenn sie nach einer längeren Abwesenheit zurückkommt, ist es Sommer, und wir markierten den Sonnenlicht-Effekt mit einem starken Scheinwerfer (10 kW) gegen die Vorhänge.»[9]

L'OISEAU RARE von Jean-Claude Brialy (1973) ist ähnlich wie MARQUISE D'O (Rohmer, 1975) oder LENZ (George Moorse, 1970, Kamera: Gerard Vandenberg) ein frühes Beispiel für Kerzenlicht-Beleuchtung vor oder parallel zu BARRY LYNDON (Kubrick, 1975). Auch wenn die Linsen nicht so gut waren wie bei BARRY LYNDON, ließ sich mit Hilfe der produktiven Fantasie der Zuschauer eine starke Wirkung erzielen. 1974 verwendet Almendros in dem Dokumentarfilm GENERAL IDI AMIN DADA AUTOPORTRAIT zwei Techniken, die er fortan immer wieder anwandte: Er ließ den Hauptakteur Idi Amin fast in die Kamera sprechen, was eine große Wahrhaftigkeit erzeugte, weil jede Regung registriert wird. Im Gegensatz zum amerikanischen Fernsehen und Kino liebt Almendros ‹talking heads›. Die zweite Technik ergänzte die erste: Durch den flexiblen Einsatz des Zooms wird auch in der Bewegung die sprechende Person festgehalten. NADIE ESCUCHABA (1988), eine Dokumentation über die Gefängnisse in Castro-Kuba, arbeitete durchgehend mit dieser Technik.

Für L'HOMME QUI AMAIT LES FEMMES (Truffaut, 1977) entwickelt er eine Technik der gefälschten Kamerafahrt, um einen Aufmarsch von Frauenbeinen in Bodenhöhe zu verfolge: «Die Kamera war nahe am Boden platziert mit einem 250 mm-Telezoom. Um sie zogen wir einen Kreis von fast 20 m und umgaben ihn mit Autos. Wir ließen die Schauspielerinnen diesen Umkreis abschreiten. Die Kamera folgte ihnen wie ein Karussell in 360°-Schwenks. Auf der Leinwand erzeugte die optische Kompression der Telelinse die Illusion einer geradlinigen Bewegung, so, als würden die Frauen am Gehweg neben geparkten Autos laufen.»[10]

In MES PETITES AMOUREUSES von Jean Eustache (1974) experimentierte Almendros mit neuen Etüden seiner Lichttechnik. Einen nächtlichen Corso leuchtete er lediglich mit 250 W photofloods aus; die Gesichter bekamen mitunter Kontur durch Feuerzeuglicht. In einem Kino werden die Akteure scheinbar durch die Reflexion von der Leinwand beleuchtet; tatsächlich projiziert Almendros den Film mit unscharfem Focus direkt auf die Akteure; ein Trick, der Schule machen sollte. «Menschen sehen

---

9 Néstor Almendros: ebd. S. 19.
10 Néstor Almendros: ebd. S. 191.

weniger als sie denken und oft vermuten sie nur», kommentiert Almendros.[11] Und zu L'HISTOIRE D'ADÈLE H. (Truffaut, 1975): «Wenn Kontrast ein wichtiges Motiv im Film ist, denke ich nicht, dass es nötig ist, mit intensivem Licht scharfe Schatten zu erzeugen. Das Ganze ist eine Frage der Balance und der guten Belichtung. Wenn man den Kontrast mit zwei Lichtern unterschiedlicher Intensität erzeugt, muss nur das eine stärker als das andere sein, auch wenn das stärkere nicht mal besonders hell ist.»[12]

Almendros' Filme mit Rohmer und Truffaut sind von der Lichtgebung her durchaus ähnlich. Im Unterschied zu dem stark statischen Rohmer aber kam bei Truffaut dessen Vorliebe für Plansequenzen hinzu. Mit der wenig aufwändigen und gleichmäßigen Lichtgebung des reflektierten Lichts reduzierte sich die Schwierigkeit vor allem auf den Bewegungsablauf der Schauspieler. Akteuren, die zum Improvisieren neigen oder wenig Erfahrung mit dieser Arbeitsweise haben, ist schwer zu folgen; Almendros verglich deshalb seine Kameraarbeit gerne mit dem Pirschen und Jagen.

In den USA drehte Almendros 1976 mit Terrence Malick DAYS OF HEAVEN. Die bevorzugte Tageszeit war die ‹magic hour›, jene 20 Minuten zwischen Sonnenuntergang und Nacht. Üblicherweise wird dies im Studio simuliert, weil die Lichtverhältnisse nicht mehr hergeben und sich die Farbtemperatur beständig ändert. Almendros wagte es, mit den tatsächlichen Lichtverhältnissen zu arbeiten. Natürlich benützte er die ‹schnellsten› Linsen und empfindlichsten Emulsionen; zusätzlich konnte er noch Blenden gewinnen durch pushing (der Film wird zusätzlich sensibilisiert durch Überentwickeln), durch das Weglassen von Filtern und durch Unterdrehen (wobei die Schauspieler unterspielen müssen). Für Tageslichtszenen verzichtete er ebenfalls auf zusätzliches Licht und wählte bei der Blende einen Kompromiss, «was zu leicht unterbelichteten Gesichtern führt, während der Himmel leicht überbelichtet ist, wodurch die Intensität des Blaus zurück genommen wird ohne auszubrennen».[13] Er kommentiert: «My work became deilluminating/meine Arbeit bestand im Lichtwegnehmen.»[14]

Bei Schuss-Gegenschuss-Aufnahmen bedeutete das, dass die Schauspieler zu unterschiedlichen Tageszeiten aufgenommen werden mussten, um die harte Sonne in den Plains auszugleichen (wenn der eine Schauspieler relativ zur Sonne passabel belichtbar ist, unterliegt das Bild des anderen Schauspielers dem burn-out-Effekt, wenn man, wie Almendros, einen blauen Postkartenhimmel vermeiden will). Bei genauer Analyse kann man feststellen, dass durch diesen Wechsel der Tageszeiten scheinbar zwei Sonnen am Himmel stehen. Der Krach mit den Hollywood-Technikern

---

11 Néstor Almendros: ebd. S. 139.
12 Néstor Almendros: ebd. S. 144.
13 Néstor Almendros: Photographing DAYS OF HEAVEN. In: *American Cinematographer*, June 1979.
14 Néstor Almendros: ebd.

der Crew war vorprogrammiert, aber Malick ermunterte ihn. Für die Nachtszenen reichten die natürlichen Lichtquellen wie Lagerfeuer nicht aus. Almendros fand eine Beleuchtung, die dem Charakter der Lichtquelle sehr nahe kam: «Wir beleuchteten Feuer mit Feuer.» [15] Eine flackernde Propangasflamme erwies sich als ideal. Nur die Hollywood-Beleuchter murrten wieder: Sie waren nicht zuständig für die Beleuchtung von Personen mittels Feuer. Die Sensation des Films wurde abgerundet durch Plansequenzen, die die Virtuosität des Vorbilds Max Ophüls mit den neuen Möglichkeiten der Steadicam (hier eine Panaglide) kombinierten. Der Film brachte Almendros einen Oscar ein.

1977 führte Almendros für Rossellinis LE CENTRE GEORGE POMPIDOU – BEAUBOURG die Kamera. Gnadenlos zeigt der Film das Centre Pomp als Kulturrummelplatz. Die Kamera bewegt sich auf Rolltreppen, Fluren und Plattformen wie in den Wartehallen von Paris-Charles de Gaulle. Kunstgeschichte verkommt zur Dekoration, und das bei Almendros, der die Kunstgeschichte als lebendige Quelle seiner Arbeit über alles schätzt. Das natürliche Licht, das er mit anderen Pionieren in den 1960er Jahren entdeckte, ist dem Impressionismus verpflichtet, GOIN' SOUTH von Jack Nicholson (1979) und DAYS OF HEAVEN amerikanischen Landschaftsmalern wie Russell, Remington, Parrish und Dixon sowie Andrew Wyeth und Edward Hopper. L'HISTOIRE D'ADÈLE H. ist den viktorianischen Malern nachempfunden, die MARQUISE D'O Füssli und David, LE GENOU DE CLAIRE (Rohmer, 1970) Gauguin und SOPHIE'S CHOICE (Alan Pakula, 1982) Leonardo da Vinci. Fast in jedem Film gibt es Referenzen an Vermeer, la Tour, Caravaggio, Rembrandt und Turner. LIFE LESSONS (Scorsese, 1989), eine Episode aus NEW YORK STORIES, ist eine Hommage an Magritte: doppelte Spiegel, split-diopter-Effekte, Innenräume, die wie Außenräume wirken.

Ein spezieller Fall ist Rohmers PERCEVAL LE GALLOIS (1978). Rohmer studierte mit Almendros mittelalterliche Miniaturen, deren vorperspektivische Künstlichkeit, symbolische Farbigkeit und Schattenlosigkeit es nachzuahmen galt. «Der blaue Himmel war auf ein großes Cyclorama gemalt, die stilisierten Bäume waren aus Plastik, die Sperrholz- oder Pappmaché-Burgen waren Miniaturen in Gold, das Gras war der grün gestrichene Boden. Im Gegensatz zu der delikaten Harmonie der Töne in MARQUISE D'O, waren die Farben der Gewänder und Gegenstände leuchtend und mitunter aggressiv wie die Miniaturen, die uns inspirierten. Heutzutage werden viele Historienfilme in wirklichen Burgen gedreht, obwohl sie sich im Lauf der Zeit sehr verändert haben. Im Mittelalter waren diese Burgen noch nicht gealtert und obendrein polychrom.» [16] Mit keinem Regisseur, so Almendros, erreichte er ein so niedriges Drehverhältnis wie mit Rohmer (ca. 1:1,5, in Hollywood ist 1:12 durchaus normal). «Was die Amerikaner an

---

15 Néstor Almendros: ebd.
16 Néstor Almendros: *A Man with a Camera*. New York 1984. S. 221.

der Moviola entscheiden, hat Rohmer bereits beim Drehen entschieden, indem er im Geiste alle anderen Möglichkeiten ausgeschieden hat.»[17]

Neben der Malerei ist die Filmgeschichte selbst eine wichtige Quelle für Almendros. Der nächtliche Wald in GOIN' SOUTH ist wie in CURSE OF THE CAT PEOPLE (Robert Wise, 1944) von Myriaden winziger Licht- und Schattenspiele, die durch die Blätter brechen, beleuchtet, der nahe Fluss ist wie in SUNRISE (Murnau, 1927) von einem mondscheinartigen Lichtreflex erhellt. Die Farmszenen in DAYS OF HEAVEN sind synthetisiert aus THE PLOW THAT BROKE THE PLAINS (Pare Lorentz, 1936), OUR DAILY BREAD (King Vidor, 1934), GRAPES OF WRATH (John Ford, 1940), THE WIND (Victor Sjöström, 1928) und THE GOOD EARTH (Sidney Franklin, 1937). Für SOPHIE'S CHOICE übernahm Almendros die Desaturierung der Farben aus MOBY DICK (John Huston, 1956) und REFLECTIONS IN A GOLDEN EYE (John Huston, 1967). Für die Schwarz-Weiß-Technik gelten ihm Griffith und Feuillade neben G. R. Aldo und den deutschen Klassikern der 1920er Jahre als Vorbild. In NADINE (Robert Benton, 1987) variierte er eine Sequenz aus CABIN IN THE SKY (Vincente Minnelli, 1943). In BILLY BATHGATE (Robert Benton, 1991) verwertete er das deutsche expressive Kino, SCARFACE (Howard Hawks, 1932), LITTLE CEASAR (Mervyn LeRoy, 1930), ASPHALT JUNGLE (John Huston, 1950) und ANNA CHRISTIE (Clarence Brown, 1930).

Der größte Teil von Almendros' Werk in den USA entstand in Zusammenarbeit mit Robert Benton: KRAMER VS. KRAMER (1979), STILL OF THE NIGHT (1982), PLACES IN THE HEART (1984), NADINE (1987) und BILLY BATHGATE (1991). Benton hatte sehr ausgeprägte ikonografische Vorbilder: Für KRAMER VS. KRAMER studierte er mit Almendros das Werk von Piero della Francesca. New York erscheint in der Perspektive der frühen Renaissance, die Personen sind in ein zartes, fast liebevolles Licht getaucht, die ‹locations› wurden nach dem erdfarbenen Ton von Arezzo ausgewählt. Daneben dienten David Hockney und Magritte als Referenz, Maler, die die Qualität eines scheinbar quellenlosen Lichts verbindet. Bentons Wahl fiel auch wegen der virtuosen Plansequenzen, die er in seinen französischen Filmen gesehen hatte, auf Almendros. Die Wahl der Mittel erzeugt ein geschlossenes humanistisches visuelles Kontinuum.

LE DERNIER MÉTRO (1980) ist in Truffauts Werk ein Sonderfall. Seine Vorliebe für Ausblicke durch Fenster fiel der Verdunklung zur Zeit der Okkupation zum Opfer. Passend zum Thema stellte sich ein klaustrophober Effekt ein, den Almendros noch verstärkte, indem er bei Außenaufnahmen die Kamera relativ hoch stellte und leicht nach unten filmte, so dass Himmel und Horizont ausgeblendet wurden. Seine letzte Arbeit mit Truffaut war VIVREMENT DIMANCHE! (1983), wieder ein Schwarz-Weiß-Film. Wie Henri Alekan (DER STAND DER DINGE, Wenders, 1982) oder Michael Chapman (RAGING BULL, Scorsese, 1980) klagt auch Almendros über die heutigen Labor-

---

17 Néstor Almendros: ebd. S. 226.

146–149 La Collectionneuse (Eric Rohmer, 1966), Bild: Néstor Almendros

150–151 Ma Nuit chez Maude (Eric Rohmer, 1969), Bild: Néstor Almendros

152 Marquise d'O (Eric Rohmer, 1975), Bild: Néstor Almendros

153–154 L'homme qui amait les Femmes (François Truffaut, 1977), Bild: Néstor Almendros

155–156 Days of Heaven (Terence Malick, 1976), Bild : Néstor Almendros

probleme mit Schwarz-Weiß-Film. Um die Schwarz-, Weiß- und Grautöne sauber hin zu bekommen, wurden, wie schon bei MA NUIT CHEZ MAUD (Rohmer, 1969), die Bauten und Kostüme in Schwarz, Weiß und Grau ausgeführt. «Die bunten, vulgären Farben des zeitgenössischen Lebens verschwinden und werden durch absolute Eleganz ersetzt – wie ein Abendkleid.»[18]

Bei Schwarz-Weiß verwandte Almendros auch härteres Licht: «Etwas Gegenlicht – ob es nun gerechtfertigt erscheint oder nicht – wird einem förmlich aufgezwungen, wenn man nicht riskieren will, dass die Konturen zwischen den Figuren im Vordergrund und denjenigen in der Tiefe der Einstellung zu stark verwischen – beim Farbfilm ergibt sich diese Trennung eigentlich automatisch.»[19] Anlässlich von HEARTBURN (Mike Nichols, 1986) sprach er über die ganz anders gelagerten Probleme der Farbe in Gegenwarts-Filmen: «Das Drehen in modernen Städten ist schwierig, weil man von Hässlichkeit umzingelt ist. Die Farben passen nicht zusammen, die Architekturstile reiben sich und die Farben in den Straßen tendieren zu einer solchen Schrillheit, dass man nicht auf die Schauspieler achtet. [...] Sehr oft tönt man ab – sehr selten tönt man auf. Die Schauspieler sind das, was zählt.»[20]

---

18 Néstor Almendros: ebd. S. 272.
19 Interview mit Néstor Almendros in: *Filmbulletin*, Nr. 133, 1983.
20 Néstor Almendros nach David Jon Wiener: Straight Shooting for HEARTBURN. In: *American Cinematographer*, August 1986.

John Alton

> Zuviel Licht ist genauso schlimm wie überhaupt kein Licht.
>
> *John Alton*
>
> Wenn es um Fotografie ging, war er wirklich ein Genie.
>
> *Joseph H. Lewis*
>
> Der größte Meister des Noir.
>
> *Paul Schrader*

Wie viele der großen Kameraautoren ist auch John Alton ein Fanatiker. In seinem berühmten Buch ‹Painting with Light› (1948) schreibt er nicht nur über die Geheimnisse der Kamerakunst, sondern dehnt dies aus zu einer regelrechten Weltsicht. Er erklärt, dass es keine Liebe auf den ersten Blick gibt, sondern nur «love at first light».[1] Frauen rät er, immer auf das richtige Licht zu achten; bevor sie die Straße überqueren, sollen sie erst die Lichtverhältnisse studieren. Am schlimmsten geht er mit grün ausgeleuchteten Bars ins Gericht: Da hocken die Frauen alle auf ihren Barhockern rum, «überzeugt, dass es nur die anderen sind, die schlecht aussehen. Denken Sie daran: Sie sehen nicht besser aus. Blendende Wände und glänzende Böden helfen Ihren Look zu ermorden.»[2]

Schon als Kind in Ungarn war Alton Fotoamateur. Als Halbwüchsiger lernt er einen Kameramann der Fox-News kennen; nach Abschluss der Schule wird er dessen Assistent: «I just schlepped the camera/Ich schleppte nur die Kamera», erklärt Alton in seinem herrlichen Denglish.[3] 1918 wandert er nach Amerika aus. Sein New Yorker Onkel schickt ihn aufs College, aber er schleicht um die New Yorker Studios herum und wird schließlich Statist. 1923 bricht er nach Hollywood auf, wo er 1924 im Kopierwerk von MGM unterkommt. Bald dreht er Billigwestern für ‹Woody› Van Dyke. Wegen seiner Sprachkenntnisse wird er 1927 nach Europa geschickt um stock shots von europäischen Originalschauplätzen zu machen. Er nützt die Zeit und sieht sich in französischen und deutschen Studios um: «Die europäischen Kameramänner setzten

---

1   John Alton: *Painting With Light*. New York 1948. S. 173.
2   John Alton: ebd. S. 183.
3   John Alton: Alles, was ich tat, brachte mir Ärger ein. In: *Steadycam*, Nr. 32, 1996.

ein wundervolles Licht. Sie arbeiteten sorgfältiger und ließen sich mehr Zeit als die amerikanischen. Vor allem von den Ufa-Kameraleuten habe ich eine Menge gelernt. In den zwanziger Jahren waren sie die besten der Welt.»[4] Karl Freund und Curt Courant hebt Alton besonders hervor. Ab 1928 ist er bei der Niederlassung von Paramount in Paris, wo er einen argentinischen Geschäftsmann kennen lernt, der ein Tonfilmstudio in Buenos Aires errichten will. Von 1931 bis 1939 arbeitet er dort als Kameramann und Regisseur. Er macht dabei eine ernüchternde Entdeckung: «Als Kameramann sehe ich nicht das Gesicht eines Schauspielers, sondern das Licht auf ihm. Es ist unmöglich, sich auf beides gleichzeitig zu konzentrieren: Entweder achtet man auf das Licht oder auf das Mienenspiel, die schauspielerische Leistung. In diese Zwickmühle wollte ich nicht noch einmal geraten und führte deshalb nie wieder Regie.»[5] 1940 geht er nach Hollywood als director of photography.

In Hollywood herrschte damals die Philosophie des high key-lighting: Alles wurde gut ausgeleuchtet, die Zuschauer sollten den Aufwand, den man trieb, auch sehen. Alton hielt sich an keine Spielregeln, sondern leuchtete das aus, was er für künstlerisch notwendig hielt. Und er machte über Nacht seine Hausaufgaben. Wenn er ins Studio kam, wusste er schon genau, wie er ausleuchten wollte. Bald hatte er den Ruf des schnellsten Kameramanns von Hollywood weg. Er verdiente so viel wie ein Regisseur und nahm anderen die Arbeit weg, was ihn gleich nach Harry Cohn zum verhasstesten Mann in der Branche machte. Zu allem Überdruss war er auch noch ein europäischer Dandy, der sich über seine Kollegen lustig machte: «Meinen Erfolg als lighting man verdanke ich auch dem Studium der großen Maler. Die anderen Kameraleute wussten nicht einmal, wer Rembrandt war. Ich erzählte ihnen, er sei ein Anstreicher gewesen. Es war erschütternd, wie wenig diese schmocks wussten.»[6] Und er war sehr pragmatisch: «Wir haben nur mit Mitchells gearbeitet, denn das waren die schnellsten Kameras. [...] Manchmal haben wir drei oder vier Kameras benutzt. [...] Wenn ich vier Perspektiven anbot, musste nichts mehr nachgedreht und neu ausgeleuchtet werden. Ich richtete das Licht so ein, dass alle vier Kameras gleichzeitig drehen konnten.»[7] Alton war ein Kameramann der Bildkomposition, nicht von kühnen Fahrten und Schwenks. Er kommt präzis, schnell und stimmig auf den visuellen Punkt: «Im Film gibt es keine Zeit zu verschwenden.»[8]

Es gibt unter Kameraleuten zwei grundsätzliche verschiedene Betrachtungsweisen der Leinwand, für die einen ist sie weiß, für die anderen schwarz. Für John Alton war sie eindeutig schwarz: «Nachdem ich das Drehbuch gelesen hatte, wusste ich genau,

---

4   John Alton: ebd.
5   John Alton: ebd.
6   John Alton: ebd.
7   John Alton: ebd.
8   John Alton: The Hollywood Close-up. In: *American Cinematographer*, July 1949.

wie man die Geschichte mit Hilfe des Lichts am besten erzählen kann. [...] Je sparsamer und präziser das Licht gesetzt wird, desto besser wird der Film. Ich habe die Leinwand häufig schwarz gelassen und nur das ausgeleuchtet, was für die Szene und die Handlung wichtig ist. [...] Nichts soll die Aufmerksamkeit von der bedeutenden Stelle ablenken. Der Rest ist nicht von Interesse. Die Zuschauer akzeptieren die Dunkelheit auf der Leinwand. Schließlich sitzen sie selbst im Dunkel.»[9] Als Cinemascope aufkam, mussten die Beleuchter riesige Studios ausleuchten, nicht aber bei Alton. «Man benutzt», erklärt er lakonisch, «eine Menge schwarzes Licht.»[10] Wie jeder Hollywood-Kameramann hatte auch Alton das Problem, weibliche Stars möglichst schön erscheinen zu lassen: «Wir lighting men haben ihre Schönheit erschaffen. Ich habe von den Schauspielerinnen, deren Gesichter ich ausleuchten sollte, eine Porträtphotographie machen lassen. Dieses Photo habe ich zu Hause mit einem Projektor auf eine Leinwand geworfen und es solange mit Pinsel und Farbe bearbeitet, bis eine schöne Frau erschien. Am nächsten Tag habe ich im Atelier dann das gleiche Resultat mit Licht zu erreichen versucht.»[11]

B-Pictures waren es, die Alton in den 1940er Jahren als Experimentierfeld dienten. Filme wie THE DEVIL PAYS OFF (1941), THE LADY AND THE MONSTER (1944), WYOMING (1947) oder DRIFTWOOD (1947) von Regisseuren wie John H. Auer, George Sherman oder Allan Dwan. «Es waren nicht die teuren, sondern die kleinen, billigen Filme, in denen ich mein bestes Licht gesetzt habe.»[12] 1947 beginnt seine Zusammenarbeit mit Anthony Mann, die ihn zum führenden Exponenten des noir-Stils macht. T-MEN gehört zu den sog. semi-documentaries, Filme, die die Polizeiarbeit dokumentieren und im noir-Stil gedreht sind. Alton, dem der Ruf vorausgeht, dass er die Hollywood-Bowl nachts mit einem Streichholz ausleuchten kann, dreht hier nächtliche Außenaufnahmen ohne zusätzliches Licht: «Ich habe einen besonders empfindlichen Film verwendet, den ich zuvor getestet hatte. Wenn die Sache schief gegangen wäre, hätte man mich am nächsten Tag vor die Tür gesetzt.»[13] Im Stil der Zeit verwendet er dabei weitwinkelige Objektive: «Ich habe häufig mit einem 25 mm-Objektiv, manchmal sogar mit einem 19er gearbeitet.»[14] In einer Szene muss ein Undercover-Agent hilflos zusehen, wie sein Freund ermordet wird. «Die Kamera zeigt nur das bleiche, von einer Deckenlampe grell beleuchtete Gesicht von Dennis O›Keefe. Zunächst senkt er die Augen, dann den Kopf. Alton visualisiert die sprachlose Trauer allein durch Licht: Als Folge der Kopfbewegung gleitet der Schatten, den die Hutkrempe

---

9 John Alton: Alles, was ich tat, brachte mir Ärger ein. In: *Steadycam*, Nr. 32, 1996.
10 John Alton: ebd.
11 John Alton: ebd.
12 John Alton: ebd.
13 John Alton: ebd.
14 John Alton: ebd.

wirft, langsam über O'Keefes Gesicht, taucht nach und nach dessen Antlitz in tiefes Schwarz» (Robert Müller).[15]

Für Anthony Mann dreht Alton 1948 RAW DEAL und HE WALKED BY NIGHT, 1949 THE BLACK BOOK und BORDER INCIDENT, 1950 DEVIL'S DOORWAY, alles Filme im noir-Stil, auch wenn der letzte ein Western ist. RAW DEAL ist eine Geschichte von Rache, Verrat und Betrug mit tragischer Ausweglosigkeit. Altons Licht ist spärlich, aber grell; es spaltet die Gesichter und Räume, manchmal, wenn das Licht kurz aufblinkt, ist es scharf wie eine Waffe. Die Decken sind noch tiefer als bei Gregg Toland und erdrücken die Menschen. Einige idyllische Momente wirken wie ein Hohn auf diese Welt. In HE WALKED BY NIGHT spielt eine Verfolgungsjagd in der Kanalisation. Das Licht blendet mitunter direkt in die Kamera. In BORDER INCIDENT, einer abgrundschwarzen Menschenhändlergeschichte an der mexikanischen Grenze, wird der film noir zum Sozialdrama. Was das Licht nicht zeigt, wirkt umso stärker; ein Mensch wird umgepflügt. THE BLACK BOOK ist ein Period-noir. Mit 30 spärlich ausgeleuchteten Statisten inszeniert Alton die Französische Revolution. «In den Händen eines Meisters wie Alton kann die Kamera mitunter die führende Rolle gegenüber Drehbuch, Schauspiel, ja sogar Regie übernehmen, indem sie die Schlüsselqualität in dem kreativen Mix bestimmt» (Philip Kemp).[16] DEVIL'S DOORWAY ist ein frühes Beispiel eines Western, der die Tragödie der Indianer thematisiert. Von Robert Taylor ist manchmal nur ein Backenknochen und ein Schimmern der Knöpfe an seinem Hemd zu sehen; er ist buchstäblich ‹the vanishing American›. Dennis Jakob spricht von dunklem, negativem Raum.[17]

In THE SPIRITUALIST (Bernard Vorhaus, 1948) erlaubt sich Alton den point of view einer Kristallkugel. Der film noir liebt blinkende Leuchtreklamen; Alton setzt sie immer dramaturgisch ein. In HOLLOW TRIUMPH (Steve Szekely, 1948) betont er den Konflikt zweier Brüder dadurch, dass der Anklagende im Dunkel des Raums nur im Rhythmus des Blinklichts erscheint. In MYSTERY STREET (John Sturges, 1950) schwelgt Altons nächtliche Kamera in Dampf, Rauch und Nebel: «Die interessantesten Dinge auf der Welt geschehen in der Nacht. Natürlich, Beleuchtung und Licht selbst sind ein Mysterium» (Alton).[18] Harry Tomicek spricht über den Film wie über abstrakte Malerei: «Sorgfältig arrangiertes Alptraumtableau aus Dreiecken, solchen der Architektur, solchen der Schatten.»[19]

---

15 Robert Müller: Der Schwarz Maler. In: *Steadycam*, Nr. 32, 1996.
16 Philip Kemp nach Gary Gach: John Alton: Master of the Film Noir Mood. In: *American Cinematographer*, September 1996.
17 Dennis Jakob nach Gary Gach: John Alton: Master of the Film Noir Mood. In: *American Cinematographer*, September 1996.
18 John Alton nach Gary Gach: John Alton: Master of the Film Noir Mood. In: *American Cinematographer*, September 1996.
19 Harry Tomicek: Vom Malen mit Licht. In: Christian Cargnelli, Michael Omasta (Hg.): *Aufbruch ins Ungewisse*. Wien 1993. S. 247.

In COUNT THE HOURS (Don Siegel, 1953), eine Geschichte von Paranoia, Klaustrophobie und Todesangst, dominiert die Technik des frame within the frame: Innerhalb des Bildrahmens sind die Personen nochmals in einem Rahmen gefangen. I, THE JURY (Harry Essex, 1953), eine brutale Mickey Spillane-Adaption, wird durch Altons Kamera gerettet; Gewaltszenen verwandelt er in eine Dichotomie von Hell und Dunkel. SLIGHTLY SCARLET (Allan Dwan, 1956) ist ein später film noir in Farbe nach James M. Cain. Ein Mann zwischen zwei Frauen im Großstadt-Sumpf. Nach Andrew Sarris «einer der frappierendsten amerikanischen Filme, die je gedreht wurden».[20]

Altons bedeutendster Beitrag zum film noir ist THE BIG COMBO (Joseph H. Lewis, 1955). Lewis erinnert sich: «Er kam auf den Set, sagte: Ein Spot da, hier ein Licht, dort ein Scheinwerfer für den Hintergrund. Und genauso schnell sagte er: Fertig. Niemand sonst war fertig, nur er. So schnell war er – ein Genie. [...] Jede Einstellung ein Kunstwerk. [...] Das Finale von THE BIG COMBO spielt auf einem Flugplatz, der in Wirklichkeit gar keiner ist. Das Drehbuch verlangte einen Flugplatz. Aber John Alton sagte, die nötige Stimmung könne er viel besser im Studio erzeugen: die Wände mit schwarzem Stoff abgehängt, ein oder zwei Lampen. Sie haben das Ergebnis gesehen!»[21] Autoscheinwerfer und das stroboskopische Aufleuchten der Signallampe des Towers reichten ihm aus: «Für die Stimmung ist das Licht manchmal wichtiger als die Schauspieler. In der Schluss-Szene geht es um eine Ganovenbraut und einen Polizisten. Das Paar verschwindet im Nebel. Vielleicht haben sie eine gemeinsame Zukunft, vielleicht auch nicht. Im Nebel und Gegenlicht erkennt man nur ihre Silhouetten. Aber man fühlt worum es geht: um Leere, Zweifel, Hoffnung. Alles liegt im Nebel verborgen. Und das rotierende Signallicht verstärkt dieses Gefühl der Unsicherheit. Andere Kameraleute hätten den ganzen Set ausgeleuchtet und das Wesentliche aus dem Auge verloren. Ich habe mit Licht erzählt.»[22] Harry Tomicek bescheinigt den films noirs von Alton «eine Wollust der Schatten, ein lasziv fiebriges Verhältnis zur Schwere der Dinge» und den heftigen «Zugwind optischer Perversion».[23]

Auch außerhalb des film noir ist Altons Kamera dem tenebroso verpflichtet. In die Komödie FATHER OF THE BRIDE (Vincente Minnelli, 1950) schmuggelt er eine Alptraumszene ein. Die Regierungsgebäude der WASHINGTON STORY (Robert Pirosh, 1952) sehen mitunter aus wie Piranesi-Architektur. THE CATERED AFFAIR (Richard Brooks, 1956) zeigt Bette Davis als glamouröse Hexe. Adult-Western wie SILVER LODE, CATTLE QUEEN OF MONTANA und TENNESSEE'S PARTNER (alle von Allan Dwan, 1954/55),

---

20 Andrew Sarris nach Gary Gach: John Alton: Master of the Film Noir Mood. In: *American Cinematographer*, September 1996.
21 Joseph H. Lewis über John Alton. In: *Steadycam*, Nr. 32, 1996.
22 John Alton: Alles, was ich tat, brachte mir Ärger ein. In: *Steadycam*, Nr. 32, 1996.
23 Harry Tomicek: Vom Malen mit Licht. In: Christian Cargnelli, Michael Omasta (Hg.): *Aufbruch ins Ungewisse*. Wien 1993. S. 249.

157 An American in Paris (Vincente Minnelli, 1951), Finale, Bild: John Alton

158 The Big Combo (Joseph H. Lewis, 1955), Bild: John Alton

159–162 Cattle Queen of Montana (Allan Dwan, 1954), Bild: John Alton

163 T-Men (Anthony Mann, 1947), Bild: John Alton

dämonisieren ihre ambivalenten Helden; Barbara Stanwyck ist fast so tollwütig wie in FORTY GUNS und in SILVER LODE wird ein Bösewicht namens McCarty abgeknallt, weil er Leute denunziert hat. Auch Farbfilme beleuchtet Alton wie Schwarz-Weiß: TEA AND SYMPATHY (Vincente Minnelli, 1956), THE BROTHERS KARAMAZOV (Richard Brooks, 1958) und ELMER GANTRY (Richard Brooks, 1960) arbeiten mit Farbflächen, die reflektieren und ins Schwarze verschwimmen. «Ihm fiel es sogar ein», so Frieda Grafe, «in DESIGNING WOMAN, Witze in und aus Farbe zu machen.»[24] Alton erklärt: «Das Geheimnis der Lichtgebung bei der Farbphotographie liegt darin, Pastelltöne zu erzeugen. Dadurch werden Farben plastisch. Misch ein wenig gelb hinein, oder etwas blau und weiß, und schon ändern sie sich.»[25]

Altons wichtigster Farbfilm ist AN AMERICAN IN PARIS (Minnelli, 1951), obwohl er nur die Schluss-Sequenz gemacht hat, für die er einen Oscar bekam. Minnelli erinnert sich: «Ich fühlte, dass ich für das Ballet jemand brauchte, der gefährlich lebt. Wir mussten alle Chancen nutzen, weil in der Ballettszene nichts ist, das man im Labor hätte richten können; alles, was man sieht, ist am Set entstanden. Mir war klar, ich brauchte Alton.»[26] Und weiter: «Ich wusste, dass er an die Lichtwechsel im Ballett mit der Kühnheit – und dem Wahnsinn – herangehen würde, der nötig war. Er hatte beides, die Seele und die Begabung eines Künstlers [...].»[27] Wenn Minnelli nicht von ihm überzeugt gewesen wäre, hätte es nie geklappt. Alton musste gegen alle kämpfen. Der Ausstatter Keogh Gleason gibt ein gutes Stimmungsbild: «John sagte auch, dass er keine Beleuchterbühnen braucht. Das brachte das Fass zum Überlaufen. Von ungefähr sechzig Lampen wollte Alton drei oder vier benützen, was den Bedarf an Arbeitskräften gewaltig reduzierte. Es ist ein Wunder, dass ihm nicht ein Scheinwerfer auf den Kopf fiel [...].»[28] Und Preston Ames, der Bühnenbildner, ergänzt: «Eines Tages bestückte John Alton alle Scheinwerfer mit gelben Filtern und sagte zu Vincente: ‹Wissen Sie, das ist die einzige Möglichkeit, wie Sie das Drehen können.› [...] Ich musste Kelly anhalten und fragen: ‹Kelly, willst du, dass starkes gelbes Licht auf deinem Gesicht ist, wenn du tanzt?› Und ich sagte zu Sharaff: ‹Wollen Sie dieses helle gelbe Licht auf allen Ihren Kostümen?› Sie wurde wütend und ein Kampf von königlichem Ausmaß brach los: ‹Reißt diese gottverdammten, lausigen Dinger runter!› [...] Er arbeitet auf seine Weise und nicht auf die Weise, wie wir es gelernt hatten. [...] Aber er malte mit Licht.»[29]

---

24 Frieda Grafe: Film/Geschichte. *Schriften*, Band V. Berlin 2004. S. 140.
25 John Alton: Alles, was ich tat, brachte mir Ärger ein. In: *Steadycam*, Nr. 32, 1996.
26 Vincente Minnelli nach Donald Knox: *The Magic Factory*. New York, Washington, London 1973. S. 162.
27 Vincente Minnelli: *I Remember It Well*. New York 1974. S. 241.
28 Keogh Gleason nach Hugh Fordin: *The World of Entertainment! Hollywoods Greatest Musicals*. New York 1975. S.327.
29 Preston Ames nach Donald Knox: *The Magic Factory*. New York, Washington, London 1973. S. 164.

Innerhalb der 17-minütigen Tanzszene führt die Kamera über 20 verschiedene Operationen aus. Das Licht wechselt oft mitten in der Bewegung von Tag zu Nacht, von Blau zu Rot. Seine Kameratechnik integrierte Parisbilder von Renoir, Utrillo, Rousseau, Van Gogh, Toulouse-Lautrec und Dufy. Als der Film fertig war, gestand ihm Arthur Freed, der Produzent: «John, das ist das erste Mal, dass Fotografie einen Film gerettet hat.»[30]

---

30 Arthur Freed nach Gary Gach: John Alton: Master of the Film Noir Mood. In: *American Cinematographer*, September 1996.

Lucien Ballard

Nachdem Ballard von mehreren Universitäten gefeuert wurde, landete er 1929 als Helfer bei Paramount. Mit einigem Glück wird er Kameraassistent bei Milner und Rosher, der berühmt war für die Glamourfotografie von Mary Pickford. 1930 ist er der Assistent von Lee Garmes bei MOROCCO unter der Regie von Josef von Sternberg. Der mag ihn und engagiert ihn für THE DEVIL IS A WOMAN (1934) und CRIME AND PUNISHMENT (1935). So ist Ballards Einstieg zum Chefkameramann stark mit Glamourfotografie verbunden, was in Hollywood sehr nützlich war. Sternberg, der selbst Kameraerfahrungen hatte, war an der Arbeit der Kamera sehr interessiert; um ihn etwas zu bremsen, gab ihm Ballard einen Motivsucher, mit dem er die jeweilige Einstellung überprüfen konnte. Und Marlene Dietrich hatte ganz genaue Vorstellungen, wie sie fotografiert werden sollte: «Sie konnte wissen, ob ein Schatten über ihrer Nase sein sollte, und solche Sachen. Ich hab sie dabei erwischt, wie sie ihren Finger ableckte um die Intensität des Lichts zu fühlen, und sie wusste genau, ob es richtig war oder nicht.»[1]

In den 1930er Jahren dreht Ballard überwiegend Quickies für Columbia. In dieser Zeit experimentiert er mit verschiedenen Techniken und ist einer der Wenigen in Hollywood, die auch mit low key-Licht arbeiten. Als er einmal bei einer Schiffskatastrophe für fünf Sekunden das Licht ausgehen lässt und nur Schwarzfilm zeigt, hätte ihn Harry Cohn beinahe gefeuert. 1940 holt ihn Howard Hawks für THE OUTLAW, einen Glamour-Erotik-Western aus dem Hause Hughes: «Sie testeten zu Publicityzwecken um die hundert Jungs und hundert Mädels für die Hauptrollen. Hughes hatte natürlich längst die zwei rausgepickt, die er wollte, aber wir machten weiter. Nach einiger Zeit sagte ich Howard, ich würde gern selbst ein paar Tests machen, und ich nahm Jane Russell, die schon eine Weile bei mir rum hing. [...] Jedenfalls, ich machte diese Tests im Heustadel, benützte gekreuztes Seitenlicht, so dass ihre Titten groß raus kamen, und Hughes wurde ganz wild davon. Ich wusste es damals nicht, aber er hatte diesen Tick mit Brüsten; er ließ sich von der Szene eine Endlosschleife machen, die er sich immer wieder ansah.»[2] So bekam Jane Russel die Rolle; Ballard und Hawks aber, die sich mit Hughes zerstritten, schieden aus.

1943 dreht Ballard THE LODGER für John Brahm, mit dem er eine ganze Serie beachtlicher B-pictures gemacht hat. Im Studio erschafft er ein London foggier than life:

1 Interview mit Lucien Ballard. In: Leonard Maltin: *The Art of the Cinematographer*. New York 1978. S. 108.
2 Interview mit Lucien Ballard. ebd. S. 109f.

«Immer schon wollte ich den Nebel so machen wie in THE LODGER. Davor war es immer ein grauer Schleier. Ich machte es mit Nebel, der stellenweise schwarze und weiße Auflösung durchließ. Und als sie die Probeaufnahmen sahen, haben sie mir die Hölle heiß gemacht. Der Produzent sagte: ‹Ich habe in London gelebt und der Nebel sieht nicht so aus.› Ich sagte: ‹Mag sein, dass Sie in London gelebt haben und dass der Nebel nicht so aussieht – aber genau so sollte er aussehen.›»[3] Merle Oberon, die Hauptdarstellerin, hatte nach einem Autounfall Narben im Gesicht. Ballard verstand es, sie so auszuleuchten, dass die Narben verschwanden. Der Beginn einer Lovestory.

Für Jacques Tourneur dreht Ballard 1947 BERLIN EXPRESS. Der Film ist in Paris, Frankfurt und Berlin gedreht, ergänzt durch Interieurs im Studio. Die Aufnahmen in Ostberlin waren nur nach großem diplomatischem Aufwand möglich. Im Nachkriegseuropa einen Hollywood-Film zu drehen, war reichlich abenteuerlich. Das Team hatte zwar Mitchell-Kameras dabei, aber für gute Tonaufnahmen in Paris musste sich Ballard mit der massiv gebauten Debrie Super Parvo anfreunden. In den Trümmerfeldern Deutschlands half oft nur noch die Handkamera, eine Arriflex: «Wissen Sie, jeder meint, diese Techniken mit Handkamera sind etwas Neues. Wir benützten Hand gehaltene Kamera in diesem Film […].»[4] Ein Schwarzmarkt in Berlin ist heimlich mit der Eyemo gefilmt. Ein spezielles Problem war die Ausleuchtung von Ruinen. «Sorgfältige Seitenlichter waren nötig, um das Ausmaß der Zerstörung und den desolaten Zustand der Gebäude zu zeigen. Ballard verlangte und erhielt einen überarbeiteten Drehplan, um das seitliche Sonnenlicht voll ausnützen zu können. Füll-Licht wurde meist mit Reflektoren erzeugt, mit gelegentlichem Einsatz von ein, zwei Flutlichtern» (George Turner).[5] Kunstlicht konnte nur schwer eingesetzt werden; es gab kaum Lampen und wenig Strom. Die Nachtaufnahmen sind ‹day for night› mit roten und grünen Filtern und etwas Reflektorlicht wie Ballard es in den Charles Starrett Western jahrelang gemacht hatte. Eine der eindrucksvollsten Szenen des Films ist der Tod eines Clowns, der angeschossen direkt in die Kamera flieht. Nach einem Stück Schwarzfilm erfasst ihn die Kamera von oben. Eine viel kopierte Szene.

Ballard wird mehr und mehr zum Kameramann für anspruchsvolle Actionfilme. Western, Gangsterfilme, Kriegsfilme. Er arbeitet häufig mit Raoul Walsh, Henry Hathaway, Samuel Fuller, Robert Wise, Delmer Daves, John Sturges, Richard Wilson, Roy Baker, Tom Gries, Budd Boetticher, Stanley Kubrick und Sam Peckinpah. Es sind Filme wie FIXED BAYONETS, RETURN OF THE TEXAN, DIPLOMATIC COURIER, THE DESERT RATS, AL CAPONE, HOUR OF THE GUN, WILL PENNY und MARINES, LET'S GO. Mit THE KILLING (Kubrick, 1956) schafft er einen exemplarischen film noir, der

---

3   Interview mit Lucien Ballard. ebd. S. 110.
4   Interview mit Lucien Ballard. ebd. S. 110.
5   George Turner: Life and Death on the BERLIN EXPRESS. In: *American Cinematographer*, August 1992.

164–165 The Killing (Stanley Kubrick, 1956), Bild: Lucien Ballard

166–167 Buchanan Rides Alone (Budd Boetticher, 1958), Bild: Lucien Ballard

168–169 Ride The High Country (Sam Peckinpah, 1962), Bild: Lucien Ballard

170–175 Band of Angels (Raoul Walsh, 1957), Bild: Lucien Ballard

nochmals alle Bildmotive des Genres heraufbeschwört: Semidokumentarisches auf der Rennbahn, Expressives, Bizarres und Groteskes in den Hinterzimmern. Der allerletzte klassische film noir stammt von Ballard: MURDER BY CONTRACT (Irving Lerner, 1958). Für Ballard ist das Schwarz-Weiß subtiler als die Farbe. Trotzdem gelingt ihm in INFERNO (Baker, 1953) ein Film in Cinemascope und 3D, der in erster Linie wegen der Kamera interessant ist. Für Raoul Walshs Südstaatenepos BAND OF ANGELS (1957) gestaltet er eine üppige, morbide Farbigkeit. In den 1960er Jahren wird er stilbildend für den Spätwestern. Der kritische Blick auf den Western war bei Ballard mit seinen Cherokee-Vorfahren gut aufgehoben. Die Helden des Spätwestern sind nicht nur loner, sondern auch loser; der utopische Aspekt ist verloren gegangen, der Westen ist nur noch negativ. Die Farbe nimmt Ballard bei großem Kontrast zurück.

1955 beginnt die Zusammenarbeit von Lucien Ballard und Budd Boetticher mit THE MAGNIFICENT MATADOR, einem der besten Stierkampffilme. Anthony Quinn ist ein Verlorener, er weiß es nur noch nicht, aber Ballards tenebroso aus Schwarz, Braun, Dunkelrot, Dunkelblau und Gold weiß es. 1956 folgt THE KILLER IS LOOSE, die typische Boetticher-Story des Manns, der den Tod seiner Frau rächt. Schäbige Verhältnisse und schmutziges Schwarz-Weiß, ganz im Gegensatz zu dem prätentiösen Schwarz-Weiß von THE RISE AND FALL OF LEGS DIAMOND (1960). Ballard erinnert sich: «Wir wollten eine authentische Atmosphäre der 1920er Jahre, wo der Film spielt. Nach Sichtung einiger Probeaufnahmen kam der Produzent zu Boetticher und sagte: ‹Ich dachte, sie hätten gesagt, Ballard sei ein großer Kameramann – das sieht aus als wäre es 1920 gedreht!› Und Budd sagte: ‹Es soll aussehen, als wäre es 1920 gedreht!›»[6] BUCHANAN RIDES ALONE (1958) ist vielleicht der spontanste der Scottwestern von Boetticher. Bis zum letzten Drehtag bastelte Boetticher noch am Drehbuch. Routine und Improvisation geben dem Bildstil eine große Frische. André Bazin hat Boettichers Western als exemplarisch bezeichnet, weil sie sich ohne Umschweife mit der widersprüchlichen Figur des Westerner befassen. Mit A TIME FOR DYING (1971) schließt Boetticher sein Werk mit einem Spätwestern ab. Ballards Kamera isoliert die Schauspieler in einer menschenfeindlichen Umgebung. Die Zusammenarbeit mit Boetticher war auch eine private Freundschaft. Einen Großteil des privat finanzierten Stierkampffilms ARRUZA (1960–1972) hat Ballard aus Gefälligkeit gemacht. Boetticher über Ballard: «Ich hatte den bestaussehenden Kameramann der Filmgeschichte am Set: Lucien Ballard. Er ist ein bisschen angegraut an den Schläfen und sieht ein bisschen aus wie Cary Grant und Clark Gable zusammen.»[7]

Mit RIDE THE HIGH COUNTRY (1962), dem wohl ersten echten Spätwestern, beginnt die Zusammenarbeit mit Sam Peckinpah. Zu Beginn des Films agieren Randolph Scott

---

6 Interview mit Lucien Ballard. In: Leonard Maltin: *The Art of the Cinematographer*. New York 1978. S. 111.
7 Interview mit Budd Boetticher. In: *Cahiers du Cinéma*, Nr. 157, 1964.

und Joel McCrea noch einmal vor majestätischen Landschaften. Ballards Kamera panoramiert mit dem Chapman Kran und folgt den alten Helden auf ihrem letzten Ritt wie mit Magie. Aber der glorreiche Herbst wird zum matschigen Winter. Und mit der Zivilisation wird das prächtige period lighting zum low key-Licht: «In dem Korridor, der vom Barraum in das Schlafzimmer führt, wechselt das Beleuchtungsmuster stufenweise zum low key-Licht, mit wohl platzierten Schatten, die die drohende Gefahr suggerieren.» (Darrin Scot)[8] Ihr nächster Film, THE WILD BUNCH (1969), ist bereits ein Anti-Western; Mexiko ist eine einzige gelbe Staubwüste. Das Schlussgemetzel ist Filmgeschichte. Ein Paradebeispiel für «technomorphe Kamera» (Noll-Brinckmann).[9] Die Technik aus Zeitlupe und Zoom, damals ein klassischer Image-Choc, ist inzwischen völlig abgenützt. Selten ist die Fallhöhe vom Geniestreich zum Plagiat so deutlich. THE BALLAD OF CABLE HOGUE (1970) und JUNIOR BONNER (1972) knüpfen wieder an den Spätwestern an; in dem Gegenwartswestern JUNIOR BONNER ist der Mythos so heruntergekommen, dass Ballard die Farbe teilweise grau in grau behandelt. THE GETAWAY (1972) ist ihre letzte gemeinsame Arbeit, ein Gangsterfilm und ein Roadmovie. Wieder panoramiert Ballard mit dem Chapman-Kran; aber die Freiheit des weiten Lands ist jetzt nur noch eine Illusion.

---

8   Darrin Scott: RIDE THE HIGH COUNTRY. In: *American Cinematographer*, July 1962.
9   Christine Noll-Brinckmann: *Die anthropomorphe Kamera und andere Schriften zur filmischen Narration*. Zürich 1997. S. 277 ff.

Michael Ballhaus

«Was ich schon alles geklaut habe von diesem Film – bis ins Detail! Es gibt Einstellungen bei THE AGE OF INNOCENCE, die sich unmittelbar an LOLA MONTEZ orientieren.»[1] So Michael Ballhaus über LOLA MONTEZ von Max Ophüls (1955). Truffaut hat einmal erklärt, LOLA MONTEZ sei der intelligenteste Film seit LA RÈGLE DU JEU (Jean Renoir, 1939). Zwei Filme von Regisseuren, die zwar keine Tyrannen waren, aber sehr genau wussten, was für Bilder ihnen vorschwebten. Ballhaus, der als Zwanzigjähriger die Gelegenheit hatte, bei Ophüls zuzuschauen, hat bei LOLA MONTEZ sozusagen seine Berufung gefunden.

Nach einigen Zwischenstationen beim Fernsehen kommt Ballhaus zu ersten Arbeiten als Filmkameramann, u.a. bei Peter Lilienthal (DIE NACHBARSKINDER, 1960; DAS MARTYRIUM DES PETER O'HEY, 1964; ABSCHIED, 1965). Da Lilienthal ihn vom Drehbuch bis zum Schnitt beteiligt, lernt Ballhaus früh in Bildfolgen zu denken. «(Ich) habe gelernt, wie die Bilder in der Montage für den Film zusammen kommen, wie wichtig der Rhythmus ist. […] Ich konnte lernen, schon beim Drehen eine Bildfolge im Kopf zu haben und eine Vorstellung davon zu entwickeln, wie die Bilder beim Schneiden wieder zusammengesetzt werden.»[2] Daneben hat er vor allem als Kinogänger gelernt, die damals revolutionären neuen Bilder von Bergman, Antonioni, Visconti, Godard und Truffaut rezipiert. «In dieser Zeit bin ich sehr viel ins Kino gegangen […]. LE MÉPRIS von Jean-Luc Godard habe ich sicher über zwanzig Mal gesehen. Immer wieder habe ich versucht dahinter zu kommen, wie Raoul Coutard die Kamera bewegt, wie er schwenkt, wie er beleuchtet. Das waren meine eigentlichen Lehrstunden.»[3]

1968, mehr durch Zufall, kommt er zu einer Dozentur an der DFFB. Dort, mit ultralinken Studenten konfrontiert, schärft sich seine Arbeitsweise kritisch. «Zum ersten Mal war ich gezwungen, darüber nachzudenken, weshalb ich die Dinge so machte, wie ich sie machte. Bis dahin hatte ich das meist intuitiv getan, jetzt aber musste ich Argumente dafür finden.»[4] Ballhaus erklärt später, er würde keinen Film machen, «der sich gegen meine ethischen und weltanschaulichen Forderungen richtet».[5] Vermittelt durch

---

1 Michael Ballhaus: *Das fliegende Auge*. Berlin 2002. S. 14.
2 Michael Ballhaus: ebd. S. 24.
3 Michael Ballhaus: ebd. S. 23.
4 Michael Ballhaus: ebd. S. 25.
5 Interview mit Michael Ballhaus. In: Hans Jürgen Weber (Hg.): *Heller Wahn*. Frankfurt/Main 1983. S. 143.

Lilienthal wird Ballhaus in den 1980er Jahren ein Mentor des unabhängigen lateinamerikanischen Films.[6]

Zwei Jahre später, wieder eher zufällig, kommt Ballhaus mit Fassbinder zusammen. Für WHITY (1970) musste ein Kameramann gefunden werden; Dietrich Lohmann, der einzige Profi, mit dem Fassbinder auskam, war nicht verfügbar. Bei Fassbinder gerät Ballhaus an das gerade Gegenteil von Lilienthal: ein Regietyrann, der keine Widerspruch duldet. Erstaunlicher Weise finden die beiden doch zusammen: «Wenn ein Regisseur so auf den Punkt genau seine Vorstellungen mitbringt, wie Fassbinder, dann entsteht mein Spaß dadurch, dass ich versuche, wirklich exakt das herzustellen.»[7] Fassbinders Vorliebe für komplizierte Plansequenzen reizt Ballhaus, dem es wiederum gelingt, Fassbinder zur Realisierung seiner Bildideen zu verhelfen. Für WHITY dreht Ballhaus eine Bar-Szene, die in einem Stück über eine Treppe zur Bar führt, von der Bar zu einem Tisch und vom Tisch zur Bühne – und alles ohne Studiotechnik!

In MARTHA (1973) wird dieser Tick von Fassbinder schließlich zum Markenzeichen von Ballhaus. Ballhaus schlägt für die Szene, in der sich Margit Carstensen und Karlheinz Böhm treffen und aneinander vorbei gehen, einen Halbkreis vor. Fassbinder schlägt sofort einen Kreis vor, was bei dem schrägen Gelände und den ausgelegten Schienen schier unmöglich scheint. «Wenn man genau hinschaut, merkt man deutlich, dass Böhm über die Schienen steigt. Damit hatte Fassbinder aber noch nicht genug, er wollte wie immer einen draufsetzen, also mussten sich die beiden nochmals um sich selber drehen. Das war dann natürlich der Gipfel, das hat den Effekt auf die Spitze getrieben. Die Szene löst nun genau jenen Taumel aus, den wir beabsichtigt hatten. Von dieser 360-Grad-Fahrt waren wir zum Schluss derart begeistert, dass wir sie immer wieder eingesetzt haben. Sie wurde mein Markenzeichen, und später hat sie sogar dazu beigetragen, dass Scorsese auf mich aufmerksam wurde: In meinen Anfängen in den USA drehte ich für RECKLESS (James Foley, 1983) eine besonders extreme Kreisfahrt.»[8]

Fassbinder beschreibt die Arbeit mit Ballhaus wie einen Wettkampf: «Der Michael Ballhaus reizt mich einfach als Kameramann und zwingt mich sogar dazu, mir komplizierte Dinge auszudenken.»[9] Ein schönes Beispiel dafür ist die Kamerafahrt auf einer Isarbrücke in ICH WILL DOCH NUR, DASS IHR MICH LIEBT (1975): «Die Kamera fährt, parallel zur Steinmauer des Geländers, von links nach rechts und sinkt dabei unmerk-

---

6 Vgl. Luis Alberto Alvarez: Modell einer Zusammenarbeit im Filmbereich. In: Hans Günther Pflaum: *Jahrbuch Film 1982/83*. München, Wien 1982. S. 136ff.

7 Michael Ballhaus nach Hans Günter Pflaum: Rainer Werner Fassbinder: *Das bisschen Realität, das ich brauche*. München, Wien 1976. S. 66.

8 Michael Ballhaus: *Das fliegende Auge*. Berlin 2002. S. 55f.

9 Rainer Werner Fassbinder nach Hans Günther Pflaum: Rainer Werner Fassbinder: *Das bisschen Realität, das ich brauche*. München, Wien 1976. S. 70.

lich und sehr weich ab; das Ende der Fahrt erfolgt nicht abrupt, sondern wird gleichzeitig aufgefangen und betont mit einem leichten Schwenk zurück nach links. Die Kamera ist dabei auf Vitus Zeplichal gerichtet, der parallel zur Fahrt über eine Nachbarbrücke geht; durch das Absinken der Kamera scheint er allmählich hinter der Steinmauer zu verschwinden. [...] Gefühlsmäßig bekommt der Zuschauer dabei mit, wie der Held des Films immer weiter ‹verschwindet›, wie sich einfach eine Mauer zwischen diese Figur und ihren Betrachter schiebt» (Hans Günther Pflaum).[10]

Fassbinders FRAUEN IN NEW YORK (1977) ist wie Hitchcocks ROPE (1948) fast ganz als Plansequenz gedreht. Ein billiger Film, der unglaublich aufwendig wirkt. Filmemachen mit Fassbinder hieß immer auch mit deutschen Budgets so tun, als hätte man die Mittel von Hollywood. Ballhaus improvisiert, baut sein eigenes Auto für komplizierte Fahrten um und leuchtet ein Auto schon mal mit einer Christbaumbeleuchtung aus (FAUSTRECHT DER FREIHEIT, 1974). Zum Modellieren von Gesichtern mit beschränktem Lichtpark kommt er auf die alte expressive Technik des low-bounce-light zurück (von unten reflektiertes Licht). Bei Fassbinder lernt Ballhaus auch den Einsatz des Achsensprungs an dramaturgischen Wendepunkten. In Fassbinder-Filmen wie DIE BITTEREN TRÄNEN DER PETRA VON KANT (1972) und CHINESISCHES ROULETT (1976) muss Ballhaus auch in beengten Räumen Plansequenzen gestalten. Später, für THE GLASS MENAGERIE (Paul Newman, 1987) importiert er einen Panther-Kamerawagen: «Der erlaubt eine 360°-Drehung und fährt rauf und runter, nicht mit Druck, sondern mit einem Motor. Er hat auch einen Ausleger, der wie ein kleiner Kran benützt werden kann. So, trotz des Mangels an Platz und Action, ist es kein statischer Film.»[11] In LANDSCAPE WITH WAITRESS (Jeffrey Townsend, 1985) benützt er einen polierten Boden: «Das Wichtigste, worauf wir bei der Location achteten, war, dass der Boden glatt genug war, damit wir alle diese Einstellungen mit einem Elemack-Kran drehen konnten, ohne Schienen oder Planken zu legen.»[12] Noch beengter waren die Locations in SLEEPERS (Barry Levinson, 1996), so dass nur noch die Steadicam in Kombination mit neuester Arritechnik half: «Wir machten es mit einer Steadicam auf einem Dolly [...]. Wir machten eine Menge Hand gehaltenen Materials mit der neuen Arriflex 435. Es ist eine brandneue Kamera mit schönem Design. Sie ist leicht und unglaublich stabil. Und sie geht rauf bis 150 Bilder pro Sekunde.»[13] Anke Sterneborg nennt Ballhaus, der

---

10 Hans Günther Pflaum: *Rainer Werner Fassbinder: Das bisschen Realität, das ich brauche*. München, Wien 1976. S. 78.
11 Michael Ballhaus nach George Turner: Fresh Sparkle for THE GLASS MENAGERIE. In: *American Cinematographer*, November 1987.
12 Michael Ballhaus nach Gregor Kino: LANDSCAPE WITH WAITRESS: A Challenge. In: *American Cinematographer*, October 1985.
13 Michael Ballhaus nach George Turner: Revenge Served Cold. In: *American Cinematographer*, October 1996.

auch in engsten Räumen mit der Kamera noch seine Tänze ausführt, einen ‹Kamera-Choreographen›.[14]

Eine andere Technik, die Ballhaus den bescheidenen Mitteln der Fassbinder-Produktionen abringt, ist die Variation der Turmsequenz aus Hitchcocks VERTIGO (1958): der Sog, den die Kombination aus einer klassischen Fahrt und einer gegenläufigen Mogelfahrt (mit einem Zoom), erzeugt. Zu BOLWIESER (1977) kommentiert Ballhaus: «Die Kamera war im Zug auf einer Schiene montiert und ragte zum Fenster raus. Im Bild war eine Person. Als der Zug losfuhr, habe ich den Bildausschnitt durch einen Ranzoom beibehalten, so dass man für einen Moment die Bewegung des Zuges gar nicht spürte. Dann bewegte sich die Kamera in den Zug hinein, und jetzt erst war die Bewegung des Zuges spürbar.»[15] Bemerkenswert ist die Variante in COLOR OF MONEY (Scorsese, 1986): «[...] eine Szene, in der Newman hinter einem Billardtisch sitzt und die Kamera auf ihn zufährt, während man im Vordergrund die ganze Zeit die rollenden Kugeln sieht. Das Problem bestand darin, dass Newmans Kopf immer etwa auf derselben Höhe über dem Rand des Pooltisches zu sehen sein sollte. [...] Wir haben den Billardtisch auf einen hydraulischen Dolly gestellt. Dadurch konnten wir den Tisch, während wir heranfuhren, ganz langsam anheben, so dass er zum Schluss auf derselben Höhe wie Newmans Kopf war.»[16] Einen klassischen Vertigo-Effekt setzt Ballhaus für die Restaurantszene zwischen de Niro und Ray Liotta in GOODFELLAS (Scorsese, 1989) ein, eine faszinierende, genau getimete 4 ½ Minuten-Sequenz mit Steadicam.

1979 hatte Ballhaus noch von dem ‹entfremdeten Arbeitsstil› in den USA gesprochen: «Mit irgendeinem amerikanischen Regisseur einen Film zu machen, würde ich nicht einsehen, ich wüsste nicht, was meine Qualität wäre, die ich einbringen könnte.»[17] In den 1980er Jahren kommt Ballhaus doch in die USA. Trotz großer Skepsis gelingt es ihm, sich mit den amerikanischen Produktionsmethoden anzufreunden. Dass der Kameramann die Kamera nicht in die Hand nimmt, ist für Europäer gewöhnungsbedürftig – auch wenn sich Ballhaus jahrelang nicht daran hält und die Tätigkeit des Operators später an seinen Sohn delegiert. 1995 konstatiert er, dass er in den USA mehr Freiheit als in Europa habe: «Ich kann das nur aus der Vergangenheit beurteilen, aber beim Autorenfilm in Deutschland war der Regisseur der einzige, der was zu sagen hatte.»[18]

Prägend für die amerikanische Periode wird die Zusammenarbeit mit Scorsese: «Er ist – vielleicht neben Fassbinder – der intensivste Regisseur, den ich jemals erlebt

---

14 Anke Sterneborg: Ein Berliner in Hollywood. In: *Journal* (38. Internationale Filmfestspiele Berlin), Nr. 5, 1988.
15 Michael Ballhaus: *Das fliegende Auge*. Berlin 2002. S. 69.
16 Michael Ballhaus: ebd. S. 119.
17 Interview mit Michael Ballhaus. In: *Film- und Ton-Magazin*, Nr. 7, 1979.
18 Interview mit Michael Ballhaus. In: *Süddeutsche Zeitung*, 18. 12. 1995.

habe.»[19] Bei Scorsese entwickelt er auch sein Markenzeichen, die 360°- Fahrt, weiter. Neue Kameratechniken machen es möglich, während der Fahrt die Geschwindigkeit zu variieren und so Akzente wie im Stummfilm zu setzen. Der alte Michael Powell hat ihn dazu ermutigt.[20] «[...] 24 Bilder pro Sekunde sind nicht immer das Richtige. Manchmal müssen es ein paar mehr und manchmal ein paar weniger sein. Jede Szene hat letztlich die zu ihr passende Bildzahl. Als ich später mit der Arri 535A-Kamera arbeitete, bei der man die Bildzahl während des Drehens verändern konnte, habe ich diese Möglichkeit oft genutzt. Speed Change, wie man diese Technik nennt, ist für mich ein faszinierendes dramaturgisches Element geworden, das ich seither in fast jedem meiner Filme anwende. Meistens wird es dem Zuschauer gar nicht bewusst, soll es auch gar nicht werden, aber die Stimmung der Szene verändert sich dadurch dennoch.»[21]

Die Ballszene in AGE OF INNOCENCE (Scorsese, 1992) ist ein gutes Beispiel dafür: «Wir haben eine Kreisschiene ins Zentrum der Tanzfläche gelegt, haben die Tanzenden gefilmt, und jedes Mal wenn jemand ins Bild kam, den die Erzählerstimme vorstellen musste, sind wir von 24 Bildern in der Sekunde auf 30 Bilder gegangen.»[22] Aber auch die Dinnerszene gehört hierher: «Wir sind ja oft sehr nahe und sehr detailliert an diese Dinge herangegangen. Ein Schwenk über das Porzellan, die Bestecke, der hat ja fast etwas von einer sinnlichen Erfassung dieser Gegenstände.»[23] Für Ballhaus ist dieses Einkreisen der Personen auch ein Zeichen ihrer Situation: «Die Charaktere in Edith Wartons Geschichte sind gefangen in diesen Konventionen und haben die Fähigkeit verloren, zu tun, was sie wirklich wollen.»[24] In Massentumulten von GANGS OF NEW YORK (2001) setzt Scorsese diese Technik variabler Geschwindigkeiten exzessiv ein: «Er sollte mit Highspeed anfangen, so neunzig Bilder pro Sekunde, dann runter auf 15, wieder hoch auf siebzig Bilder pro Sekunde und dann umgekehrt. So konnte ich die Montagetechnik der Russen aus den zwanziger Jahren anwenden. Ich wollte was Besonderes machen, also benutzten wir nur die Köpfe und die Schwänze, die Enden des belichteten Materials, die man normalerweise wegwirft.»[25] Alternativ gibt es noch die Möglichkeit das Einkreisen der Personen mit zusätzlichen Zoom-Fahrten zu verbinden. Die Fahrt um den Konzertflügel und die erotische Inszenierung von Michelle Pfeiffer in THE FABULOUS BAKER BOYS (Steve Kloves, 1989) funktioniert so. Ballhaus

---

19 Interview mit Michael Ballhaus. In: Ulli Weiss: *Das neue Hollywood*. München 1986. S. 89.
20 Jack Cardiff hat für THE RED SHOES (1948) eine solche Technik entwickelt.
21 Michael Ballhaus: *Das fliegende Auge*. Berlin 2002. S. 108.
22 Michael Ballhaus: ebd. S. 187.
23 Interview mit Michael Ballhaus. In: *Tip*, Nr. 24, 1993.
24 Michael Ballhaus nach Stephen Pizzello: Cinematic Invention Heralds THE AGE OF INNOCENCE. In: *American Cinematographer*, October 1993.
25 Interview mit Martin Scorsese. In: *Süddeutsche Zeitung Magazin*, Nr. 6, 2003. Scorsese bezieht sich offenbar auf Montagetechniken von Attraktion und Repulsion, von Kollision und Kontrast, die er mit Material, das teilweise außer Kontrolle ist, herstellen kann.

ist ein Kameramann, der dem oft geschmähten Zoom eine Vielzahl künstlerischer Möglichkeiten abgewinnt: Zooms, kombiniert mit Fahrten, kurze, blitzartige Zooms, langsame, versteckte Zooms.

In AGE OF INNOCENCE und GANGS OF NEW YORK (Scorsese, 2000) arbeitet Ballhaus fast so exzessiv wie Ophüls in LOLA MONTEZ mit dem Bildformat. Kaschierungen, Schiebeblenden, Vorhänge, Türen und Objekte manipulieren das Format je nach der dramaturgischen Situation. Die komplexen Kamerafahrten verstärken diesen Eindruck noch. Man merkt, dass Ballhaus und Scorsese LOLA MONTEZ genau studiert haben. Da sich das Licht oft nicht hinreichend kontrollieren lässt, erfordern die Ballhausschen Plansequenzen meist auch noch versteckte Blendenzüge. «Das tue ich sogar sehr gerne und recht häufig – bis zu fünf Blenden in einer Einstellung. Man muss darin allerdings schon sehr geübt sein, damit es später nicht zu sehen ist.»[26]

In den USA wird Ballhaus auch zum Spezialisten für schwirige Nachtszenen. In Deutschland hat er gelernt, aus dem Material mit wenig Geld das Äußerste herauszuholen. Davon profitiert er später. So das nächtliche Stahlwerk in RECKLESS (James Foley, 1983), wo er Nebelmaschinen einsetzt und den Nebel von hinten beleuchtet. Oder der glitzernde Sternenhimmel in THE FABULOUS BAKER BOYS, der nur mit ein paar Birnchen und bewegter Gaze funktioniert. In AFTER HOURS (Scorsese, 1984) gestaltet er eine subjektive Nacht: «Dieser junge Mann steht am Anfang des Films nicht sehr im Licht, da steht er mehr im Schatten, aber plötzlich gerät er in das Licht dieser Kegel, die überall leuchten in Soho und die überall versuchen, irgendjemand zu finden oder auszumachen.»[27] Ein Nachtfilm ist auch BRAM STOKER'S DRACULA (Scorsese, 1992): «Ich habe eine Blende überbelichtet und im Labor eine Blende unterentwickelt, so dass wir Korngröße verloren haben. Das funktionierte sehr gut. Wir hatten ein sehr sattes Schwarz und ein wunderbares Negativ.»[28] Ballhaus liebt ‹period lighting› wie er an WILD WILD WEST (Barry Sonnenfeld, 1998) erläutert: «Eine Sache, die ich an historischen Filmen besonders mag, ist die Beleuchtung. Kerzen, Gaslicht oder Feuer sind beständig in Bewegung. Dieser Beleuchtungstyp gibt dem Bild ein viel stärkeres emotionales Gefühl als eine fixierte Lichtquelle.»[29]

Mitten im Schlaraffenland besticht Ballhaus durch einfache Tricks, die in der Kamera gemacht werden. Der DRACULA-Film sieht nach aufwändiger Digitaltechnik aus, aber die Tricks sind alle in der Kamera gemacht oder mit einfachem mechanischem Gerät unterstützt. So bewegen sich die Schauspieler in manchen Szenen rückwärts und die Kamera belichtet rückwärts, so dass beim Vorwärtslauf eine optische Verfremdung auf-

---

26 Michael Ballhaus: *Das fliegende Auge*. Berlin 2002. S. 119.
27 Interview mit Michael Ballhaus. In: *epd-FILM*, Nr. 4, 1985.
28 Michael Ballhaus nach George Turner: BRAM STOKER'S DRACULA: A Happening Vampire. In: *American Cinematographer*, November 1992.
29 Michael Ballhaus nach David E. Williams: Sci-Fi-Cowboys. In: *American Cinematographer*, July 1999.

176 Welt am Draht (Rainer Werner Fassbinder, 1973), Bild: Michael Ballhaus

177–178 Martha (Rainer Werner Fassbinder, 1973), Bild: Michael Ballhaus

179–180 Die Ehe der Maria Braun (Rainer Werner Fassbinder, 1978), Bild: Michael Ballhaus

181–182 Faustrecht der Freiheit (Rainer Werner Fassbinder, 1974), Bild: Michael Ballhaus

183 The Color Of Money (Martin Scorsese, 1986), Bild: Michael Ballhaus

184 The Fabulous Baker Boys (Steve Kloves, 1989), Bild: Michael Ballhaus

185–186 After Hours (Martin Scorsese, 1984), Bild: Michael Ballhaus

tritt: «Man weiß nicht genau, was falsch ist, aber merkt, dass irgendetwas nicht stimmt, z.B. weil der Kleiderstoff sich anders bewegt.»[30] Oder der Schatten Draculas wird projiziert und kann sich so verselbständigen. Oder Dracula wird auf einem unsichtbaren Wägelchen bewegt. Ein andermal rast die Kamera über die Treppen – an einem Pendel aufgehängt.

«Ich habe gerne sehr kontrollierte Bewegungen», erklärt Ballhaus 1994. «Daher bin ich kein großer Freund von Steadicam, ich bin mehr für Schienen und den Kran.»[31] Entsprechend sind die wenigen Steadicam-Einstellungen in seinen Filmen besonders präzis durchchoreographiert. Am Anfang von OUTBREAK (Wolfgang Petersen, 1995) gibt es eine Sequenz, wo die Kamera durch Labors voller Glas und beweglicher Glastüren schweift, ohne dass auch nur einmal ein Reflex von Kamera oder Scheinwerfer ins Bild kommt. Ballhaus hat immer Wert darauf gelegt, seine Arbeit dem Stoff und der Regie unterzuordnen. «Einen Ballhaus-Stil sollte es nicht geben.»[32] Bei WILD WILD WEST arbeitet Ballhaus mit einem Regisseur, der von der Kamera kommt, mit Barry Sonnenfeld. «Da habe ich auf einmal gemerkt, dass ich doch einen Stil habe. [...] Der Regisseur liebte nur extreme Weitwinkel, er wollte keine Filter haben, er wollte das Licht immer von der Seite haben und dann möglichst warm, also kein Mischlicht um Gottes willen, kein farbiges Licht. Das war also alles ganz anders, als ich es normalerweise gerne mache.»[33]

1961 dreht Robert Rossen mit Paul Newman THE HUSTLER. Der Film ist in Schwarz-Weiß, Eugen Schüfftan ist der Kameramann. Er gibt alles, was er kann, an deutschem Licht, an französischem Manierismus, an amerikanischem Realismus. In Hollywood, wo Schüfftan nie offiziell arbeiten durfte, erhält er dafür – späte Wiedergutmachung – einen Oscar. 1986 dreht Martin Scorsese mit Paul Newman THE COLOR OF MONEY, eine Art Fortsetzung, ein Vierteljahrhundert später. Schon deswegen ist der Film für Michael Ballhaus eine besondere Herausforderung. «Es war alles an wirklichen Schauplätzen gefilmt. [...] Ich weiß viel über Marty Scorseses Werk und habe eine gute Vorstellung von dem, was er will, und wie er Farben empfindet. Sobald ich die Einstellungen kenne, kann ich sehr gut entscheiden, ob eine Location für ihn funktioniert oder nicht.»[34] Die vorgegebenen Billardhallen waren für die Lichtgebung die größte Herausforderung. Ballhaus ersetzt alle vorhandenen Lampen durch farbkontrollier-

---

30 Interview mit Michael Ballhaus. In: *epd-FILM*, Nr. 3, 1994.
31 Michael Ballhaus nach Rolf Thissen: Ich habe gerne kontrollierte Bewegungen. In: *Film- und TV-Kameramann*, Nr. 1, 1994.
32 Interview mit Michael Ballhaus. In: *Film- und Ton-Magazin*, Nr. 7, 1979.
33 Interview mit Michael Ballhaus. In: Heiko R. Blum: *Meine zweite Heimat Hollywood*. Berlin 2001. S. 64f.
34 Michael Ballhaus nach George Turner: Lighting for Drama: THE COLOR OF MONEY. In: *American Cinematographer*, November 1996.

tes Fluoreszenzlicht. «Ich bemühte mich, genau die Atmosphäre festzuhalten, die man vorfindet, wenn man in solche Plätze hineingeht. Das Gefühl vermittelt sich über das Licht.»[35] Als Füll-Licht verwandte er nochmals Fluolicht: «Normalerweise füllt man mit reflektiertem Licht oder soft light, aber in diesem Fall bauten sie für mich Bänke mit Fluoreszenzlicht als Füll-Licht, damit das Licht die selbe Qualität, die selbe Weichheit und die selbe Farbtemperatur hat, wie die Lichter, die über den Tischen hingen.»[36] Damit leuchtet Ballhaus nach einem durchgängigen lichtdramaturgischen Konzept aus: «Ich hielt die Leute im Hintergrund meist dunkel, um zu suggerieren, dass die Leute um die Tische im Licht sind und die anderen in der Dunkelheit. Das war ein schöner Effekt: Desto näher man an die Tische kommt, desto mehr Licht bekommt man. Wir bemühten uns diese Spannung zwischen Dunkelheit und Licht durchzuhalten, und ich denke es funktionierte gut.»[37] Wenn man Fotos von den Dreharbeiten sieht, ist fast immer auch ein Ballhaus-Schienenkreis im Bild. Die Schauspieler mussten Szenen von bis zu fünf Minuten über sich ergehen lassen. Ballhaus spricht von Ballett. «Die Kamerabewegungen sind wirklich aufregend, finde ich. Sie erzählen eine Menge über die Spannung zwischen den Spielern und die Spannung, die sich aufbaut, wenn der Ball am Tisch ist und die Spielers sich um ihn herum bewegen müssen.»[38] Die Bewegung der Kamera, die Bewegung der Kugeln, die Bewegung der Schauspieler. Ophüls hätte seine Freude gehabt.

---

35 Michael Ballhaus nach George Turner: ebd.
36 Michael Ballhaus nach George Turner: ebd.
37 Michael Ballhaus nach George Turner: ebd.
38 Michael Ballhaus nach George Turner: ebd.

Billy Bitzer

> Was Mr. Griffith vor seinem geistigen Auge sah, haben wir auf die Leinwand gebracht.
>
> *Billy Bitzer*

> Alles, was im Kino gemacht wurde, hat Billy Bitzer vermutlich schon lange vorher gemacht.
>
> *Lucien Ballard*

Bitzer gilt als der erste bedeutende Kameramann der Filmgeschichte, auf seiner Arbeit baut alle spätere Kamerakunst auf. Bitzer hat aber immer betont, dass er der Schüler des allerersten Kameramanns ist, von William K. L. Dickson, der die Edison-Kamera wesentlich entwickelt hatte: «Ich glaube nicht, dass W. K. L. Dickson jemals die Anerkennung bekam, die er verdient als der erste Filmkameramann der Welt. Er war der Großvater von uns allen. Für Edison begann er bereits 1888 mit Filmen zu experimentieren und er filmte alle frühen Edison-Filme einschließlich FRED OTT'S SNEEZE, der, was die meisten vergessen haben, eine Großaufnahme war.»[1] Von 1893 bis 1896 absolviert er eine Ausbildung als Feinmechaniker und Elektriker. Als 1894 die American Mutoscope and Biograph Company entsteht, lernt er dort Dickson kennen, der sich mit der Mutoscope-Kamera selbstständig gemacht hatte. 1896 wird er Chefkameramann bei der Biograph, die Kamera war tonnenschwer. Bald hatte er die Kamera so weit verbessert, dass sie zumindest problemlos von einem Ort zum anderen bewegt werden konnte. Erst 1914 wechselt er zu der wesentlich leichteren und besseren Pathé-Kamera, eine Marke die er bis zum Ende seiner Karriere (1932) benutzte.

1907 beginnt Griffith als Schauspieler bei Biograph. In THE MUSIC MASTER steht er vor Bitzers Kamera; der Film ist durch sein Effektlicht bemerkenswert. 1908 beginnt Griffith als Filmregisseur. Bitzer hatte damals bereits über 300 kurze Filme gedreht, darunter Porträts von Präsidenten und anderen Prominenten, den spanisch-amerikanischen Krieg um Kuba, rasante Grotesken und frühe Melodramen. Bei Griffith' ersten Filmen ist er beratend dabei, ab A CALAMITOUS ELOPEMENT (1908) ist er sein Kamera-

---

[1] Billy Bitzer: *His Story*. New York 1973. S. 10.

mann. Für den Theatermann Griffith war die Filmregie zunächst nur ein Brotjob. Dass er die Unterstützung eines der erfahrensten Kameramänner fand, war ein Glücksfall.

In der Zusammenarbeit mit Bitzer erkannte Griffith rasch das Potential des Kamera: «Griffith verstand plötzlich wie sehr sich die Kunst der Filmregie von der der Bühnenregie unterscheidet: Beim Filmemachen ist die Kameraführung der eigentliche Clou, mehr noch als die Regie der Schauspieler.» (Lewis Jacobs).[2] Aus dem Team Griffith/Bitzer wurde ein Meilenstein der Filmgeschichte. Die beiden schlugen neue Wege ein, was keineswegs unproblematisch war: «Wenn er die Kamera näher an die Schauspieler brachte, wurde es definitiv vom Produktionsbüro verboten. […] Ich wurde viele Male dafür abgekanzelt, dass ich Griffith' Innovationen umsetzte, aber die Filme wurden besser mit der neuen Technik und die Verkaufsergebnisse von Biograph stiegen sprunghaft» (Bitzer).[3] Karl Brown, Bitzers Assistant, ergänzt: «Es wurde für total wichtig gehalten, niemals die vor der Szene gezogene Linie zu überschreiten, weil sonst die Füße nicht sichtbar wären und das Publikum sich wundern würde, wie sie herumgehen konnten ohne Füße.»[4]

Das Licht war damals als Tageslicht definiert, auch für Innenaufnahmen verwendete man Tageslicht von oben, das durch Gaze gleichmäßig gehalten wurde. Gute Sichtbarkeit war das Ziel. Aber Griffith und Bitzer, anfangs etwas ungläubig, begannen schon 1909 mit dem Licht zu experimentieren. EDGAR ALLAN POE, A DRUNKARD'S REFORMATION, THE CRICKET ON THE HEART, PIPA PASSES, FOOLS OF FATE: Kaminlicht, Kerzenlicht-Effekt, Lichter, die an- und ausgehen, expressives Licht, interpretierendes Licht, Sonnenaufgang und Sonnenuntergang. In Filmen wie THE LONELY VILLA und 1776 (beide 1909) oder THE LONEDALE OPERATOR (1911) darf die Kamera bei rasanten Actionszenen schon ein bisschen beweglich werden; mit THE GIRL AND HER TRUST (1912) beginnen die Fahrten mit Auto und Lok. In Americana wie THE COUNTRY DOCTOR (1909) und THE NEW YORK HAT (1912) schwelgt die Kamera in liebevollen Details: «Als Griffith begann Großaufnahmen nicht nur von den Gesichtern der Schauspieler, sondern auch von Objekten und Details der Szene zu machen, demonstrierte er damit, dass es die Einstellung war, […] die die Basiseinheit des filmischen Ausdrucks darstellt.» (Richard Griffith/Arthur Mayer).[5]

Neben Groß- und Detailaufnahme geht die Kamera auch in die Weite, 1910, in RAMONA, taucht die erste Panorama-Totale auf. Griffith dehnt seine melodramatische Weltsicht auf neue Genres aus. Mit THE SQUAW'S LOVE (1911), THE MASSACRE (1912) und THE GODDESS OF SAGEBRUSH GULCH (1912) entstehen Westerntopoi mit großen

---

2   Lewis Jacobs: *The Rise of the American Film*. New York 1939. S. 161.
3   Billy Bitzer: *His Story*. New York 1973. S. 70.
4   Karl Brown: Billy Bitzer: A Reminiscence. In: *American Cinematographer*, November 1983.
5   Richard Griffith, Arthur Mayer: *The Movies*. New York 1970. S. 25.

Landschaften, Siedlern und Indianern. Mit THE MUSKETEERS OF PIG ALLEY (1912) entsteht ein Gangsterfilm als städtischer Gegenentwurf. Und Bitzers Kamera wechselt zwischen Pleinairismus und düsteren Lichtverhältnissen. Griffith arbeitet gerne Gesichter heraus und Bitzer findet eine Lösung; Sonnenlicht als Hinterlicht ging mit dem frühen orthochromatischen Material schlecht, aber mit weißen Tüchern am Boden konnte man einen reverse-sunlight-effect erzeugen, der die Schatten vorne aufhellte, und dann ging es doch; Jahrzehnte später erfindet das Alekan im ‹contre-solaire› neu (und die Styroporplatten, die man heute noch auslegt, erfüllen denselben Zweck). Für unterschiedliche Blenden experimentierte Bitzer mit Kameravorsätzen, um seitliche Verdunkelungen zu kontrollieren; dabei fand er die Irisblende, die zu einem Markenzeichen von Griffith werden sollte (erstmals in THE BATTLE AT ELDERBUCH GULCH, 1913). In wenigen Jahren drehen Griffith und Bitzer rund 450 Filme. Höhepunkt und Endpunkt dieser ersten Ära ist JUDITH OF BETULIA (1913), ein fast abendfüllender Historienfilm mit Kamerafahrten am Auto, teuren Bauten und Massen von Statisten. Biograph war so verärgert über Griffith kostspielige Extravaganzen, dass der Film fast ein Jahr lang auf Eis lag.

Griffith macht sich daraufhin selbstständig und nimmt seine engsten Mitarbeiter mit. Für Griffith ist die Filmsprache so weit entwickelt, dass sie abendfüllende Filme trägt: 1914 entsteht BIRTH OF A NATION über den amerikanischen Bürgerkrieg. Und Bitzer kann mit seiner neuen Pathé eine bislang nicht bekannte Beweglichkeit zeigen. Die Kamera hatte ein 56mm-Objektiv und für große Totalen ein Weitwinkelobjektiv. Die Kamera fährt im Auto vor neben und hinter den Truppen. Sie ist nicht mehr auf Augenhöhe, wie die alte Biograph-Kamera, sondern beginnt unterschiedliche Perspektiven einzunehmen. Der Film, so umstritten er ist wegen seines Südstaaten-Rassismus, trägt den heimlichen Titel ‹Die Geburt einer Kunst›.

Kameratechnisch geht der Film an die Grenzen des damals Möglichen: «Hier saß ich in einem Loch mit meiner Kamera und filmte die Pferde und Wagen wie sie im Schlachtgetümmel über meinen Kopf rasten. Oder ich fotografierte die Männer in den Gräben, die ihre Gewehre direkt auf mich abfeuerten. Die Pyrotechniker brachten im Umkreis der Kamera Bomben zur Explosion, und oft blies mir der Wind so viel Rauch in die Augen, dass ich kaum sehen konnte, was ich tat» (Bitzer).[6] Massenszenen wurden durch Kasch mitunter in eine Art Cinemascope-Format gebracht. Umgekehrt wurden Tiefen durch seitlichen Kasch betont. Ebenso gab es bereits split screen-Techniken. Für Lillian Gish, den Star des Films, besaß Bitzer eine eigene weiche Linse von Zeiss, die er nach ihr LG-Linse nannte. Finanziell entwickelte sich die Produktion zu einem Desaster; Griffith brauchte beständig neue Kredite und kein Geldgeber wollte an einen Film von über 100.000.- $ glauben. Bitzer steckte schließlich selbst 7000.- $ in das Projekt; eine Investition, die ihn zum Millionär machte.

---

6   Billy Bitzer: *His Story*. New York 1973. S. 107.

Nach dem Erfolg von BIRTH OF A NATION geht Griffith 1915 mit INTOLERANCE ein noch größeres Wagnis ein. Drei historische Geschichten (Der Fall Babylons, Christi Tod, die Bartholomäusnacht) und eine zeitgenössische Erzählung um die Todesstrafe sind in der Montage miteinander verwoben. Normalerweise kennen Griffith und Bitzer nur die lineare Kamerafahrt mit Auto oder Eisenbahn. Für das Fest in Babylon sollte es die erste Kranfahrt der Filmgeschichte werden: Von einer Totale der festlichen Stadt mit Bauten von 600 m Breite bis zu Belshazzar und seiner Geliebten, die mit einem Spielzeugwagen mit Turteltauben Liebesbriefe austauschen (die Szene wurde aus praktischen Gründen umgekehrt gedreht). Die technische Lösung war schließlich ein fahrbarer Turm mit eingebautem Fahrstuhl: «Der Kamerawagen war 45 m hoch, hatte ungefähr 3 m² an der Spitze und war am Fuß 18 m breit. Er war postiert auf sechs Sätzen vierrädriger Eisenbahn-Radgestelle und hatte im Zentrum einen Aufzug. Dieser Kamerawagen lief auf Schienen, die weit hinten begannen, so dass das ganze Set mit 5000 Statisten erfasst werden konnte, einschließlich derer, die am oberen Rand des Sets standen. Der riesige Kamerawagen wurde von Menschenkraft vorwärts und rückwärts geschoben; 25 Arbeiter schoben ihn langsam über die Schienen. Eine andere Mannschaft bediente den Aufzug, der in gleichmäßigem Tempo nach unten fahren musste, während das Eisenbahngestell sich bewegte. Die ganze Szene musste in einer kontinuierlichen Einstellung gedreht werden, auf jedem Niveau richtig fokussiert. Es war nicht einfach. Wir probten es wieder und wieder» (Bitzer).[7]

Bitzer hatte bereits 1899, wohl das erste Mal in der Filmgeschichte, für den JEFFRIES-SHARKEY CHAMPIONSHIP FIGHT, Kunstlicht eingesetzt. In INTOLERANCE wurde für das nächtliche Babylon erstmals systematisch Kunstlicht (starke Magnesium-Signallicht-Leuchten mit einem fantastischen Flackereffekt) eingesetzt, auch wenn immer noch der größte Teil des Films mit Tageslicht gemacht war. Ab 1909 setzt Bitzer Cooper-Hewitt-Leuchten ein (Quecksilber-Dampflampen), ab 1918 auch Bogenlampen. Bei INTOLERANCE experimentiert Bitzer mit Luftaufnahmen von einem Ballon aus. Im nächsten Film, THE HEART OF THE WORLD (1918), einem semidokumentarischen Film über den Ersten Weltkrieg, macht seine Kamera Flugaufnahmen. Die lange Pause von vier Jahren lässt den Karriereknick in Griffith' Laufbahn erkennen. Die komplizierten Parallelmontagen von INTOLERANCE hatten die Sehgewohnheiten des Publikums überfordert. In HEART OF THE WORLD beginnt Bitzer mit besserer Lichttechnik dreidimensional zu modellieren; er spricht von «den umwerfenden Falten im Hut von Lilian Gish. Es war eine neue fotografische Qualität, an der ich viele Stunden gearbeitet hatte, um es zu erreichen. Es benötigte exakt das richtige Licht auf speziellem Material, um den dreidimensionalen Look zu erhalten.»[8]

---

7 Billy Bitzer: ebd. S. 135.
8 Billy Bitzer: ebd. S. 202.

187 The Lonely Villa (David Wark Griffith, 1909), Bild: Billy Bitzer

188 The Lonedale Operator (David Wark Griffith, 1911), Bild: Billy Bitzer

189–192 Broken Blossoms (David Wark Griffith, 1919), Bild: Billy Bitzer

193 THE MUSQUETEERS OF PIG ALLEY (David Wark Griffith, 1912), Bild: Billy Bitzer

194 THE BIRTH OF A NATION (David Wark Griffith, 1914), Bild: Billy Bitzer

195 INTOLERANCE (David Wark Griffith, 1915), Bild: Billy Bitzer

In THE GREATEST QUESTION (1919) gibt es einen establishing shot mit einem 180° -Panoramaschwenk über eine ländliche Gegend. Eine Liebesszene in TRUE HEART SUSIE spielt zwischen dem Schatten des Liebhabers und Lilian Gish. In ORPHANS OF THE STORM (1921) wandert die Kamera über die Wände von Versailles wie später in MARIENBAD von Resnais. Ein letzter Höhepunkt der Zusammenarbeit von Griffith und Bitzer ist WAY DOWN EAST (1920). Für die dramatischen Rettungsszenen auf dem Treibeis ist Bitzers Pathé die Kamera der Wahl: Einer seiner zahlreichen selbstgebauten Zusätze ist eine Winterheizung für die Kamera, um die Probleme von eiskaltem Film zu vermeiden. 1912 beginnt Bitzer mit einer Matte Box zu experimentieren. In A SISTER'S LOVE setzt er eine Gaze vor und brennt ein Loch rein, was einen zarten Vignetteneffekt gibt. In INTOLERANCE macht Bitzer die ersten klassischen Matte-Aufnahmen der Filmgeschichte; in AMERICA (1924) wird die Technik zu einem frühen Höhepunkt gebracht: Griffith lässt historische Gemälde auf Glas malen und die Handlung wird in die ausgesparten Flächen eingefügt. Bekannte historische Gemälde (von Pyle und Doolittle) werden so animiert. Ein Glanzstück des Films ist der nächtliche Ritt von Paul Revere mit Mondlicht und silhouettenhaften Aufnahmen.

Bitzer galt als Spezialist für schöne Gesichter. Für Mary Pickford hatte er das zum Licht und zum orthochromatischen Film passende Make-up eingeführt. Seit seiner Entdeckung des Hinterlichts konnte er Gesichter modellieren. Das Gesicht von Lillian Gish ist ganz seine Schöpfung; Billy, das Falkenauge, nennt ihn Lillian Gish. BROKEN BLOSSOMS (1919) ist in dieser Hinsicht sein Meisterwerk. Was er hier mit Gaze und Weichzeichner (ein Dallmeyer 76 mm Soft-Focus-Objektiv mit f: 1,9 macht, grenzt an Zauberei. Er selbst spricht vom «ersten schönen soft-focus Gesicht der Leinwand».[9] Lillian Gishs Ausdruckskunst und seine Kamerakunst potenzieren sich gegenseitig. Über die berühmte Wandschrankszene berichtet Bitzer: «Wie wahnsinnig quollen die Augen von Lillian aus ihrem Gesicht. Ich begann zu drehen, denn ich fühlte, das war es. […] Ich drehte den Film solange weiter durch die Kamera bis die ganzen dreihundert Meter zu Ende waren und kein Film mehr da war.»[10]

Seit BROKEN BLOSSOMS ist Bitzer nicht mehr der alleinige Kameramann von Griffith und muss sich mit Hendrik Sartov den Ruhm um die Weichzeichnertechnik teilen. Langsam setzt eine Entfremdung zu Griffith ein, der mit verschiedenen Kameramännern arbeitet; ihre letzte gemeinsame Arbeit ist LADY OF THE PAVEMENTS (1928). 1926 gründet Bitzer die Gewerkschaft der Kameramänner. Anfang der 1930er Jahre zieht sich Bitzer aus dem aktiven Filmgeschäft zurück. Er wird jetzt freier Mitarbeiter des MOMA, wo er mit der Katalogisierung der frühen Filmdokumente und fachmännischen Reparaturen unschätzbare Arbeit leistet.

9 Billy Bitzer: ebd. S. 210.
10 Billy Bitzer: ebd. S. 211.

William H. Clothier

> William Clothier benützt die Breitwand wie eine leere Leinwand, auf der er zunächst einige große farbige Oberflächen anbringt.
>
> *René Prédal*

Clothier ist ein Spätzünder von Format. 1923, mit 20 Jahren, wird er Kameraoperateur und arbeitet bei einer Vielzahl namhafter Projekte, wie Wings (1927), The Last Command (1928), The Patriot (1928), Sins Of The Fathers (1928), Cimarron (1931)oder King Kong (1933) mit, aber erst nach rund 30 Jahren kann er sich in Hollywood als Chefkameramann etablieren. Doch dann wird er ab den 1950er Jahren *der* Kameramann für große Spätwerke bedeutender Regisseure. Zwischenzeitlich war er als Kameramann in Mexiko und Spanien tätig. Im Zweiten Weltkrieg dreht er für William Wyler die legendären Dokumentationen Memphis Belle (1944) und Thunderbolt (1945). Als Freizeitpilot hat er immer wieder mit Fliegerfilmen zu tun: Wings, Memphis Belle, Thunderbolt, Jet Pilot (1949), Island In The Sky (1953), The High And The Mighty (1954), Bombers B.52 (1957). Für The High And The Mighty macht Archie Stout die Spielszenen, Clothier die Fliegerszenen. Wellman, der Regisseur, gratuliert ihm: «Ich habe gerade die verdammt beste Einstellung, die jemals in der Welt für einen gottverdammten Film gedreht wurde, gesehen. [...] Diese Leute haben den Ozean überquert und fliegen jetzt mit leeren Tanks, und da öffnet sich plötzlich unter ihnen das Flugfeld in Form eines Kreuzes.»[1]

Budd Boetticher dreht mit Clothier 1956 Seven Men From Now. «[...] sein Film ist wohl der beste Western, den ich seit dem Krieg gesehen habe», schreibt André Bazin.[2] Als stoisch und ironisch könnte man die Haltung des Films bezeichnen. Clothiers Kamera ist ganz nüchtern, aber voller Liebe zum Detail. Wie sehen Männer aus, die vor Regen triefen oder durch Schlamm gewatet sind, und wie vertreiben sie sich die Zeit mit Spielen oder Trinken? Der Western wird so zur Bühne der condition humaine. Jeder für sich, Gemeinschaft wird zur Fiktion. Das ist eine Haltung, die im Bildaufbau

---

1   William Wellman nach Interview mit William H. Clothier. In: Scott Eyman: *Five American Cinematographers*. Metuchen (N.J.), London 1987. S. 131.
2   André Bazin: *Qu›est-ce que le cinéma?* Band 3. Paris 1961. S. 157.

transportiert wird. Der Mensch, die Natur und das Ritual. Randolph Scott ist so unzugänglich wie die Felsen um ihn herum. Variationen über ein amerikanisches Thema, die gleichzeitig sehr europäisch sind: Das Individuum in der Absurdität seiner Freiheit. André Bazin bemerkt noch: «Ich glaube auch, dass die photogenen Qualitäten von Pferden nirgendwo sonst besser zur Geltung kamen. [...] Ich erinnere mich auch lebhaft an die weiße Mähne des Pferds des Sheriffs und seine großen gelben Augen. Solche Details einbauen zu können, ist für einen Western sicher wesentlicher als eine phänomenale Kampfszene mit 100 Indianern. Ungewöhnlich ist auch die Verwendung der Farben, [...] die in ihrer Transparenz und Tönung an alte Stiche erinnern.»[3]

1958 dreht Clothier für Frank Borzage sein letztes Melodram, CHINA DOLL, eine Geschichte von Liebe, die sich im Tod erfüllt, von großen Gefühlen, die bis an die Grenze gehen, und einer Kamera, die intim wird, ohne peinlich zu werden. 1960 dreht er für und mit John Wayne THE ALAMO, in dem er fünf Kamerateams benötigt, um die aufwändigen Actionszenen zu bewältigen. Eine Generalstabsarbeit, die ihm persönlich sehr gefallen hat. John Ford, der Wayne ärgern wollte, kam zu den Dreharbeiten und setzte sich demonstrativ auf den Regiestuhl. Aber mit John Ford, hat dieser actiongeladene Film nichts zu tun. John Ford macht Filme, die sich zwei Stunden mit den menschlichen Verhältnissen der Akteure zueinander befassen, und hängt dann noch 5 Minuten Action dran. Die Kamera zeigt viele typische Elemente von Clothier, wie die tiefblauen Nachtszenen, die souveräne Handhabung enger Räume, und ein Gefühl für die dramaturgischen Möglichkeiten von Landschaft und Natur.

Mit John Ford macht Clothier eine ganze Reihe von Filmen: THE HORSE SOLDIERS (1959), THE MAN WHO SHOT LIBERTY VALANCE (1962), DONAVAN'S REEF (1963) und CHEYENNE AUTUMN (1964). THE HORSE SOLDIERS ist ein Bürgerkriegsfilm, der mit wehenden Fahnen und komischen Einlagen beginnt und dann zusehends düsterer wird und buchstäblich im Sumpf versinkt. Es kommt erst zu einer blutigen Schlacht um eine Versorgungslinie und eine Brücke, dann geht es nur noch darum, wie man Leben rettet und den Kampf vermeidet. Der Film ist, wenn man so will, der vierte Teil von John Fords Kavallerie-Triologie von 1948/50; bei FORT APACHE, dem ersten dieser Filme, war Clothier als zweiter Kameramann beteiligt.

THE MAN WHO SHOT LIBERTY VALANCE ist der definitive Schluss-Stein des klassischen Western – bezeichnender Weise im selben Jahr wie der erste Spätwestern, RIDE THE HIGH COUNTRY, entstanden. «Über die Bilder des Films», bemerkt Hans Helmut Prinzler, «ist erstaunlich wenig geschrieben worden. Weil in dem Film viel geredet wird und die Schauspieler ihr solides Handwerk vorführen, fallen die Bilder zunächst auch nicht so auf. Aber sie sind anders als sonst in Filmen von John Ford oder von Bill Clothier. Es gibt nur drei extreme Totalen: am Anfang, wenn das Bild aus der Dun-

---

3   André Bazin: ebd. S. 162.

kelheit aufblendet und eine Lokomotive mit zwei Wagen durch eine Hügellandschaft in einer Kurve auf uns zufährt, am Ende, wenn der kleine Zug in einer weiten Ebene wieder entschwindet, und ziemlich in der Mitte des Films, wenn James Stewart auf einem Kutschwagen über die Prärie rast und das Schießen üben will. THE MAN WHO SHOT LIBERTY VALANCE ist ein Film der Nähe und der Enge, der Innenräume, auch der Nacht, der Schatten, der Details.»[4]

DONOVAN'S REEF handelt vom Traum alter Männer nach Heimkehr. Die Südsee ist ein grün-blaues Paradies am Sandstrand, das von der Schlange in Form von Elizabeth Allen bedroht wird. Die Filme, die Clothier mit alten Regisseuren dreht, haben männliche Stars im reifen Alter. Da braucht Mann eine gnädige Kamera. «Ich kenne viele Kameraleute, die genau wissen, wie man eine Frau gut ausleuchtet und in Szene setzt, aber sie wissen nicht, wie man einen Mann gut fotografiert. Ich habe mich immer bemüht, genauso viel Mühe auf die Männer in den Filmen zu verwenden wie auf die Frauen. Das hat sich rumgesprochen. Und so wurde ich auch bekannt als man's-cameraman.»[5]

CHEYENNE AUTUMN ist einer der Filme, an denen man sieht, warum Clothier das breite Format so liebt. Was er da auf die Leinwand wirft, ist fast schon abstrakte Malerei. Es beginnt mit einem intensiven Blau oben und einem ockrigen Orange unten; dazwischen, winzig, die Karawane der Cheyennes. Und es endet mit einem grauen Grund mit dunklen Streifen und schmutzigem Weiß darüber im Schneesturm; dazwischen spielt sich die Odyssee eines Trupps Cheyenne ab, die aus dem Reservat in ihre Heimat zurück wollen. Am Anfang des Films spielt Carroll Bakers schäbiges Schulhaus eine Rolle. Clothier erinnert sich: «Wie viele Regisseure hatte auch John Ford seine speziellen Markenzeichen, die er immer wieder in seine Filme integriert. [...] Fords Spezialität waren baufällige Strukturen mit Rissen in der Wand und Löchern im Dach, durch die gebündeltes Sonnenlicht dringt, das durch Rauch oder Staub in der Luft betont wird. [...] Wir hängten Neutralfilter-Folien über die Fenster, um das helle Tageslicht mit dem Innenlicht auszubalancieren.»[6] CHEYENNE AUTUMN war John Fords letzter Western. Ford hatte ein sehr knappes Drehverhältnis und ein äußerst vertrauensvolles Verhältnis zu Clothier: «(Ford) hörte zu, aber wenn man smart war, hörte man auch viel auf ihn. [...] Aber in all den Jahren, die ich für ihn gearbeitet habe, hat er mir nie hineingeredet, wie man etwas tun soll. [...] Als der Film fertig war, hat mich Ford auf die Wange geküsst und gesagt: ‹Das ist der bestfotografierte Film, den ich je gemacht habe in meinem Leben.› Das hat mich sehr glücklich gemacht.»[7]

---

4   Hans Helmut Prinzler: William Clothier: Speziell: Männer, außen. In: *Filme*, Nr. 6, 1980.
5   Interview mit William H. Clothier. In: *Filme*, Nr.6, 1980.
6   William H. Clothier nach Herb Lightman: The Filming of CHEYENNE AUTUMN. In: *American Cinematographer*, November 1964.
7   Interview mit William H. Clothier. In: Scott Eyman: *Five American Cinematographers*. Metuchen (N.J.), London 1987. S. 140ff.

196–207 Memphis Belle (William Wyler, 1944), Bild: William H. Clothier

208 THE MAN WHO SHOT LIBERTY VALANCE (John Ford, 1962), Bild: William H. Clothier

209 MERRILL'S MARAUDERS (Samuel Fuller, 1961), Bild: William H. Clothier

210–215 A DISTANT TRUMPET (Raoul Walsh, 1964), Bild: William H. Clothier

1961 macht Clothier etwas ganz Ungewöhnliches in seiner Laufbahn: Er dreht für Sam Peckinpah dessen Erstlingsfilm DEADLY COMPANIONS. Die Aufgabe bestand vor allem darin, aus einem wirren Drehbuch, das keiner der Beteiligten mochte, einen passablen Film zu machen, was dann auch sehr ehrbar gelungen ist. Die Geschichte ist ein adult-Western am Übergang zum Spätwestern: ein Mann sucht seine Rache und verzichtet zum Schluss darauf. Neben vielen Outdoor-Szenen liefert Clothiers Kamera eine Serie grotesker Bilder, die den Western als eine latent von Wahnsinn, Hysterie und Paranoia bedrohte Welt zeigen.

Bill Clothier dreht in Serie letzte Filme, von Michael Curtiz (THE COMANCHEROS, 1961), von Raoul Walsh (A DISTANT TRUMPET, 1964), von Howard Hawks (RIO LOBO, 1970). Späte Western, Spätwestern, Abgesänge. Es sind Geschichten um alte Männer, ihre Freundschaften, Feindschaften und ihr letztes Aufgebot. Teils komisch, teils tragisch, teils tragikomisch. Dazwischen, in A DISTANT TRUMPET, ein verlorenes Liebespaar. Es sind die Filme, in denen Clothier seine Meisterschaft als Landschaftsfilmer entfalten kann: «Was ich gern gemacht habe und was ich gut kann, sind Outdoor-Pictures. Ich habe nicht gern im Studio gearbeitet. Ein paar Tage, ja, aber dann musste ich raus, möglichst in die Berge. Da fühlte ich mich zuhause. Und so war ich ein gefragter Outdoor-Cameraman.»[8] Western, außen, day for day und night for night. Eine ganze Serie von Filmen für Gordon Douglas, Burt Kennedy und Victor McLaglen. Und etwas ungewohnt, die grüne Hölle von Indochina in Sam Fullers MERRILL'S MARAUDERS. Hans Helmut Prinzler spricht von Clothiers Klassizismus: «Wenn Clothier Perspektiven komponieren kann, Vordergrund und Hintergrund in Beziehung setzt, Bewegungen staffelt, dann ist er auf der Höhe der Maler des amerikanischen Westens. [...] Clothiers Kino ist ein Kino der Totalen und Halbtotalen, der Aktionen am Fluss oder in den Bergen, es funktioniert aber nicht in der Großaufnahme. [...] Selten gibt es bei Clothier Zoom-Bewegungen oder spontane Kameraoperationen. Dramatik ist vor der Kamera inszenierte Dramatik.»[9]

---

8 Interview mit William H. Clothier. In: *Filme*, Nr. 6, 1980.
9 Hans Helmut Prinzler: William Clothier: Speziell: Männer, außen. In: *Filme*, Nr. 6, 1980.

Stanley Cortez

Der gelernte Porträtfotograf Cortez hat in seinen New Yorker Anfängen mit Edward Steichen, Ernest Bachrach und Pierre MacDonald gearbeitet. In den 1920er Jahren entdeckt er zusammen mit seinem Bruder, dem Schauspieler Ricardo Cortez, die Leidenschaft für den Film. Bei Griffith' SORROWS OF SATAN (1926) schaut er beim Dreh zu: «An diesem Tag habe ich mich definitiv entschlossen, Filmkameramann zu werden.»[1] Er beginnt als Szenenfotograf und arbeitet sich über Assistent und Operator bei Altmeistern wie Rosher, Garmes, Gaudio, Seitz, Miller, Mohr und Struss zum Chefkameramann hoch. Erste wichtige Fingerübungen kann er bei Busby Berkeley machen: «Ich krieg immer noch eine Gänsehaut, wenn ich ‹The Lullaby of Broadway› höre und daran denke, wie Busby [...] mich ermutigt, eine Einstellung oder eine Kamerabewegung zu gestalten.»[2] 1932 dreht er in Zusammenarbeit mit Slavko Vorkapich SCHERZO, einen Experimentalfilm über Formen des Wassers.

Bei Universal wird er in den 1930er Jahren Spezialist für billige Filme, die mit Kameraeffekten aufgewertet werden, wie THE BLACK DOLL, THE LADY IN THE MORGUE oder DANGER ON THE AIR. Bei FORGOTTEN WOMAN (Harold Young, 1939) lässt er die Gedanken der Hauptdarstellerin in ihrem leinwandgroßen Auge erscheinen, in BADLANDS OF DAKOTA (Alfred E. Green 1941) gibt er mit Infrarotfiltern einer Friedhofszene etwas Schauerliches. Sein Fliegerfilm EAGLE SQUADRON (Arthur Lubin, 1942) «schrieb Geschichte in Realismus» (Cortez), in FLESH AND FANTASY (Julien Duvivier, 1943) liefert er eine hommage an den poetischen Realismus.[3]

Für SINCE YOU WENT AWAY (John Cromwell, 1944) filmt er eine große Tanzszene in einem Hangar wie bei Busby Berkeley; mit dem crab-dolly, der hier das erste Mal eingesetzt wird, gelingen ihm Bewegungsabläufe, die früher astronomisch teuer gewesen wären. Das Licht setzt er rhythmisch ein: «Als ich die Reihen der Tänzer sah, die sich im Rhythmus einer Conga schlängelten, habe ich mich entschieden, die Szene als Funktion desselben Rhythmus zu beleuchten: einmal stark/einmal schwach/einmal stark/einmal schwach...ein Licht/ein Schatten/ein Licht/ein Schatten...»[4] In ei-

---

1   Stanley Cortez: Talks about Getting Started. In: *American Cinematographer*, May 1986.
2   Stanley Cortez: Talks about Getting Started. In: ebd.
3   Interview mit Stanley Cortez. In: Charles Higham: *Hollywood Cameramen: Sources of Light*. London 1970. S. 104.
4   Interview mit Stanley Cortez. In: *Cinématographe*, Nr. 68, 1981.

ner Bahnhofszene zeigt er die Verbundenheit derer, die sich trennen müssen, in langen Schatten, die sich nicht trennen wollen. Nach diesem Film arbeitete er für das U.S. Signal Corps, u. a. für die Serie Why We Fight von Frank Capra und die Konferenzen von Jalta und Quebec. Für John Huston drehte er Let There Be Light über psychisch erkrankte Soldaten; der eindrucksvolle Film wurde von der Armee erst Jahrzehnte später frei gegeben.

In dem Alkoholikerfilm Smash-up (Stuart Heisler 1947) visualisiert er den Rauschzustand mit Lichtblitzen im Bild («Ich hatte Lichter buchstäblich innerhalb der Linse»), für Fritz Langs Secret Beyond The Door (1947) baut er Architekturelemente mit Licht und in Black Tuesday (Hugo Fregonese 1954) wagt er mit Tri-X-Film die wohl erste Szene der Filmgeschichte nur mit Kerzenlicht.[5] Susan Hayward, die seine dramatischen Close-ups in Smash-up liebt, holt ihn für drei weitere Filme (Top Secret Affair, Thunder in the Sun, Back Street). «Ich weiß gewöhnlich, was sie gerade denkt, und ich weiß nicht nur wie ihr Gesicht am besten zu fotografieren ist, sondern auch was in ihr vorgeht und was sie fühlt.»[6] So Cortez über ihre Zusammenarbeit. Und weiter: «Die Psychologie der Schauspieler bestimmt die Psychologie der Beleuchtung [...]. Meine Arbeit als Chefkameramann beginnt mit der Beobachtung der Augen der Schauspieler.»[7]

Das Verhältnis Hollywoods zu Cortez darf man schizophren nennen. Als brillanter Techniker hoch geschätzt gilt seine Kamera gleichzeitig als ‹arty›, das ist so ziemlich das schlimmste Totschlagwort in Hollywood. Nur dreimal in seiner Laufbahn trifft er auf Regisseure, die das zu schätzen wissen, Welles, Laughton und Fuller, jeder ein Exzentriker auf seine Weise. Orson Welles wollte mit Gregg Toland nach Citizen Kane auch The Magnificent Andersons (1941/42) drehen, aber Toland hatte sich freiwillig als Kriegsberichterstatter gemeldet; ein paar Meter des Films soll er noch gedreht haben. Welles schätzte die B-pictures von Cortez. Außerdem gehörte Cortez neben Toland, Arthur Miller und James Wong Howe zu den Kameramännern, die gerne mit ‹sauberem Hintergrund›, also mit Tiefenschärfe arbeiten. Trotzdem ist es eine gewisse Ironie, dass Welles Cortez haben wollte, der hatte nämlich den Aufbau des kompliziert-verschachtelten Sets gesehen und insgeheim noch gedacht: «Der arme Kerl, der dieses verdammte Ding filmen muss, tut mir leid!»[8]

Cortez erinnert sich an einige der Aufnahmen im Amberson-Haus: «Für eine Se-

---

5 Interview mit Stanley Cortez. In: *Charles Higham: Hollywood Cameramen: Sources of Light*. London 1970. S. 109.
6 Stanley Cortez nach Herb A. Lightman: The Photography of Back Street. In: *American Cinematographer*, November 1961.
7 Interview mit Stanley Cortez. In: *Cinématographe*, Nr. 68, 1981.
8 Stanley Cortez nach George Turner: The Magnificent Ambersons. In: *American Cinematographer*, March 1999.

quenz, wenn die Kamera das Amberson-Haus erforscht, nachdem es alle verlassen haben, zog ich meinem Operator die Schuhe aus, und er ging mit der schweren Mitchell die Treppe hinauf und durch die Räume. Wir benutzen den Periskop-Sucher und ein 80 mm-Objektiv. Er musste sich bewegen und wir mussten ihn wie einen Ballett-Tänzer ‹choreographieren›, wenn er ging [...].»[9] In einer anderen Szene bewegt sich die Kamera durch eine Flucht von Räumen in einer einzigen Einstellung: «Jedes Mal, wenn die Kamera durch einen Raum ging, sahen wir vier Wände und eine Decke! Wände bewegten sich aufs Stichwort und ein Licht ging an einer festgelegten Linie an, alles während die Kamera sich bewegte. Es war eine Symphonie der Bewegung, ganz zu schweigen von den Geräuschen! Das verursachte den Schauspielern einige Probleme, weil sie versuchten mitten im Getriebe zu spielen. Ich erinnere mich, dass zu meinen Problemen noch dazukam, dass einige Räume sogar Spiegel hatten.»[10]

Die winterliche Schlittenfahrt wurde in einem Kühlhaus in 10 Tagen gedreht: «Wir benützten das Kühlhaus vor allem so, dass wir den Atem der Schauspieler in der Luft zeigen konnten. Ich benützte viel Bogenlicht auf dem Schnee, das in einem Winkel auftraf, der Sonnenschein suggerierte. In diesem Licht ist eine gewisse Reinheit, die ich erreichen wollte.»[11] Ray Collins hatte zum Schluss eine Lungenentzündung. Als RKO den Film für den Verleih auf 2200 Meter kürzte, waren Welles und Cortez verzweifelt: «Eine Stunde meiner besten Arbeit waren dahin, wunderbare Dinge.»[12]

Charles Laughton hatte Cortez beim Dreh von THE MAN ON THE EIFFEL TOWER (Burgess Meredith 1950) kennen gelernt, wo er den Inspektor Maigret gespielt hatte. Laughtons einzige Regiearbeit, THE NIGHT OF THE HUNTER (1955), war damals ein flop, besitzt heute aber Kultcharakter. Laughton, der Griffith-Fan, holte sich für die resolute alte Dame des Films den Griffith-Star Lillian Gish. Mit Cortez zusammen sah er sich zur Vorbereitung alte Griffith-Filme an. Cortez erinnert sich an die Dreharbeiten: «Die Todesszene mit Bob Mitchum und Shelley Winters war etwas, worauf ich sehr stolz war. Slelley Winters liegt im Vordergrund und Bob Mitchum ist im Hintergrund. Ohne einen Ton durchläuft er eine Serie seltsamer Positionen in Relation zu ihr, bevor er sie tötet. Wir hatten eine A-förmige Komposition, geformt von Dachbalken, und ich beleuchtete das Ganze mit nur fünf Lampen. Charles muss auf meinem Gesicht etwas gesehen haben, etwas Seltsames, weil er mich sehr scharf anschaute und sagte: ‹Was zum Teufel denkst du gerade?› Ich sagte ganz freundlich: ‹Nichts, was dich angeht.› Aber er gab keine Ruhe. Ich sagte ihm – Musik ist mein Hobby –, dass ich an ein Musikstück denke. Er antwortete auf seine typische Art: ‹Darf ich vielleicht erfahren, um

---

9 Interview mit Stanley Cortez. In: Charles Higham: *Hollywood Cameramen: Sources of Light*. London 1970. S. 107.
10 Interview mit Stanley Cortez. In: ebd. S. 108.
11 Interview mit Stanley Cortez. In: ebd. S. 107.
12 Interview mit Stanley Cortez. In: ebd. S. 108.

welche Musik es sich handelt?› Ich erzählte ihm, dass es der ‹Valse triste› von Sibelius ist. Er wurde weiß: ‹Mein Gott, wie Recht du hast. Die ganze Sequenz braucht ein Walzertempo.› Er sandte nach dem Komponisten, dem verstorbenen Walter Schumann, und ich erklärte ihm, was ich visuell machte, so dass er es musikalisch interpretieren konnte. Oft komme ich auf Musik zurück, um den Schlüssel für einen fotografischen Effekt zu finden.»[13]

Cortez und Laughton waren beide Studioleute, die die Möglichkeiten eines Studios voll auszuschöpfen verstanden: «Bis heute bekomme ich von überall her Briefe, wo immer der Film gezeigt wird. [...] Am häufigsten wollen sie wissen, an welchem Fluss die Sequenz mit den Kindern im Fluss spielt, ob es im Osten war oder wo sonst? Ich sage ihnen immer wieder, dass das ein schönes Kompliment ist, weil wir es auf der Bühne 15 bei Pathé gemacht haben.»[14] Und weiter: «Noch besser war die Szene mit dem Kind auf dem Dachboden, das runterschaut und den Prediger in der Ferne sieht; wir bauten das ganze Set perspektivisch, vom Heustadel bis zum Zaum, der ungefähr 150 m entfernt war. Die Figur, die sich gegen den Horizont bewegt, war überhaupt nicht Mitchum. Es war ein Zwerg auf einem kleinen Pony. Die Lichtführung gab die Illusion, die ich brauchte; das Gefühl von Geheimnis, von seltsamen Schatten. Ich benützte sogar eine Irisblende: auf den Buben am Fenster. Charles wollte mit einem Kran auf ihn zufahren, aber stattdessen benützte ich die Irisblende.»[15]

Eine der groteskesten Szenen des Films ist Shelley Winters als Wasserleiche: «Da habe ich enorme Mengen Licht eingesetzt, um den Eindruck einer spirituellen Fremdheit zu erzeugen, von der Art ‹überflutete Kathedrale›. Eine Kamera filmte durch eine Glaswand, eine andere tauchte unter Wasser über die Wachspuppe weg, die wir in einem Bassin der Republic-Studios versenkt hatten. Einige Zuschauer schworen, dass es sich tatsächlich um die arme Shelley gehandelt hat!»[16] Cortez selbst nennt den Film «bewusst grotesk».[17] Der Film ist teilweise mit Tri-X-Material gedreht, «nicht wegen des Belichtungs-Werts, sondern wegen des dramatischen Werts. Ich meine damit die Schwarz-Töne. Sie hatten ein luminöses, phosphoreszierendes Licht, das ich bei bestimmten Einstellungen haben wollte.» Der Eindruck ist «eine Art Farbigkeit in Schwarz-Weiß».[18]

Für Fuller dreht Cortez 1963 SHOCK CORRIDOR und THE NAKED KISS. SHOCK

---

13 Interview mit Stanley Cortez. In: ebd. S. 113f.
14 Stanley Cortez nach George Turner: Creating the NIGHT OF THE HUNTER. In: *American Cinematographer*, December 1982.
15 Interview mit Stanley Cortez. In: Charles Higham: *Hollywood Cameramen*. London 1970. S. 114f.
16 Interview mit Stanley Cortez. In: *Cinématographe*, Nr. 68, 1981.
17 Stanley Cortez nach George Turner: Creating the NIGHT OF THE HUNTER. In: *American Cinematographer*, December 1982.
18 Stanley Cortez nach George Turner: ebd.

CORRIDOR bezeichnet Cortez als einen brutalen Film mit einem brutalen Look. Die verrückteste Szene zeigt den Flur einer Irrenanstalt, der mit Feuerwehrschläuchen unter Wasser gesetzt wird. Hart und kontrastreich ist auch die Fotografie für NAKED KISS. Ungewöhnliche und rhythmisch eingesetzte Licht- und Schatteneffekte geben den Filmen einen visuellen Beat; Godard hat später den ausgebleichten Flur aus SHOCK CORRIDOR mit seinen Segmenten von Licht und Schatten immer wieder zitiert. Beide Filme wechseln zwischen einem fast dokumentarischen Stil, der Fullers journalistischer Ader nahe steht, und knalligem Expressionismus, der wie ein Schock eingesetzt wird. Brillant filmt Cortez die Mordszene aus NAKED KISS: Ein jäher Ausbruch von Gewalt klingt lyrisch aus, das Brautkleid von Constance Towers sinkt zu Boden und bedeckt das Gesicht des ermordeten Geliebten. Cortez' Kamera für Fuller ist schnörkellos und klar: «Samuel Fuller ist kein Halbgebildeter, sondern ein Bildungsloser, er denkt nicht rudimentär, sondern rüde, seine Filme sind nicht einfältig, sondern einfach, und diese Einfachheit bewundere ich vor allem» (Truffaut).[19]

Cortez hat früh mit Farbfilmen begonnen und ist für seine Farbfotografie berühmt. Filme wie THE ANGRY RED PLANET (Ib Melchior, 1959) mit seinen fantastischen Farben, BACK STREET (David Miller 1961) mit seinem Chiaroscuro in Farbe, BLUE (Silvio Narizzano, 1968) mit seinen dramatischen Wolken oder ANOTHER MAN, ANOTHER CHANCE (Claude Lelouch, 1977) mit seiner Farbsymbolik verdanken ihm viel, manchmal alles. Cortez hat nie ein Hehl daraus gemacht, dass er mit Farbe umgeht wie ein Fauvist: «Selbst wenn etwas technisch falsch sein mag, kann es für mich dramatisch richtig sein. Zur Hölle mit der Vorsicht! Zur Hölle mit der ‹akademischen› Herangehensweise! Man muss die Farbe zerstören, mit ihr herumspielen, sie für sich zum Funktionieren bringen, sie bewusst aus der Balance werfen. Man kann Emotionen in Farbe widerspiegeln. Manchmal ist die Natur platt: dann ändere sie.»[20]

THE BRIDGE AT REMAGEN (John Guillermin, 1969) wird während des Prager Frühlings in der CSSR gedreht. Ein Kriegsfilm mit Dutzenden von echten Panzern und Panzerfahrzeugen und einem ganzen Waffenarsenal. Am 21. August marschieren russische Truppen ein, die östliche Presse erklärt die Dreharbeiten zu einer getarnten CIA-Aktion, das Team wird eingekesselt. «No shooting today because of shooting/Keine Dreharbeiten wegen Schießerei», steht im Production Report vom 21. August 1969.[21] Fluchtartig erreicht das Team die österreichische Grenze, eine Stunde bevor die Grenze dicht ist. Der Rest des Films wird im Studio Hamburg und am See unterhalb des Castel Gandolfo gedreht. Der einzige Verletzte ist Cortez, der bei einem authentisch

---

19 François Truffaut: *Die Filme meines Lebens*. München, Wien 1976. S. 108.
20 Interview mit Stanley Cortez. In: Charles Higham: *Hollywood Cameramen: Sources of Light*. London 1970. S. 98.
21 Herb A. Lightman: Photographing THE BRIDGE AT REMAGEN. In: *American Cinematographer*, September 1969.

216 SECRET BEYOND THE DOOR (Fritz Lang, 1947), Bild: Stanley Cortez

217–220 THE MAGNIFICENT AMBERSONS (Orson Welles, 1941/42), Bild: Stanley Cortez

221–223 THE NIGHT OF THE HUNTER (Charles Laughton, 1955), Bild: Stanley Cortez

224–225 SHOCK CORRIDOR (Samuel Fuller, 1963), Bild: Stanley Cortez

inszenierten Bombardement in ein Loch in der Brücke fällt. Mit viel Rauch und ausgewählten Kamerawinkeln gelingt es, die drei unterschiedlichen Drehorte optisch zu verschmelzen.

«Dieser Film hat eine überlegte Eintönigkeit, ein grimmiger Kriegs-Look mit forcierten Primärfarben», sagt Cortez zur Gestaltung des Films. «Wenn die Männer auf dem Weg zur Brücke sind, um sie auftragsgemäß in die Luft zu sprengen, erfahren sie, dass sie sie nicht sprengen, sondern mit Gewalt einnehmen sollen. [...] Ich entschloss mich, von diesem Augenblick an das gesamte fotografische Konzept zu ändern, parallel zu ihrer veränderten Situation. Ich sprach mit John, und er stimmte zu, dass wir, sobald die Männer ihren geänderten Auftrag erkannt hatten, von fester zu Hand gehaltener Kamera wechseln sollten. Die wacklige Handkamera würde ihre Nervosität zeigen und das Publikum in ihre Ungewissheit mit einbeziehen.»[22] Cortez scheut sich nicht, den Frühlingsgräsern des Films ein schreiendes Grün zu geben.

Auf die Gretchenfrage nach dem eigenen Stil antwortet der alte Cortez selbstbewusst: «Ich habe einen eigenen Stil, wir haben alle einen eigenen Stil: Ich könnte in irgendein Kino gehen, eine Sequenz sehen und den Namen des Chefkameramanns nennen, fast auf Anhieb.»[23] Auch wenn die einzelnen Filme ganz unterschiedlich erscheinen mögen, erklärt er: «Diese Unterschiede sind um eine Einheit gruppiert, um dasselbe Konzept.»[24] Cortez hat lange Jahre in der ASC für die Rechte der Kameraleute gekämpft und ist 1990 nochmals auf die Barrikaden gegangen, als die Nachkolorierung von Schwarz-Weiß-Filmen aufkam: «Ich glaube fest an die Erhaltung des historischen Schwarz-Weiß-Bildes [...]. Daran herumzupfuschen wäre ein Sakrileg.»[25]

---

22 Interview mit Stanley Cortez. In: Charles Higham: *Hollywood Cameramen: Sources of Light*. London 1970. S. 118.
23 Interview mit Stanley Cortez. In: *Cinématographe*, Nr. 68, 1981.
24 Interview mit Stanley Cortez. In: ebd.
25 Stanley Cortez nach George Turner: Stanley Cortez, ASC, to Receive Career Award. In: *American Cinematographer*, January 1990.

Curt Courant

Curt Courant (auch: Kurt Kurant) kommt nach einer Fotografenlehre 1917 als Kamera-Volontär zur Joe May-Produktion. Der erste Film, bei dem er als Kameraassistent nachweisbar ist, ist HILDE WARREN UND DER TOD (Joe May, 1917). Die Nachkriegszeit erlebt er als künstlerische Chance: «In der hektischen Nachkriegs-Periode von 1918 kämpften Filmleute zusammen mit anderen Künstlern darum, eine kohärente Weltsicht wieder herzustellen. [...] Vielleicht war es ein glücklicher Zufall, dass ein neues Medium, fähig zu einer Kunstform, mit der der Mensch Ordnung in das Chaos seiner Erfahrung bringen konnte, aus eben den wissenschaftlichen Entdeckungen, die seine Welt erschüttert hatten, geboren wurde.» Die Arbeit an der Kamera ist dabei für Courant mehr Wissenschaft als Kunst, «indem sie Ergebnisse liefert, die mit der Präzision einer wissenschaftlichen Formel berechnet sind».[1]

Ab 1918 ist Courant als selbständiger Kameramann tätig, zunächst für Quickies der Ring-Film unter der Regie von Erik Lund. 1920 versucht er sich mit KAMERADEN als Regisseur. Als Kameramann atmosphärischer Berliner Milieufilme ist er erfolgreicher: DAS MÄDCHEN AUS DER ACKERSTRASSE (Schünzel, 1920), DER PANTOFFELHELD (Schünzel 1922), GRÄFIN PLÄTTMAMSELL (David, 1926), DIE KLEINE VOM VARIETÉ (Schwarz 1926). Im jüdischen Milieu entsteht die rasante Komödie FAMILIENTAG IM HAUSE PRELLSTEIN (Steinhoff, 1927). Eine Restaurantszene wird durch die Bewegung der Kamera und den Wechsel der Einstellungen zu einem kleinen Kabinettstück. Daneben entstehen Starfilme wie HAMLET (1920) mit Asta Nielsen oder PETER DER GROSSE (1922) mit Emil Jannings. 1924, bei Cines in Rom, dreht er mit Gabriele d'Annunzio und Georg Jacoby den spektakulären Historienfilm QUO VADIS?. Der Film, mit seinem gewaltigen Aufgebot von Stars, Statisten und Zirkustieren, enthielt sogar eine Breitwandsequenz: «Ein spezieller Projektor mit extra weiter Linse wurde für diese Sequenz benützt, wobei die Öffnung der Leinwand vergrößert wurde, indem die Vorhänge weggezogen wurden.»[2] Seine Kameraarbeit wird mit dem Grand Prix de Cinéma International gewürdigt.

1927 nimmt ihn die Ufa unter Vertrag. Courant dreht jetzt exotische Filme mit Alexander Wolkoff (GEHEIMNISSE DES ORIENTS, 1928; DER WEISSE TEUFEL, 1930) und

---

1 Curtis Courant (= Curt Courant): Cameraman in the Golden Age of Cinema. In: *Film Culture*, Nr. 9, 1956.
2 Curtis Courant (= Curt Courant): ebd.

Melodramen mit Kurt Bernhardt (DIE FRAU, NACH DER MAN SICH SEHNT, 1929; DER MANN, DER DEN MORD BEGING, 1931). Es sind Studiofilme unter kontrollierten Bedingungen, in denen Courant zeigt, was er alles mit Lichtillusionen und mobiler Kamera zaubern kann. Courants Kamera ist fließend, «oft wird ein Schnitt, den das Drehbuch vorsah, aus filmkünstlerischen Gründen besser vermieden».[3] Bei Fritz Langs Film FRAU IM MOND (1930) ist er an der Kameraarbeit beteiligt. Der Stoff kommt ihm entgegen. Man merkt der Kamera Courants Sinn für wissenschaftliche Utopie an. Courant scheut visuelle Klischees. Sein RASPUTIN-Film von 1932 ist atmosphärisch und malerisch, aber meidet den Look des Russenfilms bewusst: «Der Begriff ‹russischer Film› ist zu einer fest umrissenen Vorstellung geworden.»[4]

Die 1920er Jahre sind für Courant das ‹Goldene Zeitalter›: «Der Horizont weitete sich, eine Erfahrung, die viele Filmleute an der Dämmerung des so genannten ‹Goldenen Zeitalters› teilten. Das Ferment zum Experimentieren war buchstäblich überall in der Welt. Einer der schönsten Aspekte der damaligen Produktion war der Luftstrom von Freiheit, in dem die Filmleute arbeiteten.»[5] Um 1930 beginnt er mit Farbfilm zu experimentieren. Der hohe Lichtbedarf der frühen mechanisch-optischen Verfahren lässt ihn zum Befürworter des chemischen Dreifarbenfilms werden, wie er von Agfa dann auch entwickelt wurde: «Das wirkliche Farbfilmverfahren muss auf chemischem Weg erreicht werden.»[6]

Ab 1930 ist Courant auch in England und Frankreich tätig, was ihm 1933 die Emigration erleichtert; aufgrund seiner jüdischen Herkunft gibt es für ihn in Deutschland keine Arbeitsmöglichkeiten mehr. In England ist er an Filmen wie THE MAN WHO KNEW TOO MUCH (Hitchcock, 1934), THE PASSING OF THE THIRD FLOOR BACK (Viertel, 1935) und BROKEN BLOSSOMS (Brahm, 1936) beteiligt. Es sind Filme mit genauer Milieuzeichnung und Atmosphäre und dem plötzlichen Hereinbrechen des ganz Anderen. Ein mysteriöser Fremder in einer Pension, ein exotischer Chinese im Limehouse-Quartier. Die Kamera ist sehr mobil, arbeitet mit indirektem Licht und fängt Bilder mit innerem Leuchten ein. Courant ist neben Krampf Spezialist für Weichzeichner-Effekte. Schienenstränge, Hafenansichten, Mondlicht, Nebel, ein Stein im Wasser, ein Schlag gegen Glas und Spiegel. In dramatischen Szenen wird die Kamera hektisch, verkantet, Licht und Schatten sind gewagt. Die Kamera fährt ein Treppenhaus hoch, ein Reiß-Schwenk unter der London Bridge, plötzlich: Pleinairismus. Mörderische Kämpfe, Feuersbrunst, Aufruhr, wild wirbelnder Staub. Ein gestalterisches und kameratech-

---

3 Curt Courant nach Lotte H. Eisner: Der produktive Kameramann wird zum Mitschöpfer. In: *Film-Kurier*, 26. 11. 1931.
4 Curt Courant: Russische Romanze im tönenden Lichtbild. In: *Lichtbild-Bühne*, Nr. 43, 1932.
5 Curtis Courant (= Curt Courant): Cameraman in the Golden Age of Cinema. In: *Film Culture*, Nr. 9, 1956.
6 Curt Courant: Der deutsche Farbfilm in Vorbereitung. In: 2. Beiblatt zum *Film-Kurier*, 22. 03. 1930.

nisches Bravourstück, immer wieder gerühmt, ist der opening shot von BROKEN BLOSSOMS: der in Felsen gehauene Buddha, eine fremde Welt, anverwandelt im Elementaren, mit Licht, Rauch und schmelzendem Eis. Gleichzeitig ein sehr schönes Beispiel für das Schüfftan-Verfahren.

In Frankreich arbeitet Courant mit Litvak (COEUR DE LILAS, 1932), Autant-Lara (CIBOULETTE, 1933), Ozep (AMOK, 1934), Tourneur (LE VOLEUR, 1934), Renoir (LA BÊTE HUMAINE, 1938), Pabst (LE DRAME DE SHANGHAI, 1939), Gance (LOUISE, 1939) und Ophüls (DE MAYERLING À SARAJEVO, 1940). Die Zusammenarbeit mit Courant ist nicht immer einfach. Für Courant ist der Kameramann das Alter Ego des Regisseurs: «Der Regisseur ist zweifelsohne der Chef der Produktion. [...] Aber er muss sich am allermeisten auf das Können des Kameramanns verlassen, denn ist es nicht er, der letztlich die bewegten Bilder macht?»[7] Ein typisches Beispiel ist die Arbeit mit Jean Renoir bei BÊTE HUMAINE. Die fast wissenschaftliche Perfektion eines Courant war Renoir fremd. «Jean Renoir, während der Dreharbeiten von BÊTE HUMAINE [...], erklärte mir seine Herangehensweise und beschrieb den Effekt des ‹dokumentarischen Stils›, den er auf der Leinwand erreichen wollte. Ohne es zu realisieren, forderte er mich auf, die Erfahrungen von Jahren zu verwerfen. [...] Als ich die ersten Muster sah, war ich überzeugt, dass jeder Dokumentar-Kameramann es hätte besser machen können. [...] Erst als der Film raus kam und die Presse die ‹herausragende realistische Fotografie› und den ‹wahrhaft dokumentarischen Stil, passend für das Medium› zu preisen begann, merkte ich wie stark Renoirs Inspiration tatsächlich war.»[8] Der Filmhistoriker Claude Beylie resümiert: «Es ist dies der plastisch ausgearbeitetste Film Renoirs, wie in Stein gemeißelt, mit den meisten Licht-Schatten-Kontrasten [...].»[9]

Bei DE MAYERLING À SARAJEVO filmt Courant mit einem Regisseur, der seine Tüfteleien 1:1 umsetzen kann: «Curt Courant arbeitete mit kleinen Scheinwerfern, die er teilweise oder ganz mit ‹Lichtzerstäubern› verhüllte – kleinen Tüllstückchen, die mit Wäscheklammern an den Scheinwerfern befestigt wurden. Mit diesen Effekten modellierte er die Gesichter [...].» So Walter Wottitz.[10] Und Roger Corbeau ergänzt: «Um das in den Palast einfallende Sonnenlicht sichtbar zu machen, hatte er [...] eine Glasscheibe vor der Kamera angebracht und sich vom Maskenbildner eine ganz weiche Bürste geben lassen, mit der er Puder auf die Scheibe auftrug; wie durch ein Wunder wurden die Sonnenstrahlen bei der Aufnahme sichtbar [...].»[11] In LE JOUR SE LÈVE (Carné,

---

7   Curt Courant: Camera Work. In: Clarence Winchester (Hg.): *The World Film Encyclopedia*. London 1933. S. 448.
8   Curtis Courant (= Curt Courant): Cameraman in the Golden Age of Cinema. In: *Film Culture*, Nr. 9, 1956.
9   Claude Beylie: Les Jeux de la vie et du spectacle dans l'oeuvre de Jean Renoir. *Dissertation*. Paris o.J.
10 Walter Wottitz nach Philippe Roger: Zwischen Licht und Schatten. In: *CICIM*, Nr. 30-32, 1991.
11 Roger Corbeau nach Philippe Roger: Zwischen Licht und Schatten. In: *CICIM*, Nr. 30-32, 1991.

226 Das Mädchen Aus Der Ackerstrasse (Reinhold Schünzel, 1920), Bild: Curt Courant

227 The Man Who Knew Too Much (Alfred Hitchcock, 1934), Bild: Curt Courant

228 Le jour se lève (Marcel Carné, 1939), Bild: Curt Courant

229–231 La Bête Humaine (Jean Renoir, 1938), Bild: Curt Courant

1939) trieb Courant seine Effekte bis zum Manierismus. Courant ist ein bisschen der kleine Bruder von Schüfftan, der es mit der Tüftelei gern ein wenig zu weit treibt. Den begehrten Prix Delluc erhielt er bereits 1935, für Le puritain mit Jean Louis Barrault.

1941 kommt Courant in die USA und wird als Curtis Courant amerikanischer Staatsbürger. Frank Capra verpflichtet ihn während des Zweiten Weltkriegs für seine Special Service Division. Courant bemüht sich sofort nach seiner Einbürgerung um eine Mitgliedschaft in der ASC, die ihm jedoch verweigert wird. Filme wie Mad Wednesday (Preston Sturges, 1946) oder Monsieur Verdoux (Chaplin, 1947) muss er verdeckt drehen. 1950 schreibt er einen offenen Brief an die ASC bzw. IATSE im Hollywood Reporter. Er klagt sein verfassungsmäßiges Recht auf Arbeit und freien Wettbewerb ein: «Es geht hier nicht um einen Kampf gegen die Gewerkschaft und ihre Prinzipien. Alles, was ich versucht habe, war nur, mein verfassungsmäßiges Recht auf Chancengleichheit als amerikanischer Bürger zu wahren. Dies, wenn es einem qualifizierten Mitglied der Gesellschaft ungerechtfertigt verweigert wird, stellt einen Missbrauch von Macht dar.»[12] In dieser unbefriedigenden Situation nimmt Courant gerne eine Professur für Film an der UCLA an. 1955 dreht er mit Studenten den hoch prämierten Film Time out of War. Seine letzte Kameraarbeit ist der Olympiafilm It Happened In Athens (Andrew Marton, 1961).

---

12 Curt Courant: Open Letter. In: *Hollywood Reporter*, 26. 01. 1950.

Raoul Coutard

> Diese gedrechselte Fotografie, wo alle Elemente einzeln ausgeleuchtet und in ein harmonisches Licht getaucht sind, kann schon sehr schön sein. Aber vor allem sind in einer Szene die Schauspieler wichtig [...]. Wenn es jemanden amüsiert, die Schauspieler anzuschauen und auch die kleine Vase dahinten, ich finde so was schadet dem Film. Für mich ist der Eindruck wichtig, den man erhält. Den Schock eines Bildes bekommt man nur durch die Schauspieler.
> *Raoul Coutard*

> Tageslicht hat ein unmenschliches Vermögen, immer perfekt zu sein, und das zu jeder Zeit des Tages. Tageslicht gibt die lebendige Textur des Gesichtes oder die Wahrnehmung eines Menschen wieder. Und der Mensch, der sieht, ist an das Tageslicht gewöhnt.
> *Raoul Coutard*

> Das Reglement ist eine Hure, die fickt jeder auf seine Art.
> *Raoul Coutard*

Genauso wie in den USA oder England gibt es in Frankreich eine Gewerkschaft der Kameraleute, die ein sehr restriktiver und exklusiver Club ist. Normalerweise wird man erst nach Jahrzehnten aufgenommen, wenn man sich von der Pieke an hochgearbeitet hat. Das bewirkt natürlich eine hohe handwerkliche Standardisierung, bei der Techniken von Generation zu Generation weiter gegeben werden. Ein Hang zum Beckmessertum ist vorgegeben. Raoul Coutards Werdegang ist gegen alle Regeln. Nach seinem Wehrdienst in Indochina bleibt er dort und arbeitet ab 1951 als Kriegsberichterstatter und Fotograf. Ernst Haas, der Star von Magnum, ist sein Mentor, von ihm lernt er: «Solange sich ein Ding vom anderen abhebt, kannst du immer ein Foto schießen.»[1]

1955 beginnt er Dokumentarfilme zu drehen. 1956 lernt er den Regisseur Pierre Schoendoerffer kennen; ihr erster gemeinsamer Film entsteht in Afghanistan: LA PASSE

---

[1] Ernst Haas nach Benjamin Bergery: Raoul Coutard: Revolutionary of the Nouvelle Vague. In: *American Cinematographer*, March 1997.

DU DIABLE (1957). Georges de Beauregard, der Produzent von Schoendoerffer, produziert auch die ersten Filme der Nouvelle Vague und schlägt, mehr aus Bequemlichkeit, Coutard für die Kamera vor. Für Truffaut, Godard, Kast, Demy und de Broca, der zur Nouvelle Vague als Gastregisseur gezählt werden kann, wird sich diese Entscheidung als Glücksfall erweisen. In ihrer Opposition zum Cinéma de Qualité ist der unvorbelastete Coutard der ideale Kameramann, der einfach Dinge ausprobiert, die jeder traditionelle Kameramann als Beleidigung betrachtet hätte. Natürlich spielt auch der Geldmangel eine Rolle; wenn man nur drei Lampen hat, kann man nicht wie im Studio ausleuchten.

À BOUT DE SOUFFLE (Godard, 1959) ist ein radikaler Bruch mit der Tradition. Godard erklärt Coutard: «Du musst wiederentdecken, wie man die Dinge einfach macht.»[2] Eine schnelle bewegliche Handkamera, on location und ohne Licht, schwebt Godard vor; die Auflösung der Szenen und die Montage ist oft bewusst gegen die gültigen handwerklichen Regeln gemacht, Jump Cuts werden systematisch eingesetzt. Die Fachleute sind entsetzt. Als der Film in den USA in die Kinos kommt, hält der Theoriepapst Slavko Vorkapich gerade eine Vorlesung am MOMA. Er benützt den Film als Beispiel dafür, was man alles verkehrt machen kann. Nur langsam werden das Frische, Beiläufige der Bilder und Töne und der neue Blick entgegen eingefahrener Sehgewohnheiten akzeptiert.

Aber alles das wäre ohne eine ganze Reihe von Kunstgriffen, die Coutard entwickelt hat, nicht möglich gewesen. Und das war wirklich die Wiederentdeckung der Einfachheit. Die Problemstellung lautete, wie man ein einigermaßen passables Bild bekommen kann, wenn die Kamera in alle Richtungen beweglich ist. Um das vorhandene Licht auszunützen und eine gleichmäßige, schattenfreie Ausleuchtung zu erhalten, erfand er das billige und wirkungsvolle Verfahren alubeschichtete Platten an den Decken anzubringen. In der Dämmerung und bei schlechten Lichtverhältnissen hätte auch das nicht gereicht. Er organisierte den empfindlichsten Film, den es gab (Ilford-HPS für Fotokameras), und spulte ihn auf kleine Filmrollen. Zusätzlich sensibilisierte er das Material um eine Blende durch forcierte Entwicklung. Die Beweglichkeit der Handkamera führt nicht nur zu Lichtproblemen, sondern auch zu Problemen wie verwackeltes Bilde, Unschärfe usw.: «Das menschliche Auge dringt in die Tiefe eines Raums vor, dann, in einer Sekunde, wendet es sich zum Fenster; und es wird durch den Übergang nicht gestört. Aber die Kamera wird gestört [...].» (Coutard).[3]

Mit einfachen Hilfsmitteln wie z.B. einem Rollstuhl oder seiner ‹Ente› zog er sich aus der Affäre, aber auch mit einem gewissermaßen akrobatischen Tänzeln um Schauspieler und die jeweilige Lichtsituation. «Das Kino ist die Kunst der Bewegung. Wenn

---

2   Jean-Luc Godard nach Interview mit Raoul Coutard. In: *Sight and Sound*, Winter 1965/66.
3   Interview mit Raoul Coutard. In: *Sight and Sound*, Winter 1965/66.

zum Beispiel in einer Einstellung jemand im Bild aufsteht, kann es interessanter sein, den Kopf abzuschneiden, um die Bewegung in ihrem Fluss zu erhalten, als den Ausschnitt auf die Person zu konzentrieren» (Coutard).[4] Die Beweglichkeit und Spontaneität der Schauspieler und die Technik bedingen sich gegenseitig. Der Mensch wird nicht inszeniert, sondern registriert. Das nicht Perfekte wird entdeckt. Astrucs ‹Caméra stylo›, die Kamera als ein Gerät, mit dem man auf Film schreibt, ist die Lieblingsmetapher der Nouvelle Vague. Die Techniken, die Coutard einsetzte, sind etwa zeitgleich mit ähnlichen Methoden von Almendros und Wexler, aber unabhängig von einander, entwickelt worden. Die Zeit war reif. Etwas unfair gegenüber der Leistung des klassischen Studiokameramanns erklärt Coutard: «Vor Godard verlangten Kameramänner eine absurd lange Zeit um für eine Einstellung ihr Licht zu setzen. […] Sie waren das Produkt eines kollektiven Zirkus, in dem jeder Techniker seine eigene Star-Nummer abzog.»[5]

Bei den Dreharbeiten zu À BOUT SE SOUFFLE haben sich Coutard und Truffaut kennen gelernt. Coutard dreht für ihn anschließend TIREZ SUR LE PIANISTE. Der Film ist weniger radikal. Es gibt kaum Direktton und wenig Licht, möglichst Tageslicht oder vorhandene Lichtquellen, die Beweglichkeit der Kamera ist stark funktional. Die leichte (und laute) Eclair Caméflex 35 ist für Coutard die Kamera seiner Wahl. Wie schon im amerikanischen film noir ist Dunkelheit oft ein gutes Mittel, um ein bescheidenes Budget zu verdecken.

Coutard hat diese neue Gestaltung mit indirekter Lichtgebung als impressionistisch bezeichnet. Das ist insofern irreführend als es in Frankreich ab den 1910er Jahren schon eine impressionistische Schule der Kameratechnik gab, die ein breites Spektrum impressionistischer Techniken repräsentierte. Weitgehend schattenloses, gleichmäßiges, indirektes Licht gibt es im Impressionismus eher als Randphänomen. Bei Gauguin oder Monet zum Beispiel. Die Rezeption der von Coutard angestoßenen Revolution in der Kameratechnik spricht gern auch von filmischer Moderne. Auch dies ist irreführend. Die filmische Moderne sollte man lassen, wo sie hingehört, in die 1920er Jahre, vor allem in Deutschland und Russland. Coutard, genauso wie Almendros oder Wexler, gehört ganz klar in den Kontext der 1960er Jahre: die Annäherung von Werbegrafik, Kunst und Alltagsästhetik. Und – ob es Godard recht ist oder nicht – in den Kontext eines Reformkapitalismus, pluralistisch, weltoffen, nüchtern und klar strukturiert und mitunter sehr oberflächlich. In mancher Hinsicht eine Neuauflage des Jugendstils. LOLA (1960) von Jacques Demy mit seinen ausgeklügelten Bewegungsabläufen. Kameraornamente.

In LE PETIT SOLDAT (Godard, 1960) verwendet Coutard Agfa-Record-Film, wieder ein Material für Fotokameras, das ähnlich sensibel ist wie das Ilford-HPS-Material.

---

4   Interview mit Raoul Coutard. In: *Filmkritik*, Nr. 319, 1983.
5   Interview mit Raoul Coutard. In: *Sight and Sound*, Winter 1965/66.

Der Antiheld des Films spricht von seinem Freund Coutard und hat in seinen Fotoapparat das Agfa-Record-Material eingelegt, das so sensibel sei, dass es sogar die Seele fotografiert. Diese kleine Hommage Godards an seinen Kameramann bringt Coutards zentrales Interesse am Schauspieler gut auf den Punkt. Coutards Kamera erfasst bewusst das, was sonst der Schere zum Opfer fällt: die kleinen Ticks, das Unfertige, die Lokalnotiz, das Menschliche. Der repräsentative Charakter wird dadurch zurückgedrängt, der kleine Soldat ist immer noch Michel Subor, der eine Rolle spielt. In LE MÉPRIS (Godard, 1963) fährt am Anfang Coutard mit einer Mitchell auf Schienen auf eine zweite Kamera zu und endet mit dem Kameraauge im Kameraauge. In diesem Film wird die Distanz selbst zum Thema. Film im Film.

In PASSION (Godard, 1981) gibt es einen Dialog von Kameramann und Regisseur. Der Kameramann hat die Nachinszenierung der ‹Nachtwache› von Rembrandt ausgeleuchtet. An einem kleinen Lämpchen, das er ein- und ausschaltet, demonstriert er die Logik des Lichts. «Sehen Sie genau hin, Monsieur, dann erkennen Sie dass in einer dunklen Ecke des Gemäldes, ein bisschen weiter unten, im Hintergrund, zwischen einem dunkelrot gekleideten Herrn und dem schwarz gekleideten Hauptmann, dass dieses exzentrische Licht dort dadurch lebendiger wirkt, dass der Kontrast zu seiner Umgebung schärfer hervorgehoben wird, und dass, hätte man nicht genau aufgepasst, diese zufällige Lichtexposition genügt hätte, um die Einheit des Bildes zu stören.» Regisseur: «Hören Sie auf mit ihren Geschichten!» Um diese Geschichte zu verstehen, muss man wissen, dass Coutard nie müde wird, das gerichtete Licht der Niederländer zu bewundern, was Godard ihm in seinen Filmen austreibt. Er lässt ihn mit der Kamera durch die inszenierten Gemälde fahren und plötzlich entsteht etwas völlig Neues. So legt die Kamera auf El Grecos ‹Jungfrau Maria› eine Bernini-Serpentinata, eine Spirale im Raum.

Genau den umgekehrten Weg geht Godard in PRÉNOM CARMEN (1983). Hier benützt er das gerichtete Licht als übergeordnetes Prinzip, dem sich die Bewegung der Kamera anpassen muss. Was Coutard dabei geleistet hat, hat der Kameramann Jost Vacano sehr präzis beschrieben: «In PRÉNOM CARMEN gibt es viele Szenen mit Großaufnahmen vor dem Fenster... Meist war das Fenster auf der rechten Seite des Bildes, das Tageslicht wurde so zum Seitenlicht und spielte wunderbar auf dem Gesicht der Carmen. Demgegenüber war der Mann, der unmittelbar am Fenster stand, immer eine dunkle Silhouette, da das Licht ja nicht um ihn herum konnte. [...] Wenn man so etwas dreht, eine Großaufnahme, ein Gesicht vor einem überstrahlten, überhellen Fenster, da besteht immer die Gefahr, dass die Überstrahlung das Profil unklar werden lässt. Dieses Problem wurde durch die Frisur der Frau sehr gut gelöst, denn die Frisur hat das Gesicht gegenüber der Überstrahlung durch das Fenster noch einmal abgedeckt. Dadurch behielt das Gesicht seine Klarheit. Es gab nur eine Szene, in der Carmen sehr im Profil gespielt hat, da ließen sich die Haare nicht in dieser Weise einsetzen. Da gab es plötzlich draußen vor dem Fenster einen blaugrünen Fensterladen, den man ansonsten nicht gesehen hat, der dann auf einmal ein Stückchen zugeklappt war. Das war genau der Bereich hinter dem Gesicht, so dass der überstrahlte Himmel etwas verdeckt war.»[6]

Die Zusammenarbeit mit Godard bedeutete für Coutard, dass er in jedem Film etwas neu erfinden musste. In UNE FEMME EST UNE FEMME (1961) lässt Godard eine Wohnung im Studio nachbauen, mit Decken, Säulen und allem was einem Kameramann hinderlich ist. Am Morgen sperrte er sie auf und am Abend wieder zu. Zum Verständnis kommentiert Godard: «Wenn ein Mann darauf wartet, dass seine Frau mit dem Joint reinkommt, den sie angezündet hat, kann er auch nicht die Wand wegschieben, um sie aus der Entfernung besser anzuschreien.»[7] Nun war der Film aber zu allem Überdruss in Breitwand, so dass sich Coutard nur mit einem leichten, beweglichen dreirädrigen Dolly behelfen konnte. Ein weiteres Problem war die Farbe, da Godard partout weiße Wände haben wollte; die Referenz für den Farbausgleich war jetzt die weiße Wand und nicht das nach alter Technicolor-Manier rot geschminkte Gesicht der Schauspieler. Bei dem modernen Farbverfahren, das Coutard verwendete, hätte das Rot herausgefiltert werden müssen, was aber einen Blaustich der weißen Wände zur Folge gehabt hätte. Daher drehte Coutard ohne Make-up und Godard erhielt so seine weißen Wände. In VIVRE SA VIE (1962) geht die Technik noch weiter auf Distanz, minutenlang filmt die Kamera den Dialog im Bistro von hinten und Plansequenzen folgen abstrakten Bewegungsmustern. «Er kümmerte sich nicht so sehr um das, was man sah, als um die Bewegung selbst, ob es eine Kurve oder eine gerade Linie war.» (Coutard).[8]

LES CARABINIERS (1963) wurde auf starken Kontrast und fleckiges Bild getrimmt; es sollte wie altes Dokumentar-Material aussehen. LE MÉPRIS (1963) arbeitet mit Farbfilm bei Nacht ohne Ausleuchtung – ein technisches Neuland, das bis dahin noch niemand betreten hat. Bei BANDE À PART (1964) kommt Coutards ‹Ente› zu großen Ehren und die laufende und taumelnde Kamera der berühmten Brückenszene aus Truffauts JULES ET JIM (1961) wird paraphrasiert. Für UNE FEMME MARIÉE (1964) erfindet Coutard eine völlig neue Sprache erotischer Bilder im Kino, Körperbilder «mit einer im Kino bislang noch nicht gesehenen Einfachheit, Transparenz und Expressivität» (Karl Prümm).[9] Einmal – eine Hommage an Dreyer – dreht sich die Kamera um die eigene optische Achse. Für ALPHAVILLE (1964) filmt Coutard in dem Neubauviertel La Défense; leere Räume lässt er in einem überhellen Licht futuristisch erscheinen. PIERROT LE FOU

---

6 Jost Vacano nach Karl Prümm, Michael Neubauer, Peter Riedel (Hg.): *Raoul Coutard – Kameramann der Moderne*. Marburg 2004. S. 148.
7 Jean-Luc Godard nach Interview mit Raoul Coutard. In: *Sight and Sound*, Winter 1965/66.
8 Raoul Coutard nach Benjamin Bergery: Raoul Coutard: Revolutionary of the Nouvelle Vague. In: *American Cinematographer*, March 1997.
9 Karl Prümm: Mobiles Sehen – fluides Denken. In: Karl Prümm, Michael Neubauer, Peter Riedel (Hg.): *Raoul Coutard – Kameramann der Moderne*. Marburg 2004. S. 115.

232 À Bout de Souffle (Jean-Luc Godard, 1959), Bild : Raoul Coutard

233 Le Mépris (Jean-Luc Godard, 1963), Bild: Raoul Coutard

234 Une Femme est une Femme (Jean-Luc Godard, 1964), Bild : Raoul Coutard

235 Pierrot le Fou (Jean-Luc Godard, 1965), Bild : Raoul Coutard

236–237 Passion (Jean-Luc Godard, 1981), Bild : Raoul Coutard

238 Made In USA (Jean-Luc Godard, 1966), Bild: Raoul Coutard

239 Tirez sur le Pianiste (François Truffaut, 1959/60), Bild: Raoul Coutard

240 Jules et Jim (François Truffaut, 1962), Bild: Raoul Coutard

(1965), MADE IN USA (1966), 2 OU 3 CHOSES QUE JE SAIS D'ELLE (1966) und LA CHINOISE (1967) sind ungewöhnliche Studien zum Farbfilm. Immer geht es darum auf relativ zurückgenommenem Farbgrund einzelne leitmotivische Primärfarben rausknallen zu lassen, vor allem Rot und Blau.

WEEK-END (1967) ist der Film mit der längsten Kamerafahrt der Filmgeschichte: «Der Produzent war sehr sauer wegen der hohen Kosten, aber Godard freute sich, ihn ärgern zu können. Es hat dann auch sehr viel Zeit gekostet, dieses Travelling zu machen, denn wir mussten uns eine Spezialkonstruktion für die Kamera ausdenken. Das Gelände, auf dem wir die Schienen für die Kamerafahrt installierten, war sehr uneben. Da wir wollten, dass die Kamera sich immer auf derselben Höhe bewegt, mussten wir diese Unebenheiten des Geländes ausgleichen und benutzten dazu einen Kran [...]. Die technischen Vorarbeiten dauerten eine Woche. Wir haben dann diese Szene in etwa drei Stunden gedreht. Sie musste vier- oder fünfmal wiederholt werden. Das Problem dabei war, dass wir nur 10 Minuten Filmmaterial in der Kamera hatten, und manchmal waren wir nicht schnell genug, um bis ans Ende der Autoschlange zu kommen. Wir haben es dann drei- oder viermal wiederholt, und mit der Zeit sind wir dann hingekommen. Wir haben Markierungen auf der Straße gemacht, in welcher Sekunde wir wo sein müssen.»[10] Im Film hat dann Godard die Fahrt durch zwei Schnitte gekürzt.

«Ich mache Kino», pflegte Godard zu sagen, «keine Filme. François macht Filme.»[11] Und Coutard definiert den Unterschied zwischen Godard und Truffaut so: «François würde einem sagen, was er im Bild haben will, während Jean-Luc einem sagen würde, was er nicht haben will.»[12] Was Truffaut mit Godard gemein hatte, war primär das Verlassen des Studios und das neue Faible fürs Tageslicht. Ein Hang zu großen, teuren Filmen ist schon in JULES ET JIM zu finden. Da fährt die Kamera nicht einfach hoch, sondern braucht einen Hubschrauber, und eine Kamerafahrt imitiert VERTIGO. Mit LA MARIÉE ÉTAIT EN NOIR (1967), einem am klassischen amerikanischen Kino orientierten Neo-Noir-Film, kehren Truffaut und Coutard zwangsläufig ins Studio zurück.

Truffaut teilt mit Coutard die Begeisterung für ausgeklügelte Plansequenzen. Coutard erklärt eine Szene aus LA PEAU DOUCE (1964): «[...] am Ende des Films, als Desailly mit dem Dienstmädchen telefoniert, zögern wir nicht, den ganzen Zeitablauf zu zeigen. Man sieht das Dienstmädchen die Treppe hinaufgehen, zum Telefon laufen, zum Fenster gehen, zum Telefon zurückzukehren – dies alles, um die Zeit vollständig zu zeigen. In anderen Filmen hätte man sicher mit Schnitten gearbeitet, zumal damals der schnelle Schnitt bevorzugt wurde. [...] Hier ist der ganze Zeitraum erhalten geblieben,

---

10 Interview mit Raoul Coutard. In: *Frankfurter Rundschau*, 07. 10. 1978.
11 Jean-Luc Godard zitiert nach einem Interview mit Raoul Coutard. In: Peter Ettedgui: *Filmkünste: Kamera*. Reinbek 2000. S. 64.
12 Raoul Coutard nach Benjamin Bergery: Raoul Coutard: Revolutionary of the Nouvelle Vague. In: *American Cinematographer*, March 1997.

und gerade dies bringt mehr Emotion. Diese Szene war notwendig, um die Spannung zu steigern. Niemand kann die Auflösung ahnen.»[13]

Coutard führt von Zeit zu Zeit auch selbst Regie: HOA-BINH (1969), LA LÉGION SAUTE SUR KOLWEZI (1979), SAS À SAN SALVADOR (1982). Frieda Grafe und Enno Patalas haben in diesem Zusammenhang von ‹Fotoroman› gesprochen.[14] Und tatsächlich hat Coutard in den 1950er Jahren Fotoromane hergestellt. Fotografie und Dokumentarfilm sind ein Schlüssel zum Verständnis seiner Arbeit. Viele Dinge, die er in den 1960er Jahren ausprobiert hat, waren der Versuch, die Leistungsfähigkeit des Foto-Materials (Ilford-HPS, Agfa ‹Record›) auf die Filmpraxis zu übertragen und schnelles, improvisiertes dokumentarisches Arbeiten ohne Kunstlicht auf den Spielfilm zu übertragen. Dazu kommt der Wagemut des Indochina-Veteranen, der gern Clausewitz zitiert: «Wenn eine Operation beschlossen wurde, dann muss man sie ausführen.»[15] In der Zusammenarbeit mit dem Filmrevolutionär Godard führte das zu einer völlig neuen Definition des Kinos.

---

13 Interview mit Raoul Coutard. In: Karl Prümm, Michael Neubauer, Peter Riedel (Hg.): *Raoul Coutard – Kameramann der Moderne*. Marburg 2004. S. 34.
14 Frieda Grafe, Enno Patalas: HOA-BINH. In: *DIE ZEIT*, Nr. 29, 1970.
15 Karl von Clausewitz nach Raoul Coutard. In: Benjamin Bergery: Raoul Coutard: Revolutionary of the Nouvelle Vague. In: *American Cinematographer*, March 1997. In dieser Form lässt sich die Formulierung bei Clausewitz nicht nachweisen. In der ungekürzten Gesamtausgabe (Karl von Clausewitz: *Vom Kriege*. Leipzig 1940) gibt es eine Reihe ähnlicher Formulierungen, die davor warnen, vom Kernziel einer Operation ohne große Not abzuweichen (z.B. S. 526f oder 704). Wahrscheinlich bezieht sich Coutard auf ein französisches Militärhandbuch mit Clausewitz-Konzentraten.

Jordan Cronenweth

> Ich sehe Tonnen von Filmen und ich stehle jede gute Idee, wenn ich kann. Vielleicht ist ‹leihen› ein besseres Wort!
>
> *Jordan Cronenweth*

Cronenweth war lange Jahre Assistent und Operator bei Conrad Hall, so etwas wie ein Lieblingsschüler: «Ich habe das Gefühl, als wäre Jordan mein Bruder. Er war Teil meiner Familie. […] Wir waren komplett austauschbar. Wenn ich eine Lungenentzündung oder sonst was hatte, filmte er eine Woche lang ohne mich. Man konnte keinen Unterschied erkennen.»[1] Ende der 1960er Jahre wird Jordan Cronenweth Chefkameramann. In den Anfangsjahren dreht er mit kräftigem Pinsel Americana, die von ihrer liebevollen Beobachtung von Menschen und Situationen leben. BREWSTER MCCLOUD (Altman, 1970) handelt von einem Einzelgänger und seinem Traum vom Fliegen. THE FRONT PAGE (Wilder, 1974) und der Sensationsjournalismus als Obsession. ZANDY'S BRIDE (Jan Troell, 1974) ist die Geschichte von Landnahme und anschließender Zivilisation in Form einer Braut. Die Wärme des Innenraums wird verstärkt durch ein kaltes Außenlicht: «Wenn man in einer Szene ein warmes Gefühl haben will», so Cronenweth, «braucht man eine nicht-warme Referenz, sonst passt sich das Auge an und ganz schnell sieht man den allgemeinen warmen Ton als eine mehr neutrale Lichtfarbe.»[2]

CITIZENS BAND (Jonathan Demme, 1977) liefert anhand eines Lokalradios ein Kleinstadtporträt. Cronenweth profiliert sich in dieser Frühphase als Kameramann für dezentes Ausleuchten, vorsichtiges Beobachten und genaues Porträtieren. Auffällig ist ein Faible für diffuses Licht, das oft durch Rauch, Dampf oder Nebel Volumen bekommt. «Weiches Licht», erklärt Cronenweth, «ist viel schwieriger zu kontrollieren als hartes Licht.»[3] Kein Zufall, dass eine seiner Erfindungen der Croniecone ist, ein Diffusions-Vorsatz, der sich leicht auf harte Lichtquellen montieren lässt. Auch die japanische Ballon-Laterne, umgebaut als Filmlicht, ist eine seiner bevorzugten Lichtquellen: «[…] eine Lampe, die im wesentlichen ein weiches Licht ist, aber un-

---

1   Conrad Hall nach Benjamin Bergery: *Reflections*. Hollywood 2002. S. 23ff.
2   Jordan Cronenweth nach Kris Malkiewicz: *Film Lighting*. New York 1992. S. 61.
3   Jordan Cronenweth nach Kris Malkiewicz: ebd. S. 84.

ter gewissen Umständen auch ein practical, ein Licht in der Szene selbst werden kann.»[4]

1980 dreht Cronenweth für Ken Russell ALTERED STATES. Es ist eine Science Fiction-Geschichte über einen Wissenschaftler, der mit Drogen experimentiert, die seine Genstruktur beeinflussen. Bei diesem Film wird schlagartig sichtbar, welches Talent Cronenweth für expressives Gestalten besitzt. Die Kameraführung ist ‹dutch›, womit nicht niederländisch gemeint ist, sondern das deutsche Dämonenkino. Die Lichtgebung ist kontrastreich, grelles Licht, diffuses Licht, Primärfarbenlicht. Eine Sexszene taucht er in das Licht einer roten Heizsonne und setzt bläuliches Licht, das von draußen kommt, dagegen. Eine Schlüsselszene spielt bei Indios, die in einer Höhle ein Meskalinritual feiern. Der Innenraum ist schwarz, von draußen kommt gelbes Licht, die Konturen sind scharf abgegrenzt, fast eine abstrakte Konstruktion. Aus dem gelben Licht kommen drei Männer, hinter ihnen ist ein diffuses blaues Licht, das mit ihnen langsam wächst und in die Höhle Strahlen wirft. In einer Szene gegen Schluss lässt er Blair Brown einen hautengen Anzug verpassen, auf den ein Kreislaufsystem mit reflektierendem Scotchlight aufgemalt ist. Darauf projiziert er eine Filmaufnahme von kochendem Wasser, das von unten mit Farbfolie angeleuchtet ist. Der Effekt, ganz ohne Trickstudio oder gar Digitaltechnik, ist umwerfend.

1982 macht Cronenweth für Ridley Scotts BLADE RUNNER die Kamera. Damit schreibt er sich in die Filmgeschichte ein. «Jordan erklärte mir», erinnert sich sein Operator John Toll, «dass CITIZEN KANE seine größte Inspiration für BLADE RUNNER war. Als er mir das erzählte, dachte ich etwas ablehnend: ‹Naja, wer ist nicht von CITIZEN KANE beeinflusst?› Aber wenn man sich BLADE RUNNER in diesem Kontext ansieht, versteht man, was er meint. Man sieht eine wunderbare Verschmelzung der klassischen, strengen, sehr kontrastreichen Komposition von KANE und origineller, hoch moderner Beleuchtung, unterstützt von umwerfenden Bauten.»[5] Der Film mit seiner elektrischblauen Atmosphäre, seinen permanenten Suchscheinwerfern und vor Schmutz dampfenden Straßen hat den Look des Science-Fiction nachhaltig geprägt. Obwohl der Film, als er herauskam, kein Erfolg war. «Wir benützten Kontrast, Hinterlicht, Rauch, Regen und Blitze, um dem Film seinen Charakter und seine Stimmung zu geben. […] Wir hatten Straßenszenen voll gepackt mit Menschen […] wie Ameisen. So ließen wir sie wie Ameisen erscheinen – alle gleich. […] Der Charakter und folgerichtig die Beleuchtung der Straßen wurde durch den Einsatz von Dutzenden von Neonschildern erreicht. Wir mieteten eine ganze Reihe davon bei ONE FROM THE HEART.» (Cronenweth)[6]

---

4 Jordan Cronenweth nach Kris Malkiewicz: ebd. S. 125.
5 John Toll nach Benjamin Bergery: *Reflections*. Hollywood 2002. S. 30.
6 Jordan Cronenweth nach Herb A. Lightman, Richard Patterson: Cinematography for BLADE RUNNER. In: *American Cinematographer*, March 1999.

241–244 BREWSTER MCCLOUD (Robert Altman, 1970), Bild: Jordan Cronenweth

245 CITIZENS BAND (Jonathan Demme, 1977), Bild: Jordan Cronenweth

246 BLADE RUNNER (Ridley Scott, 1982), Bild: Jordan Cronenweth

247 BLADE RUNNER (Ridley Scott, 1982), Bild: Jordan Cronenweth

248 PEGGY SUE GOT MARRIED (Francis Ford Coppola, 1986), Bild: Jordan Cronenweth

Eine Besonderheit der Replikanten ist das seltsame Glühen in ihren Augen. Augenlicht kann man normalerweise nur bei Großaufnahmen setzen, aber Cronenweth fand einen Trick, das Licht in die optische Achse der Kamera zu bringen: ein halbdurchlässiger Spiegel wird im 45°-Winkel in der optischen Achse fixiert. Wenn jetzt an der Kamera seitlich im 90°-Winkel zur optischen Achse ein Augenlicht montiert ist, wird es direkt in die optische Achse gespiegelt. So bleiben die Katzenaugen auch in der Bewegung erhalten, solange die Kamera mit ihr schwenkt. Ein anderer seltsamer Lichteffekt auf Gesichtern stellt sich durch die Regenschirme ein: In den Griff der Schirme waren Fluoreszenzröhren eingebaut. Während Gordon Willis das Hinterlicht zur selben Zeit verbannt, setzt Cronenweth es exzessiv ein, während Willis Gesichter von oben beleuchtet, strahlt sie Cronenweth von unten an. «Ich kann nie genug Hinterlicht kriegen. Viele Regisseure wollen, dass man immer die Gesichter der Schauspieler sieht. Ich sage ihnen, dass es oft reicht, wenn sie das Geschlecht erkennen.» So Cronenweth. Und weiter: «Ich liebe hartes Licht auf einem Gesicht, wenn es überbelichtet wird. Ich denke, es ist schön. Es ist anders; es ist ungewöhnlich. Es ist aufregend; es ist gewalttätig.»[7]

Mit Francis Ford Coppola dreht Cronenweth 1986 zwei Filme, PEGGY SUE GOT MARRIED und GARDENS OF STONE. Eine Schlüsselszene aus PEGGY SUE GOT MARRIED spielt in einem Keller, der nur ein einziges Fenster hat. Kathleen Turner sitzt links im Bild mit dem Rücken zum Fenster, das Licht formt eine Silhouette ihres fast unsichtbaren Kopfs. Cronenweth arbeitet mit einer einzigen Lichtquelle, einem 10KW-Spot vor dem Fenster. Es gibt kein anderes Licht, nur eine Reflektorwand neben der Kamera und eine Rauchmaschine, die das nötige Minimum an Streulicht liefern, um die Kellerszenerie zu erkennen. Wenn Nicolas Cage von rechts die Treppe herabkommt, ist er auch stark silhouettiert. Aber er trägt einen gelben Pullover, der das Licht gut reflektiert. Desto näher er zu Kathleen Turner kommt, desto mehr reflektiertes Licht erhellt ihr Gesicht. Das Füll-Licht kommt direkt vom Hauptdarsteller, ein lichtdramaturgischer Effekt, der mit der Handlung optimal korrespondiert. GARDENS OF STONE versucht die innere Zerrissenheit einer Demokratie, die einen verbrecherischen Krieg führt, in Bilder zu fassen. Der ganze Film ist von klinisch reinen Bildern bis zur Penetranz geprägt, nur ein paar Aufnahmen aus Vietnam brechen wie eine schmutzige Flut herein. Den Riss in der Gesellschaft zeigt Cronenweth mit seinem Lieblingskontrast zwischen blauem Licht und Orangetönen. Und immer wieder Schwarzfilm. Cronenweth hat dieses Verbot in seinem ganzen Werk konsequent missachtet. Wenn heute Abblenden zum Schwarzfilm ein normales Stilmittel sind, geht das auf Cronenweth zurück.

---

7   Jordan Cronenweth nach Herb A. Lightman, Richard Patterson: Cinematography for BLADE RUNNER. In: *American Cinematographer*, March 1999.

William H. Daniels

1917 beginnt Daniels als Kameraassistent bei Triangle, einer der Slapstick-Fabriken Hollywoods. Ab 1919 ist seine Karriere als Kameramann eng mit Erich von Stroheim verknüpft. Mit Ben Reynolds dreht er für Stroheim 1919 BLIND HUSBANDS. Es folgen THE DEVIL'S PASSKEY (1920), FOOLISH WIVES (1921), MERRY GO ROUND (1922), GREED (1923–25) und THE MERRY WIDOW (1925). Daniels sagt über Stroheim: «Er war ein Mann, der in vielen technischen Fragen seiner Zeit weit voraus war. Er war einer der Ersten, die darauf bestanden, bei Männern kein Make-up zu verwenden, der auf wirklicher Farbe an Wänden bestand, die Leuchtkraft hatten, auf wirklichem Glas in den Fenstern, auf reinem Weiß für Sets und Kostüme. [...] Bis dato wurde alles mit einem dumpfen Braun angemalt. Wir lernten viel von ihm. Natürlich, sein großer Fehler war, dass er keinen Film in einer praktikablen Zeit fertig stellen konnte.»[1]

GREED ist Stroheims bedeutendster Film und mit einer Drehzeit von drei Jahren auch sein größtes Desaster. Stroheim, in seinem hemmungslosen Naturalismus drehte Innenaufnahmen innen und Außenaufnahmen außen, was ungewöhnlich, teuer und schwierig war. Daniels erinnert sich: «Wir benützten natürliche Interieurs in San Francisco. Es war einer der ersten Filme, in dem sie benützt wurden. Die Produktionsfirma mietete ein ganzes Gebäude. Wir hatten eine große Szene, über die immer noch geredet wird: Die Hochzeit von Mc Teague und seinem Mädchen, und während der Hochzeitsfeier sieht man durch das Fenster einen Beerdigungszug vorbeigehen. In anderen Szenen sieht man die Autos vorbeifahren. Es wurde ohne Trick gemacht. Das Problem war, die richtige Balance des Lichts zwischen Innen und Außen zu bekommen, und es so aussehen zu lassen, als wären alle Szenen nur mit Tageslicht beleuchtet, und immer noch genug Licht auf den Personen zu haben, um die Belichtung auszugleichen. Das war die Hölle.»[2] Mit den glühenden und rauchenden Bogenlampen konnte in echten Interieurs oder gar in den Bergwerksszenen nicht gedreht werden; so wurden erstmalig Glühlampen mit orthochromatischem Film eingesetzt. Vieles von dem, was Daniels für Stroheim ausprobiert hatte, ist nicht mehr erhalten. Die Hütte des Müllmanns und seiner Frau kommt nur kurz im Film vor: «Wir verbrachten Mo-

---

1 Interview mit William H. Daniels. In: Charles Higham: *Hollywood Cameramen: Sources of Light*. London 1970. S. 57.
2 Interview mit William H. Daniels. In: ebd. S. 63ff.

nate damit, ihre Hütte so vorsichtig auszuleuchten, dass es echt wirkte, und alles war umsonst.» (Daniels)[3]

Auch wenn nur ein Bruchteil der Arbeit für Stroheim erhalten ist – für Daniels waren diese Jahre eine unbezahlbare Lehre im Umgang mit Licht. Als Daniels 1926 den Auftrag erhält, von einer jungen schwedischen Schauspielerin Probeaufnahmen zu machen, entsteht das, was man später als ‹Garbo face› bezeichnete; Daniels drehte danach 20 Filme mit Greta Garbo, das sind fast alle. Auch wenn Daniels immer betonte, dass er ihr Gesicht nach der Story ausleuchtete, gibt es doch eine nachvollziehbare Technik: «Garbo hatte fantastische Augen. Sie sah von links fotografiert viel besser aus, und ich bestand immer darauf, dass die Regisseure das beachteten.»[4] Daniels filmte sie deshalb oft, aber keineswegs durchgängig, mit passendem Seitenlicht. Er fährt fort: «Ich versuchte immer, mit der Kamera in ihre Augen zu dringen, zu sehen, was dort war. Garbo hatte von Natur lange Augenlider, und in bestimmten Stimmungen warf ich das Licht von ganz oben auf sie und machte den Schatten der Augenlider auf den Wangen sichtbar: Es wurde eine Art Markenzeichen von ihr.»[5] Der spezielle Kniff war aber Glamourwirkung ohne soft focus. Daniels arbeitete zwar mit Hinterlicht, das eine Art Heiligenschein produziert, aber da die Haut von Greta Garbo so makellos war, konnte er sie scharf fotografieren. Das bedeutete aber, dass in der Großaufnahme auch kleinste schauspielerische Nuancen zum Tragen kamen. Merke: Soft focus ist gut für die Schönheit und schlecht für die Schauspielkunst. Vielleicht erklärt das, warum Greta Garbo mit Mitte 30 aufhörte zu filmen.

Diese Analyse verleitet natürlich zu einer kritischen Sichtung der Filmtheorie. Über Garbo ist unendlich viel geschrieben worden, auch von großen Autoritäten. Eine der besten Studien stammt von Béla Balázs. Ich zitiere: «Bisher war Greta Garbo der populärste Star der Welt. […] Sie ist keine schlechte Schauspielerin, aber ihre Popularität verdankt sie ihrer Schönheit. […] Aber die Schönheit der Garbo ist nicht nur eine Harmonie der Linien, nicht nur ein Ornament. In der Schönheit Greta Garbos drückt sich die Physiognomie eines bestimmten Seelenzustandes aus. Auch Greta Garbos Mimik wechselt während des Spiels. Auch sie lacht und ist betrübt, wundert sich und ist böse, so wie es ihre Rolle vorschreibt. Auch Greta Garbos Antlitz ist einmal das einer Königin und einmal das einer verkommenen Prostituierten, je nachdem, was sie spielt. Aber durch jeden Zug ihres Mienenspiels schlägt stets jener fast schon anatomisch fixierte, unveränderte Garbo-Ausdruck durch, der die Welt erobert hat. Nicht die Schönheit im Allgemeinen, sondern jene, etwas Besonderes bedeutende, eine bestimmte Sache ausdrückende Schönheit ist es, die die Herzen der halben Menschheit bewegte. Was ist

---

3   Interview mit William H. Daniels. In: ebd. S. 66.
4   Interview mit William H. Daniels. In: ebd. S. 67.
5   Interview mit William H. Daniels. In: ebd. S. 70.

dies wirklich? Greta Garbo ist traurig.»[6] Zur Erinnerung: Daniels filmt sie so, dass ihre Mimik trotz Glamourisierung erhalten bleibt und betont besonders ihre kühlen ‹nordischen› Augen mit den langen Wimpern, die Schatten bis auf die Wangen werfen. Und Roland Barthes schreibt: «Die Garbo offenbarte so etwas wie eine platonische Idee der Kreatur, und das erklärt, warum ihr Gesicht fast entsexualisiert ist, ohne deshalb zweifelhaft zu sein. [...] Doch die Garbo vollbringt keine Verkleidungsleistung, sie ist immer sie selbst und trägt ohne Vorspiegelung unter ihrer Krone oder ihren tiefen Filzhüten dasselbe Gesicht aus Schnee und Einsamkeit. Ihr Beiname (die ‹Göttliche›) sollte gewiss weniger einen höchsten Zustand der Schönheit wiedergeben als vielmehr das Wesen ihrer körperlichen Person.»[7]

Selten hatte die Garbo gute Regisseure, meist waren es routinierte Melodramatiker. Umso mehr Bedeutung kommt seiner Lichtregie zu. «In FLESH AND THE DEVIL», so Daniels, «wollte ich für die Liebesszene in der Laube ein schwaches Glühen, um die Gesichter von Garbo und Gilbert zu beleuchten. So gab ich Jack Gilbert zwei winzige Karbonstäbchen zum Halten. Wenn sie sich küssten, leuchteten die Karbonstäbchen auf. Seine Hand verbarg den Mechanismus vor der Kamera.»[8] In MATA HARI (George Fitzmaurice, 1932) sitzen Roman Novarro und Greta Garbo in einem Restaurant in einer kleinen Nische. Es ist sehr romantisch und sie verführt ihn: «Ich wollte die ganze Szene nur mit dem Glühen seiner Zigarette beleuchten. Ich brachte ein spezielles Fenster über ihren Köpfen an, so dass der Rauch zu ihm aufsteigt und voll sichtbar ist. Dann hatte ich noch eine andere Idee. Ich war bei einem Arzt gewesen und der hatte diese winzige Röhre in meine Nase gesteckt, mit einer hellen kleinen Glühbirne darin. Nun hatte ich eine Dummy-Zigarette gebastelt mit einer dieser medizinischen Glühbirnen darin und ich fixierte daran die Asche mit Kleber. Ich befestigte darunter eine andere Zigarette, um den Rauch zu erzeugen. Ich hatte an der Kamera einen kleinen Widerstands-Regler und jedes Mal, wenn er die Zigarette an die Lippen nahm, ließ ich die Glühbirne aufleuchten. Und dann stieg der Rauch auf. Alles, was man sah, war ein Glimmen.»[9]

Daniels findet aber auch geeignete Lösungen für Wünsche der Regie. Clarence Brown wollte für ANNA KARENINA (1935) ein starkes Eröffnungsbild: «So fuhr ich eine Bankett-Tafel ab, indem ich einen speziell gebauten Dolly benützte. Ich hatte Räder außerhalb der Stühle und die Kamera war über der Tafel aufgehängt. Nur für mich war da oben noch Platz. Es war eine winzige Plattform, und wir bewegten uns etwa

---

6   Béla Balázs: *Der Film*. Wien 1961. S. 298.
7   Roland Barthes: *Mythen des Alltags*. Frankfurt/Main 1964. S. 73f.
8   Interview mit William H. Daniels. In: Charles Higham: *Hollywood Cameramen: Sources of Light*. London 1970. S. 57.
9   Interview mit William H. Daniels. In: ebd. S. 57.

249–251 GREED (Erich von Stroheim, 1923-1925), Bild: William H. Daniels

252 FLESH AND THE DEVIL (Clarence Brown, 1927), Bild: William H. Daniels

253 NINOTCHKA (Ernst Lubitsch, 1939), Bild: William H. Daniels

254–255 LURED (Douglas Sirk, 1947), Bild: William H. Daniels

256–257 THE NAKED CITY (Jules Dassin, 1947), Bild: William H. Daniels

258–259 MARLOWE (Paul Bogart, 1969), Bild: William H. Daniels

25 m weit über die Karaffen und Gedecke weg.»[10] Für FLESH AND THE DEVIL (1926) schwebte Clarence Brown eine Duellszene in Sihouetten vor und Daniels realisierte es wie einen Scherenschnitt. Jacques Feyder's KISS (1929) gibt Daniels eine sehr europäische, sehr bewegte Kamera. Für QUEEN CHRISTINA (1934) wollte Rouben Mamoulian, dass die Schlafzimmer-Szene nur mit Kaminlicht beleuchtet erscheint: «Wir mussten ein bisschen mogeln, indem wir spezielle kleine Spots verwendeten, die die Bettpfosten und Möbel so beleuchteten, dass es aussah wie die Art von Licht, das flackernde Flammen erzeugen. Das Problem war, dass die Szene in einem sehr gedämpften, natürlichen Licht gestaltet werden musste, das sich gerade noch für die Kinovorführung eignet. Ich denke, ich habe den Realismus in dieser Szene und die Art ihn herzustellen bei Stroheim gelernt.»[11]

Da Daniels der Kameramann von Garbo war, waren auch andere MGM-Stars bemüht ihn zu bekommen. Nicht nur weibliche Stars wie Norma Shearer, sondern auch Lionel und John Barrymore verdanken Daniels ihren Glamourlook. DINNER AT EIGHT (George Cukor, 1933) mit Marie Dressler, Jean Harlow und den Barrymores ist ein gutes Beispiel. Zwischendurch versuchte Daniels schon mal neue Ansätze wie RASPUTIN AND THE EMPRESS (Richard Boleslavski, 1932), wo er einen Wochenschaulook ausprobiert, «um die Zeit so zu rekonstruieren als wäre es eine Wochenschau». Er verwendete hartes Sonnenlicht: «Wenn man ein Gesicht sah, hatte es die natürlichen Schatten; das war in Hollywood zu dieser Zeit ungewöhnlich.»[12] Die naturalistische Schule von Stroheim rebellierte untergründig gegen den MGM-Glamour. In Filmen wie SHOP AROUND THE CORNER (Lubitsch, 1939), THE MORTAL STORM (Frank Borzage, 1940), BACK STREET (Robert Stevenson, 1941), KEEPER OF THE FLAME (George Cukor, 1943) und einigen THIN MAN-Filmen kündigt sich ein neuer, mitunter harscher Daniels an. In NINOTCHKA (Lubitsch, 1939) darf Daniels die Garbo schon mal ganz unglamourös filmen; er empfindet es wie eine Befreiung. Es scheint eine richtige schöpferische Krise zu sein. Daniels wird krank und verlässt MGM.

1946, nach fast drei Jahren Auszeit, dreht Daniels für Douglas Sirk LURED. Es ist eine Art period film noir. Auch THE LADY PAYS OFF, den er 1951 für Sirk dreht, hat noir-Töne. 1947 entstehen in der Zusammenarbeit mit Jules Dassin BRUTE FORCE und THE NAKED CITY. Es ist ein völlig neuer Daniels, der dem film noir die ungeschminkte Welt harter Kriminalität und New Yorker Straßen gibt. THE NAKED CITY bringt ihm einen Oscar ein für die eindrucksvollen Aufnahmen an echten Schauplätzen: «Wir entwickelten ein paar kleine Lichteinheiten, um das Problem zu händeln. Wir benützten einen sehr schnellen Film und überbelichteten ihn leicht, um die extremen Kontraste der Au-

---

10 Interview mit William H. Daniels. In: ebd. S. 58.
11 Interview mit William H. Daniels. In: ebd. S. 72.
12 Interview mit William H. Daniels. In: ebd. S. 72.

ßenseite und des schwächeren Lichts im Inneren ohne auffällige Differenzen zusammen zu bringen [...].»[13] In den 1950er Jahren dreht er eine Reihe von Filmen für Anthony Mann. Legendär sind seine Aufnahmen aus der Kanzel eines Jets in STRATEGIC AIR COMMAND (1955), wo er die Geschwindigkeit an den Kondensstreifen im Gegenlicht sichtbar macht. Für die GLENN MILLER STORY (1953) entwickelt er ein Konzept, wie Farben und Instrumente zusammenpassen: «Ich maß die Wellenlängen des Lichts im Vergleich zu den Wellenlängen des Tons von jedem Instrument und passte sie an [...]. Ich hatte jedes Instrument mit Licht gefärbt passend zur Tonfrequenz, rot für das eine Instrument, blau für das andere usw. Das sind Freuden, die ein Kameramann selten hat.»[14]

Farbe und Film wird das dritte Kapitel im Werk von Daniels. Mit Filmen wie INTERLUDE (Sirk, 1956), CAT ON A HOT TIN ROOF (Richard Brooks, 1958), SOME CAME RUNNING (Vincente Minnelli, 1958), CAN-CAN (Walter Lang, 1960) und OCEAN'S ELEVEN (Lewis Milestone, 1960) gelingen ihm Filme, in denen eine gewagte Farbdramaturgie eine zentrale Rolle spielt, manchmal sogar die Hauptrolle. Das Anwaltsbüro von Louis Jordan in CAN-CAN sollte unbedingt ein passendes Billardtisch-Grün erhalten – eine Farbe, die Ausstatter und Kameramänner gewöhnlich scheuen wie der Teufel das Weihwasser, da dieser Farbton ein vielfaches des normalen Beleuchtungsaufwands erfordert: «Es war unmöglich mit normaler Belichtungsmessung zwischen Wand und Schauspielern auszugleichen – wir mussten nach dem Auge schätzen. Das Hauptproblem bestand darin, den Kontrast zwischen den Wänden und der dunklen Mahagoni-Täfelung anzugleichen. Wenn wir von der Wand ausgegangen wären, wäre das Holz fast schwarz geworden. Das Problem ließ sich lösen, indem wir das Holz mit einem blassen Grau beschichteten, das die Oberfläche einen Hauch heller machte als normal, während immer noch die Körnung des Holzes sichtbar war. Ich wusste schon vorher, dass diese Farben ein echtes Problem zum Ausleuchten darstellen, aber ich stimmte zu, weil mir der Farbplan zusagte.»[15] Legendär ist auch das ‹Garden of Eden›-Ballett mit seinen halsbrecherischen Kameraoperationen.

Daniels, der bis zu seinem Tod 1970 hinter der Kamera steht, schließt 1969 sein Werk mit einem der allerersten Neonoir Filme: MARLOWE (Paul Bogart). Es ist eine Verfilmung von Chandlers ‹Little Sister›. James Garner, der den Marlowe spielt, tappt hier durch eine Welt, die fast nur aus gefährlichen Frauen zu bestehen scheint (Gayle Hunnicutt, Carrol O'Connor, Rita Moreno, Sharon Farrell). Daniels, der alte Fuchs, kombiniert hier alles, was er in einer 50-jährigen Karriere entwickelt hat, vom Ausleuchten der Gesichter über schroffen Naturalismus bis zur Farbdramaturgie. Es ist sein Film.

---

13 Interview mit William H. Daniels. In: ebd. S. 73.
14 Interview mit William H. Daniels. In: ebd. S. 74.
15 William H. Daniels nach Herb A. Lightman: Filming CAN CAN in Todd-AO and Color. In: *American Cinematographer*, May 1960.

Henri Decaë

> Der Stil von Decaë, das ist «die Einfachheit, der Versuch, die Reinheit des Lichts zu bewahren, […] seine Kühnheit beim Beleuchten».
> *Jean Rabier*

1915 wird Henri Decaë in Saint-Denis geboren. Der kleine Ort ist geprägt durch seine berühmte gotische Kathedrale, die zweite nach Cluny. Trotz revolutionsbedingter Zerstörungen ist die Kathedrale ein Ort der Klarheit des Stils, der Reinheit des Lichts und der weiten Raumwirkung. Eine ästhetische Schule. 1955 dreht Henri Decaë seinen dritten Film für Jean-Pierre Melville: BOB LE FLAMBEUR. Decaë ist bereits 40, hat 15 Jahre unzählige Kurz- und Werbefilme gedreht, und ist niemandem besonders aufgefallen. Außer Melville, der seine nüchterne Professionalität sehr zu schätzen weiß. BOB LE FLAMBEUR ist Decaës Durchbruch. Es ist ein Film, der in der Nacht spielt, in der Dämmerung und bei Kunstlicht. Gerade weil Decaë das Licht streng funktional einsetzt, wirkt es fast irreal. Decaë erinnert sich: «Und dann kam BOB LE FLAMBEUR, wo wir, um Paris bei Nacht zu filmen, einen sehr schnellen Film benützt haben. Der Gevaert 36 kam gerade raus, der eine gute Blende mit sehr wenig Licht ermöglichte. Wir haben abends an der Place Pigalle ohne jedes Flutlicht gedreht. Wegen dieser Arbeit wurde ich von allen Leuten der Nouvelle Vague nachgefragt: Chabrol, Truffaut, Malle… Melville wurde damals als eine Art Drahtzieher betrachtet, man sagte ihm nach, er wäre der Urheber der Nouvelle Vague […].»[1]

Seine gewundene Biographie geht vom jugendlichen Amateurfilmer über Toningenieur und Kameramann für die französische Luftwaffe zum Dokumentarfilmer. Decaë hat nie ein Hehl daraus gemacht, dass seine Schule der Kurzfilm war: «Die Schule des Kurzfilms hat mich zur Ökonomie der Mittel gezwungen und daran gewöhnt. Ich habe diese Lektion auf den langen Spielfilm übertragen, im völligen Bruch mit der sehr komplizierten Beleuchtungstechnik der Studios, die im französischen Kino üblich war. Für LES 400 COUPS standen wir oft mit gar nichts da, mitten auf der Straße, die Kamera in der Hand.»[2] Decaë hatte Melville 1948 bei dem Kurzfilm LES DRAMES DU BOIS DE BOULOGNE kennen gelernt, wo Melville als Schauspieler beteiligt war. Melville hat-

---

[1] Interview mit Henri Decaë. In: *Cinématographe*, Nr. 69, 1981.
[2] Interview mit Henri Decaë. In: ebd.

te bei seinem ersten Spielfilm zunächst einen routinierten Kameramann des Cinéma de la Qualité, den er rasch durch Decaë ersetzte. Le silence de la mer (1948) ist in einem subtilen Grau gedreht, sehr nüchtern, klar und übersichtlich. Das Frankreich der deutschen Besatzungszeit ist moros, ganz ähnlich wie in ihrem späteren Film Leon Morin, Prètre (1961). Niemals drängt sich die Technik sichtbar in den Vordergrund, immer ist sein Stil ökonomisch bis zur Selbstkasteiung. Der Gebrauch der Kamera bei Decaë hat etwas von asketischer Strenge an sich. Auf seinen Stil befragt, sagt er, «das ist ein ökonomischer Stil, der mitunter bis zur Einfachheit vordringt. Er besteht in erster Linie aus Handkamera mit wenig Licht.»[3] Les enfants terribles (Melville 1949) ist stilistisch ähnlich, aber noch stärker ins Verschattete gezogen.

Nach Bob le flambeur wird Decaë neben Coutard und Almendros zum wichtigsten Kameramann der Nouvelle Vague, deren Regisseure sich bei Decaë strenges Grau und ungekünstelte Bilder von Nacht und Dämmerung holen. Für Louis Malle dreht Decaë Ascenseur pour l'échafaud (1957), Les amants (1958), Vie privée (1961), für Claude Chabrol Le beau Serge (1958), Les cousins (1959), Les bonnes femmes (1960), für Truffaut Les 400 coups (1959). In Ascenseur und Vie privée arbeitet Decaë viel mit langen Brennweiten, die die Personen noch zusätzlich isolieren: «Ich habe eine Vorliebe für lange Brennweiten, die die Personen trennen, sie vom Dekor isolieren und ihren Gesichtern eine stärkere Bedeutung geben.»[4] Was Truffaut über Les amants schreibt, hat viel mit Decaës schnörkelloser Kamera zu tun: «Während der ganzen zweiten Hälfte des Films […] ist Jeanne Moreau abwechselnd im Nachthemd und völlig nackt, ohne jeden indirekten Effekt, wie etwa die im Licht sich abzeichnende Silhouette, die man uns in jedem Martine-Carol-Film zugemutet hat. Les amants vereint in sich die Kühnheit eines Schüchternen: Er ist frisch und natürlich, ohne Geschicklichkeit, ohne Kunstfertigkeit.»[5]

Le beau Serge spielt in einem französischen Provinzkaff. Decaës Kamera schwenkt und fährt subtil durch den Ort wie ein neugieriger Besucher, wie Jean-Claude Brialy, der aus Paris zurückkehrt; oft arbeitet Decaë mit der Handkamera. Martin Schaub schreibt: «Schnee liegt über dem Dorf, und der ganze Schluss spielt in der Nacht. François durchsucht die Gegend mit der Taschenlampe, und da er Serge endlich gefunden hat, ziehen Chabrol und sein Kameramann Henri Decaë noch ein Register: Im schwarzen Nachthimmel sieht man die Atemwolken der beiden, im irrenden weißen Schein der Lampe, getrennt, vereint.»[6] Les cousins und Les bonnes femmes spielen in Paris, im Milieu der jeunesse dorée und im Milieu der Ladenmädchen. Es ist ein neuer, de-

---

3   Interview mit Henri Decaë. In: *Cinéma 64*, Nr. 91, 1964.
4   Interview mit Henri Decaë. In: Christian Gilles: *Les Directeurs de la Photo et leur image*. Paris 1989. S. 247.
5   François Truffaut nach Frieda Grafe (Hg.): *Nouvelle Vague*. Wien 1996. S. 47.
6   Martin Schaub nach Frieda Grafe (Hg.): *Nouvelle Vague*. Wien 1996. S. 47.

260 Bob le Flambeur (Jean-Pierre Melville, 1955), Bild: Henri Decaë

261 Les Bonnes Femmes (Claude Chabrol, 1960), Bild: Henri Decaë

262–263 Le Samouraï (Jean-Pierre Melville, 1967), Bild: Henri Decaë

264–265 Les 400 Coups (François Truffaut, 1959), Bild: Henri Decaë

mystifizierender Blick auf Paris, wo es vielleicht ein bisschen mehr Amüsement gibt, aber genauso viel Entfremdung wie in jedem Provinzkaff.

Decaë ist ein Kameramann für Erstlingsfilme: LE SILENCE DE LA MER, ASCENSEUR POUR L'ÉCHAFFAUD, LE BEAU SERGE und LES 400 COUPS. Alles Meisterwerke beim ersten Spielfilm-Versuch. Und alle profitieren von Decaës logischer und minimalistischer Arbeitsweise: «Ich bin ein logischer Geist. Der ganze Komplex meiner Beleuchtung lässt sich auf eine ganz simple Regel zurückführen. Nach dieser Regel vereinfache ich immer alles, genauso, wie man in einer mathematischen Gleichung bereinigt.»[7] Diese Strenge darf nicht mit Kälte verwechselt werden. Gerade LES 400 COUPS ist ein gutes Beispiel dafür, dass diese Methode einen durchaus humanistischen Blick zulässt: «Und daher kommt die Askese und Erforschung des Menschen, die man immer erhält mit der kalten Perfektion der Maschine.»[8]

Farbfilm und Breitwand werden von Decaë als große Bereicherung empfunden. 1959 dreht er für Claude Chabrol A DOUBLE TOUR und für René Clement PLEIN SOLEIL. Enno Patalas schreibt: » (Decaë) hat sich ein neues Feld erschlossen: die Farbe. Auch hier wirkt seine Fotografie neuartig. Wie er für den Schwarzweiß-Film die Dämmerung ‹entdeckte›, so für den Farbfilm die Sonne. Seine von kaltem Sonnenglast überstrahlten Bilder von der Provence und von Italien wird man nicht leicht vergessen.»[9] Der Einsatz der Farbe ist bei Decaë sehr subtil, auch wenn er über eine große Palette verfügt. Da sind die stumpfen Farben bei Melville in L'AÎNÉ DES FERCHAUX (1963), LE CERCLE ROUGE (1970) und vor allem in LE SAMOURAÏ (1967). Da sind die impressionistischen Töne bei Henri Verneuil (LE CLAN DES SICILIENS; 1969) und René Clément (CHE GIOIA VIVERE; 1961). Und die kräftigen Farben bei Malle (VIVA MARIA; 1965 und LE VOLEUR; 1966) und George Stevens (THE ONLY GAME IN TOWN; 1969). «Man kann beim Licht sehr dramatische Ergebnisse mit der Farbe erzielen. Man kann in Farbe drehen und die Farbe komplett vergessen. Man kann sogar nichts haben als Schwarz-Weiß, nur mit einem kleinen Hauch von Farbe, den man subtil für dramatische Effekte einsetzen kann» (Decaë).[10] Die Breitwand hat Decaë schon in vielen Schwarz-Weiß-Filmen der Nouvelle Vague eingesetzt. «Ich liebe», erklärt er, «die Möglichkeit der großen Cadrage, des großen Raumes, die ein noch stärkeres Spiel liefert.»[11] Auch hier kommt wieder seine Vorliebe für lange Brennweiten zum Tragen: Der Schauspieler wird im breiten Format noch deutlicher betont, aber auch isoliert, ein Effekt, den er vor allem in Thrillern gerne einsetzt.

7   Interview mit Henri Decaë. In: Christian Gilles: *Les Directeurs de la photo et leur image*. Paris 1989. S. 248.
8   Interview mit Henri Decaë. In: ebd. S. 248.
9   Enno Patalas: Henri Decaë – Poet an der Kamera. In: *Presseheft zu LES BONNES FEMMES*. Gloria-Film, München 1960. S. 2.
10 Interview mit Henri Decaë. In: *Cinématographe*, Nr. 69, 1981.
11 Interview mit Henri Decaë. In: *ebd*.

Gianni Di Venanzo

> Er hatte diesen unermüdlichen Geschmack am Experiment, sich am Neuen zu messen, am Abgrund des Fehlers entlang zu balancieren, ohne ihm zum Opfer zu fallen.
> *Francesco Rosi*

> Aristoteles auf die Füße gestellt: das Schöne wird gesucht in Hinsicht auf das Notwendige.
> *Georg Alexander*

O-sole-mio-Seligkeit, einer der Hauptexportartikel der italienischen Unterhaltungsindustrie, muss jedem Italienbesucher reichlich dubios erscheinen, der einmal etwas von den großen Trampelpfaden abgewichen ist und sich womöglich verlaufen hat in flirrender Mittagshitze irgendwo in der kargen Landschaft mit ihren schattenlosen Bäumen und den hässlichen Narben einer jahrtausendelangen kulturellen Abnützung, zuletzt von den bizarren Hinterlassenschaften der Industrialisierung übersät und mit einem endlosen Raster von Stahl und Beton überzogen. Gianni Di Venanzo ist ein großer Landschaftsfilmer. Außenaufnahmen spielen in den meisten Filmen, an denen er mitgearbeitet hat, eine große Rolle. Aber Gianni Di Venanzos italienische Sonne breitet ein sehr unromantisches und ungnädiges Licht über die italienische Landschaft aus. Wollte man die Natur zum Subjekt nehmen, könnte man von vielen seiner Filme sagen, dass sie von einer geradezu grausamen Sonne erhellt werden. Klar und durchsichtig ist Di Venanzos Kameraarbeit; eigentlich erscheint in seinen Filmen keine natürliche Sonne, sondern eine imaginäre Lichtquelle sendet ihre Röntgenstrahlen aus, die die Struktur der Dinge bis in ihr innerstes Wesen erhellt, bloßlegt.

Il grido (1956), der große Landschaftsfilm von Antonioni, ist ein gutes Beispiel. Di Venanzo arbeitet mit einer schier unbegrenzten Palette von Grautönen ohne Hinterlicht, damals der modernste, härteste Bildstil überhaupt. Der Himmel ist fast weiß, die Innenräume fast schwarz, zwischen diesen beiden Polen bewegt sich seine Grauskala, nur von zurückhaltendem Flutlicht gestützt. Dazu kommen Weitwinkelaufnahmen in Halbtotale, die die Akteure vereinzeln und abstrahieren, selbst den Vater von seiner Tochter trennen. Steve Cochran wird zu einem Statist in seinem eigenen Leben, er nimmt am Leben teil ohne teilzunehmen. Die Kamera verbindet nicht, sondern trennt, sie bewegt sich viel, aber fast unmerklich. Umso schockierender dann der Panoramaschwenk, als Aldo seine Geliebte sucht. Auch die Landschaft kann schreien.

Ein wichtiger Umstand im Werdegang von Gianni Di Venanzo ist dabei sicher seine Zeit als Kameraassistent, die unmittelbar zusammenfällt mit der ersten Phase des italienischen Neoverismus; er arbeitete als Assistent bei den Kameramännern Aldo Tonti (Ossessione; Visconti, 1943), Otello Martelli (Roma città aperta und Paisa von Rossellini, 1945/46). Bei G. R. Aldo (La terra trema; Visconti, 1947 und Miracolo a Milano; de Sica, 1950) ist Di Venanzo Assistent und zweiter Kameramann. Gianni Di Venanzo ist zweifelsohne der Meisterschüler des großen und viel zu früh verstorbenen G. R. Aldo. La terra trema ist seine erste Chance. Es ist natürlich Viscontis Regie, die das Elend der armen Fischer maniriert zum großen klassischen Schicksal erhebt, in der Bildführung und in den großen panoramatischen Szenerien aber ist es die Leistung der Kamera, diesen thematischen Abgrund fotografisch ausbalanciert zu haben. Dieses Gleichgewicht zwischen dem ganz unromantischen Dasein der Fischer und Viscontis melodramatischer Überhöhung des Realismus ist eine Leistung, die die Handschrift von Aldo ebenso wie die von Di Venanzo trägt: jeden romantischen Rückfall vermeiden und zugleich dem unmittelbaren Realismus aus dem Weg zu gehen.

Diese Balance ist es, wovon Francesco Rosi spricht: Neuerertum, das am Fehler entlangbalanciert, ohne ihm zum Opfer zu fallen. Es ist Di Venanzos Reflex auf die außerordentlichen Anforderungen, die gerade die besten Regisseure, mit denen er gearbeitet hat, an eine adäquate Kameraarbeit stellen. Denn das, was Gianni Di Venanzo ausbalanciert, ist nur allzu oft der Abgrund, an dem sich seine Regisseure bewegen. Bei Rosi und Fellini stellt sich ein ähnliches Problem, nur in zwei gegensätzlichen Positionen. Rosi, der so auf die äußere Realität aus ist, dass ihn selbst die inszenierende Rekonstruktion stört, und Fellini, der so auf die innere Realität aus ist, dass er alles konstruiert. Aber Di Venanzos Kameraarbeit umschifft geschickt die Klippen von Realismus und Manierismus. «Rosi», so Di Venanzo, «will am liebsten, dass sich sein Team gerade dort befindet, wo eine Geschichte auch wirklich geschieht. Rekonstruktion ist ihm nur ein notwendiges Übel.»[1] Und über Fellini: «Er kontrolliert eher das Aufbauen einer Situation als deren endgültigen Ablauf. Deshalb hat er von mir immer verlangt, ich soll ihm ein ‹Ambiente› schaffen, evtl. mit einer langen Kamerafahrt aufzunehmen; aber dann, wenn wir drehen, vergisst er oft, was er sich vorgenommen hat, wenn in seinem ‹Ambiente› etwas passiert, was ihm liegt oder was seine momentanen Idee bestätigt oder illustriert. Er ist mir schon, selber die Kamera schiebend, in dunkle Ecken des Studios hineingefahren, weil ein Schauspieler, z. B. ein Kind oder sogar eine Katze, sich dorthin verkrochen hatten und ich dort überhaupt keine Lam-

---

1 Interview mit Gianni Di Venanzo. In: *Film* (Velber), Nr. 5, 1966.

pen aufgestellt hatte. Oder wenn ich ihm sage, in einer gewissen Einstellung sähe man nur das halbe Gesicht eines Schauspielers, sagt er mir oft, das mache nichts, das ginge auch so. Er schenkt den Hauptteil seiner Aufmerksamkeit immer den Schauspielern im close-up, denn obwohl er stundenlang Hintergrund aufbaut, verändert und bis in Kleinste kontrolliert, geht es ihm beim Drehen um die Gesichtsausdrücke» (Di Venanzo).[2]

Di Venanzo benützt dabei Anknüpfungspunkte wie etwa die erwähnte Schwäche Fellinis für das Zufällige, um Freiheit in die Konstruktion zu bringen. Die Vitalität eines Schauspielers, einen großen Auftritt sicher in den technischen Griff zu bekommen, das ist eines der Momente, die den starren Rahmen von OTTO E MEZZO (1963) und GIULIETTA DEGLI SPIRITI (1965) durchbrechen. In solchen Momenten scheint die ungekünstelte Spontaneität der AGENZIA MATRIMONIALE (der 3. Episode von AMORE IN CITTA; 1953) wieder auf, die erstmalig Fellini und Di Venanzo zusammengeführt hatte. Fellinis relative Gleichgültigkeit gegenüber der fotografischen Form, der bildnerischen Gestaltung eines Gesichts, benützt Di Venanzo für bizarre Kreationen. Die fast skelettierten Schönheiten aus OTTO E MEZZO, der Alptraum am Strand in GIULIETTA DEGLI SPIRITI. Werner Kliess bemerkt über Di Venanzos Arbeit (anlässlich von GLI INDIFFERENTI; Maselli, 1964): «Er lässt das Licht häufig von der Seite her einfallen. Die Gesichter erhalten dann eine reliefartige Tiefe, Augenhöhlen erscheinen als tiefe Schatten, Wangen und Nasen treten als fahle Flächen hervor. Die Gesichter werden maskenhaft angekränkelt.»[3] So wie Gianni Di Venanzo mit der italienischen Landschaft umgeht, geht er auch mit der Landschaft des Gesichts um, die blasierte Eleganz, die Fellini gern kultiviert, wird bei Di Venanzo heimlich und sehr oft einem lichttechnischen Auszehrungsprozess unterworfen; auch hier drängt sich der Vergleich zum Röntgenstrahl auf, der die innersten Strukturen sichtbar nach außen kehrt. Fellini spricht von Di Venanzos «sprichwörtlichem Mut, seiner gewohnten Verachtung der gängigen technischen Formeln».[4]

Über Francesco Rosis späte dokumentarische Spielfilme heißt es oft, Rosi habe sich das Problem eingehandelt zwischen Rekonstruktion und Fiktion heimatlos umherzuirren. Bei den frühen Filmen LA SFIDA (1957), I MAGLIARI (1959), LE MANI SULLA CITTÀ (1963) und SALVATORE GIULIANO (1961) hat man stets das Gegenteil gehört: Wie geglückt im Rahmen der kinematografischen Fiktion die Rekonstruktion gelingt. Man kann dies nicht unabhängig von Di Venanzos Kamera sehen, der eines der heikelsten Probleme des Kinos fotografisch angeht: realistisches Kino, das nicht nachmacht, was als unmittelbare Realität schon existiert, sondern durch die Fugen und Ritzen

---

2 Interview mit Gianni Di Venanzo. In: ebd.
3 Werner Kliess: Die Gleichgültigen. In: *Film* (Velber), Nr. 6, 1965.
4 Interview mit Federico Fellini. In: *ABC*, 07. 06. 1964.

des Materials dessen objektiven Gehalt scheinen lässt. Materialismus positiv. Gerade deshalb wurden diese Filme Rosis zu Dokumenten der Korruption, der Mafia, des Politdschungels, die nichts Mystifizierendes an sich haben. Es sind nüchterne, in Di Venanzos unbarmherziger Härte erhellte Momentaufnahmen des Wirtschaftswunders auf italienisch, das auf der Basis einer unbegrenzten Ausbeutbarkeit, einer unbegrenzten Reservearmee von Habenichtsen, einer unbegrenzten Ersetzbarkeit von Bauern im Schachspiel der Macht existiert und pseudofeudale Abhängigkeiten erzeugt.

Der bemerkenswerteste Film, den Rosi mit Di Venanzo gemacht hat, ist Il momento della verità (1964), über das Leben eines Toreros. Es ist einer der wenigen Farbfilme, die Di Venanzo gemacht hat. Für die second-unit-Aufnahmen war Ajace Paolin beteiligt und Pasquale de Santis zeichnet mit Di Venanzo gemeinsam für die Kamera, so dass im einzelnen schwer zu sagen ist, was nun auf wen zurückgeht, aber das stilistisch einheitliche Prinzip, das Geschehen in einem überschwänglichen Farbenrausch bis zu einem knallig bunten demaskierenden Höhepunkt zu treiben, der dann in einer ruhigen Einstellung plötzlich zum Stillstand kommt, sieht doch sehr nach Di Venanzos Handschrift aus. Es ist einer der wenigen, vielleicht der einzige wirklich authentische Stierkampffilm, da er die seltsame Verflechtung, die hier Sozialstruktur und Tauromachiemythos eingehen, thematisiert. Der Torero als einer aus der namenlosen Masse, der den Aufstieg geschafft hat um den Preis des rituellen Opfers, des Opfers, das endlich der Torero selbst ist. Diese, im Kontext angekündigte Auflösung des Themas, begleitet die Kamera durch eine in Tempo, Hektik und schrillen Farben gesteigerte Passage, die schließlich in eine erschreckende, delirierende Einstellung mündet: die leere Arena am Vorabend des Stierkampfs, blutgierig gelber Sand, die Kamera blickt durch den schmalen schwarzen Gang, der zwischen den haushoch steigenden Sitzreihen in die Arena führt, und langsam löst sich aus dem Schwarz im Vordergrund, das von den Backen der Sitzreihen wie von Keilen eingeklemmt ist, die schwarze Kontur des Toreros und geht auf die Arena zu.

Die Arbeit mit Gianni Di Venanzo ist nicht immer problemlos. Seine Kameraarbeit kann einen unbekannten Regisseur berühmt machen, so Rosi mit La sfida und Lina Wertmüller mit I basilischi (1963) – oder auch einem bekannten Regisseur die Show stehlen, so geschehen mit Losey bei Eva (1962). Das hätte von der Anlage her ein Losey-Film wie The Criminal (1960) oder Sleeping Tiger (1954) werden können, aber Losey selbst meint, der Film war eher ein Umbruch, ein Experiment mit viel Symbolik, eine metaphorische middle-class-Ehegeschichte. Di Venanzos Gestaltung stieß hier in einen bildnerischen und thematischen Freiraum, ein morbides venezianisches Szenarium, in dem nur dessen melancholisch schöne Komponente gefordert war. Während die eigenartige Schönheit der Bilder Di Venanzos sonst aus der Reibung an den Härten, Widerhaken und Zwängen des zu bewältigenden Materials erwächst, gleitet hier die Auseinandersetzung mit dem Material an der talmihaften Glätte der

Serenissima ab. Nur manchmal ist etwas von der «partiellen Destruktion, Ängstlichkeit und Verwüstung der meisten sexuellen Beziehungen» (Losey) zum Ausdruck gekommen.⁵

In vieler Hinsicht ideal ist die Zusammenarbeit von Gianni Di Venanzo und Antonioni. Gleich drei ihrer gemeinsamen Filme kreisen um verzweifelte Liebe und Selbstmord (TENTATO SUICIDIO, die 1. Episode aus AMORE IN CITTÀ, LE AMICHE; 1955 und IL GRIDO). Antonionis Figuren haben in diesen Filmen noch eine Art von metaphysischem Existenzialismus, der gut mit Di Venanzos harter, durchdringender, forschender Kamera zusammengeht und in der Erforschung menschlicher Regungen und des menschlichen Gesichts an Rossellini erinnert, bei dem Antonioni Assistent war. Losey muss bei der Wahl Di Venanzos für EVA so etwas vorgeschwebt sein.

In LA NOTTE (1961) und L'ECLISSE (1962) ist diese metaphysische Komponente der frühen Filme ausgelöscht, die Lebensangst auf die Verdinglichung reduziert: «In dem Augenblick, da Pontanos Gattin, als sie durch Mailand irrt, vor einer Mauer stehen bleibt und ein Stück Mörtel mit der Hand abreißt, spüren wir, dass hier der Höhepunkt des Films liegt […]. Die Angst braucht keine Menschen, sondern Dinge oder, und das kommt auf dasselbe heraus, die zum Zustand von Dingen reduzierten Menschen» (Alberto Moravia über LA NOTTE).⁶ Speziell auf L'ECLISSE scheint Di Venanzos Aussage über Antonioni zugeschnitten: «Wenn ich sage, auch Antonioni wüsste abends nicht, was er am Morgen drehen will, so stimmt das nur, wenn man es im Verhältnis zu seiner ganzen Arbeitsweise sieht, diese Präzision auf den Millimeter, dieses endlose Verrutschen eines Plattenspielers auf einem Bord, zum Beispiel, oder die genaue Einstudierung der kleinsten Geste eines Schauspielers.»⁷

Diese extreme Perfektion Antonionis verbunden mit der analytischen Schärfe Di Venanzos hat L'ECLISSE zu einem Film von beispielloser Erhärtung des Gefühls, des Kontakts und der Abtötung der Person werden lassen. Beispiellos ist aber auch Di Venanzos Fotografie in L'ECLISSE: Aus der unerbittlichen Suche – der Kontext des Films rechtfertigt sogar das Wort von einer verzweifelten Suche – nach dem ästhetischen Äquivalent einer solchen Versteinerung menschlicher Existenz gelangt er zu Bildern von futuristischer Schönheit, die in einem dekadenten Sinn durchaus klassisch zu nennen ist. Nichts mehr von der Melancholie von LE AMICHE oder auch noch LA NOTTE, nichts mehr von dem geradezu metaphysischen Sterben eines Aldo in IL GRIDO, stattdessen eine zur Maske erstarrte Monica Vitti und ihre disparaten, animalischen Ausbrüche von Emotion. «Die Kamera schwelgt ganz kühl und mit kunstvoller Gesetz-

---

5   Interview mit Joseph Losey. In: Tom Milne: *Losey on Losey*. S. 27.
6   Alberto Moravia: Ein neues Gefühl für die Realität. In: Pierre Leprohon: *Michelangelo Antonioni*. Frankfurt/Main, Hamburg 1964. S. 140.
7   Interview mit Gianni Di Venanzo. In: F*ilm (Velber)*, Nr. 5, 1966.

Gianni Di Venanzo

266–269 Il Grido (Michelangelo Antonioni, 1956), Bild : Gianni Di Venanzo

270–271 Otto E Mezzo (Federico Fellini, 1963), Bild: Gianni Di Venanzo

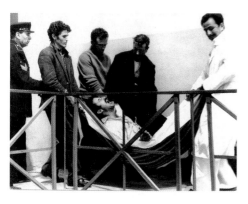

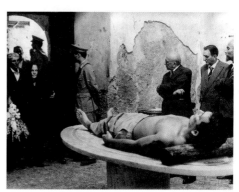

272–275   Salvatore Giuliano (Francesco Rosi, 1961), Bild: Gianni Di Venanzo

276   La Notte (Michelangelo Antonioni, 1961), Bild: Gianni Di Venanzo

mäßigkeit in Ansichten der schönen Vakanz. Der Film löst sich auf. Er endet nicht.» (Friedrich Luft).[8] Ein Film gewordener horror elementaris.

Gianni Di Venanzos Kamera in LA NOTTE und L'ECLISSE ist tatsächlich so, wie es in der launigen Formulierung von Georg Alexander heißt: Das Schöne wird gesucht in Hinsicht auf das Notwendige. Schönheit, die nicht aus Freiheit entspringt, sondern aus dem Umgang mit dem Zwang oder, dialektisch formuliert, aus der abstrakten Freiheit. Aristoteles' Ästhetik auf die Füße gestellt? Die Ästhetik des Notwendigen ist immer die Ästhetik der Armut, sei es materiell, sei es existentiell. Die Härte des italienischen Lichts bei Antonioni und Di Venanzo hat etwas zu tun mit einem Elend, das nicht nur physisch ist. Eine Passage aus LA NOTTE zeigt die ganze Kunst Di Venanzos in nuce: Jeanne Moreau irrt durch Mailand. Die Kamera filmt von oben eine Brandmauer. Antonioni-Weitwinkel. Die Kamera ist dabei leicht nach rechts gekippt, so dass links unten ein schmaler Streifen Gehsteig mit Straße sichtbar ist, den Jeanne Moreau passiert. «Die Oberfläche (war) noch nie so abweisend wie in diesem Film» (Wilfried Berghahn).[9]

---

8   Friedrich Luft: Liebe 62. In: *Die Welt*, 26. 05. 1962.
9   Wilfried Berghahn: Die Nacht. In: *Filmkritik*, Nr. 8, 1961.

Hans Ertl

Dann ist wieder nichts als Schnee, Nebel und Ungewissheit. […] Vier Tage im Nebel können vier Jahre sein. Und dann – kommt plötzlich Hans Ertl durch das Schneetreiben her. Unverschämt vergnügt. Er kommt geradewegs vom Südgipfel des Illimani (6450m) herunter. […] Viel Worte macht er nicht! Dabei ist der Südgipfel des Illimani zum ersten Mal im Alleingang bezwungen worden. Er kann nicht viel reden – er sättigt sich erstmal: Bohnensuppe mit Hammelrippchen, Bananen Speck, Brot, Spatenbräu. […] und dann – zieht er wieder los! Mit einem dicken Rucksack. Diesmal will er den Nordgipfel angehen. Er meint, er müsse höher sein als der Südgipfel. Zweitausend Meter abwärts und gleich wieder zweitausend Meter hinauf um ein ordentliches Essen!

Milli Bau über die Andenexpedition 1950

Ertl ist ein Spätberufener. Der gelernte Wirtschaftswissenschaftler ist ein begeisterter Bergsteiger. In den 1930er Jahren gehört er zur deutschen Bergsteiger-Elite. Vor allem die Ortlergruppe hat es ihm mit vielen Erstbesteigungen angetan. Immer wieder schreibt er auch über das Ortler-Massiv. In der Bergsteiger-Szene gilt er als der Ortler-Fachmann, der jeden Steig kennt. 1932 kommt er mit Arnold Fanck in Kontakt. Für SOS EISBERG benötigt Fanck Eis erfahrene Bergsteiger. «Unser Eisspezialist» schreibt Fanck über Ertl.[1] Die Wahl ist gut, Ertl rettet Menschenleben und die Expedition. Außerdem bringt ihm das Abenteuer eine eisig-feurige Affäre mit Leni Riefenstahl ein. 1934, beim EWIGEN TRAUM, ist Ertl Mädchen für alles: «Hoch oben auf der Cabane Vallot war ich nun wochenlang als Bergsteiger, Sprengmeister, Fotograf, Hilfskameramann, Beleuchter, Requisiteur, Darsteller, Hüttenkoch und Dolmetscher.» Alles mit dem Ziel, «selber einmal Filme zu gestalten».[2]

Ertl, Jahrgang 1908, gehört in Fancks Team zu den Jüngeren. Er profitiert von der großen Bergfilm-Erfahrung der Freiburger Gruppe und wird vom Hobbyfotografen

---

1 Arnold Fanck: *Er führte Regie mit Gletschern, Stürmen und Lawinen*. München 1973, S. 255.
2 Hans Ertl: *Meine wilden dreißiger Jahre: Bergsteiger, Filmpionier, Weltenbummler*. München, Berlin 1982. S. 127.

sehr schnell zu einem Exponenten der Fanck-Schule. Bereits 1935 begleitet er als Kameramann die Himalaja-Expedition von Günther Oskar Dyhrenfurth. DER DÄMON DES HIMALAYA entsteht. Der Erfolg des Films in Nazideutschland leidet darunter, dass Dyhrenfurth ein emigrierter Jude ist. Die Expedition bezwingt den Sia Kangri mit 7422 m. Ertl gelingen im Himalaja Bilder, die selbst Fachleute verblüffen; mit seiner Bell & Howell dreht er bis zum Gipfel. Er erweitert die entfesselte Kamera zur kletternden Kamera. 2500 Meter über dem Mont Blanc entstehen Bilder, die die Alpen vergleichsweise klein und eng erscheinen lassen. Selbst in Höhen, wo man nur noch mit Sauerstoffgerät arbeiten kann, wird noch auf das richtige Licht und die Dynamik der Wolken geachtet! Heute möchte man sich wünschen, dass die Spielfilm-Dramaturgie diesen Bildern mehr Platz eingeräumt hätte. Für die Spielfilmszenen sind Richard Angst und Fritz von Friedl zuständig, sodass Ertl auch selbst als Bergsteiger im Bild ist. Im ersten Teil seiner Autobiografie beschreibt er sich selbst als «Bergsteiger, Filmpionier, Weltenbummler».[3]

Ertl mit seiner bayerisch-barockisierenden Art liebt das Schnörkelhafte, auch wenn es gefährlich wird. Für den TAG DER WEHRMACHT (Riefenstahl, 1935) lässt er sich von Panzern überrollen, damit es dynamischer wirkt; später, in LIEBESBRIEFE AUS DEM ENGADIN (Trenker, 1938), rollt ein Zug über die Kamera. Ertl hat einen Blick für expressiv angeschnittene Technikbilder wie sonst nur Walter Ruttmann. 1936 dreht Carl Junghans JUGEND DER WELT über die Olympischen Winterspiele in Garmisch-Partenkirchen. Ertls Kameraarbeit profitiert von seiner Vertrautheit mit Gebirge, Eis und Schnee. Sie entwickelt auf Transportmitteln aller Art eine große Dynamik. Das Skispringen wird zu einer Vorübung seiner Turmspringer-Aufnahmen aus den Olympiafilmen von 1936/38: «Im Kino sah das dann so aus, als würde sich ein Skispringer wie ein Adler auf die Kamera stürzen, um im letzten Moment abzudrehen, weil die Beute ungenießbar war. Der Drehschwenk war entfesselte Kamera in höchster Vollendung, und selbst Fachleute rätselten, wie solche Aufnahmen zustande kommen konnten.»[4]

Leni Riefenstahl verpflichtet Ertl als ihren Chefkameramann. Die Olympiafilme profitieren von der Polarität deutscher Dokumentarfilmschulen. Das Statuarische von Ruttmann, der neugierige Blick von Basse, das militärisch Stramme von Jaworsky, das Erhabene bei Walter Frentz, das Barockisierende, auch Verspielte bei Ertl, den Lantschner-Brüdern. Weltberühmt werden die Turmspringer-Aufnahmen von Ertl, diese Vogelmenschen, die so von schräg unten anfixiert sind, dass sie rückwärts zu schweben scheinen, der Schwerkraft trotzend und selbst noch unter Wasser wie im Gleitflug Volten schlagend: «Wenn der Springer sich von der Kante des Turms abhob, erfasste ihn

---

3 Hans Ertl: ebd.
4 Hans Ertl: ebd. S. 190.

meine Kamera von der Wasserlinie aus – und wenn er ins Wasser schoss, kippte meine Kamera ebenfalls hinein. [...] (Ich) erzielte so Sprungfiguren, die geradezu unwirklich erschienen.»[5]

Ein Echo dieser Technik findet sich später in VORSTOSS NACH PAITITI (1954–1956). Seine Mannschaft rodet das Gelände eines Sonnentempels der Inka: «Nach diesem Vorspiel stürzt der erste Baum von links nach rechts ins Bild. Der nächste kommt von rechts nach links – unter Aufstöhnen, das heißt im Originalton der berstenden und krachenden Holzfasern. Immer stärker konzentrieren sich im Bild Tempo und Bewegung, akustisch wirksam unterstützt durch den EInsatz von Musik, die wie ein Klagelied anmutet. Im Drehschwenk der Kamera beschreiben zuletzt die stürzenden Bäume Bögen und Kurven, bis dieser Totentanz der Urwaldriesen optisch und akustisch in einem Weltuntergangsfutioso seinen Höhepunkt und mit schlafartig einsetzender Tonstille seinen Ausklang findet.»[6]

1937 entsteht als frühes Farbfilmdokument im Siemens-Berthon-System TAG DER DEUTSCHEN KUNST, von Hans Ertl zur Eröffnung des Hauses der Deutschen Kunst in München gedreht: Fanck-Riefenstahl-Stil, klar strukturiert geht es von den Alpen bis zum Haus der Deutschen Kunst. Der krude Umzug mit Wehrmachtswikingern, Burgen, Domen, Sonne und Mond war auch Ertl zu kunterbunt. 1938, in Trenkers LIEBESGRÜSSE AUS DEM ENGADIN gestaltet er Szenen harter körperlicher Arbeit als lustvolle Ertüchtigung, als Fortsetzung des Sports mit anderen Mitteln. Die Wolkenbilder, das nächtliche Gebirge, eine Lawine, Aufnahmen in einer Gletscherspalte und ein Skirennen sind beste Fauck-Schule.

1939 geht er mit Fanck nach Südamerika. Es entsteht der Propagandafilm EIN ROBINSON mit den Kameraleuten Hans Ertl, Albert Benitz und Sepp Allgeier. Sie drehen einen jener seltsamen propagandistischen Filme, die sich zwischendurch immer wieder in ihr Gegenteil verkehren. Goebbels was not amused. Da durchquert ein Veteran des Ersten Weltkriegs einen halben Kontinent, über eisige Gebirge, unter glühender Sonne, hungrig, elend, bis zum Wahnsinn fanatisch. Abenteuerlich waren damals auch die Kamerafahrten mit Gummilinse durch die unwirkliche Landschaft von Feuerland. Heute wirkt das alles völlig abstrus. Ein Selbstmörder-Trip. Aber auch für den reichsdeutschen Zeitgenossen, der seine Arbeit, seine Wohnung und sein Auskommen haben wollte, wahrscheinlich eine abschreckende Perspektive. 1939 entsteht GLAUBE UND SCHÖNHEIT, ein BDM-Frauen-Propagandavehikel, das in seiner machohaften Regie heute ein entlarvender Lacherfolg ist. Der Spagat zwischen Ertüchtigung und Häuslichkeit beflügelt zu Metaphern der dritten Art: Die eben noch gestoßene Kugel wird zum Eigelb im Kuchenteig. Unter Tausenden von BDM-Mädeln hatte das Team die

---

5 Hans Ertl: ebd. S. 216f.
6 Hans Ertl: *In den Tälern von Paititi*. Würzburg 1975. S. 45f.

277–280 Olympia (Leni Riefenstahl, 1936-1938), Finale, Bild: Hans Ertl

281–282 Liebesbriefe aus dem Engadin (Luis Trenker, 1938), Bild: Hans Ertl

283–284 Ein Robinson (Arnold Fanck, 1939), Bild: Hans Ertl

285 Ein Robinson

286 Nanga Parbat (Hans Ertl, 1953), Bild: Hans Ertl

287 Nanga Parbat (Hans Ertl, 1953), Bild: Hans Ertl

288 Nanga Parbat (Hans Ertl, 1953), Bild: Hans Ertl, aus dem Archiv des Deutschen Alpenvereins, München

289–294 Der Dämon des Himalaya (Oskar Dyhrenfurth, 1935), Bild: Hans Ertl

Schönsten und Sportlichsten ausgesucht. Man merkt es dem Film an. Die Fanck-Schüler waren als polygam verschrien.

Von 1939 bis 1945 ist Ertl Kriegsberichterstatter. Die deutsche Kriegswochenschau hat immer etwas von einer Verfilmung der ‹Stahlgewitter› an sich. Der Blutzoll der deutschen PK-Kameramänner war überdurchschnittlich hoch. Die hohe Qualität der Aufnahmen wird von Fachleuten immer wieder gelobt. Raoul Coutard, der es als ehemaliger Kriegsberichterstatter wissen muss, sagt: «[...] in fast allem von der deutschen Wehrmacht [...] findet man eine ausgesprochene Suche nach Licht und Bildausschnitten, nach einem guten Bild. Das macht heute keiner mehr.»[7] Wenn es so etwas wie eine genuin faschistische Ästhetik gibt, dann gehören mit Sicherheit die Riefenstahl-Schule und die deutschen Kriegswochenschauen dazu.

Ertl wird zum Ernst Jünger des deutschen Films: «Millionen Soldaten stehen sich in allen Klimazonen unserer Erde kämpfend gegenüber. Modernste Waffen sind auf beiden Seiten eingesetzt. Superlative, die heute noch gelten sind morgen schon verblasst. Das nüchterne Wort, das tote Bild, die leblosen Karten, reichen nicht aus, um dieses gigantische übermenschliche Ringen, diesen beispiellosen Heldenkampf für ewige Zeiten wahrheitsgetreu zu registrieren. [...] Die Optik ist unbestechlich. Mit ihr kann man keine Schlachten vortäuschen. Sie muss sie selbst erleben und abtasten und registrieren. Die Kamera ist Mitkämpfer geworden zu Lande, zu Wasser und in der Luft. [...] Das Gesicht des Soldaten wird hier zum Spiegel des Kampfes und des seelischen Erlebens der Kämpfer. [...] Die Kamera ‹schießt› mit – ja, sie schießt wirklich mit – mit MG und Bordkanonen um die Wette. Sie zeigt uns genau, wie sich die Leuchtspurfäden unserer MG in die feindliche Maschine fressen – Qualm steigt auf – Flügelteile splittern – Flammen, jäh entfacht vom rasenden Tempo, schießen hervor – eine brennende Fackel stürzt in die Tiefe.»[8] Auch in seinem späteren autobiografischen Bericht wittert es bei allem Grauen nach Legionärsgeist, Todesverachtung und Verklärung.[9] Ertl, der im Dritten Reich wie die ganze Fanck-Schule auf Distanz zu Partei, Uniformfimmel und zackigem Preußentum ging, hat – wie viele andere – diese Aversion später zu seiner Entlastung benützt; aber weder Künstlertum noch bayerisch-österreichische Mentalität schützen vor historischer Verwicklung.

Nach dem Krieg ist Ertl ein Pendler zwischen den Welten: Himalaja, Iran, Bolivien, Peru, Oberbayern. In Urschalling am Chiemsee, wo sein Elternhaus steht, hat er seine deutsche Adresse. Urschalling, über Jahrhunderte ein ärmlicher Weiler, hat eine Kapelle, die bei Renovierungsarbeiten von den barocken Einbauten befreit wird. Unter Schichten weißer Tünche kommen Fresken von großer archaischer Einfachheit

---

7 Interview mit Raoul Coutard. In: *Filmkritik*, Nr. 319, 1983.
8 Hans Ertl: Filmkamera schreibt Geschichte. In: *Der deutsche Film. Jahrbuch 1943/44*. Berlin 1944. S. 9f.
9 Hans Ertl: *Hans Ertl als Kriegsberichterstatter 1939–1945*. Innsbruck 1985.

zum Vorschein. Spätromanik oder Frühgotik, eine kleine archäologische Sensation. Ich will hier keinen Zusammenhang konstruieren, aber die Parallele besticht: Die Bilder des Nachkriegs-Ertl verlieren ihre Lust am Barockisierenden, werden einfacher, klarer, strenger. Nanga Parbat dokumentiert die Herrligkoffer-Expedition von 1953. Entgegen dem Pathos des Textes ist die Natur in ihrer menschenleeren Einsamkeit von archaischer Unwirtlichkeit, schroff, abweisend, bizarr, anders. Und entgegen dem völkerkundelnden Texten sind die Expeditionsfilme Vorstoss nach Paititi (1954–56) und Hito-Hito (1958) ikonografisch von einer strengen Klarheit. Ertl bekommt etwas Asketisches.

Nach der Katastrophe der Anden-Amazonas-Expedition – die Ausrüstung stürzt in einen Fluss – zieht sich Ertl auf seine Hazienda Dolorida zurück. Er wird Bauer. Seine Tochter, die 1958 bei Hito-Hito Assistentin war, schließt sich der Guerilla von Che Guevarra an. Die Erschießung des bolivianischen Konsuls in Hamburg, ihr Tod bei Straßenkämpfen in La Paz ist inzwischen Legende. Der Dokumentarfilm Gesucht: Monika Ertl (Christian Baudissin, 1988) versucht die Verquickung von politischer Radikalisierung und Elternhaus mit Nazi-Vergangenheit zu entschlüsseln. Der alte Ertl wird von Wolfgang Brög und Matthias Fanck für einen TV-Dokumentarfilm porträtiert. Die Hazienda wird von der Natur wieder zurückerobert. Ertl erklärt sie zum Naturschutzgebiet. Sein Grab ist schon lange ausgehoben. Ein Mönch, der mit seinem Sarg lebt. Neben dem Grab hat er zwei Araucarien gepflanzt, «weil die mich immer so an die Fichten meiner bayerischen Heimat erinnern».[10] Am 23. Oktober 2000 stirbt er, 92 Jahre alt, ein Dinosaurier der Filmgeschichte. Im Positiven wie im Negativen gilt für Ertl die Formulierung von Balász: «Jedes Bild meint eine Einstellung, jede Einstellung meint Beziehung, und nicht nur eine räumliche. Jede Anschauung der Welt enthält eine Weltanschauung. Darum bedeutet jede Einstellung der Kamera eine innere Einstellung des Menschen. Denn es gibt nichts Subjektiveres als das Objektiv. Jeder Eindruck, im Bild festgehalten, wird zu einem Ausdruck, ob das beabsichtigt war oder nicht.»[11]

---

10 Hans Ertl nach Matthias Fanck: Der letzte Gipfel. In: *Süddeutsche Zeitung*, 09. 11. 2000.
11 Béla Balázs: *Schriften zum Film. 2. Band*. Budapest 1984. S. 71.

Gabriel Figueroa

Auch die Natur braucht Kunst.

Gabriel Figueroa

Die Natur bei Figueroa ist wie eine schöne, aber fleischfressende Orchidee. In der künstlerischen Gestaltung Figueroas blickt sie uns mit tausend Augen an, mit lasziven, glasigen, erschreckten, verlassenen, gerührten, schicksalhaften, blinden, unheilvollen, tödlichen, eigenwilligen. Dadurch wird etwas sichtbar von der Gestalt jenes Terrors und jener Faszination, die er zu erschaffen liebt, um uns darauf blicken zu lassen mit Furcht vor dem, was wir erblicken müssen, was unabhängig von uns existiert, und was uns – wenn wir fortfahren hinzublicken – einholt, tödlich ergreift und zurückversetzt in die Welt der mexikanischen Natur, die so unversehens und plötzlich bezwungen ist durch den Stein und die Gärten, durch fremde Hände und fremden Glanz.

Carlos Fuentes

1935. Gabriel Figueroa, ehemaliger Kunststudent, ist seit drei Jahren Kameraassistent in Mexico City. Seine Begabung fällt auf und er bekommt ein Stipendium für Hollywood. Dort lernt er Gregg Toland kennen, der gerade LES MISÉRABLES abgedreht hat. Er fragt Toland, wie er es gemacht hat, dass in dem Film zwei von vorne ausgeleuchtete Schauspieler unter einer Straßenlaterne stehen, und dennoch der Schattenbogen der Laterne an der Wand dahinter zu sehen ist. Toland hatte den Schatten malen lassen. Er ist von Figueroas scharfem Blick so beeindruckt, dass er ihn sofort unter seine Fittiche nimmt. Figueroa ist Toland fortan freundschaftlich verbunden und macht keinen Hehl daraus, dass er sich als Schüler von Toland betrachtet.

Toland wiederum macht John Ford später für THE FUGITIVE (1947) auf Figueroa aufmerksam. Tolands berühmte panfocus-Technik aus CITIZEN KANE wird von Figueroa aufgegriffen. In RIO ESCONDIDO (1947) filmt er eine Messe mit dem Priester im Vordergrund und der Gemeinde in einer Tiefenschärfe, die selbst Toland verblüffte. Er setzt das Gamma, die Kontrastkurve des Filmmaterials herab, um einen stärkeren Kontrast zu bekommen, und setzt zum Ausgleich Scheinwerfer auf Flächen, die weiß sein sollten. Oft arbeitet Figueroa mit einem 25 mm-Objektiv, das er durch einen Verkleinerungsvorsatz auf 20 mm trimmt; damit erzeugt er bei Landschaftsaufnahmen noch majestätischere Weiten als Toland.

«Alle Kameraleute lassen sich vom deutschen expressiven Kino der zwanziger Jahre herleiten, wo man die Bilder zu komponieren pflegte», sagt Figueroa und fährt fort: «Die Beleuchtung malt über die Innendekors. Die Beleuchtung ist das Privileg des Kameramanns. Er ist der Herr des Lichts.»[1] Nach seinen deutschen Vorbildern befragt, nennt Figueroa ohne langes Nachdenken die Filme GOLEM, CALIGARI, FAUST und METROPOLIS. Bei zwei dieser vier Filme hat Karl Freund die Kamera geführt. Karl Freund war es auch, der 1934/35 für seinen Film MAD LOVE Gregg Toland als Kameramann holte. Toland, der von der «Kontrastwirkung und der dunklen Atmosphäre» schwärmt, hatte bei Freund die Geheimnisse der deutschen Kamerakunst aus erster Hand gelernt.[2]

Die ästhetische Verwandtschaft Figueroas zur deutschen Kameraschule wird noch durch einen anderen Zusammenhang erhellt. 1942 veröffentlich Antonioni einen fast vergessenen Text über ‹Nuvole fotogeniche›, über fotogene Wolken als Elemente einer genuin filmischen Poesie und Dramaturgie.[3] Als Beispiele nennt er vor allem den deutschen Bergfilm (GEIERWALLY, Trenker-Filme...), aber auch Eisensteins Mexikofilm, den Western und ähnliche Beispiele. Steigende, quellende, ziehende, majestätische Wolken stehen im Kontrast zur Enge der bürgerlichen Welt und der Korruption der Metropolen. Das expressive Moment ist in diesem Strang der Filmgeschichte ausgewandert in Naturfotografie und Wolkensymbolik. Dass diese Gestaltung nicht zu verwechseln ist mit Vorgefundenem macht Antonioni unzweideutig klar; er spricht u.a. von einer Gestaltung der «forze soprannaturali», der übernatürlichen Kräfte. Vier Jahre später, 1946, schwelgte das ganze Filmfestival von Venedig in den ‹Wolken von Figueroa›; zu sehen war der Film LA PERLA von Emilio Fernández nach einem Drehbuch von John Steinbeck.

Figueroa hatte, beginnend mit einem alten Agfafilter, mit Infrarotfiltern experimentiert: «Ich kaufte (den Infrarot-Filter) von dem Agfa-Händler in Mexico City, als er nach Deutschland zurück musste, um im Krieg zu kämpfen. Er gab mir die Blende f: 2 bei 100 ASA, mittags in Acapulco [...]. Später kaufte ich eine Reihe von Wratten-Filtern und kombinierte grüne Filter mit etwas schwächeren Rotfiltern, um den Infrarot-Effekt in variablen Intensitäten zu bekommen. Wir mussten die Lippen der Schauspieler braun anmalen, sonst wären sie weiß geworden.»[4] Es folgen 1947 auf dem

---

1 Gabriel Figueroa nach Armin Wertz: Herr über das Licht. In: *Filmbulletin*, Nr. 3, 1991.
2 Interview mit Gregg Toland. In: *Revue du Cinéma*, Nr. 4, 1947.
3 Michelangelo Antonioni: Nuvole fotogeniche. In: *Cinema*, Nr. 148, 1942.
4 Gabriel Figueroa nach Tom Dey: Gabriel Figueroa: Mexico's Master Cinematographer. In: *American Cinematographer*, March 1992.

europäischen Markt María Candelaria (1943) und Enamorada (1946), wieder von dem Paar Fernández (Regie) und Figueroa (Kamera). Die Revue du Cinéma rühmte «die Großartigkeit dieser tropischen Natur» (Edouard Klein)[5] und die «magische Kamera Figueroas» (Lo Duca);[6] auch hier ist die Kraft der Gestaltung so stark, dass die Lichtgebung als «presque surnaturelle», fast übernatürlich empfunden wird. Auf diesen Umgang mit der Natur angesprochen, bekennt Figueroa: «Auch die Natur braucht Kunst.»[7]

Lichtgebung, Wolken, Atmosphärisches, mit die wichtigsten Elemente bei Figueroa, haben noch eine andere, schlechthin klassische Quelle. Figueroa berichtet, wie enttäuscht er über seine ersten Erfahrungen mit der Fotografie war. Nichts wurde so, wie er es sah oder gar komponieren wollte. Er entdeckte dann die posthume Schrift von Leonardo, ‹trattato di pittura›, in der auch ausführlich Probleme des ‹sfumato› behandelt werden. Leonardo diskutiert die Verschiebung von Licht, Farbqualität (heute würde man wohl von Farbtemperatur sprechen) und Atmosphäre durch Distanz, Dunst und andere Faktoren; typisch ist in Leonardos Malerei die blaue Ferne im Dunst. Auf diesen Beobachtungen aufbauend, entwickelte Figueroa seine berühmte Filtertechnik. Er arbeitet mit über 4.000 Filtern und der Umstand, dass Farblabors nur mit etwas mehr als 2.000 Filtern arbeiten, erfüllt ihn geradezu mit Verachtung. An diesen Kunstgriffen scheiterten regelmäßig die Versuche, Figueroa nachzuahmen. Elia Kazan verlangte von Joe McDonald für Viva Zapata! (1951) den Figueroa-Stil zu imitieren. Für die Außen/Nacht-Szenen gelang es partout nicht, die grafische Wirkung von Figueroa zu treffen. Figueroa ließ Kazan mitteilen: «Nehmt einen leichten Nebelfilter und belichtet etwas zu wenig. Das war's dann.»[8]

Mit der Tradition der Renaissance verbindet Figueroa auch seine Vorliebe für extreme Perspektiven. Er wählt allerdings fast immer den Typus der Zentralperspektive mit einem dominanten seitlichen Fluchtpunkt der Diagonalen, wie er für den Manierismus typisch ist. Geradezu umwerfende Beispiele dafür finden sich in Enamorada und Río Escondido, wo zentralperspektivisch gebaute Räume extrem in die Diagonale gesetzt werden. Mit dem Manierismus verwandt sind auch die verkürzten Perspektiven (‹escorzo›), die die mexikanischen Muralisten bevorzugen. Figueroa ist mit Rivera, Orozco und Siqueiros eng befreundet, die Wirkung war wechselseitig. Das revolutionäre Pathos seines Bildstils ist aber auch, wie er ausdrücklich erklärt, von Eisenstein mitgeprägt, primär von Panzerkreuzer Potemkin, weniger von seinem Mexikofilm, den Figueroa erst in den 1950er Jahren sieht.

---

5   Edouard Klein: Une Tragédie rustique. In: *Revue du Cinéma*, Nr. 5, 1947.
6   Lo Duca: Après María Candelaria: Enamorada. In: *Revue du Cinéma*, Nr. 8, 1947.
7   Persönliches Gespräch mit Gabriel Figueroa am 04. 03. 1994 in München.
8   Persönliches Gespräch mit Gabriel Figueroa am 04. 03. 1994 in München.

Die spanischen Eroberer haben in Mexiko vor allem Barock hinterlassen: Kirchen, Klöster, Paläste, Verwaltungsbauten, Marktplätze, Malerei. Bei der Plastik macht sich bereits die indianische Tradition in einer seltsamen Ornamentik unübersehbar bemerkbar. Figuroas Kameraarbeit liebt Bilder von manieristischer Dynamik und expressiver Lichtgebung. Aber gleichzeitig verharrt sie in einer vorbarocken Statik. Neben der barocken Volkskultur gibt es in Mexiko die verborgene, unterdrückte indianische Volkskultur. Der lineare Stil der Korbflechterkultur des Nordens, der der Regisseur Emilio Fernández, ‹El indio›, entstammt. Oder die für unsere Augen groteske Ornamentik der Azteken. Das eigentlich nationale und zugleich revolutionäre Element bei Figueroa ist in seiner Vorliebe für grafische Strenge und Bilder mit statischen horizontalen, vertikalen und diagonalen Linien zu suchen. «Kameragraph» hat ihn Ulrich Seelmann-Eggebert einmal sehr treffend getauft.[9]

Wo andere Kameraleute fahren oder panoramieren, arbeitet Figueroa mit strengen Schnittfolgen und -winkeln, d.h. er hat einen Bildstil, der der Regie und dem Schnitt auf spezifische Weise feste Vorgaben liefert. Zu Beginn von LA PERLA und von ENAMORADA zeigt er verschiedene Ansichten derselben Szene. aber die verschiedenen Kamerastandpunkte und Fluchtpunkte bilden Parallelen, d.h. die Aufnahmewinkel sind konstant. Das ist durchaus vergleichbar dem filmischen Konstruktivismus etwas eines Michael Snow. Eine Winkelkonstante ist auch beim Licht festzustellen, sei es das Führungslicht oder das Sonnenlicht, fast immer liegt der Winkel bei 45°. Eine leichte Untersicht der Kamera von etwa 30° ist fast schon Norm, sie entspricht dem Blick eines Menschen, der am Boden kauert, das mexikanische Pendant zum Blick von der Tatamimatte bei Ozu. Deutlich unterschieden davon sind extreme Untersichten (ca. 45°) bei Erschießungen u.ä. dramatischen Szenen, wo die Kamera auch schon mal aus einem Loch heraus filmt.

Künstliche Beleuchtung benützt Figueroa innen genauso wie außen. Er geht dabei von den natürlichen Lichtquellen aus, aber gestaltet sie dann ganz eigenmächtig. Er spricht von «delimitar la realidad» und «transfigurar la realidad», die Realität begrenzen und überschreiten.[10] Der Schluss von ENAMORADA arbeitet ganz mit manipuliertem Außenlicht. Flackernde Lagerfeuer vor einer Wand, an der sich riesig eine Schattenarmee bewegt, und Maria Félix, die in der Dämmerung hinter der Armee von Pedro Armendáriz hermarschiert (sichtlich entlehnt dem Schluss von MOROCCO). John Ford, so berichtet Figueroa, war über diesen fulminanten Schluss total perplex. Für die extremen Spiele von Licht und Schatten in THE FUGITIVE ließ er Figueroa jede Freiheit.

Weniger glücklich, entsinnt sich Figueroa, war die Zusammenarbeit mit John Huston (NIGHT OF THE INGUANA; 1964; UNDER THE VOLCANO; 1984); das Licht ist von

---

9 Ulrich Seelmann-Eggebert: Das Pathos der Wirklichkeit in Mexiko. In: *Filmforum*, November 1959.
10 Gabriel Figueroa: Declaracion de oficio. In: *Artes de Mexico*, Nr. 2, 1988.

Figueroa, die bewegte Kamera von Huston. «Er ist ein Meister des Rhythmus», erklärt Figueroa, «sechzig Prozent des Films sind bewegte Einstellungen.»[11] Figueroas Methode läuft Hollywood-Konvention entgegen. Statt der Auflösung in Schnitt und Gegenschnitt bevorzugt Figueroa diagonale Anordnungen von Köpfen: Zweiergruppen, Dreiergruppen, Vierergruppen. Auch Buñuel lehnte Figueroas Bildkonstruktionen manchmal ab. Buñuel berichtet, dass Figueroa bei den Dreharbeiten zu NAZARÍN (1958) entsetzt war. «Er hatte eine ästhetisch perfekte Einstellung vorbereitet, mit dem Popocatepetl und den unvermeidlich weißen Wolken im Hintergrund – und ich habe die Kamera einfach umgedreht und sie auf eine ganz banale Szenerie gerichtet, die mir ehrlicher und passender erschien.»[12] Figueroa bestätigt das, aber gibt sich versöhnlich: «Ich habe mich immer mit ihm geeinigt, seine Filme einfach anders fotografiert als die von Emilio Fernández.»[13] Buñuel hatte natürlich seine guten Gründe, dass er Figueroa buchstäblich von Fernández abgeworben hat. Er war wohl weniger an dem Ästheten Figueroa als an seiner ganz unorthodoxen Bildgestaltung und Lichtgebung interessiert. Man braucht nur die späteren französischen Filme Bunuels zu vergleichen und sieht sofort den Unterschied: Bei Figueroa gibt es kaum Großaufnahmen und Gegenschnitte: er zeigt lieber geometrisch arrangierte Köpfe in Halbnah, die das grafische Gestalten erleichtern.

Diese Gestaltungsform ist für Figueroa eine Frage der künstlerischen Einstellung. Figueroa hat nur wenige Farbfilme gedreht. und sie sind durchaus gelungen. Aber wenn man aufpasst, wird man feststellen können, dass er relativ monochrome Bilder liebt. Figueroa spricht vom «Farbfilm ohne Farbe», wo die Farbe gewissermaßen rausgezogen ist.[14] Abbild-Realismus argwöhnt Figueroa beim Farbfilm. Grafisches Gestalten und Schwarz-Weiß sind für ihn Traum, Magie, Mysterium, aber auch Bilder mit Macht. «Farbe ist Malerei [...] Schwarz-Weiß ist wie Stechen oder Radieren.»[15] Für Figueroa. den Linken, der mit B. Traven eng befreundet war und auf Hollywoods Schwarzer Liste stand, ist das nicht nur eine Frage der Ästhetik, sondern auch der Politik. So, wie die Grafik von Dürer, Goya, Picasso, die er mehr noch als die Muralisten schätzt, auch politisch war.

Die 1940er Jahre brachten Lateinamerika im Windschatten des Zweiten Weltkriegs eine ökonomische und kulturelle Blüte. Eine Scheinblüte, wie wir heute wissen. Die große Zeit von Figueroa begann 1943 in der Zusammenarbeit mit Fernández bei FLOR SILVESTRE. Fernández, ursprünglich Schauspieler in Indiorollen (THE GAUCHO mit Douglas Fairbanks, 1927), steht wie Figueroa am Anfang seiner Karriere. Er dreht me-

---

11 Gabriel Figueroa nach Samir Hachem: Under the Volcano. In: *American Cinematographer*, October 1984.
12 Luis Buñuel: *Mein letzter Seufzer*. Königstein/Taunus. 1983. S. 206.
13 Persönliches Gespräch mit Gabriel Figueroa am 04. 03. 1994 in München.
14 Persönliches Gespräch mit Gabriel Figueroa am 04. 03. 1994 in München.
15 Interview mit Gabriel Figueroa. In: *American Cinematographer*, February 1975.

295–296 The Fugitive (John Ford, 1947), Bild: Gabriel Figueroa

297 The Fugitive

298 Pueblerina (Emilio Férnandez, 1948) Bild: Gabriel Figueroa

299–300 Río Escondido (Emilio Férnandez, 1947), Bild: Gabriel Figueroa

301–302 La Perla (Emilio Férnandez, 1946), Bild: Gabriel Figueroa

303–304 Enamorada (Emilio Férnandez, 1946), Bild: Gabriel Figueroa

305–306 El Ángel Exterminador (Luis Buñuel, 1962), Bild: Gabriel Figueroa.

lodramatische Revolutionsfilme wie FLOR SILVESTRE, ENAMORADA und RÍO ESCONDIDO und revolutionäre Melodramen wie MARÍA CANDELARIA, LA PERLA, PUEBLERINA und VÍCTIMAS DEL PECADO. Der Ton wurde nachsynchronisiert. Wenn die mexikanische Revolutionsarmee eine Stadt erobert, spielt am Set eine mexikanische Kapelle auf, und wenn Straßenmädchen Ganoven daran hindern, ein uneheliches Kind in den Mülleimer zu werfen, wird die Szene von Gitarristen begleitet. Zu romantischen Liebesgeschichten gibt es sentimentale Lieder und der Tequila fließt in Strömen. Fernández war ein mexikanischer Waffennarr und wie viele er erschossen hat, weiß man nicht so genau. Figueroa jedenfalls zog es vor, nach dem zweiten Drink immer zu gehen. Aber mit der Kamera konnte er machen, was er wollte.

Figueroa hätte damals auch Regisseur werden können. Zu diesem Thema befragt, meint er schmunzelnd, dass er Fernández des Öfteren vertreten hat, wenn dieser krank war. Aber wenn Fernández wieder nüchtern war, hatte Figueroa alle Lust an der Regiearbeit verloren, weil ihn das bloß von der Kamera, seinem eigentlichen Anliegen, ablenkte. Fernández und Figueroa drehten einen Welterfolg nach dem anderen. In den 1950er Jahren beginnt der Kampf um Figueroa. Buñuel dreht mit ihm sieben Filme, von LOS OLVIDADOS (1950) über EL ÁNGEL EXTERMINADOR (1962) bis SIMÓN DEL DESIERTO (1965). Und Robert Galvadón, ein mexikanischer Parlamentarier mit Filmbegabung, will ihn auch. Dolores del Rio, Maria Félix und Pedro Armendáriz, die Stars der Fernández-Figueroa-Filme werden abgeworben. Fernández kehrt schließlich frustriert zum Beruf des Schauspielers zurück (RETURN OF THE SEVEN; 1966; THE WILD BUNCH; 1969). In Fernández' Filmen, so resümiert Carlos Fuentes, lieferte Figueroa «das endgültige künstlerische Bild der mexikanischen Revolution. [...] Er schloss das Thema praktisch visuell ab.»[16]

---

16 Carlos Fuentes nach Armin Wertz: Herr über das Licht. In: *Filmbulletin*, Nr. 3, 1991.

Karl Freund

> (Die Kamera ist) das spezifische und einzig wesentliche Werkzeug des Films, wie der Zeichenstift das des Grafikers, der Pinsel das des Malers und der Meißel das des Bildhauers.
>
> *Karl Freund*

> Vor allem brauchen wir ein verständnisvolles und einfühlsames Teamwork zwischen Regisseur und Kameramann[…]. In den alten Tagen war dieses einfühlsame Verständnis zwischen den beiden Schlüsselpositionen der Produktion selbstverständlich.
>
> *Karl Freund*

Das deutsche Kino der 1920er Jahre war wesentlich auch ein Kino der Kameramänner: Seeber, Hoffmann, Wagner, Rittau, Schüfftan, Sparkuhl, Baberske, Krampf, Schneeberger... Die Leistung der deutschen Kameramänner hatte Weltruf. Aber keiner besaß international ein solches Renommee wie Karl Freund. «Ace of photographers/das Ass unter den Kameraleuten» schreibt die angloamerikanische Presse Ende der 1920er Jahre.[1] Die ASC, sonst so restriktiv, teilt ihm 1930 mit, dass sie ihn als «den bedeutendsten Kameramann Europas» gerne als Mitglied begrüßt.[2] Das verdankt sich vor allem zwei Filmen: DER LETZTE MANN (1924) und VARIETÉ (1925). Karl Freund war der Mann mit der entfesselten Kamera. Es war das erste Mal in der Filmgeschichte, dass die Kamera nicht nur ausnahmsweise einmal schwenkte oder Fahrten machte, sondern systematisch in Fluss blieb und als subjektive Kamera sogar zum Akteur wurde. «Platziert auf einem Wagen, glitt die Kamera dahin, erhob sich, schwebte oder schlich sich überall ein, wo die Handlung es verlangte. Sie war nicht mehr konventionell auf einem Stativ fixiert, sondern wurde selbst zur handelnden Person» (Marcel Carné über DER LETZTE MANN).[3] Und Léon Moussinac schrieb über VARIETÉ: «Das Objektiv, indem es beständig seinen Platz wechselt, zeigt die Szene, das Detail, den Ausdruck im jeweils

---

1 Blattner's New £250.000 Co. In: *Bioscope*, 17. 05. 1928.
2 Brief von William Stull, Geschäftsführer der ASC, an Karl Freund. Zitiert nach George Turner: The Two Faces of DRACULA. In: *American Cinematographer*, May 1988.
3 Marcel Carné nach Marcel Lapierre: *Anthologie du cinéma*. Paris 1946. S. 233f.

günstigen Winkel [...]. Man sieht keine Schauspieler mehr, die vor der Kamera agieren [...] Jannings spielt ebensoviel mit seinem Rücken wie mit seinem Gesicht.»[4] Diesem filmgeschichtlich entscheidenden Durchbruch sind deshalb zwei eigene Kapitel gewidmet.

Freund gehört zu jener Generation, die mit dem Kino geboren wurde. Mit sechs Jahren sieht er Lumières berühmten Eisenbahnzug, der trotz statischer Kamera mit großer Dynamik aus der Bildtiefe in den Bahnhof von La Ciotat einfährt. Ein prägendes Schlüsselerlebnis. Als Fünfzehnjähriger beginnt Karl Freund bei Duskes-Film als Vorführer, ein Jahr später erhält er die erste amtliche Vorführlizenz überhaupt. Sein technisches Geschick fällt auf. 1907 steht er bereits hinter der Kamera. Seine ersten wichtigen Filmarbeiten sind die beiden Max Reinhardt-Filme von 1913, bei denen er wohl als zweiter Kameramann beteiligt war. «Nicht Murnau, auch Wiene, Martin, Leni nicht, und Fanck, Trenker, Riefenstahl auch nicht, sind die Erfinder des deutschen Films, sondern Max Reinhardt» (Ulrich Kurowski).[5]

Die Kameraarbeit der Filme ist uneinheitlich, widersprüchlich. Teils frühes unbeholfenes Kintopp, teils umwerfend. In EINE VENEZIANISCHE NACHT fährt der Zug von Mestre nach Venedig. Die Dynamik, mit der er ins Bild vorstößt, ist wie ein Reflex auf Lumière. Später gondelt die Kamera durch Venedig. Sonne und Wasser flirren pointilistisch. DIE INSEL DER SELIGEN bringt Böcklin nach Marina di Massa, das Reinhardt-Ensemble geriert sich südländisch schlampig, trotz Verstümmelungen der Zensur dürfen wir immer noch viel Fleisch, eindrucksvolle Schmerbäuche von Tritonen und Waldschratten und knackige Brüste von Nereiden bewundern. Das Licht simuliert die Deutschrömer, mythisch-allegorische Figurinen in Nuancen des satten Erdigen und südliche Szenerien in fein abgestuften Tönen. Marées in den Tableaux. Böcklin im Mittelgrund, Feuerbach im Prospekt. Kein einheitlicher Stil, aber gestalterisch auffällig.

1913/14 arbeitet Freund, wohl wieder als zweiter Kameramann, an den frühen Asta Nielsen-Filmen mit, die sämtlich unter der Regie von Urban Gad entstehen. Es sind kleine Farcen und Melodramen und immer auch Milieustudien. Nielsen in Hosenrollen (ZAPATAS BANDE), als Backfisch (ENGELEIN), als Proletariermädchen (VORDERTREPPE UND HINTERTREPPE) und als Vamp (DIE FILMPRIMADONNA). In ZAPATAS BANDE ist Marina di Massa wieder Drehort, diesmal für eine Räuberfarce mit italienischer Folklore. Ganz in lichten hellen Tönen ist ENGELEIN gehalten; ein zeitgenössischer Rezensent vermisst ausdrücklich die «eigentümlichen Filmwirkungen» von «Licht und Schatten».[6]

---

4   Léon Moussinac: *Panoramique du cinéma*. Paris 1929. S. 51.
5   Ulrich Kurowski: Weiße Felder der Filmhistorie. In: *Film-Korrespondenz*, Nr. 8, 1993.
6   Alexander Elster: Engelein. In: *Bild und Film*, Nr. 8, 1913/14. Diese etwas schematische Forderung nach

Vordertreppe und Hintertreppe ist eine so dick aufgetragene Milieustudie, dass Der Kinematograph feststellt: «Das Zimmer im Hinterhaus sah man nicht nur – man roch es auch.»[7] Die Filmprimadonna präsentiert die Nielsen in Vamp-Pose. Mit den großen schwarzen Augen und versteinertem Gesicht ist sie wie eine Schwester von Buster Keaton. Transsexuelle Schönheit in Bildern von gestochenem Schwarz und Weiß. Urban Gad ist ein Regisseur mit einem Faible fürs Fragmentarische und Eklektizistische. «Einzelne Bäume in schöner Gruppierung geben ein besseres Bild als ein ganzer Wald, der auf dem Film wie ein großer schwarzer Flecken wirken würde. Ein schmales Gewässer mit kleinen Stromschnellen wirkt besser als ein großer Fluss, der wie eine breite tote Fläche aussehen würde» (Urban Gad).[8]

Ein Dutzend Filme ohne einheitlichen Bildstil, aber mit einer gewissen Tendenz, die langsam sichtbar wird: Pleinairismus. Wo die Tendenz des deutschen Kamerastils zum expressiven Bild geht, lassen sich bei Freunds Kameraarbeit nur sechs Beispiele nominell gesichert, faktisch oder nach Literaturlage dingfest machen: Der Bucklige und die Tänzerin (Murnau, 1920), Der Januskopf (Murnau, 1920), Der Golem, wie er in die Welt kam (Wegener, Boese, 1920), Der verlorene Schatten (Gliese, 1920), Der brennende Acker (Murnau, 1921) und Michael (Dreyer, 1924). Diese Beispiele sind fast ausschließlich in der unmittelbaren Folgezeit von Caligari angesiedelt; die erhaltenen Kopien sind – bis auf Michael – durchaus mit Momenten von auffälligem Pleinairismus durchsetzt (etwa die Szene mit Golem und dem kleinen Mädchen, die Naturaufnahmen in Der verlorene Schatten; auch die fast Liebermannschen Milieustudien in Der brennende Acker deuten auf Karl Freund).

Über Michael schreibt Tom Milne: «Den ganzen Film hindurch hat Zorets Malerei, und in Verlängerung Kunst überhaupt, eine Bedeutung, die nicht exakt als symbolisch, sondern mehr noch als magisch (oder vampirisch) beschrieben werden könnte [...].»[9] Karl Freund war für die Innenaufnahmen zuständig. Das Haus des Malers Zoret ist von Hugo Häring wie eine Gruft gebaut. Für Pleinairismus hatte die Kamera von Karl Freund also keine Chance. Andererseits scheint das Zusammentreffen von Freund und Dreyer von geradezu filmhistorischer Bedeutung. Dreyers Affinität zu Murnau ist durchgängig, aber mit Michael beginnt eine Schaffensperiode Dreyers, in der immer wieder jenes fast metaphysisch besetzte ‹Licht von Murnau› zu sehen ist. Freunds Vermittlerfunktion erhärtet sich, wenn man die Beweglichkeit der Kamera in Dreyers Salon und Murnaus Hotel vergleicht, die unendlichen Variationen mit Kunstlicht im

---

filmspezifischen Bildern gibt den Tenor einer fortgeschrittenen filmkritischen Debatte wieder, die aus der Kinoreformer-Bewegung kam. Vgl. dazu Helmut H. Diederichs: Anfänge Deutscher Filmkritik. Stuttgart 1986. S. 102 ff.
7 Vordertreppe und Hintertreppe. In: *Der Kinematograph*, 29. 03. 1916.
8 Urban Gad nach Egon Friedell: *Wozu das Theater?*. München 1965. S. 106.
9 Tom Milne: *The Cinema of Carl Dreyer*. New York, London 1971.

Haus des Malers und die Nacht- und Interieurszenen bei Murnau oder die vereinzelt durchs Bild flutenden Lichtkegel im Kontrast zu dem düsteren Haus und Murnaus brennende Lichtkegel nach Jannings' Abstieg in die Vorhölle.

Andere Filme dieser Periode zeigen dagegen Freund als einen Kameramann, der Lichtimpressionen und das opaleszierende Spiel von Reflexen zu zaubern verstand – im Exterieur ebenso wie im Studio. So in den schillernden Studiolandschaften in DAS BRILLIANTENSCHIFF (Lang, 1919), in der gleißenden mittelmeerischen Atmosphäre von LUCREZIA BORGIA (Oswald, 1922) und in DIE FINANZEN DES GROSSHERZOGS (Murnau, 1923). In DER LETZTE MANN wird die Tendenz offensichtlich: «Fast impressionistisch werden Licht, Regen, Nachtstimmung in ihrem gleitenden Wandel wiedergegeben» (Lotte Eisner).[10] Dass gerade Mayers expressionistische Kinovision der entfesselten Kamera in dem «fast impressionistischen» Kammerspielfilm DER LETZTE MANN ihre Verwirklichung fand, ist eine der bemerkenswertesten Paradoxien der Filmgeschichte.

«Hier», schreibt Karl Freund, «tritt das technische Moment vollkommen hinter dem der Stimmung zurück und es bleibt die reine künstlerische Leistung. Zuerst und vor allem muss der Operateur die Stimmung der Szene beherrschen.»[11] Freund ist ein Fanatiker der Stimmung und psychologisierenden Porträtkunst, was sich mit purem Expressionismus nicht verträgt. Die bewegliche Kamera ist für Freund eine humanistische: «[…] auf dem Stativ befestigt, ist (die Kamera) fixiert und unbeweglich wie ein Gott. Indem sie herabsteigt, wird sie menschlich […].»[12] Freunds Sonderstellung wird am deutlichsten von Rudolf Kurtz gesehen: «Freund, Deutschlands bedeutendster Kameramann, arbeitet mit dem Licht als der entscheidenden raumgestaltenden Qualität. Wenn auch von ihm bisher kein ausgesprochen expressionistischer Film aufgenommen wurde, spürt man aus allen seinen Filmen, wie sehr ihn die kompositorische Macht des Lichtes erfasst hat.»[13]

In TARTÜFF (Murnau, 1926) ist in eine realistische Rahmenhandlung ein barockisierendes ‹Marionettenspiel› eingefügt. Karl Freund erklärt dazu: «Ich habe den Prolog wie den Epilog in einem milderen Stil gefilmt und den Schauspielern jedes Schminken verboten; ich habe sie unter den ungewöhnlichsten Einstellungen aufgenommen, dagegen die eigentliche Handlung der Filmkomödie selbst artifiziell gedämpft, wie durch Gaze gefilmt.»[14] Die Kamera modelliert Gesichter und Architektur mit «einer gewissen rhythmischen Schwere», die «jene kleine Lokalnotiz menschlicher Eigenheiten» nachzeichnet, wie es Lotte Eisner schon bei DER LETZTE MANN als paradoxe Folge der

---

10 Lotte H. Eisner: *Die dämonische Leinwand*. Frankfurt/Main 1975. S. 212.
11 Interview mit Karl Freund. In: *Filmkurier*, 30. 05. 1925.
12 Karl Freund: Lines, Light and Lenses. In: *The Bioscope British Film Number*, December 1928.
13 Rudolf Kurtz: *Expressionismus und Film*. Berlin 1926. S. 123.
14 Interview mit Karl Freund in: *Close Up*, Nr. 1, 1929.

entfesselten Kamera auffiel.[15] Die Kamera, die den Raum über mehrere Stockwerke hinweg souverän beherrscht, ist in ihrer weit ausholenden Bewegung scheinbar langsamer als das hohe Schnitt-Tempo, das der Stummfilm zu dieser Zeit bereits erreicht hatte. Zusätzlich aktiviert wird der filmische Raum durch die Lichtgebung. Passagenweise ist TARTÜFF eine «wahre Beleuchtungssymphonie» (Lotte Eisner).[16] Die hohe Kunst Karl Freunds als Porträtist wird durch den virtuosen Einsatz der Beleuchtung akzentuiert. Ausgiebig macht die Bildgestaltung auch Gebrauch von subjektiver und pseudosubjektiver Kameraführung. Der Rücken von Jannings spielt schon eine fast ebenso bedeutsame Rolle wie in VARIETÉ (Dupont, 1925).

In VARIETÉ übertrifft sich Freund selbst, die Kamera wird zum zweiten Regisseur. «Selbst die Luftakrobaten-Nummern, die Murnau ein paar Jahre später in seinem amerikanischen Film DIE VIER TEUFEL mit all seiner optischen Magie gestaltet, haben diese unnachahmliche Virtuosität nicht aufzuweisen» (Lotte Eisner).[17] Wenn TARTÜFF eine Beleuchtungssymphonie ist, ist VARIETÉ der Versuch, den Alltag mit Licht zu bauen: «Die vertrauten Schauplätze: ein Varieté, ein Cafe und ein muffiger Hotelflur schienen von innen her zu glühen. Es war, als ob man dieses alltägliche Umfeld zuvor nie wahrgenommen hätte» (Kracauer).[18]

DER LETZTE MANN, TARTÜFF, VARIETÉ – so unterschiedlich diese Filme im Einzelnen sein mochten, waren sie doch alle stark grafisch, stellenweise fast skizzenhaft. Bei METROPOLIS (1925/26) arbeitet Freund mit Fritz Lang, der die Kamera wie einen Faustkeil benützt. Die ornamentale Gewalttätigkeit von METROPOLIS verlangt vom Operateur äußerste Kameratechnik, aber keine Kamerakunst. Freunds Kamera findet sich in METROPOLIS ganz äußerlich als bloßer Effekt und von den künstlerischen Möglichkeiten her um Jahre zurückgeworfen. Günther Rittau, einer von Freunds Mitarbeitern bei METROPOLIS, schildert, wie die brillanten Filmtricks sich in einer technischen Apotheose erschöpfen: Schüfftan-Verfahren, Modellbauten und Stoptrick, die Frankenstein vorwegnehmende Menschwerdung der falschen Maria mit dem leuchtenden Blutsystem und sprühenden Funken, Abdeckungen und Überblendungen. «Soviel mag hier angedeutet werden, dass Kasch, Schlieren, Schmierseife, Vignetten und äußerst komplizierte, eigens konstruierte Apparate eine entscheidende Rolle spielen.» So Günther Rittau, dem über die Kameraarbeit an METROPOLIS bezeichnenderweise nur etwas über die Trickaufnahmen einfällt.[19]

Nach den Renommee-Filmen DER LETZTE MANN, VARIETÉ und METROPOLIS ist Karl Freund international berühmt. Die Fox gewinnt ihn 1926 als Produktionsleiter für die

---

15 Lotte H. Eisner: *Die dämonische Leinwand*. Frankfurt/Main 1975. S. 214f.
16 Lotte H. Eisner: ebd. S. 271.
17 Lotte H. Eisner: ebd. S. 281.
18 Siegfried Kracauer: *Von Caligari zu Hitler*. Frankfurt/Main 1979. S. 136.
19 Günther Rittau: Die Trickaufnahmen in METROPOLIS. In: *Reichsfilmblatt*, Nr. 2, 1927.

Fox-Europa, die im Rahmen ihrer Quotenfilm-Produktion große Freiheiten gewährt. Es entstehen u.a. die experimentellen Filme K 13513, Die Abenteuer eines Zehnmarkscheines (Viertel, 1926) und Berlin – Die Sinfonie der Grossstadt (Ruttmann, 1927). Freund wird zu einem Exponenten des Kunstfilms. 1926 wird er Vorsitzender des ‹Klubs der Kameraleute›. Unter der Ägide von Freund, Heinrich Mann, Pabst, Piscator u. a, konstituiert sich 1928 der ‹Volksverband für Filmkunst›. Freund gründet eine ‹Gesellschaft für den absoluten Film›, wo sich Interessierte die Avantgarde der Zeit ansehen; Freunds persönlicher Favorit ist Man Ray. Die Idee zur Berlin-Sinfonie stammt von Carl Mayer, der die «Restriktionen und die Künstlichkeit des Studios satt hatte», wie sein Freund Paul Rotha berichtet;[20] die Aufnahmen mit versteckter Kamera aus verdeckten Lastwagen, mit einem präparierten Koffer oder mit Fernsteuerung (in einem Puff) nahm Freund selbst vor.

Noch 1925, unter dem Eindruck von Der letzte Mann und Tartüff, sprach sich Freund für die Arbeit im Atelier aus, da er dort die Beleuchtungstechnik voll unter Kontrolle habe. «Die Beleuchtungstechnik ist das ABC des Operateurs», erklärt er. Die damals noch gebräuchlichen Quecksilberlampen mit ihrem unbarmherzigen Licht dienen ihm für seine intensiven Porträtstudien: «Alles kommt auf das Bild an, auf den Gesichts- oder Augenpunkt, unter dem ich das Geschehen im Film sehe. [...] oft stopfe ich mir Watte in die Ohren, ziehe mir das Tuch über den Kopf bei den Aufnahmen, um nur den Ausdruck des Schauspielers, nicht aber sein gesprochenes oder geschrieenes Wort zu hören.»[21] Anfang 1926 hält er eine Rede vor dem ‹Klub der Kameraleute›. Darin findet sich eine auffällige Passage: «[...] ernste Versuche, die im epischen Sinne vorhandene Handlung aus dem Film immer mehr herauszudrängen, waren bereits da und kommen immer häufiger wieder. Sie versuchen die Kunst der Kinematographie auf eine absolute ‹Handlung› hinzulenken, die weiter durch die Dynamik der objektiven und subjektiven Aufnahmebewegung bereits selbständig entstehen kann.»[22] In einem Interview ergänzt er: «Wer packende Filmstoffe dieser Zeit sucht, findet sie auf der Straße.»[23]

Dann scheinen die ersten Verhandlungen über seine Produzententätigkeit einzusetzen. Freund äußert sich über deutsche und amerikanische Filmproduktion. Er plädiert dafür, den Amerikanern die Konfektionsware zu überlassen und eine eigenständige nationale Linie zu finden. Als Produzent zeigt er ein künstlerisches Selbstverständnis, das noch über das Vorbild Pommer hinausgeht: «Es hat einen bestrickenden Zauber für mich, als Leiter einer Produktion, vom ersten Beginn der Manuskriptabfassung

---

20 Paul Rotha: It's in the Script. In: *World Film* News 1938.
21 Interview mit Karl Freund. In: *Filmkurier*, 03. 05. 1925.
22 Karl Freund: Die Berufung des Kameramanns. In: *Lichtbild-Bühne*. 23. 01. 1926.
23 Interview mit Karl Freund. In: *Lichtbild-Bühne*, 20. 03. 1926.

bis zum letzten Schnitt dieses filmische Schauen auf meine Mitarbeiter übertragen und ihr Werk bei jedem Schritt damit durchsetzen zu können.»[24] Er spricht sich für Drehbücher im Stil von Leonhard Frank und Carl Mayer aus, bricht aber auch eine Lanze für die Improvisation: «Improvisator aber sollte jeder Regisseur sein. Sozusagen eine ganze Kartothek der Einfälle muss er mit sich tragen, wie Jean Paul seinen berühmten Zettelkasten. In dem seltsamen Trancezustand seiner Arbeit hat er oft die allerbesten Eingebungen.»[25]

Für Karl Freund waren die Jahre nach dem großen Durchbruch mit DER LETZTE MANN eine Periode, die ihm ungeahnte Entfaltungsmöglichkeiten eröffnete. Das ist z.T. eine Kehrtwendung wie um 180 Grad. «Los vom Atelier», fordert er 1928[26] und 1929 erklärt er in einem Interview in Close Up: «Ich sehne mich nach dem Tag, wo ich vor Ort arbeiten kann, wie ein Journalist, der auf seine Manschetten kritzelt; ich sehne mich nach dem Tag, wo es kein Studio und keine Beleuchtung mehr gibt.»[27] Diese Auffassung hat er später auch unter Hollywood-Bedingungen vertreten: «Diese großen Photographien, auf denen die Leute geziert lächeln und grimassieren und sich ins Bild setzen... Bah! das ist keine Photographie. Ein leicht handhabbares Objektiv, Aufnahmen vom Leben, Realismus dagegen: das ist Photographie in ihrer reinsten Form.»[28]

Diese Entwicklung ist ohne die technische Seite schwer nachzuvollziehen. Freund, selbst ein begnadeter Techniker, hat die technischen Entwicklungen seiner Laufbahn immer wieder neu verfolgt, aber auch verworfen. Die Perfektionierung der Lichttechnik im Studio lässt ihn aufs Atelier schwören; die Tiefenschärfe etwa von TARTÜFF schien nur im Studio möglich. Aber die neuen Mittel von panchromatischem Film eröffnen ihm neue Möglichkeiten des Pleinairismus; speziell für die BERLIN-SINFONIE stellte sich Freund einen besonders hochempfindlichen Film her.

Das Atelier bot die vollständige Kontrolle über den Schaffensprozess, aber unter Ausschluss der Spontaneität. Herlth erinnert sich an Freund, der, «da ein Scheinwerfer flackert, wie der Blitz die Leiter hinauf zur Beleuchterbrücke kletterte und den Fehler korrigierte, oder wie er die schwere Kamera oft selbst in Position brachte oder plötzlich mitten in die Szene stürzte, dem Maskenbildner den Schminkstift entreißt und die Augenbrauen der Darstellerin nachzieht.»[29] Für die kinematografische Raumkonstruktion in DER LETZTE MANN ist der Einsatz von Zerrlinsen, Weitwinkel und ähnlichem Gerät, das damals die schwere Kamera noch zusätzlich belastete, notwendig gewesen.

---

24 Karl Freund: Wege, die ich suche. In: *Lichtbild-Bühne*, 02. 08. 1926.
25 Karl Freund: Revolutioniert das Drehbuch! In: *Berliner Tageblatt*. 1. Beiblatt, 16. 10. 1926.
26 Karl Freund: Kameramann/Filmautor/Architekt. In: *Lichtbild-Bühne*, 01. 01. 1928.
27 Interview mit Karl Freund. In: *Close Up*, Nr. 1, 1929.
28 Karl Freund nach Wick Evans: Karl Freund. Candid Cinematographer. In: *Popular Photography*, February 1939.
29 Robert Herlth: Erinnerungen. In: DIFF (Hg.): *Filmarchitektur. Robert Herlth*. München 1965. S. 51.

Ohne technische Verbesserungen, die das Gewicht reduzierten, wäre die größere Beweglichkeit im Außenbereich nicht realisierbar gewesen.

Ende der 1920er Jahre beginnt Freund intensiv mit Ton- und Farbverfahren zu experimentieren. 1928 argumentiert er neusachlich, dass die Hinwendung zur äußeren Wirklichkeit nicht nur Ton, sondern auch Farbe verlangt: «Farbe, ohne die die Schauspieler mechanische Puppen bleiben, Photographien mit Bewegung und menschlicher Rede angereichert.»[30] Doch trotz allem technischen Enthusiasmus ist Freund radikal in seiner Kritik, wenn die Resultate sich als kontraproduktiv erweisen. 1931 beklagt er den Verlust an Bildbedeutung und Beweglichkeit durch den Ton, «dass gerade der Tonfilm zum Unterschied vom stummen Film eine Situation hervorgerufen hat, die von einem Film mehr verlangt, als eine nichtssagende Handlung, die früher von einem tüchtigen Titelbearbeiter gerettet werden konnte.»[31] So groß seine ursprüngliche Begeisterung für die Farbe war, so groß seine spätere Enttäuschung. «Der überwiegende Teil der Farbfilme jedoch ist weiter nichts als Buntfilm – auf dem Niveau des Postkartenkitsches.»[32] Freund war in DER LETZTE MANN einer der ersten, der mit Hilfe von Weitwinkel (und Bauten in falscher Perspektive) Breitwandeffekte erzeugte. Aber den Breitwandfilm lehnte er mit Nachdruck ab. «Wir wollen Augen sehen, Lippen, das Aufleuchten in einem Menschengesicht, aber das Riesenformat tötet das alles, raubt uns die Intimität des Erlebnisses!»[33]

In den USA gründet der ewige Bastler Freund 1944 die Photo Research Corporation, die vor allem mit Instrumenten zur Lichtbestimmung hervortritt. Zweimal erhält Freund den Oscar. Für die Kameraarbeit an THE GOOD EARTH (Franklin, 1936) und einen technischen Oscar 1955 für die Entwicklung des Multicam-Verfahrens, das die ersten zwei Dekaden der Fernsehtechnik bestimmte. Dabei war das Multicam-Verfahren schon einmal in einer rudimentären Form von Karl Freund entwickelt worden: 1922, bei LUCREZIA BORGIA, hat die Kamera eine Pseudomobilität wie das Multicam-Verfahren, indem jede Szene mit vier Kameras aufgenommen wurde.

1930, nach einem kurzen Zwischenspiel in England, wird Freund von Carl Laemmle für die Universal als Kameramann abgeworben. Seine erste Arbeit bei Universal ist der Schluss von ALL QUIET ON THE WESTERN FRONT (Milestone, 1930). Universal wollte das pessimistische Ende des Films mit einer poetischen Wendung abmildern. Freund hat daraufhin kurz vor der Premiere noch die Schluss-Sequenz mit dem Schmetterling, seine eigene Idee, gedreht. Bei Universal fällt Freunds Kamera vor allem in Tod Brownings DRACULA (1930/31) auf. Hatte Freund im deutschen Kino den Expressionismus

---

30 Karl Freund: Lines, Light and Lenses. In: *The Bioscope British Number*, December 1928.
31 Karl Freund: Zur Dialog-Frage. In: *Filmkurier*, 13. 01. 1931.
32 Interview mit Karl Feund. In: *Film* (Velber), Nr. 9, 1965.
33 Karl Freund nach Hans Winge: Der Mann mit der umgeschnallten Kamera. In: *Neue Züricher Zeitung*, 13. 09. 1963.

auf impressionistische Beine gestellt, so gehört er in Hollywood zur deutschen Kolonie, die Techniken expressiver Bildgestaltung ins US-Kino transplantiert: «Die ganze Eröffnungssequenz ist vorzüglich. Der junge Renfield, der bei Sonnenuntergang in dem kleinen mitteleuropäischen Dorf eintrifft, die ängstlichen Bewohner, die sich einschließen, als das Licht undurchsichtiger zu werden beginnt, der klappernde alte Wagen, der erste Anblick des finsteren Kutschers, der den letzten Teil der Reise übernimmt, das zerfallene, in Nebel gehüllte Schloss, die Ratten und der Staub, der Graf und seine drei geisterähnlichen Konkubinen, die auf der breiten Treppe verteilt stehen – all das ist sehr atmosphärisch und großartig photographiert von Karl Freund» (Ivan Butler).[34] Neben Horrorfilmen wie MURDERS IN THE RUE MORGUE ist Freund bei Universal auf Filme mit europäischem Flair spezialisiert wie STRICTLY DISHONORABLE (Stahl, 1931) oder mit deutschem Milieu wie BACK STREET (Stahl, 1932). Mit John Fords AIR MAIL (1932) beweist Freund aber auch, dass sein Hang zur äußeren Wirklichkeit mit ausgesprochenen Americana gut zusammengeht.

Von 1932 bis 1935 arbeitet Freund für Universal als Regisseur; acht Filme entstehen unter seiner Leitung. Freund selbst betrachtet diese Episode seiner Karriere eher mit Skepsis. «Jeder», erklärt er später, «kann einen guten Kuchen backen, wenn er die richtigen Zutaten hat. Es hängt alles von der Story, der Besetzung und den Umständen ab.»[35] Das Urteil ist unnötig hart. Zwar war Freund kein herausragender Regisseur, aber sein Beitrag zur Entwicklung des Universal-Horrorfilms ist sicher beachtlich. Schon seine erste Regiearbeit, THE MUMMY (1932) ist in der Bildgestaltung ein Klassiker des Horrorfilms. William K. Everson meint zwar, es sei eher der «Film eines Kameramanns», aber der Film hat durchaus auch seine narrativen Qualitäten.[36] So sind z.B. in der Rahmengeschichte Optik und Dramaturgie eindrucksvoll verknüpft: Der Arm von Boris Karloff als Imhotep streicht über das Nilwasser des ‹Pool of Memory›, in dem die altägyptische Vorgeschichte ersteht. In der Rückblende wird die unglückliche Liebe und deren Strafe enthüllt: Imhotep wird lebendig begraben und alle Mitwisser werden getötet. Und wieder der Arm und jetzt die Gegenwart, der untote Imhotep von Archäologen wieder unter die Lebenden gebracht. Und so vermittelt sich nur durch die Stimmung einer optisch geschickten Rückblende (und zurückhaltenden Ton) Tragik und Leid dieser Jahrtausende währenden Liebe.

Paul Jensen hebt in seiner Analyse von THE MUMMY besonders den zurückhaltend inszenierten Horror der Erweckungsszene hervor: «Auf eine Einstellung von Norton, der leise seine Übersetzung der Schriftrolle liest, folgt eine Großaufnahme von Imhotep, der in seinem Mumienschrein liegt, senkrecht gegen die Wand gelehnt. Ob-

---

34 Ivan Butler: *Horror in the Cinema*. London, New York 1970. S. 41f.
35 Karl Freund nach Philip. J. Riley (Hg.): *THE MUMMY*. Absecon 1989. S. 34.
36 William K. Everson: *Klassiker des Horrorfilms*. München 1980. S. 98.

307 Berlin – Die Sinfonie der Grosstadt (Walter Ruttmann, 1927), Bild: Karl Freund

308 Undercurrent (Vincente Minnelli, 1946), Bild: Karl Freund

309–310 Berlin – Die Sinfonie der Grosstadt (Walter Ruttmann, 1927), Bild: Karl Freund

311 Tartüff (Friedrich Wilhelm Murnau, 1926), Bild: Karl Freund

312 Dracula (Tod Browning, 1930), Bild: Karl Freund

313–314 Metropolis (Fritz Lang, 1925/26), Bild: Karl Freund. Aus der Kopie des Filmmuseums München, Gerhard Ullmann. Rechte: Murnau Stiftung, Vertrieb: Transit Film

wohl die Position verwandt der von Cesare in Das Cabinet des Dr. Caligari ist, reproduziert Freund nicht das Erwachen des Schlafwandlers mit der Emphase auf dem Gesicht von Conrad Veidt. Statt dessen, nachdem sich die Augen der Mumie leicht öffnen, schwenkt der Regisseur hinunter zu seinen gekreuzten Armen; erst senkt sich der rechte, sich langsam ausstreckend, dann folgt der andere Arm. Schnitt auf Nortons Gesicht, der weiterliest, gefolgt von einem langsamen Schwenk zu der Schriftrolle an seinem Ellbogen. Die Hand der Mumie greift in die Einstellung und zieht den alten Papyrus weg. Als sich Norton umdreht, um zu sehen, was vorgeht, verliert er über den Anblick den Verstand; wild lachend weicht er zur Wand zurück. Die Kamera fährt von der Einstellung auf Norton quer über den Boden und erreicht die Türschwelle gerade in dem Augenblick, als die Enden von ein paar Gazestreifen darüber schweben. Dann, ohne einen Schnitt, fährt sie hinauf zu dem jetzt leeren Mumienschrein und wieder herab zu der leeren Papyrushülle, während das manische Lachen von Norton schrill in eine sonst stumme Szene hereinbricht. Wenn Müller und Sir Joseph hereinstürzen, endet die Sequenz mit Nortons Bemerkung: ‹He went for a little walk. You should have seen his face.›»[37]

Inspirationsquelle des Films war die spektakuläre Entdeckung des Tut-Ench-Amun-Grabs 1922 durch die Howard Carter-Expedition. Ein Fluch mit altägyptischer Zauberkraft soll im Umkreis der ‹Grabschänder› Dutzende mysteriöser Todesfälle verursacht haben. Dieser Stoff machte es nötig, ägyptisches Ambiente on location zu zeigen. Durch den systematischen Einsatz der Rückpro konnte der Film voller exotischer Aufnahmen ganz im Studio abgedreht werden; es ist sicher kein Zufall, dass diese Innovation in den Händen des versierten Technikers Freund überzeugend gelang. Nach der Nebenrolle als Kunsthändler in Michael hat Freund hier seinen zweiten Auftritt vor der Kamera. «I killed myself in The Mummy», erklärte Freund später: Er spielt einen der nubischen Sklaven, der nach dem Begräbnis ermordet wird.[38]

Freunds letzte Regiearbeit, Mad Love (1935), ist nochmals ein Klassiker des Horrorfilms und zugleich ein weiteres Beispiel für die Transplantation des deutschen Dämonenkinos nach Hollywood: Der Film ist ein Remake von Orlacs Hände (Wiene, 1924). Im Grundmotiv ist der Film mit The Mummy eng verwandt; «Jeder tötet, was er liebt», heißt es in dem Film. Der zentrale Satz «He went for a little walk» wird ironisch wiederholt, diesmal angewandt auf eine Wachsfigur. Gregg Toland, der spätere Kameramann von Citizen Kane, hat hier das Handwerk deutscher expressiver Bildtechnik gelernt.

Von 1936 bis zum Ende seiner Laufbahn war Karl Freund nur noch als Kameramann tätig. Stets ist er für die Position des Kameramanns als Künstler eingetreten, «der zu

---

37 Paul Jensen: The Mummy. In: *Film Journal*, Nr. 5, 1971.
38 Karl Freund nach Philip J. Riley (Hg.).: *The Mummy*. Absecon 1989. S. 12.

einem Film ebensoviel beiträgt wie der Regisseur».³⁹ Zuletzt, in den 1950er Jahren, war er als Chefkameramann für die Fernsehfirma Desilu tätig. Seine besten Kameraarbeiten in dieser Zeit sind immer wieder durch seine spezifische Verbindung von expressiven Elementen mit einem ausgeprägten Sinn für äußere Wirklichkeit und Pleinairismus gekennzeichnet. So der Garbo-Filme CONQUEST (Brown, 1937), der Oscar-Film THE GOOD EARTH (Franklin, 1936), PRIDE AND PREJUDICE (Leonard, 1940), THE SEVENTH CROSS (Zinnemann, 1944), UNDERCURRENT (Minnelli, 1946), KEY LARGO (Huston, 1948) und die Western SOUTH OF ST. LOUIS und MONTANA (beide: Enright, 1949).

Karl Freund war als Kameramann, Produzent und Regisseur einer der Pioniere des Films, die mit großem technischem Sachverstand dem Kino Mittel gewonnen haben, die immer unter dem Primat des Bildes standen. Deshalb hat er auch nie aufgehört, kritisch und ätzend zu kommentieren, wo sich diese Mittel verselbständigten, zur Manie wurden. 1937 mokiert er sich in einem Interview: «In VARIETÉ ergab sich der ungewohnte Winkel zwangsläufig aus den beengten Räumlichkeiten im Berliner Wintergarten, wo der Film gedreht wurde. Dieser Film erwies sich überraschend als wahre Fundgrube der Aufnahmetechnik aus der Untersicht, die Schule machte und heute das Ausmaß einer nationalen Manie erreicht hat.»⁴⁰ Der Vorkämpfer für ungewöhnliche Kamerawinkel, Tonfilm, Farbfilm, Breitwand und vieles mehr wurde aus Sorge um das befreite Bild einer der schärfsten Kritiker dieser Mittel als Selbstzweck. Insofern war er sicherlich der kongeniale Kameramann für Murnau, und das Zusammentreffen der beiden ein filmhistorischer Glücksfall ohnegleichen. «Die Kamera ist der Zeichenstift des Regisseurs. Sie soll die größtmögliche Beweglichkeit aufweisen, um jeden flüchtigen Stimmungsakkord aufzuzeichnen. Es ist wichtig, dass der mechanische Faktor sich nicht zwischen den Zuschauer und den Film stellt» (Murnau, 1928).⁴¹

---

39 Karl Freund nach Wally Bosco: Aces of the Camera. Karl Freund, A.S.C. In: *American Cinematographer*, April 1944.
40 Interview mit Karl Freund. In: *New York Times*, 21. 11. 1937.
41 Friedrich Wilhelm Murnau nach Lotte H. Eisner: *Murnau*. Hannover 1967. S. 43.

Lee Garmes

> Nichts, das ich jemals im Filmgeschäft traf, war so einzigartig begabt wie die Augen von Lee Garmes.
>
> *Ben Hecht*

Schon als Bub spielt Lee Garmes mit zusammen genagelten Obstkisten und einer Wäschemangel Kameramann. Er macht eine Blitzkarriere. Ab 1916, mit 18 Jahren, wird er Kameraassistent und Laufbursche für alles. Er arbeitet u. a. für Thomas H. Ince und Malcolm St. Clair: Western und Slapstick, amerikanische Schule. Ab 1924 ist er Chefkameramann. 1927, bei GARDEN OF ALLAH (Rex Ingram), findet er seinen eigenen Stil, das Nordlicht-Konzept, mit dem er Filmgeschichte schreiben sollte. Es ist eine Übertragung der Rembrandt-Technik auf die Kinematographie: «Alle Künstler haben ein Fenster in ihrem Atelier, mit dem sie das Nordlicht einfangen, weil es den ganzen Tag über gleichmäßig ist, außer es ist ein wolkenreicher Tag» (Garmes).[1] Dieses Licht, das nur einzelne Partien ausleuchtet, fungiert bei ihm als Führungslicht, der Rest ist Füll-Licht: «Wenn man nicht genügend Füll-Licht hat, bekommt man keine Belichtung. [...] Wenn ich das Set mit dem Nordlicht-Effekt beleuchten kann, was Licht von oberhalb der Kamera ist [...], bevorzuge ich das, und der Rest ist dann nur Füll-Licht.»[2] Hinterlicht ist bei dieser Technik nicht nötig.

Eine der Stärken von Garmes ist seine Begeisterung für die jeweils neuesten Entwicklungen und Techniken. Bei THE LOVE MART (1927) setzt er erstmalig panchromatischen Film ein, bei LITTLE SHEPHERD OF KINGDOM COME (1928) setzt er als erster Mazda-Leuchten (blanke Glühbirnen) ein. 1928/29, als der Tonfilm aufkommt, ist er der erste, der versucht die sog. Icebox, die schalldichten Kabinen in denen die Kamera einbetoniert war, in Bewegung zu bringen: Er verpasste der Icebox Rollen (DISRAELI; Alfred E. Green, BRIGHT LIGHTS; Michael Curtiz). «I love the fluid camera/ich liebe die fließende Kamera», sagt Garmes.[3] 1931 arbeitet er mit Mamoulian, der die neue Lichttontechnik souverän anzuwenden versteht. Mit CITY STREETS schaffen sie den ersten Tonfilm mit rasanter Kamera. Als in den 1940er Jahren mit neuem Filmmate-

---

1 Interview mit Lee Garmes. In: *Wide Angle*, Nr. 3, 1976.
2 Interview mit Lee Garmes. In: ebd.
3 Interview mit Lee Garmes. In: ebd.

rial und neuen Linsen gestochen scharfe Bilder möglich werden, erkennt er sofort die neuen Möglichkeiten und setzt noch eins drauf: Er ist der erste, dem es 1946 in DUEL IN THE SUN (King Vidor) gelingt, in einem Farbfilm Innenräume wie in CITIZEN KANE zu gestalten. Er erklärt: «I like deep focus/ich liebe Tiefenschärfe.»[4] 1947, im PARADINE CASE (Hitchcock), wird erstmals der von ihm mitentwickelte Crab-Dolly eingesetzt. Er arbeitet früh und gern mit Farbe. Und Breitwand wird ihm anfangs nur durch die schlechten Linsen von Cinemascope verleidet. Als in den 1960er Jahren die jungen Wilden in Europa neue Wege der Licht- und Kameratechnik beschreiten, propagiert er den European look. In den 1970er Jahren ist er ein Pionier der Videotechnik (der Testfilm WHY?) und macht sich unbeliebt, weil er das Ende des Zelluloids verkündet: «Ich hoffe, dass ich nie wieder einen Filmstreifen sehe. Ich meine das wörtlich, weil das Videoband ein so dankbares und schönes Material ist, und weil die Qualität höher als die von Film ist und es sich so viel leichter damit arbeiten lässt, weil ich sofort sehen kann, was ich mache.»[5]

1930 beginnt die Zusammenarbeit von Garmes mit Josef von Sternberg. Für MOROCCO leuchtet er Marlene Dietrich zunächst mit Seitenlicht aus. Garmes erinnert sich: «Ich sah mir die Arbeit des ersten Tags an und dachte: ‹Mein Gott, das kann ich nicht machen, das ist genau dasselbe, was Bill Daniels mit der Garbo macht.› Wir konnten schließlich keine zwei Garbos haben! So, ohne Joe etwas zu sagen, wechselte ich zum Nordlicht-Effekt. [...] Das Dietrich-Gesicht war meine Schöpfung. [...] Sie liebt heute noch den Nordlicht-Effekt. Sie hatte ein großes Verständnis für mechanische Dinge und kannte die Kamera genau. Sie blieb immer genau in der Position stehen, die für sie richtig war.»[6] Garmes dreht für Sternberg noch DISHONORED (1930), AN AMERICAN TRAGEDY (1931) und SHANGHAI EXPRESS (1931), der Garmes einen Oscar einbrachte: «Wir bauten den San Bernardino-Bahnhof um und malten den Zug für die Ankunfts-Szene gegen Schluss weiß an. Ich hatte eine Lieblings-Einstellung von Marlene Dietrich, wenn sie die Tür zuzieht, ihren Kopf gegen die Wand lehnt und hoch schaut: Ich hatte nur einen inky-dinky Spot genau über ihrem Kopf, das war alles. Und ich benützte das wieder, wenn sie am Ende des Zugs stand. Solche Sachen haben mir den Oscar eingebracht.»[7] Das Dietrich-Licht wandte Garmes später auch auf andere Schauspielerinnen an: Elisabeth Bergner in DREAMING LIPS, Loretta Young in ZOO IN BUDAPEST, Alida Valli im PARADINE CASE, Barbara Bel Geddes in einigen Szenen von CAUGHT.

1931 dreht Garmes für Howard Hawks SCARFACE. Der Film wird stilbildend für das Genre des Gangsterfilms. Der Film ist dunkler als alles, was man mit low key-

---

4 Interview mit Lee Garmes. In: ebd.
5 Interview mit Lee Garmes. In: ebd.
6 Interview mit Lee Garmes. In: Charles Higham: *Hollywood Cameramen: Sources of Light*. London 1970. S. 40f.
7 Interview mit Lee Garmes. In: ebd. S. 42

Licht gewohnt war; die Tiefenschärfe ist eher gering. Low key-Ausleuchtung mit großer Schärfentiefe ging technisch erst in den 1940er Jahren. Der Film beginnt mit einer Art kinematografischer Paukenschlag: «Der opening shot von SCARFACE ging über eine ganze Magazinrolle und dauerte elf Minuten. Wir probten ungefähr zwei Tage, leuchteten es aus, und bewegten die Wände hin und her» (Garmes).[8] Lee Garmes gilt jetzt als Kamerastar. 1933 dreht er für Rowland V. Lee ZOO IN BUDAPEST; der eher bescheidenen Regiearbeit gibt er einen poetischen Touch. Die Kritik spricht von einem Lee Garmes-Film.

Eine Reihe von Filmen entstand in Zusammenarbeit mit Ben Hecht und Charles MacArthur: CRIME WITHOUT PASSION (1934), THE SCOUNDREL (1935), ONCE IN A BLUE MOON (1936), ANGELS OVER BROADWAY (1940), SPECTER OF THE ROSE (1946) und ACTORS AND SINS (1952). «Mit Garmes brauchte man keinen Regisseur; er konnte das Spiel der Schauspieler mit seiner Kamera gestalten», erklärten sie später.[9] Tatsächlich führte Garmes mitunter auch Regie bei den Filmen, wenn Hecht oder MacArthur verhindert waren. Für die chronisch unterfinanzierten Filme war Garmes' Improvisationstalent ideal.

Für CRIME WITHOUT PASSION konnte ein New Yorker Nachtlokal nicht mehr gebaut werden, obwohl es für den Film unabdingbar war. Garmes gab 20$ für ein paar Vorhänge und Cellophan aus, um eine kleine Bühne zu bauen, dazu wurden ein paar Tische und Stühle und eine Handvoll Statisten drapiert; mit viel Schatten und Rauch war das 20$-Set fertig. Für eine Gerichtsszene existierten nur Fragmente eines Sets, ein Richtertisch, ein Fenster und ein Stück Wand, der Zeugenstand und der Tisch für die Anwälte. Alles war auf Rädern montiert und wurde immer so arrangiert, wie es gerade benötigt wurde: «Es sparte wahnsinnig viel Geld. Das Nordlicht gab dem Ganzen einen dreidimensionalen Look, ohne dass man für den Gerichtsraum eine einzige zusammenfassende Totale benötigt hätte» (Garmes).[10] SPECTER OF THE ROSE ist ein Ballettfilm. In einer Szene tanzt ein Tänzer selbstmörderisch durchs offene Fenster hinaus. Die Kamera fährt vom Boden das Gebäude hinauf bis zum offenen Fenster und erfasst den Tänzer in dem Raum voller Spiegel, ohne dass man einen Scheinwerfer oder die Kamera sieht.

Lee Garmes steht für eine bewegliche Kamera. In NIGHTMARE ALLEY (1947) trifft er auf Edmund Goulding, einen Regisseur, der seine Akteure mit der Kamera buchstäblich verfolgt, was in einem film noir ein stimmiges Stilmittel sein kann: «Er liebte es, den Schauspielern immer mit der Kamera zu folgen. Er war der einzige Regisseur,

---

8   Interview mit Lee Garmes. In: *Wide Angle*, Nr. 3, 1976.
9   Ben Hecht und Charles Mac Arthur nach: The Film World Mourns Lee Garmes, ASC. In: *American Cinematographer*, November 1978.
10 Interview mit Lee Garmes. In: Charles Higham: *Hollywood Cameramen: Sources of Light*. London 1970. S. 45.

den ich kannte, dessen Schauspieler nie aus der Bildbegrenzung kamen oder gingen. Er liebte es, ihre Auftritte und Abtritte zu filmen. Ich mag das auch; sie ‹verschwanden› nicht irgendwo außerhalb des Kaders, wie sie es so oft tun.»[11] Garmes experimentierte damals bereits an einem sensationell neuen Typ von Dolly. Noch im selben Jahr, beim PARADINE CASE von Hitchcock, kommt der Crab-Dolly, dessen vier Räder sich gemeinsam parallel steuern lassen, erstmals zum Einsatz. Garmes erinnert sich: «Wir hatten wahnsinnig viele Kamerabewegungen in diesem Film. A hell of a lot/teuflisch viel. Wir hatten riesige Wände, die auf Schienen aus dem Weg geräumt werden mussten, um Lampen und Kamera in Position zu bringen für komplette Kehrtwendungen. Wir gingen einen Gang entlang in eine Tür und dann drehten wir uns um und filmten in die entgegen gesetzte Richtung.»[12] Selbst in der Enge des Gerichtssaals gelingen Garmes noch atemberaubende Kamerabewegungen.

1948 trifft Garmes auf Max Ophuls, den Regisseur eleganter Kamerabewegungen. «Dann machte ich CAUGHT mit Max Ophuls, und dieser Mann war zweifelsohne einer unserer größten Filmemacher. [...] Er hatte einen harten Stand in Hollywood, aber wenn man sich CAUGHT ansieht, spürt man, dass die Kamera durch einen Fenster- oder Türspalt lugt, oder fühlt, dass die Kamera niemals im ganzen Film an einem konventionellen Platz war, wie bei den meisten Regisseuren.»[13] Vom Bildstil her ist es ein film noir im Sinne von Gregg Toland mit Weitwinkel, großer Tiefenschärfe und düsteren Räumen, aber durch die Kamera mit ihren Ophuls-Perspektiven und Garmes-Fahrten, entsteht ein neuer visueller Kosmos. Robert Ryan, der egomane Tycoon des Films, besetzt groß und dominierend den Vordergrund, klein im Hintergrund erscheinen die anderen Personen. Die Kamera überwindet diese Dichotomie in langen Fahrten, um schließlich aus neuer Perspektive wieder zu ihr zurückzukehren. Der point of view wechselt so fließend von der Regie zum Schauspieler und wieder zurück. Lee Garmes wird zum Mann mit dem Grab-Dolly.

William Wylers DETECTIVE STORY (1951) konnte Garmes eine Woche früher fertig stellen. In Hawks' LAND OF THE PHARAOHS (1955) ging der Crab- Dolly gerade noch durch die engsten Korridore, um dann ganz unerwartete Drehungen auszuführen. Für dramatischen Handlungen in geschlossenen Räumen, wie THE DESPERATE HOURS (Wyler, 1955) und LADY IN A CAGE (Walter Grauman, 1964), ist der Crab-Dolly das ideale Instrument für eine bewegliche Kameraführung. Für Lee Garmes selbst war THE BIG FISHERMAN (1959) sein größter Film, zusammen mit dem Regisseur Frank Borzage, selbst ein Fanatiker der Kamerafahrten. Garmes erinnert sich: «Das Beste, was ich je gemacht habe, ist THE BIG FISHERMAN. [...] Alles in diesem Film ist großartig. [...]

---

11 Interview mit Lee Garmes. In: ebd. S. 50.
12 Interview mit Lee Garmes. In: *Wide Angle*, Nr. 3, 1976.
13 Interview mit Lee Garmes. In: ebd.

315–316 Duel In The Sun (King Vidor, 1946), Bild: Lee Garmes

317 Morocco (Josef von Sternberg, 1930), Bild: Lee Garmes

318–319 Caught (Max Ophuls, 1948), Bild: Lee Garmes

320 SCARFACE (Howard Hawks, 1931), Bild: Lee Garmes

321–322 SCARFACE (Howard Hawks, 1931), Bild: Lee Garmes

Ich filmte mit 1000 footcandle Licht und schloss die Blende sehr weit, um ein scharfes, sehr scharfes Bild zu bekommen, so weit, wie nur möglich. Manchmal gingen wir rauf bis 1800 oder sogar 2000 footcandle. Der ganze Film glüht wie eine Serie von Rembrandt-Bildern. Ich glaube, dieser Film wird eines Tages als ein visuelles Meisterwerk anerkannt werden.»[14]

---

14 Interview mit Lee Garmes. In: Charles Higham: *Hollywood Cameramen: Sources of Light.* London 1970. S. 54.

Conrad L. Hall

> Mit den heutigen hochempfindlichen Filmen kann man die Szene so ausleuchten, wie sie das Auge sieht. Aber man kann den Film auch bewusst missbrauchen und mit Licht und Belichtung, mit Auflösung und Filtern Nuancen im Kontrast schaffen. Das macht Film zur Kunst. Kinematografie ist unerschöpflich in ihren Möglichkeiten – noch mehr als Musik oder Sprache. Es gibt unendliche Schattierungen von Licht, Schatten und Farbe; es ist eine extrem subtile Sprache. Rauszubekommen, wie man diese Sprache spricht, ist eine Lebensaufgabe. Du bist immer Schüler, nie Meister.
> *Conrad L. Hall*

> Man lernt, wie man das Schöne aus dem Harschen produziert.
> *Conrad L. Hall*

«A rose, by any name would smell as sweet/eine Rose, wie immer man sie nennen mag, würde süß riechen», heißt es trickreich bei Shakespeare.[1] Die Rosenfalle. Paul Eluard hat sie benannt. Der Erste, der eine Frau mit einer Rose verglichen hat, war ein Genie. Der Zweite ein Plagiator. AMERICAN BEAUTY (Mendes, 1999) zeigt zwei Wege, der Rosenfalle zu entkommen. Die Übertreibung: Ein Regen von Rosenblüten. Und das Understatement: «Ich arbeitete mit derselben Strategie wie immer. Erst leuchte ich das aus, was ich sehen will, durch das Ausmalen spezifischer Zonen in Schwarz-Weiß-Werten und füge dann ein abschließendes Licht hinzu, das ich ‹Raumton› nenne. […] als letzten Touch traf ich die Rosen mit einem Hauch von Licht, um sie aus der Dunkelheit zu heben. Es ist beinahe ein Schwarz-Weiß-Film mit einem Hauch von Rot. […] Helligkeit erlaubt es, die Dunkelheit als dunkel zu empfinden.» Und weiter: «Die Schönheit (in AMERICAN BEAUTY) kommt vom Kontrast.»[2]

Conrad L. Hall ist in Papeete/Tahiti geboren. Er wuchs in einer exotischen Welt auf, in der paradoxerweise Kino ein exotisches Vergnügen war. Sein Vater, Koautor der ‹Mutiny on the Bounty›, nannte ihn nach Joseph Conrad. Und William Faulkner war der Lieb-

---

1 William Shakespeare: *Romeo und Julia*. 2. Akt, 2. Aufzug.
2 Conrad L. Hall: AMERICAN BEAUTY. In: *American Cinematographer*, August 2000.

lingsautor von Conrad L. Hall. Ein Hang zum Symbolischen im Realistischen. Als junger Mann lernte Hall bei Slavko Vorkavich, Ernest Haller, Floyd Crosby und Robert Surtees (MUTINY ON THE BOUNTY). Zur Kamera war er eher zufällig gekommen. Mit zwei Freunden hatte er 1949 eine Filmfirma gegründet, und sie verteilten die Rollen ‹producer›, ‹director› und ‹cameraman› durch das Ziehen von Strohhalmen. Die Fachwelt wird 1965 das erste Mal auf ihn aufmerksam. Er dreht MORITURI für Bernhard Wicky in einem spröden Schwarz-Weiß. THE PROFESSIONALS (Richard Brooks, 1966) und COOL HAND LUKE (Stuart Rosenberg, 1967) sind unkonventionelle Studien in Farbe und Licht; so dunkle Nachszenen und so flirrendes Mittagslicht galt damals noch als verboten. Er entdeckt das Unperfekte: «In der Frühzeit der Kameratechnik gab es die Idee, eine Art visuelle Perfektion zu erreichen [...]. Dann begannen sich die Dinge zu ändern. Ich war ein Teil beider Epochen.»[3]

Als Kameramann fand Hall das erste Mal weltweit Aufmerksamkeit mit Richard Brooks' IN COLD BLOOD, ein Schwarz-Weiß-Film von 1967. In fast dokumentarischem Stil wird die wahre Geschichte zweier verwahrloster Jugendlicher gezeigt, die eines Nachts in ein Haus eindringen und eine ganze Familie abschlachten. Realistisch und gespenstisch zugleich ist die berühmte Szene, in der die beiden mit Taschenlampen (kleine, von Hall gebastelte spots) durchs nächtliche Haus streunen. 1968 arbeitet er auf einer Pazifikinsel (HELL IN THE PACIFIC von John Boorman) und scheut sich nicht, die Kamera so in den Busch zu stellen, dass die Handlung zum Fragment wird.

1969, für BUTCH CASSIDY AND THE SUNDANCE KID von George Roy Hill, erhält er den ersten Oscar. Seine Technik des Unperfekten findet Anerkennung: «Ich bin wesentlich ein Anti-Schärfe-Kameramann.»[4] Es gibt im Bild Wichtigeres als die Schärfe. Spontaneität gewinnt in seiner Arbeit Bedeutung. Die komische Fahrradszene ist komplett improvisiert. Hall ist der genaue Gegensatz von Storaro, er entscheidet erst vor Ort, was er definitiv macht; gern lässt er sich vom Skript-Girl noch mal die Szene vorlesen, die gerade gedreht wird. «Oft gibt mir dieses laute Vorlesen eine Idee.»[5] Es gibt viele Kameraleute, die bekannt dafür sind, dass sie gerne die Farbe rausziehen und so eine ästhetische Mischung aus Farbe und Schwarz-Weiß erzeugen. Hall entwickelte für BUTCH CASSIDY seine spezifische Technik mit Überbelichtung des Negativs und Kopierung mit hohen Kopierlichtern, um die Primärfarben zu dämpfen. Die große Verfolgungsjagd dreht er bewusst nur mit langen Brennweiten, um die Verfolger abstrakt zu halten: «Es war eine Idee, die Butch und Sundance verfolgte» (Hall).[6] Abraham

---

3   Conrad L. Hall nach Stephen Pizzello: Artistry and the ‹Happy Accident›. In: *American Cinematographer*, May 2003.
4   Interviews mit Conrad L. Hall. In: *American Cinematographer*, May 2003.
5   Interviews mit Conrad L. Hall. In: ebd.
6   Conrad L. Hall nach Stephen Pizzello: Artistry and the ‹Happy Accident›. In: *American Cinematographer*, May 2003.

Polonsky holte ihn wegen dieser Techniken für seinen Antiwestern TELL THEM WILLY BOY IS HERE (1969). Die ausgebleichten Seelen-Landschaften aus ELECTRA GLIDE IN BLUE (Guerico, 1973) sind eine weitere Variante dieser Technik.

Für John Hustons FAT CITY (1972), eine Geschichte von den Verlierern des Boxgeschäfts, leistete sich Hall das erste Mal einen Luxus, der für ihn typisch ist: Er machte mit einer Doku-Kamera wochenlange Vorstudien im Milieu – wie ein Maler, der vor einem großen Gemälde Skizzen macht. 1975 dreht er für John Schlesinger THE DAY OF THE LOCUST, ein Film über die irreale Welt der Hollywood-Komparsen der 1930er Jahre. «Die Ausleuchtung einer Szene», so Hall, «ist für mich wie eine musikalische Komposition. Da gibt es crescendos, allegros und pizzicatos. Die visuelle Sprache ist wellenförmig wie Musik und muss Höhepunkte und Ruhepunkte haben.»[7] In der berühmten Szene vor Grauman's Chinese Theater exerziert Hall alle Varianten durch. Er beeinflusst aber auch die relativen tempi durch den Einsatz extremer Objektive. In anderen Szenen dreht er an den tempi durch fast unmerkliche Zeitlupe. Dazu kommt das, was er den «golden outlook» nennt, den Grundton eines leicht diffusen, satten Bildes, das der irrealen Welt der Hollywood-Extras entspricht.[8] Da er den Effekt mit Gaze und Seide erzeugte, musste er für jede Brennweite eine spezielle Lösung finden.

Nach Schlesingers MARATHON MAN (1976) legte Hall eine elfjährige Auszeit ein. Er arbeitete an Drehbüchern mit Regieambitionen und gründete mit Haskell Wexler eine Firma, die vor allem Commercials drehte. Er nützte die Zeit für ungezählte Experimente und kehrte 1987 mit dem Neonoir-Film BLACK WIDOW (Bob Rafelson) zurück. Von jetzt an war jeder Film, sei er noch so marginal, ein Meisterwerk der Bildgestaltung. Hall gilt als Meister des Neonoir, seine Technik geht oft bis an die Grenzen des belichtungstechnisch Möglichen, im Dunklen, aber auch im plötzlich grellen Licht wie am Schluss von ROAD TO PERDITION (Sam Mendes, 2002): Diese letzte Szene seines letzten Films transzendiert in flutendem Licht die hässliche Wirklichkeit. Er bewegt sich am äußersten Rand der Leistungsfähigkeit des Korns, eine Art Pointilismus entsteht. «Licht», so Hall, «ist wie die Erschaffung von Tiefe in der Malerei. Man muss die Wertigkeit des Lichts in Schwarz-Weiß kennen. In der Schwarz-Weiß-Fotografie muss man Tiefe schaffen, um dem Bild einen Eindruck von Wirklichkeit zu geben. In Farbe will ich auch Tiefe schaffen, aber ich will es nicht mit der Farbe machen. Ich mag kein Bild, das strukturiert ist durch eine graue Couch und orange Wände. Stattdessen behandle ich die Farbe als Valeurs von Grau und dann leuchte ich die Tiefe aus.»[9]

In TEQUILA SUNRISE (Robert Towne, 1988) kommt eine nächtliche Parkszene mit

---

7   Conrad L. Hall nach Christopher Probst: Scales of Justice. In: *American Cinematographer*, January 1999.
8   Conrad L. Hall: Photographing THE DAY OF THE LOCUST. In: *American Cinematographer*, June 1975.
9   Interview mit Conrad L. Hall. In: *American Cinematographer*, March 2000.

323 AMERICAN BEAUTY (Sam Mendes, 1999), Bild: Conrad L. Hall

324 MORITURI (Bernhard Wicky, 1965), Bild: Conrad L. Hall

325 IN COLD BLOOD (Richard Brooks, 1967), Bild: Conrad L. Hall

326–329 Butch Cassidy And The Sundance Kid (George Roy Hill, 1969), Bild: Conrad L. Hall

Schaukeln im Zwielicht vor, die bei seinen Kollegen die Frage aufwarf, wie viele Nächte er wohl dafür gebraucht hat. Aber Hall machte die Aufnahme in ein paar Minuten. Sachen, die er in seiner Experimentalphase ausprobiert hat, kommen ihm dabei zugute. Bei JENNIFER EIGHTH (Bruce Robinson, 1992) betont er die bewusste Beschränkung der Mittel auf wirkliche Bauten mit Decken, Fenstern und Türen, da dies bei der Bewegung der blinden Hauptakteurin im Raum wichtig war. «Ich bin nicht der Typ, der eine Wand einreißt, um 12 Meter rückwärts zu fahren und eine lange Brennweite zu benützen. An so was hab ich nie gedacht. Ich liebe es, mit einer Art formaler Wirklichkeit zu leben, wie ein Maler, der eine Leinwand von einer bestimmten Größe hat.»[10] Und: «Ich suche Unregelmäßigkeiten [...]. Wenn man an einem Wagen vorbeischwenkt und die Linse durch die Sonne geblendet wird, gibt es dem Bild einen gewissen Überschwang. Ich warte nicht auf die Sonne, sondern postiere gleich Lichter im Inneren [...]. Das Bild gerät so außer Balance oder wird verkehrt auf eine interessante Art. [...] es erlaubt mir, an die äußerste Grenze zu gehen und ungewöhnliche Bilder zu finden.»[11]

1994 entsteht SEARCHING FOR BOBBY FISCHER von William Horberg. Die Herausforderung des Films war es, Bilder für eine Sache zu finden, die gemeinhin als unfilmisch gilt: das Schachspiel. Hall konzentrierte sich auf die Lichteffekte der Schachfiguren und die Augen der Akteure, «die Fenster zu den Gedanken».[12] Auch hier ging er so radikal an den Rand der lichttechnischen Möglichkeiten, dass ihn sein Schärfeassistent nur noch fragte, welches Auge er scharf haben wollte, beide gingen nicht mehr. Hall spricht von «magischem Naturalismus».[13] Der Film brachte Hall den zweiten Oscar ein. A CIVIL ACT (Steven Zaillian, 1999) ist ein Gerichtsthriller um giftige Industrieabwässer. Auch hier ist die Farbe fast ganz rausgezogen zugunsten von Schwarz-Weiß-Kontrasten. Und immer wieder Wasser in allen Variationen als eine Art Leitmotiv. «Ich habe mir Kinematografie immer wie die Arbeit des Schriftstellers mit einem leeren, weißen Blatt Papier vorgestellt. Kameramänner haben eine weiße Leinwand, die sie mit einer Story füllen müssen.»[14]

10 Interview mit Conrad L. Hall. In: *American Cinematographer*, September 1998.
11 Conrad L. Hall nach Dale Kutzera: Stalking a Serial Killer: JENNIFER EIGHTH. In: *American Cinematographer*, October 1992.
12 12) Conrad L. Hall nach Stephen Pizzello: Photographic Grandmaster Shows Moves in SARCHING FOR BOBBY FISCHER. In: *American Cinematographer*, February 1994.
13 13) Conrad L. Hall nach Stephen Pizzello: Artistry and the ‹Happy Accident›. In: *American Cinematographer* May 2003.
14 14) Conrad L. Hall nach Christopher Probst: Scales of Justice. In: *American Cinematographer*, January 1999.

Carl Hoffmann

> Ein Kameramann muss meiner Meinung nach ein suchender Mensch sein, will er dem Publikum neue optische Eindrücke übermitteln.
>
> *Carl Hoffmann*

DER FELDARZT (1916, Paul Leni) ist ein patriotischer Tendenzfilm anlässlich des Ersten Weltkrieges. Der deutsche Feldarzt Dr. Hart hat an der Ostfront einen dekadenten russischen Adeligen als Gegenspieler. Carl Hoffmanns baut mit seiner Kamera einen Dualismus zwischen den beiden auf, der eine strahlend, heldisch, der andere dämonisch, dunkel. Noch etwas schwerfällig arbeitet er hier an einer Technik, die er später meisterlich beherrscht. Noch im selben Jahr entsteht Otto Ripperts HOMUNCULUS-Serie über einen künstlichen Menschen, der sich für die Ablehnung durch seine Mitmenschen rächen will, indem er diese versklavt und ins Verderben stürzt. In eindrucksvollen Szenen, wie der Geburt des Homunculus in der Retorte, der Hysterie von Massen, der Hypnose durch den Antimenschen, erwirbt sich Carl Hoffmann über Nacht den Ruhm eines Operateurs des Fantastischen und Dämonischen. In vieler Hinsicht sind HOMUNCULUS und DER FELDARZT expressive Filme, die dem späteren Caligarismus weit voraus sind. Sicher nicht zufällig drehen 1919 sowohl Friedrich Wilhelm Murnau als auch Fritz Lang jeweils ihren ersten Film mit Carl Hoffmann (DER KNABE IN BLAU und HALBBLUT).

1920 ist Hoffmann Kameramann bei Karlheinz Martins VON MORGENS BIS MITTERNACHT. Der Film ist vielleicht das radikalste Beispiel des deutschen expressionistischen Kinos, und Carl Hoffmanns kinematografische Visionen des Kleinbürgers kämpfen mitunter vergeblich gegen die übermächtige expressionistische Ausstattung an; Rudolf Kurtz beklagt, dass die Fotografie dieses Films, soweit sie «auf die Absicht des Malers eingestellt» ist, flächig wird.[1] Carl Hoffmann reagiert auf diese Problematik des deutschen Atelierfilms mit der Forderung nach dem Primat der Kamera vor der Ausstattung: «Ich stehe auf dem Standpunkt, dass die Größe und Wucht eines Bildes vom Objektiv ausgehen muss, dass die Dekoration gleichsam dem Objektiv ‹entgegen ge-

---

1 Rudolf Kurtz: *Expressionismus und Film*. Berlin 1926. S. 69.

bogen› werden muss.»² Mit den beiden Dr. Mabuse-Filmen von 1921/22 erreicht Carl Hoffmanns Kameraführung einen Rang gleich neben der Regie. Kurt Pinthus schreibt über Dr. Mabuse: «Wie hier mit Licht und Schatten gearbeitet wird; wie in nächtlicher Straße mit Stadtbahn aus dem Dunkel Lichter rasen, schwanken, schweben; wie im Blick durchs Opernglas die beobachtete Gruppe durch das Drehen des Stellrädchens von verzerrender Verschwommenheit ins Klarumrissene sich wandelt; wie der drohende Schatten des Bösewichts vorankündigend ins Bild fällt, – das sind photographische Neuerungen, die man bisher nicht sah.»³ Fritz Lang selbst bekannte: «Dass ich nach Mabuse mit keinem anderen als mit Carl Hoffmann an der ersten Kamera ins Atelier oder ins Freigelände gehen würde, verstand sich von selbst. Bei ihm war ich sicher, dass er alles, was ich als Maler vom Bildhaften der Nibelungen mir erträumte, durch seine Licht- und Schattengebung wirklichkeitsnah wahr machen würde.»⁴

Hoffmann, der schon im Dr. Mabuse eine beispielhafte Lichtregie gezeigt hatte, experimentierte für Die Nibelungen (1922-24) mit neuen Lichttechniken. Er entwickelte ein Führungslicht, mit dem sich Gesichter, Augen, Stirne, Mund für die dramaturgischen Zwecke modellieren ließen. Lothar Schwab beschreibt die Beleuchtung einer Szene, die – typisch für Die Nibelungen – ihre Logik nur in der Dramaturgie hat: «In einer Einstellung im Siebten Gesang (Kriemhilds Kemenate) widerspricht das Licht gänzlich der Logik naturalistischer Lichtführung. Im Vordergrund Kriemhild, mit dem toten Siegfried durch starkes Licht vereint. Sie deutet auf den hinzugetretenen Hagen. Er steht links und erhält außer einem gewissen Maß an modellierendem Kostümlicht kein Vorderlicht, so dass der Dualismus Licht – Dunkel zwischen Hagen und Siegfried/Kriemhild gewahrt bleibt.»⁵

Carl Hoffmanns nächstes großes Projekt, der Faust-Film (1925/26) unter der Regie von Murnau, war nicht nur die größte Herausforderung an seine Kreativität, sondern wurde auch zu seinem größten Werk. Er selbst schildert uns z.B. die Beschwörungsszene so: «Entfesselte Feuerlöscher, Wasserdampf, der aus Dutzenden von Rohren hervorquillt, dazu noch Dämpfe der verschiedensten Säurearten, alles durch Flugzeugmotoren im Chaos herumgewirbelt...dann haben Sie ungefähr ein Bild von der Beschwörungsszene.»⁶ Eric Rohmers Wort über Murnaus Regie gilt nicht minder für Hoffmanns Bilder: «Niemals sonst hat ein Film so wenig auf den Zufall gesetzt.»⁷ Wenn Carl Hoffmanns Kamera das tiefe Einschneiden einer Treppengasse zwischen Häusern einfügt, die nur noch wie scharf geschnittene Steildächer aussehen, so geschieht das nicht ohne

---

2   Interview mit Carl Hoffmann. In: *Film-Kurier*, 11. 09. 1926.
3   Kurt Pinthus: *Der Zeitgenosse*. Marbach 1971. S. 183.
4   Fritz Lang nach Ludwig Maibohm: *Fritz Lang*. München 1981. S.55.
5   Lothar Schwab: Raum und Licht. In: *Filme*, Nr. 9, 1981.
6   Carl Hoffmann: Kleine Geheimnisse um den Faust-Film. In: *Ufa Pressedienst*, 30. 10. 1926.
7   Eric Rohmer: *Murnaus Faustfilm*. München, Wien 1980. S. 10.

Grund. Die Einstellung fügt sich dramaturgisch der Handlung ein: «Von hier aus naht sich Gretchen das Schicksal in der Gestalt ihres Liebhabers und seines Ratgebers, des Teufels.» (Lotte Eisner).[8]

Hoffmann entwickelte eine ganze Reihe neuer Techniken für den FAUST-Film. Robert Herlth berichtet von den Dreharbeiten: «Kurz danach hat Hoffmann die ‹doppelte Rückprojektion› erfunden, primitiv auf dem Gelände erstellt aus einer Mattglasscheibe und zwei Projektoren kombiniert.»[9] Eric Rohmer schildert eine Szene, die sich eher mit dieser Technik als mit Doppelbelichtung, wie er vermutet, erklären ließe: «Plötzlich, wie durch Zauber, scheint die Flamme sich in eine riesige Kugel zu sammeln, die konzentrische Ringe und dünne Strahlen aussendet, die das ganze Bild ausfüllen. Schwarzer Rauch zieht vorbei und verdeckt sie (Durch Doppelbelichtung. Der Effekt ist kompliziert und schwer zu analysieren. Dieselbe Einstellung scheint mehrmals nacheinander wiederzukehren.)»[10]

Trotz der außerordentlichen Leistungen Hoffmanns bei diesem Film verselbständigt sich die Kamera keinen Augenblick: «Der Apparat spielt gar keine Rolle. Mir ist eben der Apparat nur Mittel zum Zweck, es kommt mir letzten Endes nicht auf das ‹Wie› meiner Arbeit, sondern lediglich auf das ‹Was› an, und ich suche mir meine Hilfsmittel wie und wo ich sie bekommen kann» (Hoffmann).[11] Der FAUST-Film brachte Carl Hoffmann in der Filmwelt den Ruf eines Zauberers mit der Kamera ein. «Mit Recht hat man ihn den ‹Zauberer› genannt. Von dem untersetzten, mit Spannung geladenen kleinen Mann, dessen Mähne sich während der Arbeit zu sträuben schien, ging eine Gewalt aus, die sich allen Mitarbeitern, ja auch den Darstellern mitteilte. Man hatte immer das Gefühl, dass sich etwas Einmaliges und Wesentliches begebe. [...] Es sind aber gar nicht diese Kunststücke, die seine Qualität bestimmen, vielmehr war es das Suchen um die Eindringlichkeit der Wirkung. Die Technik diente ihm nur als Mittel. Ich bin gewiss, dass ich nicht zuviel sage, wenn ich behaupte, dass ohne sein Wirken sich der Film nie aus primitiven technischen Zwangsvorstellungen hätte lösen können» (Robert Herlth).[12] 1927 dreht Carl Hoffmann einen Film, bei dem er sowohl für die Regie wie für die Kamera zeichnet, DER GEHEIMNISVOLLE SPIEGEL. In diesem Film kommen u.a. verlebendigte Puppen vor. Dem phantastischen und dem märchenhaften Film, so betont Hoffmann wiederholt, gilt seine besondere Vorliebe.

1929, an der Wende zum Tonfilm, verfasst Carl Hoffmann einen vielbeachteten Artikel, fast ein Manifest zur Kamerakunst: ‹Probleme der Kamera.› Er zieht darin zunächst die Bilanz der bisherigen Entwicklung der Kamera: «Filmisch heißt bildhaft [...]

---

8   Lotte H. Eisner: *Die dämonische Leinwand*. Frankfurt/Main 1975. S. 299.
9   Robert Herlth nach Lotte H. Eisner: *Murnau*. Hannover 1967. S. 130.
10 Eric Rohmer: *Murnaus Faustfilm*. München, Wien 1980. S. 236.
11 Interview mit Carl Hoffmann. In: *Filmkurier*, 11. 09. 1926.
12 Herlth nach DIFF (Hg.): *Filmarchitektur. Robert Herlth*. München 1965. S. 51.

330 Der Feldarzt (Paul Leni, 1916), Bild: Carl Hoffmann

331 Der Feldarzt (Paul Leni, 1916), Bild: Carl Hoffmann

332 Faust (Friedrich Wilhelm Murnau, 1925), Bild: Carl Hoffmann

333–336 Die Nibelungen (Fritz Lang, 1924), Bild: Carl Hoffmann

337–338 Der Kongress tanzt (Erik Charell, 1931), Bild: Carl Hoffmann

würde man heute einen Film nach dem alten Prinzip photographieren, so würde das Publikum annehmen, man zeige ihm ein uraltes Ereignis. [...] Man kann sich denken, dass die Bewegung und Einstellung der Kamera noch so gesteigert werden kann, dass die Gedanken des Autors so klar zum Ausdruck kommen, dass man überhaupt keiner Zwischentitel bedarf.» Gemünzt auf den Tonfilm appelliert er dann an seine Kollegen, sich dem «Krebsgang» der Filmkultur zu widersetzen: «Arme Kamera! Vorbei all deine graziöse Beweglichkeit, vorbei deine munteren und so gefälligen Sprünge? Wirst du wieder zu den Fesseln verdammt, die du vor zehn Jahren zu sprengen begannst?»[13]

Für Gustav Ucickys HOKUSPOKUS (1930) kombiniert er Bildproben mit Mikrophonproben, um eine bessere Koordination zu erreichen. «Ich möchte in diesem Fall nicht von einer entfesselten, sondern von einer lauschenden Tonfilmkamera reden», erklärt Hoffmann.[14] 1931, mit Erik Charells DER KONGRESS TANZT, demonstriert er überzeugend, dass die Kamera auch im Tonfilm entfesselt sein kann. Ein Kabinettstück früher Tonfilmkamera ist die Wagenfahrt Lilian Harveys, bei der die Kamera mit den ausgefeiltesten Höhen- und Tiefenstellungen Weite und Atmosphäre im Studio erzeugt. Das eigentliche Meisterstück mit der Tonfilmkamera ist MORGENROT (Gustav Ucicky, 1932). In diesem Film muss sich die Kamera eingeschlossen im Bauch eines U-Boots bewähren. Hier ist weder mit Tricks noch mit ‹Zauberei› viel zu machen: Ton- und Bildtechnik, Klangqualität und Perspektive müssen hier in jedem Augenblick vollständig aufeinander abgestimmt sein. Dass Hoffmann dies so perfekt gelungen ist, hat Ucickys Film, im Grunde ein patriotisches Rührstück, seinen Platz in der deutschen Filmgeschichte eingebracht. In Kurt Bernhardts Film DER TUNNEL (1933) kann Hoffmann seine Erfahrungen sowohl mit der ‹entfesselten› wie mit der ‹klaustrophoben› Tonfilmkamera einbringen.

In den folgenden Jahren ist Carl Hoffmann mit einer Reihe von Regiewerken hervorgetreten; die Kamera von Günther Anders und Karl Löb zeigt in diesen Filmen manchmal sehr deutlich Hoffmanns Handschrift. Carl Hoffmann ist kein herausragender Regisseur, sein Film VIKTORIA (1935) verdient aber unbedingt Erwähnung, Auch in diesem Film ist die Kamera von Günther Anders den bildnerischen Vorstellungen Hoffmanns oft sehr kongenial; in einer Szene lässt er z.B. von der Seite grelles Sonnenlicht auf Stufen fallen, aber nur um diese scharfe, fast expressionistische Schatten werfen zu lassen (was, ähnlich dem späten Karl Freund, im nichtexpressionistischen Kontext fast eine impressionistische Wirkung hat!).

Ende der 1930er Jahre kehrt Carl Hoffmann, nicht zuletzt weil seine deutsch-französische Koproduktion AB MITTERNACHT (1937) verboten wurde, wieder zur Kamera zurück. Mit SYMPHONIE EINES LEBENS (Hans Bertram, 1942) zeigt Hoffmann noch-

---

13 Carl Hoffmann: Probleme der Kamera. In: *Filmkurier*, 29. 06. 1929.
14 Carl Hoffmann: Die Kamera als Entdeckerin. In: *Reichsfilmblatt*, Nr. 27, 1930.

mals die Summe seines Könnens. In den letzten Kriegsjahren beginnt er noch mit zwei Farbfilmen (Agfacolor), die er bis Kriegsende nicht mehr fertig stellen kann. 1946 setzt sich Carl Hoffmann mit angeschlagener Gesundheit aus dem heillos unterversorgten Berlin nach Minden in Westfalen ab, wo er 1947 mit 66 Jahren stirbt. 1941 schrieb Leonhard Fürst: «Carl Hoffmann hat größten Anteil an der Entwicklung der Bildtechnik überhaupt.»[15] Man darf getrost hinzufügen: Carl Hoffmann hat größten Anteil an der Entwicklung der deutschen Filmkunst überhaupt.

---

15 Leonhard Fürst: Die Schöpfer des deutschen Bildstils. In: *Der deutsche Film*, Nr. 2-3, 1941.

James Wong Howe

> Ich habe ein grundsätzliches Bestreben, das sich von Film zu Film fortsetzt: alle Quellen von Licht absolut naturalistisch zu machen.
> *James Wong Howe*

> Man kann über Nacht Regisseur werden, aber es dauert Jahre bis man Kameramann wird. […] Kameraarbeit ist weit kreativer als Filmregie.
> *James Wong Howe*

James Wong Howe macht alles, fast alles, mit dem Licht. Darin ist er ein amerikanischer und ein unamerikanischer Filmschöpfer zugleich; amerikanisch insofern, als Hollywood auf die Ausleuchtung der Szene von jeher größten Wert legte und sich in seiner Filmproduktion vom Ausland signifikant durch das vollständig ausgeleuchtete Bild unterschied; unamerikanisch insofern, als Wong Howe nie die Beleuchtung dem Beleuchter überließ und durchaus kritisch von der Studiomanier abwich, alles einheitlich auszuleuchten. Wenn man bei Karl Freund lernen kann, wie man aus dem Dunkeln heraus mit dem Licht arbeitet, kann man bei Wong Howe lernen, wie man aus dem Licht heraus die Dunkelheit baut.

Wong Howe hatte aufgrund dieser Opposition gegen einen der Studiomechanismen lange Zeit einen schweren Stand. So konnte er sich weder als zweiter Kameramann mit DeMilles gleichmäßig fadem Beleuchtungsstil anfreunden noch umgekehrt mit Van Dykes Vorstellung von exaltiert dramatischen Schattenspielen (für THE THIN MAN; 1934); nur einen einzigen, aber dramatisch umso wirkungsvolleren langen Schatten gestand er Van Dyke zu. Tatsächlich arbeitete Howe ungern mit den Königen des Studiosystems. ‹Low key-Howe›, wie er lange Zeit hieß, arbeitete lieber mit kleinem Budget und Regisseuren wie Herbert Brenon, Alan Dwan, Raoul Walsh, Howard Hawks, Frank Borzage, Samuel Fuller, Robert Rossen, Martin Ritt, William K. Howard oder Victor Fleming (vor seinem Karrieresprung mit GONE WITH THE WIND). «Das Gute an low-budget-Filmen ist, dass man seine Kreativität und Imagination einsetzen muss.»[1]

---

1 Interview mit James Wong Howe. In: Charles Higham: *Hollywood Cameramen: Sources of Light*. London 1970. S. 93.

Andererseits kam er mit dem allseits gefürchteten Stroheim bei WALKING DOWN BROADWAY (1933) bestens aus; sie machten zusammen so europäische Dinge wie eine ‹tanzende Kamera› und einen typischen Wong-Howe-Effekt, einen Brand, der weitgehend nur durch die Beleuchtung indiziert wird. James Wong Howe war der erste Lichtrebell in Hollywood. Hollywood, so Wong Howe, «ist eine glamourös aussehende Suppe, die, wenn man sie ausgelöffelt hat, den Konsumenten hungrig zurücklässt».[2] Sein anderer Blick auf das Studiosystem scheint auch damit zusammenzuhängen, dass er sich gegen rassistische Vorurteile durchsetzen musste. Diese künstlerische Rebellion konnte bei passenden Regisseuren und Stoffen – mitten in der Affirmationsmaschine Hollywood – ihr volles Potential entfalten.

Wong Howes Dunkeleffekte sind ökonomisch und äußerst raffiniert eingesetzt. Seine erste Berühmtheit erlangte er in Hollywood als der Mann, der trotz voll ausgeleuchteter Szene und orthochromatischem Filmmaterial blaue Augen nicht verschwimmen lässt, sondern dunkel macht; er wandte dabei einen ganz einfachen Trick an, indem er close-ups durch ein Loch in einem großflächigen schwarzen Samt filmte: der Reflex des schwarzen Samts machte die Augen dunkel. Damals ging in Hollywood das Gerücht um, Mary Miles Minter hätte Wong Howe, der aus einer chinesischen Emigrantenfamilie stammt, extra aus China importiert. Ansonsten ist Wong Howe kein Freund von geschönten Starlett-Großaufnahmen. Noch 1975 musste er der entsetzten Barabara Streisand bei FUNNY LADY erklären: «Nein, Miss Streisand, ich mache keine Weichzeichner-Aufnahmen. Dies ist eine schöne Linse, sie muss fünf- oder sechstausend Dollar gekostet haben und sie hat eine wunderbare Auflösung. Ich denke nicht daran, sie zu ruinieren, indem ich ein Glasstück für 2.50$ vorne hinpappe. Ich mache den Effekt lieber mit Licht.»[3]

In Howard Hawks' CRIMINAL CODE (1931) lässt Wong Howe durch Türen hindurch Räume in der Tiefe abgestuft ausleuchten und macht Böden und Decken dunkel: So baut er die bedrohliche Atmosphäre des Films. Wong Howe benützt im Studio gern Decken, was in den 1930er Jahren extrem ungewöhnlich ist. Bauten mit Decken geben die Illusion von richtigen Räumen ohne Licht von oben: «[…] für mich sind das falsche Lichter.»[4] Gleichzeitig gewinnt er mit den Decken zusätzliche Flächen, die er dramaturgisch gestalten kann.

In Conways VIVA VILLA! (1933) hätte mancher zweifelhafte Italowestern abgucken können, wie man wirkungsvoll die Massenszenen mexikanischer Bauernrevolutionen ins Bild bringt. Howe stuft in Außenszenen ähnlich gegliedert ab wie in Innenaufnahmen: Vordergrund, Bildmitte und Hintergrund mit unterschiedlicher Bewegung und

---

2 James Wong Howe nach Todd Rainsberger: *James Wong Howe.* San Diego, New York, London 1981. S. 84.
3 Interview mit James Wong Howe. In: *American Cinematographer,* January 1975.
4 Interview mit James Wong Howe. In: Robert Porfirio u. a. (Hg.): *Film Noir Reader 3.* New York 2002. S. 145.

unterschiedlichem Licht. So z.B. eine Passage mit hellen staubigen Reitern im Vordergrund, die halbrechts an der Kamera vorbei in die Bildmitte reiten, während die Spitze der Reiterarmee im Hintergrund, ganz klein von links nach rechts, im Schlagschatten einer Brückenkonstruktion, als schwarze Silhouette erscheint. Seine mexikanischen Landschaften sind denen von Tissé und Figueroa verwandt.

Mit William K. Howard dreht Howe zwei Filme, die CITIZEN KANE (1941) in der Tiefenschärfe, teils auch von der Story her vorwegnehmen, TRANSATLANTIC (1931) und THE POWER AND THE GLORY (1933). «Ich wollte Decken, um das klaustrophobe Gefühl eines Schiffs zu vermitteln. (Gordon Wiles) machte ganze und halbe Decken für mich und ich benützte Spezialleuchten im Maschinenraum, um eine Illusion von Tiefe zu vermitteln, mit einer eigenen Reihe von Maschinenbauten, eine hinter der anderen» (Wong Howe über TRANSATLANTIC).[5] Ähnlich wie bei SUNRISE (Murnau, 1927, Kamera: Charles Rosher) ist die große Schärfentiefe oft noch durch eine geschickte Kombination verfälschter Dimensionen verstärkt (z.B. ein Objekt in der Tiefe ist proportional kleiner gebaut als dasselbe Objekt im Vordergrund); Gordon Wiles, der die Bauten für TRANSATLANTIC gestaltete, bekam dafür einen Oscar. Mit langen Plansequenzen baut Wong Howe die mysteriöse Stimmung von TRANSATLANTIC auf; ein Verfahren, das er später in ALGIERS (John Cromwell, 1938) wieder einsetzt.

Tiefenschärfe und Tiefeninszenierungen vom Vordergrund bis zum Hintergrund benützt er genauso extrem wie Gregg Toland: In Sam Woods KINGS ROW (1941) zeigt er eine gestochen scharfe Injektionsnadel im Vordergrund und das Bett mit der toten Großmutter im Hintergrund. Eine eindrucksvolle nächtliche Tiefeninszenierung baut er in THE ROSE TATTOO (Daniel Mann, 1955): Er staffelt für eine Lastwagenfahrt genau kalkuliert Lampen für Lichtinseln mit dunklen Zwischenräumen. Ein kühn gewagtes Beispiel findet sich in OBJECTIVE BURMA (Walsh, 1945): Bei einem nächtlichen Kampf ist die einzige Lichtquelle das Feuer der Waffen und die Explosionen. Night for night nur mit szenischem Licht.

Bei zwei der verrücktesten Antinazifilmen aus dem Zweiten Weltkriegs macht Wong Howe die Kamera: HANGMEN ALSO DIE (Fritz Lang, 1942) über die Ermordung Heydrichs und PASSAGE TO MARSEILLE (Michael Curtiz, 1944) mit Humphrey Bogart als französischer Patriot und Staatsidealist bis hin zur Selbstaufopferung, der sich durch drei Rückblenden kämpfen muss. Diese zwei ganz fantastischen, weil ganz moralischen Reflexionen der kriegerischen Wirklichkeit, bekommen von Wong Howe einen seltsam realistischen Touch. Quer durch Weltgegenden und Genres (Melodram, Kriminalfilm, Kriegsfilm, Psychothriller, Horrorfilm...) setzt er all seine Fähigkeiten als Illustrator der Illusion ein. Man kann hier Howes Schwarz-Weiß-Fotografie in allen

---

5   Interview mit James Wong Howe. In: Charles Higham: *Hollywood Cameramen: Sources of Light*. London 1970. S. 85.

ihren ausgereiften überrealistischen Elementen studieren, die die ästhetische Antwort auf das perfekte Illusionskino Hollywoods sind. So Wong Howes polierte Wände in Hangmen Also Die oder sein teilweise nur frontal ausgeleuchteter Regen in Passage To Marseille, um den Hintergrund mit der eigentlichen Handlung nicht mit einem ‹Vorhang› zu verhängen: «Regen auszuleuchten ist die schwierigste Sache auf der Welt» (Howe).⁶ Was diese beiden Filme ganz nebenbei zeigen, ist die unmittelbare Affinität von Propagandafilm und Schwarz-Weiß-Film!

James Wong Howe ist einer der Kameramänner des film noir. Der Film Noir Reader 3 zählt sogar 12 Filme im noir-Stil.⁷ Pursued (Walsh, 1947) ist ein noir-Western, vielleicht der wichtigste Film aus diesem Kontext. Wong Howe arbeitet mit Infrarotfilm und den Blitzen eines echten Gewitters, mit klaustrophobischen Räumen und terroristischer Tiefe. Eine abgründige Familiensaga in einem unheimlich gewordenen Westen. Der Martin Ritt-Film The Outrage (1964), ein Rashomon-Remake, sollte mit dazugezählt werden. Schiefe Kamera von oben und unten, delirierende, komplexe Bewegungen der Kamera, extreme close-ups, Chiaroscuro im Blätterwald. Weshalb er in der Liste nicht auftaucht, liegt wohl an einigen extrem hellen Passagen. Bei Wüstenszenen wird normalerweise abgedunkelt, aber Wong Howe ließ extra weißen Sand liefern, um ein noch stärkeres Flirren des Lichts zu bekommen.

Zwei Filme, die Howe mit Robert Rossen drehte, Body And Soul (1947) und The Brave Bulls (1951), sind sich technisch sehr ähnlich. In Body And Soul etwa ein Boxkampf, in dem Wong Howe (auf Rollschuhen) mit der Kamera herumgestoßen wird und zum Schluss mit der Kamera nach oben in das gleißende Licht der Ringbeleuchtung blickt. Oder in The Brave Bulls, wo die Kamera direkt an den Stierkampf-Stunts beteiligt ist und förmlich von den Hörnern der Stiere bzw. ihrer Attrappen gestreift wird. In beiden Fällen sehr viel subjektive Kamera. Und in beiden genannten Beispielen auch wieder Howes Drang zur Lichtquelle, zur Sonne, die die Kamera gegen alle Regeln nicht scheut, sondern sucht. Die künstliche Sonne, die Ringbeleuchtung, die die Kamera blendet, oder die mexikanische Sonne über der Stierkampfarena. Howes Realismusbegriff ist wesentlich Spiel mit dem Licht; Spiel mit dem Licht ist aber auch der Übergang zur Illusion, was wörtlich ‹Anspielen› bedeutet.

Ein Vergleich seiner Arbeit mit zeitgleichen europäischen Theoretikern des Kinos nimmt sich recht kurios aus. Für sie ist das Kino vor allem Schattenspiel, das Licht entspringt folgerichtig aus dem Dunkel wie das idealistische Sein aus dem Nichts. James Wong Howe scheint das Gegenteil beweisen zu wollen: Das Dunkel kommt immer aus dem Licht. Das Kinopublikum geht schließlich nicht in ein Schattenspiel, sondern in ein Lichtspieltheater, scheint seine Botschaft zu sein, aber auch seine stilistische Über-

---

6   Interview mit James Wong Howe. In: ebd. S. 96.
7   Robert Porfirio u. a. (Hg.): *Film Noir Reader 3*. New York 2002. S. 146f.

windung Hollywoods. So sagt er über John Berrys He Ran All The Way, ein bitterer film noir von 1951: «Es war sehr, sehr realistisch; für eine Swimmingpool-Innenaufnahme gingen wir regelrecht in einen Swimmingpool mit einer Schwimmausrüstung und benützten Aufnahmen von Hand durch das spritzende Wasser. Ich beschränkte mich auf das vorhandene Tageslicht und ein paar natürliche Lichtquellen im Vordergrund, um die Schatten zu füllen. Wir hatten so eine ausreichende Reflexion vom Wasser, um ihren Gesichtern eine Textur zu geben; hätte ich zuviel Licht verwendet, wären ihre Gesichter ausgewaschen gewesen. Das ist die Gefahr bei vielen Filmen, überbelichten, überkorrigieren. Natürlich, einige Stars wollten ganz gleichmäßig helle Beleuchtung, um ihre Falten auszuwaschen!»[8]

Einen sehr frühen Farbfilm (The Adventures of Tom Sawyer von Norman Taurog, 1937) gestaltet er mit stark gedämpften Farben und low key-Licht, so dass er von den tobenden Technicolor-Leuten bis 1949 ein Farbfilmverbot verpasst bekommt. Seine letzte große Arbeit in Schwarz-Weiß war 1962 Hud von Martin Ritt mit Paul Newman als Taugenichts. Martin Ritt war über die eintönig öde texanische Landschaft, in der der Film spielt, unglücklich und erhoffte von Howe Abhilfe. Dieser löste das Problem allerdings durch das gerade Gegenteil: «[...] es war sehr flach, nichts als blanker Himmel, keine Bäume und er fragte mich, ob ich nicht Wolken einkopieren könnte, um die Leere auszufüllen. Aber als ich ankam und diesen schroffen Himmel sah, diese leergefegte Grellheit, dachte ich, dass es eine gewisse Schönheit hat; ich sagte ihm, dass gerade das, was er nicht wollte, malerisch war, Stück für Stück. So, wenn ich eine Wolke sah, legte ich stattdessen einen Filter ein, um sie herauszunehmen; der Himmel kam sehr klar heraus und löschte die Wolken aus.»[9] Durch diesen schroffen panoramatischen Hintergrund von großflächigen Streifen aus Himmel, Prärie und Gebirgssaum ist von vornherein eine passende Atmosphäre für den rauen texanischen Vater-Sohn-Konflikt des Films geschaffen.

Diese Arbeit mit klar abgesetzten Flächen ist kein Zufall zu einer Zeit, da Howe sich schon auf die Farbfotografie umgestellt hatte, denn dies war für ihn gerade ein Lösungsweg der sehr verschiedenen Probleme der Farbfotografie. So lässt sich in der panoramatischen Gestaltung von John Sturges› The Old Man And The Sea (1957) eine bemerkenswerte Übereinstimmung mit Hud sehen. Was Howe mit der Farbe gelingt, lässt sich am schönsten an dem Film This Property Is Condemned (1966) von Sidney Pollack zeigen, den man wohl mit Fug und Recht als sein Meisterwerk in Farbe bezeichnen darf. Er riskiert wieder alles, indem er ein ‹prefogging› (Vorbelichtung) von 10% macht. Wenn man z.B. Passage To Marseille mit diesem Film konfrontiert,

---

[8] Interview mit James Wong Howe. In: Charles Higham: *Hollywood Cameramen: Sources of Light*. London 1970. S. 89.

[9] Interview mit James Wong Howe. In: ebd. S. 94.

möchte man fast nicht glauben, dass es derselbe Kameramann gemacht hat; ein scheinbar völlig neuer Wong Howe tritt einem hier entgegen.

This Property is Condemned präsentiert die konkrete Vielfalt des Farbmaterials in einer Art, die entfernt an die Poesie der frühen mehrfach viragierten Stummfilme erinnert: Flächen mit einer einheitlichen Farbe, die in ihrem Ton opaleszieren durch eine zugrundeliegende Struktur, und die an den Rändern durch den Wechsel der Hell-Dunkel-Zonen mitunter ausgebleicht erscheinen und so eine seltsame Ausstrahlung haben. Howes Umgang mit dem Licht übertragen auf die Farbgestaltung: Die Qualität der einzelnen konkreten Farben stellt sich dar als unterschiedliche Verdichtung des Lichts. Wenn die Behandlung der Flächen ins Dunkle changiert, kann es schon mal bis zur glimmenden Geburtstagstorte gehen: «Ich habe Szenen nur mit einem Streichholz ausgeleuchtet, das ich mit Leuchtflüssigkeit getränkt habe – oder Geburtstagskerzen mit Leuchtflüssigkeit wie in This Property is Condemned. Es ist ein Glücksspiel. Aber man muss spielen, wenn man seine Chancen nutzen will.»[10] Oder er deckt das Licht ab bis zur ‹lost and found›-Technik: Aus einzelnen Segmenten muss der Zuschauer sich selbst ein Bild machen. Wong Howe erklärt das so: «[...] die Köpfe sind nicht ganz durchgezogen. An einigen Stellen umschreibt reflektiertes Oberlicht den Kopf, aber an anderen Stellen ist die Kontur ausgeblendet und geht in den Hintergrund über. An diesen Stellen muss sich das Publikum den Umriss des Kopfs vorstellen, basierend auf den Hinweisen, die die lichten Zonen liefern. Ich bezeichne das als ‹lost and found›-Beleuchtung, ein Begriff, der Malern gut vertraut ist.»[11]

Einen interessanten Sonderfall bildet dabei The Molly Maguires (1969) von Martin Ritt. Wong Howe wollte den historischen Film über Bergarbeiter in Pennsylvania schon wegen der ‹Echtheit› in Schwarz-Weiß drehen; aber das Studio bestand auf Farbe. Das Hauptproblem war, dass die ganze Landschaft mit Kohle eingeschwärzt war und die Bergwerksaufnahmen in den schwarzen Schächten, mit den geschwärzten Gesichtern der Bergwerksarbeiter gemacht werden mussten. Wong Howe musste sehr findig sein, um Licht und Farbe zu realisieren, ohne die Besonderheit der Umgebung zu egalisieren. Der wichtigste Effekt des Films war wieder einmal eine geradezu geniale Lösung des Beleuchtungsproblems. Über die Länge von drei Studiobühnen wurde ein Bergwerk errichtet. Wong Howe löste das Thema ‹Kohle› künstlerisch, indem er mit der Reflexion glänzend polierter Kohleflächen arbeitete, die er mit Schell-Lack beschichten ließ. Die Art, wie die Gesichter fragmentarisch erhellt werden, ist ein Beispiel seiner ‹lost and found›-Technik. Die neuen Quartzlichter machten den Einsatz von Bogenlampen überflüssig, was seiner Lichtregie im Bergwerk sehr entgegenkam. Ansonsten arbeitete Wong Howe mit kalkuliertem Zufall: «Wir gestalteten den Film

---

10 Interview mit James Wong Howe. In: *American Cinematographer,* January 1975.
11 James Wong Howe: Photographing the Big Western. In: *American Cinematographer,* August 1965.

339 Hangmen Also Die (Fritz Lang, 1942), Bild: James Wong Howe

340 He Ran All The Way (John Berry, 1951), Bild: James Wong Howe

341–342 Pursued (Raoul Walsh, 1947), Bild : James Wong Howe

343–346 Hud (Martin Ritt, 1962), Bild: James Wong Howe

347–349 This Property Is Condemned (Sidney Pollack, 1966), Bild: James Wong Howe

bewusst roh; er ist in keinster Weise geglättet. Wenn Licht durchbrannte, ließen wir es einfach weg; es ergab bemerkenswerte Zufallsresultate. Und wie Stanley Cortez liebe ich Zufallsresultate. Überraschungen, unvorhersehbare Ereignisse. Ich glaube sie sind das Salz des Realismus.»[12]

Die Umkehrung normaler Techniken ist ein Markenzeichen von Wong Howe. In SWEET SMELL OF SUCCESS (Alexander Mackendrick, 1957) dreht er mit der Telelinse als Normallinse und macht die close-ups mit Weitwinkel. So gestaltet er die Haifisch-Atmosphäre des schnellen Geldes. Burt Lancaster verpasst er eine dicke Hornbrille, die er so ausleuchtet, dass sein Gesicht skelettartig wirkt. Auch in diesem Film setzt er seine oft benützte Technik der polierten Wände ein. Das kommt Hollywood scheinbar entgegen, aber er benützt es nur, um das Licht ganz einfach zu machen, weil die Wände als große Reflektoren funktionieren. Mit Schatten von Personen ist er sowieso zurückhaltend wegen ihrer großen interpretatorischen Kraft. Wenn er sie einsetzt, sind sie sehr wichtig. Häufig setzt er kein Hinterlicht ein oder wendet – bei mobilen Szenen – einen Trick an: Führungslicht und Hinterlicht stehen im Winkel von 180° zueinander und sind gleich stark; wenn der Blickwinkel springt, wird das Hinterlicht zum Führungslicht. In SECONDS (John Frankenheimer, 1966) gestaltet er Alptraumhaftes mit einem fisheye. Handkamera und Licht sind nah an der Nouvelle Vague; er macht Reißschwenks und Straßenszenen mit versteckter Kamera.

Wenn Hollywood – wie es gern bezeichnet wird – eine gewaltige Illusionsmaschine ist, so darf man nie vergessen, dass diese Illusionsmaschine gerade aus dem perfektesten Umgang mit den Elementen der Realität entspringt. Wong Howes roher Realismus überwindet die Hollywood-Perfektion, indem er Elemente physischer und psychischer Realität zum Vorschein bringt. Er schafft ein Illusionskino, das sich mitten in der größten Illusion seiner materiellen Quellen bewusst wird. Und ebenso ist sein Überrealismus realistisches Kino, das sich mitten im Realismusmachen seiner Mache bewusst wird. Es ist ein Spiel mit den Regeln gegen die Regeln. In ALGIERS schmuggelt James Wong Howe eine erotische Szene zwischen Charles Boyer und Hedy Lamarr an der Zensur vorbei, nur durch die Beleuchtung der Gesichter: «Keiner von beiden sprach ein Wort. Sie schauten einander nur an und die Kamera bewegte sich von der Frage in ihren Augen zu der Antwort in seinen. Kein Wort gesprochen. Nichts zu zensieren.»[13] Dass dieses listige Illusionstheater mit dem Mittel des Lichts geschieht, ist eine schöne Anspielung auf eine alte Parabel.

---

12 Interview mit James Wong Howe. In: Charles Higham: *Hollywood Cameramen: Sources of Light.* London 1970. S. 97.
13 James Wong Howe nach Jack Jacobs: *James Wong Howe.* In: Films in Review, April 1961.

Boris Kaufman

> Mit jedem Film einen Schritt weiter gehen,
> das ist das Wichtigste, was man in jeder Kunst tun muss.
> *Boris Kaufman*

Wer die unzähligen Nachrufe auf Marlon Brando nachliest, wird alles Mögliche finden, das für seine Karriere wichtig war, aber er wird nirgends lesen, dass es Boris Kaufman war, der ihn in das Licht gesetzt hat, das ihn berühmt gemacht hat. ON THE WATERFRONT (Elia Kazan, 1954) brachte Kaufman einen Oscar ein und kreierte das Divenlicht für Marlon Brando, ein hemdsärmliger Halbgott der Docks von New York. Dabei ist dies Licht nichts Neues, Kaufman war einer der Pioniere des poetischen Realismus in Frankreich, bei Taris, dem Schwimmgott, findet sich schon dasselbe Licht (TARIS, CHAMPION DE NATATION von Jean Vigo, 1931). Männerkörper im soft focus, selbst Michel Simon hat bei Kaufman etwas Feminines (in L'ATALANTE von Jean Vigo, 1933).

Poesie, Realismus und Traum, drei Welten bringt Kaufman in seiner Kamerakunst zusammen. Boris Kaufman ist der jüngste der drei Kaufman-Brüder. Denis Kaufman erlangte unter seinem nom de guerre Dziga Vertov Weltruhm, Michail Kaufman war sein Kameramann. Sie waren die treibende Kraft in der Bewegung der Kinoki, die für einen poetischen Dokumentarfilm eintraten und den Spielfilm ablehnten. Von der Oktoberrevolution bis Mitte der 1920er Jahre dominierten sie die sowjetische Kinematographie. Vertovs theoretische Schriften zum Kinoglaz (wörtlich: Kinoauge) fanden weltweit Beachtung und erreichten auch Paris, wo der jüngste Bruder Boris an der Sorbonne Literatur und Philosophie studierte. Die Malerei und Kinoglaz, betont Boris Kaufman immer wieder, waren seine Quellen. 1928 beginnt dieser, angeregt durch seine Brüder, Dokumentarfilme zu drehen (LES HALLES, LA MARCHE DES MACHINES u.a.). Intelligent gemachte, visuell anspruchsvolle Dokumentarfilme finden damals Beachtung und auch Auswertung.

Vigo engagiert Kaufman für seinen ersten Film À PROPOS DE NICE (1929). Kaufman arbeitet wie die Kinoki mit versteckter Kamera, um den ungestellten Augenblick zu erhaschen: «Dann lud mich (Vigo) nach Nizza ein, um mit ihm eine Satire auf die nichtige Existenz der Müßiggänger zu drehen. Wir entwickelten einen lockeren Plan und bei der Ausführung war ich fasziniert von der völligen Spontaneität der Arbeit. Um Leute in flagranti zu ertappen, filmten wir heimlich, bevor sie uns entdeckten. […]

Wir schnitten den Film zusammen, ohne eine einzige Einstellung zu verwerfen. Wir konnten uns keine Verschwendung leisten und versuchten die filmische Sprache auf unorthodoxe Weise einzusetzen. Zum Beispiel, als wir die alten Friedhöfe von Nizza besuchten, in ihrem barocken Stil mit Müttern, die sich die Haare raufen, verzweifelten Kinder usw., filmten wir sie nicht, um die Friedhöfe selbst zu zeigen, sondern so, dass wir es mit den Aufnahmen von der Promenade des Anglais zusammen schneiden und gegenüber stellen konnten. [...] Es war eine Sozialsatire, zeigte aber auch die halb-exotische Schönheit dieses Orts.»[1]

1933 dreht Kaufman für Vigo ZÉRO DE CONDUITE. Legendär ist der Film für seine Kissenschlacht im Internat, bei der die Kissen platzen und die Federn wie Schnee herabrieseln. Das ist nicht unbedingt neu, schon früher in der Filmgeschichte gab es solche Szenen, aber einen so wunderschön surrealen Akt der Befreiung, inszenatorisch und kameratechnisch ausgereizt bis zur großen Poesie, das gab es noch nicht. Die Jungs, die nichts anders im Sinn haben als subversive Akte und Revolten, sind von Vigo mit viel Liebe inszeniert – Regie mit Kindern und Jugendlichen ist bekanntlich eins vom Schwierigsten. Großartig unterstützt wird er aber durch die Kamera von Kaufman, die sich mit atemberaubender Leichtigkeit bewegt. Das sind keine prätentiösen Fahrten, sondern eine beständige Beweglichkeit. Und es sind keine dramatischen Lichteffekte, sondern sanftes schimmerndes Mondlicht oder impressionistisches Tageslicht, wie im Moment erhascht.

Der Höhepunkt der Zusammenarbeit von Vigo und Kaufman ist L'ATALANTE (1933/34). Ein jung verheiratetes Paar und ein alter Maat auf einem Transportschiff, das durch die Kanäle der Oise und der Ile-de-France schippert. «Ich vermeide das Spektakuläre, ich lehne alles ab, was nicht dramatisch gerechtfertigt ist, und versuche einen Stil zu entwickeln, der der Standardisierung entgeht.»[2] Kaufman, mit seiner Vorliebe für sanftes Licht, arbeitet hier fast nur mit Ausnahmelicht: Sonnenaufgang, Zwielicht, Dämmerung, Nebel, Regen, Schnee und Eis, Winterlicht. In der kalten Luft wird der Atem sichtbar, wovon Kaufman regen Gebrauch macht. Die oft menschenleeren Landschaften und Industrieanlagen, an denen der Kahn vorbeizieht, erinnern an die strengen Kompositionen von Atget, Brassaï, Kertesz und Cartier-Bresson. Umso stärker wirken deshalb poetische Bilder. Die junge Braut, ganz in Weiß, nachts auf dem Deck des Kahns. Ein morgendlicher Blick aus der Luke, von Licht überflutet. Kaufman überrascht in diesem Film durch ungewöhnliche Blickwinkel, Kamerapositionen und Ausschnitte. Neben den Aufnahmen auf dem Schiff wurden Innenaufnahmen großßenteils an einem Nachbau im Studio gemacht. Vigo und Kaufman waren sich aber

---

[1] Interview mit Boris Kaufman. In: *Film Culture*, Nr. 4, 1955.
[2] Boris Kaufman nach IMAGO (Hg.): *Making Pictures: A Century of European Cinematography.* London 2003. S. 208.

einig, dass sie keine beweglichen Wände haben wollten, um die Atmosphäre von Enge und Rummeligkeit zu bewahren. Kaufman filmt deshalb lieber von oben, sehr nah und durch Öffnungen und Luken. Die Beziehungen der drei Akteure gewinnen dadurch von selbst an Intensität.

Nach dem frühen Tod von Vigo dreht Kaufman bis 1939 noch einige Nebenwerke des poetischen Realismus. 1939 Armeedienst, 1941 Flucht über Kanada in die USA. Mit Eintritt der USA in den Zweiten Weltkrieg kommt Kaufman zum Office of War Information. Nach Kriegsende arbeitet er für Industrie- und Dokumentarfilme u.a. für so prominente Filmemacher wie Alexander Hammid, Williard Van Dyke und Henwar Rodakiewitz (u.a.: BETTER TOMORROW, CAPITAL STORY, THE SOUTHWEST, JOURNEY INTO MEDICINE, THE TANGLEWOOD STORY).

Der große Durchbruch kommt für Kaufman mit ON THE WATERFRONT (Kazan, 1954). «Der beste Kameramann, den ich je hatte», sagt Kazan.[3] Auch hier arbeitet Kaufman mit Lichtbedingungen, die andere Kameraleute eher vermeiden: Regen und Nebel im Wechsel mit Sonne. Kaufman erinnert sich: «Auf dem Dach z.B., in der Szene mit den Tauben, musste ich gegen schwarze Teerpappe, schwarze Luken, schwarzes, mattes Metall, rußbedeckte Taubenkäfige, einige TV-Antennen und Schornsteine filmen. Um es lebendig zu machen, benützte ich Rauch, Wasser und ein bisschen Farbe – das letztere, um die Schwärze und Rauheit der Teerpappe zu brechen. Ich verwendete auch ungewöhnliche Filter und Diffusion, um unter wechselnden Bedingungen die Konsistenz zu bewahren. Ein anderes Beispiel war die Szene im Park. Da verbrannten gerade einige Blätter in einem Korb, als wir ankamen. So griff ich es auf als eine mögliche Quelle für ziehenden Rauch. Ich bestellte ein paar Rauchtöpfe und ließ künstlichen Rauch über das Feld gleiten. Dieses Hilfsmittel ermöglichte es mir, die Sequenz in einem anderen Park, der auf den ersten folgte, mit fließendem Übergang fortzusetzen. Mit anderen Worten, ich zog den Rauch rüber, und das Bild wurde erst klar, als wir an den eisernen Zaun am Fluss kamen. Das ist ein Beispiel für die positive Ausnützung der Gegebenheiten. Ich benütze den Rauch nicht als einen Kunstgriff, sondern weil es dafür eine Rechtfertigung gab: die Stimmung der Szene.»[4]

BABY DOLL (1956) und SPLENDOR IN THE GRASS (1961) folgen in der Zusammenarbeit mit Kazan. Für die Lolitageschichte von BABY DOLL durchwandert die Kamera ein ganzes Spektrum von Stilen. Hell und komödiantisch beginnt der Film, wird dann in verträumten Nachmittagen mit soft light beleuchtet, in das sich dunkle drohende Töne einschleichen, um schließlich, als das Eifersuchtsdrama ausbricht, beim low key-Licht des film noir zu landen. «Schatten», erläutert Kaufman, «haben tatsächlich mehr Volumen als die wirklichen Objekte. So folgte ein Reihe verschiedener Stimmungen,

---

3   Interview mit Elia Kazan. In: Michel Ciment: *Kazan on Kazan*. London 1973. S. 109.
4   Interview mit Boris Kaufman. In: *Film Culture*, Nr. 4, 1955.

die ineinander überblenden oder plötzlich an bestimmten Stellen sich ändern, um die dramatische Wirkung zu lenken.»[5] SPLENDOR IN THE GRASS ist ein frühes Beispiel einer sehr zurück genommenen Farbe. Der Film wirkt wie ein noir-Farbfilm, auch in den Außenaufnahmen konsequent dunkler gehalten als der Hollywoodstandard. Andrew Sarris nennt BABY DOLL und SPLENDOR IN THE GRASS «nervöse Filme»;[6] Kaufmans Bildgestaltung ist für amerikanische Verhältnisse viel zu wenig im Lot, immer mit einem ungewöhnlichen point of view.

1965 dreht Kaufman für Alain Schneider FILM mit Buster Keaton, nach der Vorlage von Beckett. Kaufman ist sicherlich der ideale Kameramann für diesen düsteren, nüchternen und in seiner Strenge auch wieder grotesken Film. Schwarz-Weiß-Film ist hier ziemlich wörtlich genommen. Kaufmans Kamera fasst Keaton als eine mythische Figur auf. FILM oder der Mensch als tragikomisches Phänomen.

Mit Sidney Lumet dreht Kaufman TWELVE ANGRY MEN / DIE ZWÖLF GESCHWORENEN (1957), THAT KIND OF WOMAN (1958), THE FUGITIVE KIND (1959), LONG DAY'S JOURNEY INTO NIGHT (1963), THE PAWNBROKER (1965), THE GROUP (1966) und BYE, BYE BRAVERMAN (1967). Kaufman prägt damit ein ganzes Jahrzehnt des Werks von Lumet. Das Kammerspiel TWELVE ANGRY MEN in seiner dichten Bildführung von amerikanischer Einstellung bis Großaufnahme in einem dramatisierten Reportagestil erinnert an Kaufmans Anfänge. Für Sidney Lumet war der Film der Durchbruch. Ganz anders, in einem leichten screwball-touch, ist THAT KIND OF WOMAN gefilmt. «Für mich», kommentiert Kaufman, «war es immer dasselbe: einen Kamerastil zu finden, der optimal und stimmig zum Thema der Geschichte passt; jeden neuen Gegenstand mit einem frischen Blickwinkel zu betrachten; die selben Muster zu vermeiden, die ich in früheren Filmen angewandt habe.»[7]

THE FUGITIVE KIND ist ein Schwarz-Weiß-Film, der mit den Möglichkeiten der Graupalette so geschickt arbeitet, dass sich so etwas wie eine Farbwirkung einstellt. Wenn Marlon Brando in seiner Schlangenleder-Jacke im Regensturm auftaucht, wirkt es fast wie die ähnliche Passagen in SPLENDOR IN THE GRASS, wo die Farbe reduziert ist. Die Art, wie Tennessee Williams' Stück ‹Orpheus Descending› Groteskes und Tragisches verknüpft, nimmt Kaufman zum Anlass, natürliches Licht frech durch szenisches Licht zu ersetzen und gewagte Kameraoperationen auszuführen. «Brando beschreibt sich metaphorisch als Vogel, der in der Luft fliegt und niemals zur Erde herabsteigt bis er stirbt. Obwohl es Nacht war, ließ ich starkes Licht durch die Fenster hinter ihm hervorbrechen. Dann, als Brando sprach, dimmte ich das Führungslicht auf ihm und die Kamera fuhr zu einer extremen Großaufnahme seines Gesichts heran und

---

5 Boris Kaufman nach Wrap Shot. In: *American Cinematographer*, November 1999.
6 Andrew Sarris: *The American Cinema*. New York 1968. S. 159.
7 Boris Kaufman nach Wrap Shot. In: *American Cinematographer*, November 1999.

350–351 L'Atalante (Jean Vigo, 1933), Bild: Boris Kaufman

352 On The Waterfront (Elia Kazan, 1954), Bild: Boris Kaufman

353 The Pawnbroker

353–355 The Pawnbroker (Sidney Lumet, 1965), Bild: Boris Kaufman

356–358 Splendor In The Grass (Elia Kazan, 1961), Bild: Boris Kaufman

beleuchtete stufenweise seine Augen und einen Teil seines Gesichts. Zum Schluss der Szene änderte ich das abrupt und kehrte zur ursprünglichen Lichtstimmung zurück, um das Ende der Träumerei anzuzeigen» (Kaufman).[8] Die Liebesszene im Regen am Friedhof ist ein weiteres gutes Beispiel: «Der Rauch wurde benützt, um die vorbeiziehenden Lichtstrahlen (von Autos T.B.) in einer Vielfalt von Bündeln zu brechen, die die Schatten zwischen den Bäumen und Grabsteinen durchschnitten. So entstand visuell eine unwirkliche Aura von Fremdheit, die die Absicht des Autors unterstrich, zwei Menschen in einer denkbar unpassenden Umgebung eine Liebesszene spielen zu lassen» (Kaufman).[9] Als der Wahnsinn des Films in einer großen Feuersbrunst eskaliert, überschlägt sich auch die Kamera. Anna Magnani rennt im brennenden Haus die Treppe runter, die Kamera folgt ihr parallel und als sie am Absatz der Treppe die Kurve nimmt und die Richtung wechselt, folgt ihr die Arriflex in einem vertikalen Schwenk von 200°. Der Kameraoperator musste dazu an einer Wippe angeschnallt werden.

THE PAWNBROKER ist ein Film von traumatischen Erinnerungen in einer komplexen inneren Zeitstruktur. Kaufman bemüht sich, durch hartes Licht und eine noir-Atmosphäre alle potentielle Larmoyanz von vornherein zu eliminieren. Harlem, das Vorkriegs-Europa und der Holocaust, die Erinnerungen eines lebenden Toten. Eugen Kogon, in seinem SS-Staat, hat auf das groteske Paradox hingewiesen, dass das Lager wie ein zweiter Staat funktioniert und mitten im Lager gibt es deshalb auch nochmals ein Gefängnis. Dieses Paradox gibt es auch in den Bildern von Kaufman, die Welten des Sol Nazerman stecken ineinander wie Matrjoschka-Puppen. Jedes Ereignis wird in seiner Wahrnehmung verschoben, Kaufmans Bilder, die immer irgendwie zu nah, zu hart, zu mehrdeutig sind, machen diese Durchlässigkeit möglich.

THE PAWNBROKER, das war 1965, als sich die Farbe endgültig durchsetzte. Wie in der Agonie eines Todeskampfs entstanden plötzlich einige der größten Arbeiten in Schwarz-Weiß: THE MAN WHO SHOT LIBERTY VALENCE, SHOCK CORRIDOR, OTTO E MEZZO, EL ANGEL EXTERMINADOR, IN COLD BLOOD, WHAT EVER HAPPENED TO BABY JANE?, BILLY BUDD, THERESE DESQUEYROUX, THE MISFITS, PERSONA, ROCCO E I SUOI FRATELLI, THE HUSTLER, L'ANNEE DERNIERE A MARIENBAD, WHO'S AFRAID OF VIRGINIA WOOLF? Kaufmans PAWNBROKER gehört dazu. Kaufman hat immer betont, dass ihm Schwarz-Weiß lieber ist als Farbe. Seine Farbfilme sind deshalb entweder sehr zurückgenommen (SPLENDOR IN THE GRASS, THE BROTHERHOOD) oder angemalte Schwarz-Weiß-Filme (THE WORLD OF HENRY ORIENT, THE GROUP, TELL ME THAT YOU LOVE ME, JUNIE MOON).

---

8   Boris Kaufman nach Frederick Foster: Filming THE FUGITIVE KIND. In: *American Cinematographer*, June 1960.
9   Boris Kaufman nach Frederick Foster: Filming THE FUGITIVE KIND. In: ebd.

Georg Krause

1943/44 drehte Peter Pewas seinen Erstlingsfilm DER VERZAUBERTE TAG mit Georg Krause. Dem Drehbericht von Peter Pewas verdanken wir das ausführlichste Porträt, das es von Georg Krause gibt: «Ein absolut perfekter, wunderbarer Kameramann. Aber manchmal hätte ich vor Wut heulen können. Er konnte unverschämt sein, pfuschte mir mit dem Hinweis, ich sei doch ein Anfänger, oft in der Regiearbeit hinein. Krause war ein eher unauffälliger, etwas weicher, fast proletarischer Typ mit berlinerischem Einschlag. Den schützenden, grünen Lichtschirm trug er stets über den Augen. Aber im Atelier verwandelte er sich, wurde zu einem Massiv an Sicherheit und ließ einen das auch fühlen. Nur schwer raufte man sich mit ihm zusammen. Mein Wunsch an ihn, z.B. die verräucherte Stimmung eines Junggesellenzimmers zu schaffen, wo man am Sonntagnachmittag eine Motte fliegen sieht, solche Wünsche nahm er fast hämisch auf – um sie dann aber mit kleinen Kommandos für die Beleuchter, unter Hinzuziehung zerrissener Gardinen für die Lichtstreuung, phantastisch auszuführen! Es war sein Stolz, dem Anfänger zu zeigen, wie man zwei Personen filmisch verbindet, um dann aber sogleich wieder störrisch zu werden, wenn eine von dem ‹Anfänger› skizzierte Bildkomposition den eigenen Regieambitionen nicht entsprach. Oft musste ich bei ihm einlenken, schon um Termine zu retten! Andererseits spürte ich die Kraft eines Mannes, der Dutzende kommerzieller Filme hinter sich gebracht hatte und mit dem Schatz seiner Erfahrungen spielerisch jeder Aufgabe gerecht wurde – er war ein Souverän. Wo es nur anging, setzte er versteckte Lampen, kämpfte er im Interieur um verlockende Lichtlinien, um Millimeter in der Bildeinstellung, um die Eleganz einer Kameraführung. Sein Kriterium war nicht etwa die Beurteilung durch die deutsche Fachwelt, nein, die Spitze, die er suchte, wie er mir heimlich und genießerisch gestand, war die Gloriole durch den amerikanischen Kameraverband. Hier lag sein Trauma, und es muss ihn beglückt haben, in der Nachkriegszeit amerikanischen Filmen dienen zu dürfen und mit internationalen Regisseuren wie z.B. Kazan oder Kubrick arbeiten zu können. Georg Krause kam vom Handwerk her, wie ich auch, er jedoch von den Kopieranstalten. Diese Rolle des ‹Erfahrenen› spielte er gerne. Sein Stolz war es, mit ungewöhnlichen Einzelleistungen die Routiniers ausgeschaltet und die Branche erobert zu haben. All das bei einer Technik, die seinerzeit ungleich schwerer zu handhaben war als die von heute, was immer vergessen wird.»[1]

1 Interview mit Peter Pewas. In: Ulrich Kurowski, Andreas Meyer: *Der Filmregisseur Peter Pewas*. Berlin 1981. S. 40ff.

Krause gehört zu der Generation von Kameraleuten, die in den 1920er Jahren ihre Ausbildung erhielten. Alles, was der deutsche Bildstil bis zum Ende der Stummfilmzeit entwickelt hat, ist ihm vertraut. Er ist Schüler von Axel Graatkjaer, bei dem schon Karl Freund in den 1910er Jahren das Handwerk gelernt hat. Krause ist ein Alleskönner. Dem Newcomer Pewas zaubert er einen erotischen Tagtraum hin, dessen poetischer Realismus nicht zuletzt die Filmbonzen des Dritten Reichs irritierte. Ein waschechter französischer Film aus deutschen Studios!

1951 dreht er für Franz Cap den neoexpressionistischen Film DAS EWIGE SPIEL. Der Film, der bei der Kritik eine gemischte Aufnahme findet, wird für Krause zu einem Dennoch-Erfolg. Von «großer optischer Kunst» ist bei Gunter Groll die Rede: «Selten wurde im deutschen Film die Groß- und Größt-Aufnahme so suggestiv gehandhabt, selten wurden filmische Mittel so schlagkräftig eingesetzt.»[2]

Wie viele erfolgreiche Kameraleute kann auch Krause der Versuchung nicht widerstehen, selbst Regie zu führen. 1948, zusammen mit Werner Illing, ist der Kameramann sein eigener Regisseur. Der Film heißt UNSER MITTWOCH ABEND, ein schwacher Zeitstoff im Trümmermilieu. Der Film ist kein Erfolg, auch wenn die Kamera Herausragendes leistet: «Dabei haben die Regisseure Werner Illing und Georg Krause eine Schar beachtlicher Schauspieler zusammengebracht, die sich redlich bemühen, gegen die papierenen Dialoge und den sentimentalen Wirrwarr des Buches anzuspielen. Und Kameramann (Georg Krause) und Schnittmeister (Friedrich Stapenhorst) zauberten, was sie konnten. So wurde denn eine Traummontage mit hetzenden Überblendungen – die Fiebervision eines durch die Untreue ihres Liebhabers herabgekommenen Mädchens – zum großen Effekt, und in einigen deftigen Milieuszenen à la Zille konnte sich ein gewisser Humor frei spielen.»[3] Krause, ebenso vierschrötig wie selbstkritisch, hat sich nach diesem Fehlschlag nie wieder im Regiefach versucht.

Krause war bis dato ein vielbeachteter Handwerker, der mit seinem Können Waren aller Art veredelt hatte. Der erfolgreichste Film des Münchner Komikers Weiß Ferdl verdankt sich mehr seiner Kamera als der Regie von Fred Sauer: DIE BEIDEN SEEHUNDE (1934) ist ein monarchistisches Doppelgängerspiel in glattem, gleitendem Ufa-Stil. Ein früher Tonfilm mit einer ziemlich leichtfüßigen Kamera.

Jedem Hollywood-Musical zur Ehre gereichte dann seine Leistung in Zerletts ES LEUCHTEN DIE STERNE (1938): Glamour und Beschwingtheit zeugen davon, dass Krause amerikanische Vorbilder genau studiert hat. Ländliches und Proletarisches gestaltet er in DER SÜNDENBOCK (Hans Deppe, 1940) und KRACH IM VORDERHAUS (Herbert Maisch, 1939). Der propagandistische Fliegerfilm D III 88 (Maisch, 1939) zeigt ihn als Meister der Improvisation. Filmisch fad und langweilig fand er den Flugplatzbetrieb.

---

2 Gunter Groll: *Magie des Films*. München 1953. S. 79f.
3 *Die neue Zeitung*, 11. 09. 1948.

So setzte er schemenhafte Figuren im Vordergrund scherenschnitthaft gegen das Geschehen am Rollfeld. Bei strahlender Sonne benützt er Blenden nicht zum Aufhellen, sondern zum Abdunkeln: «Da ist Krause den umgekehrten Weg gegangen, den sonst ein Kameramann zu gehen pflegt. Er verwandte seine Blenden, die er sich aus Berlin mitgebracht hatte, nicht zum Aufhellen, sondern zum Abdunkeln, schuf sich künstliche Schatten […].»⁴ Nebelwetter, das den Drehplan gefährdete, wird mit geschickter Lichtgestaltung zum zentralen visuellen Reiz des Films. Er bekommt dadurch jenes schicksalhafte Raunen, das damals als spezifisch deutsch empfunden wurde. Bemerkenswert, dass man für den Fortsetzungsfilm KAMPFGESCHWADER LÜTZOW (Hans Bertram, 1941) den Regisseur, aber nicht den Kameramann auswechselte: Aber Krause beherrscht, wie er mit DIESEL (Gerhard Lamprecht, 1942) zeigt, auch die neusachliche Technikapotheose eines Ruttmann.

Mit VOM SCHICKSAL VERWEHT (Nunzio Malasomma, 1942) wird seine Kunst zu beleuchten erstmals zur Legende. In einer Nachtszene lässt er das Gesicht von Sybille Schmitz nur von einem Feuerzeug ausleuchten. In einer anderen Szene geht es darum, den Gang durch ein schummriges Labor zu gestalten. Mit seitlichen Lichtquellen kann Krause seine Vision der Szene nicht realisieren. Frech stellt er seine Hauptlichtquelle ins Zentrum des Bildes, kaschiert vom Laborgerät. Später, in BERLINER BALLADE (R. A. Stemmle, 1948), leuchtet Krause mit einem zerbrochenen Schlafzimmerspiegel die Szenen aus. «Die Pointen blitzen in gebrochenem Licht», registriert Gunter Groll.⁵

1949/50 wechselt der gebürtige Berliner Krause nach München, wo sich die Bavaria-Studios zur führenden westdeutschen Produktionsstätte entwickeln. Hier wird Krause endlich Gelegenheit zu international beachteten Leistungen bekommen, auch wenn er seine Kamerakunst meist Heimattümlichem (WENN DIE ABENDGLOCKEN LÄUTEN, 1951; MÖNCHE, MÄDCHEN UND PANDUREN, 1952) Klamotten (08/15, 2. und 3. Teil, 1964) und später deutscher Sexploitation der Hartwig-Produktion routiniert zur Verfügung stellt.

Wegen des günstigen Dollar-DM- Verhältnisses entstanden damals eine Reihe amerikanischer Filme in München. 1953 dreht Elia Kazan mit Krause MAN ON A TIGHTROPE. Krause gibt dem Film um Kalten Krieg und Flucht in den Westen die dichte, klaustrophobische Atmosphäre. 1962, in Robert Siodmaks TUNNEL 28, einem Spekulationsfilm nach dem Bau der Berliner Mauer, findet Krause fast parallele Bilder voll atmosphärischer Enge.

1957 dreht Stanley Kubrick seine Großproduktion PATHS OF GLORY in München. Krause ist bei diesem Film Herr über sechs Kameras auf fünf Dollies und einem Kran. Dazu das neue 18,5 mm-Objektiv, das spielend eine Raumerfassung a la CITIZEN KANE

---

4   Das Licht schafft die Atmosphäre. In: *Der deutsche Film*, Nr. 4, 1942/43.
5   Gunter Groll: *Magie des Films*. München 1953. S. 29.

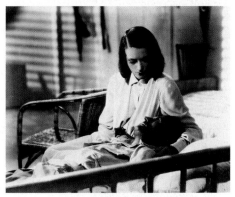

359–361 Der verzauberte Tag (Peter Pewas, 1943/44), Bild: Georg Krause

362 Vom Schicksal verweht (Nunzio Mallasomma, 1942), Bild: Georg Krause

363–364 Berliner Ballade (Robert Adolf Stemmle, 1948), Bild: Georg Krause

365 Paths of Glory (Stanley Kubrick, 1957), Bild: Georg Krause

366 Mönche, Mädchen und Panduren (Ferdinand Dörfler, 1952), Bild: Georg Krause

367 Nachts wenn der Teufel kam (Robert Siodmak, 1957), Bild: Georg Krause

zulässt. Kubrick selbst dreht Anschluss-Schnipsel mit einer Arriflex. Kubrick denkt bei dem Film an fließenden Kamerastil à la Ophüls, und Krause realisiert dies mit geradezu «akrobatischen Kunststücken» (Sergio Toffetti).[6] Aber auch der raffinierte Lichtgestalter Krause kann hier brillieren: Die Szene im Kellerverlies, wenn den drei Soldaten die Henkersmahlzeit gebracht wird, ist nur durch das strahlenförmige Licht des Kellerfensters beleuchtet. Der versierte Perfektionist, den schon Pewas beschreibt, findet sich in Kubricks Erinnerung wieder: «Das war wirklich sehr interessant, weil der Kameramann nicht englisch sprach und ich nicht deutsch. Es war unglaublich, wie wenig wir uns zu sagen hatten, nur Dinge wie ‹heller› oder ‹dunkler›, aber in dem Film ist kaum etwas nicht so, wie ich es haben wollte.»[7] Nach diesem Film erhält Krause den Preis der American Society of Cinematographers und für Patalas steht fest, dass er «unser bester Kameramann» ist.[8]

1957 entsteht auch NACHTS WENN DER TEUFEL KAM von Robert Siodmak. Der Remigrant Siodmak kann auf ein Jahrzehnt film-noir-Erfahrung zurückblicken. Krause, der Kameramann seiner Wahl, erhält für seine Leistung den Bundesfilmpreis. In Karl Korns Laudatio heißt es: «Der Kamera […] gebührt ein besonderes Rühmen. Die Szene des Lokaltermins in einem grauen, öden Niemandsgelände und im Wald der tanzenden Bäume ist ein filmischer Höhepunkt, der sich international sehen lassen kann. Hier haben Regie, Kamera und Darsteller einen Stil entwickelt, den man als magischen Realismus im Film etikettieren könnte.»[9]

Auch bei Staudte, einem hartkantigen Realisten, gelingen Krause in KIRMES (1960) ganze Passagen eines ‹magischen Realismus›. Ulrich Kurowski schreibt: «NACHTS WENN DER TEUFEL KAM und KIRMES, Geschichten über Leidende unter dem Faschismus, sind Geschichten über Getriebene, denen ein nicht zu fassendes Schicksal zusetzt. […] Die desorientierten Leidenden werden aus einer dunklen Umgebung herausgeleuchtet, als seien sie dann doch Helden: Annemarie Düringer vor einer Masse von Soldaten bei Siodmak, Götz George bei Staudte als Deserteur in seinem Elternhaus, in dem er sich fälschlicherweise geborgen fühlt.»[10]

---

6   Sergio Toffetti: *Stanley Kubrick*. Berlin 1979. S. 26.
7   Stanley Kubrick nach Peter W. Jansen, Wolfram Schütte (Hg.): *Stanley Kubrick*. München, Wien 1984. S. 219.
8   Enno Patalas nach Ulrich Kurowski: *Georg Krause*. In: Filme, Nr. 9, 1981.
9   Karl Korn: Laudatio auf Georg Krause. *Pressematerial zum Bundesfilmpreis*, Berlin 1958.
10 Ulrich Kurowski: *Georg Krause*. In: Filme, Nr. 9, 1981.

William Lubtchansky

In Vincennes gab es früher eine Kodakfabrik. Als Kind, Ende der 1930er, Anfang der 1940er Jahre, konnte William Lubtchansky von seinem Fenster aus auf die Fabrik und das riesige KODAK-Schild blicken. Das Omen bringt ihn auf die Filmschule von Vaugirard.1960 wird er Kameraassistent. Er lernt die alte Schule, die Technik der 1930er Jahre, und die neue Schule, das Kino der Nouvelle Vague, parallel kennen und schätzen. Das macht ihn zu einer interessanten Figur in der französischen Kinolandschaft. 1968, bei Godards UN FILM COMME LES AUTRES, hat er sein Debüt als Kameramann. Kameratechnisch ist er bei diesem Film nicht gefordert; es geht um andere Qualitäten, die für seine Arbeit noch sehr wichtig werden: die Fähigkeit mit Regisseuren zusammen zu arbeiten, die eine freie Methode anwenden, auf die der Kameramann flexibel reagieren muss. Das gibt seinen Filmen etwas Unverwechselbares und trotzdem schwer Definierbares: ein Hauch von Freiheit, Leichtigkeit und Spontaneität.

Lubtchansky wird zum Spezialisten für diese Methode: «Ich arbeite oft mit Regisseuren, die noch nicht definiert haben, was passiert, bis zu dem Augenblick des Drehens. Ich bin ganz auf die Arbeitsweise dieser Regisseure eingestellt. Wenn ich mit Regisseuren arbeite, die vorher ganz genau wissen, was sie wollen, komme ich manchmal sogar in Schwierigkeiten. Ich arbeite so, dass ich im selben Maß improvisieren kann wie die Regie. Das hat sich so entwickelt. Im Lauf der Zeit habe ich eine Methode gefunden, schnell zu arbeiten und trotzdem wirkungsvoll. Meine Methode, Dekor und Personen nur teilweise auszuleuchten, erlaubt es mir, von einer Sekunde auf die andere etwas zu verändern, selbst wenn es die letzte Sekunde ist.»[1] Regisseurinnen und Regisseure, für die Lubtchansky gearbeitet hat: Godard, Rivette, Iosseliani, Straub und Huillet, Doillon, Bresson, Truffaut, Comolli, Berto, Nadine Trintignant, Varda, Garrel, Bergala, Elisabeth Rappeneau.

Wo Kameramänner wie Almendros oder Coutard gleichmäßig mit indirektem Licht ausleuchten, leuchtet Lubtchansky nur partiell aus, um mit beschränkten Mitteln große Flexibilität zu erreichen. Das gibt ihm aber auch die Möglichkeit auf Techniken der 1930er Jahre zurück zu greifen, mitunter, wie Schüfftan, nur mit Lichtklecksen zu arbeiten. In NUMÉRO DEUX (1975) spielt Godard mit den medialen Bausteinen von Film und TV, von Bild und Ton, von Text und Titeln. Godard, so Lubtchansky, hat oft selbst kadriert, aber die Lichtgebung ist ungewöhnlich und selektiv. In SAUVE QUI PEUT (LA

---

[1] Interview mit William Lubtchansky. In: Viennale (Hg.): *Das Kino des Jacques Rivette*. Wien 2002. S. 59.

vie) (1979) inszeniert Godard eine Art Dreiecksgeschichte als abstraktes Muster; Geist, Körper und Seele, Bild, Ton und Handlung zerfallen in Versatzstücke, aber Lubtchanskys Bildgestaltung lässt das immer wieder auflaufen zu melodramatischen Tableaux, die, durchaus passend, daran erinnern, was man von einer Dreieckskonstellation im Kino gewohnt ist; ähnlich Alain Delon und Domiziana Giordano in Nouvelle Vague (1989), die in die Rollen der großen Liebespaare der Weltliteratur schlüpfen.

Lubtchanskys Kameraarbeit ist irgendwo zwischen Lumière und Méliès angesiedelt. Dokumentarisches sieht oft wie Inszeniertes aus und Inszeniertes kann dokumentarisch wirken. Für Agnès Varda dreht er 1974 Daguerréotypes, ein Dokumentarfilm über die Bewohner der Rue Daguerre. Der Film weitet sich zu kleinen Szenen im Stil von René Clair. 1980 dreht er für Rivette Le Pont du Nord. Bulle und Pascal Ogier erforschen den Stadtplan von Paris wie ein Mysterium. Lubtchansky fängt mit seiner Kamera ganz beiläufig Gefundenes und Zufälliges ein. Aus Geldmangel ist der Film nur außen und ganz ohne Licht gedreht. «Es wird kein Licht gemacht. Daran habe ich mich gehalten. Es gab zwei Einstellungen nachts. Jacques (Rivette) hat gefragt, ob es nicht besser wäre, zum Geräteverleih zu gehen und sich Lampen zu holen. Ich hätte alles Licht haben können, das ich wollte. Aber ich fand es interessanter, es ganz ohne Licht zu probieren. Wir haben also Paris durchforstet, um einen Ort zu finden, der hell genug ist […].» (Lubtchansky).[2]

Arbeiten mit Rivette ist wie arbeiten mit Pirandello. In L'Amour par terre (1983) geht es um Wohnungstheater, damals die große Mode. Schauspieler proben in einer bewohnten Wohnung ein unfertiges Stück; das Ganze ist ein Film mit offenem Drehbuch. Lubtchanskys Kamera ist wie ein Chamäleon, wechselt im Schwenken und Fahren die Erzählperspektive. Eine postmoderne Version von La règle du jeu. Die Mischung von Lumière und Méliès kann aber auch zu Feuilladeschen Tagtraumwelten führen, zum präsurrealen Feuillade der Cinéromane: die Rivette-Filme Noroit (1975), Duelle (1975), Merry-go-round (1983), Histoire de Marie et Julien (2004). Über Va Savoir (2000) schreibt Hanns Zischler: «Es bleibt Rivettes und Lubtchanskys Geheimnis, mit welchen Mitteln es ihnen gelingt, das durchaus Reale und Alltägliche – die Theaterroutine, die kleinen Affären, die Verstimmungen und raschen Versöhnungen – in einen eigenartigen Aggregatzustand zu versetzen, ohne je ins Selbstgefällige und Sentimentale abzugleiten.»[3]

Ein wichtiger Aspekt der ‹méthode Lubtchansky› ist seine präzise Schauspielerstudie, die er besonders in Rivette-Filmen entfalten kann. La Belle Noiseuse (1990) handelt von einem alten Maler und seinem jungen Modell, aber durch die Kamera Lubtchanskys gesehen, wird es eine Studie über Michel Piccoli und Emmanuelle Béart.

---

2 Interview mit William Lubtchansky. In: ebd. S. 60.
3 Hanns Zischler: Magie des Zufalls. In: *DIE ZEIT*, Nr. 27, 2002.

Genauso, wie die Jeanne La Pucelle-Filme (1994) und Secret Défense (1998) Filme über Sandrine Bonnaire sind. «Ich mag sein Prinzip, den Schauspielern große Priorität zu geben, ich mag es, dass er versucht, mir das Leben zur Hölle zu machen – er macht gerne sehr komplizierte Pläne für mich, um zu sehen, wie ich damit fertig werde. Ich mag es, wenn ein Regisseur mich vor solche Probleme stellt. Ça m'excite un peu / das stachelt mich etwas an» (Lubtchansky).[4]

Ein Wendepunkt im Werk von Lubtchansky war wohl die Zusammenarbeit mit Truffaut bei La femme d'à côté (1981). Lubtchansky erklärt es so: «Wenn ich das Gesicht einer Person, die hier sitzt, halbnah kadriere, wird man den Tisch nicht sehen. Ein Regisseur will nun auch den Tisch zeigen, mit den Dingen, die darauf herumliegen. [...] Der Unterschied zwischen Truffaut und Godard ist der, dass Truffaut den Tisch höher stellt und Godard den Abstand vergrößert.»[5] Truffaut hat sich vom konventionellen Kino und seinen kleinen Tricks nie völlig verabschiedet. Lubtchansky liebt das Arbeiten unter limitierten Bedingungen. Ein Bresson, der jeden Film nur mit einem Objektiv macht, ein Straub mit seinen homöopathischen Schwenks, aber schon bei seinem nächsten Film, Neige (Juliet Berto und Jean-Henri Roger, 1981) zeigt er, dass er sich jetzt alles traut. Klassische französische Schule, gewagte Fahrten, eine freche Verwendung der Farbe, ganze Zonen, die ins Schwarze verschwimmen, oder einfach nur Neonlicht und statische Kamera.

Lubtchansky ist Kameramann im klassischen Sinn, er setzt das Licht und macht die Cadrage selbst. Das ist fast unvermeidlich bei seiner Methode der Lichtsetzung: «Ich habe ein punktuelles Licht konstruiert, in das die Schauspieler eintreten können und aus dem sie wieder heraustreten können; so sind sie teils im Licht und teils im Schatten. Ich liebe diesen Lichttyp und profitiere von den unvorhergesehenen Ereignissen, die das ergibt. Deshalb macht es Sinn Operateur und Kadreur zu sein: Wenn ich kadriere, denke ich ans Licht; ich kann mich nach dunklen Zonen, nach hellen Zonen und nach der Position des Schauspielers ausrichten. [...] indem ich meine Position wechsle, denke ich ans Licht, suche einen helleren Hintergrund.»[6]

Für diese Arbeitsweise scheint Iosseliani der ideale Partner zu sein: La Chasse aux Papillons (1991), Brigands, Chapitre VII (1996), Adieu, plancher des vaches (1999) und Lundi matin (2001). «Mit Lubtchansky», sagt Iosseliani, «waren wir gemeinsam Autoren jedes einzelnen Kaders, jedes einzelnen Bildes.»[7] Iosseliani liebt verschachtelte und voll geräumte Interieurs, in denen die Akteure sich wie Tänzer bewegen müssen. Und Lubtchanskys spärliches Licht verstärkt das noch. Kamera und

---

4 Interview mit William Lubtchansky. In: *du*, Nr. 5, 1994.
5 Interview mit William Lubtchansky. In: Viennale (Hg.): *Das Kino des Jacques Rivette*. Wien 2002. S. 60.
6 Interview mit William Lubtchansky. In: *Cahiers du Cinéma*, Nr. 325, 1981.
7 Otar Iosseliani nach Antony Fiant: *(Et) le cinéma d'Otar Iosseliani (fut)*. Lausanne 2002. S. 52.

368 Sauve qui peut (La Vie) (Jean-Luc Godard, 1979), Bild: William Lubtchansky

369 La Femme d'à côté (François Truffaut, 1981), Bild: William Lubtchansky

370–373 La Belle Noiseuse (Jacques Rivette, 1990), Bild : William Lubtchansky

374–375 La Chasse Aux Papillons (Otar Iosseliani, 1991), Bild : William Lubtchansky

Schauspieler führen eine Art Menuett auf, alte Damen tänzeln durch Flure, Besitzbürger und Clochards beschäftigen sich mit grotesken Dingen, junge Männer auf Ab- und Umwegen. Nur die Frauen und Mütter halten energisch den allgemeinen Verfall auf. Lubtchansky über Iosseliani: «Er erinnert mich sehr an Tati, er macht praktisch Stummfilme, weil er keinen Text hat, das bringt ihn in die Nähe von Tati, von Buster Keaton, Menschen einfach so zu zeigen, das ist nahe am Stummfilm.»[8]

Mit Straub/Huillet hat Lubchantsky eine ganze Serie von Filmen gedreht: UN COUP DE DÉS (1978), TROT TÔT, TROP TARD (1980), KLASSENVERHÄLTNISSE (1984), NOIR PÉCHÉ (1988), ANTIGONE (1991), DU JOUR AU LENDEMAIN (1997), SICILIA (1999). Man möchte vermuten, dass es für einen Kameramann eher langweilig ist, mit Straub/Huillet zu arbeiten. Aber das Gegenteil ist der Fall: «Mit den Straubs befindet man sich in einer ultra-minimalen Situation. Du hast eine Kamera, ein Stativ, und das war's. [...] Aber man macht etwas, was man bei anderen Filmen nicht macht. Man wartet auf die Differenzierungen des Lichts, man hat von jeder Einstellung 50 Versionen. Das ist ein Luxus, der den Mangel an Mitteln kompensiert. Jede Einstellung, die bei einem anderen Film eine Viertelstunde dauert, dauert bei den Straubs üblicherweise einen ganzen Tag: Das ist ein enormer Luxus.»[9]

Lubtchansky erinnert sich: «Rivette erzählte über die großen amerikanischen Klassiker, dass er den Kameramann schon beim Sehen erkennen konnte.» Und weiter: «Wenn es von Seiten des Regisseurs keine besonders präzisen Vorgaben gibt, gibt der Chefkameramann dem Film seine eigene fotografische Vision.»[10]

---

[8] William Lubtchansky nach Antony Fiant: ebd. S. 202.
[9] Interview mit William Lubtchansky. In : *Cahiers du Cinéma*, Nr. 325, 1981. Dietrich Kuhlbrodt liefert einen Drehbericht zu KLASSENVERHÄLTNISSE (*Das Kuhlbrodtbuch*. Berlin 2002. S. 621f). Dort heißt es u.a.: «Doch bevor die Sätze gesagt werden, haben Licht- und Bildregie das Wort, stundenlang. Lubtchansky verlangt ein Volex (...). Hier wird Ordnung geschaffen: die eigene Lichtordnung.»
[10] Interview mit William Lubtchansky. In: Christian Gilles: *Les directeurs de la photo et leur image*. Paris 1989. S. 140.

Rudolph Maté

> Rudolph Maté […] verstand die Anforderungen der dramatischen Psychologie der Großaufnahmen, und er hat mir genau das gegeben, was meinen Willen und nicht nur meine Gedanken wiedergibt: verwirklichte Mystik.
>
> *Carl Theodor Dreyer*

> Dreyer und ich hatten manchmal etwas verschiedene Ansichten. […] Aber bei Jeanne d'Arc, an dem wir sieben Wochen zusammen arbeiteten, stimmten wir in jeder Hinsicht vollständig und absolut überein.
>
> *Rudolph Maté*

Trotz seines französischen Künstlernamens ist Rudolph Maté polnisch-ungarischer Abstammung. Als Kunststudent in Budapest entdeckt er sein Interesse für das junge Medium Film und wird 1919 Kameraassistent bei Alexander Kordas Filmproduktion. Über die Sascha Studios in Wien führt sein Weg nach Berlin, wo ihn Erich Pommer als zweiten Kameramann engagiert. 1924 dreht er für Dreyers Michael zusätzliche Außenaufnahmen. 1926 geht er nach Paris: «Da waren nicht so viele Top-Kameramänner und ich konnte besser voran kommen als vermutlich in Berlin» (Maté).[1]

In Paris trifft Maté wieder auf Dreyer, der an dem Projekt La passion de Jeanne d'Arc arbeitet. Zwei alte Bekannte in der Fremde, die sich zu einem gemeinsamen Projekt zusammen finden. Gemeinsam entwickeln sie für den Film ein einzigartiges visuelles Konzept. Von den mittelalterlichen Buchmalereien borgen sie die Idee eines weißen Hintergrunds vor dem sich die Personen abheben. Um einfache, holzschnittartige Gesichtszüge zu bekommen, wurde wenig bis gar nicht geschminkt; die Beleuchtung wurde vereinfacht, eine Mercury-Quecksilberlampe und Weinert-Bogenlampen von 40 bis maximal 150 A, dazu nur gelbe bis orange Filter – fast eine Vorwegnahme von Techniken der Nouvelle Vague.

La passion de Jeanne d'Arc ist komplett in leichter Untersicht bis Froschperspektive gedreht mit einer extensiven Verwendung der Großaufnahme. «Nichts in der

---

[1] Rudolph Maté nach Herbert G. Luft: Rudolph Maté. In: *Films in Review*, Nr. 8, 1964.

Welt», sagt Dreyer, «kann mit dem Ausdruck eines menschlichen Gesichtes verglichen werden.»[2] Die Passionsgeschichte erhält dadurch eine gnadenlose Schärfe mit einer engelsgleichen Marie Falconetti. Matés Kamera, oft in den Boden eingegraben, erlaubt sich bei einer kleinen Actionszene an der Zugbrücke einen 180° – Schwenk in der Vertikalen unter einem Trupp Reiter. Seine Kamera die beständig leicht schwenkt und fährt hat auf subtile Weise die Lektion der entfesselten Kamera gelernt.

1931/32 dreht Maté VAMPYR, Dreyers nächsten Film. VAMPYR ist neben NOSFERATU sicherlich der bedeutendste Film zu diesem Thema. Im Unterschied zum Jeanne d'Arc-Film ist hier nichts gebaut, alles spielt in und um Chateau Courtempierre. Der Einsatz der Objektive wurde bewusst auf den Kopf gestellt, um das Groteske zu betonen. Die Großaufnahmen wurden mit 35-mm-Weitwinkel gemacht, und weite Einstellungen wurden mit dem 70-mm-Objektiv gequetscht. Statt des orthochromatischen Films, der dem JEANNE D'ARC-Film seine Sterilität gab, wird hier panchromatischer Film eingesetzt, der den Tonwertumfang erweitert.

VAMPYR hat einen seltsam leuchtenden Grauschimmer. Maté hatte im Abstand von etwa 1m vor der Kamera einen schwarzen Tüll montiert, den er mit seitlichem Licht (im 30°-Winkel) anstrahlt. Die ganze Tüllkonstruktion war mit der Kamera fest verbunden und wurde mit bewegt. Wo die Kamera bei Jeanne d›Arc von unten nach oben blickt, sieht sie hier oft von oben nach unten. Die Mühlenszene am Schluss ist geschickt bei Bitzer/Griffith abgekupfert (A CORNER IN WHEAT). Die Beleuchtung ist, abgesehen von gelegentlichem Bogenlicht, Glühlampenlicht, ein damals ganz revolutionäres Konzept.

In Frankreich dreht Maté für Fritz Lang LILIOM (1934), ein Film mit viel entfesselter Kamera am Rummelplatz und dezent gestalteten Traumszenen, und für René Clair LE DERNIER MILLIARDAIRE (1934), ein Film mit avantgardistischen Elementen im Geist von ENTR'ACTE. Er gilt jetzt als ein Kameramann von größter Vielseitigkeit und erhält eine Einladung nach Hollywood für DANTE'S INFERNO (Harry Lachman, 1935). Maté gelingt es, sich in Hollywood als Kameramann für Gesellschaftsfilme und gehobene Unterhaltung zu etablieren. Für William Wyler dreht er DODSWORTH und COME AND GET IT (zusammen mit Toland), für King Vidor STELLA DALLAS, für Leo McCarey LOVE AFFAIR, für Garson Kanin MY FAVORITE WIFE.

1940 trifft Maté auf Hitchcock, der gerade versucht, in Hollywood Fuß zu fassen. REBECCA war ein Erfolg, aber nicht Hitchcocks Metier. Mit dem Spionage-Thriller FOREIGN CORRESPONDENT gelingt ein Überraschungscoup. Der Film war seit 1938 in der preproduction, schlingerte wegen seines antideutschen Themas vor sich hin und war noch bei der Premiere im September 1940 umstritten. Hitchcock realisiert in diesem Film eine ganze Serie von Lieblingsideen für ausgefallenes Actionkino und Maté

2 Carl Theodor Dreyer nach Herbert G. Luft: ebd.

bringt das in ein stringentes visuelles Konzept. Dazu gehören die Mordszene in einer Menschenmasse mit Regenschirmen, durch die sich die Kamera winden muss, die Windmühlenszene, mit ihren fast unmöglichen Blickwinkeln, die komplexe Szene am Turm der Westminster Cathedral und die dramatische Bruchlandung des Flugzeugs im Atlantik (auch wenn hier viele Trickfilmleute ihre Finger im Spiel hatten). Der Film wird für sechs Oscars nominiert, auch für Kamera und Regie. Maté sollte mit Hitchcock das Schicksal teilen, dass er oft nominiert wird und schlussendlich nie einen Oscar bekommt. Es folgen Nominierungen für LADY HAMILTON (1941), den Maté für jenen Alexander Korda dreht, der ihm in Budapest 1919 seinen ersten Filmjob gegeben hatte, für PRIDE OF THE YANKEES (Sam Wood, 1942), SAHARA (Zoltan Korda, 1943) und COVER GIRL (Charles Vidor, 1944).

Maté gehört zu den großen Glamour-Fotografen. Irene Dunne (LOVE AFFAIR, MY FAVORITE WIFE), Barabara Stanwyck (STELLA DALLAS), Vivien Leigh (LADY HAMILTON), Carole Lombard (TO BE OR NOT TO BE) und Marlene Dietrich (SEVEN SINNERS, THE FLAME OF NEW ORLEANS) standen vor seiner Kamera. Aber für keinen Star hat er soviel getan wie für Rita Hayworth, die viermal von ihm fotografiert wurde. Mit COVER GIRL (1944) machte er sie vom Sternchen zum Star und mit GILDA (1946) machte er sie zum Superstar. Martha Wolfenstein und Nathan Leites, zwei Psychologen, sind durch Rita Hayworths Rolle in GILDA auf die Theorie des good-bad-girl gekommen. Aber was wäre aus dieser Theorie geworden, wenn es Maté nicht gelungen wäre, Rita Hayworth zwei visuelle Konzepte in einem Film zu geben? Die engelsgleiche Rita, das liebe Mädel von nebenan, und der alles verschlingende Vamp. Néstor Almendros hat einen interessanten Vergleich zwischen GILDA und LA PASSION DE JEANNE D'ARC angestellt: «Wenn man sie hinter einander zeigt, und von dem religiösen Thema des einen und der Hollywood-Erotik des anderen absieht, wird klar, dass Beleuchtung, Cadrage und Kameraführung wider Erwarten wenig Unterschiede zeigen. Einige Szenen, wie die Spielerszene in GILDA, haben eine bemerkenswerte, ja kuriose Ähnlichkeit zu den Gerichtsszenen in Dreyers Meisterwerk.»[3]

Nach GILDA bekam Maté verstärkt Regie-Ambitionen und zählt zu den wenigen Kameramännern, die sich dauerhaft als Regisseure etablieren konnten. Auch wenn Maté nie das Glück hatte, große Stoffe zu bekommen, sind doch eine ganze Reihe wichtige Filme entstanden, überwiegend Actionfilme: THE DARK PAST, D.O.A., NO SAD SONGS FOR ME, UNION STATION, WHEN WORLDS COLLIDE, FORBIDDEN, THE VIOLENT MEN, MIRACLE IN THE RAIN, alles Filme, denen man das Primat des Bildes ansieht. Maté gehört zu den Kameramännern, die alle technischen Probleme vor Beginn der Dreharbeiten zu klären pflegen: «Während der Aufnahme (muss) der Kopf des Kameramanns frei sein.»[4]

---

3 Néstor Almendros: *A Man with a Camera*. New York 1984. S. 20.
4 Rudolph Maté nach Herbert G. Luft: Rudolph Maté. In: *Films in Review*, Nr. 8, 1964.

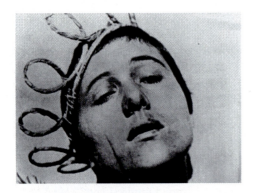

376–378 La Passion De Jeanne d'Arc (Carl Theodor Dreyer, 1926), Bild: Rudolph Maté

379 Cover Girl (Charles Vidor, 1944), Bild: Rudolph Maté

380 Gilda (Charles Vidor, 1946), Bild: Rudolph Maté

381–386 Vampyr (Carl Theodor Dreyer, 1931/32), Bild: Rudolph Maté

Christian Matras

Als Kameramann für das Eclair-Journal (1926–1928) lernt Matras ein nüchternes Herangehen an Bilder. Nach und nach wechselt er zu Kurz- und Dokumentarfilmen. Der Kontakt mit Jean Epstein bringt ihm schließlich einen Karrieresprung. Er dreht für ihn LA CHANSON DES PEUPLIERS (1931), LE COR (1931), L'OR DES MERS (1932) und LA CHATELAIN DU LIBAN (1933). Die Dokumentation L'OR DES MERS gehört neben Flahertys Filmen mit zum Wichtigsten, was in dieser Zeit an Dokumentarfilmen entstand. Das Leben auf den bretonischen Inseln wird genauso ungeschminkt erfasst wie die alles beherrschende Natur des Meeres, und trotzdem gelingen Bilder von großer Poesie.

Jean Renoir, der in den 1930er Jahren einen einfachen und zugleich poetischen Kamerastil sucht, holt Christian Matras für LA GRANDE ILLUSION (1937). «Die Wirklichkeit ist in der Tat magisch», erklärt Renoir.[1] Und Matras hat eine eigene Philosophie des Kinobildes, die das gut ergänzt: «[Das Bild] präsentiert luminöse Flächen, deren Intensität völlig verschieden ist von denen, die man in der Wirklichkeit messen kann. [...] Man hat das Objektiv mit dem Auge verglichen, aber das ist ein grundlegender Irrtum [...] das Bild zeigt nichts anderes als eine Interpretation der Wirklichkeit. [...] Die ‹Wahrheit› des Bildes ist deshalb eine ganz andere als die des Sujets vor dem Objektiv.»[2]

Lange Plansequenzen, die in einem close-up enden oder beginnen, sind charakteristisch für LA GRANDE ILLUSION. Obwohl die Kamera in ihren Fahrten die Tiefe des Bildraums erforscht, ist die Tiefenschärfe nicht sehr ausgeprägt. Die unscharfen Zonen erzeugen eine impressionistische Wirkung und sind durch die hohe Beweglichkeit der Kamera eher unauffällig. Renoir geht es um die Beziehungen der Menschen untereinander. Viel gepriesen ist die Mahlzeit im Gefängnis, an einem großen Tisch, wo sich die Kamera ebenso spielerisch von Person zu Person bewegt, wie die Worte und Widerworte über die Tafel springen. Zum Schluss lässt sie sich gewissermaßen an der Tafel nieder, wie ein Teilnehmer der Runde. «Für mich war es wichtig, mit Hilfe der Plansequenzen die Charaktere untereinander und mit ihrer Umgebung in Bezug zu setzen» (Jean Renoir).[3] Die Lichtgebung folgt den natürlichen Lichtquellen, die nur mit

---

1   Interview mit Jean Renoir. In: *Cahiers du Cinéma*, Nr. 78, 1957.
2   Interview mit Christian Matras. In: Christian Gilles: *Les Directeurs de la photo et leur image*. Paris 1989. S. 207ff.
3   Jean Renoir nach Imago (Hg.): *Making Pictures. A Century of European Cinematography*. London 2003. S. 210.

etwas seitlichem Füll-Licht modellierend unterstützt werden und der Beweglichkeit der Kamera nicht im Wege stehen. Wo die Kamera begrenzt wird, ist es ein bewusster Ausdruck der «Theorie, dass die Welt durch horizontale Grenzen unterteilt ist, statt in geschlossene Zimmer mit vertikalen Grenzen» (Jean Renoir).[4] Die wunderbar humanistische Komposition der Plansequenzen in diesem Film wird in Renoirs Werk nur noch durch LA RÈGLE DU JEU (1939) erreicht, dessen Bilder Jean Bachelet gestaltete.

Matras wird einer der wichtigsten Kameramänner des poetischen Realismus und später auch Exponent des ‹Cinéma de Qualité›. Er arbeitet mit Regisseuren wie Julien Duvivier, Abel Gance, Jean Grémillon, Marcel L'Herbier, Henri Georges Clouzot, Pierre Chenal, Jean Cocteau und Jacques Becker. Das Glamouröse hat bei ihm immer eine Rückbindung an Ungeschminktes. Mit LES JEUX SONT FAITS (Jean Delannoy, 1947) dreht er einen existentialistischen Film mit harten Bildern. In Franjus THÉRÈSE DESQUEROUX (1962) wird Schäbiges und Heruntergekommenes bewusst thematisiert. MONTPARNASSE 19 (Jacques Becker, 1957) zeigt einen Gerard Philippe in der Gosse. Und es ist derselbe Kameramann, der fantastische Abenteuer wie FANFAN LA TULIPE, L'AIGLE À DEUX TÊTES, LE COEUR BATTANT, CARTOUCHE und LES FÊTES GALANTES gestaltet hat. Wenn es im Film so etwas wie rokokohafte Impressionen gibt, dann sind es die Bilder, die Matras für die Mantel-und-Degen-Helden Fanfan und Cartouche gefunden hat. Und die farbliche Gestaltung von Matras ist genauso dezent in ihren Effekten wie seine Schwarz-Weiß-Fotografie: «[…] versuche nie den Farben eine Wichtigkeit zu geben, die sie zum Selbstzweck werden lässt.»[5] Buñuel, der solche Spannungen zwischen Gosse und Romantik liebt, hat Matras für seinen obszönen Pilgerfilm LA VOIE LACTÉE (1968) eingesetzt.

Der Höhepunkt in der Karriere von Christian Matras ist seine Zusammenarbeit mit Max Ophüls. Er dreht das gesamte Spätwerk von Ophüls: LA RONDE (1950), LE PLAISIR (1951), MADAME DE … (1953) und LOLA MONTEZ (1955). Die Arbeit mit Ophüls war schwierig. Einer, der Produzenten quälte, Techniker an ihre Grenzen brachte und von Schauspielern alles verlangte. «Er begann damit, alle – die Techniker, Assistenten, Kameraleute, Beleuchter – vom Set zu schicken und isolierte sich mit seinen Schauspielern, um die Szene mit dem Ensemble zu proben. Dann, wenn alles richtig einstudiert war, alle Gänge der Schauspieler festgelegt waren, ließ er den Chefkameramann Christian Matras, Henri Chenu und mich zurückkommen und ließ vor uns die ganze Szene spielen.» So Alain Douarinou, der zweite Kameramann.[6] Allein für den ersten Auftritt von Anton Walbrook/Wohlbrück in LA RONDE mussten über 50 Meter Schienen verlegt werden, mit Kurven und Drehscheiben. Zwei Tage dauerte es, bis diese Plansequenz abgedreht war.

---

4 Jean Renoir: *Mein Leben und meine Filme*. München, Zürich 1975. S. 144.
5 Christian Matras nach *Presseheft zu BARBE BLEU* (1951) von Christian Jacque.
6 Alain Douarinou nach Helmut G. Asper: *Max Ophuls*. Berlin 1998. S. 550.

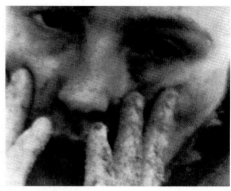

387–388 L'Or des Mers (Jean Epstein, 1932), Bild: Christian Matras

389–392 La Grande Illusion (Jean Renoir, 1937), Bild: Christian Matras

393 Thérèse Desqueroux
(Georges Franju, 1962),
Bild: Christian Matras

394–395 Lola Montez
(Max Ophüls, 1955),
Bild : Christian Matras

Matras erinnert sich an die Zusammenarbeit mit Ophüls: «Generell kann man sagen, dass ihn die Logik bei der Präsentation einer gegebenen Situation überhaupt nicht interessierte. Für ihn zählte nur die Qualität der Emotion, die er auslösen wollte. [...] In jedem Fall dachte er, so das mysteriöse Reich der Dinge enthüllen zu können und jenseits der Erscheinungen das zeigen zu können, was hinter der Realität verborgen ist. Von daher rührt auch die Bedeutung von Tüll, Spiegeln und Lüstern bei ihm, die einen Teil dieser Wirklichkeit verändern oder verformen, aber auch die geheimsten und veränderlichsten Reflexe festzuhalten vermögen. Aus diesem Grund musste er annehmen, dass die Umwege unbedingt zu bevorzugen sind, wenn man zum Herzen der Dinge vordringen will: Denn die Realität, wie er sie sah, war so fragil, dass ein zu direkter Zugang sie zerstört hätte. Und das ist die Rechtfertigung für die zahllosen spiralförmigen Treppen, für die langen Kamerafahrten, die die Realität umkurven und liebkosen ohne sie je zu zerstören – und vor allem bewahren sie ihren ursprünglichen Charme unverletzt auf, lassen jenes mysteriöse Fluidum, das sie beherrscht, frei zirkulieren und verfehlen nicht die delikate Emotion, die sie enthält.»[7]

Matras, der für Renoir bewusst realistisch wirkende Kamerafahrten gemacht hat, gestaltet für Ophüls ganz artifizielle. In LA RONDE fließt seine Kamera zur Musik von Oskar Strauss. In LE PLAISIR folgt sie hektisch den Vergnügungen der ‹Maske› und flaniert durch den Salon des ‹Maison Tellier›. In MADAME DE ... windet sie sich schier endlos über Treppen, durch Flure und Gassen. Von Christian Matras, ‹l'homme aux sourcils du Diable/dem Mann mit den teuflischen Augenbrauen›, verlangte Ophüls wahre Hexerei: «Er stellte technische Probleme, die zunächst unlösbar erschienen und ließ sich auf keine Diskussion ein, sie zu vereinfachen. Er verlangte von der Kamera, dass sie sich von allen Gesetzen der Schwerkraft und des Gleichgewichts ablösen sollte, um sich im Raum des Dekors frei zu bewegen... Bei ihm schien nichts unmöglich zu sein» (Matras).[8] Trotz dieser harten Dreharbeiten betont Matras, dass Ophüls unter allen Regisseuren, mit denen er gearbeitet hat, «einen pivilegierten Platz in meinem Herzen einnimmt».[9]

1955 dreht Max Ophüls LOLA MONTEZ, seinen letzten Film und sein unumstrittenes Meisterwerk. «Die Farbe», so René Prédal, «ist dort gänzlich symbolisch [...]: Der Frühling ist eine romantische Morgendämmerung in Schwarz, Blau und Grau; dann, glänzend und kontrastreich der Sommer; der Herbst hat noch wärmere Töne, ist gelb (von Gold bis Ocker) oder rot gerändert. Der Winter schließlich ist grau, blau und weiß. Er benützt hier psychologische Farben, die auf verschiedene Etappen der Liebe

---

7   Christian Matras nach Claude Beylie: *Max Ophuls*. Paris 1984. S. 147.
8   Christian Matras nach Georges Annenkov: *Max Ophuls*. Paris 1962. S. 22.
9   Interview mit Christian Matras. In: *Cinéma 72*, Nr. 171, 1972.

verweisen und keine Farblyrik sind, die die Natur realistisch preist.»[10] In LOLA MONTEZ ist nichts dem Zufall überlassen, weder die Farbe noch die Bewegung der Kamera noch die Cadrage. Alles ist aufs Äußerste artifiziell auf das große Thema von Ophüls abgestimmt: Die Frau, die verzweifelt kämpft, und trotzdem Opfer bleibt. Matras, der heimliche Dokumentarist, geht in diesem Film bis an die Grenze der Selbstverleugnung. Aber in einem Punkt ist seine individuelle Handschrift unübersehbar präsent: Wie er die Gesichter ausleuchtet bis in die Seele hinein, das war von Anfang an seine Stärke.

---

10   René Prédal: Christian Matras. In: *Cinéma 72*, Nr.171, 1972.

Russell Metty

Wie bei vielen Kameramännern beginnt die Laufbahn von Russell Metty in einem Kopierwerk, 1924 bei RKO. 1935 wird er bei RKO Chefkameramann. Das kleine Studio ist spezialisiert auf B-Pictures. Das hilft, schnell routiniert zu werden. In der großen Produktionsmasse sind auch immer wieder Meisterwerke versteckt. 1938 dreht er für Howard Hawks BRINGING UP BABY, 1940 für Dorothy Arzner DANCE GIRL, DANCE. Beide Filme haben ein hohes Tempo. Die Kamera ist flink, mobil und flexibel, aber ohne Faxen. Das geht auch nicht bei Filmen mit einem dynamischen Schnitt. In der Kriegszeit ist RKO ganz auf Propaganda eingestellt. In Filmen wie HITLER'S CHILDREN (Dmytryk, 1943) und G.I. JOE (Wellman, 1945) werden die RKO-Filme düsterer, die Kamera expressiv.

Das Kriegstrauma produziert den film noir. WHISTLE STOP von Leonide Moguy (1945) findet sich nicht im klassischen noir-Repertoire, aber gehört dorthin. Eine Rückblende, die mit einem Spiegel beginnt und einem zerbrochenen Spiegel endet, ist ein ebenso notorisches Motiv wie die Dopplung der weiblichen Hauptrolle in good bad girl und bad good girl. Ava Gardner, die noir-lady in mink, wird von Metty gefilmt wie ein Jahr später Rita Hayworth in GILDA. Die noir-Kamera braucht Orte, an denen sie sich entfalten kann. Metty schwelgt in Bars, Jahrmarktszenen und nächtlichen Straßen. Einen film noir außerhalb des Kanons hat Metty auch mit ARCH OF TRIUMPH (Milestone, 1948) gestaltet; das Paris der Emigranten ist noch abgründiger als die düsteren Filme des poetischen Realismus. Die falsche Existenz scheitert an der richtigen und das richtige Leben am falschen. RIDE THE PINK HORSE (Robert Montgomery, 1947) ist ein Klassiker des Genres. Die Sonne von ‹Acapulco› ist noch gnadenloser als die nächtliche Stadt. Einer jener noir-Veteranen, die den Krieg im Frieden fortsetzen. Er kommt nicht raus aus seiner Rolle, das Karussell, von Metty surreal ausgeleuchtet, dreht sich nicht nur im Kreis, sondern auch gefangen in der Zeit.

Für Orson Welles dreht Metty zwei films noirs, THE STRANGER (1946) und TOUCH OF EVIL (1958). Die berühmte Turmuhr-Szene aus THE STRANGER ist ein kinematografischer Parforceritt. Als geübter Zuschauer hat man das komische Gefühl, dass gleich die Kamera erschlagen wird, aber dann ist es doch Orson Welles, der einen ganz unauffällig exaltierten Nazi spielt. Für TOUCH OF EVIL holt Welles sich wieder Metty, und was da der Kamera abverlangt wird, hätte mindestens mit einem Oscar prämiert werden müssen. «Der Einsatz der Kamera von Russell Metty übertrifft alles; wie eine schwarze Schlangenleder-Peitsche, schleudert er die Action in das Auge des Zuschauers», schreibt Howard Thompson in seiner Kritik in der New York Times.[1] Gleich die Eröffnungsszene ist eine 195 Sekunden-Kranfahrt, die Metty und sein Kameraoperateur Philip Lathrope gestalten müssen.

Die Kamerasequenz beginnt mit der Großaufnahme einer Bombe, die scharf gemacht wird, dann sehen wir den Mann, der sie trägt, sich vorsichtig umsieht und an einem Gebäude entlang zu einem Wagen geht; die Kamera folgt seinem Schatten. Er platziert die Bombe im Kofferraum und flieht, während aus einem Nachtclub ein Politiker mit einer Stripperin herauskommt. Sie steigen in den Wagen und fahren von der Kamera weg um das Gebäude. Die Kamera zieht hoch und erfasst den Wagen wieder, wie er in eine Straße einfährt. Sie fährt wieder runter und folgt dem Wagen mit wechselnden Einstellungen wie Großaufnahmen, niedrigen Fahrten, Vogelperspektiven und Totalen. Auf der kunstvoll ausgeleuchteten, nächtlichen Straße herrscht reger Verkehr. Fußgänger kreuzen und schließlich kommen Charlton Heston und Vivian Leigh ins Bild. Es geht auf die amerikanisch-mexikanische Grenze zu. Ein Grenzbeamter, der Fahrer und Heston unterhalten sich. Die Stripperin beklagt sich über ein tickendes Geräusch. Der Wagen fährt auf die amerikanische Seite. Heston und Leigh passieren zu Fuß und setzen ihr Gespräch fort: «Do you realize I haven't kissed you in over an hour?» Als die Kamera zur Kuss-Großaufnahme ansetzt, explodiert die Bombe. Schnitt zum explodierenden Wagen. Diese kursorische Beschreibung kann das Sehen nicht ersetzen; die Kranfahrt ist so kompliziert, dass in dem Buch von Terry Comito über den Film gleich zwei Zeichnungen drin sind (S. 10 und S. 263), die beide ähnlich unverständlich sind.[2]

Eine andere Plansequenz, die über 12 Seiten Drehbuch geht, zeigt Orson Welles, der einen verdächtigen Jugendlichen in einem winzigen Apartment verhört. Die Kamera ist auf einem Crab-Dolly, die Wände sind beweglich. Vier Hauptdarsteller und einige Komparsen wuseln durchs Bild. Eine Szene aus Klaustrophobie und Paranoia. Bis auf ein paar mit Diffusion gestaltete Szenen in Marlene Dietrichs Bordell, ist der ganze Film in hartem Licht mit starken Schatten gestaltet, oft auch mit verkanteter Kamera gefilmt. Die Nachtszenen sind night for night. Müll, der überall im Bild liegt, erzeugt eine schmuddelige Atmosphäre. Russell Mettys Kamera schlittert durch einen bedrohlichen Bilderkosmos. Mitunter springen den Zuschauer Schockbilder an, wie Vivian Leigh, die aufwacht und, auf dem Kopf stehend, die verzerrte Grimasse eines Toten sieht.

Mettys Hauptwerk sind Abenteuerfilme, Piratenfilme, Western, Krimis. THE GOLDEN HORDE (G. Sherman, 1951), THE WORLD IN HIS ARMS (Walsh, 1952), YANKEE BUCCANEER (de Cordova, 1952), AGAINST ALL FLAGS (G. Sherman, 1952), FOUR GUNS

---

[1] Howard Thompson: TOUCH OF EVIL. In: *New York Times*, 22. 05. 1958.
[2] Terry Comito (Hg.): TOUCH OF EVIL. New Brunswick, London 1985.

TO THE BORDER (Carlson, 1954), MAN WITHOUT A STAR (King Vidor, 1954), MISFITS (Huston, 1961), THE WAR LORD (Schaffner, 1965), MIDNIGHT LACE (David Miller, 1960), THAT TOUCH OF MINK (Delbert Mann, 1962). Viele dieser Filme wirken insgesamt dunkel, spätestens bei den Western, die er 1953 für Boetticher gedreht hat (SEMINOLE und MAN FROM ALAMO). Russell Metty hat ein Faible für gebrochene Helden. Gregory Peck als Kapitän segelt durch einen grau-grünen Sturm. Eine stürmische erotische Szene findet nachts in einem Pferdestall statt. Die glänzenden Leiber der Pferde ersetzen die nackten Leiber von Rory Calhoun und Colleen Miller, die man in einem Film der 1950er Jahre nicht sehen darf. Kirk Douglas, in einer seiner psychopathischsten Rollen, zerreißt sich sein Westernerherz am Stacheldraht; von der Freiheit des Westens ist nur noch Profit, Schmutz und ein depressiver Himmel geblieben. MISFITS, einer der ersten Spätwestern, wählt gegen den Trend ein schmuddeliges Schwarz-Weiß; die Westerner sind nur noch Metzger. Charlton Heston als normannischer Edelmann vergeht im amour fou zu einer sächsischen Bauernmagd. Mettys Bilder lassen die Landschaft dramatisch mitspielen.

1959/1960 dreht Metty für Kubrick SPARTACUS, der ihm den lang verdienten Oscar bringt. Kubrick und Metty lieben starken Kontrast, der Film ist stilistisch davon geprägt. Es geht vor allem darum, dem 70mm-Format Tiefe zu geben. Die Dreharbeiten ziehen sich über zwei Jahre hin, was nicht perfekt ist, wird wiederholt. Bei einem Film mit über 10.000 Beteiligten und aufwendiger Logistik mit Massenregie und großtechnischem Aufwand (Kamerakräne, Kameratürme, mehrere Kameras mit Spezialoptiken) ist das ein teurer Luxus. Wie ausgefeilt der Film war, zeigte sich erst 30 Jahre später bei der Rekonstruktion der unverstümmelten Fassung.

Der Höhepunkt in Russell Mettys Karriere war seine Zusammenarbeit mit Douglas Sirk. Von 1952 bis 1958 dreht er für Sirk zehn Filme, darunter Sirks Meisterwerke MAGNIFICENT OBSESSION (1953), ALL THAT HEAVEN ALLOWS (1955), WRITTEN ON THE WIND (1956) und IMITATION OF LIFE (1958). Sirk ist ein Regisseur der alten Schule, der sich um die Schauspieler kümmert und nie durch die Kamera schaut. Er weiß natürlich, was er im Bild haben will, aber die Umsetzung überlässt er dem Kameramann. Jörg Schmidt-Reitwein, der für Sirk die SYLVESTERNACHT gemacht hat, erinnert sich: «Ja, das ist Hollywood-Schule, dieses unauffällige Regieführen aus dem Hintergrund. Das ist ein sehr angenehmes, ruhiges und konzentriertes Arbeiten. Wenn ein Regisseur andauernd herumwuselt zwischen Leuten, die ohnehin arbeiten, ist das nicht sehr angenehm. Aber es setzt natürlich voraus, dass der Regisseur ein wirklicher Meister ist.»[3] Sirk wollte Metty für TAKE ME TO TOWN (1952) unbedingt haben: «Ich sah einige Filme, die er gemacht hatte, und fragte bei Universal, ob ich ihn haben kann. Er war

---

3   Interview mit Jörg Schmidt-Reitwein. In: *epd-FILM*, Nr. 7, 1990.

sehr teuer und sehr gefragt, aber schließlich hatte ich Erfolg.»[4] «Totale, Morgendämmerung [...]. Aus der Tiefe kommt der offene Sportwagen an uns vorbeigefahren», schreibt Wim Wenders über eine Passage aus WRITTEN ON THE WIND. Er kommentiert dabei die Arbeit der Kamera: «Wie schwer das ist, eine so lange Sequenz [...] in ein und demselben Licht durchzuziehen, vor Sonnenaufgang, das weiß jeder Filmmacher und jedes Kamerateam.»[5]

Schon in TAKE ME TOWN kann man gut erkennen, wie sich ein Sirk-Metty-Stil etabliert. Sirk schätzt an Metty ausdrücklich, dass er nicht die typische Hollywood-High Key-Fotografie mitmacht: «In Hollywood hat man ein Licht, das wirklich zu stark, zu strahlend ist.» (Sirk).[6] Und dann ist da die Farbdramaturgie. Keine Farbe ist zufällig – im Melodram ist alles durchgeplant bis zum Letzten. Ann Sheridan, das ist ein knallroter Zug, der eine dramatische schwarze Rauchfahne hinter sich herzieht und die strohgelbe, weite Landschaft des amerikanischen Westens sich unterwirft. Metty macht für Sirks Melodramen auch ganz ungewöhnliche Sachen, filmt schon mal Personen in Innenräumen mit einem leichten Tele; da werden sie ganz flach und verloren. Die großen Universal-Melodramen sind voll von Bildern, die einfach ‹verboten› sind. Gebrochene Wintersonne, die auf einem eingeschneiten Blumenbeet schimmert. Herbstblätter, die der Sturm ins Foyer einer Villa weht. Tauwetter an der Ostfront, aus dem Eis und Schnee tauchen Leichen auf. Ein knallrotes Boot, das über einen See rast. Regen auf einer Fensterscheibe, der sich auf dem Gesicht einer Frau spiegelt. Ein Spielzeugroboter, der vor den Augen eines Verzweifelten über den Tisch marschiert und runter fällt. Ein zitronengelbes Auto, das durch nächtliche Ölfelder rast, die aufgenommen sind wie blutende Erde. Ein Leichenwagen, der sich im Schaufenster eines Antiquitätenladens erscheint. Eine Frau, die in strengem, graublauem Kostüm an einem schweren Mahagony-Schreibtisch sitzt und das Modell eines phallischen Bohrturms umarmt. Ein OP-Saal, der sich wie ein UFO im Glas einer Galerie spiegelt. Eine Blinde, die nach einem riesigen phallischen Bettpfosten tastet.

Allein diese letztgenannte Szene detailliert zu beschreiben, braucht man drei Seiten. Hermann Kappelhoff hat sich die Mühe gemacht. Hier eine Kurzfassung: «[...] Bevor Joyce den Raum verlässt, schaltet sie zwei Tischlampen an; die eine dicht neben Helen postiert, die nun in einem Sessel sitzt, und eine weitere Lampe im Hintergrund des Bilds, die sie en passant beim Verlassen des Raums anknipst. Damit ist zunächst pragmatisch das Motiv der ansteigenden Dunkelheit fortgeführt. Für einen kurzen Moment gibt es buchstäblich mehr Licht – aber nicht für die Figur der Blinden. [...] Helen erhebt sich aus dem Sessel: Das Bild ist insgesamt dunkler gehalten als die Einstellung

---

[4] Douglas Sirk nach Jon Halliday: *Sirk on Sirk*. London 1971. S. 88.
[5] Wim Wenders: Ein Licht, das es nur wenige Minuten gibt. In: *Süddeutsche Zeitung*, 16. 11. 2006.
[6] Douglas Sirk nach Jon Halliday: *Sirk on Sirk*. London 1971. S. 105.

396–399 Dance Girl, Dance (Dorothy Arzner, 1940), Bild: Russell Metty

400 Bringing Up Baby (Howard Hawks, 1938), Bild: Russell Metty

401 Touch of Evil (Orson Welles, 1958), Bild: Russell Metty

402–404 Written On The Wind (Douglas Sirk, 1956), Bild: Russell Metty

405 Written On The Wind
(Douglas Sirk, 1956),
Bild: Russell Metty

406–407 Imitation of Life
(Douglas Sirk, 1958),
Bild: Russell Metty

vorher. Man sieht Helen nah im Vordergrund – ihr Gesicht, das gedeckte Rot ihres Kleids. Von einem undefinierten Lichtschein erhellt, hebt sich das Ensemble im warmen Grundton gegen den schattigen Hintergrund ab. [...] Helen tritt aus dem Bild, und für einen Moment evoziert ihr Verschwinden, der leere Kader, dieses ungewisse Außerhalb. Dann sehen wir sie in einer Totale: Helen befindet sich ungefähr in der Mitte der Leinwand; sie stolpert an einem Möbel. Vom Balkon her – dem linken Bildrand – fällt helles Licht ein. Es zieht eine Schneise durch den Schatten. Ein weiteres Seitenlicht – an gleicher Stelle verortet, nur etwas höher gesetzt – wirft, gebrochen durch die Gardinenmuster, ein unruhiges Netz von Schattenlinien über die Bildfläche. [...] Ein erneuter Einstellungswechsel: Wir sehen den gedrechselten Holzpfosten, der in ganzer Höhe den rechten Bildrand ausfüllt. Links davon befindet sich die Tischlampe; ihr Lichtschein zeichnet in der Mitte des Bilds ein helles Rund auf den Hintergrund. Helen macht den letzten Schritt auf den Pfosten zu, sie sinkt etwas zusammen. [...] Ihre Gestalt, dem Licht abgekehrt, taucht in den Schatten, bis ihr Gesicht im Dunkeln verschwindet. [...].»[7] Sirk bekennt: «Wir stimmten immer in allem überein: wir hatten genau dieselbe Art, die Dinge zu sehen, und wir hatten mit unserer gemeinsamen Arbeit eine große Zeit.»[8]

---

7 Hermann Kappelhoff: *Matrix der Gefühle*. Berlin 2004. S. 160f.
8 Douglas Sirk nach Jon Halliday: *Sirk on Sirk*: London 1971. S. 88.

Kazuo Miyagawa

> Ich bin in Kyoto geboren und aufgewachsen, in einem alten traditionellen Stadtteil. Ich werde nie die Qualität des Lichts und der Schatten in meinem Haus vergessen. In der japanischen Architektur öffnet sich Raum für Raum ineinander durch Schiebetüren, und jeder Durchgang bildet einen neuen Rahmen.
>
> *Kazuo Miyagawa*

Miyagawa Kazuo muss es auf Japanisch heißen. Und es lässt sich übersetzen als ‹Fluss des Schreins›. Das sind andere Strukturen, die der Einfühlung bedürfen. Sumi-e hat Miyagawa zunächst studiert, die traditionelle japanische Tuschzeichnung. Das war zu der Zeit als deutsches expressives Kino nach Japan kam, Filme wie Von morgens bis Mitternacht (Martin, 1920), die hier oft wenig beachtet wurden, aber bei Japanern in ihrer Zeichenhaftigkeit Begeisterung auslösten. Miyagawa ist von den Möglichkeiten des Kinos fasziniert. 1925 beginnt er als Techniker bei Nikkatsu und arbeitet sich langsam hoch. 1935 ist er Chefkameramann. Er arbeitet viel für japanische Slapstickfilme mit ihrem Nonsense-Humor. In der Branche bleibt ihm der Spitzname ‹komischer Kameramann›. Nebenher lehrt er an der Kunsthochschule in Osaka; die Verbindung zur japanischen Tradition ist ihm wichtig.

Ab 1937 arbeitet er viel mit Hiroshi Inagaki zusammen, der Kamerabewegungen liebt. Miyagawa wird Spezialist für Schienen- und Kranfahrten, was fürs japanische Kino eher ungewöhnlich ist. Später arbeitet er für die drei bedeutendsten japanischen Regisseure: bei Akira Kurosawa braucht er vor allem die Schienen, bei Kenji Mizoguchi braucht er vor allem die Kranfahrten, bei Yasujiro Ozu braucht er nichts von beidem, aber dafür seine traditionelle visuelle Ausbildung. 1942 geht die Nikkatsu in der Daiei, dem führenden japanischen Studio, auf. Dort entsteht Inagakis Erfolgsfilm Muhomatsu no issho (Das Leben des ungebändigten Matsu; 1943). Der Film macht Miyagawa zu einem begehrten Kameramann. Die Geschichte eines Rikschafahrers und seiner ‹unwürdigen› Liebe zur Witwe eines Hauptmanns wird von Miyagawa in elegische Bilder gegossen. Neben der großen, aber ruhig fließenden Beweglichkeit fällt das souveräne Spiel mit unterschiedlichen Einstellungen auf, die zwischen subjektiven und objektiven Bildern wechseln.

1950, mit Kurosawas Rashomon, erlangt Miyagawa schlagartig Weltruhm. Der Film erzählt ein Verbrechen in den vier Versionen von vier Zeugen. Jede Version ist anders, jede hat einen anderen point of view. Kurosawa erinnert sich: «Die Dreharbeiten beim

Komyo-Tempel und am Rasho-Tor verliefen parallel zueinander. An sonnigen Tagen filmten wir beim Komyo-Tempel; war der Himmel bewölkt, drehten wir die Regenszenen beim Tor. Da das Tor so gewaltige Ausmaße hatte, war es keine leichte Aufgabe, den Regen zu erzeugen. Wir liehen uns Feuerwehrwagen aus und gaben volles Rohr. Doch wenn wir die Kamera nach oben auf den Himmel über dem Tor richteten, war vom Regen nichts zu erkennen; deshalb färbten wir ihn mit Tusche schwarz. [...] Ich musste sicherstellen, dass dieses gewaltige Tor auch für die Kamera riesig erschien. Und ich musste herausfinden, wie wir die Sonne nutzen konnten. Das war besonders wichtig, weil den Lichtern und Schatten des Waldes die Schlüsselrolle im ganzen Film zufallen sollte. Ich entschloss mich, das Problem so zu lösen, dass wir die Sonne direkt filmten. Heute ist es durchaus nicht ungewöhnlich, die Kamera direkt auf die Sonne zu richten; doch damals, als wir RASHOMON drehten, war dies noch ein absolutes Tabu in der Kameraführung. Man glaubte sogar, die Sonnenstrahlen würden den Film verbrennen, wenn sie durch das Objektiv direkt darauf fiel. Doch mein Kameramann Kazuo Miyagawa setzte sich unbekümmert über diese Konvention hinweg und schuf großartige Bilder. Vor allem die Eingangsszene, die den Zuschauer durch die Lichter und Schatten des Waldes in eine Welt führt, in der das menschliche Herz sich verirren muss, ist ein wahrhaft meisterhaftes Stück Kameraarbeit. Ich glaube, diese Szene, die später auf dem Filmfestival in Venedig gefeiert wurde, weil hier zum ersten Mal die Kamera tief in einen Wald eindrang, ist nicht nur Miyagawas persönliches Meisterstück, sondern auch ein Meisterstück der Scharzweiß-Filmfotografie, dem Weltrang gebührt.»[1]

Natürlich kann man in einem dichten Wald nicht problemlos filmen. Miyagawa verbaute Schienen im großen Stil und wechselte beständig die Perspektiven. Das unheimlich flackernde Licht stammt nicht von künstlicher Beleuchtung, sondern von Sonnenlicht, das mit Spiegeln gelenkt wurde. Die Wirklichkeit als Schein. 1961 dreht Miyagawa für Kurosawa YOJIMBO, den Schlüsselfilm für die Entstehung des Italowestern. Sergio Leone, der den Film zufällig auf einer Japanreise sah, übertrug den plot des einsamen Schwertkämpfers, der zwei Banden gegeneinander ausspielt, ins Westernmilieu. Der Film in Daiei-Scope ermöglichte Miyagawa eine noch größere Beweglichkeit als RASHOMON. Dunkle, unbeleuchtete Innenräume leben oft nur von der Bewegung einzelner Lichtpunkte und die akrobatischen Kampfnummern wirken mit Teleobjektiv fast wie ein Tanz abstrakter Zeichen auf der Leinwand. Kombiniert mit dem Breitwandverfahren ergibt das fast surreale Effekte, die Miyagawa streng stilisiert in rechtwinklige Formen und Rahmen gießt, dem absurden Treiben Halt gebend.

Mit UGETSU MONOGATARI (ERZÄHLUNGEN UNTER DEM REGENMOND, 1953) entsteht das erste Meisterwerk in der Zusammenarbeit mit Mizoguchi. Eine besondere dramaturgische Spannung erzielen Mizoguchi und Miyagawa durch ein filmisches Pendant zur Kunst der

---

1 Akira Kurosawa: *So etwas wie eine Autobiographie*. München 1986. S. 220f.

408–410 Rashomon (Akira Kurosawa, 1950), Bild: Kazuo Miyagawa

411 Ugetsu Monogatari (Kenji Mizoguchi, 1953), Bild : Kazuo Miyagawa

412–413 Sansho Dayu (Kenji Mizoguchi, 1954), Bild: Kazuo Miyagawa

414 Ukigusa (Yasujiro Ozu, 1959), Bild: Kazuo Miyagawa

japanischen Querrolle (emakimono): die Technik von einer Szene in einer Einstellung. Die Geschichte handelt von zwei Brüdern, die in den Kriegswirren des 16. Jahrhunderts gierig den Träumen von Reichtum und Macht nachjagen und dabei ihre Familien verlieren; schließlich fallen sie dem Allertrügerischsten zum Opfer, Fantomen und Fantasmen. So, wie der Wald in RASHOMON, wird hier das Schilf in einen unheimlichen Ort verwandelt.

Mit SANSHO DAYU (EIN LEBEN OHNE FREIHEIT; 1954) entsteht Mizoguchis bedeutendster Film. Wieder arbeitet Miyagawa mit dem Mittel einer trügerischen Schönheit. Der Wald, den die verbannte Samurai-Familie durchquert, ist wie ein verwunschener Märchenwald, der seine reflektierten Spitzlichter auf die Menschen und das Unterholz wirft. Hier kann nur das schrecklichste Unheil geschehen. Danach gibt es nur noch Grautöne. Miyagawa referiert über die Kunst des Sumi-e, dass der Künstler mit Schwarz, Weiß und Grau arbeitet, dass das Grau aber eine unbegrenzte Zahl von Farben enthält. Technisch gesehen handelt der Film von dem, was im Grau verborgen ist. SANSHO DAYU ist über weite Teile eine Art japanischer Hamlet. Ein Sohn opfert alles, um seine Mutter aus den Händen verbrecherischer Statthalter zu retten. Aber als er schließlich selbst zum Statthalter wird, findet er die einst so stolze Mutter als Bettlerin wieder. Sie verschmilzt mit dem Grau der Erde. Die Kamera schwenkt, ganz langsam, weg von dieser Szene. Sie schwenkt auf eine trügerische Idylle, einen, in der Sonne schillernden Tsunami-Strand.

Miyagawa dreht fast das ganze Spätwerk von Mizoguchi, OYU-SAMA (MISS OYU; 1951), GION BAYASHI (DIE MUSIKER VON GION; 1953), UWASA NO ONNA (DIE FRAU, VON DER MAN SPRICHT; 1954). Mizoguchi ist ein Meister darin, die japanische Innenarchitektur mit ihren beweglichen Wänden dramaturgisch auszunützen. Er will deshalb ein optimal fokussiertes Bild. Miyagawas Bildkonstruktionen aus diesen instabilen Flächen, mobilen Rastern und Schiebetüren benützen stark assymetrische, aber ausbalancierte Elemente. Gregg Toland mit seiner Schärfentiefe und James Wong Howe mit seinen asiatisch beeinflussten Konstruktionen sind seine Vorbilder. Miyagawa arbeitet bei Mizoguchi mit großer Schärfentiefe und setzt nahe und ferne Objekte in einer Ebene in Relation.

CHIKAMATSU MONOGATARI (DIE LEGENDE VOM MEISTER DER ROLLBILDER; 1954) ist eine Liebestragödie mit tödlichem Ausgang, die das Rollbild immer wieder herbeizitiert. SHIN HEIKE MONOGATARI (DIE GESCHICHTE DES TAIRA-CLAN; 1955), ist legendär für die Kamerafahrt zu Beginn des Films von der Totale bis zur Nahaufnahme aus der Perspektive eines Beobachters gedreht. Die Farbe ist stark symbolisch, wie Miyagawa erklärt: «Kiyomori, bevor er in die Schlacht zieht, ist sehr wütend; zu diesem Zeitpunkt ist das Tor hinter ihm in einem grauenvollen Rot.»[2] 1956 folgt wieder für Mizoguchi AKASEN CHITAI (DIE STRASSE DER SCHANDE). Es ist Mizoguchis letzter Film, kein jidai-geki, kein historischer Epochenfilm, sondern ein Film über Prostitution im Nachkriegsjapan. Aber es ist durch und durch ein Mizoguchi-Film in seinem Wechsel von Identifikation

---

2 Kazuo Miyagawa nach Peter Morris: *Mizoguchi Kenji*. Ottawa 1967. S. 45.

und Distanz, von westlicher Kamera und östlichem Blick. Die Mädchen reden beständig von Liebe, aber kommen nie dazu, weil sie beständig Geld verdienen müssen.

Für Kon Ichikawa dreht Miyagawa ENJO (DER TEMPEL ZUR GOLDENEN HALLE; 1958) und KAGI (1959). ENJO ist sein erster Breitwandfilm (in Daiei-Scope). Für Miyagawa ist das ein breites Format, das er in japanischer Tradition fragmentiert; oft füllt er die Hälfte des Bildes mit einer Schiebetür oder lässt sie einfach dunkel. Ein japanischer Herostrat vernichtet den Kinkakuji-Tempel. Miyagawas Kamera erfasst ihn einmal hoch auf dem Balkon eines Tempels, weit unten vom gegenüberliegenden Tal aus mit Tele gefilmt. «Das Ergebnis ist ein verblüffendes Basrelief eines verkürzten Tempeldachs, der Tempelschüler, winzig und schwarz und verloren inmitten des grauen Gewirrs von Ziegeln und verwittertem Holz. Ein solches Arrangement dient vor allem dazu, die Bedeutung der Szene zu unterstreichen, in diesem Fall das keimende Bewusstsein des Jungen über seine Isolation und Einsamkeit» (Donald Richie).[3] Die Zerstörung des Tempels ist für den Täter eine Rettung der Reinheit. Die Bilder des Brands lösen sich auf in einem einsamen Flötenspieler. KAGI ist eine Vierecksgeschichte voller erotischer Obsession. Die Kamera kommt den Personen so nahe wie selten, Wände und Türen sind wie Häute, die atmen und fühlen.

UKIGUSA (ABSCHIED IN DER DÄMMERUNG; 1959) ist einer der letzten Filme von Ozu, in Daiei-Color, mit lebhaften, aber leichten Farben. Eine ruinierte Schauspieltruppe, eine Kleinstadt am Meer. Ein Vater besucht seinen verlorenen Sohn und dessen Mutter; dann muss er beide wieder verlassen. Die eher düstere Geschichte wird in sanft melancholischen Bildern erzählt. Aber jedes Bild ist genau durchkonstruiert. Ozu hat meist mit Yushun Atsuta gearbeitet, der die Methode des Filmens auf der Sitzmatte, der Tatami, verinnerlicht hatte. Die Kameraposition ist so tief, dass der Kameramann liegend am Boden durch die Kamera schauen muss; er ist dann gleichauf mit den Schauspielern, die am Boden sitzen. Miyagawa erinnert sich: «Daher die ‹Position des Hundeauges›. Durch die sehr tiefe Aufstellung der Kamera kann man überflüssige Elemente im Bild vermeiden. Wenn es sich um einen japanischen Raum handelt, sind die Tatami und verschiedene andere Gegenstände von den Personen verdeckt. Man vermeidet so Elemente, die von der Handlung nur ablenken. Das ist einer der Vorzüge für diese Kameraposition.»[4] Normalformat und 50mm Brennweite, das war das Dogma von Ozu (genauso wie im westlichen Kino das von Bresson!). Wenn ein Schauspieler vor der Kamera durchs Bild geht, sind es drei Schritte, nicht mehr und nicht weniger. Und wenn die Handlung in der Tiefe spielt, wird das Haus so lang und tief gebaut, wie es dramaturgisch nötig ist. Hier ist Miyagawas Kamera der japanischen Malerei am nächsten. Ein Übersetzungsversuch: Jede Einstellung ein Emblem.

---

3   Donald Richie: *Japanese Cinema*. London 1972. S. 182.
4   Kazuo Miyagawa nach Témoignages sur l'art de Yasujiro Ozu. In: *Cinejap*, Nr. 2, 1979.

Bruno Mondi

Für Bruno Mondi war der Beruf des Kameramanns ein Kindertraum. 1918, mit 14 Jahren, konnte er bei der Deutschen Bioscop Filmgesellschaft eine Lehre beginnen. «Das war damals das größte deutsche Filmunternehmen, das sich sogar rühmen durfte, eigene Ateliers zu besitzen» (Mondi).[1] Sein Vorbild und Lehrmeister ist dort der große Guido Seeber. 1921 besucht er die Lehranstalt für Kinotechnik in Berlin. 1923 wird er Kameraassistent bei der Zelnick-Mara-Film, 1924 kommt er zu Richard Eichbergs Filmgesellschaft. Häufig assistiert er Heinrich Gärtner, so dass man Mondi auch als Gärtner-Schüler betrachten darf. 1927 dreht er seinen ersten Film als Kameramann, DIE TOLLE KOMTESS von Richard Löwenbein. Eichberg, Gärtner und Mondi sind ein festes Team. Zu Beginn des Tonfilms ist für kleinere Firmen der Aufwand kaum zu bewältigen. Mit Schrecken erinnert sich Mondi an Prestigefilme mit dem teuren Star Albers. Mit bis zu 12 Kameras wurde gearbeitet, um Actionszenen zu gestalten. Mondi dreht leichte Unterhaltung, ein Film wie DER STUDENT VON PRAG (1935) von Artur Robison mit Adolf Wohlbrück ist eher die Ausnahme.

Die entscheidende Wende seiner Karriere ist die Bekanntschaft mit Veit Harlan, für dessen Regiedebüt KRACH IM HINTERHAUS Mondi 1935 die Kamera führt. Bruno Mondi lässt «die Kamera waghalsig an den Innenhofwänden hochklettern, an allen Fenstern vorbei, Freiheit in dieser Enge suggerierend» (Frank Noack).[2] KRACH IM HINTERHAUS war ein kleiner, schnell gedrehter Berliner Milljöh-Film gewesen, der sich als Riesenerfolg erwies. Danach hat Harlan mit gemischtem Glück eine Reihe von Filmen gedreht, war dann aber mit einer deutlich opportunistischen Linie rasch aufgestiegen. DER HERRSCHER von 1937 trug das höchste Prädikat des Dritten Reichs: staatspolitisch und künstlerisch besonders wertvoll. 1938 holt Harlan gezielt Mondi für JUGEND. Ab JUGEND dreht Mondi einen Harlanfilm nach dem anderen. Die Karriere der beiden ist eng verschränkt. Was macht Mondi zum idealen Kameramann von Harlan? Das entscheidende Stichwort dürfte Vorbereitung heißen. Gründliche Vorarbeiten sind für beide typisch. Alles wird vorher ausprobiert und durchgespielt, am Set läuft dann alles wie eine große Maschine. Planung ist alles, Spontaneität gilt nicht. Harlan plant komplexe Sachen bis ins Detail: «Um den Zusammenprall dieser zwei vom ‹Allsieger Eros› besiegten Kinder ohne Filmschnitt einfangen zu können […] ließ ich ‹die entfesselte

---

1 Bruno Mondi: Die Kamera war einst ‹Mädchen für alles›. In: *Tobis-Nachrichten*, 05. 04. 1941.
2 Frank Noack: *Veit Harlan*. München 2000. S. 111.

Kamera› während dieser Szene an die Schauspieler heranfahren, um sie herumfahren und sich wieder von ihnen entfernen.»³

Bruno Mondi hat sich über Fragen von Planung und Vorarbeit ausführlich geäußert: «Ein Film (ist) so gut wie seine Vorbereitung. Wenn ein Film ins Atelier geht, darf er nicht allein für den Regisseur in der geistigen Vorstellung fertig sein, sondern auch der Kameramann, der Architekt und alle anderen künstlerischen Mitarbeiter müssen ihn geistig und künstlerisch bis in die letzte Einzelheit bereits bewältigt haben. Voraussetzung dazu sind in erster Linie gründliche Besprechungen zwischen Autor, Regisseur und Kameramann. Jede einzelne Einstellung muss entsprechend ihrer dramaturgischen Bedeutung festgelegt und der Bau des Architekten muss darauf abgestimmt werden.»⁴ Für Mondi gibt es zu dieser Arbeitsweise keine Alternative: «Es ist nun einmal so, dass der Künstler beim Film das Technische berücksichtigen muss. Tut er das nicht schon von vornherein, so wird er leicht zum Sklaven der Technik, weil er sich ihr im Atelier schließlich doch fügen muss.»⁵

Harlan dreht mit Mondi 1938/39 VERWEHTE SPUREN, DIE REISE NACH TILSIT, DAS UNSTERBLICHE HERZ und PEDRO SOLL HÄNGEN. VERWEHTE SPUREN zeigt einen «Fanatismus zum dramatisch bewegten Bild» (Carl Brunner).⁶ DIE REISE NACH TILSIT verwandelt SUNRISE zurück in ein Schicksalsdrama; Harlan und Mondi vermeiden mit ihren versiegelten Bildern jede Ähnlichkeit zu Murnau, der Himmel drückt die Menschen nieder. Für das UNSTERBLICHE HERZ dreht Mondi im Atelier einen Seesturm, der die Gischt bis ins Kino schleudert. Und in PEDRO SOLL HÄNGEN scheint die Kamera mitunter zu fliegen. Die Filme sind kühn und barock, sie bieten alles, was mit Talent und Technik zu schaffen ist. Und sie sind sehr deutsch: Theater-Schaupieler-Filme, deren Schwere und Statik erdrückend wäre ohne die Kamera von Mondi. Harlans Stärke ist bürgerliches melodramatisches Kino, verbohrt und verblendet, ohne Brechungen wie bei Sirk und anderen Vertretern eines emanzipierten Melodrams.

1940 kommt JUD SÜSS. Für Goebbels ist Harlan der Regisseur der Wahl. Harlan kann die besten Kräfte verpflichten. Mondi ist dabei. Alle, die an dem Film beteiligt sind, wissen, was für ein heißes Eisen sie da anpacken. Staudte, der Antifaschist, erinnert sich: «Bei JUD SÜSS war es etwas anderes, da wusste ich sehr genau, worum es geht, denn bei mir zuhaus hatten nächtelange Diskussionen mit Marian, Fernau, Stemmle und vielen anderen Freunden stattgefunden, ob man das machen kann oder nicht. Als der Anruf kam, stand für mich nicht zur Diskussion, ob ich spielen würde, denn wenn

---

3 Veit Harlan: *Im Schatten meiner Filme*. Gütersloh 1966. S. 59f.
4 Interview mit Bruno Mondi. In: *Neue Filmwoche*, Januar 1948.
5 Interview mit Bruno Mondi. In: ebd..
6 Carl Brunner: VERWEHTE SPUREN. In: *Der Film*, 03. 09. 1938.

ich nicht gespielt hätte, wäre meine UK-Stellung kassiert worden, und dann hätte ich eine Rolle gespielt an der Front irgendwo.»[7]

Mondis Verwicklung in die JUD SÜSS-Produktion war nicht der Anfang und auch nicht das Ende. Exakt am 23. 03. 1933, am Tag der Machtergreifung, wird er Parteimitglied der NSDAP.[8] Kein Eingeschworener, sondern ein glasklarer Opportunist. Als er für JUD SÜSS requiriert wird, war ihm der Ausnahmestatus bewusst; er ziert sich und treibt das Honorar in die Höhe.[9] Seine Haltung war typisch für einen Großteil deutscher Filmschaffender. Es folgten DER GROSSE KÖNIG und KOLBERG und Melodramen am Abgrund des Faschismus, DIE GOLDENE STADT, IMMENSEE, und OPFERGANG. Und es kam BISMARCK von Liebeneiner. 1936 gab es schon FRIDERICUS von Johannes Meyer. Und allerlei Dubioses und Unterhaltsames. 1936 AVE MARIA, ein schmachtender Verzichtfilm, wo der Verzicht noch gar nicht angesagt war, und 1940 der STERN VON RIO, als es eng wird ein Film von glamouröser Verschwendung. Mondi lieh seine Kamerakunst jedem Stoff und jeder Idee. Künstlerisches Mitläufertum.

Harlans Aufstieg zum Spitzenregisseur des Dritten Reichs wirft die alte Frage auf, wie faschistisch sein Werk wirklich ist. Ist es nur bürgerliche Melodramatik, der faschistische Botschaften aufgepfropft sind? Oder erreicht Harlans Werk Riefenstahl-Qualitäten und wird zur genuin faschistischen Variante des privaten und historischen Melodrams mit einer Ästhetik, die die bürgerliche Herkunft in einseitiger Zuspitzung hinter sich lässt? Wie viele prominente Regisseure des Dritten Reichs ist wohl auch Harlan als Grenzgänger zu diskutieren. Es gibt Rückfälle in bürgerliches Gedanken- und Bildgut und es gibt Grenzüberschreitungen, wo das Visuelle dem Ideologischen vorauseilt. Hier ist Harlan in der Schuld Mondis und umgekehrt: «Um dieser Wirkung willen wagen ja auch alle Mitwirkenden einiges. Und auch wir sitzen mit der Kamera in Erdlöchern, über die ein Kavallerieattacke hinwegbraust, wir gehen dicht an Granatschläge heran, nur eine Decke über dem Kopf oder ein paar Bretter vor uns, und wenn schließlich, wie in den Kampfszenen des GROSSEN KÖNIGS, ein ganzes Dorf in anderthalb Stunden abbrennt, muss man mitten hinein in Feuer und Rauch und Verwüstung.»[10] Mondis Bildgestaltung in DER GROSSE KÖNIG ist deutlicher als später KOLBERG, der bei allem Aufwand sich immer wieder in bürgerlicher Melodramatik verhaspelt. Die Aufnahme der marschierenden Truppen unter einer Glasplatte ist ebenso rigoros wie der Kadavergehorsam, der den Soldaten abverlangt wird. «Der König ist von einer Todessehnsucht erfüllt, die die dämonische Ausleuchtung Bruno Mondis

---

7 Interview mit Wolfgang Staudte. In: Eva Orbanz (Hg.): *Wolfgang Staudte*. Berlin 1977. S. 65.
8 Fragebogen der Reichsfachschaft Film/Bruno Mondi/26. 09. 1933: BA/BDC-RKK 2600014021.
9 Vgl. dazu die Briefe der Terra-Film an Bruno Mondi zum Projekt JUD SÜSS vom 08. 01. 1940 und 15. 06. 1940: BA/BDC-RKK 2680/0007/51.
10 Bruno Mondi nach Günther Sawatzki: An der Kamera: Bruno Mondi. In: *Filmwelt*, 30. 05. 1941.

noch betont, und gerät immer dann in Hochform, wenn er von Vernichtung und Zerstörung sprechen darf» (Frank Noack).[11]

Mondi wird in Deutschland der Pionier der Farbkamera. Mit Harlan dreht er ein Drittel der Farbproduktion des Dritten Reichs: DIE GOLDENE STADT (1941), IMMENSEE (1943), OPFERGANG (1944) und KOLBERG (1945). Harlan ist Anhänger eines Farbrealismus: «Ich bin der Meinung, dass eine Natur niemals kitschig werden kann, wenn man sie farbecht fotografiert hat. Sie wird nur dann kitschig, wie wir das auf Postkarten finden, wenn der Himmel blauer, das Alpenglühen röter und die Dächer der Dörfer knallrot werden. Für einen Maler mag es falsch sein, eine Rose genau so zu malen, wie sie aussieht. Für den Requisiteur jedoch, der für meine Filme eine unechte Rose besorgen muss, muss der Grundsatz gelten, dass diese Rose genau so wie eine echte aussieht. Diese falsche Rose wird dann nicht kitschig sein, sondern echt wirken. Nur diese Wirkung darf sie haben.»[12]

Mondi nimmt sich dafür beachtliche Freiheiten heraus. Speziell in OPFERGANG gibt es einen Umgang mit der Farbe, der atemberaubend ist. «Neben der Textgeschichte», so Frieda Grafe, «läuft eine zweite, die sich in Farben artikuliert. An der Intensität der Rottöne – Rotfuchs über einem rosafarbenen Negligé, gewagt, aber Ton in Ton – lassen die dramatischen Höhepunkte sich ablesen. [...] Die Kunst der feinen Leute ist farblos und lichtscheu. Lyrik mit Todesahnung, Notturnos von Chopin, und sie verschenken Orchideen aus ihren Treibhäusern statt Blumen aus ihren Gärten. Sie tragen bevorzugt schwarz und weiß, und wenn sie sich Exzesse gestatten, dann silbern oder golden, mehr Glanz als Farbe.»[13] Doch gegen Harlansche Rosen ist auch Mondis Kamera nicht gefeit: «Die Rose am Schluss ist Symbol der Liebe in Farbe. Aber auch zieht sich in ihr die ganze Künstlichkeit des realistischen Kinos zusammen. Natürlich ist sie unecht und so geschmacklos, dass, wenn man auf guten Ton hielte, einem schlecht werden könnte. Jean Renoir würde sagen: sie ist ein Porträt. Vom Autor» (Frieda Grafe).[14]

In OPFERGANG gibt es etwas, was im frühen Agfacolorfilm singulär ist, es gibt Farbdramaturgie und Lichtdramaturgie. Das erste Auftauchen von Äls in den Alsterfluten, schaumgeboren. Äls, wie eine Amazone auf dem Pferd, gegen nordisches Licht. Die todkranke Äls, wie eine delirierende Ophelia im gebrochenen Fensterlicht. «Die Farben sind Taten des Lichts, Taten und Leiden», heißt es bei Goethe.[15] Mondis Ruhm ist auf der Höhe der Zeit. Bindings spätromantische Novelle vom Leben als Opfer wird in Harlans Regie des Untergangs und in Mondis dekadenter Farbe zur Entsprechung der Agonie der herrschenden Klasse des Dritten Reichs. «Die Todesnähe ist doch zwin-

---

11 Frank Noack: *Veit Harlan*. München 2000. S. 218f.
12 Veit Harlan: Der Fortschrittsweg des Farbfilms. In: *Film-Kurier*, 24. 12. 1943.
13 Frieda Grafe: *Farbfilmfest*. Berlin 1988. S. 7.
14 Frieda Grafe: ebd. S. 7.
15 Johann Wolfgang Goethe: Zur Farbenlehre. In: *Sämtliche Werke*. Band 34. Stuttgart, Berlin 1893. S. 18.

415–416 Kolberg (Veit Harlan, 1945), Bild: Bruno Mondi

417–420 Rotation (Wolfgang Staudte, 1949), Bild: Bruno Mondi

421–422 DER STERN VON RIO (Karl Anton, 1940), Bild: Bruno Mondi

423 DAS KALTE HERZ (Paul (Joseph) Verhoeven, 1950), Bild: Bruno Mondi

gend dargestellt und so versöhnlich, dass man den Blick nicht abzuwenden braucht, wie man das wohl sonst tut, wenn man den Tod zu sehen glaubt oder wenn man in die Sonne schaut.» So Goebbels im Februar 1945 über OPFERGANG.[16] Mondi, neben Franz Weihmayr der deutsche Kameramann des Melodramatischen, hat hier die Seele des Bürgers im Faschismus auf Agfacolor gebannt. Sie kann so weiß sein wie das Nichts oder der Schnee in Russland, so blau wie der Himmel oder die Naivität in den Augen der Söderbaum, so rot wie Blut oder das brennende Dresden und so braun wie der letzte Herbsttag oder die deutsche Scholle.

Nach dem Krieg erhält Mondi zunächst alliiertes Berufsverbot «auf Grund Ihrer früheren Zugehörigkeit zu politischen Organisationen».[17] Doch bald bekommt Mondi wieder Arbeit bei der DEFA. WOZZECK, CHEMIE UND LIEBE, UND WIEDER 48!, DER BIBERPELZ, ROTATION. Bei der DEFA schätzt man an Mondi den «denkenden Kameramann, der für jeden Einstellungswechsel, für jede Bewegung seiner geliebten Apparatur eine dramaturgische Begründung verlangt» (Georg C. Klaren).[18] Mondis Nachkriegs-Schwarz-Weiß ist typische Trümmerfilm-Gestaltung mit einem starken Hang zum Expressiven: «Während der Wozzeck-Tragödie steht die Kamera niemals gerade. Sie spinnt – sie sieht die Welt, sieht das Dasein aus dem Blickwinkel des Grüblers und Rebellen Wozzeck, sie träumt und phantasiert […].» (Mondi).[19] 1950, sein letzter DEFA-Film, dreht Mondi DAS KALTE HERZ unter der Regie von Paul (Joseph) Verhoeven. Es ist sein erster Farbfilm seit KOLBERG. Ein Thema für Mondi: ein deutsches Märchen von der Armut im Schwarzwald, vom Verkauf der Seele und vom kalten Herzen des Besitzbürgers.

Mondi ist brillant und besetzt in den 1950er Jahren mit Operetten- und Sissi-Filmen die Position des führenden Farbkameramanns. Sein Outfit mit Jockeymütze und Parka wird zum Markenzeichen. Ein Star hinter der Kamera, den auch die Presse kennt. Souverän postuliert er die «Planung einer Farbdramaturgie», Handwerk ist für ihn mehr denn je Vorbereitung: «Zuerst muss ein bestimmter Farbstil gefunden und dann durch den ganzen Film eingehalten werden. Genau so wie ein gutes Drehbuch dramaturgische Höhepunkte hat, müssen bereits im Drehbuch die farblichen Höhepunkte eingebaut sein.»[20] Als ‹Hauskameramann› von Ernst Marischka entdeckt Mondi für seine Farbkamera auch das Cinemascope. In den Sissi-Filmen konkurriert die geistige Enge des Nachkriegsdeutschlands mit neuem Reichtum und ungeahnter Mobilität. Mondis Kamera registriert es wie ein Seismograph. Wie viele alte Meister des deutschen Films wechselt Mondi in den 1960er Jahren zum Fernsehen.

16 Josef Goebbels nach Veit Harlan: *Im Schatten meiner Filme*. Gütersloh 1966. S. 207.
17 Schreiben der Information Control Unit vom 09. 10. 1946: BA/BDC-2701-0013/50.
18 Georg C. Klaren: An der Kamera: Bruno Mondi. In: *Neue Filmwelt*, Nr. 2, 1948.
19 Bruno Mondi nach Hilde R. Leist: An der Kamera Bruno Mondi. In: *Nachtexpreß* (Berlin), 30. 04. 1947.
20 Bruno Mondi: Die Farbe spielt mit. In: *Weserkurier*, 28. 02. 1953.

Sven Nykvist

> Am meisten vermisse ich die Zusammenarbeit mit Sven Nykvist. Wir sind beide völlig in Bann geschlagen sind von den Problemen des Lichts: Das milde, gefährliche, traumhafte, lebendige, tote, klare, diesige, heiße, heftige, kahle, plötzliche, dunkle, frühlingshafte, einfallende, nach außen dringende, gerade, schräge, sinnliche, bezwingende, begrenzende, giftige, beruhigende, helle Licht. LICHT!
>
> *Ingmar Bergman*

> Ich habe 40 Jahre gebraucht, um das Wort ‹Einfachheit› zu lernen.
>
> *Sven Nykvist*

Zwei Pastorensöhne mit Heimkino-Erfahrung als Mittel der Evasion. Ingmar Bergman und Sven Nykvist sind zweifelsohne zwei, die sich gesucht und gefunden haben. Bergman Frühwerk war von Gunnar Fischer, einem Schüler von Julius Jaenzon, gedreht worden; Jaenzon steht für die skandinavische Tradition großer Landschaftsfotografie. 1953, mit GYCKLARNAS AFTON, beginnt die Jahrzehnte lange Zusammenarbeit Bergmans mit Nykvist. Nach einer Ausbildung am Centro Sperimentale in Rom wird Nykvist Assistent von Göran Strindberg; bei Strindberg, namhaft für seine Studien von Menschen und Gesichtern, lernt Nykvist den gestalterischen Umgang mit Schauspielern. «Unsere Arbeit an Filmen», erklärt Bergman, «beginnt mit dem menschlichen Gesicht.»[1] Das zentrale Interesse am menschlichen Gesicht und die Suche nach dem richtigen Licht verbindet die beiden.

Bei JUNGFRUKÄLLAN (1959) hat Bergman angefangen künstliche Schatten zu kritisieren. Das war wahrscheinlich der Anfang einer langen Reise, die Nykvist und Bergman parallel zur Nouvelle Vague unternommen haben: die Suche nach dem natürlichen Licht oder zumindest nach einer Lichtsetzung, die dieses nur unterstützt oder simuliert, dem sog. logischen Licht. Bei den Vorarbeiten zu SASOM I EN SPEGEL (1960) notieren sie vor Ort genau, wie sich das Licht im Tagesverlauf verändert. Skandinavisches Licht verhält sich natürlich ganz anders als südliches Licht. Es kann in Innenräumen starke

---

1 Ingmar Bergman: Film and Creativity. In: *American Cinematographer*, April 1972.

Schlagschatten werfen, wenn es durch ein Fenster gebündelt wird. Sonst ist es eher gleichmäßig mit einer Tendenz zu indirektem Licht; im Winter ist es schattenlos. Das Ergebnis war der Graphit-Ton für den Bergmans Filme und Nykvists Bilder berühmt sind: «Wir wollten einen Graphit-Ton ohne extreme Kontraste, und so bestimmten wir die exakte Zeit, wann diese Stimmung natürlich zu bekommen war» (Nykvist).[2]

Bei NATTVARDSGÄSTERNA (1961) wird die Methode aufs Studio übertragen: «Der Film spielte innerhalb von drei Stunden an einem Sonntag in einer Kirche. Wenngleich die Kirche im Studio nachgebaut wurde, besuchten Ingmar und ich während der Vorbereitungen eine echte Kirche und machten alle fünf Minuten ein Foto, um zu sehen, wie sich das Winterlicht während einer vergleichbaren Zeitspanne verändert. […] Seither habe ich nach Möglichkeit versucht, kein direktes Licht zu nutzen und habe hauptsächlich mit indirektem Licht gearbeitet, um bei den Filmen den Eindruck von Ausleuchtung zu vermeiden» (Nykvist).[3] Die Aussage verwundert fast etwas, weil Nykvist zwischendrin durchaus auch mit expressiven Schatten arbeitet. Im TYSTNADEN (1963) etwa gibt es eindrucksvolle Beispiele. Aber vermutlich haben diese Schatten gerade deshalb so eine starke Wirkung, fast ein Schock, weil sie im Kontext einer zurückgenommenen Ausleuchtung stehen.

PERSONA (1965) ist der Film, der Nykvist den Spitznamen ‹two faces and a teacup› einbrachte: «Der Film erlaubte es mir, meiner Faszination für das Gesicht zu frönen […]. Ich mag die Spiegelbilder in den Augen, die manchen Regisseur irritieren, aber realitätsnah sind. Wenn man diese Spiegelungen einfängt, bekommt man den Eindruck eines Menschen, der denkt. Es ist mir sehr wichtig, so zu beleuchten, dass man ahnen kann, was sich hinter den Augen einer Figur abspielt. Ich konzentriere mich immer sehr auf die Augen, weil ich glaube, dass sie der Spiegel der Seele sind. Die Wahrheit liegt in den Augen der Schauspieler, und äußerst kleine Veränderungen des Ausdrucks können mehr offenbaren als tausend Worte. […] Oft wird vergessen, wie wichtig die Beziehung zwischen dem Kameramann und den Schauspielern ist. Gute Schauspieler reagieren auf das Licht.»[4] Später, in den USA, war man überrascht, wie schnell Nykvist ausleuchtet; Schauspieler, meint Nykvist, sollten nicht zu lange warten müssen. Innerhalb weniger Jahre entsteht eine ganze Serie solcher extrem intimer Porträts: VARGTIMMEN (1967), SKAMMEN (1968), RITEN (1969). Es sind Filme, die von der Totale in die Großaufnahme springen und die mittleren Einstellungen kaum benützen. «Die Großaufnahme», so Bergman, «ist das stärkste Ausdrucksmittel, das dem Regisseur zur Verfügung steht.»[5]

Mit EN PASSION (1969) beginnen die Farbfilme von Bergman und Nykvist. Für ihre

---

2 Interview mit Sven Nykvist. In: Peter Ettedgui: *Filmkünste: Kamera*. Reinbek 2000. S. 37.
3 Interview mit Sven Nykvist. In: ebd. S. 37.
4 Interview mit Sven Nykvist. In: ebd. S. 37f.
5 Ingmar Bergman: Film and Creativity. In: *American Cinematographer*, April 1972.

zurückgenommene Gestaltung war das Rohmaterial viel zu perfekt, so dass sie Techniken der Farbreduzierung entwickelten, die vor allem im Labor geschahen. Es entstehen so Zwitter aus Farbfilm und Schwarzweiß, die Nykvist als «monocolor» bezeichnet, mit einem schmutzig-bräunlichen Grundton.[6] VISKNINGAR OCH ROP (1972) ist auf andere Weise monocolor: Nykvist arbeitet mit dominierenden Grundfarben, vor allem Rottöne. Ein Film um vier Frauen und deren Erotik. Eine von ihnen liegt im Sterben; mit deren Agonie wird plötzlich ein weißer Raum eingeführt. Mit dem Selbstmord des Ehemanns der verführerischen Maria wird umgekehrt Schwarz eingeführt. Bis auf wenige Außenaufnahmen, die in einem nebelig-pastellenen Morgenlicht gefilmt sind, spielt alles Innen. In diesem Fall löst Nykvist das Problem des indirekten Lichts durch Oberlicht, so dass der Kontrast der Personen zum Hintergrund ohne Hinterlicht, also wie in der klassischen Malerei rein durch Farbe erfolgt. Mitunter lässt Nykvist bei Bewegungen im Raum sogar eine leichte Unterbelichtung der Personen zu. Das gewagte Konzept brachte ihm einen Oscar ein.

Einige Projekte mit Bergman waren ursprünglich fürs Fernsehen vorgesehen wie SCENER UT ETT ÄKTENSKAP (1973), TROLLFLJÖTEN (1974), ANSIKTE MOT ANSIKTE (1976), AUS DEM LEBEN DER MARIONETTEN (1979), FANNY OCH ALEXANDER (1981), EFTER REPETITIONEN (1983). Die Filme eröffneten die Möglichkeit mit einfacheren Mitteln zu experimentieren, z.B. 16mm-Film mit sehr langen Einstellungen oder Theaterszenen mit Theaterlicht. Filmen mit Bergman heißt immer mit einem minimalistischen Team von acht bis zehn Leuten arbeiten. Da liegt in den Händen des Kameramanns alles, das Licht und die Kameraführung. «Ich will keine Kameraschwenker in meinen Filmen», erklärt Bergman.[7] Und Nykvist erinnert sich: «Das war eine sehr angenehme Arbeit. Jeder machte alles. Jeder half jedem. Wie in einer Familie.»[8] FANNY OCH ALEXANDER, ein Film mit langen ruhigen Passagen, der lichttechnisch oft riskant ist, bringt Nykvist den zweiten Oscar: «Ich habe festgestellt, dass nichts die Atmosphäre so leicht ruinieren kann, wie zuviel Licht» (Nykvist).[9]

Nykvist bekommt seit VISKNINGAR OCH ROP Angebote aus aller Welt. Einfache Sachen, die er mit Bergman ausprobiert hat, kann er auf teure Großproduktionen übertragen. Bei THE DOVE (Charles Jarrott, 1974) und HURRICANE (Jan Troell, 1979) leuchtet er riesige Sets mit Oberlicht aus; eine Sturmszene bei Tag für HURRICANE entschließt er sich bei Nacht zu drehen, um ein gleichmäßig diffuses Licht zu garantieren. In CANNE-

---

6 Interview mit Sven Nykvist. In: Peter Ettedgui: *Filmkünste: Kamera*. Reinbek 2000. S. 38.
7 Ingmar Bergman nach Stephen Pizzello: Sven Nykvist, ASC, and Ingmar Bergman. In: *American Cinematographer*, November 1998.
8 Sven Nykvist nach Stephen Pizzello: Sven Nykvist, ASC, and Ingmar Bergman. In: *American Cinematographer* November 1998.
9 Sven Nykvist: The Director of Cinematography. In: IMAGO (Hg.): *Making Pictures: A Century of European Cinematography*. London 2003. S. 10.

424–425 Tystnaden (Ingmar Bergman, 1963), Bild: Sven Nykvist

426 Persona (Ingmar Bergman, 1965), Bild: Sven Nykvist

427 Viskningar och Rop (Ingmar Bergman, 1972), Bild: Sven Nykvist

428 Pretty Baby (Louis Malle, 1978), Bild: Sven Nykvist

429 Crimes And Misdemeanors (Woody Allen, 1989), Bild: Sven Nykvist

RY ROW (David S. Wark, 1982) stimmt er Studioaufnahmen und on location-Aufnahmen auf gleichen Kontrast ab, indem er im Studio alte Mole-Richardson-Scheinwerfer (die ‹Brutes› der 1930er Jahre) mit ihrer extremen Lichtstärke so verwendet, dass sie wie eine Lichtquelle wirken, und für die Außenaufnahmen den Film mit ‹preflashing› etwas stumpf macht. Nykvist, der bei seinen Vorlesungen am Schwedischen Filminstitut nie müde wird von der Bildqualität des Stummfilms zu schwärmen, hat oft auf die Parallele seines Oberlichts zum gleichmäßigen Tageslicht früher Filme hingewiesen. In CHAPLIN (1992) stellt er dieses Licht mit aufwendigen Zeltdächern her; daneben leistet er sich für die Londoner Szenen einen Ausflug ins Expressive. «So sehr ich soft lighting liebe, so sehr hasse ich flat lighting», erklärt Nykvist.[10] Mit dieser Philosophie kann er auch soliden Neonoir gestalten: THE POSTMAN ALWAYS RINGS TWICE (Rafelson, 1981): Noir-Stil mit Kontrast und wenig Licht statt starker Schattenwirkungen. In Hollywood gilt Nykvist als Spezialist für diffizile Porträts, WHAT'S EATING GILBERT GRAPE (Lasse Hallström, 1993), AGNES OF GOD (Norman Jewison, 1985), ONE DAY IN THE LIFE OF IVAN DENISOVITCH (Caspar Wrede, 1970). Sein größter Publikumserfolg, THE UNBEARABLE LIGHTNESS OF BEING (Philip Kaufman, 1987), wird zu einem heftig umstrittenen Präzedenzfall: Nykvist mischt inszeniertes und dokumentarisches Material vom Einmarsch russischer Truppen in Prag so perfekt, dass sich die alte Frage von Fälschung, Wirklichkeit und filmischer Moral auftut.

Mit Louis Malle dreht Nykvist BLACK MOON (1975) und PRETTY BABY (1978). Bei Malle bekommt sein schattenloses Licht surreale Qualitäten. Zu PRETTY BABY kommentiert er: «Der Photograph Ansel Adams ist ein Idol von mir und einmal habe ich eine regelrechte Pilgerfahrt zu ihm gemacht.»[11] Für Schlöndorff dreht er die eindringlichen Filmporträts GEORGINAS GRÜNDE (1975) und UN AMOUR DE SWANN (1983). Mit Polanski, bei LE LOCATAIRE (1976), setzt er erstmalig den Louma-Kran ein, ein Kran mit ferngesteuerter Kameraaufhängung (Remote-Head), der extreme Kamerabewegungen und -positionen erlaubt. Berühmt ist die Eröffnungsszene, in der die Kamera in einer langen Fahrt wie von Geisterhand gelenkt durch das Gebäude fährt, schwenkt und rotiert als wäre sie schwerelos und allgegenwärtig.

1985 dreht er Tarkovskijs letzten Film, OFFRET – SACRIFICATIO; in langen, kontemplativen Einstellungen wirkt sein indirektes Licht metaphysisch-überwirklich. «Tarkovskij», bekennt Nykvist, «war für mich sehr, sehr wichtig. Nicht nur wegen seiner Obsession, niemals aufzugeben, sondern auch früher in meinem Leben, als ich wirklich fertig war mit dem ganzen Filmgeschäft und nur noch daran dachte, aufzuhören und etwas anderes zu machen. Da sah ich zufälliger Weise ANDREJ RUBLJOV, den wunder-

---

10 Interview mit Sven Nykvist. In: *American Cinematographer*, August 1975.
11 Sven Nykvist: The Director of Cinematography. In: IMAGO (Hg.): *Making Pictures: A Century of European Cinematography*. London 2003. S. 11.

barsten Film, den ich je gesehen habe. Der Film stimmte mich um.»[12] Das abbrennende Haus zum Schluss in einer einzigen komplexen Plansequenz war eine Bildidee, die Tarkovskij seit zehn Jahren mit sich herumtrug. Häuser brennen nicht einfach in ein paar Minuten ab, so dass alles in Monaten von Pyrotechnikern vorbereitet werden muss. Auch die Koordination von Schauspielern und Kamera wurde genauestens geprobt. Der Purist Tarkovskij bestand darauf, dass es nur eine Kameraaufnahme sein dürfte. Keine Zweitkameras, für den Fall dass etwas schief geht. Und prompt klemmte zwischendrin die Kamera, so dass es nicht mehr eine zusammenhängende Einstellung war. In einem teuren Nachdreh wurde die Szene nochmals gedreht. Für Tarkovskij war das eine letzte symbolische Handlung vor seinem Tod: «Das ist der größte Traum meines Lebens», erklärte Tarkovskij.[13]

Woody Allen, der Bergman-Fan, holt sich gezielt Nykvist, um für seine Filme das Bergman-Licht zu bekommen: ANOTHER WOMAN (1987), CRIMES AND MISDEMEANORS (1989), OEDIPUS WRECKS (1989) und CELEBRITY (1998). Dass Bergmans Filme, wenn man nur lange genug hinsieht, etwas Komisches haben, und dass der Gott des Neuen und des Alten Testaments derselbe ist, kann man ganz nebenbei an Nykvists Licht sehen. Wo war Gott, als mein Vater mich schlug? Er stand an der Kamera und hat nach dem richtigen Licht gesucht.

---

12 Interview mit Sven Nykvist. In: *Framing – A Symposon on Cinematography*. Kopenhagen 1990. Transskript von 1995. S. 113.
13 Andrej Tarkovskij nach Sven Nykvist. In: *Framing – A Symposon on Cinematography*. Kopenhagen 1990. Transskript von 1995. S. 111.

Günther Rittau

Günther Rittau entstammt einem gutbürgerlichen Elternhaus. Gymnasium und TH-Berlin sind vorgezeichnet. Er interessiert sich für Naturwissenschaften, Medizin, Architektur und Kunst, spezialisiert sich schließlich auf Fotochemie. Im Ersten Weltkrieg wird er Offizier bei den Pionieren. Nach dem Krieg findet er in der optischen Industrie Arbeit. Ab 1919 ist er bei der Kulturfilmabteilung der Decla und später der Ufa tätig, primär zur Entwicklung von Spezialtechniken für wissenschaftliches Filmen. Er nützt die Gelegenheit und lernt das Handwerk des Kameramanns.

Bekannt macht ihn erstmals seine Mitarbeit an den beiden NIBELUNGEN-Filmen (Lang, 1922/24). Neben Carl Hoffmann war er vor allem für die Trickaufnahmen zuständig: «Überblendung, Doppelbelichtung, Rückwärtsaufnahme, Einzelbildaufnahme usw. waren im großen und ganzen die technischen Grundmittel, um außergewöhnliche Wirkungen zu erzielen. Es wurden auch Modelle gebaut, oder auf Glasscheiben gemalt, die in kurzer Entfernung vor den Aufnahmeapparat gestellt mit dem Originalbild im Hintergrund zu einer Einheit verschmolzen.»[1] Noch 40 Jahre danach ist Rittau die Bedeutung der Stilisierung bei Fritz Lang präsent: «Der Film der damaligen Zeit braucht ja diese Stilisierung. Alles ist ja in dem Sinne der Zeit damals stilisiert. Die Bewegung, die Gewänder, der Ausdruck, die Gestik, die Mimik der Darsteller und selbstverständlich auch die Umgebung, das Milieu, das Bühnenbild.»[2] Für Fritz Lang war Rittau in Ergänzung des fantasievollen Zauberers Carl Hoffmann der Mathematiker und Techniker; Lang resümiert: «Was aus Mathematik, Technik und Phantasie entstehen kann, das wird im Nibelungenfilm das Nordlicht zeigen und die versteinerten Zwerge, deren lebendiger Mund noch zum Schrei geöffnet ist, während der Körper schon zu Stein erstarrt.»[3]

Für METROPOLIS (1924) engagiert ihn Fritz Lang ein weiteres Mal als Trickspezialist. Mit Karl Freund und Eugen Schüfftan bildet er das überaus erfolgreiche kamera- und tricktechnische Team des Films, das mit den Architekten Hunte, Kettelhut und Vollbrecht Hand in Hand arbeiten muss. Rittau ist vor allem für die ingenieurtechnische Seite der Trickaufnahmen zuständig. Rittau perfektioniert dabei die Rückprojektion:

1 Vortrag von Günther Rittau vom 20. 05. 1964, Typoskript im Archiv der Hochschule für Fernsehen und Film, München.
2 Vortrag von Günther Rittau. ebd.
3 Fritz Lang über die Dreharbeiten. In: *Der Kinematograph*, 17. 02. 1924.

«Ein interessantes Problem war auch die Aufnahme des Fernsehers, das gelöst wurde, indem das Bild des Werkmeisters Groth von rückwärts durch einen Projektionsapparat auf die Mattscheibe des Fernsehers projiziert wurde und dieser nun von vorn durch eine Kamera aufgenommen wurde. Um ein einwandfreies Bild zu bekommen, wurden bei dieser Aufnahme Projektionsapparat und Kamera durch Wellen miteinander verbunden, so dass beide mit gleicher Geschwindigkeit arbeiten.»[4] Dieses Verfahren ist – neben der richtigen Ausleuchtung und der richtigen Wahl des Objektivs – die Grundvoraussetzung für gute Repro-Aufnahmen: Die saubere Synchronisation der Umlaufblenden von Projektor und Kamera ergibt erst eine befriedigende Lösung.

Zwei wichtige Filme dreht Rittau mit Joe May, HEIMKEHR (1928) und ASPHALT (1929). Anlässlich von HEIMKEHR erklärt Ritter: «Filmkunst ist für mich eine Mischung aus Symbolik und Wirklichkeit.»[5] Rittau gibt sich hier als Schüler von Karl Freund: «Mein Ideal ist, diesen gedanklichen Inhalt eines Films lediglich durch die künstlerischen Möglichkeiten der Kamera zu gestalten.»[6] ASPHALT ist neben DER LETZTE MANN und VARIETÉ ein Musterbeispiel für die Möglichkeiten der entfesselten Kamera. Der Ausstatter Kettelhut erinnert sich: «Die stark bewegte Optik ließ mich davon absehen, die Dekoration in der oft üblichen Art als Totalbild von einem fixierten Punkt aus zu komponieren. […] Das Ganze rundet sich im Auge der Kamera (Beschauer), die, von allem Zwang befreit, sich willkürlich in der Dekoration bewegen kann, zu dem erstrebten […] Gesamtbild einer Großstadtstraße.»[7] Rittau verfügte dazu über einen «fahrbaren Aufnahmeturm, ein leicht lenkbares, auf Gummirädern laufendes Untergestell, dem ein auf einer Drehscheibe stehender Turm aufmontiert ist. Dieser Turm enthält einen Fahrstuhl, in dem der Operateur mit seinem Apparat Platz findet.»[8] Die im Atelier nachgebaute Straße war über 400 m lang und wurde mit 250.000 Glühbirnen ausgeleuchtet.

Danach dreht Rittau mit Hans Schneeberger MELODIE DES HERZENS (1929), den ersten großen Ufa-Tonfilm. Rittau spricht sich gegen eine bloß naturalistische Verwendung des Tons aus; ähnlich wie bei der Bildgestaltung glaubt er an die symbolische und irreale Qualität des Tons im Film. Er fordert: «Los vom Naturalismus.»[9] Ebenfalls mit Schneeberger dreht er Sternbergs Hit DER BLAUE ENGEL (1930). Zwei Kameramänner sind beim aufwändigen Tonfilm, zumindest bei teureren Produktionen, gang und gäbe. Neben Filmen wie DIE DREI VON DER TANKSTELLE, DER KONGRESS TANZT oder NIE

---

4 Günther Rittau: Die Trickaufnahmen im Metropolis-Film. In: *Reichsfilmblatt*, Nr. 2, 1927.
5 Günther Rittau nach Hermann Treuner (Hg.): Filmkünstler. *Wir über uns selbst*. Berlin 1928.
6 Günther Rittau nach Hermann Treuner (Hg.): ebd.
7 Erich Kettelhut nach: *Kamerapioniere der 20er Jahre. Programmheft des Cinema Quadrat*, Mannheim 1995.
8 Erich Kettelhut nach: ebd.
9 Günther Rittau: Probleme der Filmgestaltung. In: *Film-Kurier*, 13. 01. 1931.

WIEDER LIEBE war DER BLAUE ENGEL einer der ersten Filme, die bewiesen, dass Tonfilme durchaus dynamisch sein können.

1931 entsteht STÜRME DER LEIDENSCHAFT von Robert Siodmak. Rittau kommentiert eine typische Bildgestaltung: «Da hat [...] ein Kriminalkommissar zu sagen ‹Was ist eigentlich ein Mensch›... In einer Normalbeleuchtung könnte ein derartiger Satz langweilig wirken oder komisch; ich muss also versuchen, den gedanklichen Inhalt wiederzugeben. Und so lasse ich den Kopf dieses Mannes, der spricht, zum gotischen Holzschnitt werden, das Manuskriptwort wird seinem geistigen Gehalt nach ins Bildhafte übertragen.»[10] Rittau gehört inzwischen zu den begehrtesten deutschen Kameramännern. Vor allem für Filme, die auch große tricktechnische Erfahrung verlangen, wird er immer wieder engagiert, für Filme wie F.P.1. ANTWORTET NICHT oder GOLD. Sein Bildstil lässt ein breites Spektrum von Dynamik, Psychologie, Stimmung und bestechender technischer Kniffe zu. Leonhard Fürst bemerkt: «Wie stark unterscheidet sich z.B. der Bildcharakter des Films ABEL MIT DER MUNDHARMONIKA oder WALDWINTER von dem Film RITT IN DIE FREIHEIT oder STARKE HERZEN! Und doch stand in allen vier Fällen ein und derselbe Künstler an der Kamera: Günther Rittau.»[11]

Der Erfolg lässt in ihm Regieambitionen aufkommen. Sein Debüt, BRAND IM OZEAN von 1939, ist denkbar ehrgeizig und enthält alles, was Rittau beherrscht. Tricktechnik erfordert der Stoff, der von Tauchern, versunkenen Schiffen, Erdölleitungen am Meeresgrund, Katastrophen und Explosionen handelt. Ein Männerdreieck aus René Deltgen, Rudolf Fernau und Hans Söhnker handelt von Gier, Freundschaft und Verrat. Der Regisseur, so Rittau, soll die Kamera «bewusst dramatisch» einsetzen und «die seelischen Vorgänge photographisch beschreiben».[12] Max Weinheber schreibt: «Im Vordergrund steht infolgedessen nicht das Wort, sondern das Bild. Rittau knüpft damit bewusst an die große Tradition der Stummfilmzeit an.»[13] Symbolik ist groß geschrieben: Der monotone Rhythmus von Wassertropfen, die Großaufnahme einer geballten Faust, das Auge eines Tiers, das Ticken einer Uhr, das Knistern eines überspannten Drahtseils, das Verebben eines Wasserkringels, eine Klinke, die heruntergedrückt wird und langsam wieder hochgeht, ohne dass die Tür sich öffnet. Ein bemühtes Werk, das nicht ohne Folgen bleibt. 1941 trägt man ihm die Regie für U-BOOTE WESTWÄRTS an. Der Propagandafilm in der Tradition von MORGENROT wird zu Rittaus bestem Regiewerk. Die medial gewünschten Botschaften, z.B. über die Verbindung von Heimat und U-Boot-Besatzung, werden in eine Handlung von geschickter Psychologie, drama-

---

10 Günther Rittau nach Lotte H. Eisner: Der produktive Kameramann wird zum Mitschöpfer. In: *Film-Kurier*, 26. 11. 1931.
11 Leonhard Fürst: Die Schöpfer des deutschen Bildstils. In: *Der deutsche Film*, Nr. 2–3, 1941.
12 Günther Rittau nach Max Weinheber: Begegnung mit Günther Rittau. In: *Begleitheft zu* BRAND IM OZEAN, April 1940.
13 Max Weinheber: Begegnung mit Günther Rittau. In: *Begleitheft zu* BRAND IM OZEAN, April 1940.

430 ASPHALT (Joe May, 1929), Bild: Günther Rittau

431–432 GOLD (Karl Hartl, 1933/34), Bild: Günther Rittau

433–434 F.P.1 Antwortet Nicht (Karl Hartl, 1932), Bild: Günther Rittau

435–437 Kinder, Mütter und ein General
(Erich Pommer, 1954), Bild: Günther Rittau

tischer Aktion und gekonnter Tricktechnik eingebettet. Rittaus weitere Regiearbeiten sind eher mittelmäßig.

Nach dem Krieg hat Rittau neue Filmpläne. In München gründet er 1948 die wenig erfolgreiche ‹Stella-Film GmbH›. Er schlägt sich durch mit Aufträgen für US-Dienststellen. Erst 1954 gelingt ihm wieder ein beachtlicher Film, KINDER, MÜTTER UND EIN GENERAL von Erich Pommer. Danach «betreut er 12.000 Meter Rosegger-Filme», wie er resigniert kommentiert.[14] Die 1960er Jahre bestreitet er mit Werbefilmen, Fernseharbeit und Dokumentationen. Die Anfänge des ‹Jungen Deutschen Films› sind für ihn unverständlich: «Es gibt zu wenig solide Könner. Sehen Sie sich den Böll-Film BROT DER FRÜHEN JAHRE an. Das ist Neue Welle mit Gewalt, mehr nicht. Unscharf fotografieren ist noch keine Kunst.»[15] Wie alle wichtigen Kameramänner hinterlässt er eine kleine Schule, darunter Konstantin Irmen-Tschet, Otto Baecker, Eckehard Kyrath und Ernst W. Kalinke.

---

14 Günther Rittau nach emqu: Altmeister der Kamera. In: *Frankfurter Rundschau*, 30. 04. 1963.
15 Günther Rittau nach Dieter Vogt: Vom Blauen Engel zur Dosenmilch. In: *Abendpost* (Frankfurt/Main), 30. 06./01. 07. 1962.

Giuseppe Rotunno

> Die Fotografie ist die Brücke zwischen der Leinwand und dem Publikum.
>
> *Giuseppe Rotunno*

> Das Licht ist das Leben des Kinos.
>
> *Giuseppe Rotunno*

> Ich habe mein Auge über lange Jahre auf alle erdenkliche Weise trainiert: durch Malerei und durch Museen – und Italien ist selbst ein riesiges Museum.
>
> *Giuseppe Rotunno*

Wie viele künstlerische Obsessionen beginnt Giuseppe Rotunnos Karriere als kleiner Junge in Rom, der sich die Nase am Schaufenster eines Fotoladens an der Piazza Pia platt drückt, der stets mit anspruchsvollen Fotos dekoriert ist. Immer wollte er etwas mit Fotografie machen. 1940 begann er mit 17 Jahren in der Cinecittà als Helfer im Fotolabor. Das Studio wurde damals von den drei Bragaglia-Brüdern geleitet, die für ihre technischen Experimente bekannt waren und als Erfinder des ‹Fotodynamismus› galten. Von ihnen erhielt Rotunno eine Leica, mit der er seine ersten Erfahrungen sammelte. Arturo Bragaglia begleitete Rotunnos Arbeiten kritisch und half ihm beim Aufstieg zum Standbild-Fotografen und schließlich zum Kamera-Assistenten. Da Rotunno aber kein Faschist war, hatte er Probleme, in der Cinecittà beschäftigt zu werden; deshalb landete er schließlich bei Roberto Rossellini, dessen Filmteam ein Sammelbecken von Systemgegnern war.

1942 drehte Rossellini L'UOMO DELLA CROCE, eine kuriose Mischung aus propagandistischer Pflichtübung und religiöser Thematik. Bei einer nächtlichen Schlachtszene (day for night) auf einem weiten Gelände waren Aufnahmen von Innen und Außen nötig, was große Probleme mit den enormen Helligkeitsunterschieden aufwarf. Rotunno fand für das Problem eine Lösung mit einem Rahmen, in den er rote und grüne Filterfolien spannte, was einen starken Neutraldichtefilter ergab. Rossellini wurde dadurch auf ihn aufmerksam. 1942 kam Rotunno als Kriegsberichterstatter zur Armee, später geriet er in deutsche Kriegsgefangenschaft. In dieser Zeit lernte er Aldo Graziati kennen. Nach 1945 arbeitete er wieder als Kameraassistent. Prägend war seine Zusammenarbeit mit Graziati, mit Künstlername G. R. Aldo, der die bedeutendsten Filme des Neorealismus drehte. Für Aldo war der neue realistische Blick kein Notbehelf, sondern eine Mission. Gianni Di Venanzo, der große Meister filigraner Strukturen, und Giuseppe Rotunno, der eher zu starken Tönen neigt, sind beide seine Schüler. 1949 (bei Henry Kings PRINCE OF FOXES) lernte Rotunno bei Leon Shamroy die andere Tradition großer Studiotechnik kennen: «(Shamroy war) ein großer Mann mit einem großen Herz, und er gab mir die Gelegenheit, dicht bei ihm zu bleiben und alles zu beobachten, was er tat. Dieses Set war für mich wirklich eine Universität; ich verließ mich auf meine Augen und Ohren, um alles, was um mich geschah, aufzusaugen.»[1]

Wenig später wurde Rotunno Chefkameramann. Er drehte in wenigen Jahren 25 Filme, bis 1954 seine große Chance gekommen war: Aldo verunglückte während der Dreharbeiten zu Viscontis SENSO tödlich und wurde zunächst durch Robert Krasker, dann durch Rotunno ersetzt. Der Film ist ein gutes Beispiel dafür, wie die Arbeit von drei begabten Kameramännern zu einem einheitlichen Stil verschmilzt. Die italienische Landschaft ist in einem Blaugrün wie bei den alten Meistern gehalten. Die übrige Farbgebung folgt der Handlungskurve vom Ruhm zum Niedergang. Die blassen und hellen Töne (Pink, Gold, Hellgrün, Hellblau) werden von stärkeren Tönen überwuchert (Purpur, Rot und Braun). Nachweislich von Rotunno stammen die Reise- und die Hinrichtungsszene. In Anlehnung an Goya ließ er in der Hinrichtungsszene oranges Fackellicht vor bläulichem Flutlicht schimmern.

1956 bereitete Rotunno mit Orson Welles das Projekt OPERATION CINDERELLA vor, das sich aus finanziellen Gründen zerschlug. Trotzdem war die Begegnung mit Welles wichtig, von dem er einige Ideen stahl, wie er selbst erklärte.[2] Dazu gehörte der Einsatz der Low Angle-Kamera mit ihrem klassischen Theaterblick. 1957 fotografierte Rotunno die MONTE CARLO STORY für De Sica, einen der letzten Filme mit Marlene Dietrich in einer Hauptrolle. Diese wusste sehr genau, wie ihr Gesicht ausgeleuchtet werden muss, war aber verunsichert, sowohl wegen ihres fortgeschrittenen Alters als auch wegen der neuen Beleuchtungstechniken der späten 1950er Jahre mit Lampen, die weniger Hitze entwickelten. Rotunno machte deshalb einige Tests mit ihr, von denen sie begeistert war. Marlene Dietrichs Ausruf «He is a genius/er ist ein Genie!» machte die Runde, und Rotunno wurde zum Kameramann für schöne Frauen wie Ava Gardner, Sophia Loren und Gina Lollobrigida.[3]

Dabei machte er mit Stars nichts anderes als das, was er beim Ausleuchten immer machte: «Man hat das Führungslicht, das Fülllicht und das Hinterlicht, woraus sich

---

[1] Giuseppe Rotunno nach Ron Magid: Renaissance Man. In: *American Cinematographer,* March 1999.
[2] Giuseppe Rotunno nach Ron Magid: ebd.
[3] Marlene Dietrich nach Ron Magid: Renaissance Man. In: *American Cinematographer*, March 1999.

eine Unzahl von Ergebnissen herstellen lässt. Das Licht ist wie ein Kaleidoskop, aber diese drei Lichter sind in der Mischung noch empfindsamer als ein Kaleidoskop.»[4] Der Rest ist Licht ausschalten: «Ich fange beim Ausleuchten einer Szene damit an, dass ich alle technischen Hilfsmittel anwende, die die fotografische Seite der Geschichte erfordert. Und dann, während der letzten Proben vor der Aufnahme, wende ich mich an die Elektriker, um ein Licht nach dem anderen auszuschalten, das nach dem Empfinden meines Auges überflüssig ist. Desto mehr eine Sache, die es zu sehen gilt, aufs Wesentliche reduziert ist, umso besser kommt sie raus.»[5]

1957 setzte sich seine Zusammenarbeit mit Visconti bei I NOTTI BIANCHI fort. Visconti wollte einen Bildstil, der zugleich real und irreal war, einen Wechsel zwischen Handlung und Tagtraum. Der Film erforderte einen sensiblen Einsatz von Filtern, Kaschierungen, Nebel, Irrlichtern, Spiegelungen im Wasser, alles ein bisschen wie bei Seurat und anderen Impressionisten. Rotunno arbeitete sogar mit verschiedenem Rohfilm: «Dupont lässt sich als männlicher Blick definieren, Kodak als weiblicher.»[6] Als Stanley Kramer den Film sah, engagierte er Rotunno für seinen Endzeitfilm ON THE BEACH (1959).

ROCCO E I SUOI FRATELLI (1960) ist der dritte Film mit Visconti. Berühmt ist die Ausleuchtung von Rocco (Alain Delon): mal als Engelsgesicht, mal hart und brutal. Rotunno begann hier mit seiner Drei-Kamera-Technik, jedoch nicht um Schnittmaterial zu erhalten, sondern für einen kontinuierlichen Handlungsfluss: «Wenn die Schauspieler ein kurzes Stück filmten und wir die Einstellung änderten, nachbeleuchteten und neu begannen, verloren wir manchmal die feinen Vibrationen des Spiels. Wenn wir mit mehr Kameras filmten, konnte Visconti ein großes Handlungsstück auf einmal filmen. Die Szene begann vor einer Kamera und dann wechselten wir zur nächsten Kamera; die Szene konnte weiter gespielt werden bis die Schauspieler die zweite Kamera verließen und wir pickten sie dann mit der dritten Kamera auf. Für den Regisseur ist das viel besser, aber es war schrecklich schwierig für mich, weil kein Platz für die Lichter da war. Praktisch alles war in der Einstellung, bis auf die Ecken, wo wir die Kameras platzierten.»[7]

Die beiden kompliziertesten Szenen mit dieser Technik waren die enge Wäscherei, in der Rocco arbeitete, und später, in IL GATTOPARDO (1962), das Bankett. Mit drei Weitwinkelkameras, Tausenden von Kerzen und ebenso vielen Lämpchen über den Kerzen wurde die Bankettszene gedreht. Da überall Spiegel waren, gestaltete sich die Choreografie der Weitwinkelkameras extrem schwierig. Dazu kam die unerträgliche

---

4 Giuseppe Rotunno nach Ron Magid: Renaissance Man. In: *American Cinematographer*, March 1999.
5 Giuseppe Rotunno: Photography and Light. In: IMAGO (Hg.): *Making Pictures: A Century of European Cinematography*. S. 12.
6 Interview mit Giuseppe Rotunno. In: *Positif*, Nr. 266, 1983.
7 Giuseppe Rotunno nach Ron Magid: Renaissance Man. In: *American Cinematographer*, March 1999.

Hitze von Tausenden von Kerzen und Lampen im Sommer. Bei jedem Stopp mussten die Kerzen gelöscht werden, die bei der Hitze rasend schnell herunter brannten. Ebenso schnell mussten sie beim Dreh wieder angezündet werden. Auch das bedurfte einer festgelegten ‹Kerzen-Choreografie›, bei der jeder am Set seinen Part zu spielen hatte. Rotunno erinnert sich: «Ich fühlte mich wie ein Priester in der Kirche.»[8] Nach der berühmten Kerzenszene in BARRY LYNDON wurde Rotunno auf seine Lichtregie in GATTOPARDO angesprochen, was eine interessante Präzisierung erbrachte: «Wenn man ein Gesicht nur mit Kerzen beleuchtet (wie in BARRY LYNDON), wird die Kerzenflamme sehr weiß werden und das Gesicht rot. Ich wollte das Gegenteil, die Lichtquelle ein wenig orange, wie wir es aus dem Alltag kennen, und das Gesicht weniger rötlich.»[9] Ähnlich wie in SENSO dominieren gegen Schluss dunkle Töne, violette Schatten und das Rot der Revolution.

LO STRANIERO (1967) war Rotunnos fünfte Arbeit mit Visconti. Der Film ist berühmt für die bildliche Umsetzung von Camus' Idee einer gnadenlosen Sonne, die nicht Leben, sondern Tod und Verderben bringt, ein schockartiger Wechsel von Überstrahlung und schwarzem Abgrund. Rotunno ist vielleicht deshalb ein so großer Kolorist, weil er mit der Farbe bis ins Extrem geht. «Die Farbe», erklärte er historisierend, «wurde in Italien geboren».[10] Mit TOBY DAMMIT (1967) beginnt die Zusammenarbeit mit Federico Fellini. Hier, in einem Omnibus-Kurzfilm, probiert Rotunno etwas Neues: «Der Film wurde im Studio gedreht, mit fester Kamera; wir haben einen Reigen von Lichtern auf den Hintergrund projiziert, und in der Tat bewegt sich alles außer der Kamera. Das hat uns einen gleichwertigen Effekt von Geschwindigkeit gegeben.»[11] Später, etwa bei Robert Altmans POPEYE (1980), griff Rotunno immer wieder darauf zurück. SATYRICON (1969) mit seiner exzessiven Farbgebung erscheint in Rotunnos Erinnerung wie der Traum eines Astronauten: «Innerhalb eines Raumschiffs fühlt man noch Dinge, aber alles bewegt sich rasch um einen herum. SATYRICON war wie ein unterirdischer Traum – alles war wie eine Erinnerung gefilmt, und es sollte auch nicht realistisch sein.»[12]

ROMA (1972) kann als gutes Beispiel für Rotunnos Verismus genommen werden: «Realität und Wahrheit sind nicht synonym. Was zählt, ist die Wahrheit, nicht die Realität.»[13] Die Straßenszenen aus ROMA wurden überwiegend im Studio nachgebaut, in ihrer Wirklichkeit verdichtet. AMARCORD (1973) spiegelt wie SATYRICON eine Traumwelt, aber keinen kollektiven Traum über eine mythisierte Antike, sondern einen sehr subjektiven Traum über Fellinis Jugend zwischen Faschismus und Familie, Kirche und

---

8 Giuseppe Rotunno nach Ron Magid: ebd.
9 Interview mit Giuseppe Rotunno. In: *Positif*, Nr. 266, 1983.
10 Interview mit Giuseppe Rotunno. In: ebd.
11 Interview mit Giuseppe Rotunno. In: ebd.
12 Giuseppe Rotunno nach Ron Magid: Renaissance Man. In: *American Cinematographer*, March 1999.
13 Interview mit Giuseppe Rotunno. In: *Positif*, Nr. 266, 1983.

Schule. Der Film beginnt mit der traditionellen Fogarazza, der Verbrennung einer Puppe am Ende des Winters. Rotunno: «Die Kameras gingen immer dichter heran und folgten den Akteuren und wichen nicht mehr von ihnen bis zum Schluss des Films.»[14] Für diesen wichtigen Einstieg in den Film ließ sich Rotunno etwas Extravagantes einfallen: Er organisierte nicht irgendein Lichtflackern, sondern setzte einen einzigen starken Scheinwerfer ganz von oben. Die Farbgebung ist überwiegend hell, fast jubilierend, und selbst bei Nebel und Dunst wie in einem Gemälde von Rousseau. Als Inspirationsquelle für den Film hatten Fellini und Rotunno naive Maler betrachtet.

CASANOVA (1976) ist Rotunnos Lieblingsfilm, weil er so schwer zu machen war: «Fellini machte OTTO E MEZZO, der von einer Krise der Imagination und Kreativität handelt, als er noch jünger war, aber CASANOVA handelt vom Alter, das ihn wirklich stark drückte.»[15] Auch hier kommt wieder eine berühmte Kerzenlicht-Szene vor, als Casanova seine Mutter in einem Theater trifft. Die Kandelaber werden langsam heruntergelassen und ausgelöscht. Eine Szene, die im Licht des GATTOPARDO beginnt, um in rauchigen Blautönen auszuklingen. LA CITTÀ DELLE DONNE (1980) wirkte dann wie eine Karikatur auf CASANOVA; Marcello Mastroianni, das ewige alter ego Fellinis, wandert wie Little Nemo durch die Welt der Frauen. Einmal darf er tatsächlich im Schlafanzug eine große Rutsche benützen, Höhepunkt seiner ewigkindlichen Annäherung an das große weibliche Unbekannte. Rotunno: «Wir installierten Tausende von Lampen, mit großen Lampen im Vordergrund und kleinen im Hintergrund, um die Rutschbahn noch länger erscheinen zu lassen und den perspektivischen Blickwinkel schneller. Ich hatte ein kleines Licht in der Hand, mit dem ich über das Gesicht (von Mastroianni) kreuzte, um mehr Bewegung zu simulieren.»[16]

E LA NAVE VA (1983) war die letzte Zusammenarbeit von Fellini und Rotunno. Die eindrucksvollste Szene, die Rotunno gestaltete, war die Revuenummer im Heizerraum: «Die Lichter waren über und unter den Schauspielern montiert. Unter ihnen musste es sehr dunkel sein, wofür ich rötliche Farben aus dem Heizkessel benützte, wenn die Kohlen hineingeschaufelt wurden. Über ihnen setzte ich goldenes Licht auf die Gesichter der Schauspieler, wobei ein Fenster hinter dem Treppengang als Motivation diente. Die zwei Lichttypen sollten Hölle und Paradies bedeuten.»[17] Fellini resümiert über die Zusammenarbeit mit Rotunno: «Unsere Beziehung ist sehr stark eine push-and-pull-Beziehung: Ich dehne die Realität beständig bis zur Verfälschung, während Peppino, naturgegeben, beständig die Verfälschung zur Realität zurückzieht. Diese zwei gleichwertigen, aber entgegen gesetzten Reaktionen erzeugen das, was als mein

---

14 Giuseppe Rotunno nach Ron Magid: Renaissance Man. In: *American Cinematographer*, March 1999.
15 Giuseppe Rotunno nach Ron Magid: Renaissance Man. In: ebd.
16 Giuseppe Rotunno nach Ron Magid: Renaissance Man. In: ebd.
17 Giuseppe Rotunno nach Ron Magid: Renaissance Man. In: ebd.

438 Rocce e i suoi fratelli (Luchino Visconti, 1960), Bild: Giuseppe Rotunno

439 Il Gattopardo

439–440 Il Gattopardo (Luchino Visconti, 1962), Bild: Giuseppe Rotunno

441–442 AMARCORD (Federico Fellini, 1973), Bild: Giuseppe Rotunno

443 CASANOVA (Federico Fellini, 1976)

Markenzeichen gilt: das Felliniesque, ein definierter Stil, der mit Licht gemacht wird, und Peppino ist mein Licht.»[18]

Rotunno ist ein Grenzgänger zwischen Cinecittà und Hollywood, wo er oft bei ambitionierten Projekten tätig ist. 1964 drehte er mit John Huston THE BIBLE; für den epischen Stoff wählte er die Technik des ‹flashing›. Für CARNAL KNOWLEDGE von Mike Nichols (1971) legte er die Erinnerung an die 1940er-Jahre in Khaki-Braun und Ocker an, indem er konsequent bernsteinfarbenes Licht einsetzte. Für Bob Fosses ALL THAT JAZZ (1979) arbeitete er mit hartem, kaltem, neonartigem Licht. Alan Pakulas ROLLOVER (1981) hielt er in einer klaustrophoben Grundstimmung: «Es ist ein sehr dramatischer Film über das Ende der Finanzwelt. Die Personen sind immer eingeschlossen, kristallisiert, festgeklemmt, niedergeschlagen. Man spricht von nichts anderem als von Geld [...]. Es ist ein wenig wie die Türme von San Gimignano, die immer höher gebaut wurden, um ein Maximum an Macht zu demonstrieren. Es ist eine Art Paradies, das zum Gefängnis wird.»[19]

Große Kinoträume fordern einen klaren künstlerischen Kopf. Der Neorealist, der zum Zauberer im Studio wurde, formuliert es anlässlich von Terry Gilliams MÜNCHHAUSEN (1989) so: «Man kann nicht nur träumen. Man braucht Träume, die sich visuell klar und plausibel wiedergeben lassen. In anderen Worten, man kann nicht einfach sagen, ich will etwas Fantastisches machen. Kino ist objektiv. Das Bild wird durch die Linse produziert, und Fantasy durch die Linse zu erzählen ist tatsächlich sehr hart.»[20] 1994 drehte er WOLF, seine dritte Zusammenarbeit mit Mike Nichols. Rotunno erklärte, dass allen Mike-Nichols-Filmen Ironie zugrunde läge, er aber dennoch immer nach einer individuellen Lösung suche: «Ich fand, dass WOLF in die selbe Richtung geht, aber wie es im Spiel des Lebens so geht, wird oft das Ironische tragisch. [...] Bei jedem Film, den ich drehe, wechsle ich den Stil, selbst wenn ich mehr als einen Film mit demselben Regisseur mache. Ich habe neun Filme mit Fellini gemacht, aber natürlich ist AMARCORD verschieden von CASANOVA oder SATYRICON oder CITTÀ DELLE DONNE. Am Ende mögen Sie vielleicht meinen Stil erkennen, aber ich versuche immer mit der Story zu gehen.»[21]

---

18 Fellini nach Damian Pettigrew (Hg.): *I am a Born Liar*. New York 2003. S. 69.
19 Interview mit Giuseppe Rotunno. In: *Positif*, Nr. 266, 1983.
20 Giuseppe Rotunno nach Nicoletta Dentico: Legendary Liar MÜNCHHAUSEN Reappears. In: *American Cinematographer*, March 1989.
21 Giuseppe Rotunno nach Ron Magid: WOLF Sheds Light on a Lycanthrope. In: *American Cinematographer*, June 1994.

Eugen Schüfftan

> Vergegenwärtigen Sie sich, dass mit dem Film seit vielen Jahrhunderten erstmals eine völlig neue Kunstform entdeckt wurde: die Kunst des bewegten Bildes, das uns gleichzeitig den Raum erschloss, die künstlerische Gestaltung des bewegten und räumlichen Bildes. Nein, ich denke jetzt nicht an den sogenannten plastischen Film, wenn ich vom Raum spreche. Unser Film ist ja tatsächlich schon dreidimensional. Wenn die Kamera schwenkt oder fährt, wenn sich eine Person vom Objektiv entfernt oder sich ihm nähert, ist die Tiefenwirkung da. Die Dreidimensionalität des Bildes ergibt sich aus der Bewegung, und sie wird wesentlich begünstigt durch die ständige Erweiterung der Grautöneskala, die wir der Verfeinerung der Emulsionen verdanken. Wie sehr sich der Film der Dreidimensionalität bemächtigt hat, erkennt man am deutlichsten daran, dass die heutigen Maler flächig malen. Ich möchte sagen, dass Rembrandt der erste perfekte Filmoperateur war. Heute gibt es keinen Rembrandt der Malerei mehr, bezeichnenderweise.
>
> *Eugen Schüfftan*

Eugen Schüfftan ist vor allem als Erfinder des Epoche machenden Schüfftan-Verfahrens bekannt. Er setzte sein Spiegeltrickverfahren erstmals bei Fritz Langs NIBELUNGEN ein. Mit METROPOLIS wurde das Verfahren international berühmt. Schüfftans Sinn für wirkungsvolle Perspektiven und Karl Freunds Experimentierfreude mit einer befreiten Kamera sind in METROPOLIS freilich selbst Sklaven des technischen Wahns von Fritz Lang. Die unter dem Joch des Molochs zusammen gezwungenen Talente produzieren das, was Kracauer so schön «ornamentalisierte Verzweiflung» nannte.[1]

Das Verfahren selbst hat die Tricktechnik und Filmtechnik international umgewälzt. Die Filmindustrie sparte Millionen, teure Bauten wurden in Form von Modellen auch für einfachere Produktionen verfügbar. Schüfftan gründete eine eigene Firma (Deut-

---

1 In diesen kompakten Ausdruck fasst die Bildunterschrift zu METROPOLIS (Siegfried Kracauer: *Von Hitler zu Caligari*. Frankfurt/Main 1979) die Kracauersche Analyse der formalen Qualitäten des Films zusammen.

sche Spiegeltechnik GmbH & Co.), bereiste als Berater die USA und England. Das Verfahren entwickelt sich in vielfältigen Varianten weiter. Das Grundprinzip: Vor der Kamera wird in einem Winkel von etwa 45° zur optischen Achse ein Spiegel eingesetzt, der weiter entfernte Objekte oder Modelle in die Aufnahme einspiegelt. Die direkte Aufnahme geschieht durch ein Loch in der Spiegelbeschichtung, das in geeigneter Größe herausgekratzt wird. So können Realaufnahmen und kleine Modelle, die große und teure Bauten ersetzen, kombiniert werden. Natürlich müssen, damit der Trick gut gelingt, Beleuchtung und Bildtiefe von Modell und Realszene sauber aufeinander abgestimmt werden.

Der große technische Ruhm verdeckt oft, dass Schüfftan der Kameramann eines geradezu besessenen Geschwindigkeitsfanatikers wie Max Ophüls war, eines Bildkomponisten wie G. W. Pabst, eines Robert Rossen, Exponent des amerikanischen Psychologismus, eines Sirk, dem Meister des Melodrams, eines Milieuzeichners wie Robert Siodmak oder Lupu Pick oder von Astruc und Franju, Wegbereitern der ‹Nouvelle Vague›. Dieser Mann ist bestimmt mehr als nur ein perfekter Techniker, selbst unter den großen Kameraleuten gibt es wenige, die von einer solchen Phalanx von Bildfanatikern beschäftigt wurden. Ophüls bezeichnete ihn sogar als «Meister und Patriarch der damaligen deutschen Operateure»;[2] sicher ein subjektives Urteil, aber begründet in der außergewöhnlichen Verwandtschaft dieser beiden Cinéasten.

Schüfftans ästhetische Palette umfasst dabei, wie bei allen deutschen Kameramännern dieser Generation expressive Elemente, aber genauso auch atmosphärische Milieuzeichnung und verinnerlichte Stilisierung. Was die deutsche Tradition in Schüfftans Werk betrifft, sind vor allem seine sehr differenzierten Grautöne und Beleuchtungseffekte zu nennen. Hierher gehören seine Arbeiten mit Robert Siodmak (MENSCHEN AM SONNTAG, ABSCHIED), G. W. Pabst (HERRIN VON ATLANTIS, DRAME DE SHANGHAI) und Lupu Pick (GASSENHAUER). Es sind Arbeiten, die die expressiven Elemente atmosphärisch und mit sehr viel Milieu verwenden, und die einen nahtlosen Übergang zu Regisseuren wie Carné (DRÔLE DE DRAME und QUAI DES BRUMES), Clair (IT HAPPENED TOMORROW) und Astruc (LE RIDEAU CRAMOISI) liefern, die alle von dieser Tradition in einer verwandelten Form profitieren, allen voran der ‹Fauvist› Carné. Letztlich ist Schüfftan über Franju (LA TÊTE CONTRE LES MURS, LES YEUX SANS VISAGE) und Astruc sogar Transmissionsriemen deutscher Kinotraditionen in den Vorfrühling der ‹Nouvelle Vague›. Auch in England hat Schüfftan ganz spezifische Spuren hinterlassen, die ROBBER SYMPHONY (1935/36) von Feher trägt unverkennbar Schüfftans Handschrift. Schüfftan gelingt hier das Schwierigste überhaupt: Abstufungen von weißem Schnee, Schnee und Plastizität.

Schüfftans erste eigenständige Kameraarbeit, MENSCHEN AM SONNTAG (1929), ist

---

2   Max Ophüls: *Spiel im Dasein*. Frankfurt/Main 1959. S. 142.

ein filmgeschichtlicher Paukenschlag. Formal der Neuen Sachlichkeit zugehörig, antizipiert der Film den Neorealismus. «Hier ist kein Stilisierungswille mehr am Werk, nichts ist dekorativ umgebogen», kommentiert Lotte H. Eisner.[3] Wer immer an diesem Film mitgearbeitet hat, die bildtechnische Faszination verdankt sich Schüfftan. Fast undeutsch gelingt es ihm, Zufälliges, Gefundenes und Spontanes auf die Leinwand zu bannen. Gleich zu Beginn werden die späteren Hauptakteure – mit Absicht Laien – wie zufällig erfasst, aber auch wieder verloren. Menschen im Gewühl. Die Kamera zeigt dabei auch eine gewisse Kälte, die Menschen erscheinen wie Dinge unter Dingen.

Natürlich ist diese Zurückhaltung ein Konzept, das seine eigene stilistische Wirkung entfaltet: Im klaren Sonnenlicht sind die Personen meist in grelles, überhelles Licht getaucht, verschwimmen gegenüber den eher abgeschatteten Rändern. Mitten in diesem Spiel der Impressionen kann man aber auch Konstruktionen finden, die ihrer Zeit weit voraus sind. Ein Stuhl im Vordergrund und das junge Paar am Tisch im Hintergrund. Ganz beiläufig ein Effekt, den Gregg Toland in CITIZEN KANE zum Manierismus steigern wird. Schüfftan agiert mit großem Selbstbewusstsein, eine Fotosession am Wannsee ist unübersehbar selbstreferentiell: Eine Galerie von Prominenten wird hier abgelichtet, das Problem von Wiedergabe und Porträttechnik als ‹Film im Film› eingespielt. Auffallend schon hier ein Spiel mit dem Seitenlicht, das diagonale Schatten auf den Boden wirft: geometrisch und perspektivisch.

Das, was man später Poetischen Realismus nennen sollte, ist fast ganz eine Schöpfung Schüfftans. Von den deutschen Filmemigranten, die vor Hitler nach Frankreich flohen, hat Schüfftan die deutlichsten Spuren hinterlassen. Sein Schüler Henri Alekan erinnert sich: «Während wir Assistenten mit Sympathie die großen Namen der Flüchtlinge aufnahmen, blickten die französischen Chefkameramänner mit Argwohn auf diese Welle von Ausländern: Sie drohte sie zu verschlingen. Sehr schnell, bis auf einige Unverbesserliche, deren Credo sehr reaktionär war, wurden diese Emigranten hoch geschätzt, da sie den französischen Film äußerst wohltuend stimulierten.»[4]

Einige Emigrantenfilme wie DU HAUT EN BAS, LA CRISE EST FINI, MADEMOISELLE DOCTEUR, MOLLENARD, LE DRAME DE SHANGHAI, TROIS VALSES sind hier ebenso zu nennen wie die klassischen Carnéfilme DRÔLE DE DRAME und QUAI DES BRUMES und die Filme FORFAITURE und LE SCANDALE von Marcel L'Herbier. Schüfftan entdeckt die antinaturalistischen Qualitäten eines harten Seitenlichts. Karl Prümm bemerkt zu den Irritationen und Verrätselungen, die dadurch entstehen: «Ein so gesetztes Licht erschließt keinen Raum und keinen Hintergrund. Die horizontalen Lichtachsen durchqueren als Flächenlinien das Bild, illuminieren den Bildvordergrund. [...] Seitenlicht dynamisiert das Bild, sprengt die Bildgrenzen, denn das Seitenlicht verweist auf eine

---

3 Lotte H. Eisner: *Die dämonische Leinwand*. Frankfurt/Main 1976. S. 335.
4 Henri Alekan: *Le Vécu et l'imaginaire*. Lyon 1999. S. 16.

Lichtquelle, auf einen Raum außerhalb des Bildes. [...] Von diesem grenzüberschreitenden Licht geht eine starke Beunruhigung aus – vergleichbar mit dem Ton, der aus dem Off in das Bild hineintönt und nicht visuell beglaubigt wird. [...] Trifft es auf Körper und auf Gegenstände entstehen Überstrahlungseffekte, die sich ausnehmen wie Einbrennungen, wie Angriffe des Lichts auf das Bild.»[5]

Teilweise setzt Schüfftan das Licht auch von unten, «Anti-Sonnenlicht» hat es Alekan genannt. Daneben gibt es noch den Handscheinwerfer, den er mitunter selbst führt. In einem Drehbericht zu DU HAUT EN BAS heißt es: «Eugen Schüfftan, eine ‹Pistole› in der Hand – einen tragbaren Scheinwerfer, wenn Ihnen das lieber ist –, geht auf Janine Crispin zu und ‹bemalt› sie mit roten Lichtpunkten. Als die richtige Beleuchtung gefunden hat, gibt er seine Anweisungen. Ein Spot an der Decke über dem Dekor führt dann diese seltsame und wunderbare Mischung aus Feuer-Malerei und -Skulptur aus.»[6] Und Albert Viguier erinnert sich: «Man erkannte seinen Stil; er signierte seine Einstellungen mit Lichtflecken, die er mit einem Handscheinwerfer produzierte, genau im passenden Moment, während der Aufnahme – zusätzlich zu allem, was er zuvor schon arrangiert hatte.»[7] Pierre-Damien Meneux spricht in diesem Zusammenhang von «Fleckenbeleuchtung».[8]

QUAI DES BRUMES wird ein ewiger Streitpunkt sein zwischen Kunstgewerbe und Faszination. Aber nirgends sind deutsche Traditionen und ein französisches Faible für die Tristesse des Diffusen und der Grautöne so bestechend zusammengeflossen. Wie LE JOUR SE LEVE mit der Kamera von Courant ist es ein Film am Rande der Welt und am Rande des Abgrunds. 1938/39 sind Jahre einer Vorahnung, mitten im DROLE DE DRAME geht plötzlich alles aus den Fugen. Licht zersetzt den Raum wie Säure. Poesie ist ein Euphemismus. Nicht die Gesichter, nicht die Handlung, sondern eine Dramaturgie des Zerfalls bestimmt die Lichtkleckse, die an den Rändern des Bildes hängen und darüber hinaus. Mitunter lässt er die Bilder «schaurig erglühen» (Karl Prümm).[9] «Ironisch» und «parodistisch» nennt Pierre-Damien Meneux die Lichtsetzung in DROLE DE DRAME.[10]

Ein echtes Stück verpflanztes Europa ist die Zeit des Emigrantenkinos in Hollywood. Schüfftan lieferte bei Detlef Siercks / Douglas Sirks HITLER'S MADMAN sein Debüt in den USA (1942). Offiziell wurde Schüfftan bei seinen Arbeiten in den USA nie

---

5   Karl Prümm: Rhetorik des Lichts. In: *FilmGeschichte* Nr. 13, 1999.
6   *Pour Vous*, Nr. 252, 1933.
7   Albert Vignier nach Philippe Roger: Zwischen Licht und Schatten. In: *CICIM*, Nr. 30-32, 1991.
8   Pierre-Damien Meneux: ‹Ich versuche mit dem Bild den Charakter des Scenarios zu schaffen›. In: Helmut G. Asper (Hg.): *Nachrichten aus Hollywood, New York und anderswo*. Trier 2003. S. 117.
9   Karl Prümm: Stilbildende Aspekte der Kameraarbeit. In: Karl Prümm, Silke Bierhoff, Matthias Körnich (Hg.): *Kamerastile im aktuellen Film*. Marburg 1999. S. 47.
10 Pierre-Damien Meneux: ‹Ich versuche mit dem Bild den Charakter des Scenarios zu schaffen›. In: Helmut G. Asper (Hg.): *Nachrichten aus Hollywood, New York und anderswo*. Trier 2003. S. 119.

als Kameramann genannt, da die strengen Gewerkschaftsbestimmungen sich wirkungsvoll als Abwehr gegen Newcomer erwiesen: Er durfte immer nur als ‹supervision› oder ähnliches auftreten, auch wenn er faktisch die Kamera machte.[11] Erst in den 1960er Jahren mit THE HUSTLER (1961) gab es eine späte Wiedergutmachung und einen Oscar.

Die Sirk-Filme SUMMER STORM und SCANDAL IN PARIS sowie Ulmers BLUEBEARD setzen die mit HITLER'S MADMAN begonnene Reihe fort. Mit die besten Arbeiten Schüfftans sind in der Zusammenarbeit mit Sirk entstanden: Er hält Distanz von der Aktion und der Prospekt als ganzes evoziert den szenischen Gehalt (z. B. das Karussell in SCANDAL IN PARIS oder der Pavillon in SUMMER STORM). In SUMMER STORM (1944) lässt der Aristokrat George Sanders seine Geliebte, das Bauernmädchen Linda Darnell, einen anderen heiraten. Bei der Hochzeitsfeier sehen wir vor einem Spiegel, wie sich die beiden heimlich küssen. Eine nackte Statue und Sanders' Braut sind stumme Zeugen. Die unsichtbare Braut von Sanders wird im Spiegel sichtbar. Eine der subtilsten Spiegelszenen der Filmgeschichte. Später, als sich das Drama zuspitzt, steht Sanders nach einer durchzechten Nacht vor seinem Spiegelbild, ein Zerrbild seiner selbst. Betrunken, kaputt und angeekelt zerschlägt er sein Bild im Spiegel. Ähnlich geschickt ist das Silhouettenspiel in A SCANDAL IN PARIS. Ein Eifersüchtiger verfolgt seine Frau: «Die im erleuchteten Fenster sichtbaren Schatten Lorettas und eines Mannes scheinen die Vermutung zu bestätigen, dass sie ihn hintergeht. Doch der Schein trügt: Kein Mann wirft den zweiten Schatten, sondern eine Kleiderpuppe. Der eifersüchtige Gatte betritt das Geschäft und schleicht lautlos die Treppe hinauf, um seine Frau in flagranti zu ertappen. Die entledigt sich hinter einer transparenten Wand, durch die sie erneut als Silhouette sichtbar ist, gerade ihrer Kleider, um ein neues Modell auszuprobieren. Wiederum missdeutet der Ehemann die Situation. Nun endgültig von ihrer Untreue überzeugt, erschießt er Loretta durch den Sichtschutz» (Robert Müller).[12]

In Franjus Schockern (LA TÊTE CONTRE LES MURS, LES YEUX SANS VISAGE) wird auf die bei Sirk kultivierte Fähigkeit Schüfftans zurückgegriffen: Horror- und schockartige Szenen werden durch das Prisma einer doppelten Perspektive gebrochen, der Schrecken verinnerlicht. Die Frau ohne Gesicht hat ein Gesicht, aber es ist das einer Wachspuppe, der sanfte Horror einer Schaufensterpuppe, die zum Leben erwacht ist; das Licht auf ihrem Gesicht ist antimodellierend. Die Insassen einer Anstalt sind schwarze Schemen vor dem Raster endloser Mauern. Dagegen gesetzt sind Passagen mit sonnendurchflu-

---

11 Aus Hollywood schreibt der enttäuschte Schüfftan an Siegfried Kracauer: «Es ist hier 300%ig schlimmer als wir es uns vorgestellt haben. Die Industrie ist weit weg von unseren Ideen, der Dialogfilm triumphiert. Doch sind auch viele, die Verständnis für den wirklichen Film haben, aber man muss sie suchen. Vielleicht kommt doch plötzlich der Umschwung.» (Helmut G. Asper (Hg.): *Nachrichten aus Hollywood, New York und anderswo*. Trier 2003. S. 33.)

12 Robert Müller: Zwischen Licht und Schatten. In: Helmut G. Asper (Hg.): *Nachrichten aus Hollywood, New York und anderswo*. Trier 2003. S. 132.

444–446 Menschen am Sonntag (Robert Siodmak und Edgar G. Ulmer, 1929), Bild: Eugen Schüfftan

447 The Hustler (Robert Rossen, 1961), Bild: Eugen Schüfftan

448–451 Quai des Brumes (Marcel Carné, 1938), Bild: Eugen Schüfftan

452–453 Sans lendemain (Max Ophuls, 1939), Bild: Eugen Schüfftan

teter Landschaft und üppiger Natur, die das verbunkerte Leben der Menschen umso absonderlicher erscheinen lassen.

Eine letzte Entwicklung ist dann in Robert Rossens Spätwerk (THE HUSTLER, LILITH) zu finden. Es ist ein brutaler realistischer Psychologismus, ohne mit den ästhetischen Mitteln in blanken Realismus abzugleiten, ein Spannungszustand aus einer stilistischen Zerreißprobe heraus. So z.B. in THE HUSTLER, wenn die Spitze eines Queues zu einer drohenden Diagonale heranwächst, statt die eigentliche Szene zu zeigen; der Effekt unter dem Aspekt einer charakteristischen Randerscheinung. Das Spezifische an Schüfftan ist weniger in einer bestimmten Stilrichtung zu suchen, sondern in der Art, wie er als technischer Mittler, den technischen Bedingungen zu einer ästhetischen Qualität verhilft. Bei Schüfftans Kameraarbeit drängt sich das unwillkürliche Gefühl auf: So muss es sein. Sein Umgang mit den technischen Voraussetzungen des Kinos hat etwas von der stringenten Ästhetik einer geometrischen Beweisführung, Perfektion und Schlüssigkeit in den Kategorien von Figuren und Punkten im Raum: Notwendigkeit im Sinne von Evidenz. Mit seltener Klarheit zeigt sich bei Schüfftan, dass sich in der Kameraführung die Ästhetik des Films zur Mathematik zuspitzt: Im Resultat scheint nur eine einzige Lösung die ästhetisch richtige zu sein, es bleibt nie ein unbefriedigendes Gefühl zurück. Schüfftan verhält sich zur Routine wie ein Maßanzug zur Konfektionsware. Es ist ein ähnlicher Sachverhalt wie beim Filmschnitt: Am Anfang ist alles offen, aber wenn das Material richtig montiert ist, hat es die Evidenz des Notwendigen angenommen.

Der beste Beleg dafür sind die Filme, die Schüfftan mit Ophüls gemacht hat: KOMEDIE OM GELD, LA TENDRE ENNEMIE, YOSHIWARA, WERTHER, SANS LENDEMAIN und DE MAYERLING À SARAJEVO (zusammen mit Otto Heller und Curt Courant). Wie Murnau und Karl Freund ergänzen sich Schüfftan und Ophüls. Hier kann man sehen, dass es kein Zufall ist, dass Schüfftan ein Verfahren erfunden hat, das einen Umgang mit Bauten in einem bislang unbekannten technischen Ausmaß ermöglicht. Schüfftan verstand sich nie als Tricktechniker: «Ich wollte Imagination optisch verwirklichen.»[13] Schüfftan hat genauso wie Ophüls das manische Bedürfnis, ein Gefühl von der Architektonik des Filmraums zu vermitteln. Während Ophüls die Kamera mit rasender Geschwindigkeit durchs Studio jagt, findet Schüfftan glatt noch Zeit mit seinen geliebten Grau-Abstufungen zu modellieren; man muss schon teuflisch aufpassen, um nicht den Überblick zu verlieren bei der hereinbrechende Flut von Konstruktionselementen.

Die Akteure des bürgerlichen Melodrams sind Gefangene ihrer selbst. Für Ophüls ist diese Welt der Bürger ein gläserner Käfig voller Spiegel. Schüfftan stellt diese Welt her in überstrahlten Flächen, gleißenden Wänden und Spiegelungen. Der Wirbel des Daseins – von ‹l'existence› spricht der Vorspann von LA TENDRE ENNEMIE – ist ein

---

13 Interview mit Eugen Schüfftan. In: *Basler Nachrichten*, 29. 10. 1965.

Lichterreigen, der teilweise zu flirrenden abstrakten Figuren verschwimmt. Umgekehrt gestaltet Schüfftan die Nacht wie ein Piranesi des Kinos – später, bei Franju, wird er darauf obsessiv zurückgreifen. Über die Quaimauer in der Hafenszene bemerkt Ophüls: «Er geht in die Dunkelheit. Die lange Mauer ist von einem einzigen Scheinwerfer hell beleuchtet, eine weiße Wunde im schwarzen Leib der Nacht.»[14]

Das Motiv der Lichter- und Schattenkreuze in WERTHER. Die drei Tage und Nächte der Passion in SANS LENDEMAIN. Ganz in der Immanenz zitiert das Licht Metaphysisches herbei. Was in der ROBBER SYMPHONY noch Virtuosität ist, grenzt jetzt ans Genialische: Auf Tisch und Stuhl eine Schlittenfahrt durch imaginierte russische Weiten (YOSHIWARA), Schnee, der schwer wie Herbstblätter auf Schnee fällt (SANS LENDEMAIN); die Hauptdarstellerinnen der Filme sind Huren, die so rein sind, wie frischer Schnee, Edwige Feuillère verkörpert den Winter in der Stripshow ‹Les Quatre Saisons›, weißes Fleisch überstrahlt die Obszönität der Szene. Die Macht der Ideen in der Wirklichkeit. In einem Kino wird die Pierrotszene aus CASANOVA mit Ivan Mosjoukine eingespielt. Das Licht des Projektors wird zum filmischen Licht im Film.

Spätestens seit LOLA MONTEZ dürfte bekannt sein, dass die Klassifizierung von Ophüls als Romantiker ganz und gar schief ist, selbst in bezug auf die späte Romantik; Ophüls' Filme sind in ihrem scheinbar oberflächlichen Manierismus scharf pointiert und kühl beobachtend. Die barocke Lust an Gesten, Emotionen und exponierten Dingen wird an den melodramatischen Stoffen in eine bittere melancholische Stimmung umgebogen. Es ist ein künstlerisches Problem, für dessen Lösung Schüfftans Fähigkeit, innerhalb einer kinematografischen Fuge nicht eine Nuance verloren gehen zu lassen, prädestiniert ist. Etüden und Variationen zum Nadel-und-Faden-Thema. Das Herbeiholen der Pistolen, treppauf, treppab, in WERTHER. Der Weg von Bank zu Bank in KOMEDIE OM GELD. Die mysteriösen Windböen und Durchzüge in LA TENDRE ENNEMIE. Die Kurzschluss-Szene in SANS LENDEMAIN.

DE MAYERLING À SARAJEVO gilt als ein marginales Werk von Ophüls, aber ich kenne im ganzen Werk von Ophüls nicht so viele Variationen des ‹Nadel- und Faden-Themas›, z.B. die Szene mit der Taschenuhr oder die Logenszene: In die Kaiserloge wird die neueste Hiobsbotschaft vom Thronfolger überbracht mit anschließender Befehlserteilung und Getuschel, das sich von Höfling zu Höfling bis ins Foyer hinaus fortsetzt mit gesteigertem Tempo, permanentem Einsatz von Tiefeninszenierung und wechselnd betonten Graunuancen. Drei Kameramänner hat der Film verschlissen, aber ein schwerer Verdacht fällt auf Schüfftan. – Vollständige Beherrschung des kinematografischen Raums, gepaart mit Ophülsscher Fixigkeit, das etwa könnte eine Definition von Eugen Schüfftan sein.

---

14 Interview mit Max Ophüls. In: *Tages-Anzeiger für Stadt und Kanton Zürich*, 03. 04. 1941.

Guido Seeber

Seeber gehört zu den Filmpionieren, die alles hätten werden können, vom Regisseur bis zum Produzenten, vom Erfinder bis zum Fabrikanten, vom Autor bis zum Verleger. Guido Seeber als Kameramann zu bezeichnen, ist biografisch fast schon ein Irrtum. Aber in seinem Werdegang ist es ein Prozess mit großer Logik, der zum Kameramann führt. 1896 ist Guido Seeber 17 Jahre alt; in Dresden sieht er das erste Mal eine Filmvorführung. Daheim in Chemnitz hat sein Vater ein größeres Fotogeschäft. Die professionelle Umsetzung der kinematografischen Urszene ist nur noch eine Frage der günstigen Gelegenheit. Die ergibt sich, als Messter 1897 seinen Kinematograph der Fachwelt in seinem Firmenkatalog vorstellt; Messters Apparatur ist Aufnahme- und Wiedergabegerät zugleich. Der Vater, Clemens Seeber, erwirbt ein Gerät. Mit gekauften Filmen und selbstgedrehten Szenen gehen sie in Sachsen auf Tournee; das Unternehmen nennt sich Seeberograph. Die selbstgedrehten Szenen sind die typischen Attraktionen des frühen Kinos: Luftschiffer, Kaisertage, Feuerwehr! Auslaufen der deutschen Flotte nach China (Boxeraufstand), Trambahnfahrt in Chemnitz.

1905 stirbt der Vater. Guido Seeber beschließt, Chemnitz zu verlassen, um in die aufkommende Filmindustrie einzusteigen. 1907 wird er als technische Fachkraft bei der Deutschen Rollfilm Gesellschaft (Köln und Frankfurt am Main) engagiert. Zu diesem Zeitpunkt hat er bereits zehn Jahre Praxis in allen Bereichen der Filmproduktion hinter sich. 1908 wechselt er zur Deutschen Bioskop in Berlin, wo er bald technischer Direktor wird. Es ist die Zeit der Tonbilder. Seeber stellt 150 Tonbilder her, vor allem mit Varietégrößen wie Reutter oder Steidl. 1911 dreht Seeber aber auch eine stark experimentelle Groteske, DAS VERKEHRTE BERLIN.

Firmengeschichtlich bewirkt Seeber Bahnbrechendes, indem er den Bau des Ateliers in Neubabelsberg initiiert und überwacht. In diesen Jahren sehen wir Seeber in allen Funktionen zugleich, im Kopierwerk und im Management, in der feinmechanischen Werkstatt und bei der Deutschen Bank. Und beim Drehen vor, hinter und neben der Kamera. Die Kamera ist der magische Ort, wo der ganze riesige technische Aufwand sich umsetzt in Kreativität. Diese spezifische Kreativität des Kameramanns verlässt aber nie den soliden Boden handwerklichen Könnens, kann immer nur dadurch wirksam werden.

Das Jahr 1911 markiert sicherlich den Wendepunkt in Seebers Karriere. Er dreht mit Urban Gad die frühen Asta Nielsen-Filme, darunter DER FREMDE VOGEL (1911), DIE ARME JENNY (1911), DER TOTENTANZ (1912), DAS MÄDCHEN OHNE VATERLAND (1912),

SÜNDEN DER VÄTER (1913). Über Nacht findet Seebers Kameraarbeit künstlerische Anerkennung und weltweiten Ruhm. Asta Nielsen, eine dänische Schauspielerin mit tiefliegenden Augen, die in Aussehen und Auftreten bis hin zur Ökonomie des Spiels wie die große Schwester von Buster Keaton wirkt, wird zum Weltstar. Und Seeber hat sie gestaltet. Ihr schwer zu filmendes Gesicht wird von Seeber für den Film ebenso neu erschaffen wie das Garbogesicht von William Daniels oder das Dietrichface von Lee Garmes. Und wie diese ist auch Seeber auf Pygmalions Spuren. «Die Kamera führte der wunderbare Guido Seeber, damals Deutschlands bester Kameramann und, mein glühender Verehrer» (Nielsen).[1] Seeber erinnert sich: «In Amerika hat jede Diva ihren eigenen Kameramann, der mit ihren photographischen Vorzügen und Fehlern vertraut ist und der den für sie erforderlichen Bildwinkel, die Bildgröße, das Licht usw. genau kennt und studiert hat. […] ich selbst habe z.B. Asta Nielsen genau photographisch studieren müssen.»[2]

Aus dem Umkreis der Asta Nielsen-Filme scheint auch eine kameraästhetische Vorstellung zu stammen, die Seeber immer wieder erwähnt: «Man muss […] auf der Kamera wie auf einem Instrument ‹spielen›.»[3] Von Urban Gad stammen Argumente für diese Auffassung. Im Unterschied zur künstlerischen Fotografie müsse das Filmbild immer einen Ausgleich zwischen rein künstlerischer Stimmung einerseits und dramaturgischem Zweck andererseits suchen; in dem Augenblick, wo das Bild nicht mehr statisch ist, sondern sich einem Handlungsfluss einpasst, ergibt sich eine Situation, die der Musik ähnelt: «Die beiden Hauptaufgaben des Films, schöne malerische Bilder hervorzubringen und gleichzeitig die äußere und innere Handlung verständlich zu machen, müssen Hand in Hand gehen, und es kann sich nur darum handeln, ob man das eine oder andere etwas mehr oder weniger betonen will. […] Der Aufnahmeapparat ist demnach ein Instrument, worauf sowohl in Dur wie in Moll gespielt werden kann – in beiden Fällen aber gehört ein Virtuose dazu, damit das erstrebte Ziel erreicht wird.»[4]

Die Dialektik zwischen fotografischem Prinzip und Dramaturgie ist in den Nielsen-Gad-Seeber-Filmen in verschiedenen Spielarten sichtbar. Es geht immer um Grenzüberschreitungen von Klassen –, Standes- und Moralkodex und deren Scheitern. In DIE ARME JENNY und SÜNDEN DER VÄTER ist die Kamera in die räumliche Enge von Proletarierstuben und Treppenhäusern eingepfercht, sie nähert sich den Objekten und den Menschen in gleicher Gültigkeit; die Liebe außerhalb der Klasse erscheint so verwegen wie ein teures Geschenk. In DER TOTENTANZ erstickt die Kamera in teuren Objekten, die üppige Enge des bürgerlichen Sittendramas erscheint noch bedrückender als

---

1 Asta Nielsen nach Renate Seydel, Allan Hagedoff: *Asta Nielsen*. Berlin 1981. S. 89.
2 Interview mit Guido Seeber. In: *Film-Kurier*, 20. 08. 1925.
3 Interview mit Guido Seeber. In: *Film-Kurier*, 22. 07. 1925.
4 Urban Gad: *Der Film*. Berlin 1919. S. 76.

die proletarische. Asta Nielsen spielt mit dem Feuer des Vamps, ein exotischer Vogel im Salon. Oder ein FREMDER VOGEL in morbider Natur, der Spreewald gefilmt wie der Urwald von Rousseau, dem Zöllner. Bedrückend auch die Festungsmauern in EIN MÄDCHEN OHNE VATERLAND, für 1912 mit kühnen Winkeln erfasst.

Es versteht sich fast von selbst, dass Seeber zum Kameramann der ersten expliziten Kunstfilme wird: DER STUDENT VON PRAG (Rye, 1913) und DER GOLEM (Galeen, 1914). Seebers Bilder, die schon in den Nielsen-Filmen mitunter stark expressiv sind, begründen hier die deutsche expressionistische Bildkunst im Film. Große Tiefenschärfe, eine Stärke des frühen Stummfilms in Folge der hohen Lichtintensität von reinem Sonnenlicht, wird von Seeber geschickt dramaturgisch umgesetzt: «In Stellan Ryes DER STUDENT VON PRAG [...] wird geradezu methodisch mit der Schärfentiefe gearbeitet; immer wieder lugt oder kommt aus dem Hintergrund des Bildes die Zigeunerin Lyduschka hervor, verfolgt im doppelten Sinn ihren geliebten Studenten Balduin. Oder: Im Haus des Barons Waldis-Schwarzenberg führt eine rückwärtige Tür direkt vom reich ausgestatteten Salon in den Park, mit Birken bewachsen; zweimal gehen Personen durch die Tür in die Tiefe des Bildes und durch die Birken ab.» (Lothar Schwab).[5] Helmut H. Diederichs weist in seinem Protokoll des Films eine regelrechte «Inszenierung in die Tiefe» nach.[6]

Noch vor der Fanck-Schule besticht Seeber durch Naturaufnahmen, die das Vertraute exotisch machen. Der verzauberte Spreewald in DER FREMDE VOGEL, die romantisch entfremdete Natur in DER STUDENT VON PRAG und die beseelte Natur in DAS WANDERNDE BILD (Lang, 1920) sind unterschiedliche kinematografische Ideogramme der ‹deutschen Naturreligion› in der Tradition von Schlegel. Die Wirkung räumlicher Weite und Tiefe, so Norbert Grob zu DER STUDENT VON PRAG, vermittelte den Eindruck, «dass der realisierte Bildausschnitt und besonders die konkrete Anordnung zwischen Vordergrund und Hintergrund nicht die Verlorenheit des einzelnen Menschen gegenüber der Natur, sondern die Fremdheit des Menschen in der Natur thematisieren».[7] Es ist kein Zufall, dass der letzte Film, den Seeber als spiritus rector einer ganzen Riege von Kameramännern dreht, der unsägliche EWIGE WALD (Sonjewski-Jamrowski, 1936) ist. In diesem naturtümelnd deutschen Film wird die deutsche Geschichte zur Geschichte des Waldes, Klassenkämpfe wie der Bauernkrieg werden zu Waldkriegen. Zum Beleg des Ungeheuerlichen zitiert die Kamera virtuos das ganze ikonografische Arsenal deutscher Naturromantik herbei. Der Wald wird zur Weihehalle wie bei Fritz Lang und Ludwig Richter, zur heroischen Landschaft wie bei Trenker und J. A. Koch,

---

5   Lothar Schwab: Kinematographische Raumwahrnehmung durch Schärfentiefe. In: *Frauen und Film*, Nr. 27, 1981.
6   Helmut H. Diederichs: *Der Student von Prag*. Stuttgart 1985. S. 36f.
7   Norbert Grob: Artikulationen mit der Kamera. In: *Harlekin*, Nr. 4, 1980.

zum Verborgenen wie bei Riefenstahl und Böcklin, zum ganz Anderen wie bei Fanck und C. D. Friedrich.

Das wichtigste Hilfsmittel des Kameramanns zur Gestaltung kinematografischer Ideogramme ist das gebrochene Licht. Die tonnenschwere Signifikanz des klassischen deutschen Bildstils verdankt sich dem Faible für das feurige Element. Leichter als Luft drückt es mit Schattenlasten herab, erfüllt mühelos die weitesten Räume, durchfurcht mit dramatischen Keilen das Geschehen. Seeber, mit seinen frühen Filmen zweifelsohne ein maßgeblicher Wegbereiter des Helldunkel, besticht, vor allem in seinen Naturaufnahmen, durch die Markierung des Lichts selbst. Mit einem ganzen Arsenal von Tricks – Dampf, Qualm, Rauch, Ruß, Staub, Gaze, gezielte Streuung – gelingt es ihm, das Element selbst in bizarrsten Erscheinungsformen zu bannen. Ihering notiert einmal: «Silbrige, schimmernde Photographie (Guido Seeber).»[8] Das Licht war ihm so wichtig. dass er den Beruf des Lichtregisseurs als dritten Mann neben Kameramann und Regisseur eingeführt hat. Curt Oertel (bei DIE FREUDLOSE GASSE) war sein erster Lichtregisseur.

Von Seebers Kameraarbeit schließt sich der Kreis immer wieder zum Techniker und Erfinder. Die Kriegsjahre 1914/18 verbringt Seeber als Filmtechniker der Marine, er entwickelt eine Ernemann-Zielbildkamera und eine Zielkamera für Fliegermaschinengewehre. Nach dem Ersten Weltkrieg, 1919, ist eine seiner ersten zivilen Aktivitäten die Gründung der Kinotechnischen Gesellschaft. Seine historisch-filmtechnische Sammlung ist einzigartig, seit 1924 fungiert sie unter dem Namen ‹Museum›. 1925 organisiert er für die Kipho eine historische Ausstellung, die ihn in der breiten Öffentlichkeit als den Fachmann für die Geschichte der Filmtechnik bekannt macht. Von da an findet sich der Name Seeber in der Fachpresse nur noch mit dem Titel Altmeister. Sein Werbefilm KIPHO-FILM (1925) verdient einen Ehrenplatz unter den experimentellen Filmen seiner Zeit. Zusammen mit Konrad Wolter ruft er 1925 die Zeitschrift ‹Filmtechnik› ins Leben. Sein publizistisches Werk ist riesig. Von den zahlreichen filmtechnischen Büchern. die er schreibt, gelten heute noch als unverzichtbare Klassiker ‹Der praktische Kameramann› und ‹Der Trickfilm› von 1927. Zum Schluss seiner Karriere wird er Leiter der Trickabteilung der Ufa (1935). Eine Berufung zum Filmprofessor lehnt er ab, da er sonst – wider besseres Wissen – seine Position im Skladanowsky-Streit hätte ändern müssen. Seeber hatte historisch-technisch genau nachgewiesen, dass in jedem Fall die Erfindung der modernen Kinematografie den Gebrüdern Lumière zukommt.

Seeber war wesentlich beteiligt an Bestrebungen, die Filmkamera mobil zu machen. Bei den FRIDERICUS REX-Filmen (Cserépy, 1920–23) setzte Seeber erstmals einen Kamerawagen ein. Die Resultate können sich sehen lassen neben gleichgerichteten Experimenten etwa von Griffith. 1923, bei SYLVESTER (Lupu Pick), zahlen sich die Er-

---

8 Herbert Ihering: Kleinstadtsünder. In: *Berliner Börsen-Kurier*, 14. 09. 1927.

454 Der fremde Vogel (Urban Gad, 1911), Bild: Guido Seeber

455–456 Der Student von Prag (Stellan Rye, 1913), Bild: Guido Seeber

457–458 Dirnentragödie (Bruno Rahn, 1927), Bild: Guido Seeber

459–462 Die freudlose Gasse (Georg Wilhelm Pabst, 1925), Bild: Guido Seeber

fahrungen aus. Der Film, nach einem expressionistischen Drehbuch von Carl Mayer, enthält bereits eine echte Fingerübung zur entfesselten Kamera. In der berühmten Straßenpassage mit dem Luxusrestaurant schließen sich plötzlich die Faktoren von Drehbuch-Vision, Regie-Intention und Kameratechnik zu einem funktionierenden Uhrwerk zusammen. Es ist noch lange kein Film mit durchgehender mobiler Kamera, aber DER LETZTE MANN ist jetzt in greifbare Nähe gerückt.

Dass Seeber bei DIE FREUDLOSE GASSE (Pabst, 1925) und DIRNENTRAGÖDIE (Rahn, 1927) die Kamera führt, hat auch mit der Person von Asta Nielsen zu tun. Für sie ist Guido Seeber der Kameramann der Wahl. Die Nielsen changiert in diesem Film zwischen der Hausfrau mit Kapotthut und dem aufgetakelten Zirkuspferd. Zwei Tauschwert-Tragödien par excellence. In DIE FREUDLOSE GASSE haben Seebers Bilder noch die Schärfe eines Grosz oder Dix, expressiv, aber befreit von symbolischer Schwere. In DIRNENTRAGÖDIE, so Seeber, herrscht eine «neuartige Bildtechnik».[9] Die abstrakte Gasse wird zur konkreten Pfütze. Das Exemplarische wird zum Banalen. Die Schminke der Diva wird zur Tünche. «Großartig ist der Eindruck des ersten Bildes, in dem man sie sieht: sie schminkt sich vor einer Spiegelscherbe. In dem riesigen Glas sind ihre Züge flackernd und verwischt, die Augen schon ‹gebrochen›, die Zähne lückenhaft. Das Haar, ihr dünnes Haar, ist zu lächerlichen Locken auffrisiert, in den Ohren hängen geschmacklose große Steine. Als sie den jungen Studenten getroffen hat, den sie liebt, scheint sie auf eine wunderbare Art von innen heraus verjüngt. Und nach der großen Enttäuschung, im Zusammenbruch, leuchtet durch das starre und verfallene Gesicht die heroische Maske des Todeswillens.» (Ihering).[10]

Zwischen den beiden Filmen liegt GEHEIMNISSE EINER SEELE (Pabst, 1926). Die Psychoanalyse des Films exorziert auch das deutsche Dämonenkino – eingespielt in einer Alptraumsequenz. Die Handlung selbst ist in differenzierten Grautönen gehalten, bewusst und nüchtern abgesetzt von allem Blendwerk des Helldunkels. Seeber, neben Karl Freund der beste Porträtist des deutschen Films und ein hervorragender Milieuzeichner, ist in diesen Filmen schon ganz knapp dran an der neusachlich schweifenden Kamera eines Fritz Arno Wagner in DIE LIEBE DER JEANNE NEY (Pabst, 1928). Norbert Grob ist aufgefallen, dass in den drei vorgenannten Filmen Szenen mobiler Kamera vorkommen, die wie Handkamera wirken: «In DIE FREUDLOSE GASSE verfolgt die hektische Kamera die Frau, die gerade den Fleischer ermordet hat; in den GEHEIMNISSEN EINER SEELE folgt sie dem geheilten Mann, der außer sich vor Freude auf seine Frau zuläuft; und in der DIRNENTRAGÖDIE begleitet sie die älter gewordene Hure, die auf-

---

9   Guido Seeber nach Stiftung Deutsche Kinemathek (Hg.): *Das wandernde Bild. Der Filmpionier Guido Seeber.* Berlin 1979. S. 100.
10 Herbert Ihering: Dirnentragödie. In: *Berliner Börsen-Kurier*, 16. 04. 1927.

geregt den Mord verhindern will, den sie kurz zuvor selbst angestiftet hat.»[11] In diesen Ausnahmesituationen erreicht Seeber mit seiner Kamera den Tatsachenfetischismus, der die berühmtesten Szenen aus DIE LIEBE DER JEANNE NEY ausmacht.

Seebers künstlerische Rolle ist auf fast schon kuriose Weise die des Vorläufers und Wegbereiters. Sei es das Helldunkel, die Fanck-Schule, die entfesselte Kamera oder die Neue Sachlichkeit, immer sind es andere, die seine Impulse aufgreifen, seine Entwürfe vollenden. Die ganz großen Umwälzungen, die Meilensteine der Filmgeschichte, sind nicht von Seeber, aber ganz deutlich aus seinem Umfeld hervorgegangen. Seeber ist eine Art Zentralgestirn, ohne das das Planetensystem der deutschen Kamerakunst keinen Zusammenhalt hätte. Er war genau das, was mit dem Namenszusatz Altmeister ausgedrückt wird: einer, von dem sich eine ganze Schule herleiten lässt. Eisenstein nennt ihn 1929 sogar den Patriarchen.[12]

---

11 Norbert Grob: Artikulationen mit der Kamera. In: *Harlekin*, Nr. 4, 1980.
12 Sergej M. Eisenstein: *Schriften* 3. München 1975. S. 247.

Vittorio Storaro

Fotografie bedeutet Schreiben mit Licht, Kinematografie bedeutet Schreiben mit Licht in Bewegung. Kameraleute sind Autoren der Fotografie (authors of photography), nicht Regisseure der Fotografie (directors of photography). Weil wir auch unsere Emotionen, unsere Kultur und unser innerstes Sein benützen, ist Technologie lediglich ein Mittel, um die Gedanken eines Anderen zum Ausdruck zu bringen. [...] Das ist die wahre Bedeutung dessen, was wir versuchen zu erreichen. Es ist eine visuelle Sprache mit ihrem eigenen Vokabular und unbegrenzten Möglichkeiten, Ideen und Gefühle auszudrücken.

Vittorio Storaro

Die Technologie ändert sich und schiebt sich zwischen deine Gedanken und die Leinwand. Und mit der (neuen) Technologie hat man Freiheitsgrade, aber manche Dinge verändern sich auch.

Vittorio Storaro

Storaro konnte als Kind bei seinem Vater, einem Filmvorführer im Lux Film-Studio, Filme und Probeaufnahmen ohne Ende sehen. Es gab nur Bilder, keinen Ton; er musste die Bilder als Bilder lesen lernen. Das prägt. Er macht eine Fotografenlehre und schafft es danach als jüngster Student am Centro Sperimentale di Cinematografia aufgenommen zu werden. Danach wird er Kameraassistent und lernt 1963, bei den Dreharbeiten zu PRIMA DELLA RIVOLUZIONE, Bernardo Bertolucci kennen, von dem er sofort begeistert ist: «Er wusste genau, wie er die Kamera einsetzen wollte. Für mich war er der ideale Regisseur [...].»[1] In den Jahren der italienischen Filmkrise der 1960er Jahre ist er kaum beschäftigt und studiert Musik, Literatur, Malerei und Philosophie. 1969 wird er bei LA STRATEGIA DEL RAGNO Bertoluccis Kameramann, mit dem er insgesamt acht Filme dreht.

Storaro erinnert sich: «Bei LA STRATEGIA DEL RAGNO war die Grundidee für den Zugang zum Film die Geschichte selbst. Es war etwas, das es so nicht gab, aber wir

---

1 Vittorio Storaro nach Bob Fisher: Guiding Light. In: *American Cinematographer*, February 2001.

wollten es als eine wirkliche Geschichte darstellen. So hatten wir die Idee, dieses kleine Land als eine Riesenbühne zu zeigen, weil die Geschichte in einer Kleinstadt spielt. Wir benützten dafür sehr starke und reine Farben.»[2] Und Bertolucci ergänzt: «Es gibt in Italien einen berühmten naiven Maler namens Ligabue, der genau aus dem Ort kam, wo wir drehten. Für uns lieferte er das erste Modell. Wir wählten einen naiven Maler, weil wir zurück wollten zu einem frischen, einfachen und primitiven Look für unsere Mythologie. […] Als wir in Sabbioneta waren, machte ich eine Menge Entdeckungen über das Kino und das wollte ich an Vittorio weitergeben: Es gibt ideale Filmsets, die vor fünf- oder sechshundert Jahren gebaut wurden. Das einzige Problem für einen Filmmacher besteht darin, sie zu finden und zu erkennen, wofür sie stehen.»[3]

Sabbioneta ist eine Renaissance-Musterstadt, die die Zentralperspektive in Architektur übersetzt und sogar ein zentralperspektivisches Theater besitzt. Hier hat alles seinen Platz, obwohl alles konstruiert ist, genauso wie die Lebenslügen der Menschen. Die Kamera braucht das nur noch in Bewegung setzen. Karsten Witte beschreibt, wie Storaro die zentrale Szene auflöst: «Die Sprechenden – hier die drei Verschwörer, da der Rechercheur, der das Verhör führt – sitzen sich im Theaterrundbau nicht nur gegenüber, sondern auf verschiedener Höhe. […] Aus dieser Desorientierung in den Raumverhältnissen entsteht eine verschwimmende Wahrnehmung. Der darüber liegende Dialog deckt das ungeheuerliche Geheimnis um den Vater Magnani auf, der ein Verräter war, für den Widerstandsmythos aber noch gut genug war und daher von seinen eigenen Leuten liquidiert wurde. Jeder Mitschuldige sitzt abgeschirmt in der Loge. Doch die Kamera stellt den Zusammenhang der Tat wieder her und vollzieht die politische Wahrheit, wie sie hier ans Licht tritt, intim und öffentlich zugleich. Mit ihrer Hilfe kehrt die Geschichte an den Schauplatz zurück.»[4]

1970 dreht Bertolucci mit Storaro IL CONFORMISTA. «IL CONFORMISTA spielt in einer sehr klaustrophoben Periode. Es herrschte Diktatur. Eine der Ideen für IL CONFORMISTA war, jede Innenaufnahme on location zu drehen. Und außerhalb der Fenster würden wir nie das wirkliche Leben zeigen. Denn in dieser historischen Phase waren die Versprechungen sehr groß, aber die Erfüllung im wirklichen Leben war sehr mager. So hatten wir außerhalb der Fenster etwas Falsches, etwas Unwirkliches, etwas Gemaltes. […] Wir wollten den Konflikt zwischen der behaupteten Wirklichkeit und der wirklichen Wirklichkeit zeigen. Ich wollte mit Licht das Gefühl von Klaustrophobie, von Eingeschlossensein erzeugen. Ich arbeitete nach der Idee, dass das Licht

---

2 Interview mit Vittorio Storaro. In: Dennis Schaefer, Larry Salvato: *Masters of Light*. Berkeley, Los Angeles, London 1984. S. 226.
3 Bernardo Bertolucci: The Director and the Cinematographer. In: IMAGO (Hg.): *Making Pictures. A Century of European Cinematography*. London 2003. S. 14.
4 Karsten Witte: Vittorio Storaro: Das Spiel mit der Perspektive. In: *Filme*, Nr. 6, 1980.

niemals die Schatten erreichen konnte. So gab es eine klare Trennung zwischen den Schatten und dem Licht. [...] Und dann gingen sie nach Paris – Paris war für uns eine freie Nation; dorthin ging jeder, der der Diktatur entfliehen wollte. Dieses Gefühl von Freiheit drückte ich aus, indem das Licht in die Schatten eindrang. Ich änderte die Lichtführung komplett und gab dem Publikum Farben, die es nie zuvor in dem Film gesehen hatte.»[5]

Der Film hat einen auffälligen blauen Touch, Storaro spricht von seiner ‹Blauen Periode›.[6] Der Film war eine Sensation, vor allem unter Kameraleuten, da Storaro es wagte, ganze Szenen im Schatten spielen zu lassen. Für einen 30jährigen Kameramann war das ein beispielloser Erfolg. Im Schatten, so Storaro in seinem Buch ‹Writing with Light›, ist das Unbewusste verborgen.[7] 1971, mit THE GODFATHER, sollte ihm Gordon Willis folgen. Kühn mischt Storaro natürliches und künstliches Licht; in der Mordszene setzt er im Interieur ein oranges Licht, dem fast surreal ein kaltes Licht von draußen gegenübersteht. Die existentielle Angst des Konformisten wird mit Licht visualisiert. Bertolucci spricht von einem kalten, kadaverartigen Licht im faschistischen Rom, dem ein freundliches Blau in Paris gegenüber steht. «Wir schufen diese Dichotomie der Atmosphären von Rom und Paris, und das war eine der größten Leistungen von Vittorio. In IL CONFORMISTA, der früh in seiner Karriere war, zeigte er, dass er ein Genie im Umgang mit Licht ist. In dem römischen Teil des Films gibt es eine Szene, die oft erwähnt wird wegen ihrer düsteren Schönheit und der Stimmung von Klaustrophobie, die sie freisetzt. Wir filmten on location in einer Parterrewohnung. Die Szene hat eine starke horizontale Neigung durch die Streifen auf dem Kleid der Frau und hinter ihr das Muster der Jalousetten an der Wand.»[8]

Es folgt der Bertoluccifilm ULTIMO TANGO A PARIGI (1972). «Ich benützte die Farbe Orange», sagt Storaro über den Film. «Wir begannen das leere Appartement mit Orange zu bemalen; wir nutzten die Wintersonne, die tagsüber sehr niedrig stand. Das Sonnenlicht lieferte uns sehr warme Töne. Und die Farbe des Kunstlichts suggerierte genauso wie das Tageslicht diesen Farbton. Es war die Farbe der Leidenschaft, der Emotion.»[9] Storaro und Bertolucci hatten sich für ihr Drama des Fleisches im Vorfeld des Films mit Gemälden von Francis Bacon befasst, wo sie ebenfalls auf einen

---

5   Interview mit Vittorio Storaro. In: Dennis Schaefer, Larry Salvato: *Masters of Light*. Berkeley, Los Angeles, London 1984. S. 226.
6   Vittorio Storaro nach Benjamin Bergery: Reflections 10: Storaro, ASC. In: *American Cinematographer*, August 1989.
7   Vittorio Storaro: *Writing with Light*. Band 1. Martellago 2003. S. 220.
8   Bernardo Bertolucci: The Director and the Cinematographer. In: IMAGO (Hg.): *Making Pictures. A Century of European Cinematography*. London 2003. S. 15.
9   Interview mit Vittorio Storaro. In: Dennis Schaefer, Larry Salvato: *Masters of Light*. Berkeley, Los Angeles, London 1984. S. 226.

Orangeton stießen. «Der Bezug zu Bacon war hilfreich für den figurativen Teil in der Dekomposition des Bildes» (Storaro).[10] Ein weiteres Element ergab sich in Paris. «Als wir durch Paris gingen», erinnert sich Bertolucci, «um Sets zu besuchen, fiel ihm etwas auf. Er sagte: ‹In diesen nördlichen Städten sind die Lichter auch tagsüber immer an.› Daraus entwickelten wir die Idee, in dem Film beständig die Lichter an zu haben.»[11]

Mit NOVECENTO (1974–76) beginnen die großen epischen Filme für Bertolucci. Storaro gestaltet den Film nach den vier Jahreszeiten und ihren Farben. «Der Frühling der Nachkriegszeit ist eine chromatisch desaturierte Gegenwart ohne Zwischentöne, alles ist entweder Schwarz oder Weiß. Die einfache Vergangenheit wird repräsentiert als die Sommer unseres Lebens, unschuldig und kräftig gefärbt mit roten Sonnenuntergängen, orangen Kornfeldern, gelber Sonne, grünem Gras, blauen Abenden, bräunlichem Staub, violetten Nächten. Die vollendete Vergangenheit erscheint mit Herbstfarben, Erdtönen und dem stumpfen, fast ganz monochromen Winter ohne Licht» (Storaro).[12] An einer solchen Beschreibung wird deutlich, dass Storaros Umgang mit der Farbe auf starke Effekte baut. Er versteht Farbe nicht einfach symbolisch, sondern als Träger komplexer psychophysiologischer, emotionaler und intellektueller Zusammenhänge.

Das Paradebeispiel für Storaros Umgang mit der Farbe ist sicherlich Bertoluccis THE LAST EMPEROR (1987): «Die Grundidee bildet das Farbspektrum. Als ich den Film visualisierte, versuchte ich das Leben mit sichtbarem Licht zu repräsentieren. Ich nahm jede Farbe des Spektrums als einen Lebensabschnitt.»[13] Die Nachkriegs- und Gefängnisszenen sind in ausgewaschenem Graugrün gehalten. Die Rückblende zu Geburt und früher Kindheit beginnt mit dem Blut des Selbstmordversuches: Rot. Die Kindheit in der verbotenen Stadt ist mit einem warmen Orange konnotiert. Ab der Kaiserkrönung dominiert die Farbe Gelb. Grün, für Storaro die Farbe der Wiedergeburt in Vernunft, ist das Fahrrad, das der junge Kaiser von seinem schottischen Erzieher geschenkt bekommt. Blau ist die Periode gehalten, in der Pu Yi erwachsen ist und glaubt Herr seines Schicksals zu sein. Mit Indigo wird die Periode charakterisiert, in der er als Kaiser von Japans Gnaden in der Mandschurei herrscht. Am Ende seines Lebens, als Pu Yi zu sich selbst findet, herrscht Violett vor. Schließlich, mit seinem ‹Diplom›, wird er ein freier Mann: «Er hat seine Reise in sich selbst beendet, er kombiniert all seine Emotionen, all sein Wissen. Die Kombination aller Farben ist Weiß.»[14] Seine naturalistisch gefilmte

---

10 Interview mit Vittorio Storaro. In: *Positif*, Nr. 222, 1979.
11 Bernardo Bertolucci: The Director and the Cinematographer. In: IMAGO (Hg.): *Making Pictures. A Century of European Cinematography*. London 2003. S. 16.
12 Vittorio Storaro: *Writing with Light*. Band 1. Martellago 2003. S. 304.
13 Vittorio Storaro nach Benjamin Bergery: Reflections 10: Storaro, ASC. In: *American Cinematographer*, August 1989.
14 Vittorio Storaro nach Benjamin Bergery: ebd.

Rückkehr zur Verbotenen Stadt, als Besucher, hat jetzt einen fast unwirklichen Zug. Überlappt wird diese Farbdramaturgie durch eine ausgeklügelte Technik von Licht und Schatten. So ist z.b. die behütete Kindheit in der Verbotenen Stadt praktisch schattenlos, während in der Mandschu-Episode niedriges Licht starke Schatten wirft. Storaro über sein Verhältnis zu Bertolucci: «Bei ihm bin ich mehr der Mann der Schatten als der des Lichts.»[15]

Storaro gehört zu den Kameramännern, die sich ihre Regisseure selbst raussuchen, die «in Synchronisation mit der Richtung» seines Stils sind.[16] Francis Ford Coppola gehört dazu. Mit Coppola dreht Storaro fünf Filme, darunter APOCALYPSE NOW (1976–79) und ONE FROM THE HEART (1982). APOCALYPSE NOW beginnt fast monochrom. Der Brief, den Willard erhält, reflektiert sich leichenblass auf seinem Gesicht. Im Dschungel wird dann ein Kampf der Farben ausgetragen, der zusehends surrealer wird. Mitunter arbeitet Storaro sogar mit rosa Filtern, eine bewusste Form von Dekadenz: «Technologische Farbe ist der Missbrauch natürlicher Farbe, in filmischen Begriffen der zentrale Konflikt des Films. Er drückt sich aus in der Farbe eines Sonnenuntergangs gegen die Farbe von Uniformen, der Farbe von Tieren gegen die Farbe von Rauchbomben, der Farbe des Dschungels gegen die Farbe von Napalm, der Farbe von Feuerschein gegen die Farbe von Explosionen, der Farbe der Natur gegen die Farbe der Zivilisation. Es dokumentiert, wie KÜNSTLICHE FARBE die NATÜRLICHE FARBE verletzt» (Storaro).[17] Und weiter: «Es gab einen Konflikt zwischen Technologie und Natur wie auch zwischen verschiedenen Kulturen. [...] Die Rolle, die Brando spielt, repräsentiert die dunkle Seite der Zivilisation, das Unbewusste oder die Wahrheit, die aus dem Dunklen kommt. Er konnte nicht wie wir auftreten, einfach dasitzen und reden. Er musste wie ein Idol auftreten. Schwarz ist eine magische Farbe.»[18] Miriam Hansen diskutiert Storaros Bildgestaltung bei der Walkürenszene in Hinblick auf die Ästhetisierung von Krieg: «Storaros Kamera bringt genau diesen ‹nicht-funktionalen›, ästhetischen Aspekt von Technologie in langen Einstellungen zum Vorschein, Einstellungen, die entweder statisch sind oder leicht schweifend oder an einer Stelle sogar den Eindruck vermitteln, dass die ganze Luftflotte rückwärts fliegt; für einen Augenblick vergessen wir, dass sie auf ein Ziel gerichtet ist. [...] Verstehen wir die Ästhetisierung von Gewalt mit Hilfe einer zweiten Ästhetisierung von Gewalt? Soweit das der Fall ist, liefert die Sequenz ihre eigene Kritik.»[19]

ONE FROM THE HEART ist ein völlig zu Unrecht vergessenes Musical. «Las Vegas»,

---

15 Interview mit Vittorio Storaro. In: *Le Monde*, 15. 04. 1993.
16 Vittorio Storaro nach Benjamin Bergery: Reflections 10: Storaro, ASC. In: *American Cinematographer*, August 1989.
17 Vittorio Storaro: *Writing with Light*. Band 1. Martellago 2003. S. 280.
18 Interview mit Vittorio Storaro. In: *American Cinematographer*, May 1980.
19 Miriam Hansen: Traces of Transgression in APOCALYPSE NOW. In: *Social Text*, Nr. 3, 1980.

notiert Storaro, «besitzt eine unglaubliche Menge von Licht. Das soll den Körper mit neuer Energie voll pumpen. [...] Wenn man im Hotel oder Casino ist, sieht man die Sonne draußen nicht und so will man rausgehen, um einen Spaziergang zu machen oder frische Luft zu schnappen. Aber da jedes Fenster blau getönt ist, hat man das Gefühl, dass draußen gar keine Sonne ist, und so bleibt man drinnen und spielt.»[20] Las Vegas wurde im Zoetrope-Studio nachgebaut, so dass Storaro eine komplette Kontrolle des Lichts installieren konnte. Mit einem eigens entwickelten Dimmer-Kontrollsystem, das er später als ‹electronic desk› vermarktete, konnte er Intensität, Farbe und Richtung des Lichts lenken. Das Riesenset benötigte 125.000 Lampen und mehr als zehn Meilen Neonlicht. Es gab nicht den leisesten Versuch des Realismus. Alles war Hyperrealismus. «Der Sonnenuntergang, wie der Verlust der Sonne, ist der Verlust des Bewusstseins; Vegas erwacht mit dem Mond, wie das primitive Element.»[21]

1982 war ONE FROM THE HEART ein Pionierfilm. Coppola und Storaro probierten bei diesem unverdienten Flop so viele neue Sachen aus, dass andere noch Jahrzehnte davon zehren konnten. Coppola benutzte als erster den video assist. Der Film wurde praktisch mehrmals gedreht; erst auf Video getestet, dann, überwiegend mit Steadicam – ebenfalls eine brandneue Technik – umgesetzt. Garrett Brown, der selbst die Steadicam machte, erinnert sich, dass schließlich alles punktgenau ausgearbeitet war: «In der Praxis lief es darauf hinaus, dass die meisten Szenen von einer Kamera in einer Einstellung gedreht wurden, weil weder Francis noch Vittorio letztlich bereit waren, bei der Inszenierung oder der Ausleuchtung einen Kompromiss zu machen, der den Einsatz nacheinander folgende Kameras ermöglicht hätte.» Brown meint, Storaro sei kein Director of Photography, sondern ein Designer of Photography: «Ich beobachtete eine Dollyfahrt, die er gestaltete, [...] und die über zehn Minuten ging und eine beeindruckende Choreografie einschloss: Ganze Sets erschienen und verschwanden wieder hinter Wänden (die sich als Staffage entpuppten), während die Dimmer rauf und runter gingen und der Dolly vorwärts und rückwärts lief zwischen mindestens dreißig verschiedenen Kamerapositionen.»[22]

Eine wichtige Partnerschaft in Storaros Werk ist auch die Zusammenarbeit mit dem Schauspieler und Regisseur Warren Beatty: 1981 REDS, 1990 DICK TRACY und 1998 BULWORTH. Für REDS, ein Film um John Reeds Leben und seinen Roman ‹Ten Days That Shook the World›, entwickelte er das ENR-Verfahren, um alten Wochenschauen nahe zu kommen. ENR steht für Ernesto Novelli-Raimond, sein Partner im Techni-

---

20 Interview mit Vittorio Storaro. In: Dennis Schaefer, Larry Salvato: *Masters of Light*. Berkeley, Los Angeles, London 1984. S. 225.
21 Vittorio Storaro nach: Mating Film with Video for ONE FROM THE HEART. In: *American Cinematographer*, January 1982.
22 Garrett Brown: The Steadicam and ONE FROM THE HEART. In: *American Cinematographer*, January 1982.

463–466 Il Conformista (Bernardo Bertolucci, 1970), Bild: Vittorio Storaro

467–468 Ultimo Tango a Parigi (Bernardo Bertolucci, 1972), Bild: Vittorio Storaro

469 APOCLYPSE NOW (Francis Ford Coppola, 1976-1979), Bild: Vittorio Storaro

470 ONE FROM THE HEART (Francis Ford Coppola, 1982), Bild: Vittorio Storaro

color-Labor von Rom. Im Unterschied zum preflashing, das Vilmos Zsigmond entwickelte, um Farbfilm durch Vorbelichtung zu desaturieren, wird hier ein Desaturierungs-Effekt im Labor durch mehr Silberfixierung erzeugt. Die Schwarztöne sind bei diesem Verfahren sehr gut, es sieht nicht so verwaschen aus wie das preflashing Das ENR-Verfahren war der Auftakt zu einer ganzen Serie von Laborverfahren, mit denen heute desaturierte Farben mit unterschiedlichem Kontrast erzeugt werden. DICK TRACY ist die Verfilmung eines Comics, und Storaro fand Techniken, den grafischen Eindruck mit flächigen Farben wiederzugeben. Harrison Ellenshaw über die visual effects: «Ohne den Zwang, alles logisch und wirklich erscheinen zu lassen, konnten wir Dinge unlogisch machen, nur um eine Einstellung gut aussehen zu lassen. Selten kriegt man eine solche Chance. Vittorio Storaro wollte die Straßen Rot haben.»[23]

Garrett Brown, der bei BULWORTH wieder die Steadicam führte, hat Storaro bei dieser Gelegenheit ein paar Geheimnisse abgeschaut: «Storaros Technik ist umfassend und sehr verschieden von der Praxis, die in den USA üblich ist. Er benützt, was er ‹puntiform› nennt, punktförmige Lichtquellen und ‹multiforme› breite Lichtquellen, aber selten irgendetwas dazwischen. [...] Seine breiten Lichtquellen bestehen aus demselben Ausgangsmaterial, aber näher platziert und gewöhnlich mit Diffusionsmaterial beschichtet. [...] Vittorio benützt keine HMI-Lampen und versucht Fluoreszenzlicht zu vermeiden – er liebt diese Farbspektren nicht, und sie lassen sich nicht dimmen. Er baut nie einen Wald von Flaggen, Netzen und Toren auf. [...] Drei Monate vor Drehbeginn händigte Vittorio den Vorarbeitern Diagramme aus mit der Position von Lampen, Generatoren und Kabelsträngen – nicht nur für jeden Drehort, sondern auch jede Szene und jede mögliche Änderung. [...] Ich erinnere mich an das ROT in der Kirche, das ORANGE in der Wohnung, das GELB des Ballsaals und das seltsame GRÜN des Cyclorama bei der TV-Station. Ich erinnere mich an das irre VIOLETT der Straßen von South Central. Und Fabios großen ‹circolare› hoch auf einem Kran mit seinen Ringen von Flugzeug-Landeleuchten die fokussiert waren zu einem gewaltigen WEISSEN Spotlight, das von oben durch die Schluss-Szene pflügt.»[24] Und Storaro ergänzt: «Jede Farbe hat eine spezifische Wellenlänge, die wir genauso wahrnehmen wie wir Vibrationen fühlen.»[25]

Mit Carlos Saura dreht Storaro eine Serie kleiner europäischer Filme, denen er geschickt ein aufwändiges Erscheinungsbild verpasst: FLAMENCO (1995), TAXI (1996), TANGO (1997). Mit TANGO wird Storaro zu einem Pionier des TransLite-Verfahrens. Statt teurer Bauten werden auf die lichtdurchlässige TransLite-Leinwand digitale Bil-

---

23 Harrison Ellenshaw nach Ron Magid: Comic Book World Springs to Life for DICK TRACY. In: *American Cinematographer*, December 1990.
24 Garrett Brown: Storaro and BULWORTH. In: *American Cinematographer*, June 1998.
25 Interview mit Vittorio Storaro. In: *American Cinematographer*, June 1998.

der aufgebracht und mit Licht moduliert. Für die theaterhaften Projekte von Saura eignet sich das Verfahren ausgezeichnet. Zum Jubeljahr 2000 wartete Storaro mit der Erfindung des Univisiums auf, ein 2:1 Format auf 35mm, das sich zur Integration aller vorhandenen Formate eignen soll. Mit drei Oscars (APOCALYPSE NOW, REDS und THE LAST EMPEROR) ist Storaro Rekordhalter. Rekord sind auch die Bücher, die er zu seinem eigenen Werk herausgebracht hat, vier Riesenwälzer mit einer Art Privatphilosophie des Lichts.

Eduard Tissé

Tissé hatte ein Studium der Malerei und Fotografie in Lejpaja (Lettland) begonnen. An der Akademie gab es auch eine Pathé-Kamera, mit der Tissé «Ansichtskarten» filmte, wie er später spöttisch bemerkt.[1] Am 4. August 1914 drehte er gerade im Kurpark, das Orchester spielte und am Horizont zogen ein paar malerische Kriegsschiffe auf. Plötzlich wechselten die Schiffe und die Geschütze auf den Festungswällen Salven aus: Krieg. Die Szene, wie plötzlich über harmlose Spaziergänger der Tod hereinbricht, erinnert an den BRONENOSEZ POTEMKIN / PANZERKREUZER POTEMKIN von 1926. Tissé wurde wenig später Wochenschau-Kameramann für die zaristische Armee. Mit Ausbruch der Oktoberrevolution ist er gerade zwanzig und schließt sich der Roten Armee an, wo er die Leitung von Agit-Zügen übernimmt und mit Vertov und Pudovkin zusammen arbeitet.

Kriegswochenschau ist für jeden Kameramann die härtest mögliche Schule: Es gilt, buchstäblich auf Gedeih und Verderb, im Bruchteil einer Sekunde über die Einstellung zu entscheiden. «Die Ereignisse waren nie vorauszusehen und haben sich nie wiederholt. Hier hatte der Kameramann Gelegenheit, das ‹Sehen› zu lernen» (Tissé).[2] Hinzu kommt die Materialknappheit der ersten Revolutionsjahre: Filmmaterial war so knapp, dass editorisch gefilmt werden musste. Böse Zungen behaupten, die Blüte der russischen Montagetechnik sei eine Konsequenz der knappen Ressourcen. Tissé galt als der ökonomischste unter den sowjetischen Kameramännern. 1918 dreht er für Aleksandr Arkatov den ersten sowjetischen Spielfilm SIGNAL. Ebenfalls 1918 ist er Mitbegründer (und seitdem Dozent) der sowjetischen Filmschule VGIK. Als Tissé 1924 von dem Regieneuling Eisenstein als Kameramann engagiert wird, hat er bereits zehn Jahre Berufserfahrung hinter sich, obwohl die beiden fast gleichaltrig sind.

STAČKA/STREIK (Eisenstein, 1924) markiert den Beginn einer lebenslangen künstlerischen Partnerschaft. Der Film, mit seinen expressiven Elementen, Überblendungen, Mehrfachbelichtungen usw. ist sofort auf der Höhe der Zeit, kann sich ästhetisch mit den besten deutschen Filmen messen, die in dieser Dekade weltweit führend waren. Trotz Krieg und Revolution gab es für Kinofreaks wie Eisenstein und Tissé immer noch die Möglichkeit, die wichtigen Werke aus Westeuropa und den USA zu sehen. Ihre Filme und Eisensteins Schriften beweisen es. Die expressionistischen Reiter im

---

[1] Eduard Tissé: Möglichkeiten der Kamera. In: *Film und Fernsehen*, Nr. 3, 1980.
[2] Eduard Tissé: Der russische Kameramann. In: *Filmtechnik*, Nr. 6, 1927.

Gegenlicht, die in das Labyrinth der Stockwerke einer Arbeitersiedlung eindringen, die Feuilladeschen Szenerien im Eisenbahndepot oder mit mannshohen Fässern, die die Polizei mit Schläuchen bekämpft, das sind dramatische Bildideen, die vor allem durch den point of view bestechen. Man kann es nicht oft genug sagen, das amerikanische Kino hat uns maßgeblich die Montage gebracht, das deutsche Kino die Dynamisierung des Bildes, das sowjetische den point of view, die filmische Perspektive des Kamerastandpunkts. Wo da die Kamera plötzlich überall steht, in welchen Winkeln sie die Wirklichkeit erfasst, das gab es so radikal vorher nicht. Und hier, in STAČKA, beginnt alles, die Bildkonstruktion wird zum zentralen Anliegen: «Die Bildlösungen für STAČKA waren überwiegend konstruktiv, wir lösten uns von der Tendenz zum Plakativen: Der Arbeiter am Schwungrad, die Großaufnahmen der Streikenden, die Massenszenen in der Werkshalle – alle diese Einstellungen tragen den Stempel konstruktiven Suchens nach der adäquaten künstlerischen Form» (Tissé).[3] Eine wichtige Quelle ist für Eisenstein und Tissé auch die sowjetische Wochenschau mit ihrer Schnappschuss-Technik: «STAČKA ist der erste Spielfilm, bei dem Gestaltungsmethoden der Wochenschau Anwendung fanden.»[4] Von den drei Elementen Montage, Dynamisierung und point of view ist der Blickwinkel zweifelsohne das direkteste politische Element. Die Bedrohlichkeit der Reiter wird dadurch gesteigert, dass sie nicht nur von unten nach oben gefilmt sind, sondern dadurch, dass sie auch direkt über der Kamera am obersten Bildrand sind. Nichts, auch psychophysiologisch, ist bedrohlicher als eine Bewegung, die vom äußersten Rand des Blickfelds kommt. Ein geradezu terroristisches Bild.

Müßig ist es, auseinander pflücken zu wollen, was bei der Zusammenarbeit von Eisenstein und Tissé vom einen oder vom anderen stammt. Einiges ist sicherlich klar. Die Montage der Attraktionen und ihre spätere Weiterentwicklung zu intellektuelleren Formen ist die Sache Eisensteins gewesen. Die Bildideen in einem Eisenstein-Film sind sicherlich primär von Eisenstein und ihre kameratechnische Umsetzung primär von Tissé. Dieses Primat wurde von Eisenstein auch nie in Frage gestellt: «Er ist ein Jahr älter als ich. Und arbeitet zehn Jahre länger als ich beim Film. Er stand schon an der Kamera, als ich Filmarbeit noch nicht einmal erwogen hatte. Er drehte schon die Kurbel, ich aber berauschte mich gerade erst an der neuen Art von Schauspiel, begeisterte mich für CABIRIA und Max Linder, John Bunny und Prince, aber dachte überhaupt nicht daran, dass diese Begeisterung für Kinematographie mehr als eine platonische Liebe sein könnte. […] Unerschütterliches Phlegma und eine diabolische Schnelligkeit. Blitzschnell reagierendes Temperament und pedantische Genauigkeit. Schnell im Zugriff und ein geduldiger langer Atem bei der Suche nach Erarbeitung eines notwendigen Effekts. All das findet sich in ihm vereint. […] Ich glaube, ich habe mit niemandem

---

3 Eduard Tissé: Möglichkeiten der Kamera. In: *Film und Fernsehen*, Nr. 3, 1980.
4 Eduard Tissé: ebd.

sonst so wenig über Film gesprochen wie mit Eduard. Das begann mit unserem ersten einsilbigen Gespräch und blieb auch weiter so in unserem Verhältnis. Diskutieren und reden wir etwa viel mit unserem Auge? Wir schauen und sehen. […] Eine solche ‹Synchronität› im Sehen, Spüren und Erleben, wie sie Tissé und mich verbindet, hat es wohl kaum noch irgendwo und irgendwann gegeben» (Eisenstein).[5]

1925 dreht Tissé für Alexander Granovsky JIDISCHE GLIKN, einen frühen jiddischen Film um das Leben im shtetl, Auswanderung in die USA und natürlich eine Liebesgeschichte. Der Film ist in Odessa gedreht, und wenn in dem Film die Hafentreppe von Odessa als Handlungsort auftaucht, sieht es aus wie eine Parodie auf den POTEMKIN. Tatsächlich war es Tissé, der das dramatische Potential dieser Treppe entdeckt hat. Die Konstruktion dieser Treppe ist ebenso einfach wie genial: etwa gleichlange Stücke aus Treppe und aus Treppenabsatz wechseln sich über insgesamt 10 mal 12 Stufen ab. In früheren Zeiten endete diese Treppe an einer kleinen Landzunge von der aus es zur Mole ging, die weit in die Bucht von Odessa ausgreift. Aber selbst heute, wo die Treppe an einer dicht befahrenen Hafenstraße, hinter der sich zehn Meter hoch die Vorbauten des Güterbahnhofs erheben, ziemlich sinnlos endet, bietet sie noch ein eindrucksvolles Spektakel möglicher optischer Effekte. Wenn man von unten nach oben geht, gibt es bei jedem neuen Absatz, der in die Blicklinie kommt, einen optischen Sprung. Im Ganzen betrachtet wirkt die Treppe noch länger als sie ist, weil sie sich durch die Absätze nach oben optisch verjüngt. Je nach Lichteinfall dominiert der Charakter des Steins oder die grafische Komponente der Konstruktion. Zudem ist die Treppe breit genug, dass vom Rand her auch horizontale Verjüngungen möglich sind.

Während Tissé JIDISCHE GLIKN dreht, kommt Eisenstein nach Odessa, um einen Film über die Revolution von 1905 zu drehen. Er hat andere Kameramänner dabei, mit deren Ergebnissen er nicht zufrieden ist. Auch das hochgerühmte sowjetische Kino der 1920er Jahre hat seine Untiefen, die ‹boy meets tractor›-Schule. So kommt Tissé ins Spiel. Der Film, der schließlich BRONENOSEZ POTEMKIN / PANZERKREUZER POTEMKIN heißen sollte, hat drei große Protagonisten, den Panzerkreuzer, die Massen und die Treppe. Die Treppenszene dürfte die berühmteste Szene der Filmgeschichte sein. Unter Filmleuten geht der böse Witz um, dass in irgendeinem Archiv wieder mal ein Stück Schwarzfilm aus dem POTEMKIN gefunden wurde. Tissé setzte mehrere Kameras und eine Art Dolly auf Holzschienen ein, damals ein abenteuerlicher Aufwand. Einem Kameraassistenten band er für akrobatische Sprünge und Stürze eine Kamera um.

Kunstlicht gab es nicht, aber Tissé nützte in großem Umfang Spiegel und Blenden, die in Odessa, das so südlich liegt wie Venedig, sehr effektiv sind. Einige Aufnahmen sind sogar Spiegelbilder. «Sie ermöglichen», so Tissé, «eine kompositionelle klare Bildgestaltung, da sich durch sie eine der handelnden Personen in den Vordergrund rücken

---

[5] Sergej Eisenstein: *Yo. Ich selbst*. Wien 1984. S.996ff.

lässt, während die anderen in der Halbtotale oder Totale verbleiben, wobei jede von ihnen eine eigene Charakteristik durch die Beleuchtung erhalten kann.»[6] Eine Folge dieser Technik waren Aufnahmen mit Seitenlicht von beiden Seiten, so dass Gesichter im Zentrum verschattet waren und Schatten kreuzweise fielen. Ungewöhnlich waren auch die Großaufnahmen mit Weitwinkel, die Gesichter zwar dramatisch machen, aber auch unschön (weshalb diese Technik in Hollywood so gut wie verboten ist). Dazu kommt die strikte Vermeidung jedes Weichzeichner-Effekts. Das Schockbild der Frau, die einen Schuss ins Auge bekommt. Eisenstein und Tissé haben sich vor allem deshalb gesucht und gefunden, weil beide fanatische Grafiker sind. Der Panzerkreuzer, die Menschenmassen auf der Mole, die Treppen. Nilsens berühmtes Buch ‹The Cinema as a Graphic Art› lebt wesentlich davon. Hemmungslos überzieht Tissé auch Gesichter und Personen mit grafischen Mustern. Für jeden Drehort machte Tissé vorher Fotos zu verschiedenen Tageszeiten, um dann in der Regiebesprechung für die Orte die genauen Drehzeiten festzulegen; eine Methode, die Tissé bei einer überschaubaren Zahl von Drehorten sehr empfiehlt.

Tissé erinnert sich. «Realistische Darstellung eines authentischen Geschehens, der Eigenart des Materials, völliger Verzicht auf flächige, vordergründige Komposition der Einstellungen zugunsten tieferer Perspektive – das waren unsere Absichten bei der Gestaltung des PANZERKREUZER POTEMKIN . [...] Die düstere Silhouette des Panzerkreuzers, die Gesichter der Matrosen, aus denen Mut und revolutionäre Kampfbereitschaft sprechen, die spiegelnde Weite des Schwarzen Meeres, das rhythmische Stampfen der Maschinen, die traurige Stimmung, die über dem nebelverhangenen Hafen liegt, die dynamische Handlung – das alles löste eine Fülle von Assoziationen aus. Von vielen Einstellungen hatte ich schon vor Drehbeginn eine genaue Vorstellung [...].»[7] Die Vielzahl der Bewegungen von oben nach unten, die schlendernde der Bürger, die mechanische der Soldaten, die panische und stürzende der Flüchtenden, die groteske des Kinderwagens.

Und dann die geniale Gegenbewegung von unten nach oben: «[...] die dunkle Gestalt der Mutter, ihren erschossenen Sohn auf den Armen tragend, in einem Streifen hellen Lichts...Der Lichtakzent liegt im Zentrum dieser Einstellung. Auf diese Weise gelang es uns, die Bedeutsamkeit des Vorgangs zu unterstreichen. Im Hinblick auf Komposition und Beleuchtung sind diese Einstellungen so gebaut, dass ihre Dynamik sich allmählich zu verlangsamen scheint, bis der Schuss auf die Mutter abgegeben wird. Wenn die Frau, den Leichnam des Kindes in den Armen, die Treppe hinaufsteigt, den Soldaten entgegen, wurden in jeder Einstellung, je näher sie ihnen kommt, die Lichtakzente neu und mit einer Intensität gesetzt, bis schließlich in der letzten Einstellung, als sie den leblosen, blutüberströmten Körper des Jungen emporhebt und den Solda-

---

6 Eduard Tissé: Möglichkeiten der Kamera. In: *Film und Fernsehen*, Nr. 3, 1980.
7 Eduard Tissé: ebd.

ten zuschreit: ‹Nicht schießen!›, das Licht scharf akzentuiert auf ihr liegt. Die nächste Einstellung zeigt dann vor dem diffusen grauen Hintergrund der steinernen Treppe die lange, exakt ausgerichtete Reihe schwarzglänzender Soldatenstiefel... Die Reihe der Soldaten schreitet ohne Fehl und unbarmherzig wie im Takt von Trommelschlägen die Stufen hinab... Eine Salve – die Mutter mit dem ermordeten Kind in den Armen bricht in gedämpftem Licht auf dem Treppenabsatz zusammen. Die vom Tod gesetzte Pause im rhythmischen Fluss der Einstellungen wird durch neue Lichteffekte aufgehoben, die in einem immer rascheren Tempo einander folgen» (Tissé).[8]

1926 folgt Eisensteins STAROE I NOVOE / DAS ALTE UND DAS NEUE. Vladimir Nilsen schreibt: «In STAROE I NOVOE machte Tissé den Versuch der direkten narrativen Ausnutzung des Lichtes. Ein Milch-Separator wird in ein Dorf gebracht. Die Bauern schauen und warten. ‹Wird er arbeiten?› Ein schwaches Licht hebt das mürrische Misstrauen der Gesichter hervor. ‹Betrug – oder Geld?› Der Separator funktioniert, die ersten Milchtropfen erscheinen an der Tülle. Das Licht wird heller, die Gesichter hellen sich allmählich auf. Ein steter Milchstrom beginnt zu fließen, der Separator hat seine Berechtigung erwiesen. Vertrauen bildet sich. Helle Reflexionen spielen auf den polierten, glänzenden, metallischen Teilen der Maschine – und werden auf den fröhlich lachenden Gesichtern reflektiert. Das Schimmern wird zu einem mächtigen Lichtstrahl, als die Freude der Bauern sich in einem turbulenten Ausbruch von Begeisterung entlädt.»[9] Und Kevin Brownlow ergänzt: «Er schuf close-ups von glühender Intensität […], sie sind fast stereoskopisch. […] Tissé ist berühmt für seine Totalen. Ich habe sagen gehört, dass er ungewöhnlich weitsichtig war, und ohne Zweifel lieferte er Eisenstein Totalen mit Tiefenschärfe als Gregg Toland noch ein Kameraassistent war. Viele seiner Totalen sind so gründlich durchkomponiert, dass man den Verdacht bekommt, er hätte die Wolken kontrolliert. Aber es sind seine close-ups, die sich in mein Gedächtnis eingebrannt haben.»[10] Und Tissé selbst kommentiert: «Bis heute wurde hier wie auch im Westen die Meinung kultiviert, dass ländliches Material nicht ‹fotogen› ist. […] (STAROE I NOVOE) wird das Gegenteil beweisen.»[11]

Tissé setzt in STAROE I NOVOE erstmals seine ‹Schattenmethode› ein: «Bei Aufnahmen im direkten Sonnenlicht verwendeten wir schattenspendende Platten unterschiedlicher Größe. […] Bei der Beleuchtung dieses Sujets legten wir das Prinzip ‹Mittagssonnenlicht› zugrunde. Die Gesichter der betenden Bauern wurden sowohl in den Halbtotalen als auch in den Großaufnahmen unter eben diesen Platten gedreht, wobei wir uns zur Aufhellung der Augen des scharfen […] Lichts der Richtspiegel bedienten, die auf zwei

---

8   Eduard Tissé: ebd.
9   Vladimir Nilsen: *The Cinema as Graphic Art*. New York 1959. S. 193.
10 Kevin Brownlow nach Julian ‹Bud› Lesser: Tissés Unfinished Treasure: QUE VIVA MEXICO. In: *American Cinematographer*, July 1991.
11 Eduard Tissé nach Jay Leyda: *Kino. A History of the Russian and Soviet Film*. London 1960. S. 263.

oder drei Meter hohen Praktikablen standen. Großaufnahmen und Halbtotalen zeigen dementsprechend dunkle, schweißglänzende Gesichter mit leuchtenden Augen. Das auf die Scheitel und Schultern der Gestalten fallende grelle Oberlicht (der über den Darstellern montierten Spiegel T.B.) aber erzeugt den Eindruck, als stünde die Sonne im Zenith. In allen Einstellungen der Szene ‹Gluthitze› vermied ich es, Wolken oder Pflanzen aufzunehmen. Dieses Sujet basierte auf den Elementen einer außerordentlich kargen Landschaft mit besonders starken Lichtkontrasten bei völligem Fehlen von Schatten.»[12]

Die Arbeiten an STAROE I NOVOE ziehen sich wegen Differenzen mit der Kulturbürokratie bis 1929 hin. 1927 wird der Jubiläumsfilm zur Oktoberrevolution, OKTJABR / OKTOBER eingeschoben. Die größten Zerstörungen am Winterpalais, behaupten russische Historiker, wurden von den Filmemachern angerichtet, die Oktoberrevolution spielten. Eisenstein und Tissé haben mindestens einen Balkon weggesprengt. Tissé arbeitet in diesem Film ziemlich frech mit Richtscheinwerfern oder Spots, die die dramatis personae hervorheben (Lenin am finnischen Bahnhof, der Kerenskij-Pfau) oder Ereignisse dramatisieren: der Zugang zum Winterpalais, die Zugbrücke über die Neva, der Panzerkreuzer Aurora, der Sturz des Zarendenkmals. Tissé hat in diesem Film einen Cameo-Auftritt als wohlwollender deutscher Offizier. Im Unterschied zum pathetischen Bildstil des POTEMKIN ist OKTJABR über weite Passagen sehr barock, grotesk und karikierend. Die Revolution als überfälliger historischer Akt, der Sturz eines tönernen Riesen im Nietzscheanischen Sinn: Was fällt, muss man stoßen, nicht stützen. Tissés gezieltes Licht hat deshalb auch eine wichtige narrative Funktion. War die Treppe von Odessa Ort einer Tragödie, so ist die Treppe des Winterpalais beinahe der Ort einer Farce. Eisenstein und Tissé hatten für den Film Daumiers politische Karikaturen und Illustrationen zu ‹Gargantua und Pantagruel› studiert. Plastiken werden durch den point of view lebendig, kommentieren die Geschichte wie erstmals an den steinernen Löwen im POTEMKIN getestet. Die Auftraggeber, die einen zweiten POTEMKIN erwartet hatten, waren überrascht, reagierten teils zustimmend, teils ablehnend.

1929 touren Eisenstein und Tissé mit ihrem Welterfolg BRONENOSEZ POTEMKIN durch die westliche Welt. Tissé macht in dieser Zeit einige Filme im Westen. In der Schweiz entsteht für den linksgerichteten Produzenten Lazar Wechsler FRAUENNOT – FRAUENGLÜCK, ein Film über Abtreibung, Klassenmedizin und die Rolle der Frau. Halb ein Dokumentarfilm, halb ein Spielfilm. Tissés Kamera ist hier ganz nüchtern, versucht sich dem dokumentarischen Material anzupassen. Mit dem Geld, das Tissé verdient, fahren Eisenstein und Tissé nach Hollywood. Dort werden sie als Künstler hoch geschätzt, aber einen Film mit den gefährlichen Ausländern will kein Produzent machen. Schließlich war der ‹muckraker› Upton Sinclair bereit, sein privates Vermögen von 25.000.- $ in einen Dokumentarfilm über Mexiko zu investieren. Aus dem Projekt

---

12   Eduard Tissé: Möglichkeiten der Kamera. In: *Film und Fernsehen*, Nr. 3, 1980.

471–472 Bronenosez Potemkin / Panzerkreuzer Potemkin (Sergej Eisenstein, 1925), Bild: Eduard Tissé

473–474 Aerograd (Aleksandr Dovshenko, 1935), Bild: Eduard Tissé

475 Oktjabr (Sergej Eisenstein, 1927), Bild: Eduard Tissé

476 STACKA/STREIK (Sergej Eisenstein, 1924), Bild: Eduard Tissé

477 OKTJABR (Sergej Eisenstein, 1927), Bild: Eduard Tissé

wurde ein Desaster. Eisenstein entwickelte unter der Hand die Idee eines Spielfilms über die mexikanische Revolution: QUE VIVA MEXICO! Um es kurz zu machen: Der Film wurde nie fertig (Drehzeit 1930–1932!), das Geld, auch nachgeschossenes von Freunden von Sinclair, reichte nicht annähernd; von zwei Millionen Dollar war zum Schluss die Rede. Streitigkeiten ohne Ende.

Eisenstein und Tissé kehrten unverrichteter Dinge wieder in die SU zurück. Upton Sinclair saß auf einem Berg von Filmmaterial, das später wiederholte Male zu einem Film kompiliert wurde, zuletzt 1979 von Eisensteins Assistent, Grigorij Aleksandrov. Diese Versionen, auch wenn keine authentisch sein mag, geben eine gute Idee von dem umfangreichen Material, das Tissé gedreht hat. Tissé macht extensiven Gebrauch von den Möglichkeiten einer äquatornahen Sonne mit einer scharfen Trennung von Licht- und Schattenzonen. Das Team hatte zwei Kameras (Bell&Howell und Debrie) und einen alten Cadillac Sedan, der als Transporter und Kamerawagen diente. Für die Lichttechnik musste Tissé weitgehend auf seine alten Verfahren mit Spiegeln und Blenden zurückgreifen. Um so erstaunlicher ist es, dass es ihm dabei gelang einen Kamerastil zu entwickeln, der an die mexikanischen murales, die großformatigen Wandmalereien, erinnert, von denen später auch der große mexikanische Kameramann Figueroa zehrt. Figueroa seinerseits auf seine Vorbilder befragt, gibt den POTEMKIN an und erst in zweiter Linie QUE VIVA MEXICO!, den er erst um 1950 sah.

Das nächste Projekt mit Eisenstein, BESHIN LUG / DIE BESHIN WIESE (1935–1937), setzt die Serie von kulturbürokratischen Totgeburten fort, der Film wird nie fertig. Jahrzehnte später entsteht aus dem überlebenden Material und Standfotos eine Dokumentation. Tissés Lichtgebung ist jetzt fast expressionistisch, die Bilder des ländlichen Russland ähneln Dovshenkos SEMLJA / ERDE von 1930. Jay Leyda, der 1935 die Entstehung des Film verfolgt, erwähnt die große Ähnlichkeit zu Dovshenkos AEROGRAD aus demselben Jahr, ebenfalls von Tissé gedreht: «[…] ich war überrascht in dem fertigen AEROGRAD so viele Parallelen zu BESHIN LUG zu finden […] er erscheint mir heute als einer der großen originellen Filme.»[13] AEROGRAD ist ein Film über die Erschließung des fernen Osten. In einer sehr poetisch-symbolischen Erzählweise schildert Dovshenko den Weg vom Land der einsamen Jäger zum technisch-zivilisatorischen Aufbruch. Um einen Flughafen in der Taiga soll eine Stadt entstehen, der Sohn des großen Jägers ist ein großer Flieger. Für die neue Stadt muss zum Schluss der große Jäger seinen Freund töten, der ihm wie ein Bruder ist. Eine russische Romulus und Remus Gründungssaga.

Die dünne Story lebt vor allem von den sensationellen Bildern, die Tissé der Landschaft abringt. Es entsteht ein seltsamer Kosmos von Natur- und Technikromantik, der eher an Skandinavier wie Sjöström erinnert als an einen stalinistischen Aufbaufilm. Tissés große Stärke, das wird hier wieder deutlich, liegt in der Außenaufnahme: «In

---

13 Jay Leyda: *Kino. A History of the Russian and Soviet Film*. London 1960. S. 334f.

den Halbtotalen und Großaufnahmen der Flucht durch das Dickicht der Taiga wird das ganze Spektrum der Möglichkeiten lichttonaler Gestaltung deutlich: Der Mensch verschwindet in der Dunkelheit, um an einer beleuchteten Stelle plötzlich wieder aufzutauchen. Die Kamera verfolgt ihn mit sich ändernder Dynamik, indem die Aufnahmegeschwindigkeit verringert oder erhöht wird, in Halbtotalen oder Großaufnahmen, abhängig von der Entfernung des Schauspielers von der Kamera» (Tissé).[14]

1938 entsteht ALEKSANDR NEVSKIJ. Eisenstein schreibt, «dass wir erstmalig eine wirkliche Einheit von Bild und Musik erreichen konnten [...]. Die emotionale ‹Musik des Bildes› und der Landschaft, jene ‹nicht gleichmütige Natur›, um die wir immer in unserer Arbeit gerungen haben, verschmolz hier auf natürliche Weise zu einer Harmonie mit jenen ganz und gar bildhaften Elementen, die die überaus emotionale Musik von Sergej Prokofjev auszeichnen. Die Begegnung mit ihm war für Eduard (Tissé) und mich ein ebensolcher schöpferischer Glücksumstand wie unser beider Begegnung vor fünfzehn Jahren. In Prokofjev haben wir den dritten Verbündeten auf dem Wege zu der Art Tonfilm gefunden, von der wir träumen.»[15] Das winterliche Heldenepos, mitten im Sommer auf dem Freigelände des Mosfilm-Studios gedreht, hat seinen Höhepunkt in der Schlacht auf dem zugefrorenen Peipussee im Morgengrauen des 5. April 1242.

Tissé über das Konzept: «Die Drehfläche auf dem vereisten See war in drei Zonen unterteilt worden – in eine für totale, eine für halbtotale Einstellungen und eine für Großaufnahmen, die mit einem 28 mm-Objektiv gedreht wurden. Die Totalen, in denen sich am Horizont die Umrisse des heranstürmenden ‹Keilers›, der Schlachtordnung der Ordensritter abzeichnen, nahmen wir mit einer Geschwindigkeit von 32 bis 36 Bildern pro Sekunde auf, die Normalgeschwindigkeit liegt bei 24 bzw. 25 Bildern pro Sekunde. Dadurch, dass wir das Tempo des stürmenden Ritterheers scheinbar verringerten, wurde die Vorstellung großer Tiefe des Bildes suggeriert. Als die Ordensritter in den Bereich der Halbtotalen kamen, verlangsamten wir die Aufnahmegeschwindigkeit wieder auf 24 bis 20 Bilder pro Sekunde; so beschleunigten wir auf diesem Teil des Schlachtfeldes künstlich das Tempo der nahenden Ritter. Indem wir dann auf 18 Bilder pro Sekunde herunter gingen, erhöhten wir das Tempo des ‹Keilers› noch mehr. [...] Auch die Aufnahmegeschwindigkeit der Halbtotalen und Großaufnahmen des Kampfes wurden erheblich verringert, um den Eindruck größerer Dynamik zu erzeugen [...]. Die Aktionen im Vordergrund und im Mittelgrund wurden durch Scheinwerferlicht und durch das Licht, das die Spiegel zurückwarfen, zusätzlich akzentuiert, um die miteinander kämpfenden Gruppen hervorzuheben. Durch die aufs Eis geworfenen dynamischen Strahlenlinien der Projektoren (Scheinwerfer T.B.) wurde eine lichtperspektivische Oberfläche des Schlachtfeldes geschaffen. [...] Das Or-

---

14 Eduard Tissé: Möglichkeiten der Kamera. In: *Film und Fernsehen*, Nr. 3, 1980.
15 Sergej Eisenstein: *Yo. Ich selbst*. Wien 1984. S. 1000.

densheer bewegt sich ausschließlich auf die Kamera zu, das Heer der Russen hingegen stets von der Kamera weg, dem Feind entgegen. Und wenn die russischen Krieger das Ritterheer niederschlagen, die Übermacht gewinnen, entfernen sie sich allmählich aus der Großaufnahme in die Totale, strömen sie also hinter dem Feind her in die Tiefe des Bildes.»[16] Das sind Aufnahmen, die der Musik Rhythmus und Klangcharakter schon vorgeben und direkt in einen symphonischen Schnitt münden.

Das letzte große Projekt mit Eisenstein ist die IVAN GROSNY / IVAN DER SCHRECKLICHE-Trilogie von 1943 bis 1946. Nur der erste und der zweite Teil werden fertig. Der düstere Film lässt sich ebenso stalinistisch wie kritisch lesen. Eisenstein fällt endgültig in Ungnade, sein Gesundheitszustand verschlechtert sich dramatisch, Anfang 1948 stirbt er. Tissé macht die Außenaufnahmen, Moskvin die Innenaufnahmen. Stilistisch sind die Außenaufnahmen wie eine Rückkehr zu den starken grafischen Elementen des POTEMKIN. Die Dramaturgie der Massen ist passagenweise fast identisch. Im zweiten Teil, der erst posthum ins Kino kommt, sind einzelne Szenen in Sovcolor, aber es ist unübersehbar, dass Eisenstein in der Tradition des disegno steht: Die Farbe ist funktional der Grafik untergeordnet.

1949 dreht Tissé für Aleksandrov VSTREČA NA ELBE / BEGEGNUNG AN DER ELBE. Der Film greift das historische Zusammentreffen der Roten Armee und der US-Armee 1945 an der Elbe auf. Im ersten Teil dominiert das Seitenlicht: «Aleksandrov und ich legten eine Grundbeleuchtung fest, die diesen Einstellungen das Licht gab, das monumentale Kompositionen ermöglichte. Zur Lösung dieser Aufgabe bedienten wir uns des ‹Seitlichen Sonnenlichts›, weil es den Aktionscharakter sowohl in der Großaufnahme als auch (gedämpft) in den Halbtotalen und Totalen betonte.»[17] Der Film antizipiert den Umschwung von Waffenbruderschaft zu Kaltem Krieg. Die sich anbahnende Verbrüderung fällt der Intervention amerikanischer Agenten zum Opfer. Im zweiten Teil wird die Elbe zum Schauplatz dramatischer Ereignisse im Chiaroscuro.

Die IVAN GROSNY-Filme und VSTREČA NA ELBE sind Beispiele einer Unterströmung, die man russischen film noir nennen möchte. Auch der letzte Film von Tissé, BESSMERTNIJ GARNIZON / UNSTERBLICHE GARNISON (Sachar Agranenko, 1956), über die Verteidigung von Brest ist von diesem expressiven Helldunkel geprägt. Etwa zeitgleich entstehen die ‹Tauwetter›-Filme. Sergej Urusevskij (WENN DIE KRANICHE ZIEHEN, EIN BRIEF, DER NIE ANKAM, SOY CUBA) ist der herausragende Kameramann dieser Periode. Er übernimmt von Tissé die Akzentuierung mit Spots, aber legt eine leichte Diffusion über seine Bilder; auch er arbeitet editorisch, aber mit langen fließenden Einstellungen. Russische Bildgestaltung ist bis zur heutigen Farbfilmtechnik grafisch geprägt, auch wenn die sanfteren Töne des Individuellen und Melodramatischen wieder zugelassen sind.

---

16 Eduard Tissé: Möglichkeiten der Kamera. In: *Film und Fernsehen*, Nr. 3, 1980.
17 Eduard Tissé: ebd.

Gregg Toland

> Für mich ist es eine Freude, Kameramann zu sein. Von allen, die zum Stab einer Filmproduktion gehören, ist er der einzige, der sich als freier Mann ansehen kann. Und ganz bestimmt ist er der am wenigsten verrückte von allen. Der Produzent, der Regisseur, der Architekt, die Schauspieler – jeder versucht die schöpferischen Impulse des anderen zu verhindern. Der Kameramann dagegen kann machen, was er will [...]. In dem Augenblick, in dem er eine Szene einrichtet, kann ihm niemand mit Recht Einwände machen. [...] Der Kameramann kann seine Ideen völlig frei verwirklichen und kann von Zeit zu Zeit auch einen völlig neuen, revolutionären Weg einschlagen [...].
>
> *Gregg Toland*

Zeitgenossen beschreiben Gregg Toland als einen kleinen gebückten, melancholisch blickenden Mann, der sich am Set in ein unerschöpfliches Energiebündel voller Enthusiasmus verwandelt. Mit 15 ist er Botenjunge bei Fox, wo er bald Kameraassistent wird. 1926 wechselt er zu Goldwyn als Assistent von Arthur Edeson, genannt ‹Little Napoleon›. Edeson hat ein Faible für Aufnahmen unterhalb der Augenlinie und für stark gewinkelte Kompositionen, eine Vorliebe, die sich auf Toland überträgt. Edeson und Toland drehen u. a. den Kultfilm THE BAT (Roland West, 1926), dessen Horroreffekte durch große Tiefenschärfe und ‹deutsche› Schatten unterstützt werden. 1929 dreht er mit George Barnes BULLDOG DRUMMOND (F. Richard Jones); der Film ist ein ganz frühes Beispiel für Räume mit Decken und durch den Einsatz des Blimp mit einer Vorrichtung zum Schärfeziehen ungewöhnlich beweglich. Den Blimp hatten Barnes und Toland gemeinsam entwickelt – der Beginn einer langen Serie von kameratechnischen Innovationen. Der Film ebnet Toland den Weg zum Chef-Kameramann.

Toland arbeitet für Rouben Mamoulian (WE LIVE AGAIN; 1934), für Richard Boleslawski (LES MISERABLES, 1935) und für Karl Freund (MAD LOVE; 1935). Die Zusammenarbeit mit Freund, einem der bedeutendsten Kameramänner überhaupt, bei dessen Regiearbeit MAD LOVE gibt Toland die einmalige Gelegenheit, alles über die deutsche Kameratradition zu erfahren. Karl Freund, selbst ein früher Meister der Tiefenschärfe, hatte Filme wie DER GOLEM (Wegener, 1920), DER LETZTE MANN (Murnau, 1924),

Varieté (Dupont, 1925), Metropolis (Lang, 1926) oder Berlin, die Sinfonie der Grossstadt (Ruttmann, 1927) gedreht. Für Frank Borzage dreht Toland 1937 History is made at Night, eines jener wahnsinnigen Melodramen, die ihre eigene Wirklichkeit erzeugen. Schon ziemlich am Anfang fährt die Kamera durch ein voll besetztes Restaurant, dass einem schwindlig werden könnte.

Bei Goldwyn wird Toland so etwas wie ein Kameramann-Star mit besonderen vertraglichen Konditionen. Goldwyn finanziert ihm seine kameratechnischen Erfindungen, mit denen er sich in drehfreien Zeiten beschäftigt. Der junge Gabriel Figueroa, später der Kamerastar des mexikanischen Films, wird sein Schüler. Obwohl er das Starsystem hasst («Es zwingt uns künstlerisch alles zu opfern, um ein paar alte Schachteln junge Mädchen spielen zu lassen»), ist er der Kameramann für Gloria Swanson und andere Goldwyn-Stars.[1] 1938/39 entsteht Wuthering Heights (William Wyler), der Toland den ersten Oscar einbringt; der Film schwelgt in Kerzenlicht-Effekten, wogender Heide, tanzendem Schnee, Nebel und Dunst, aber auch dem, was mehr und mehr zu Tolands Markenzeichen wird, tiefe Aufnahmewinkel, expressive Schatten und Tiefenschärfe. Ebenfalls für Wyler dreht er The Westerner (1939), ein Film mit langen Schatten, von hinten beleuchtetem Staub und Bildflächen, die als reine Textur erscheinen. Toland, der Farbe eigentlich nicht mag («die Unflexibilität des Lichts im Farbfilm»), liefert hier einen der bemerkenswertesten Farbfilme der Periode.[2]

1940, in der Zusammenarbeit mit John Ford, entstehen zwei Klassiker: The Grapes of Wrath und The Long Voyage Home. Hart, kontrastreich und ungeschönt sind hier seine Bilder, sei es der Staub und Dreck der Dust Bowl oder Rost und Öl auf dem Handelsschiff. John Ford, der schon in Stagecoach (1938) Räume mit Decken bewusst wählte, hat in Toland den idealen Mittäter gefunden: «Eine Sache fällt sofort auf. Dieses Set hat eine Decke! Das ist wirklich eine Neuaufbruch» (Toland).[3] In einem Studiosystem, in dem prinzipiell das Führungslicht von oben über Beleuchterbrücken zu kommen hat, war das ein radikaler Schritt. Als Orson Welles, der John Ford-Fan, 1940 für RKO seinen ersten Film drehen sollte, wollte er unbedingt Toland als Kameramann bei Goldwyn ausleihen. Für RKO bedeutete das, dass nicht nur Toland, sondern sein gesamtes Team und sein gesamtes eigenhändig modifiziertes Filmgerät von Goldwyn ausgeliehen werden musste. Es gab zwar auch andere, die mit Tiefenschärfe experimentierten (James Wong Howe in Transatlantic) oder mit Decken arbeiteten (George Robinson in Dracula's Daughter), aber keiner betrieb das so systematisch wie Toland. Für Toland war dies sein persönlicher Zugang zum Realismus, aber in der

---

1 Gregg Toland nach George E. Turner: Gregg Toland, ASC. In: *American Cinematographer*, November 1982.
2 Gregg Toland nach George E. Turner: ebd.
3 Interview mit Gregg Toland. In: *Minicam*, October 1940.

Zusammenarbeit mit Orson Welles wurde daraus «tyrannische Objektivität» (André Bazin).⁴

CITIZEN KANE hat die Filmgeschichte verändert. Toland konnte alles, was er an Techniken entwickelt hatte, einsetzen. Toland erinnert sich: «In seinem Film CITIZEN KANE hatte Orson Welles vier Funktionen, er war Produzent, Autor, Regisseur und Hauptdarsteller. Seine Autorität und seine Handlungsfreiheit waren praktisch unbegrenzt. Zur Krönung des Ganzen entwickelte er sich zu einem der geschicktesten und idealsten Mitstreiter des Kameramanns, mit dem ich die Ehre gehabt habe, zusammen zu arbeiten. Er räumte alle Hindernisse aus dem Weg, um einen besonderen fotografischen Effekt oder Blickwinkel zu bekommen, und ich glaube, dass das Ergebnis diese Methode rechtfertigt. Die Kameraarbeit für CITIZEN KANE war wirklich das aufregendste Abenteuer meiner ganzen Karriere.»⁵

Nachdem Welles und Toland das Anliegen des Films diskutiert hatten, kamen sie zu dem Ergebnis: «[…] Welles und ich sahen […] dass wir gezwungen waren, radikal neue Wege jenseits der konventionellen Praxis zu beschreiten. […] die Bauten für diese Produktion wurden so gestaltet, dass ihnen eine wichtige Rolle im Film zufiel […]: Sie halfen, den Aufstieg und Fall des zentralen Charakters zu verfolgen» (Toland).⁶ Welles schwebte ein visueller Fluss der Bilder vor: «Direkte Schnitte, fühlten wir, sollten wir vermeiden, wo immer es geht. Stattdessen versuchten wir die Handlung so zu planen, dass wir von einem Aufnahmewinkel zum nächsten schwenken oder fahren konnten […] in einer einzigen, langen Szene – oft eine Szene, in der wichtige Passagen gleichzeitig an weit getrennten Stellen mit extremem Vordergrund und Hintergrund stattfanden» (Toland).⁷ Der bevorzugte Kamerwinkel geht von unten nach oben: «Ferner planten wir viele Kamerawinkel mit ungewöhnlich niedriger Kameraposition, so dass wir nach oben filmen konnten und von dem realistischeren Effekt dieser Decken profitieren konnten. Verschiedene Sets waren auch auf Unterbauten montiert, so dass wir jede gewünschte Sektion des Bodens herausnehmen und die Kamera tatsächlich auf Bodenhöhe platzieren konnten» (Toland).⁸

Die Kombination von Tiefenschärfe, Räumen mit Decken, tiefen Kamerawinkeln und fließender Kamera erforderte außergewöhnliche technische Anstrengungen. Für die Ausleuchtung vom Boden aus wurden die damals stärksten Lichtquellen, die großen Doppelbogenlampen verwendet, die eigentlich für Technicolor gedacht waren. Viel Licht war aber auch für die Schärfentiefe nötig. Toland war einer der ersten, die mit

---

4   André Bazin: *Filmkritiken*. München, Wien 1981. S. 49.
5   Gregg Toland: L'Opérateur de prise de vues. In: *Revue du Cinéma*, Nr. 4, 1947.
6   Gregg Toland: Realism for CITIZEN KANE. In: *American Cinematographer*, February 1941.
7   Gregg Toland: ebd.
8   Gregg Toland: ebd.

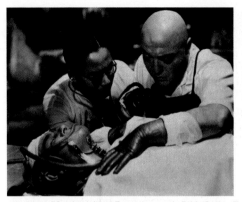

478–479 Mad Love (Karl Freund, 1935), Bild: Gregg Toland

480 The Grapes of Wrath (John Ford, 1940), Bild: Gregg Toland

481–482 The Best Years Of Our Lives (William Wyler, 1946), Bild: Gregg Toland

483–485 Citizen Kane (Orson Welles, 1941), Bild: Gregg Toland

dem photoelektrischen Belichtungsmesser arbeiteten. Dazu kamen Weitwinkelobjektive mit spezieller Beschichtung (Vergütung), die eine hohe Lichtdurchlässigkeit ermöglichten, und seine ‹Waterhouse Stops›, Lochblenden, die auch bei sehr kleiner Blende eine exakte Belichtung garantieren. Mit dem damals lichtempfindlichsten Film konnten schließlich Blenden bis f:16 erreicht werden, «unendlich kleiner als alles, was bisher benützt wurde».[9] Toland erreichte damit das, was er ‹Panfocus› nennt: «Weitwinkel-Linsen wie 35 mm, 28 mm und 24 mm, wenn man sie abblendet auf f: 11 oder f: 16, werden in jeder Hinsicht zu Universalfokus-Linsen.»[10]

Manche Sets gingen über zwei RKO-Studios, Szenen von 10 Zentimeter bis, fotografisch gesprochen, Unendlich waren komplett scharf. Das Problem der Mikrofone wurde dadurch gelöst, dass die Decken aus Musselin gebaut waren, über dem sich die Mikros platzieren ließen. Auch einer der Gründe für die niedrigen Decken. Was die Kameras beim besten Willen nicht mehr hergaben, mussten Linwood Dunn und Vernon Walker mit optischen Effekten und special effects zaubern. Schon im ersten Teil des Films gibt Welles eine Lektion über die neuen dramaturgischen Möglichkeiten: Im Vordergrund sitzt die Mutter des jungen Kane und der Anwalt, der von der Erbschaft berichtet, im Mittelgrund geht der Vater nervös auf und ab und durchs Fenster sieht man den ahnungslosen Jungen mit seinem Schlitten, mit dem er sich wenig später wehren wird und der zum Rätselwort seiner Existenz wird. Auch die visuelle Revolution des film noir steht tief in der Schuld von Gregg Toland und Orson Welles.

1941, bei THE LITTLE FOXES, arbeitet Toland wieder mit Wyler zusammen. Toland gehört zu den privilegierten Kameramännern, die schon Wochen vor Drehbeginn mit Regisseur, Produzent, Autor, Architekt und Ausstatter den Film vorbereiten können: «Diskussionen mit dem Regisseur schlossen eine komplette Auflösung des Drehbuchs ein, Szene für Szene, in Hinblick auf das fotografische Herangehen, unter Berücksichtigung der verschiedenen dramatischen Effekte, die gewünscht waren. […] Wir legten fest, dass Bette Davis, der Star des Films, ein reines weißes Make-up tragen sollte. Das ist revolutionär, aber es ist ein starkes Hilfsmittel, um die Art von Charakter, den sie darstellt, zu unterstützen […]. Aber wegen des Kontrasts zwischen ihrem Make-up und dem der anderen Hauptdarsteller mussten wir eine Lichtbalance finden, die beide vorteilhaft ausleuchtet. Diese Lichtbalance festzulegen, erforderte umfangreiche Make-up-Tests.»[11] Und Wyler sagt über seine Zusammenarbeit mit Toland: «Ich führte lange Gespräche mit meinem Kameramann Gregg Toland. Wir beschlossen, einen so einfachen Realismus wie möglich zu suchen. Die Fähigkeit Gregg Tolands, ohne Schwierigkeiten von einer Einstellung mit nur Dekor zur nächsten überzugehen, […] hat mir

---

9   Gregg Toland: ebd.
10 Gregg Toland: ebd.
11 Gregg Toland nach Georg E. Turner: Gregg Toland. In: *American Cinematographer*, November 1982.

erlaubt, meine eigene Technik der Realisierung zu entwickeln. So kann ich einer Aktion folgen und dabei Schnitte vermeiden. Die Kontinuität, die daraus entsteht, macht die Einstellungen lebendiger, interessanter für den Zuschauer, der jede Figur nach Belieben studiert und seine eigenen Schnitte macht.»[12]

Im Zweiten Weltkrieg arbeitete Toland freiwillig als Kameramann für Kriegsreportagen. Unmittelbar nach Pearl Harbour drehte er für John Ford DECEMBER 7TH, den die Armee erst 1943 zu zeigen wagte und der Toland seinen zweiten Oscar einbrachte. In dieser Zeit konstruierte er auch eine Kamera für die speziellen Anforderungen der Kriegsberichterstattung. Die eigenen Kriegserfahrungen sind Toland bei THE BEST YEARS OF OUR LIVES (Wyler 1946) zugute gekommen. Drei Kriegsheimkehrer, Al (Frederic March), Fred (Dana Andrews) und Homer (Harold Russell) müssen mit dem Alltag zurechtkommen. «Gregg Toland schafft perfekte Illusionen von Tag und Nacht – mit Kunstlicht, und immer entspricht die Dramaturgie des Lichts der der Handlung. Am ersten Abend übernachtet Fred in Al's Wohnung in einem Jungmädchenhimmelbett. Der Alptraum von den verbrennenden Kameraden überfällt ihn, wie jede Nacht. Wir sehen Freds Kopf auf dem Kissen, ganz nah. Darüber ein Stück vom verschatteten Betthimmel, ringsum Dunkel. Am Morgen – wieder Fred in Nahaufnahme, aber aus größerer, ‹ruhigerer› Distanz. Der Alptraum ist verscheucht, im Zimmer herrscht klares Morgenlicht, der Betthimmel ist hell» (Bettina Thienhaus).[13]

Fred ist der, der sich am wenigsten in eine Zivilgesellschaft einpassen kann, seiner Unrast folgt die Kamera in langen Fahrten. Am eindrucksvollsten ist die Szene auf einem Schrottplatz für ausgediente Bomber. Fred läuft zwischen den Flugzeugen umher und die Kamera, mit einer Fahrt nach oben, zeigt ihn klein und verloren in einem riesigen Feld abgewrackter Bomber. Fred setzt sich in eine Kanzel als würde er fliegen, seine Illusion wird von der Kamera düpiert: «Das Glas, völlig zerkratzt und mit körnigen Splittern bedeckt, wirkt wie Eis. Die Schärfe ist auf das Glas eingestellt, das unscharfe Gesicht dahinter erinnert an einen im Eise eingeschlossenen Leichnam. In dem Augenblick, da ein Mann plötzlich ‹He, Sie!› ruft, wird die Schärfe gezogen, auf das Gesicht hinter der Scheibe» (Thienhaus).[14] In einer Bar-Szene spannt die Kamera mit Tiefenschärfe und Weitwinkel ein komplexes dramatisches Dreieck: Homer, der Kriegskrüppel mit den Hakenhänden, spielt nah im Vordergrund Klavier, Gäste sehen ihm aufmunternd zu, links hinten führt Fred ein verzweifeltes Telefonat mit der Frau, die er liebt, aber verliert, Al, der an der Sache nicht unschuldig ist, steht halbnah rechts außen. Mehrere Einstellungen in einem Bild, ein Paradebeispiel für die potentielle Vieldeutigkeit, die André Bazin in solchen Bildstrukturen sieht.

---

12 William Wyler nach André Bazin: *Filmkritiken*. München, Wien 1981. S. 49.
13 Bettina Thienhaus: Gregg Toland: Den Raum entdecken. In: *Filme*, Nr. 6, 1980.
14 Bettina Thienhaus: ebd.

Rollie Totheroh

Chaplin: «How's the light, Rollie?»
Totheroh: «Well, maybe we can shoot another scene, couple of scenes. I think the light (beer) is better down at Barney Oldfield's.»

Visuelle Gags sind nur gut, wenn sie echt wirken. […] Wenn man einen Film wie EASY STREET ansieht, ist es unmöglich, auch nur eine einzige Einstellung zu finden, die nicht auf die bestmögliche Weise funktioniert; da sind Großaufnahmen, Halbtotalen und Totalen; die Kamera fährt vorwärts und zurück, um Chaplin als Polizisten zu zeigen, der einen Häuserblock kontrolliert.
Leonard Maltin

In der Filmgeschichte gibt es viele enge Verbindungen von Kameraleuten und Regisseuren. Griffith und Bitzer, Bergman und Nykvist, Resnais und Vierny, Godard und Coutard, Sternberg und Garmes, Eisenstein und Tissé. Eine ganz besondere Variante stellt die Beziehung von Rollie Totheroh und Charles Chaplin dar. Totheroh hat beim größten Teil des Werks von Chaplin die Kamera gemacht. Chaplin, der den Kult des Originalgenies um sich verbreitete, hat in seiner Autobiografie keinen seiner Mitarbeiter gewürdigt. David Robinson, in seiner großen Chaplin-Biographie, setzt noch eins drauf und erklärt, Totheroh habe mit den Broncho Billy-Western so viel zu tun gehabt, dass er nicht noch Chaplins Essanay-Filme gedreht haben kann. Warum Totheroh dann am Schnitt beteiligt war (das war er dann jahrzehntelang) und mit Chaplin von Essanay zu Mutual wechselte, ist schwer nachvollziehbar. Insofern ist dieser Text auch ein bisschen eine Ehrenrettung für Totheroh.

Wie viele junge Leute war Totheroh 1911 durch Zufall als Kleindarsteller zum Film gekommen. In Essanay-Western spielte er Cowboys ohne richtig reiten zu können. Deshalb war er froh, als er einen Job an der Kamera bekam. Sein erster Film war THE DANCE AT EAGLE PASS; es folgen weitere ‹Snakeville Comedies› unter der Regie von Lloyd Ingraham. 1912 wird er Chefkameramann der Broncho Billy-Western von und mit G. M. Anderson. Chaplin beginnt 1914 als Komiker bei Mack Sennett, wo er vom Nebendarsteller schnell zum Star wird. 1915 wechselt Chaplin zu Essanay, da er mit den Produktionsbedingungen bei Keystone nicht mehr zufrieden ist.

Totheroh erinnert sich: «[...] ich machte die Kamera für Broncho Billy. Er (Chaplin) mochte mich sehr. Er pflegte bei mir vorbeizuschauen und zu sagen: ‹Ich kann hören, wie sich Rollies Kamera da draußen dreht.› Es war eine große Box (eine Pathé-Kamera) und man konnte jede Bewegung des Getriebes hören. Endlich drehten wir seinen ersten Film. Damals half ich gewöhnlich G. M. Anderson seine Filme zu schneiden. Seine Schnittmethode bestand darin, mit einem großen close-up zu enden, in dem er seine Augen rollen ließ. Es war kein schauspielerischer Ausdruck und es passte immer. Er maß nur von seiner Nasenspitze weg eine Armlänge und riss es ab. Das war Andersons Weg ein close-up zu schneiden!»[1]

Totheroh war von 1915 bis 1952 Chaplins Kameramann – auch wenn immer wieder andere Kameramänner beteiligt waren; danach erledigt er für Chaplin noch lange Jahre filmarchivarische Arbeiten. Die Zusammenarbeit der beiden ist so eigen, weil Totheroh es verstand, mit Chaplins Arbeitsweise umzugehen. Wie schon bei Anderson war Totheroh nicht nur für die Kamera, sondern für alle technischen Belange zuständig. Der Kameramann entwickelte und schnitt das Material. Allerdings musste Totheroh schon beim ersten Film mit dem bezeichnenden Titel HIS NEW JOB feststellen, dass sich Chaplin auch in alles einmischte: «Wir schnitten gerade die erste Rolle, als Chaplin sagte: ‹Lass deine Finger davon.› Damals machten wir nie eine Sicherheitskopie; wir machten den Schnitt am Negativ. Wenn es einen Kratzer bekam, war es passiert. Deshalb sagte Chaplin: ‹Außerdem will ich eine Sicherheitskopie.›»[2] Chaplin setzte von vornherein neue Qualitätsstandards gegenüber dem, was er von Keystone kannte. Die filmische Gesamtqualität der Filme ist deutlich besser. Zudem wechselte Totheroh von der Pathé-Kamera zu der neuen Bell and Howell-Kamera, das Beste, was am Markt war.

Was Totheroh für Chaplin so wichtig machte, waren mehrere Faktoren. «[...] ich kannte mich aus mit der Geschwindigkeit», sagt Totheroh.[3] Wenn verschiedene Kameramänner an einem Film beteiligt waren, merkte Chaplin, dass er nachher nur die Aufnahmen von Totheroh gut brauchen konnte, denn in Komödien war der sensible Wechsel der Geschwindigkeit bei der handgekurbelten Kamera total wichtig. Unterdrehen mit Geschwindigkeiten von 12 bis 14 Bilder pro Sekunde war üblich, um das Tempo zu steigern. Aber mit dem Kurbeln allein war es nicht getan. Bei den heftigen Bewegungsabläufen im Slapstick musste während des Drehs auch noch die Schärfe nachgezogen werden – wie beim Kurbeln nach Gefühl: «Der Kameramann regulierte alles! Wir hatten keine Apparatur zum Schärfeziehen an der Kamera; wir mussten während des Drehens nach vorne greifen und an der Halterung der Linse drehen. Sagen wir,

---

1 Interview mit Roland H. Totheroh. In: *Film Culture*, Nr. 53–55, Spring 1972.
2 Interview mit Roland H. Totheroh. In: ebd.
3 Interview mit Roland H. Totheroh. In: ebd.

wir hatten erst einen Fokus von 12 Fuß (ca. 3,5 m) und dann von 6 Fuß (ca. 1,7 m): Wir mussten nach vorne greifen während wir drehten und auf 6 Fuß fokussieren. So waren beide Hände gleichzeitig mit verschiedenen Operationen beschäftigt. Man gewöhnt sich daran. Es wird ganz natürlich; nach einiger Zeit kriegt man es ganz gut frei nach Schnauze hin. Charlie pflegte zu sagen: ‹Rollie, schau mal, das machen wir mit einer glücklichen 12.› Er überließ es dann mir; ich musste raus finden, was eine glückliche 12 war, oder eine gute 14» (Totheroh).[4]

Ein zweiter Punkt war Chaplins Arbeitsweise. Er improvisierte am Set, übte am Set und wiederholte in einem bis dato nicht gekannten Ausmaß. «Meist hatte Chaplin eine ziemliche klare Grundidee, wenn wir zu filmen begannen. […] Aber die Grundidee bei all seinen Filmen änderte sich oft; das passierte bei fast allem, was wir machten. […] Das Drehbuch entwickelte sich während der Arbeit. […] Wir hatten nie eine continuity. Er hatte eine Idee und entwickelte sie. Er hatte eine Art Synopsis im Kopf, aber nie am Papier. Er sprach darüber und fing an, eine Sequenz zu drehen. In vielen seiner alten Filme trennte er mit Zwischentiteln über die Zeit: ‹Am nächsten Tag› oder ‹Am folgenden Tag› oder ‹In dieser Nacht›. Damit kittete er die Lücken im Drehbuch» (Totheroh).[5] Das setzt einen Kameramann voraus, der flexibel reagiert, gute Nerven hat und im richtigen Augenblick mit Sensibilität die Szene erfasst: «Charlie probte mit jedem […] und sogar im Stummfilm hatten wir Dialog. […] Er probte auf so verdammt viele verschiedene Arten mit seinen Partnern, dass, als es losging, es komplett verschieden war von dem, womit er anfing. Man musste bei ihm immer auf der Hut sein.»[6]

Damit war es noch nicht genug. Wenn Chaplin nicht zufrieden war, mussten Aufnahmen nachträglich wiederholt werden. Wenn es am selben Set war, so Totheroh, hatte er keine Probleme: «Ich konnte immer genau sagen, wo meine Kamerapositionen waren, weil ich Bull Durham rauchte und so viele Streichhölzer brauchte. Man konnte all die Streichhölzer schön am Boden sehen.»[7] Oft ließ Chaplin bereits abgebrochene Bauten wieder errichten oder baute beständig um. «Man könnte jede Filmgesellschaft in den Ruin treiben mit der Art, wie er filmt. Freilich, es war sein eigenes Geld, aber er änderte Szenen um und um und um und schließlich dreht er es, und wenn es nicht richtig war, baut er dran rum und machte es noch einmal. Wenn er fertig war, hatte er wirklich gutes Material.»[8] Wegen der vielen Umbauten wurden bei Essanay wohl erstmals auch Bauten auf Rollen eingesetzt.

Totheroh hob von jeder Szene einen separaten Filmschnipsel mit den Bauten auf, damit man es leichter rekonstruieren konnte. Da es weder eine continuity noch eine

4 Interview mit Roland H. Totheroh. In: ebd.
5 Interview mit Roland H. Totheroh. In: ebd.
6 Interview mit Roland H. Totheroh. In: ebd.
7 Interview mit Roland H. Totheroh. In: ebd.
8 Interview mit Roland H. Totheroh. In: ebd.

klare Besetzung gab, mussten auch immer alle am Set sein: «Wenn wir am Set filmten, waren wegen seiner Improvisationen alle anwesend, bis der Film fertig war. Charlie wusste nicht, was er in der nächsten Szene brauchen würde. [...] Charlie setzte die Requisiteure und alle anderen, die gerade in Griffweite waren, ein; es gab noch keine Gewerkschaft, die darauf achtete, dass Komparsen benutzt wurden – er konnte jeden benutzen.»[9] Die Arbeit mit Chaplin erforderte seismographische Wahrnehmungsfähigkeit. Ein Schwieriger: «Er ging in sein Badezimmer und wenn die Tür nicht auf ging, riss er die Türgriffe raus. Er zerbrach die Fenster und alles andere, wenn er einen Rappel bekam. Deshalb hatte er Dr. Reynolds. Er befürchtete immer, dass er wahnsinnig würde.»[10]

Es ist ziemlich klar, dass bei dieser Arbeitsweise dem Kameramann eine besondere Position zufiel. Er musste das, was Chaplin in der mise en scène entwickelte, parallel dazu optisch entwickeln. Und es war nur konsequent, dass Totheroh immer auch beim Schnitt als Assistent dabei war. «Statt alles zu kopieren, was er aufnahm, pflegte ich zu sagen: ‹Tja, ich denke, diese zweite Aufnahme war sehr, sehr gut.› Er gab dann für drei oder vier der Aufnahmen sein OK. [...]. Ich markierte dann die, die er am liebsten mochte, mit zwei Kreuzen.»[11] Zur Vorbereitung des Schnitts sortierte Totheroh dann das Material: «Dann nahm ich alle Totalen, gefolgt von den Halbtotalen oder den Großaufnahmen oder was immer kam, und brachte es in meine eigene continuity. Ich wusste, wie der Film fließen sollte von dem, was ich aufgenommen hatte.»[12] Auch in der continuity waren die tempi der Szenen ein entscheidender Faktor: «So ließen wir es laufen und er konnte es sehen. ‹Jetzt, diese Großaufnahme, passt nicht mit dieser Totalen zusammen; es hat ein verschiedenes Tempo.› Er sagte dann weiter: ‹Oh, Rollie, ich hab all die Zeit vergeudet, du hast die verkehrten Aufnahmen genommen.› Dann sagte ich: ‹Hier sind sie.› Und er konnte die Markierungen sehen, die ich am Film angebracht hatte.»[13]

Die Lichttechnik der Chaplinfilme war überwiegend high key-Licht, helles Komödienlicht; wenn es zwischendurch stimmungsmäßig düster wurde, dann waren es eher Grautöne, ganz selten, wie in manchen Passagen des PILGRIM (1923) mal ein low key-Effekt. «Ich musste das Set richtig gut ausleuchten. Man kann nicht unterbeleuchten und gute Schatten bekommen. Nein, Charlie wollte wie ein Clown aussehen. Er wollte

---

9   Interview mit Roland H. Totheroh. In: ebd.
10 Interview mit Roland H. Totheroh. In: ebd. Dr. Cecil Reynolds, Hirnchirurg und Nervenarzt, war Chaplins Nachbar. Chaplin war mit ihm gut befreundet, was zu allerlei Witzen Anlass gab. In MODERN TIMES tritt er als Gefängnisgeistlicher auf und versucht am Todeskandidaten Chaplin eine theologische Gehirnwäsche.
11 Interview mit Roland H. Totheroh. In: ebd.
12 Interview mit Roland H. Totheroh. In: ebd.
13 Interview mit Roland H. Totheroh. In: ebd.

486 EASY STREET (Charles Chaplin, 1917), Bild: Rolly Totheroh

487–488 GOLDRUSH (Charles Chaplin, 1925), Bild: Rollie Totheroh

489 THE CIRCUS (Charles Chaplin, 1928), Bild: Rollie Totheroh

490 THE CIRCUS (Charles Chaplin, 1928), Bild: Rollie Totheroh

491 PAYDAY (Charles Chaplin, 1922), Bild: Rollie Totheroh

492–494 Modern Times (Charles Chaplin, 1935), Bild: Rollie Totheroh

dieses beinahe weiße Gesicht. Und man musste aufpassen, man konnte nicht einfach einen Schatten hier vorne oder da hinten haben, weil man nie wusste, wo er arbeiten würde. Man musste beständig aufpassen und alles im Auge behalten. [...] Er wollte immer, dass sein Gesicht wie ein Clown aussieht, ohne Spitzlichter oder Schatten oder sonst etwas.»[14]

Das einzige, was Chaplin an der Technik interessierte, war der Bildausschnitt. «Der Grund war, dass er bei der Regie wissen musste, welches Blickfeld ich abdecke. Natürlich war in der Frühzeit die Rolle des Kameramanns größer als heute. Der Kameramann entschied, aus welchem Winkel man beleuchtete; [...] ob man ein Hinterlicht oder ein Seitenlicht oder was sonst am Set verwendet.»[15] Es gab eine klare Trennung zwischen vor und hinter der Kamera: «Technische Dinge verwirrten ihn immer.» (Totheroh).[16] Bei den Essanay-Filmen beginnt auch eine Glamourisierung der Partnerinnen von Chaplin durch Licht. Mabel Normand war immer das hemdsärmlige Mädel von nebenan. Edna Purviance dagegen wird von Film zu Film schöner. Einmal, in A WOMAN (1915) wird Chaplin selbst glamourisiert: er tritt als elegante Lady auf.

Totheroh hatte den grotesken Blick. Seine Cadrage geht oft über ins Absurde, fast wie ein Experimentalfilm. Der Stuhligel in BEHIND THE SCREEN (1916), der Wecker in THE PAWNSHOP (1916), die surrealen Objekte in ONE A.M. (1916), das Huhn in GOLDRUSH (1925). Seine Kamera kann aber auch fast dokumentarisch werden. Das Arme-Leute-Viertel von EASY STREET (1917), Ellis Island von THE IMMIGRANT (1917), die Kaschemme von A NIGHT OUT (1915). Stilistische Momente aus anderem Kontext zitiert er gekonnt herbei. Die endlose Kette der Goldgräber in GOLDRUSH – so lernt man bei Griffith sehen. Das Ballett der Arbeiter in MODERN TIMES (1936) – die Wahrheit über Busby Berkeley. Die Fabrikszenen in MODERN TIMES – eine Paraphrase auf René Clairs À NOUS LA LIBERTE. Die Irisblende ist selten so gut eingesetzt wie bei Totheroh; in THE CIRCUS (1928) kreist sie Charlie doppelt ein, das Zirkusrund und die Iris; das Spiegelkabinett im selben Film ist ein kleines Meisterwerk mit der Kamera. PAYDAY (1922) ist ein frühes Beispiel für nächtlichen Regen, der durch die Beleuchtung modelliert wird. Totheroh baut für die Kamera. In A WOMAN OF PARIS (1923) zieht er einen Lochstreifen durch Licht und künstlichen Nebel: Die reflektierten Lichtfenster auf Edna Purviance lassen eine ganze Bahnhofszenerie erstehen. Für GOLDRUSH zaubert er das verschneite Gebirgspanorama mit weißer Farbe und Doppelbelichtung; die Atmosphäre schafft er mit Rauch und Lichtspitzen, die sich darin brechen.

Totheroh hat über vier Jahrzehnte für Chaplin gearbeitet. Zwischendrin waren auch andere Projekte, aber nichts Herausragendes. James Wong Howe, sein berühmter Kol-

---

14 Interview mit Roland H. Totheroh. In: ebd.
15 Interview mit Roland H. Totheroh. In: ebd.
16 Interview mit Roland H. Totheroh. In: ebd.

lege, hat es so formuliert: «Dein Problem war, dass du zu zuverlässig und loyal warst und den ganzen Weg über bei ihm geblieben bist.»[17] 1952, bei LIMELIGHT, ist Totheroh Kameraberater und dreht selbst nur ein paar Szenen. Karl Struss, der bei THE GREAT DICTATOR zweiter Kameramann war, dreht den größten Teil des Films. Der Film hat insgesamt eine typische Chaplinoptik. Chaplin machte danach nur noch zwei Filme. A KING IN NEW YORK (1957) hat das, für einen Chaplinfilm ganz ungewohnte, französische Licht von Georges Périnal, von A COUNTESS FROM HONG-KONG (1967) ganz zu schweigen. Chaplin hätte seinen Weg auch ohne Totheroh gemacht; viel von der optischen Qualität seiner Filme, vom richtigen Feingefühl für Chaplins Inszenierung bis hin zum Schnitt, verdankt sich aber Rollie Totheroh.

---

17 James Wong Howe nach Interview mit Roland H. Totheroh. In: *Film Culture*, Nr. 53–55, Spring 1972.

Jost Vacano

> Früher hieß das Kino an der Ecke Lichtspieltheater. Und die Lichtspiele, die Spiele mit dem Licht, das Erzählen mit dem Licht sind ganz wesentliche Aufgaben. Das ist aber sehr kompliziert, weil der Film das Licht anders sieht, als das menschliche Auge es sieht. […] Aber was die Unterschiede sind, das bleibt ein Mysterium.
>
> *Jost Vacano*

> Wenn man ins Studio kommt, sieht man nichts. Da ist es finster und schwarz, und jede einzelne Lampe, die man einschaltet und die irgendein Fleckchen beleuchtet, das ist eine künstlerische Entscheidung.
>
> *Jost Vacano*

1954 kommt Jost Vacano nach München, um Kameramann zu werden. Ein großer Reinfall, niemand wollte ihn haben. Studium der Elektrotechnik an der TU, lustlos. In einem Schauspielkurs lernt er Peter Schamoni kennen, mit dem er eine Dokumentation über die Weltjugendfestspiele 1957 in Moskau macht. Es folgen Werbefilme und Kurzfilme mit Schamoni (BODEGA BOHEMIA). Ab 1963 dreht er Fernsehspiele u. a. mit Zadek, Hädrich, Heyme, Beauvais, Itzenplitz, Döpke. DIE DEUTSCHSTUNDE (Peter Beauvais 1970) gehört mit zum Besten, was das Fernsehspiel zu bieten hatte. In der GESCHICHTE DER 1002. NACHT (Beauvais 1969) löst Vacano eine Praterszene optisch so auf, dass man meinen möchte, einen Ophüls-Film zu sehen. «Damals konnte man das Gefühl haben, der deutsche Film finde im Fernsehen statt. Alle großen Talente sind eigentlich vom Fernsehen gekommen, insbesondere vom WDR» (Vacano).[1]

Mit Schamonis SCHONZEIT FÜR FÜCHSE bekommt er 1965 endlich die Chance für einen Spielfilm. Die Kameraarbeit sehr modisch, viel Handkamera, viel Originallicht, viel helle, antidramatische Ausleuchtung, Plansequenzen wie in den Filmen der Nouvelle Vague. Es geht um Konflikte zwischen Generationen, um Ablösung der Söhne von den Vätern, das Ende der Ära Adenauer in steifem Grauweiß und verhaltener Protest, leicht beschwingt. Berühmt ist die Friedhofsszene mit ihrer Kreisfahrt. Vacano,

---

[1] Interview mit Jost Vacano. In: *Steadycam*, Nr. 35, 1998.

wie Ballhaus, liebt Kreisfahrten, aber setzt sie nicht so manieristisch ein: «Es war eine sehr lange, ruhige, getragene Szene, in der an einer Stelle ein Gedicht rezitiert wird. Da verbot sich die Handkamera. Das habe ich mit einer Kreisfahrt gemacht. […] Einer ging ein paar Schritte zur Seite, die Kamera folgte ihm ein bisschen, dann kommt ein weiterer dazu, die Kamera kriegt eine neue Perspektive, sieht jetzt plötzlich diese zwei, fährt um sie herum und entdeckt dann wieder auf der Hinterseite den Dritten, der da noch steht. So kann man einer Szene einen schönen ruhigen Fluss geben» (Vacano).[2]

1973 dreht Vacano für Roland Klick SUPERMARKT. Der Film ist ganz auf dokumentarischen Realismus ausgelegt. Da Klick möglichst alles mit Handkamera und Originallicht drehen wollte, war Vacano auch als Techniker gefordert. Um die Handkamera zu stabilisieren, baute Vacano einen mit hoher Geschwindigkeit rotierenden Kreisel an seine Arriflex. Eine Methode, die er später bei DAS BOOT durch die Verwendung zweier Kreisel in unterschiedlichen Rotationsachsen noch vervollkommnete. Es ist dasselbe gyroskopische Prinzip wie beim Kreiselkompass. Um mit den Lichtverhältnissen bei Nacht zurande zu kommen, baute er sich eine Art Highspeed-Objektiv (ein Fotoobjektiv 1.4/40mm mit der ARRI-Bayonettfassung). Der Hauptakteur lebt in einer Neonglitzerwelt. Farbe, erklärt Vacano, war für ihn immer eine Bereicherung. «In Farbe kommt das Schillernde, das Verlockende, das Traumhafte zum Vorschein. Ich habe Farbe sehr begrüßt» (Vacano).[3] Selten sind die 1970er Jahre als Dekade der falschen Hoffnungen so prägnant ins Bild gesetzt worden. Die Schluss-Szene, vom rückwärts geschobenen Rollstuhl aus gedreht, zeigt den Helden vor einem Pulk von Schichtarbeitern im Elbtunnel. Er denkt, er hat das große Geld, und rennt geradewegs in sein Verderben. «Und die Kamera oder der Zuschauer verlässt die Figur, schon wissend, dass es das Ende ist. Unsere ganze Sympathie, unsere ganze Liebe zu dieser Figur nutzt nichts mehr. Es ist aus. Wir haben mit ihr gebangt, aber es ist aus. Die Kamera fährt zurück und lässt sie im Stich» (Vacano).[4]

Für Volker Schlöndorff dreht Vacano DIE VERLORENE EHRE DER KATHARINA BLUM (1975). Schlöndorff gehört zu den Regisseuren, die durch die Kamera schauen und primär von Bildvorstellungen ausgehen Vacano erinnert sich: «Das ist der ganz typische Fall eines Regisseurs, der in Bildern denkt, im Gegensatz zu dem Regisseur, der nur in Schauspielern denkt. Für einen Kameramann ist eine solche Zusammenarbeit immer schwierig und die Kameraleute, die mit Volker Schlöndorff gedreht haben, haben auch in der Regel immer etwas gestöhnt.»[5] Ein Film zur Terroristenhysterie, Nachtfarben, die Kamera imitiert die Funktionen der Überwachungskamera. Ein Mensch wird ver-

---

2 Interview mit Jost Vacano. In: ebd.
3 Interview mit Jost Vacano. In: ebd.
4 Interview mit Jost Vacano. In: ebd.
5 Interview mit Jost Vacano. In: ebd.

schluckt: «Man kann sagen, jetzt verschluckt sie wieder die Nacht. Sie kommt heraus. Sie wird immer dunkler. Es ist nur noch die Silhouette. Dann scheint noch mal am Ende ein bisschen Licht auf ihr Gesicht, dass man ihren Ausdruck sehen kann, bevor sie das Bild verlässt» (Vacano).[6]

Unter Wolfgang Petersens Regie entstehen 1981 DAS BOOT und 1984 DIE UNENDLICHE GESCHICHTE, die beiden letzten Versuche des deutschen Kinos, auf den Weltmarkt vorzustoßen. Jost Vacano ist für die Bildgestaltung verantwortlich. Vacano entschied sich, gemäß der Vorlage, im Kamerastil die Perspektive eines Kriegsberichterstatters zu wählen: «Also wäre es wunderbar, einen Dokumentarfilm draus zu machen. Aus der Sicht von jemandem, der mitfährt und von nichts eine Ahnung hat. Wie würde das aussehen? Alles mit Handkamera gedreht und möglichst wenig beleuchtet, fast nur mit available light, also dem Licht, das zur Verfügung stand. Petersen fand die Idee ganz toll, war aber auch etwas skeptisch. Kann man das machen? Ausgerechnet jetzt, bei diesem Film, ein solch ungewöhnlicher Ansatz? Kein Mensch würde den Film so machen. Aber letztlich haben wir uns gesagt: Genau das ist unsere Chance» (Vacano).[7]

Der Ansatz wurde noch um eine weitere limitierende Entscheidung ergänzt: «Wenn ein Dokumentarfilmkameramann auf dieser Reise dabei gewesen wäre, mit diesem Kriegsberichterstatter zusammen, dann hätte es auf diesem U-Boot ja auch keine Wände zum Rausnehmen gegeben, und er hätte sich mit dem beschränken müssen, was möglich ist» (Vacano).[8] Um das Spiel fortzusetzen beschränkte sich die Lichtgebung auf die drei vorgegebenen Beleuchtungsfarben Weiß, Rot und Blau sowie bei Stromausfall Taschenlampen (die Vacano in der geeigneten Leuchtstärke selbst gebaut hat). Mit diesen vier Möglichkeiten musste die Farbdramaturgie gestaltet werden; speziell beim Einsatz der Taschenlampen ergab sich das schöne Problem, dass die Schauspieler gleichzeitig Beleuchter sein mussten.

Das alles war schon schwierig genug, aber es waren auch noch Ausnahmeszenen live zu drehen, wie die schweren Erschütterungen von Wasserbomben, wozu das U-Boot angehoben und fallen gelassen wurde, und die legendäre Szene des Alarmtauchens. Damit das U-Boot schnell sinkt, müssen alle Mann nach vorne in den Bug rennen und die Kamera muss das auch irgendwie können, damit es visuell funktioniert. Es gab keinen brauchbaren Trick und die Lösung ergab sich schließlich aus der monatelangen Übung, sich mit der Kamera in dem U-Boot zu bewegen: «Es war immer Eisen im Weg. […] Wir haben es immer und immer wieder versucht. Es ging nicht. […] Irgendwann war ich's einfach leid. Ich nahm die Kamera in die Hand und bin einfach losgerannt. Ich habe überhaupt nicht mitgekriegt, was ich gemacht habe. Aber dann war ich durch.

---

6 Interview mit Jost Vacano. In: ebd.
7 Interview mit Jost Vacano. In: ebd.
8 Interview mit Jost Vacano. In: ebd.

Das war das allererste Mal. Da habe ich mir von allen beschreiben lassen, wie ich das überhaupt gemacht hatte. [...] Das, was man technisch nicht hatte lösen können, klappte, als ich meinem Instinkt vertraute. [...] Diese Einstellung gehört zu jenen, die in der Filmgeschichte irgendwo ihren Platz finden wird.»[9]

«Die Welt braucht ein Wunder», erklärte Bernd Eichinger in seiner großkotzigen Art als er DIE UNENDLICHE GESCHICHTE (1984) in Angriff nahm.[10] Wieder holt sich Petersen Vacano für die Bildgestaltung. DAS BOOT war vergleichsweise Bricolage. Tricktechnik diktierte präzise Anforderungen an die Kameratechnik. «Schärfentiefe», so Vacano, «ist ein beständiges Problem bei der Blue-Screen-Technik. Der gesamte Vordergrund muss scharf fokussiert sein, um scharf fokussierte Masken zu bekommen. [...] Wir benützten ungeheuer viel Licht.»[11] Ein spezielles Problem stellte der Nebel in den ‹Sümpfen der Traurigkeit› dar: «Das ist eine Konsistenz, die man nicht messen kann, und das Gefühl, mussten wir feststellen, täuscht oft.»[12] Als Führungslicht griff Vacano teilweise auf Flughafen-Scheinwerfer zurück, das stärkste, was es gibt, um im Nebel das Licht stabil zu halten.

DAS BOOT und DIE UNENDLICHE GESCHICHTE waren nach langer Zeit wieder deutsche Filme, die den amerikanischen Markt erreichten. Für Petersen und Vacano waren sie das Eintrittsbillett nach Hollywood. Vacano ist der seltene Fall eines europäischen Kameramanns, der die Arbeitsbedingungen in den USA sofort zu schätzen weiß: «Es geht in den USA nicht darum, was man braucht, sondern was man brauchen könnte. Für einen Kameramann ist das natürlich toll.»[13] Auch der Positionswechsel von der Kameraarbeit zum Platz neben dem Regiestuhl ist für ihn unproblematisch: «Ich empfinde die Arbeit in den USA als eine Befreiung von handwerklichen Zwängen, die es mir ermöglicht, viel mehr auf meine Kreativität und mein kreatives Umfeld einzugehen.»[14] Besonders schätzt er auch die lange Vorbereitungszeit von 6 bis 8 Wochen, die ihm viele Probleme am Set erspart.

In den USA trifft Vacano auf Paul Verhoeven, den er 1975 bei SOLDIER OF ORANGE kennen gelernt hatte. In ROBOCOP (1986) bringen beide ihren europäischen Blick ein, der sich mit einiger Ironie auf eine amerikanische Zukunftswelt richtet. Mit expressiven Mitteln wie grellem Licht und gigantischen Schatten versuchen sie dem Mann im Gummianzug eine filmische Persönlichkeit zu geben. TOTAL RECALL (Verhoeven, 1990) ist ein sehr ambitionierter Film, der die alte Geschichte vom Leben als Traum ins

---

9 Interview mit Jost Vacano. In: ebd.
10 Bernd Eichinger nach Jost Vacano: The Never Ending Story. In: *American Cinematographer*, August/September 1984.
11 Jost Vacano: The Never Ending Story. In: *American Cinematographer*, August/September 1984.
12 Jost Vacano: ebd.
13 Interview mit Jost Vacano. In: *epd-FILM*, Nr. 5, 1996.
14 Interview mit Jost Vacano. In: *Steadycam*, Nr. 35, 1998.

Gigantische steigert: «Ich habe 32 Sets in riesigen Hallen gehabt. Immer acht Sets, so dass jedes Studio im Laufe eines halben Jahres, welches TOTAL RECALL gedauert hat, viermal voll gebaut war» (Vacano).[15] Allein das Ausleuchten eines Sets dauerte eine Woche und musste parallel stattfinden.

Als location diente moderne mexikanische Architektur, die optisch nicht so verbraucht ist wie Glas und Stahl im rechten Winkel, sowie ein mexikanisches Bergwerk mit rotbrauner Erde. Da der größte Teil des Films am Mars spielt, musste Rot die dominierende Farbe werden; dazu benutzte Vacano das Light-Flex-System, mit dem über einen teildurchlässigen Spiegel, eine zusätzliche diffuse und wahlweise farbige Belichtung, ähnlich einer Vorbelichtung, möglich war. Er verstärkte den Effekt durch die Verwendung von Color-Enhancing-Filtern. Der Lichtbedarf war riesig und stellte bei den vielen unterirdischen Szenen ein enormes Problem dar. Oft arbeitete Vacano mit indirektem, hinter Bauteilen verstecktem Licht, das keiner Motivation bedurfte und eine passend traumhafte Atmosphäre erzeugt. Sein Lieblingslicht, farbkorrigierte Leuchtstofflampen (Kinoflos), kam überwiegend zum Einsatz. Vacano liebt die Fexibilität der Arbeit mit Leuchtstofflampen, die er durch eine einfache Drehung um 90° von einem soft-light zu einem hard-light machen kann, was auch innerhalb der Szene zu plötzlichen Umschlägen der Lichtcharakteristik führen kann.

SHOWGIRLS (1995), wieder zusammen mit Verhoeven, ist ein Film über die Traumfabrik Las Vegas. Hier gibt es nur künstliches Licht und Vacano setzt es hemmungslos symbolisch ein, Rot für Sex, Gold für die Träume, Grün für die Abgründe. Er benützt alle Arten von Bühnenlicht, Lichtquellen, die sonst im Kino nicht benützt werden. In unzähligen Spiegelungen bricht sich die gebrochene Wirklichkeit. «Es ist ein gespiegeltes Leben», erklärt Vacano, «ein Leben des Scheins.»[16] Die Tanzszenen werden mit einem nie da gewesenen Aufwand gefilmt. «Bigger than life» (Vacano).[17] 300 Lichtwechsel bei der längsten Tanzszene. Jede Tanzszene hat ein charakteristisches Grundlicht: «Die erste, ›Goddess‹, hat diese Vulkanlandschaft und ist mehr romantisch, golden und warm; die nächste, ›Avenging Angel‹, mit den Girls in ihren Lederkostümen und den Motorrädern ist eine eiskalte SM-Geschichte; und die letzte, ›Bliss‹, hat ein sehr filigranes kathedralenartiges Design in Blau und Purpur» (Vacano).[18] Und wenn nicht getanzt wird, tanzt die Kamera, alles mit Steadicam gemacht: «Entweder bewegt sich die Kamera, oder es bewegen sich die Menschen» (Vacano).[19] In dieser Hauptstadt der reinen Zirkulation ist Stillstand nicht erlaubt.

---

15 Jost Vacano: Die Kameraarbeit im amerikanischen und im deutschen Kino. In: Karl Prümm, Silke Bierhoff, Matthias Körnich (Hg.): *Kamerastile im aktuellen Film*. Marburg 1999. S. 91.
16 Interview mit Jost Vacano. In: *Steadycam*, Nr. 35, 1998.
17 Interview mit Jost Vacano. In: *epd-FILM*, Nr. 5, 1996.
18 Interview mit Jost Vacano. In: *American Cinematographer*, November 1995.
19 Interview mit Jost Vacano. In: *Steadycam*, Nr. 35, 1998.

495 Schonzeit Für Füchse (Peter Schamoni, 1965), Bild: Jost Vacano

496–499 Supermarkt (Roland Klick, 1973), Bild: Jost Vacano

500–501 Supermarkt (Roland Klick, 1973), Bild: Jost Vacano

502–503 Das Boot (Wolfgang Petersen, 1981), Bild: Jost Vacano

504–506 Total Recall (Paul Verhoeven, 1990), Bild: Jost Vacano

STARSHIP TROOPERS (Verhoeven, 1997) ist noch stärker als DIE UNENDLICHE GESCHICHTE von der Tricktechnik diktiert: «In diesem Film, und das war für mich eine ganz neue Erfahrung, ist die Attraktion etwas, was real gar nicht existent war: Rieseninsekten auf einem fernen Planeten, die ähnlich wie bei JURASSIC PARK Geschöpfe des Computers waren.»[20] Der Film wurde großenteils in einem Canyon gedreht: «Das war das größte Set, das ich je in meinem Leben auszuleuchten hatte! Eine Landschaft bei Nacht auszuleuchten, ist immer ein Problem: Gewöhnlich wird sie vom Mond oder einer fernen Lichtquelle ausgeleuchtet. Was immer man aufnehmen kann, es ist relativ nah. Aber dieses Set war ungefähr eine Meile lang und ein halbe Meile breit, und es war absolut unzugänglich (für die schweren LKWs T.B.) mit den Musco-Lights; es gab auch keine Möglichkeit, Gerüsttürme für die Lampen aufzustellen. So setzten wir schließlich mit dem Helikopter 25 6K HMI Pars auf eine der Felsenklippen und inszenierten die Handlung so, dass die Spitze dieses Hügels nie ins Bild kam. Diese HMI Pars wurden unsere Hauptlichtquelle […].»[21]

Damit die Computer generierten Insektenarmeen sich später im jeweils richtigen Licht bewegen («jeder Insektenkrieger hatte einen Schatten und eine Staubwolke»), wurden drei Kugeln, eine neutralgraue zur Bestimmung des Licht/Schattenkontrastes, eine weiße zur Bestimmung der Farbtemperatur und eine silberne Spiegelkugel zur Bestimmung der Lampenpositionen an den jeweiligen Stellen im Bild positioniert, als Referenz für die Beleuchtung der CGI-Insekten.[22] Eine Technik, die kurioserweise auf die in der Renaissancemalerei erstmals benutzten Kugeln zur Schattenbestimmung zurückgreift. Gleichzeitig wurden die Kamerabewegungen mit einem Theodoliten kombiniert, der sich elektronisch ablesen ließ und die digitalen Daten für Schwenk- und Drehbewegungen lieferte. Die enorme Rechnerleistung, die der digitale Teil des Films erforderte, machte es nötig alle großen CGI-Studios in Kalifornien anzumieten, die jeweils firmenspezifische Software entwickelt haben. Vacano erinnert sich, dass es eines eigenen spezial-effects-supervisor bedurfte: «Der kurioseste Aspekt war es, sich mit den verschiedenen Protokollen vertraut zu machen, die zu jeder visual effects-Firma gehörten.»[23] Spätere Filmarchäologen werden übrigens einen Gutteil des verwendeten Geräts ausbuddeln können, da die Dreharbeiten im Canyon durch ein Unwetter beendet wurden, das eine meterdicke Schlammschicht vor sich her schob.

Im Jahr 2000 wechseln Verhoeven und Vacano von der Makrotechnik zur Mikrotechnik: In HOLLOW MAN gilt es, den unsichtbaren Mann zu digitalisieren. Mit «die Ausleuchtung von Nichts» umschreibt Vacano das Problem: «[…] Kameraleute werden

---

20 Interview mit Jost Vacano. In: ebd.
21 Jost Vacano nach Les Paul Robley: Interstellar Exterminators. In: *American Cinematographer*, November 1997.
22 Jost Vacano nach Les Paul Robley: ebd.
23 Jost Vacano nach Les Paul Robley: ebd.

gewöhnlich engagiert, um Dinge zu filmen, von denen wir unterstellen, dass sie sichtbar sind. Bei Filmen mit CGI-Effekten filmt man gewöhnlich etwas, was noch nicht da ist, wie die Käfer in STARSHIP TROOPERS; aber in HOLLOW MAN filmten wir etwas, was schon da war, aber nicht da sein sollte.»[24] Vacano, der die Steadicam liebt, wollte den point of view des Invisible Man von der normalen Steadicam unterscheidbar machen. Sein Team entwickelte dafür etwas, das er «Shakycam» nannte.[25] Der größte Teil des Films spielt in einer tunnelartigen Anlage von Labors, für die er wieder Kinoflos, diesmal sichtbar und bogenförmig den Räumlichkeiten angepasst, einsetzt. Dadurch stellt sich eine sehr steril-modernistische Atmosphäre ein. Da es in dieser Anlage weder Tag noch Nacht gibt, erfand er einen Wechsel von aktiven und nicht aktiven Abschnitten.

Gleichmäßige Ausleuchtung war bei diesem Film sehr wichtig: Der Hauptdarsteller Kevin Bacon in seinem grünen Anzug, der durch Ausblenden des Grüns unsichtbar wird, durfte keinem markanten Licht ausgesetzt werden, damit keine verräterischen Schatten entstehen. Vacano, der die alten Filme mit dem Invisible Man genau studiert hatte, lobt deren hohe Tricktechnik und betont: «[...] wir waren noch stärker darauf ausgerichtet, alles in diesem Film glaubhaft zu machen – die Wissenschaft interessant, unterhaltend und schön zu machen [...].»[26] Der Unsichtbare wird bei Vacano und Verhoeven zum Mannequin stilisiert. Wieder ein Problem von Schein und Sein, von Oberfläche und Wirklichkeit. Farbe zieht durch unsichtbare Adern und die Maske wird zur zweiten Persönlichkeit. Auch dies ist wieder ein europäischer Blick auf amerikanische Befindlichkeiten.

---

24 Jost Vacano nach Christopher Probst: Sight Unseen. In: *American Cinematographer*, August 2000.
25 Jost Vacano nach Christopher Probst: ebd.
26 Jost Vacano nach Christopher Probst: ebd.

Sacha Vierny

> Das Licht ist magisch. Es ist wie die Liebe. Wenn es funktioniert, ist es fantastisch!
>
> *Sacha Vierny*

> (Sacha Vierny) ist ein brillanter Kameramann. [...] Umso mehr man ihn zu Experimenten ermutigt, umso erregter wird er.
>
> *Peter Greenaway*

Alain Resnais und Sacha Vierny kennen sich von der Pariser Filmhochschule IDHEC, die Vierny 1948 abschließt. Er schwankt zunächst zwischen Regie und Kamera – wie Resnais übrigens auch. 1955 ist Vierny als Kameraassistent von Ghislain Cloquet bei Resnais' KZ-Dokumentation Nuit et brouillard dabei. Filmmaterial, das alliierte Kameramänner nach der Befreiung der Lager gedreht haben, und die Lager, wie sie sich 1955/56 der Kamera darstellen. Cloquets Kamera ist immer in Bewegung, meist vorwärts. Eine regelrechte Manie bei Resnais. Hier wirkt die Kamera wie auf der Flucht vor dem Schrecken der historischen Bilder, deren Orte sie trotzdem in jedem Winkel aufstöbert. Der Film selbst ist eine Flucht nach vorne vor dem Unzeigbaren, Resnais entschließt sich zu ästhetischen Einstellungen, ja zu schönen Bildern. Gras wächst aus einem Stahlhelm. Die Warnung des poetischen Textes von Cayrol spricht von der Vergangenheit im Präsens. 1955/56, das ist auch die Zeit von Kolonialkriegen und Schlimmerem. 1956 dreht Vierny für Chris Marker Lettre de Siberie, eine Art experimenteller Dokumentarfilm, Sibirien in amerikanischen Farben, mit einem poetisch-philosophischen Text.

1958, mit Le chant du Styrène, beginnt die langjährige Zusammenarbeit von Vierny als Kameramann von Resnais. Auch hier strebt die Kamera unaufhaltsam vorwärts, folgt den Prozessen chemischer Produktion vorwärtsfahrend und rückwärts aufschlüsselnd. Der ironische Text, von Queneau in Alexandriner gegossen, und die flüssige Kamera von Vierny gehen eine Art chemische Verbindung ein, an deren Ende mit einem großen Plop allerlei kunterbuntes Kunststoffzeug entsteht. Ein Auftragsfilm, der gar nicht erst den Versuch macht, chemische Abläufe zu erklären, sondern paraphrasierend eine Idee davon geben will. Hiroshima Mon Amour (Resnais, 1959) wird teils in Frankreich, teils in Japan gedreht. Vierny macht die Aufnahmen in Nevers, Takahashi

Michio die Aufnahmen in Hiroshima. Resnais lässt die beiden unabhängig voneinander arbeiten, trotzdem finden sie eine ähnliche Bildsprache mit weiten Brennweiten, die die verlorenen Akteure des Films noch weiter isoliert. Die antidramatischen Dialoge von Marguerite Duras gehen eine Melange mit den Kamerafahrten ein, die spätestens in diesem Film als eine spezifische Form der Distanz kenntlich sind.

L'ANNÉE DERNIÈRE À MARIENBAD von 1960/61 bringt den großen internationalen Durchbruch für Resnais wie für Vierny. Selten hat es einen Film gegeben, dem man am ehesten gerecht wird, wenn man sich ihm unter rein formalen Gesichtspunkten nähert, wie diesen. Voice over und voice in von Alain Robbe-Grillet erzählen keine Geschichte, sondern Aspekte des Begehrens, Verführens, Überredens, Versprechens, Vergewaltigens. Ort und Zeit sind unbestimmt, Drehorte sind bayerische Schlösser mit labyrinthischen Fluren und Gartenanlagen. Charakteristisch für die surreal-zeitlose Welt des Films ist die berühmte Ansicht eines Barockgartens bei bewölktem Himmel: Das schattenlose Bild ist von Personen bevölkert, die einen langen, auf den Boden gemalten Schlagschatten besitzen. Die Kamera fährt beständig durch Gänge und Flure, häufig tief am Boden, was das Problem der zahllosen Spiegel minimiert, aber auch der Perspektive eines neugierigen Kindes entspricht – ein Verfahren, das Schule machen sollte, von Bergman bis Kubrick. An jeder Ecke und hinter jeder Person eröffnen sich neue Ein–, Durch- und Ausblicke.

Wie sehr es bei diesem Film auf die ménage à trois aus Regisseur, Kameramann und Operateur (Philippe Brun) ankam, lässt sich ahnen. Philippe Brun erinnert sich: «Sacha Vierny benutzte in MARIENBAD häufig die zweigeteilten Linsen (=Split-Field-Linsen T.B.), auch bei bestimmten Kamerabewegungen.»[1] Einige Passagen des Films sind überstrahlt, aber weniger durch Licht als durch das dafür verwendete orthochromatische Tonnegativ, manchmal zerfließt es auch regelrecht in Tüll. Das lässt Schnitte in scharfem Kontrast zu Bildern mit ungewöhnlicher Schärfentiefe zu, wofür Dialyscope eigens Split-Field-Linsen schleifen musste, oder zu der silhouettenartigen Tanzszene, die mit einem einzigen Licht ausgeleuchtet wurde. Alles ist dabei klassisch mit Kasch und Gegenkasch in der Kamera gemacht, auch die Einstellungen mit Delphine Seyrig, die zweimal im Bild erscheint, was bei den unendlichen Spiegelgalerien des Films fast schon natürlich erscheint. Gegen alle Regeln leuchtet Vierny den Hintergrund normal aus und gibt den Personen im Vordergrund deutlich zu wenig Licht, was eine surreale Wirkung erzeugt. Mit ein wenig Seitenlicht leuchten sie im Dunklen. «Ich liebe alles, was im Dunklen schimmert», erklärt Vierny. «Das ist mein genetisches Erbe: Mein Vater war Juwelier!»[2]

---

1 Interview mit Philippe Brun. In: *CICIM*, Nr. 35–36, 1992. Im Film selbst sind solche Aufnahmen schwer nachweisbar, da in den verdächtigen Szenen immer eine schwarze oder glänzende Kante/Fläche im Bild ist, die den Diopter-Einsatz optimal kaschiert.
2 Interview mit Sacha Vierny. In: Christian Gilles: *Les Directeurs de la photo et leur image*. Paris 1989. S. 192.

MURIEL (1963) ist ihr nächster gemeinsamer Film. Vierny erinnert sich: «Resnais wollte vor allem für die Außenaufnahmen beißende Farben, wie im wirklichen Leben, und als wir in den Straßen von Boulogne auf knallbunte Werbeplakate stießen, versuchten wir erst gar nicht, sie aus dem Bild zu halten, sondern bedienten uns ihrer und stellten einen Bezug her zu den aufdringlichen und kontrastreichen Farben der Comicstrips.»[3] Vierny bezeichnet den Stil als einen «réalisme violent», «einen gewalttätigen Realismus», mit aggressiven Farben, Dekors und Situationen, die die Hässlichkeit nicht scheuen.[4] Auch hier arbeitet Vierny mit der Kamera delozierend, aber nicht, indem sie beständig herumfährt, sondern schon mal die Personen aus dem Bild verschwinden lässt und einfach wartet, bis sie irgendwo anders wieder auftauchen. Der Film ist nah an der Zeit, und man merkt, dass es für die Franzosen keine gute war.

1965 folgt LA GUERRE EST FINIE, wieder in Schwarz-Weiß. Ein Film zwischen zwei Welten, die des antifrancistischen Widerstands, mit hartem Kontrast gefilmt, und der Pariser Bourgeoisie, weich, hell und diffus. Yves Montand ist der Wanderer zwischen den Welten, aber auch zwischen den Zeiten. Resnais, der immer schon die Erzählzeiten durchmengte, und Vierny, der seit MARIENBAD die Kunst beherrscht, ohne Zeitlupe die kinematografische Zeit zu dehnen, arbeiten hier wieder mit flashforward. Diese unorthodoxe Erzählzeit der nahen Zukunft wird diesmal nicht nur durch Kamerafahrten, sondern auch durch die neue Zoomtechnik gestützt. STAVISKY von 1973 ist eine Art Schwarz-Weiß-Film in Farbe. Resnais, der für die Vorbereitung seiner Filme ein privates Zeitschriftenarchiv angelegt hat, und Vierny, der mit Schleiern und schwarzem Tüll den Bildern eine morbide Aura verleiht, wollten den Lifestyle der happy few aus den 1930er Jahren herbeizitieren. Die Bichromie des frühen Zwei-Farben-Technicolor mit seinen dekadent-rosigen Hauttönen und seinem blaugrünen Hautgout war das Vorbild.

MON ONCLE D'AMERIQUE von 1980 ist eines jener abstrakten Melodramen, die Resnais so liebt. Kurze Schwarz-Weiß-Fetzen, flashback und flashforward, hat Resnais in den Farbfilm eingeschoben. Das Interview des Wissenschaftlers und der Diskurs des Melodrams werden ununterscheidbar. Das Kino wird zum Labor und das Labor zum Melodram. Eine unangenehme Aufgabe. Vierny zieht das stringent durch, jedem der vier Akte des Films gibt er eine eigene Tönung, jede der drei Hauptpersonen bekommt ihr eigenes Licht. L'AMOUR A MORT, 1984, wieder eine abstrakte melodramatische Konstruktion. Der Titel sagt alles. Vierny erinnert sich: «Resnais sagte uns, wann der Dekor wichtig ist und wann er zurücktreten, völlig dunkel werden soll, und ich entschied, welche Scheinwerfer langsam ausgehen würden. Während der Einstellung, während der Szene selbst veränderten wir die Lichtmenge auf dem Hintergrund. So et-

---

3   Interview mit Sacha Vierny. In: *CICIM*, Nr. 35-36, 1992.
4   Interview mit Sacha Vierny. In: *Cinéma* 80, Nr. 259–260, 1980.

was macht Spaß.»⁵ Vierny ist hier seinem großen Vorbild Alekan am nächsten. Er setzt das Licht nicht logisch und schon gar nicht realistisch. Schwarz steht für den Tod und Rot für die Liebe. Dazwischen Schwarzfilm und weiße Schneeflocken. Wenn sich die Kamera im Scopeformat rasch nach vorne bewegt, zerfließen die Ränder. Zum Schluss glüht die Mauer des Pfarrhauses rot.

Die Techniken, die Vierny für die Filme von Resnais entwickelt hatte, machten ihn interessant für Regisseure mit ähnlichen Intentionen. Buñuel lässt ihn die Figur von Catherine Deneuve in BELLE DE JOUR (1966) so gestalten, dass von Traum über Fantasie bis Doppelleben alles möglich ist. Marguerite Duras, die er seit HIROSHIMA MON AMOUR kennt, holt ihn für LA MUSICA (1966) und VERA BAXTER (1977); in beiden Filmen sind Orte und Zeiten so indifferent wie in MARIENBAD. Für Raúl Ruiz macht er L'HYPOTHÈSE DU TABLEAU VOLÉ (1978), LA VOCATION SUSPENDUE (1979) und LES TROIS COURONNES DU MATELOT (1982). Für L'HYPOTHÈSE DU TABLEAU VOLÉ haben Ruiz und Vierny vorher LA BELLE ET LA BÊTE mit der Kameraarbeit von Henri Alekan genau studiert. So genau, dass Alekan später in seinem Buch den Film als das Paradebeispiel für bewusstes Arbeiten mit mehreren Sonnen anführt. Vierny, der immer schon nahe am eingefrorenen Bild operierte, macht hier den Übergang zum tableau vivant.

In LA VOCATION SUSPENDUE wechselt Vierny zwischen Schwarz-Weiß und Farbe und beginnt gleichzeitig mit unterschiedlichen Qualitäten von Film im selben Film zu experimentieren. Es ist kein Wechsel der Nuancen, sondern ein abrupter Bruch von Szene zu Szene, wie es in Comic-strips vorkommt. Noch einen Schritt weiter geht er in LES TROIS COURONNES: «Und wie der Mantel durch die ganze Welt wandert, kommt er durch alle Häfen der Welt, aber für alle Häfen der Welt, sei es in Portugal oder am Kanal, Saint Martin oder Bercy, wechselt man das Filmmaterial, um die Unterschiede zu schaffen [...]» (Vierny).⁶ Agfa, Fuji oder Kodak sind für Vierny nicht nur verschiedene Markenzeichen, sondern Farbgebungen mit klarem kulturellem Hintergrund. Um Panoramen noch zu verstärken arbeitet er mit großer Tiefenschärfe und platziert zusätzlich im Vordergrund ein Glas, eine Zigarette oder sonst ein Detail. LES TROIS COURONNES, konstatiert Vierny, das ist ein Regenbogen.

Die beiden Lieblingsfilme von Peter Greenaway sind MARIENBAD und MURIEL, Sacha Vierny war für ihn immer der größte. Eine wiederkehrende Figur in Greenaways Werk ist der allgegenwärtige Tulse Luper, das alter ego des Regisseurs. «Er war die Inkarnation von Tulse Luper», sagt Greenaway über Vierny.⁷ Ihre Zusammenarbeit beginnt mit ZOO (1985), der Film, der mit dem größten Nonsense-Monolog beginnt, den ein Polizist jemals von sich gab: «A swan? ... What a swan? ... Leda? Who is Leda?

---

5 Interview mit Sacha Vierny. In: *CICIM*, Nr. 35-36, 1992.
6 Interview mit Sacha Vierny. In: *Cahiers du Cinéma*, Nr. 345, 1983.
7 Peter Greenaway nach Amy Lawrence: *The Films of Peter Greenaway*. Cambridge 1997. S. 72.

Is she the injured woman? ... Lay-da? Laid by whom? – Jupiter?» Sacha Viernys Kamera, auf einem Dolly mit Kran, schwenkt in den verunglückten Wagen bis zum Rücksitz, und fährt dann wie besoffen um den grotesken Unfallort. Das Gegenteil von einem establishing shot, angemessen für einen Film um obszöne Tiere, perverse Wissenschaftler und die Wiederkehr von Vermeer im Zeitalter der Reproduzierbarkeit. «Der Zeremonienmeister des Films war Vermeer – der geschickte und prophetische Manipulator zweier Grundlagen des Kinos – der Handlung, im Bruchteil einer Sekunde, und des Dramas, das von Licht enthüllt wird» (Greenaway).[8]

Die Milch, die aus einem Krug gegossen wird, der Prozess, der nur einen Augenblick währt, die Verwandlung eines Zebras in Staub, die Filmkamera macht es möglich. Und Vierny liefert jedes Licht dazu, Tageslicht, Dämmerung, Zwielicht, Kerzenlicht, Feuerlicht, Mondlicht, Sternenlicht, Suchlicht, Kathodenstrahllicht, Bogenlicht, Neonlicht, Projektorlicht, Autolicht, Nebellicht. Und möglichst von links oben, eineinhalb Meter über dem Boden, wie es Vermeer liebte, Leselicht in der Malerei. Die Gutenberg-Galaxis, die zentralperspektivische Malerei, die Fotografie und das Kino werden bei Greenaway nochmals nachdekliniert und in ihren Zusammenhang gestellt. Ein postmodernes Kino, das seine Schnittpunkte im Zeichen, im Still-Leben und im Gesamtkunstwerk hat. Vermeers allegorisches Gemälde ‹Die Malkunst›, im Kino frei nachgestellt von einem Fotografen, von Vierny eingefroren im Rahmen eines tableau vivant, mit einem Leselicht von links oben und der klassischen Kombination 50 mm-Objektiv und Blende f: 8.

THE BELLY OF AN ARCHITECT (1986) handelt vom Gesamtkunstwerk am denkbar geeignetsten Ort, in Rom. Vierny wählte für die Chiricohafte, wie gestochene Atmosphäre der Außenaufnahmen die Zeit des feragosto am frühen Morgen, keine Römer, keine Touristen, eine Totenstadt. «Das Auge des Kameramanns ist das Auge eines klassischen Architekten», erklärt Greenaway.[9] Brian Dennehy, der Architekt, muss mal als sterbender Marat, mal als gekreuzigter Christus auftreten. Sacha Vierny und seine Crew haben abendländische Ikonografie auf Abruf bereit, wie Greenaway bemerkt: «Bei der Arbeit mit Sacha Vierny und seiner Kamera-Crew wurde mir klar, dass sie eine reiche Filmsprache und ein weites Referenzsystem haben. Auch wenn sie unnötig überempfindlich gegen Kantinenessen sein mögen, die französische Crew wird den Namen eines Malers wie ein gewöhnliches Adjektiv benützen.»[10]

In DROWNING BY NUMBERS (1988) kann man nicht nur 100 Zahlen suchen, sondern auch die Geschichte des europäischen Still-Lebens. Nature morte, wie das Still-Leben auf Französisch heißt, ist der Zustand, der hier spielerisch hergestellt wird. Abzähl-

---

8   Peter Greenaway nach Amy Lawrence: ebd.
9   Peter Greenaway nach Alan Woods: *Being Naked Playing Dead. Manchester* 1996. S. 245.
10 Peter Greenaway nach Alan Woods: ebd. S. 255.

reime für große Kinder mit echten Kinoleichen. Sacha Vierny zitiert mit seiner Kamera die Atmosphäre von Märchen-Illustrationen herbei, und die Personen werden so kadriert, dass sie immer etwas zu groß erscheinen, wie Erwachsene in einer Kinderstube. Menschen und Dinge sind für Greenaway gleich interessant und gleich gültig. In DROWNING BY NUMBERS versucht er sich mitunter Vuillards Interieurs anzunähern, in denen Sessel, Kleidung, Person und Hintergrund optisch verschmelzen: «[...] die gemütliche, schläfrige Intimität des Vuillard-Personals – Familie, Kinder, Verwandte, Freunde, oft sitzend, oft schlafend oder dösend im Sommerlicht – einzufangen mit der abstrakten Sprache der Kinomalerei. Das Wohnzimmer der ersten Ertränkung des Films in einer Badewanne mit Joan Plowright und Bernard Hill hat etwas von dieser Ambition [...].»[11] Die postmoderne Wiederentdeckung des Vanitas-Motivs.

THE COOK, THE THIEF, HIS WIFE AND HER LOVER (1989) handelt vom Kochen, Essen, Verdauen und Ausscheiden, von Koprophagie, Kopulation, Transpirieren und Waschen. Franz Hals' ‹Festmahl der Offiziere der St. Georgs-Schützengilde› von 1616 liefert Greenaway den (kunst)geschichtlichen Referenzpunkt. Vorhänge öffnen und schließen sich wie auf einer Bühne, die bevorzugte Bewegung von Viernys Kamera ist die Parallelfahrt, wenn Wände passiert werden, wird das Bild kurz schwarz. Wir bewegen uns in einem dreidimensional aufgeklappten Gemälde. Die Farbdramaturgie lässt die Personen mit den Räumen die Farbe wechseln, das Blau des Parkplatzes, das Grün der Küche, das Rot des Restaurants, das Weiß der Toilette, das Braun des Bücherraums, das Gelb des Krankenzimmers. Neben der manifesten Handlung zaubert das Licht beständig ein Schattentheater, aus dem Off kommend. Das Matrjoschka-Prinzip: ein Gemälde steckt im Gemälde steckt im Gemälde. Greenaway lässt die bürgerliche Gesellschaft dort enden, wo sie fast zeitgleich auch Oliveira in Os CANIBAIS vermutet: beim Kannibalismus. 1964 hatte Sacha Vierny bereits als Kameramann für AIMEZ-VOUS LES FEMMES von Jean Léon gearbeitet. Dieselbe Dekadenz mit der er damals den Verzehr von Jungfrauen ins Bild gesetzt hat, finden wir wieder beim Verzehr des Liebhabers. Die Postmoderne verkündet das Ende der Geschichte.

Alles, was Greenaway danach gemacht hat, sind nur noch Etüden zu diesem Thema. PROSPERO'S BOOKS (1990), THE BABY OF MACON (1993), THE PILLOW BOOK (1996), immer mit Vierny an der Kamera. ‹The Tempest›, Shakespeares utopisches Renaissancestück um Zivilisation und Wildnis, wird von Vierny mit dem Licht eines Ruisdael oder Hobbema in Szene gesetzt: «Sacha schlug den alten Malertrick vor, den Himmel dunkler als das Land zu machen [...]» (Greenaway).[12] Die Weisheit der Bücher schützt nicht vor Rückfall in die Barbarei. THE BABY OF MACON beweist es. Das, was im weströmischen Christentum die höchste Ikone ist, die Mutter mit dem Kind, ver-

---

11 Peter Greenaway nach Alan Woods: ebd. S. 258.
12 Peter Greenaway nach Alan Woods: ebd. S. 259.

507–510 L'ANNÉE DERNIÈRE À MARIENBAD (Alain Resnais, 1960/61), Bild: Sacha Vierny

511–512 BELLE DE JOUR (Luis Buñuel, 1966), Bild: Sacha Vierny

513 L'Hypothèse du tableau volé (Raúl Ruiz, 1978), Bild : Sacha Vierny

514–519 The Cook, the Thief, his Wife and her Lover (Peter Greenaway, 1989), Bild : Sacha Vierny

wandelt sich in ein Blutbad. Viernys Bilder, die mit dem wärmenden, rötlichen Licht von Georges de La Tour beginnen, kippen schließlich ins grausam Blutrote.

THE PILLOW BOOK, scheinbar ein harmloser Ausflug in die erotische Kunst Japans, verwandelt Kalligraphie in eine obsessive, zerstörerische Kunst. Das japanische Schwarz-Weiß, in Ozus Tatami-Position gefilmt, explodiert in den lauten Farben eines Hongkong Kung-Fu-Films, distanzierte cinéma verité-Technik verbrennt im Feuertod des kalligraphischen Tagebuchs. Viernys Kameraarbeit ist umso bemerkenswerter als ganze Passagen des Films heimlich gefilmt werden mussten. In den Straßen von Hongkong herrscht Filmverbot und in heiligen japanischen Schreinen sind Kameras nicht erwünscht. Eine echte Bewährungsprobe für die Arriflex und den Kameramann kombiniert mit digitalen Techniken. Vierny, der Kameramann, der den Belichtungsmesser immer verabscheute, hat es realisiert: «Das ist ein Instrument, das nur die Menge des Lichts anzeigt und das nichts mit dem Gefühl zu tun hat, das ich für meine Arbeit brauche. Wozu messen? [...] Kontraste, Gleichgewichte, diese Qualitäten machen das Auge aus.»[13]

---

13 Interview mit Sacha Vierny. In: *Cinématographe*, Nr. 69, 1981. Die Gewichtung von Licht und Schatten macht ein erfahrener Kameramann mit dem Auge und misst nicht jedes Detail mit dem Spotmeter. Die Blende, mit der gedreht wird, ermittelt dann der Assistent nach dem Belichtungsmesser.

Fritz Arno Wagner

Der Zugang von Fritz Arno Wagner zur Kameratechnik ist dokumentarisch. Ab 1912, mit 23 Jahren, macht er für die Pathé-Wochenschauen die ersten Arbeiten als Kameramann in Wien, Berlin und New York. 1914 in New York erhält er den ersten größeren Auftrag: In Mexiko ist wieder mal Revolution, General Huerta gegen Pancho Villa. Pathé schickt ihn mit einem Exklusivauftrag nach Mexiko. Jay Leyda spricht von «Fritz Arno Wagners unbeschränktem Auftrag, Wochenschaumaterial zu drehen».[1] Leider wissen wir heute vielfach nicht, von wem das Material stammt, das es zur mexikanischen Revolution gibt. Aufgrund der Dauer und des Umfangs des Auftrags dürften sicher viele der erhaltenen Dokumente von Wagner stammen. Im Ersten Weltkrieg ist Wagner als Filmreporter für das BUFA (Bild- und Filmamt) tätig. Erst 1919, bei Lubitschs MADAME DUBARRY, kommt er als zweiter Kameramann zum Spielfilm. Ab 1920 arbeitet er selbstständig.

Kameramänner mit einem Gespür fürs Dokumentarische gibt es viele. Was Fritz Arno Wagner von anderen Kameramännern seiner Generation unterscheidet, ist die Fähigkeit, alles mit und in der Kamera zu machen. Denn das ist die wichtigste Lektion, die jeder gute Dokumentarist lernen muss. Bis auf die Lichtsetzung arbeitet Wagner weitgehend unabhängig von Studiobedingungen. Filmtechnische Effekte, die der expressive und fantastische Film lieben, stellt er kameratechnisch her. Die Zaubereien im MÜDEN TOD (1921), die Überblendungen und das Spiel mit den Tempi in NOSFERATU (1921), das ist Filmtrick und nicht Trickfilm. Und in SCHATTEN (1923) ist sein einziges Hilfsmittel die Lichttechnik. Für solche Aufgaben wird Wagner auch immer wieder eingesetzt, sei es der dritte Mabusefilm von 1932, LIEBE, TOD UND TEUFEL (1934) oder AMPHITRYON (1935). Seine Trickszenen wirken leicht, gefällig, wie hingezaubert, rokokohaft luftig. Alles mit der Kamera zu machen, ist aber nicht immer ungefährlich: «Von allen deutschen Filmkameramänner bin ich wohl derjenige, der bei seiner Arbeit am weitaus häufigsten in Gefahr, ja sogar in Lebensgefahr schwebte.»[2]

Die großen deutschen Kameramänner der 1920er Jahre haben alle auf ihre Weise das Sehen erneuert oder revolutioniert. Wagners auffälligster Beitrag zur Zertrümmerung zentralperspektivischer Traditionen ist die ‹Rodschenko-Perspektive›. Der Blick von oben auf die Massen auf der Straße in LIEBE DER JEANNE NEY (1927), der Blick vom

---

1 Jay Leyda: *Filme aus Filmen*. Berlin 1967. S. 155.
2 Fritz Arno Wagner: Filmsensationen – an der Kamera erlebt. In: *Lichtbild-Bühne*, Nr. 59, 1933.

Fenster auf die gespenstischen Vorgänge in den Straßen von Lübeck in NOSFERATU (1921), der Blick in die Tiefe der Hinterhöfe von Berlin auf die spielenden Kinder in M (1931), das sind typische Wagner-Inventionen. Die Akteure bewegen sich ameisenhaft auf einem flachen Grund, auf dem das Auge vergebens nach einem Fluchtpunkt suchen mag. Seitliche Begrenzungen sind paradox verschoben, verweigern jeden orientierenden Halt. Diese Bilder sind radikal modern, schleudern den Betrachter selbst zurück ins Haltlose.

Wagner hat wesentlichen Anteil an den großen Meisterwerken des Kinos der Weimarer Republik. Für Murnau dreht er SCHLOSS VOGELÖD (1921), NOSFERATU (1921), DER BRENNENDE ACKER (1922), für Lang dreht er DER MÜDE TOD (1921), SPIONE (1927), M (1931) und DAS TESTAMENT DES DR. MABUSE (1933), für Pabst dreht er DIE LIEBE DER JEANNE NEY (1927), WESTFRONT 1918 (1930), SKANDAL UM EVA (1930), DIE 3-GROSCHEN-OPER (1930) und KAMERADSCHAFT (1931); dazu kommen wichtige Filme wie SCHATTEN (1922 von Arthur Robison), ZUR CHRONIK VON GRIESHUS (1924 von Arthur von Gerlach) und die Karl Grune-Filme AM RANDE DER WELT (1927) und WATERLOO (1928) sowie seine Mitarbeit an den Lubitsch-Filmen MADAME DUBARRY (1919) und SUMURUN (1920). Wie Karl Freund versteht er sich als Mitschöpfer.

Als G. W. Pabst sich nach dem Erfolg von KAMERADSCHAFT mit den Bilderfindungen des Films brüstete, soll es zum Zerwürfnis mit Wagner gekommen sein.[3] Wie viel an der Geschichte dran ist, wissen wir nicht, aber Wagner war in der Tat ein Kameramann, der die Bildgestaltung gerne als seine exklusive Aufgabe betrachtete. Es sind uns von Wagner keine Regieambitionen bekannt, aber die wenigen Äußerungen aus den 1930er Jahren, die wir von ihm haben, machen sein künstlerisches Selbstverständnis sehr deutlich. Dabei fällt auf, dass er die erhöhten Anforderungen des Tonfilms als letzten Beweis für den selbstständigen Wirkungsbereich des Kameramanns als Kamera-Regisseur anführt.

1938 erklärt Wagner aus der Feder von Hans Spielhofer: «Der heutige Operateur muss in der optischen Gestaltung wesentlich selbstständiger sein als der Stummfilmoperateur. Ja, er kann darüber hinaus den Regisseur sogar bei der Schauspielerführung unterstützen. Denn er ist gewissermaßen der Unparteiische gegenüber dem Bühnenmäßigen des vom Theater kommenden Schauspielers und Regisseurs, die sich beide mitunter in der übertreibenden Geste und Sprachtechnik noch wohler fühlen als dem Film gut tut. Er weiß darum, dass die Kamera mehr sieht als die meisten Regisseure und Schauspieler; die Kamera sieht sogar, ob der Schauspieler das denkt, was er spricht! Der Kameramann steht dem Dialog unbefangener und daher urteilsfähiger gegenüber als der Regisseur, der vor lauter Wiederholungen simpelster Sätze manchmal in die Lage der Köchin kommen mag, der vor lauter Kochen und Probieren und Küchengeruch der

---

3   Jean Oser: Über die Arbeit mit G. W. Pabst. In: *Kinemathek*, Nr. 10, 1964.

Appetit und der Geschmack vergehen! So ruft sie schließlich den hungrigen Gast zu Hilfe, um zu erfahren, ob das Gericht nun schon fertig ist oder was es noch an Würze braucht.»[4]

Programmatisch ist auch sein Text ‹I Believe in the Sound Film›. Wagner sieht eine Zweiteilung zwischen Dialogregie und filmischer Form. Für die filmische Form ist vor allem der Kameramann verantwortlich: «Das Problem ist, dass der heutige Tonfilm zu wenig Form besitzt; es erinnert sehr an Genre-Malerei, die auf tausend verschiedene Weisen gelesen und interpretiert werden kann. Die Basis der filmischen Darstellung bleibt das Bild, und das gesprochene Wort und der Gesang müssen seinen Ansprüchen notwendiger Weise untergeordnet werden. [...] Es ist bedauerlich, dass dies so wenig wahrgenommen wird, denn der dynamische Ausdrucksstil des Films macht ihn der Moderne angemessener als das Theater. [...] Um seine größte Wirkung zu entfalten, sollte alles, was einen in einem guten Film packt und mitreißt, nicht vom gesprochenen Wort ausgehen, sondern vom Bild.»[5]

Die Geringschätzung des Kameramanns als bloßen Techniker ärgert ihn sichtlich: «Wir rutschen tiefer und tiefer in das größte Übel des Tonfilms, denn durch die Einführung der Sprache rückt der Schauspieler zu sehr ins Scheinwerferlicht, während alles Filmische um ihn herum zu sekundärer Bedeutung herabsinkt. Er ist der Künstler des Films geworden. Alle anderen Kreativen, die beteiligt sind, so groß ihr Genie auch sein mag, verbleiben Techniker.»[6] Wagner sieht sich mehr noch als den Schauspieler als den eigentlichen Star des Films: «Ich habe die schwierigsten Aufnahmen in Bergwerken und auf hoher See, in unwirtlichsten Landschaften, auf schwindelnder Höhe in den Bergen machen dürfen. [...] Dafür aber habe ich mit meiner Bildkamera dafür gesorgt, dass die wesentlichsten Spannungseffekte dieser Aufnahme, ihre immense Gefährlichkeit, ihre Schwierigkeit, mit ins Bild kamen.»[7]

Die entfesselte Kamera wird technisch vor allem mit Karl Freund verbunden. Aber natürlich war die Entwicklung im Trend der Dekade, eine ganze Generation von Operateuren hat ihren Anteil daran. Ein Problem, das gelöst werden musste, waren die Zwischentitel. In dem Text ‹I Believe in the Sound Film› schreibt Wagner: «Ton ist immer erträglicher als langweilige Untertitel, die die bildliche continuity unterbrechen, wenn nicht sogar völlig zerstören. 1922 schufen Arthur Robison, Albin Grau und ich den Film SCHATTEN, ein Film ohne Untertitel, um diesem Dilemma zu entkommen.»[8] 1924 führt Wagner den Kugelkopf in die Filmtechnik ein und macht damit die Kamera erheblich beweglicher. Vielfach gerühmt ist die Beweglichkeit der Kamera in DIE LIEBE

---

4   Hans Spielhofer: An der Kamera – Fritz Arno Wagner. In: *Der deutsche Film*, Nr. 8, 1938.
5   Fritz Arno Wagner: I Believe in the Sound Film. In: *film art*, Nr. 8, 1936.
6   Fritz Arno Wagner: ebd.
7   Fritz Arno Wagner: Filmsensationen – an der Kamera erlebt. In: *Lichtbild-Bühne*, Nr. 59, 1933.
8   Fritz Arno Wagner: I Believe in the Sound Film. In: *film art*, Nr. 8, 1936.

DER JEANNE NEY mit Szenen bis zu 120 m Länge: «(Der Film) beginnt mit einer Szene, die den Schurken Khalibiev charakterisiert: von den Spitzen seiner Schuhe gleitet die Kamera an seinen Beinen entlang zu verstreuten Zeitungen, erfasst Zigarettenstummel auf dem Tisch, folgt seiner Hand, als er einen Stummel auswählt, erforscht sein Gesicht und erschließt endlich einen Teil des dreckigen Hotelzimmers, in dem Khalibiev auf dem Sofa liegt» (Siegfried Kracauer).[9]

Paul Rotha würdigt Wagners Leistung ausführlich: «Fritz Arno Wagners Kamera in JEANNE NEY ist schon anderorts gerühmt worden, und es reicht hinzufügen, dass sie technisch, in der Eleganz der Schwenks und Fahrten und in der Perfektion der natürlichen Lichtwerten, unübertroffen ist. [...] Jede Kurve, jeder Winkel, jede Annäherung an die Linse war vom fotografischen Material her kontrolliert in Hinblick auf den Ausdruck der Stimmung. [...] Die Beweglichkeit der Kamera ist in jede Richtung und mit jeder Geschwindigkeit gerechtfertigt, so lange der Grund der Bewegung im Ausdruck und der Erhöhung des dramatischen Gehalts des Themas liegt. Die Bewegung kann vorwärts und rückwärts gehen, von der einen Seite zur anderen oder rauf und runter. Sie kann horizontal, pendelnd, diagonal, kreisförmig oder in Kombination dieser Aktionen in Kurven oder geraden Bewegungen erfolgen. In JEANNE NEY war Wagners Kamera praktisch den ganzen Film hindurch in Bewegung. Der dramatische Gehalt wurde jedoch so stark rübergebracht, dass der Zuschauer sich der Bewegung kaum bewusst wurde.»[10]

In der 3-GROSCHEN-OPER, wieder zusammen mit Pabst, setzt sich dieser Stil fort: «Auf seinem Weg zu den Docks, wo ein Moritatensänger auftritt, passiert Mackie eine Reihe von Prostituierten und Zuhältern, die sich reglos gegen die Häuser lehnen, als seien sie wie Schwamm aus den Wänden hervorgetreten. Der Moritatensänger taucht in regelmäßigen Abständen auf, und da seine Songs die Handlung kommentieren, wird die Handlung selbst zu einer Ballade. Alles scheint wie ein Traum. Dieser Eindruck wird durch F. A. Wagners Kameraarbeit noch verstärkt. Dank der pausenlosen Schwenks und Fahrten tritt in der Szenerie nie Stillstand ein. Die Bewegungen im Bordellraum gleichen denen in einer Schiffskabine. Normale Stabilität wird auf den Kopf gestellt, und es erwacht eine Welt von schwebenden Phantomen» (Siegfried Kracauer).[11]

In dem Pabst-Film KAMERADSCHAFT holt Wagner selbst unter den Bedingungen eines Bergwerks aus seiner Kamera ein beständiges Gleiten und Fließen. Barry Salt in ‹Film Style and Technology› vergleicht 15 prominente Filme aus dieser Zeit auf die Elemente Schwenk, Fahrt, schiefgestellte Kamera und deren Kombinationen. Man kann sicherlich über den Wert solcher Statistik streiten, aber wenn ein Film bei allen

---

9 Siegfried Kracauer: *Von Caligari zu Hitler*. Frankfurt/Main 1979. S. 185.
10 Paul Rotha: *The Film Till Now*. London 1930. S. 188 und S. 277f.
11 Siegfried Kracauer: *Von Caligari zu Hitler*. Frankfurt/Main 1979. S. 250.

Elementen um 100% über dem Durchschnitt liegt, ist das in jedem Fall signifikant.[12] Mit dieser fluiden Variante einer entfesselten Kamera ist Wagner der amerikanischste unter den großen deutschen Kameramännern dieser Epoche. «Wagners Ideal ist der unsichtbare Apparat; der Apparat, der vom Spieler nicht geahnt wird, auf den er sich nicht einstellt, für den er darum auch nicht seine Unbefangenheit opfert. Aufnahmen auf der Straße, ohne dass jemand an Aufnahme denkt, sind für ihn ein besonderer Reiz. Natürlich auch die Aufnahme ohne Schminke»[13]

Jørgen Stegelmann hebt bei Wagner die Verbindung von Natürlichem und Übernatürlichen, von Traum und Wirklichkeit hervor. Die Lang-Filme SPIONE, M und TESTAMENT DES DR. MABUSE bleiben trotz des «naturalistischen Reportagestils nie grob realistisch, sondern er spielt in ihnen mit Licht und Schatten, mit dem grell Leuchtenden und dem düster Schwarzen, schafft ein geheimnisvolles Leben, eine innere Unheimlichkeit».[14] Die Murnau-Filme SCHLOSS VOGELÖD, NOSFERATU und DER BRENNENDE ACKER sind von einer «dämonischen, unheimlichen Ruhe» mit einer auffallenden Ähnlichkeit in der Technik der Großaufnahmen.[15] In den Pabst-Filmen WESTFRONT 1918, KAMERADSCHAFT und DIE 3-GROSCHEN-OPER findet er den «typischen Pabst-Wagnerschen Kamerarhythmus: die langsam gleitenden Bewegungen, fast unerträglich langsam, aber in ständiger Verbindung mit den Helligkeitswirkungen des Films. [...] Spiegel und Fenster verwendet er mit wohl kalkuliertem Effekt; das Spannendste an Wagners Werk ist, wie er stets aufs Neue eine irgendwie unglaubliche und unwirkliche Atmosphäre hervorruft.»[16]

«Auch Licht ist Leben! Es ist ein Stimmungsfaktor von unüberbietbarer Bedeutung», erklärt Wagner. » Ich liebe das Schwarz-Weiss des Bildes mit der größten Skala der Übergänge.»[17] Typisch für Wagners Schwarz-Weiss-Technik ist das Spiel mit Wirklichkeitselementen, die gleichzeitig unwirklich wirken. Die vielfältigen Brechungen in Glas in den Filmen von Lang und Pabst. Die opaleszierenden Wellen des Meeres oder die Flößer bei Mondlicht in NOSFERATU. Der hohe lange Saal in SCHLOSS VOGELÖD aus dessen Fenstern unwirkliches Licht flutet, während die Baronin und der Mörder wie Schatten an die gegenüberliegenden Wände gepresst sind, «die ganz stumme, ganz unbewegliche, steinerne Tragik eines äußersten, gespanntesten Seelenaugenblickes», «ein Mörder, der aus Liebe gemordet hat, mit seiner Geliebten; beide ganz unbeweglich wie

---

12 Barry Salt: *Film Style and Technology.* London 1983. S. 251.
13 Hans Spielhofer: Fritzarno Wagner, ein Bahnbrecher der Aufnahmetechnik. In: *Süddeutsche Filmzeitung*, 01. 06. 1928.
14 Jørgen Stegelmann: Fritz Arno Wagner. In: *Kosmorama* (Kopenhagen), Nr. 39, 1958.
15 Jørgen Stegelmann: ebd.
16 Jørgen Stegelmann: ebd.
17 Interview mit Fritz Arno Wagner. In: *Tobis Eilnachrichten*, 07. 11. 1942.

520–523 Nosferatu (Friedrich Wilhelm Murnau, 1921), Bild : Fritz Arno Wagner

524–525 Schatten (Arthur Robison und Albin Grau, 1922), Bild: Fritz Arno Wagner

526–528 DIE LIEBE DER JEANNE NEY (Georg Wilhelm Pabst, 1927), Bild: Fritz Arno Wagner

528 DIE LIEBE DER JEANNE NEY

529 M

529–531 M (Fritz Lang, 1931), Bild: Fritz Arno Wagner

zwei Statuen [...] so was hat man selten gesehen, seit es Filme gibt...» (Willy Haas).[18]

In SCHATTEN steigert sich das Schattenspiel noch durch Spiegeleffekte: «Fritz Arno Wagners Kamera fängt auf ihrer Oberfläche das Bild der jungen Frau ein, die sich in ihr Zimmer begibt, und in einem dieser Spiegel sieht man die Tür sich öffnen und schließen, durch die sich ihr Liebhaber zu ihr schleicht. Im gleichen Spiegel erblickt danach der betrogene Gatte den Kuss der Ehebrecher, und es ist voll Bedeutung, dass er zuerst nur ihre Schatten hinter der verhängten Glastür widergespiegelt sieht. Danach wird der Liebhaber das Bild des lauernden Gatten im selben Spiegel gewahr. Und nach dem Mord kehrt der Gatte zu dem Spiegel zurück, dessen betrügerisch glatte Oberfläche nichts von dem empörenden Bild bewahrt hat. Im flackernden Kerzenlicht – die zitternde Hand hält unsicher den Kandelaber – sieht er sein Ebenbild seltsam verzerrt widergespiegelt. Er dreht sich wild im Kreise, und von allen Seiten grinst ihm sein zerquältes Antlitz entgegen. Wohin soll er flüchten? Wie sich entgehen? Um sich selbst zu zerstören, will er wie der Titularbibliothekar Schoppe die Spiegelbilder zerschmettern, die ihn zu verhöhnen scheinen. Doch das halb zerstörte Glas spiegelt noch das Bild aus dem intakt gebliebenen gegenüberstehenden Spiegel wider.» (Lotte Eisner)[19]

Im Dritten Reich steht die Kameraarbeit von Wagner für einige herausragende Unterhaltungsfilme (LIEBE TOD UND TEUFEL, AMPHITRYON, SCHWARZE ROSEN, DER MANN, DER SHERLOCK HOLMES WAR, DER ZERBROCHENE KRUG, TANGO NOTTURNO, ALTES HERZ WIRD WIEDER JUNG), aber auch für eine ganze Serie politisch relevanter Stoffe. FLÜCHTLINGE (Ucicky, 1933) und EIN MANN WILL NACH DEUTSCHLAND (Wegener, 1934) sind beides Heim-ins-Reich-Vehikel mit der wiedererkennbaren Anmutung einer ungewöhnlich dynamischen frühen Tonfilmkamera. Von 1939 bis 1942 ist Wagner für die Gestaltung offizieller Propagandafilme zuständig: ROBERT KOCH, DER FUCHS VON GLENARVON, FEINDE, FRIEDRICH SCHILLER, OHM KRÜGER und DIE ENTLASSUNG. Fatal, wie hier die Porträts historischer Größen oft ähnlich ins Bild kommen wie Klassiker des Dämonenfilms: «[...] die enorme Silhouette des Vampirs, die langsam quer über das Schiff vordringt – die Kamera verleiht ihr von der Froschperspektive her eine unheimlich schräg aus der Tiefe herausragende Plastik, die gigantische Figur scheint den Rahmen zu sprengen, wird zu etwas geradezu dreidimensional Bedrohlichem» (Lotte Eisner über NOSFERATU).[20]

Nach 1945 dreht Wagner viel Belangloses. Aber selbst ein Werbefilm für den VW-Käfer aus seiner Hand macht auf dem Filmfestival von Venedig noch Furore. In dem Curt Goetz-Film FRAUENARZT DR. PRAETORIUS (1949) zeigt Wagner noch einmal seine

---

18 Willy Haas: Schloss Vogelöd. In: Film-Kurier, 08. 04. 1921.
19 Lotte H. Eisner: *Die dämonische Leinwand*. Frankfurt/Main 1975. S. 134f.
20 Lotte H. Eisner: *ebd.* S. 101.

Befähigung zu einer geradezu rokokohaften Leichtigkeit. Aber das ist eher die Ausnahme. 1958 stürzt Wagner bei Dreharbeiten vom Kamerawagen und stirbt. Lotte H. Eisner resümiert in ihrem Nachruf: «Wagner, der nie ein Nazi war, ein solider, vitaler und offenherziger Mensch, wurde im Nachkriegsdeutschland leider nicht die künstlerische Wertschätzung entgegen gebracht, die ihm gebührt hätte.»[21]

21 Lotte H. Eisner: Mort de F.-A. Wagner. In: *Cahiers du Cinéma*, Nr. 88, 1958.

Haskell Wexler

> Wahre Künstler haben ein soziales Gewissen. Für eine positive Veränderung können wir uns nicht auf eine kommerzielle Moral verlassen.
>
> *Haskell Wexler*

> Fragen Sie heute ein Kind, was ein Krimineller ist. «Nun, er raubt Banken aus, stiehlt, hat eine Knarre... vermutlich ist er dunkelhäutig, etwas hässlich, vielleicht mit einem Schnurrbart.» Das sind politische Bilder. Ganz gewiss sind die größten Kriminellen Burschen, die sehr gut Englisch sprechen und vermutlich ihre Familien lieben. [...] Es ist nichts Falsches daran, in einer Traumfabrik zu arbeiten, aber die Traumfabrik muss einen Bezug zur wirklichen Welt haben. Wenn man den Kontakt zur wirklichen Welt verliert [...], wird man nur wiederholen, was grundsätzlich falsch ist.
>
> *Haskell Wexler*

> Wexler gilt als guter Kameramann, wenn man ihm Zeit lässt und er rumfummeln kann. Er ist deshalb nicht besonders gut als Kameramann für Commercials, Spielfilme oder Fernseharbeit.
>
> *FBI-Report über Wexler vom 4. Mai 1964*

Haskell Wexlers Vater, ein Unternehmer im Radiogeschäft, besaß eine Bell&Howell-Kamera, mit der Wexler als Jugendlicher seine ersten Experimente machte. Er drehte u.a. einen Fundraising-Film für die ‹Association for Crippled Children›. Im Zweiten Weltkrieg war er Matrose auf einem Transporter und überlebte – von Murmansk bis zum Horn von Afrika – einige Torpedoangriffe. «Alles, was man tun musste, um befördert zu werden, war am Leben bleiben», kommentiert er lakonisch seine militärische Karriere als Offizier.[1] Nach dem Krieg beginnt er als Kameramann für Dokumentarfilme und Commercials. Mit Conrad Hall zusammen hat er später zehn Jahre lang eine Produktionsfirma für Werbefilme.

---

1   Haskell Wexler nach Bob Fisher: Haskell Wexler, ASC: Innovation with Integrity. In: *American Cinematographer*, February 1993.

LIVING CITY (1953), ein Dokumentarfilm über das städtische Leben, bringt Wexler einen Oscar ein. Trotzdem gestalten sich seine Versuche zum Spielfilm zu wechseln schwierig. Ein halbes Dutzend Filme muss er unter Pseudonym drehen, bis er in die ASC aufgenommen wird. 1955 arbeitet er mit Wong Howe zusammen bei PICNIC (Joshua Logan). Für THE SAVAGE EYE (Ben Maddow, 1960), ein Psychodrama um eine geschiedene Frau, liefert er vielbeachtete Einstellungen, die ein schonungsloses Porträt von L.A. zeichnen. THE INTRUDER (1962) ist ein Film, der es Roger Corman wert war, einen Flop zu landen: Ein weitgehend dokumentarisch inszenierter Film über den militanten Rassismus in den Südstaaten. Wexler, mit seiner Vorliebe für einen harten dokumentarischen Kamerastil, ist dafür genau der richtige Mann.

AMERICA, AMERICA (Elia Kazan, 1963) markiert den Beginn von Wexlers steiler Karriere. Kazan und Wexler hatten sich bei WILD RIVER (1960) kennen gelernt. Das Aus- und Einwandererdrama von der Verfolgung in Kleinasien über das überfüllte Schiff und Ellis Island nach New York in mehreren Lebensstadien ist von Kazan so hautnah und lebensnah inszeniert wie es ein Spielfilm zulässt. Die Zusammenarbeit mit Wexler war schwierig und fruchtbar zugleich: «Ein paar Mal hätte ich ihn beinahe geschlagen», erklärt Kazan, «aber gleichzeitig bewunderte ich ihn. [...] Er ist beinahe wie ein menschlicher Kran. Er kann aufrecht anfangen mit einer Handkamera und dann runtergehen wenn jemand fällt, ganz runter zu ihm, elegant und leicht – da ist er fantastisch.»[2] Und Wexlers Version: «Wir hatten aber auch Streit über die Bildkomposition. Das Breitwandformat war gerade im Kommen. Beim Ranfahren sagte er immer: ‹Bildmitte, Bildmitte!› Ich hatte ein gutes Fingerspitzengefühl für das 1,85er Breitwandformat. Weil wir damals keine Spiegelreflexkameras benutzten und auch die Muster nicht sehen konnten, habe ich ein wenig gemogelt. Den Sucher habe ich so justiert, dass der Schauspieler mehr in der Mitte erschien als nachher auf der Leinwand.»[3] Auch wenn der Film kein Kassenerfolg ist, ist er ein großer Achtungserfolg unter Fachleuten.

Mit THE BUS (1964) dreht Wexler den ersten Film seiner BUS-Trilogie. Es ist eine vielbeachtete Dokumentation über Teilnehmer der Sternfahrt nach Washington zu jener großen Demonstration, die ihren Höhepunkt in der Rede ‹I Have a Dream› von Martin Luther King, Jr. hat. Es folgen BUS II (1983) über die Teilnehmer einer Menschenrechtsdemo in New York und BUS III (1997) über den Streik der Busfahrer von L.A. Wexlers Arbeit als Hollywood-Kameramann wird immer wieder durch oft selbst finanzierte Filme zu politisch brisanten Themen unterbrochen. Bekanntere Titel sind: BRAZIL: A REPORT ON TORTURE (1971), CONVERSATION WITH ALLENDE (1971), INTRODUCTION TO THE ENEMY (1974), UNDERGROUND (1976), WAR WITHOUT WINNERS (1978), PAUL JACOBS AND THE NUCLEAR GANG (1981), THE SIXTH SUN: MAYAN UPRI-

---

2 Interview mit Elia Kazan. In: Michel Ciment: *Kazan on Kazan*. London 1973. S. 153.
3 Interview mit Haskell Wexler. In: *Filme*, Nr. 6, 1980.

sing in Chiapas (1995). Für Interview with my Lai Veterans erhält er seinen zweiten Dokumentarfilm-Oscar.

In dem etwas bemühten, halb dokumentarischen Film Medium Cool (1969) versucht Wexler seine persönliche Betroffenheit als Kameramann zu thematisieren. Der Titel Medium Cool paraphrasiert McLuhans These vom Fernsehen als ‹kaltem› Medium. Parabelhaft wird die Entwicklung eines Kameramanns vom zynischen Beobachter zum engagierten Teilhaber in den turbulenten Tagen des Parteitags der Demokraten von Chicago dargestellt. Die USA erscheinen als eine einzige Gewaltorgie, Boxer schlagen direkt in die Kamera, Hausfrauen vertreiben sich die Zeit mit Schießübungen, die Armee probt die Niederschlagung von Demonstranten, im Straßenverkehr herrscht Krieg… Die inszenierten Szenen von Medium Cool haben ihre Faszination durch die langen Plansequenzen mit Handkamera. Wexler verwendet teilweise 16mm-Material mit einer für Super 16 adaptierten Eclair NPR mit 300m-Magazinen (für späteres blow up auf 35mm-Material) und lässt sich in einer Art Rollstuhl herumfahren.

Er entwickelt ein Lichtkonzept mit indirektem Licht und arbeitet mit von ihm eingeführten aluminiumbeschichteten Schirmen. So entstehen hypermobile Szenen: Die Hauptdarstellerin kommt nachts nach Hause und kreuzt und quert ihre Wohnung oder eine Partyszene, die einfach dadurch entstand, dass Wexler privat zu einer Party einlud. Das Beste an Wexlers dokumentarischer Kamera ist sein seismographisches Gespür für den richtigen Moment. Seine engagierte Kamera hat einen bösen Blick ohne deswegen denunziatorisch zu werden: «In Dokumentarfilmen kommt die visuelle Kraft oft davon, dass man etwas nicht sieht. Man kann die Kamera nicht immer jemandem direkt ins Gesicht halten» (Wexler).[4] Medium Cool erhielt wegen seiner kritischen Haltung das gefürchtete X-rate, das es sonst nur für Pornofilme gibt, und der Verleih von Paramount weigerte sich, den Film vertragsgemäß zu vertreiben; erst eine Verfügung des Supreme Court ermöglichte eine bescheidene Auswertung. Die Spielfime, die Wexler gelegentlich inszeniert, sind immer stark engagierte Nestbeschmutzerfilme. Latino (1985), ein Film über die amerikanische Intervention in Nicaragua, wurde von den amerikanischen Geheimdiensten wie das Projekt eines Staatsfeindes verfolgt – und war es aus dieser Perspektive auch.

1965 porträtiert Wexler mit seinem ungeschminkten Kamerastil eine der groteskesten Seiten Hollywoods: die Beerdigungsrituale in Tony Richardsons Film über den Tod in Hollywood (The Loved One).1966 dreht er für Mike Nichols Who's Afraid Of Virginia Woolf. Nichols hatte stilistisch Otto e mezzo (Fellini, 1963) als Vorbild. Das italienische Licht von Gianni Di Venanzo, das gnadenlos hart sein kann. Wie schon in The Loved One bricht Wexler mit der Regel, dass Schauspieler gut auszusehen

---

[4] Haskell Wexler nach Ric Gentry: A Document in Motion. In: *American Cinematographer*, January 1997.

haben. Ziel seiner Kameraarbeit ist es, das Spiel von Liz Taylor und Richard Burton optimal zur Geltung zu bringen, auch wenn es grotesk und monströs sein mag. Wie schon in seinen frühen Filmen STUDS LONIGAN (Irving Lerner, 1960) und THE BEST MAN (Franklin Schaffner, 1964) arbeitet er mit einer Technik der Handkamera, die nicht davor zurückschreckt begeistert oder betrunken zu taumeln. «In den sechziger Jahren», schreibt Lars-Olav Beier, «gerieten die Bilder aus der Balance.»[5] Wexler erinnert sich, «wie sich die Techniker auf dem Set abwandten und Kaffee trinken gingen, als ich mit meiner Handkamera erschien. Die Kamera – die ich übrigens immer noch benutze – war ein französisches Fabrikat, eine Eclair. Sie machte einen derartigen Lärm, dass sie glaubten, nun würden die Amateure in Hollywood die Macht ergreifen.»[6] Die Amateurarbeit bringt ihm seinen ersten Oscar für die Kamera ein.

1970 dreht Wexler GIMME SHELTER, einen Dokumentarfilm über die Rolling Stones. Seine unprätentiöse Art, die Musiker und die Musik in den Mittelpunkt zu stellen, hebt sich angenehm und beispielhaft ab von anderen Rockmusikfilmen. Wexler, der als eine Art Autorität für Filme dieser Art gilt, übernimmt 1991 die supervision für den IMAX-Film ROLLING STONES: LIVE AT THE MAX. Populäre Musik ist ein persönliches Faible von Wexler. Für AMERICAN GRAFFITI (George Lucas, 1973) übernimmt er die Beratung, mit Frank Zappa dreht er UNCLE MEAT (1987), über das Anti-Atom-Konzert NO NUKES (1981) dreht er eine Dokumentation.

BOUND FOR GLORY (Hal Ashby, 1976) ist ein Biopic über Woody Guthrie, den Protestsänger der 1930er Jahre. Wexler hatte Woody Guthry bei der Marine kennen gelernt: «Wir waren Kumpels in der National Marine Union.»[7] Der Film ist berühmt für die hohe Mobilität der Kamera. Das erste Mal wurde hier konsequent die Steadicam eingesetzt. «Der spektakulärste Einsatz war eine kombinierte Einstellung, die mit der Kamera hoch oben am Chapman-Kran begann, um ein riesiges Lager von Wanderarbeitern in den Dreißigerjahren zu zeigen, arme Leute, die in einer Art Barackenstadt campierten. Die Kamera fuhr nach unten, um bei David Carradine zu landen, der Wood Guthry spielt und auf einem alten Auto sitzt. Der steht von dem Auto auf, wenn die Kamera Bodenniveau erreicht, und der Kameramann steigt mit der Steadicam in der Hand vom Kran und folgt Carradine unter Zelten, durch enge Durchgänge und Massen von Leuten bis er einen anderen Schauspieler erreicht. Sie haben dann zusammen eine Szene, wo sie sich durch weitere Menschenmassen zurückbewegen. Die Kamera bewegt sich als hätte sie keine Begrenzung, was sie in gewisser Weise auch nicht hatte, weil sie sich über groben Untergrund bewegt, wo es unmöglich gewesen wäre, Schie-

---

[5] Lars-Olav Beier: Der politische Standpunkt der Kamera. In: *Frankfurter Allgemeine Zeitung*, 25. 06. 1999.
[6] Haskell Wexler nach Lars-Olav Beier: Der politische Standpunkt der Kamera. In: *Frankfurter Allgemeine Zeitung*, 25. 06. 1999.
[7] Interview mit Haskell Wexler. In: *American Cinematographer*, July 1976.

nen zu legen – und selbst wenn man sie hätte legen können, wären sie im Bild gewesen» (Wexler).[8]

Die Lichtgebung von BOUND TO GLORY orientiert sich an alten Techniken: Das Set wurde mit einer seidenartigen Folie überspannt um den Effekt gleichmäßigen Tageslichts auszunützen. Wexler, der vom Schwarz-Weiß-Film kommt, wollte den Film im Stil der 1930er Jahre drehen. «Als sich das als kommerziell nicht haltbar herausstellte, wollten wir den Film möglichst desaturiert halten. Diese Entscheidung haben wir vorher getroffen, und sind dabei geblieben. Auch durch die Zusammenarbeit mit dem Architekten und dem Kostümbildner...der ganze Stab hat mit aufgepasst. Gab es mal in der Dekoration zu grelle Farben, haben wir sie herausgenommen oder überstrichen» (Wexler).[9] Den verbleibenden Farbanteil wusch er durch allerlei Kunstgriffe aus: «Ich benützte Frostfilter, Diffusionsfilter von Mitchell. Ich setzte auch eine Menge Strumpfhosen ein. Ich ging in einen Laden in Stockton and sagte: ‹Ich hätte gern ein paar Strumpfhosen.› Die Verkäuferin fragte: ‹Ja, welche Größe?› Ich sagte: ‹Naja, die Größe ist mir eigentlich egal. Ich will sie nur aussuchen, um durchzuschauen.› Da nannte sie mir den Preis, 2.80 $. Sie dachte, dass mich das vermutlich stoppen würde. Ich bin jetzt gut gekleidet; gewöhnlich schau ich ein bisschen verwahrlost aus. [...] Daraufhin begann sie mir verschiedene Sorten von Strumpfhosen zu zeigen, und ich hielt sie gegen das Licht; ich denke, sie hatte das Gefühl, dass ich sie zu nah an der Nase hatte oder irgend so was. Jedenfalls fand ich nettes braunes Paar Strumpfhosen und machte eine Menge Aufnahmen damit.»[10] Die Verwendung von Steadicam und Strumpfhosen brachte Wexler den zweiten Kamera-Oscar ein.

Kameraleute kann man wie Maler in zwei grundsätzliche Richtungen einteilen, colore oder disegno. Da es im Kino immer schon Farbe gab, auch wenn die Überlieferung oft nur in Schwarz-Weiß ist, ist diese klassische Differenz in der Malerei auch für die Kinematografie wahr. Wexler gehört zweifelsohne zur disegno-Schule: «Gute Filmfotografie basiert meistens auf gefährlichen Verfahren: Überbelichtung, Unterbelichtung, große Schwarzflächen, zu viel Filterung [...] (und grenzwertige T.B.) Forcierung.»[11] Wexlers erster Farbfilm, IN THE HEAT OF THE NIGHT (Norman Jewison, 1967) ist programmatisch für Wexlers Umgang mit der Farbe. Oft geht er bis an die Grenzen dessen, was Farbfilm noch hergibt: «Ich leuchtete den Film wie Schwarz-Weiß aus und es funktionierte sehr gut. [...] Bei Farbfilm kommt man mit Mord davon, was bei Schwarz-Weiß nicht möglich ist. Ich meine damit, bei Schwarz-Weiß muss man eine saubere Trennung (vom Hintergrund) hinkriegen, Grautöne gestalten und vieles mehr,

---

8 Interview mit Haskell Wexler. In: ebd.
9 Interview mit Haskell Wexler. In: *Filme*, Nr. 6, 1980.
10 Interview mit Haskell Wexler. In: *American Cinematographer*, June 1977.
11 Interview mit Haskell Wexler. In: *Filme*, Nr. 6, 1980.

was man alles mit Licht schaffen muss. Aber mit Farbe kann man fast alles machen.»[12] Dieses Zurücknehmen der Farbe korreliert mit einem Zurücknehmen des Bildes und der Information. Statt einer erklärenden Totale liefert die Kamera viele Details und umgekehrt verbleibt sie in der Totale, wo ein erklärendes Detail erwartet wird. Wie der Polizeidetektiv Sidney Poitier soll sich der Zuschauer selbst ein Bild machen und die Puzzlestücke zusammensetzen.

Einen Ausflug in den Colorismus stellen THE THOMAS CROWN AFFAIR (Norman Jewison, 1968) und ONE FLEW OVER THE CUCKOO'S NEST (Milos Forman, 1975)dar. Hier arbeitet Wexler bewusst mit einer traumartigen Farbdramaturgie und einer teilweise ätherischen Atmosphäre. Ungewöhnlich sind auch die split screen-Szenen in THE THOMAS CROWN AFFAIR, die teilweise bis zum selbstständigen Stilmittel vorangetrieben werden. Kleinteilige Pop Art-Puzzle, die Techniken des Videoclips vorwegnehmen. Trotzdem sind es unverkennbare Wexler-Filme mit einem Faible für den dokumentarischen Blick. Der Banküberfall in THE THOMAS CROWN AFFAIR ist mit vier versteckten Kameras aufgenommen; prompt rückte die Polizei an. Für ONE FLEW OVER THE CUCKOO'S NEST benutze er Neonlicht, um den institutionellen Charakter zu unterstreichen. «Das war, bevor es Kinoflos gab. Ich musste eine Reihe von Tests durchführen [...], um das grüne Licht der Leuchtstofflampen zu begrenzen.»[13]

Wexler arbeitet bevorzugt mit Off-Hollywood-Regisseuren. COLORS (Dennis Hopper, 1988), die John Sayles-Filme MATEWAN (1987), THE SECRET OF ROAN INISH (1994), LIMBO (1998), die Hal Ashby-Filme BOUND FOR GLORY (1976), COMING HOME (1978), SECOND HAND HEARTS (1981). In COLORS porträtiert er ein zweites Mal L.A. ganz ohne Glamour. In MATEWAN ist ein Bergarbeiterfilm in einer verdreckten Gegend wie John Fords HOW GREEN WAS MY VALLEY (1941). Wo James Wong Howe ein Bergwerk poliert, damit die Kohle schön glänzt (THE MOLLY MAGUIRES; 1970), arbeitet Wexler teilweise nur mit dem Effekt von Grubenlampen und Glitter-Konfetti. THE SECRET OF ROAN INISH und LIMBO sind Filme mit nördlichem Tageslicht, nur Streulicht, manchmal satte, aber nie grelle Farben, Nachtszenen mitunter in wirklicher Nacht (keine magic hour!) mit gepushtem Material (2000 ASA!). Für SECRET OF ROAN INISH benützte Wexler einen speziellen Trick um mit einem mobilen Kamerateam auf der Meeresoberfläche filmen zu können. Er entsann sich an die Landung der Alliierten in Sizilien. Damals lenkte er ein superflaches Amphibienfahrzeug (‹Duck›), das er für den Film auftrieb. In LIMBO entwickelte er mit seinen Mitarbeitern eine Kameraumhüllung, mit der man leicht im Wasser ein- und austauchen kann («referred to as a condom/als Kondom bezeichnet»).[14]

---

12 Interview mit Haskell Wexler. In: *American Cinematographer*, June 1977.
13 Interview mit Haskell Wexler. In: Peter Ettedgui: *Filmkünste: Kamera*. Reinbek 2000. S. 72.
14 Interview mit Haskell Wexler. In: *American Cinematographer*, July 1999.

532 America, America (Elia Kazan, 1963), Bild: Haskell Wexler

533–534 Medium Cool (Haskell Wexler, 1969), Bild: Haskell Wexler

535 Who's Afraid Of Virginia Woolf (Mike Nichols, 1966), Bild: Haskell Wexler

536–538 Bound For Glory
(Hal Ashby, 1976), Bild:
Haskell Wexler

Aber auch im großen Hollywoodkino ist seine Kamera immer dokumentarisch und ziemlich flott. In BLAZE (Ron Shelton, 1989) arbeitet er mit einem umgebauten Dolly mit einem flexiblen Auslegerarm, und wo selbst das nicht funktioniert, setzt er mit allein 70 Einstellungen die Steadicam ein. Wexler spricht von einem Doku-Drama im truer-than-life-Preston-Sturges-Stil.[15] In THREE FUGITIVES (Francis Veber, 1989) und OTHER PEOPLE'S MONEY (Norman Jewison, 1991) bricht er konsequent mit der Regel, dass Komödien hell und leicht ausgeleuchtet sein müssen. Er erklärt: «Man beleuchtet für das Drama, das darin enthalten ist.»[16] BABE (Arthur Hiller, 1992) ist ein Film über die Baseball-Legende Babe Ruth. Auch hier ist der Doku-Touch mit hoher Mobilität verbunden, aber die Bildgeschwindigkeit ist leicht überdreht (32 statt 24 Bilder), um den rasanten Spielablauf visuell sichtbar zu machen.

Wexler gehört eindeutig zu den Künstlern, für die gilt: Weniger ist mehr. Day for day. Wo das Tageslicht ausreicht, braucht man kein Kunstlicht (BOUND FOR GLORY). Night for night. Ein paar practicals in Straßenlampen, Schaufenstern und Autos und hochempfindlicher Film reichen (AMERICAN GRAFFITI). Wo die Handkamera reicht, braucht man keine aufwändige Technik (WHO'S AFRAID OF VIRGINIA WOOLF). Wo man etwas der Fantasie des Zuschauers überlassen kann, braucht man es nicht zu zeigen. «Ich halte absichtlich Informationen zurück, damit die Zuschauer die Gelegenheit haben, sich selbst ein Bild des Ganzen zu machen. Ich stelle Dinge in den Bildvordergrund, die den Blick auf die Handlung behindern. Ich will die Zuschauer involvieren, damit sie Dinge in der Einstellung entdecken […]. Interessiere dich nicht nur für Film! Interessiere dich für das Leben!»[17]

---

15 Bob Fisher: BLAZE Smokes across the Screen. In: *American Cinematographer*, February 1990.
16 Haskell Wexler nach Dale Kutzera: THREE FUGITIVES. In: *American Cinematographer*, February 1989.
17 Interview mit Haskell Wexler. In: Peter Ettedgui: *Filmkünste: Kamera*. Reinbek 2000. S. 73ff.

Gordon Willis

> Filme sind Handwerk, keine Kunst. Kunst entsteht aus Handwerk.
> Sie haben z.B. eine Idee für ein Gemälde. Aber können Sie malen?
> Wenn Ihre Antwort ‹nein› ist, dann ist Ihre Idee einen Scheiß wert.
> Denn Sie haben keine Möglichkeit, Ihre Idee umzusetzen.
>
> *Gordon Willis*

Gordon Willis' Filmkarriere beginnt als Kinderdarsteller; sein Vater, Maskenbildner bei Warner, hatte wohl eine Schauspielerlaufbahn im Auge. Im Koreakrieg kommt Willis zu der Dokumentarfilmeinheit der US-Air Force; dort entdeckt Willis seine Leidenschaft für die Kamera. Er wird Kameraassistent, meist bei Werbefilmen. 1970 dreht er seinen ersten Spielfilm als Chefkameramann. Willis ist ein Ostküstenmann; er arbeitet für die New Yorker Filmindustrie, in Hollywood ist er immer ein Außenseiter. 1971 dreht er für Alan J. Pakula KLUTE, der zu einem internationalen Erfolg wird. Die Lichtgebung ist modern und sicherlich angeregt durch die Nouvelle Vague. Es gibt weder Licht am Boden noch Hinterlicht (außer, wenn es szenisches Licht ist), was dem Thriller eine einheitliche klaustrophobe Atmosphäre verleiht. Jane Fonda bekommt nicht die Spur eines geschönten Lichts. Oft filmt die Kamera direkt in eine Lichtquelle. «Ein Fenster oder ein Flur ist sehr gut – es gibt da eine gewisse power, indem man für einen Augeblick nicht wirklich alles sieht. In KLUTE mit Jane Fonda gab es eine Szene, wo sie gegen ein Fenster steht. Es war interessanter, es auf diese Weise zu spielen und dann, bei einem bestimmten Moment, geht man herum und sieht sie, statt sie die ganze Zeit anzuschauen» (Willis).[1] Diese Plansequenz mit wenig, aber im klassischen Sinn sogar störendem Licht, ist bereits der ganze Gordon Willis in nuce.

Mit Pakula dreht Willis noch zwei weitere Filme. In THE PARALLAX VIEW (1974) bieten weite, offene Räume keinen Schutz für den Helden, der in eine immer bedrohlichere Situation gerät. In ALL THE PRESIDENT'S MEN (1976) arbeitet Willis mit dem Gegensatz von großen, Neon durchfluteten Redaktionsräumen und der dunklen Enge der konspirativen Treffs in einer Tiefgarage. Mit Dioptern, die er bei Bedarf seitlich einschob, hielt er die Vorgänge in der Redaktion auf allen Ebenen scharf sichtbar, sogar noch bei Zoomfahrten, während er schemenhafte Bilder in der Garage in Kauf nahm.

---

1 Interview mit Gordon Willis. In: Vincent Lo Brutto. *Prinicipal Photography*. London 1999. S. 19.

In der berühmten Szene in der Library of Congress geht es um die Visualisierung der sprichwörtlichen Stecknadel im Heuhaufen. Die Arriflex fährt, gyrostatisch gesichert, an einem Seil auf einer Kurvenbahn quer durch den Raum, wobei alle Kamerafunktionen komplett mit Fernsteuerung kontrolliert sind. Und das zu einer Zeit, wo es noch keinen video assist gab. Mit der ‹Paranoia-Trilogie› für Pakula revolutioniert Willis das visuelle Gesicht des Thrillers.

1972 dreht Willis für Robert Benton einen herausragenden Spätwestern. In BAD COMPANY fliehen Jeff Bridges und Barry Brown als junge Burschen vor ihrer Einberufung im amerikanischen Bürgerkrieg. Ein Western, der eigentlich von Vietnam handelt. Wenn sich die beiden einsam und zerlumpt in einer majestätischen Westernlandschaft verstecken, kehrt sich der Mythos von Weite und Freiheit in sein Gegenteil um. Es ist das Verdienst von Willis, das in Bilder voll Verlorenheit und Verzweiflung zu bringen. Auch das Depressionsmusical PENNIES FROM HEAVEN (Herbert Ross, 1982) ist ein Genre gegen den Strich gebürstet. Nachinszenierte Bilder von Edward Hopper geben die Stimmung und der Film endet ohne das genreübliche happy ending. Willis erinnert sich: «Hopper und viele Künstler malen in zwei oder drei verschiedenen Perspektiven, so dass es sehr schwierig ist, das Gemälde vollständig zu reproduzieren, denn die Perspektiven sind verschieden. Er malt z.B. eine Perspektive im Vordergrund und eine ganz andere Perspektive im Hintergrund und noch etwas anderes in der Mitte. Es funktioniert prima als Malerei, aber ich musste feststellen, wenn ich es machte, war es ganz anders.»[2] Nur mit Tricks konnte Willis die Hopper-Bilder übertragen.

Den Weltruhm von Gordon Willis begründet Coppolas GODFATHER-Trilogie, Teil I 1972, Teil II 1974, Teil III 1990. Hier entsteht ein neuer Stil des Gangsterfilms. «Prince of Darkness» nannte ihn sein Kollege Conrad L. Hall danach.[3] Und Dennis Schaefer und Larry Salvato erklären in ihrem Standardwerk ‹Masters of Light›: «Gordon Willis ist der beste Kameramann, der heute in Amerika arbeitet. Ohne Zweifel. Punkt. Ende der Diskussion.»[4] Die ursprüngliche Idee zum Lichtstil der Filme sei ihm bei Beleuchtungsproben gekommen, um das Make-up von Marlon Brando richtig zur Geltung zu bringen: Oberlicht. Das ist nicht Neues, aber als Führungslicht und oft einzige Low Key-Lichtquelle benützt, war es revolutionär.

«Ich dachte», erläutert Willis, » dass es besser wäre, in manchen Szenen ihre Augen nicht zu sehen. Es erschien angemessener ihre Augen nicht zu sehen wegen dem, was in ihren Köpfen in bestimmten Momenten vorging. Ich hatte damit eine Menge Ärger mit den Traditionalisten. [...] Oft ist das, was man nicht sieht, effektiver als das, was man

---

2   Interview mit Gordon Willis. In: ebd. S. 23.
3   Conrad L. Hall nach Vincent Lo Brutto: *Prinicipal Photography*. London 1999. S. 15.
4   Dennis Schaefer, Larry Salvato: *Masters of Light*. London 1984. S. 284.

sieht.»⁵ Dazu kommt ein Tableau-Stil in Kamera und Inszenierung, der den Filmen die Dimension einer griechischen Tragödie gibt. Der Gegensatz von Geschäftsleben und Privatleben ist durch die Art der Geschäfte besonders zugespitzt, führt zwangsläufig zu tragischen Entscheidungskonflikten. Er arbeitet deshalb mit einer ikonografischen Kollision, setzt Bilder einer trügerischen Normalität dagegen, eine sanft überbelichtete Hochzeit oder ein urlaubsparadiesisches Sizilien. Die Tableaux geben einen klassischen Schnittrhythmus vor, passend zu der retrospektiven Erzählung. Alle modernen Hilfsmittel, wie Zoomfahrten, vermeidet Willis konsequent.

Zusammen mit Vittorio Storaro gehört Gordon Willis zu den radikalsten Verfechtern dessen, was man die neue Dunkelheit der 1970er Jahre nennen könnte. Ein wichtiges Hilfsmittel ist dabei auch die breite Leinwand. «Breitwand-Fotografie wird nicht einfach deswegen eingesetzt, weil man einen großen Film macht. Es kann intim sein. Der Aspekt von negativem und positivem Raum wird nicht genügend benützt. Jemanden zu beobachten, der einen Treppe runter kommt, rechts außen im Bild, und dann eine Menge leeren Raumes durchquert, um auf der linken Seite eine Tasse Kaffee zu machen. Das ist faszinierend für mich, weil es eine Person in einer Umgebung einführt.»⁶ Mitunter positioniert er halbrechts oder halblinks im breiten Format eine Großaufnahme und lässt den Rest im Dunkeln.

Willis nennt das subtraktives Denken: «Für mich ist substraktives Denken sehr wichtig, es bedeutet wenig ist besser als mehr. Man lernt wegzunehmen und nicht hinzuzufügen. Die meisten Leute fügen hinzu, statt wegzunehmen. Wenn etwas nicht geht, fügen sie hinzu. Allgemein gesprochen löst subtraktives Denken ein Problem. Wenn etwas nicht funktioniert, macht man gewöhnlich zuviel – als Kameramann oder als Regisseur oder sonst was.»⁷ Seine stilistischen Mittel lösten eine ganze Welle uninspirierter Imitationen aus. «Ich benützte Gelb in den GODFATHER-Filmen, eine Art Messinggelb. Ich liebte es. Es sah richtig aus. Und plötzlich brach es aus wie eine Pest. Was die Leute nicht verstehen, ist, dass es nur ein Element ist. Es ist mit allem verknüpft – die Ausstattung muss richtig sein und die Bauten und die Fotografie. Es muss alles passen.»⁸

Norbert Grob beschreibt zwei Szenen, die deutlich machen, wie Gordon Willis mit dem Licht dramaturgisch arbeitet: «Einmal sitzen zwei Männer in einer Kneipe. [...] Die wenigen Strahlen, die den Weg in das Gasthaus finden, verlieren sich schnell. So sind die beiden Männer nur an den äußeren Umrissen ihrer Köpfe und ihrer Oberkörper und an ihren Stimmen zu erkennen. Ein Kampf tobt. Es ist der Kampf, den das

---

5   Interview mit Gordon Willis. In: Dennis Schaefer, Larry Salvato: *Masters of Light*. London 1984. S. 292.
6   Interview mit Gordon Willis. In: Vincent Lo Brutto. *Principal Photography*. London 1999. S. 18.
7   Interview mit Gordon Willis. In: *American Cinematographer*, February 1995.
8   Interview mit Gordon Willis. In: ebd.

539 Klute (Alan J. Pakula, 1971), Bild: Gordon Willis

540 Bad Company (Robert Benton, 1972), Bild: Gordon Willis

541–544 A Midsummer Night's Sex Comedy (Woody Allen, 1982), Bild: Gordon Willis

545–546 The Godfather (Francis Ford Coppola, 1972), Bild: Gordon Willis

547 The Godfather, Part II (Francis Ford Coppola, 1974), Bild: Gordon Willis

Licht mit der Dunkelheit führt. Ein anderes Mal betritt ein Mann vom Dach her ein dunkles Treppenhaus. [...] Noch im Gehen verbindet er seine Hand und einen Revolver, den er in dieser Hand hält, mit einem weißen Tuch. Auf dem Stockwerk, das sein Ziel war, bleibt er stehen. Er löscht eine Treppenlampe und wartet auf einen Mann in einem weißen Anzug, den er zuvor bereits verfolgt hat. Seine Gestalt ist beinahe völlig im Dunkel verschwunden. Nur die mit dem weißen Tuch verbundene Hand leuchtet. Schließlich kommt der Mann im weißen Anzug. Er klopft gegen die Lampe. Und die geht daraufhin mehrmals an und aus. So dass der wartende Mann mehrmals für kurze Augenblicke schemenhaft aus der Dunkelheit gerissen wird.»[9]

Ab 1977 arbeitet Willis mit Woody Allen zusammen. Es entstehen ANNIE HALL (1977), INTERIORS (1978), MANHATTAN (1979), STARDUST MEMORIES (1980), A MIDSUMMER NIGHT'S SEX COMEDY (1982), ZELIG (1983), BROADWAY DANNY ROSE (1984) und THE PURPLE ROSE OF CAIRO (1985). Gordon Willis selbst bezeichnet seinen Stil als «romantischen Realismus» und das trifft sicher am besten auf diese Filme zu.[10] Es sind teils Schwarz-Weiß-Filme, teils Farbfilme, die wie Schwarz-Weiß gedreht sind. «[...] emotional fühle ich dabei dasselbe, als wäre es in Schwarz-Weiß.»[11] Nicht die Farbe, sondern der Kontrast löst die Bilder auf. Das New York von ANNIE HALL wird dadurch fast heimatlich; MANHATTAN, in Schwarz-Weiß gedreht, arbeitet häufig mit Kontrast bis zur Silhouettierung. In INTERIORS ist diese Technik sehr nah an Bergmans Kameramann Sven Nykvist, in STARDUST MEMORIES an Fellinis Kameramann Gianni Di Venanzo; die beiden Filme sind Woody Allens persönliche Hommage an Bergman und Fellini.

Für ZELIG und THE PURPLE ROSE OF CAIRO musste Gordon Willis unterschiedliches Material optisch funktionierend zusammen bringen. In ZELIG taucht Woody Allen in berühmten historischen Filmdokumenten auf, in THE PURPLE ROSE OF CAIRO springt die Handlung zwischen Film und Film im Film hin und her. Die Stimmigkeit von Blickrichtungen und Lichtquellen ist faszinierend, vor allem, wenn die Personen sich dabei auch noch bewegen. A MIDSUMMER NIGHT'S SEX COMEDY ist eines der nettesten Komplimente, die das Kino Shakespeare je gemacht hat; das Haus in den Catkills verwandelt sich bei Nacht in einen verwunschenen Ort, in dem sich die Menschen und ihre Schemen heillos verwirren. Gordon Willis' Favorit aus der Serie ist BROADWAY DANNY ROSE. Hier haben zwei New Yorker ihre ganze Liebe zu den vielen kleinen Verlierern dieser Metropole, die trotzdem täglich neu kämpfen, in sehr menschliche Bilder gegossen.

---

9 Norbert Grob: Gordon Willis: Die Gestaltung des Bildes. In: *Filme*, Nr. 6, 1980.
10 Interview mit Gordon Willis. In: Peter Ettedgui: *Filmkünste: Kamera*. Hamburg 2000. S. 119.
11 Interview mit Gordon Willis. In: Dennis Schaefer, Larry Salvato: *Masters of Light*. London 1984. S. 306.

Freddie Young

In der Nähe des Elternhauses von Freddie Young befand sich das britische Gaumont Film Studio. Als jugendlicher Kinofan versucht er dort mit 15 Jahren sein Glück und landet im Labor. «Für einen Kameramann», so Freddie Young, «gibt es keine bessere Schulung als Laborarbeit. [...] Wenn der Kameramann selbst Laborerfahrungen hat, ist er in der Lage, jedes Problem zu händeln, und kann mit dem Labor auf gleicher Augenhöhe reden.»[1] Ende der 1920er Jahre ist er bereits Kameramann. Für Herbert Wilcox' ‹British & Dominions Film› dreht eine ganze Reihe von Aldwych-Farcen wie ROOKERY NOOK (1930), PLUNDER (1930), THARK (1932) oder ON APPROVAL (1930). Das waren direkte Übernahmen vom Aldwych-Theater mit den populären Darstellern, die wenig Kunst verlangten, aber zu großer Routine verhalfen. Zum Ende der Dekade ist er immerhin so namhaft, dass er auch als Gast in Hollywood drehen kann. Es entstehen NURSE EDITH CAVELL (Herbert Wilcox, 1939) und GOODBYE, MR. CHIPS (Sam Wood, 1939); der internationale Erfolg von Woods Film über einen unorthodoxen Lehrer ebnet Young den Karriereweg.

In den Kriegsjahren dreht er zwei herausragende propagandistische Filme für Michael Powell, CONTRABAND (1940) und 49TH PARALLEL (1941). In CONTRABAND geht es um Spionage mit Hilfe deutscher U-Boote; Conrad Veidt spielt einen zynischen deutschen Offizier. Young fasst mit seiner Kamera den einsamen Schauplatz, von Meer und Sturm umtost, in eindrucksvolle Bilder; Veidt gibt er eine glamouröse Dämonie. 49TH PARALLEL ist sein erstes Meisterwerk. Eine in Kanada gestrandete deutsche U-Boot-Besatzung schlägt sich durch bis zur amerikanischen Grenze. Der Film ist on location gedreht und Young macht reichlich Gebrauch von den fantastischen Landschaften, die das Team durchqueren muss. Es wird eine regelrechte Expedition und an die Mitnahme von schwerem Gerät ist nicht zu denken. Nachtaufnahmen müssen mit Leuchtmunition gestaltet werden. Bei der Inszenierung eines Flugzeugabsturzes ertrinkt beinahe ein Teammitglied. Die abgesoffene Kamera kann gerettet und repariert werden. Selbst die Szenen bei den pazifistischen Hutteriten sind nicht im Studio inszeniert, sondern bei einer echten Hutteriten-Gemeinde. Nur ganz wenige Szenen werden in Denham im Studio gedreht. Später dreht Young Lehrfilme für die britische Armee bis zu einem Sprengunfall 1944.

Nach dem Krieg gehört er zu den ersten Briten, die mit Technicolor arbeiten; sein erster Farbfilm ist CEASAR AND CLEOPATRA (Gabriel Pascal, 1945). In den Folgejahren

---

1 Freddie Young: *Seventy Light Years*. London, New York 1999. S. 3.

ist er so etwas wie der Geheimtipp unter den amerikanischen Regisseuren, die in England drehen: Für Dmytryk dreht er So Well Remembered (1947), für Mankiewicz Escape (1948), für Cukor Edward, My Son (1949) und Bhowani Junction (1956), für Thorpe Ivanhoe (1952) und Knights of the Round Table (1953), für John Ford Mogambo (1953) und Gideon's Day (1958), für Gene Kelly Invitation to the Dance (1954), für Mitchell Leisen Bedevilled (1955), für Rossen Island In The Sun (1955), für Minnelli Lust For Life (1956) und für King Vidor Solomon And Sheba (1959).

Für Richard Thorpe arbeitet er in CinemaScope und nützt das Format für Außenaufnahmen mit spektakulären Ritterkämpfen. Thorpe war ein Routinier, der immer den Drehplan einhielt auch wenn er noch so knapp war. Seine Methode, irgendwie genialisch, wird von Freddie Young so beschrieben: «Dick Thorpe war der Lieblingsregisseur von MGM, weil er immer den Drehplan einhielt. [...] er begann mit einer Totale und filmte solange bis einer der Schauspieler patzte. ‹Cut!› Dann bewegte er die Kamera zu einer näheren Einstellung. ‹Come on, let›s go. Action!› Und dann drehte er bis zur nächsten Unterbrechung. ‹Move in closer still. Continue!› Und so weiter bis wir schließlich zwei große Köpfe hatten, die die Leinwand füllten. Mit anderen Worten, die Großaufnahmen im fertigen Film waren ganz willkürlich, abhängig vom reinen Zufall der Unterbrechungen während des Drehs am jeweiligen Tag. Thorpe drehte nie etwas zweimal. So unterbot er den Drehplan. Für einen Kameramann war das höllisch langweilig.»[2]

Youngs Lieblingsregisseur war John Ford, der zwar von elaborierten Kamerafahrten nicht viel hielt, ihm aber freie Hand ließ, ungewöhnliche fotografische Effekte zu gestalten. Mogambo ist ein Film, dem man den Spaß aller Beteiligten ansieht, auch die des Kameramanns als Voyeur, der selbst seine Bilder ausleuchten darf. Für Solomon And Sheba galt es die biblische Szene von den Ägyptern zu gestalten, die durch die Schilder von Salomos Armee geblendet werden. Young mischte Aufnahmen von polierten Schildern mit Aufnahmen mit richtigen Spiegeln, die er direkt in die ungeschützte Linse blitzen ließ. Lust For Life ist ein Film über van Goghs Leben. Eastman Color war zu pastellen für die Palette van Goghs mit starkem Kobaltblau und Sonnenblumengelb. Man benützte ein von Agfacolor abgeleitetes Verfahren, das MGM später Metrocolor nannte. Der Film entwickelt sich von den dunklen Tönen der Borinage zu den südlichen Tönen der Provence. Zum Schluss des Films dominiert ausgebleichtes Gelb. Schwarze Krähen fliegen Tod bringend auf. Island In The Sun, Lust For Life, Mogambo, Solomon And Sheba, Bhowani Junction sind alles Filme, die Youngs Begabung zeigen, mit gleißendem Licht unkonventionell und dramaturgisch zu arbeiten.

2 Freddie Young: ebd. S. 147f.

1962 beginnt seine Zusammenarbeit mit David Lean, die für Freddie Young zu drei Oscarfilmen führt: LAWRENCE OF ARABIA (1962), DOCTOR ZHIVAGO (1965) und RYAN'S DAUGHTER (1970). In LAWRENCE OF ARABIA gelingt Young eine der berühmtesten langen Einstellungen der Filmgeschichte, die Luftspiegelung, aus der als winziger Punkt frontal zur Kamera, langsam größer werdend Omar Sharif heran reitet. Mit einem 500-mm-Teleobjektiv gelang ihm die spektakuläre Einstellung: «Die Einstellung wurde sorgfältig vorbereitet. Man sieht in der Wüste fast täglich Luftspiegelungen, aber sie sind kein verlässliches Phänomen. [...] Wir wählten einen Ort, von dem wir wussten, dass sich dort üblicherweise zur heißesten Zeit des Tages Luftspiegelungen einstellen. Dort bauten wir eine Brunnenattrappe. Lawrence und sein arabischer Freund, der Wasser rauf zieht, waren im Vordergrund. Omar Sharif auf seinem Kamel wurde eine Viertelmeile in der Ferne platziert. Auf ein gegebenes Signal hin lief die Kamera und Sharifs Kamel begann loszulaufen. Wir schossen 300m Film (ungefähr zehn Minuten) und endeten mit der Ankunft von Kamel und Reiter bei dem Brunnen. Auf der Leinwand sieht man erst eine Luftspiegelung, dann am Horizont den schimmernden Punkt einer Figur. Wenn er näher kommt, sieht man ein verzerrtes Bild seines laufenden Kamels, wie durch Wasser, und schließlich ein klarer Blick auf Omar Sharif auf den letzten Metern. Die Filmzeit ist weniger als zehn Minuten, weil David auf die Reaktion der beiden Männer am Brunnen geschnitten hat, die immer angespannter werden, bis zu dem Augenblick, wo Omar den anderen Araber erschießt» (Young).[3]

Der Lawrence-Film, der außer in Spanien und Marokko, zum größten Teil in der arabischen Wüste gedreht wurde, war ein enormes logistisches Unternehmen. 200 Mitarbeiter, 100 Spezialfahrzeuge für Wüstensand, Schienen, Kamerakräne in allen Größen, Scheinwerfer, Stromaggregate, Kühlschränke (auch für das Filmmaterial!) mussten an einen Punkt gebracht und dort versorgt werden, wo 150 Meilen im Umkreis keine Wasserstelle existierte. Trotz dieser Invasion sollte die Wüste unberührt sein: «Die Wüste musste jungfräulich sein, ohne irgendeine Kamelspur, bis die Kamele ins Bild kamen. Wir mussten selbst beim Mittagessen aufpassen, denn wenn ein Plastikbecher oder eine Papiertüte ins Bild geblasen wurden, war es nicht einfach, sie zu entfernen, ohne Fußspuren im Sand zu hinterlassen. Es dauerte oft einen ganzen Tag, um eine Kamerafahrt vorzubereiten, den Sand zu walzen, die Schienen zu legen usw. [...] Dann konnte über Nacht ein Sandsturm kommen, und die Schienen waren 30cm tief begraben, was Stunden dauerte, sie wieder auszubuddeln.»[4]

Man möchte meinen, dass in der Wüste genug Sonnenlicht zur Ausleuchtung verfügbar ist, aber es gibt mit der grellen Sonne ganz spezielle Probleme. Mit der Blende muss man so weit schließen, dass die Sonne nicht alles ausbleicht; dann sind aber die

---

3 Freddie Young: ebd. S. 93.
4 Freddie Young: ebd. S. 97.

Gesichter schwarz verschattet: «Selbst in blendendem Sonnenschein braucht man Füll-Licht oder die Gesichter sind zu dunkel, um ihren Ausdruck zu erkennen.»[5] Um das auszugleichen, braucht man sehr starkes Licht: «Der Brute ist immer noch wie eine Kerze im Vergleich zum Sonnenlicht, so dass wir ganz nah an den Akteuren dran sein mussten – oft nur zwei, drei Meter entfernt.»[6] Young bricht mit der traditionellen Technik der Wüstenfilme, mit der Sonne als Hinterlicht hinter den Dünen. Die Sonne steht oft hoch am Himmel und wird nur mit Füll-Licht ausgeglichen, ohne modellierendes Licht. Der Film bekommt so einen delirierenden Touch und ein Schiff, das durch die Wüste fährt, erscheint wie ein image choc. Auch die Innenaufnahmen sind unorthodox mit wenig Hinterlicht und seitlichem Führungslicht, während Ausblicke ins Freie mit Spots überstrahlt werden. Das Time-Magazin, sonst so reserviert, überschlug sich fast: «Time, die Zeit, und das große Rechteck der Panavision-Leinwand stehen wie die Türen eines gewaltigen Brennofens offen, und der Zuschauer starrt in die schimmernde Schmelze von weißgoldenem Sand, in eine hell glühende Unendlichkeit wie in das Auge Gottes.»[7]

Im Gegensatz zum Lawrence-Film ist DOCTOR ZHIVAGO ein Kino der perfekten Illusion. Russland zu allen Jahreszeiten entsteht in Spanien. Herbst wird mit Wagenladungen von Herbstblättern simuliert. Winter wird mit Unmengen von Seifenschaum, Rasierschaum und Marmorstaub hergestellt, Eiskristalle werden aus Kerzenwachs modelliert. «Gips wurde verwendet, um den Effekt von Eis und Schnee zu erzeugen, und die Eiszapfen wurden aus Kerzenwachs modelliert. Ich filmte das mit einem Blaufilter, um die Kälte zu betonen. […] In einer anderen Szene gibt es einen Reiterangriff der Roten Armee über einen gefrorenen See. Einige werden erschossen, und die Pferde stürzen und schlittern über das Eis. Das art department planierte ein Stück Land mit Bulldozern und streute darauf Marmorstaub aus, damit es wir Schnee bedecktes Eis aussieht. Einige Stellen wurden mit einer Seifenschicht versehen. Wenn der Stuntman die rutschige Stelle erreichte, zog er die Zügel auf eine bestimmte Art, und Tier und Reiter schlitterten auf dem ‹Eis›. Niemand wollte glauben, dass es kein gefrorener See war» (Young).[8]

Eine besonders eindringliche Szene gelingt Young bei dem ersten Blick von Omar Sharif auf Julie Christie: «Nachdem Laras Mutter eine Überdosis genommen hat, schreitet Schiwago in den kaum erleuchteten Maschinenraum ihres Hauses und blickt durch eine Glasfenster im Haus. Alles, was er sieht, ist die Hand einer Frau, die aus der

---

5 Freddie Young: ebd. S. 96.
6 Freddie Young nach Duncan Petrie: *The British Cinematographer*. London 1996. S. 161.
7 Time-Magazin nach George Turner: LAWRENCE OF ARABIA. In: *American Cinematographer*, March 1999.
8 Freddie Young: *Seventy Light Years*. London, New York 1999. S. 107.

Dunkelheit heraus sticht.»[9] So Freddie Young. Ein paar Jahre später dankt ihm David Lean in einem Brief: «Eine fast schwarze Leinwand und eine beleuchtete Hand. Es war komplett deine Idee. Sehr gewagt. Nicht realistisch. Ein sinnliches Vergnügen.»[10] Für eine andere starke Szene reaktiviert Young eine Stummfilm-Technik für Farbfilm/Breitwand: «Nachdem er Tage durch den Schnee gewandert ist, erreicht Schiwago das Haus von Lara. Er schaut in den Spiegel und sein fleckiges, hageres Gesicht starrt zurück. Wir rahmten Omars Kopf mit dem Loch in einer Gaze, dann fluteten wir die Gaze mit Licht von vorne, aber achteten darauf, dass es nicht die Linse traf. Das Ergebnis ist, dass alles weiß erscheint, außer Omars Gesicht. Die Aufmerksamkeit der Zuschauer ist auf das Gesicht konzentriert, und sie teilen die erschrockene Reaktion des Darstellers auf seine eigene Erscheinung.»[11] Der dritte berühmte Blick des Films geht durch das vereiste Fenster, das in der Hitze einer Kerze langsam klar wird und Tom Courtenay bei der Lektüre von Laras Brief enthüllt.

RYAN'S DAUGHTER ist wieder ein Film, der fast komplett on location entsteht, auf einer stürmischen Halbinsel der westirischen Atlantikküste. Auf dem kargen Eiland wurde ein komplettes irisches Dorf errichtet, solide aus Bruchsteinen, da nichts anderes dem Sturm standgehalten hätte. Die Lichtverhältnisse waren denkbar schwierig: «Das Erste, was uns auffiel, waren die wechselhaften Lichtverhältnisse. Im einen Augenblick waren wir von einem Nebel umgeben, der so dicht war, dass es unmöglich war, das Ende der Straße zu sehen, und im nächsten Augenblick zerstreute er sich auf wunderbare Weise und gab einen fantastischen Blick auf die fernen Hügel und den Ozean frei. Das machte die continuity (die Anschlüsse) der Außenaufnahmen äußerst schwierig, während wir bei den Innenaufnahmen beständig die Beleuchtung ausbalancieren mussten mit den unterschiedlichen Qualitäten des Tageslichts, das durch die Fenster hereinkam.» (Young).[12]

Ein Höhepunkt des Films ist ein echter Sturm mit Regen, was bis dato nicht gelang, weil jeder Schutz der Linse dem Wasser in einem wirklichen Sturm nicht standhält. Young führte für diesen Film eine Technik aus der Schiff-Fahrt im Kino ein: «Um die Linse trocken zu halten, fand ich ein Ding, das wir ‹clear screen› nennen. Man verwendet es auf Schiffen. Es ist ein Glas, das herumwirbelt, und dieses Glas drehte sich mit tausend Umdrehungen in der Minute. Die Kamera selbst steckte ich in eine Plastikhülle. Es konnte regnen oder die See konnte die Kamera treffen und die Linse wurde nur ein bisschen trüb wie eine Schicht reinen Wassers.»[13] Wegen des wechselhaften Wetters dauerten die Stürme nur kurz an, so dass die 10 Sturmminuten des Films über Mo-

---

9 Freddie Young: ebd. S. 110.
10 David Lean nach Freddie Young: *Seventy Light Years*. London, New York 1999. S. 110.
11 Freddie Young: *Seventy Light Years*. London, New York 1999. S. 110.
12 Freddie Young: ebd. S. 127.
13 Freddie Young nach Duncan Petrie: *The British Cinematographer*. London 1996. S. 161.

548–553 49ᵀᴴ Parallel (Michael Powell, 1941), Bild: Freddie Young

554 LAWRENCE OF ARABIA (David Lean, 1962), Bild: Freddie Young

555 DOCTOR ZHIVAGO (David Lean, 1965), Bild: Freddie Young

556 RYAN'S DAUGHTER (David Lean, 1970), Bild: Freddie Young

nate gefilmt werden mussten. Im Unterschied zum Industriestandard des gefilterten Sonnenlichts verwendete er das irische Licht rein, was bei niedrig stehender Sonne gut möglich war. Es gibt dem Film eine herbe Frische aus blauem, grauem und silbrig bewölktem Himmel.

Vielleicht die revolutionärste Tat seines Lebens steckt in einem eher kleinen Agentenfilm, THE DEADLY AFFAIR (Sidney Lumet, 1967). Lumet wollte den Film eigentlich in Schwarz-Weiß drehen, aber die Produzenten bestanden auf Farbe. Young ließ sich etwas einfallen, was wohl als erster James Wong Howe im Farbfilm praktizierte: Pre-fogging. Er arbeitete mit Filmmaterial, das er zu 30% vorbelichtet hatte, was bei sehr dunkler Kopierung zu stark gedämpften Farben führt. Eine Art Schwarz-Weiß-Effekt im Farbfilm. «Später schrieb ich Artikel für den American Cinematographer und das BSC-Journal, die diese Technik des pre-fogging beschrieben. Der Response von anderen Kameramännern, die es ausprobierten, war unterschiedlich: einige waren sehr zufrieden, andere hielten nicht viel davon. Am enthusiastischsten war Vilmos Zsigmond, der mir Jahre später sagte: ‹Dieser pre-fogging-Artikel hat mein Leben verändert.›»[14]

Freddie Young war 1949 Mitbegründer und erster Präsident der BSC (British Society of Cinematographers). Er hat eine ganze Schule in England begründet; so bekannte Namen wie Nicholas Roeg, Jack Cardiff und Freddie Francis waren seine Assistenten. Francis erinnert sich: «Freddie Young ragte heraus […] er inspirierte die britische Filmindustrie mehr als irgendwer sonst – er machte uns Jungen klar, dass wir ein internationales Team sein könnten und nicht nur für Boreham Wood spielten.»[15] Freddie Young hat zwei Bücher geschrieben, ein technisches, ‹The Work of the Motion Picture Cameraman›, und seine Autobiografie ‹Seventy Light Years› – so lange waren wenige in der Filmindustrie tätig. Die wichtigste Regel für britische Kameramänner steht am Schluss seiner Autobiografie: «Ein britischer Kameramann muss so etwas wie ein Wetterexperte werden. An einem regnerischen Tag muss man fähig sein, den Himmel zu lesen und zum Regisseur zu sagen: ‹In fünf Minuten wird die Sonne raus kommen, und wir werden zwei Minuten haben, um die Einstellung in den Kasten zu kriegen.› […] In THE SEVENTH DAWN, den wir in Malaysia drehten, gibt es eine Einstellung, wo Bill Holden über die Straße zu Susannah Yorks Sportwagen geht. Und genau in dem Augenblick, wo er die Wagentür öffnet, öffnen sich die Tore des Himmels und ein gewaltiger Regen kommt herunter. Am Ende der Einstellung sagte Bill zu mir: ‹Das ist unglaublich, Freddie. Wie konntest du das hinkriegen?›»[16]

---

14 Freddie Young: *Seventy Light Years*. London, New York 1999. S. 117.
15 Freddie Francis nach Duncan Petrie: *The British Cinematographer*. London 1996. S. 158.
16 Freddie Young: *Seventy Light Years*. London, New York 1999. S. 149.

Vilmos Zsigmond

> Ich glaube an die Autorentheorie, wenn der Autor begabt ist.
> *Vilmos Zsigmond*
>
> Es gibt eine Menge Regeln, die man brechen sollte.
> *Vilmos Zsigmond*

Als kleiner Bub im ungarischen Szeged, berichtet Vilmos Zsigmond, habe ihm eine Zigeunerin geweissagt, dass er einmal eine Reise über den Ozean antreten werde, um ein berühmter Künstler zu werden. Nichts davon war zu erkennen, als der junge Ungar zunächst in einer Fabrik schuften musste, da er aus einer bürgerlichen Familie stammte, weshalb er in der Ära des Stalinismus als potentieller Klassenfeind galt. Mit 17 Jahren las er während einer längeren Krankheit die Schriften zur Fotografie von Jenö Dulovits. In der Fabrik organisierte er daraufhin sehr erfolgreich einen Arbeiter-Fotoclub. Als Belohnung für sein Engagement wurde er 1952 als 22-Jähriger auf die Filmhochschule in Budapest geschickt. Der Filmschule unter György Illes verdankt Zsigmond ein solides Studium der klassischen Schwarz-Weiß-Filme; später, als Exponent des Neo-Noir, wird er immer wieder darauf verweisen, dass er dafür Farbfilm wie Schwarz-Weiß-Film ausleuchtet.

Zsigmond verdankt der Budapester Filmhochschule auch einige Grundüberzeugungen. Er ist ein Kameramann, der nicht jeden Film annimmt: «Sie lehrten uns, dass ein Film nur Kunst ist, wenn er etwas Wichtiges zu sagen hat. Es sollte mehr als bloße Unterhaltung sein. Es sollte einen sozialen Wert haben.»[1] 1956, während des ungarischen Aufstandes, filmte er zusammen mit seinem Studienkollegen Laszlo Kovacs in den Straßen von Budapest. Als die Rebellion unter der Wucht der russischen Panzer zusammenbrach, beschlossen die beiden, mit dem gefilmten Material in den Westen zu fliehen, was auf abenteuerliche Weise auch gelang. Sie ließen das Material in Wien entwickeln, konnten durch dessen Verkauf aber gerade einmal das Kopierwerk bezahlen. 1957 entstand daraus der Dokumentarfilm UNGARN IN FLAMMEN.

Beide wanderten in die USA aus, wo Kovacs sich zunächst mit Sexfilmen durchschlug, während Zsigmond indirekt vom Sputnik-Schock profitierte. Die amerikanische Regie-

---

1 Vilmos Zsigmond nach Bob Fisher: A Transcendent Career Foretold. In: *American Cinematographer*, February 1999.

rung legte unter dem Eindruck dieses Ereignisses u.a. ein öffentliches Bildungsprogramm auf, zu dem auch Dokumentarfilme gehörten. Später drehte Zsigmond auch Werbefilme: «Ich besaß eine 16mm Arriflex und für Techniscope modifizierte Linsen. Außerdem hatte ich Lampen. Alles passte in einen Kombi. Für 100 $ am Tag konnte man meine Ausrüstung und meine Dienste als Kameramann mieten.»² So entstanden Commercials, die er heute als «Experimentalfilme» bezeichnet, da er die Möglichkeit erhielt, neue Techniken und Ideen entgegen dem technisch klar definierten Bildstil der Zeit auszuprobieren.³

«Es war eine große Chance zum Experimentieren mit weichem Licht, langen Linsen und Filtern», erklärt Zsigmond.⁴ «Ich denke, es war die Wiederkehr eines alten Looks. Chaplins Kameramann benütze weiches Licht bis die Studios zu stilisiertem härterem Licht übergingen. Die Regisseure der commercials wünschten einen natürlicheren, weicheren Look. Kodak half dabei, weil sie damals sensibleres Filmmaterial heraus brachten.»⁵ Eigentlich wollte Zsigmond aber zum Spielfilm und verdingte sich deshalb auch für Z-Pictures. «Ich erinnere mich an THE INCREDIBLE STRANGE CREATURES», sagt Zsigmond. «[…] das Budget war so niedrig, dass der Produzent nicht einmal genug Geld für Filmmaterial hatte, ganz zu schweigen von blanken Patronen für Waffen. In einigen der ‹Knall ihn ab›-Szenen sagten die Schauspieler tatsächlich ‹Bang! Bang!›. […] Ohne Geld für optische Tricks musste der Cutter vom wirklichen zum Gegenschuss schneiden und Soundeffekte unterlegen.»⁶

Kovacs fand unterdessen Anschluss an das aufkommende New Hollywood und vermittelte Zsigmond den Kontakt zu Robert Altman. Dessen MCCABE AND MRS. MILLER (1971) machte Zsigmond schlagartig bekannt. Altman wollte den verwaschenen Ton alter Fotografien für seinen Spätwestern, wofür Zsigmond mit partieller Vorbelichtung von 5, 10, 15 und 20 Prozent experimentierte. Nach zwei Wochen entschied er sich für 15 Prozent. Als die Produktionsfirma die verwaschenen ‹daylies› sah, erklärte Altman, das wäre nur ein Laborfehler. Wäre der Film nicht so ein sensationeller Erfolg geworden, hätte das für alle Beteiligten übel ausgehen können. Tatsächlich ist es der erste Film mit durchgängigem ‹Negativ-Flashing›, auch wenn andere Kameraleute die Technik schon früher eingesetzt haben.

Zsigmond erläutert: «Beim flashing sind die hellen Zonen noch brillant und leicht, aber die dunklen Zonen haben eine gewisse Weichheit: Sie sind nicht wirklich schwarz. Der Nachteil von flashing ist der Verlust des Schwarz. Es hängt davon ab, was man

---

2   Vilmos Zsigmond nach Bob Fisher: ebd.
3   Vilmos Zsigmond nach Bob Fisher: THE RIVER. In: *American Cinematographer*, April 1985.
4   Vilmos Zsigmond nach Bob Fisher: ebd.
5   Vilmos Zsigmond nach Bob Fisher: A Transcendent Career Foretold. In: *American Cinematographer*, February 1999.
6   Interview mit Vilmos Zsigmond. In: Pauline B. Rogers: *More Contemporary Cinematographers on Their Art*. Boston u. a. 2000. S. 176.

will.»⁷ ‹Preflashing› wird fortan eines der Markenzeichen von Zsigmond. Vor allem seine Western kennzeichnet dieser Look: THE HIRED HAND (Peter Fonda, 1971), HEAVEN'S GATE (Michael Cimino, 1980), MAVERICK (Richard Donner, 1994). Richard Donner in MAVERICK lässt Zsigmond in einer kleinen Szene als Landschaftsmaler auftreten. Er hat den schönen Satz zu sagen: «I am making nature even more beautiful/ich mache die Natur noch schöner.»

Preflashing erfordert einige Erfahrung, da sich alle fotografischen Parameter verändern; der Film wird ‹schneller› (lichtempfindlicher) und die Tiefeninszenierung verändert sich, da die Details aus dem Schatten heraustreten. In HEAVEN'S GATE arbeitet Zsigmond zusätzlich mit viel Rauch und Staub und ‹Positiv-Flashing›: «Ich wollte die Details in den dunklen und in den hellen Zonen heraus arbeiten durch preflashing des Positivs. Zusätzlich benützten wir Staub für außen und Rauch für innen. Wir hielten den Gebrauch von Rauch für gerechtfertigt durch die Art der Öfen, die sie hatten. Man kann den Rauch auf alten Fotos aus der Periode sehen. [...] Rauch erzeugt ein verstärktes Gefühl der Tiefe, weil Objekte im Vordergrund dunkler sind als die im Hintergrund. Diese Eigenschaft haben Maler Jahrhunderte lang genützt, indem sie Dunst über die Landschaft legten.»⁸

Für DELIVERANCE (John Boorman, 1972) entwickelt Zsigmond eine andere Technik: «Wir versuchen den Film in einem sehr realistischen und modernen Stil zu drehen – das heißt, dass wir viel Kontrast, aber keine starken Farben haben wollen. [...] das Problem ist, die Farben zu dämpfen. Wenn man on location arbeitet, lassen sich die Außenfarben nicht kontrollieren. So entschieden wir uns, später von Technicolor die Desaturierung durch den Zusatz von Extraschwarz beim Farbausgleich vornehmen zu lassen. Wir machten einige Tests und sie sahen aufregend aus. Man hat den Eindruck, einen Schwarz-Weiß-Film zu sehen – bis man die Schauspieler sieht. Ihre Hautfarbe ist so realistisch, dass ich sicher bin, jedermann wird sich wundern, wie wir einen Schwarz-Weiß-Look hingekriegt haben ohne die Hautfarbe zu ändern.»⁹ John Boorman erinnert sich: «Er war voller fantastischer Ideen, und wir entschieden uns alles in Schwarz und Grün zu halten, mit starkem Kontrast [...]. An einem bedeckten Tag machten wir eine 10-Minuten-Sequenz tief im Wald. Es war fast nur mit der Panavision 55 mm-Linse, weit offen bei f: 1,4, und der Effekt war umwerfend. Ein sehr, sehr seltsames Gefühl [...] die Welt des Traums, ein Alptraum.»¹⁰

---

7 Vilmos Zsigmond nach Benjamin Bergery: Reflections: Vilmos Zsigmond, ASC. In: *American Cinematographer*, September 1993.
8 Vilmos Zsigmond nach Benjamin Bergery: ebd.
9 Vilmos Zsigmond nach Herb A. Lightman: On Location with DELIVERANCE. In: *American Cinematographer*, August 1971.
10 John Boorman nach Herb A. Lightman: On Location with DELIVERANCE. In: *American Cinematographer*, August 1971.

Boorman kommentiert zum visuellen Konzept von DELIVERANCE: «Es geht um einen ganz gewöhnlichen Typ, der ein ruhiges Leben führt, bis er in eine Situation gerät, in der er emotionale und physische Ressourcen mobilisieren muss, von denen er nicht einmal ahnte, dass er sie besitzt. Und so ist der Fluss sehr bedeutungsgeladen und symbolisiert den tiefen unsichtbaren Fluss des Unbewussten. Deshalb wollen wir dieses dunkle seltsame Gefühl in die Geschichte bringen.»[11] Für die Wildwasserszenen mit den Kanufahrten entschied sich Zsigmond deshalb für die gewagteste Variante. Die Kamera ist vollständig mobil, von einem Schlauchboot aus direkt über dem schäumenden und gurgelnden Wasserstrom gehalten. Die Kamera war zum Schutz lediglich in eine Plastikfolie eingeschlagen. Um den bedrohlichen Aspekt noch zu steigern, benützte er Linsen mit langer Brennweite.

In THE LONG GOODBYE (Robert Altman, 1973) lässt sich Zsigmonds typische Breitwandtechnik mit improvisierten Kamerafahrten, Schwenks und Zooms gut beobachten. «Die Herausforderung des Anamorphoten ist die Verwendung des gesamten Bildfeldes, ohne in die Intimität der Szene einzugreifen. Nicht das Zentrum bespielen wie im TV, sondern die Seiten», erklärt Zsigmond.[12] Er legt dabei Wert auf Schärfentiefe mit genügend Licht: «Ich will keinen two-shot, in dem eine Person nicht im Fokus ist; ich denke, das Auge sieht nicht so. Ein unscharfer Fokus kann ein künstlerischer Effekt sein, aber ich glaube nicht, dass es dem wirklichen Leben entspricht. Ich will dass mein Publikum Filme sieht, die dem nahe kommen, was sie im wirklichen Leben sehen. Wenn man mit einer Linse bei T: 1,4 arbeitet, kann man bei einer Schärfentiefe von ein paar Zentimeter landen, und selbst geniale Assistenten können das falsch einschätzen. Ich ziehe es vor bei einem Lichtniveau zu arbeiten, das kostspielige Nachdrehs vermeidet.»[13] Die beständig bewegliche Kamera dient Zsigmond dazu, Dreidimensionalität zu gewinnen: «Ich mag bewegte Kameraeinstellungen, denn jedes Mal, wenn man die Kamera bewegt, schafft man die Illusion einen dritten Dimension.»[14]

SCARECROW (Jerry Schatzberg, 1975) und THE SUGARLAND EXPRESS (Steven Spielberg, 1974) sind zwei Roadmovies mit unterschiedlichen Tempi. SCARECROW gab Zsigmond die Gelegenheit für atmosphärische, liebevoll komponierte Einstellungen. Menschen, die auf der Straße zuhause sind. Bewegung als ein way of living, Kamerafahrten als eine Erforschung des Raums. THE SUGARLAND EXPRESS handelt dagegen von wahrhaft Unbehausten. Die Kamera rast mehr, als dass sie sich bewegt. Für die Kameras,

11 John Boorman nach Herb A. Lightman: ebd.
12 Vilmos Zsigmond nach Marty Ollstein: The Cinematographer's Master Workshop. In: *American Cinematographer*, June 1995.
13 Vilmos Zsigmond nach Benjamin Bergery: Reflections: Vilmos Zsigmond, ASC. In: *American Cinematographer*, September 1993.
14 Vilmos Zsigmond nach Herb A. Lightman: Universal's Latest Is Kongfrontation. In: *American Cinematographer*, October 1986.

mehrere auf einem Fahrgestell, wird ein spezieller Rennwagen gebaut. Der ‹point of view› eines Passagiers, eines Reifens und eines Kotflügels.

Mit OBSESSION (1976) begann die Zusammenarbeit mit Brian de Palma; es folgten BLOW OUT (1981), THE BONFIRE OF THE VANITIES (1990) und THE BLACK DAHLIA (2006). OBSESSION ist ein VERTIGO-Remake. Hier wird zum ersten Mal unübersehbar, dass die Einschätzung von Vilmos Zsigmond als einem großen Realisten ein Missverständnis ist. Eines der großen Vorbilder von Zsigmond ist Gregg Tolands Kamera für CITIZEN KANE: Weite Winkel, große Tiefenschärfe, Räume mit sichtbaren Decken, more real than real life. Zsigmond treibt diese Ästhetik weiter mit modernen Mitteln, mit Zoom-Linsen (sein vielgeliebtes Primo 11:1), mit Anamorphoten, mit den neuen, hochempfindlichen Emulsionen von Kodak, hoher Kontrast in der Farbe und monochromatisches Licht, neo-noir mit 360°-Fahrten. Bei OBSESSION entstand so der typische de Palma-Look: Hyperrealismus. Im Kino ist Hyperrealismus etwas viel dramatischeres als in der Malerei oder Fotografie. Nicht nur die Menschen bewegen sich, sondern auch die Räume, sie schrumpfen oder blähen sich auf. Nancy Allen in BLOW OUT.

In THE BONFIRE OF THE VANITIES läuft die Plansequenz aus der Exposition von Murnaus LETZTER MANN (1924) rückwärts ab: Bruce Willis steigt aus einem Auto, wandert durch eine Garage zum World Trade Center, auf einem Elektrowagen durch einen langen Tunnel, zu Fuß weiter durch eine Küche und in einem Aufzug nach oben. Fünfeinhalb Minuten. Den onirischen Charakter mancher Szenen unterstrich Filmarchitekt Richard Sylbert durch acrylfarbene Blau-, Gelb- und Grüntöne. Große, weite Räume erscheinen gestochen scharf, wie auf einem Stahlstich, irreal klar. Zsigmond verwendete kein Scheinwerferlicht von oben, sondern große weiße Ballons, die von unten angestrahlt werden. Mit dem Neo-Noir entfernt sich Zsigmond immer mehr von seinen Anfängen. Zu den Dreharbeiten von THE BLACK DAHLIA kommentiert er: «Ich finde soft light ziemlich langweilig. [...] Ich denke die abstrakteren Formen der Beleuchtung, wie soft light-Techniken, geben den Filmen keine Spannung, speziell bei Krimis. Für einen Kriminalfilm braucht man Schatten.»[15] Mit den verbesserten Techniken für Kran- und Dollyfahrten ist THE BLACK DAHLIA ein Musterbeispiel für komplexe Plansequenzen geworden: «Was ich an Brian mag, ist sein Mut eine Einstellung zwei Minuten lang durchzuziehen. Und wenn es gut choreographiert ist, hat man zum Schluss eine klassische Sequenz.»[16]

NEW YORK, NEW YORK (Martin Scorsese, 1977) und CLOSE ENCOUNTERS OF THE THIRD KIND (Steven Spielberg, 1977) sind große teure Top-Filme, ein Ausstattungsmusical und ein Science Fiction-Epos. Von der Kamera wird weniger Kreativität als

---

15 Vilmos Zsigmond nach Stephen Pizzello: Darkest Noir. In: *American Cinematographer*, September 2006.
16 Vilmos Zsigmond nach Stephen Pizzello: ebd.

technische Meisterschaft verlangt. Aber es sind trotzdem Zsigmond-Filme: wenig Dialoge, viel Visualität. «Wer Dialog haben will, sollte ein Buch lesen», pflegt Zsigmond zu sagen.[17] «Leider machen wir keine Stummfilme mehr. Das ist die reinste Kunstform, die ich mir vorstellen kann.»[18] Beim rein visuellen Erzählen kann er so aufwändig ausleuchten, wie er will: «Ich denke, das Wichtigste an der Kameraarbeit ist die Beleuchtung. So schafft man die Stimmung, die die Story zusammen hält.»[19] CLOSE ENCOUNTERS OF THE THIRD KIND bringt Zsigmond einen Oscar ein.

THE DEER HUNTER (Michael Cimino, 1978) ist vielleicht der gestalterisch bemerkenswerteste Film von Zsigmond. Es gelang ihm hier, sehr unterschiedliche visuelle Welten zu einem stilistisch einheitlichen Film zu verschmelzen: eine russische ‹community› in Pennsylvania, eine Jagd in den Alleghenies, eine Hochzeit in einer Halle, ein Stahlwerk, Szenen aus Saigon und dem Vietnam-Krieg. Um nicht zehn verschiedene Filme zu drehen, vermied er ‹soft light›, belichtete einheitlich einen Tick zu dunkel und arbeitete mit Mischlicht, das die unterschiedlichen Lichtqualitäten zusammen brachte. Das führt in der Konsequenz dazu, dass überhaupt kein ‹natürliches Licht› vorkommt, sondern immer nur deutlich gestaltetes. Was Zsigmond über die Nachtszenen sagt, gilt eigentlich für den ganzen Film: «Mit Fug und Recht kann man in Frage stellen, in wie weit diese Szenen tatsächlich wie Nacht aussehen – um die Wahrheit zu sagen, ich bezweifle es selbst –, aber wenn ich mir jetzt den Film ansehe, stelle ich fest, dass man manchmal von der Wirklichkeit abweichen muss, um das Gefühl von Wirklichkeit zu erzeugen. Die besagten Szenen sehen anders aus als wenn sie bei Nacht gedreht worden wären – aber irgendwie funktioniert es, und ich denke, genau das ist es, was Kunst von der Natur unterscheidet.»[20]

Um die Kriegsszenen von THE DEER HUNTER wie Dokumentarfilm aussehen zu lassen, belichtete Zsigmond um zwei bis drei Blenden unter und ließ dies im Labor durch forcierte Belichtung ausgleichen. Doch das Ergebnis war bei der hohen Qualität des Kodak 5247-Materials immer noch zu gut, so dass er es durch zweimaliges Umkopieren weiter verschlechterte. Für die Spielhallen in Saigon wollte er die Poolhallen-Qualität von nur einer Lichtquelle herstellen – was überzeugend nur mit aufwändigem ‹cross light› gelang. Legendär ist die Stahlwerk-Szene, die glühenden Stahl und erkennbar agierende Schauspieler zugleich ins Bild bringt. «[...] die Lichtbalance war das Hauptproblem in dem Stahlwerk, denn wenn man die Kamera auf abgestochenen Stahl richtet, ist es, als würde man die Sonne filmen. [...] Alles, was man erhoffen kann, sind interessante Kompositionen von flüssigem Stahl, der auf dem Film etwas

---

17 Vilmos Zsigmond nach Bob Fisher: A Transcendent Career Foretold. In: *American Cinematographer*, February 1999.
18 Vilmos Zsigmond nach Bob Fisher: ebd.
19 Vilmos Zsigmond nach Bob Fisher: ebd.
20 Vilmos Zsigmond: Photographing THE DEER HUNTER. In: *American Cinematographer*, October 1978.

glüht. Wir brauchten so viel zusätzliches Licht, um so weit abblenden zu können, dass der Stahl nicht durchbrennen und weiß erscheinen würde.»[21] Um das Stahlwerk atmosphärisch fühlbar zu machen, mischte Zsigmond Rauch mit hellrotem Licht. Cimino wollte, dass die Akteure heroisch und glaubhaft wirken. «In den Großaufnahmen kann man sehen, dass es harte Arbeit, heiße Arbeit ist, aber das Stahlwerk wurde nicht als ein unmenschlicher Ort porträtiert», erklärt Zsigmond.[22]

In THE RIVER (Mark Rydell, 1985) kommt ebenfalls ein Stahlwerk vor. Hier hat es einen anderen Charakter. Es ist ein dreckiger Ort, an dem sich arme Leute verdingen, um zu überleben. Es ist ein brutaler Ort, eiskalt gefilmt. Ein amerikanisches Thema: Überleben, mit der Natur und gegen die Natur. Der Film beginnt mit ein paar Regentropfen, die in einer vierminütigen Sequenz zu einer alles verschlingen Flut anschwellen. Etwas später versucht Mae, die Tochter der Familie, das kranke Kalb zu retten. Vergebens. Als der Vater mit den Brüdern kommt, ist das Kalb tot. Zsigmond erklärt die Dramatik der Szene durch die Licht- und Schatteneffekte, die das löchrige Holz des Schuppens verursacht.

In THE WITCHES OF EASTWICK (George Miller, 1987) arbeitet Zsigmond mit den Farben Rot und Blau. Rot ist Jack Nicholson, der Teufel, aber nicht expressionistisch rot, sondern immer motiviert. Es gibt immer eine glaubhafte Quelle, wie das flackernde Licht eines offenen Feuers. Bei den Szenen mit Nicholson wird nicht irgendwie rot beleuchtet, sondern die Farbtemperatur des Lichts mit Korrekturfolien exakt moduliert. Im Gegensatz dazu taucht Zsigmond die Hexen in kühles Blau. Auch in diesem Film ist es für die Stimmung extrem wichtig, dass die hohen und weiten Räume so gestochen scharf sind, dass das Hyperreale schon wieder ins Irreale umkippt.

1991/92 sind für Zsigmond besondere Jahre. Mit THE LONG SHADOW versucht er sich als Regisseur. Er hätte gerne ein sehr visuelles Thema gehabt, bekam aber ein intimes Zwei-Personen-Drehbuch. Weil er die Chance nützen wollte, lehnte er nicht ab, war aber mit dem Ergebnis nicht zufrieden. Danach drehte er mit Ivan Passer für HBO eine Stalin-Biografie. Beide sind vom Stalinismus geprägt, Zsigmond durch den Ungarn-Aufstand, Passer durch den Prager Frühling. Während sie an den historischen Orten in der Sowjetunion drehen, bricht das alte System zusammen. Ein Fernsehfilm, der das Wagnis eingeht gegen Ende immer mehr auszublassen (Zsigmonds color-fading). Die Produktion ist von einer doppelten historischen Aktualität überschattet. «Es war unglaublich, wie eine Traumwelt. Wir drehten gerade in Stalins Datscha», erinnert sich Zsigmond «an Stalins Geburtstag. Wir saßen im Esszimmer […] mit McDonald's

---

21 Vilmos Zsigmond: ebd.
22 Vilmos Zsigmond nach Bob Fisher: A Transcendent Career Foretold. In: *American Cinematographer*, February 1999.

557–558 McCabe & Mrs. Miller (Robert Altman, 1972), Bild: Vilmos Zsigmond

559 Heaven's Gate (Michael Cimino, 1980), Bild: Vilmos Zsigmond

560 Deliverance (John Boorman, 1972), Bild: Vilmos Zsigmond

561–562 The Deer Hunter (Michael Cimino, 1978), Bild: Vilmos Zsigmond

563–565 The Black Dahlia (Brian de Palma, 2006), Bild: Vilmos Zsigmond

Hamburgern und Coca Cola!»[23] Und Passer fügt hinzu: «Plötzlich öffnete sich die Tür und sechzig halb betrunkene Russen stolperten rein und verkündeten das Ende der Sowjetunion [...] ich schaute auf und dachte, ‹Ist das wirklich?› Denn mitten in alledem spazierten Stalin, Beria, Chruschtschow, Molotow und Woroschilow herum – als Doubles – in Stalins wirklichem Haus.»[24]

SLIVER (Philip Noyce, 1993) und ASSASSINS (Richard Donner, 1995) sind zwei gute Beispiele für Neo-Noir. «Ich pflege meine Filme auszuleuchten als wären es alte Schwarz-Weiß-Filme; ich glaube, wenn man den Farbregler am Fernseher runterdreht, sollte das Bild für sich mit Licht und Schatten bestehen können.»[25] Für diese restriktive Kontrolle des Lichts bevorzugt Zsigmond Bauten. «Viele Kameraleute arbeiten gerne on location, weil sie die Wirklichkeit nicht verändern können und meinen, dass das ihren Film wirklicher aussehen lässt. Ich habe die gegenteilige Auffassung; ich glaube, ich kann ein Set wirklicher aussehen lassen als eine tatsächliche Örtlichkeit, weil die Möglichkeiten der Beleuchtung offen bleiben.»[26]

Noir-Stil heißt immer auch pseudosubjektiv; in SLIVER wählte Zsigmond den ‹point of view› eines Peeping Tom, in ASSASSINS verstärkte er den Effekt noch durch beständige leichte Zooms. In SLIVER kommt eine Kerzenlichtszene vor. Seit BARRY LINDON gilt Kubricks Technik als Standard für Kerzenlicht. Zsigmond wählte ein grundlegend anderes Verfahren, weil ihm die komplette Schärfentiefe wichtig war und hintersetzte das Kerzenlicht mit Lampen. Zsigmond Hyperrealismus geht nicht ohne Tricks ab. Um in dynamischen Szenenabläufen mit zwei Akteuren immer beide scharf im Bild zu haben, setzt er einen Diopter ein. «Ich setzte die Beleuchtung so ein, dass sie nicht offensichtlich war und dass die Trennungslinie kaschiert wurde. Anamorphische Aufnahme (Breitwand T.B.) führt von selbst zu dieser Art von Segmentierung des Bildes; weil es weiter ist, ist es leichter den Einsatz des split diopters zu verbergen. Ich bin zuversichtlich, dass diese Technik jeden täuscht, außer den Connaisseur!»[27] Zsigmond kann so den klaustrophobischen Effekt sehr langer Linsen mit dem Schein von Tiefenschärfe kombinieren. Es gibt keine Desorientierung wie im klassischen film noir. Auch ist die Kamera immer an ‹logischen Orten›, deren Geografie klar überschaubar ist. Es ist ein eiskalter, postmoderner Look. Dazu gehört auch das kathedralenartige Gegenlicht, das Zsigmond so liebt, und das sich auch in Nachtszenen anderer Filme finden lässt.

---

23 Vilmos Zsigmond nach Jean Oppenheimer: Political Upheaval Stirs HBO's STALIN. In: *American Cinematographer*, October 1992.
24 Ivan Passer nach Jean Oppenheimer: Political Upheaval Stirs HBO's STALIN. In: *American Cinematographer*, October 1992.
25 Vilmos Zsigmond nach Stephen Pizzello: NYC Edifice Becomes ‹Spyscraper› in Voyeuristic SLIVER. In *American Cinematographer*, May 1993.
26 Vilmos Zsigmond nach Stephen Pizzello: ebd.
27 Vilmos Zsigmond nach Stephen Pizzello: Darkest Noir. In: *American Cinematographer*, September 2006.

Mit seiner gewagten Diopter-Technik kommt Zsigmond bereits an dem Punkt an, wo nachträgliche Korrekturen durch CGI (computer generated images) nötig sind. In THE GHOST AND THE DARKNESS (Stephen Hopkins, 1996) bearbeitete er ein Thema, das sich am besten mit diesen Hilfsmitteln realisieren ließ. Es geht um Aufnahmen echter Löwen, die Menschen anfallen. «Dieser Film wäre mit der Technologie, die uns noch vor fünf Jahren zur Verfügung stand, nicht möglich gewesen, wegen des Ausmaßes, in dem wir auf digitale postproduction angewiesen waren, um die Löwen mit wirklichen Menschen zu kombinieren.»[28] Aber nicht alle unheimlichen Begegnungen wurden am Computer generiert. Auch hier arbeitet Zsigmond wieder mit dem Diopter und sehr langen Brennweiten. 2006, mit THE BLACK DAHLIA, arbeitet Zsigmond mit einem DI (digital intermediate), einer digitalen Zwischenkopie. Das erleichtert und verbessert die Laborarbeit erheblich: «Mit dem DI verliert man keine Bildqualität wie bei einem optischen Schritt. […] Wir können den Look mehr oder weniger kontrastreich machen, mehr oder weniger farbig, usw. Wir haben hier ein Werkzeug, das wirklich die Qualität der fertigen Kopie verbessert. Vor dem DI waren wir sehr limitiert mit dem, was wir beim Timing (Lichtbestimmung T.B.) machen konnten.»[29]

PLAYING BY HEART (Willard Carrol, 1998) und LIFE AS A HOUSE (Irwin Winkler, 2001) sind zwei sehr intime Filme. Hier geht es um Menschen und Gesichter. «Ich will, dass das Publikum die Gesichter der Schauspieler sieht […]. Es kann ein Teil des Gesichts sein oder nur die Augen.»[30] Denn: «Man kann in ihren Gesichtern und Augen praktisch die Gedanken sehen.»[31] Auch hier wählt er wieder sein Lieblingsformat, «weil man im anamorphen Rahmen sehen kann, wie die Menschen reagieren.»[32] Für Kammerspiel-Filme empfiehlt Zsigmond das Studium der alten Meister: «Wenn man eine Geschichte über wirkliche Menschen erzählt, haben uns die klassischen Maler ein gutes Modell geliefert. Sie haben nie jemand schlecht beleuchtet […]. Sie haben immer gut modellierendes Licht benützt und einen dunkleren Hintergrund, so dass die Menschen sich abhoben.»[33]

---

28 Vilmos Zsigmond nach David E. Williams: Night of the Hunters. In: *American Cinematographer*, November 1996.
29 Vilmos Zsigmond nach Stephen Pizzello: Darkest Noir. In: *American Cinematographer*, September 2006.
30 Vilmos Zsigmond nach Bob Fisher: A Poignant Pas de Deux. In: *American Cinematographer*, December 1998.
31 Vilmos Zsigmond nach Bob Fisher: ebd.
32 Vilmos Zsigmond nach Bob Fisher: Discovering Life in Death. In: *American Cinematographer*, October 2001.
33 Vilmos Zsigmond nach Bob Fisher: A Poignant Pas de Deux. In: *American Cinematographer*, December 1998.

Fachbegriffe

zusammengestellt von Rüdiger Laske, bvk

> Nichts Derartiges hat man in diesem Jahrhundert je gesehen. Natürlich ist es eine Maschine, aber das ist ein Auto oder ein Flugzeug auch. Aber keine andere Maschine berührt die Köpfe und Herzen von Männern und Frauen so, wie die Filmkamera es kann.
> *Lilian Gish*

Diese Liste enthält vielfach auch die englischen Begriffe, da sie in der Fachliteratur häufig so vorkommen und manchmal auch gar kein echtes deutsches Pendant haben.

Aberration Bei der sphärischen Aberration treffen Strahlen aus dem Randbereich der Linsen nicht mit den übrigen Strahlen im Brennpunkt zusammen. Abhilfe: Asphärische Linsen oder korrigierende Linsen. Bei der chromatischen Aberration wird das Licht in die Spektralfarben auf gespalten. Die Lichtstrahlen aus dem Randbereich der Linsen treffen sich nicht mit den übrigen Strahlen im Brennpunkt. Abhilfe: Korrekturlinsen.

Achsensprung Beispiel: 2 Personen sitzen sich gegenüber und sollen in Schuss/Gegenschuss aufgenommen werden. Man denke sich eine Achse zwischen den Personen. Die Kameras sollten jeweils auf der gleichen Seite der Achse stehen, also nicht bei der ersten Aufnahme auf der einen Seite der Achse und beim Gegenschuss auf der anderen Seite der Achse, denn das hätte zur Folge, dass die Personen in die gleiche Richtung blicken wodurch der Zuschauer den Eindruck hätte, dass sie sich nicht ansehen. Im klassischen Erzählkino ist der Achsensprung deshalb tabu. Komplizierter wird es an einem Tisch mit mehreren Personen. Aber auch hier ist die Blickrichtung entscheidend für die Position der Kamera. Wenn die Kamera fährt, ist es möglich, über die Achse zu fahren, denn das kann der Zuschauer nachvollziehen und so ist es möglich anschließend auf der anderen Seite mit Schuss/Gegenschuss fortzufahren.

AFC Association Française des Directeurs de la Photographie Cinématographique.

AIC Associazione Italiana Autori della Fotografia Cinematografica.
Aktinität Die Beschreibung der Auswirkung von Licht/Strahlung bestimmter Wellenlänge auf lichtempfindliche Oberflächen.
Amerikanische Einstellung (= medium shot, den Begriff ‹amerikanisch› gibt es im amerikanischen nicht.) Einstellungsgröße zwischen halbnah und nah, bei der die Füße abgeschnitten sind. Im Hollywood-Kino sehr beliebt, weil man dann Markierungen für die Schauspieler (s. dort) am Boden nicht sieht.
Amerikanische Nacht (s. *Day for night*).
Anamorphot Zylindrische Linse, die ein Breitwandbild horizontal, meist im Verhältnis 1:2 (Cinemascope) komprimiert, so dass es auf 35mm-Normalformat passt, bzw. umgekehrt zur Entzerrung solcher Aufnahmen bei der Projektion.
Anschlussfehler Da Filme normalerweise nicht chronologisch gedreht werden, besteht die Gefahr, dass nach einem Schnitt dieselbe Szene mit unerklärlichen Veränderungen erscheint. Z.B.: Eine Zigarette ist nach einem Schnitt länger als in der Einstellung zuvor.
Answer print/Nullkopie Die erste, noch nicht fein korrigierte Filmkopie des Labors mit Ton nach dem Filmschnitt/editing.
ASA Maß für die Lichtempfindlichkeit eines Films. ASA bezieht sich auf American Standard Association; entsprechend gab es deshalb früher neben den ASA-Werten in Deutschland DIN-Werte. Frühe Filme hatten um die 10 ASA, heute geht es bis 500 ASA. Man spricht auch von ‹schnellem› und ‹langsamem› Filmmaterial (fast film stock/slow film stock). Der Belichtungsindex/exposure index (E.I.) entspricht den ASA-Werten.
ASC American Society of Cinematographers. Verband der in den USA arbeitenden DOP. Aufgenommen wird man nur auf Einladung. Drei Mitglieder des ASC müssen die Aufnahme befürworten. Nach Sichtung einiger Filme und einem persönlichen Gespräch kann man aufgenommen werden. Auch Ausländer können auf Empfehlung Mitglieder des ASC werden. Herausgeber der Zeitschrift ‹American Cinematographer›.
Auflösung/definition Das Maß für die kleinsten Details in einem Bild, die noch erkennbar aufgelöst werden. Gemessen wird ein Raster aus schwarzen und weißen Linien. Die Auflösung wird demnach in Linien/mm angegeben.
Augenlicht/eye light/glow light Ursprünglich ein kleiner Flächenscheinwerfer, der mit verstellbaren Lamellen ausgestattet war, um den Lichtstrom ohne Farbverschiebung dosieren zu können. Er war direkt auf der Kamera befestigt und bei Großaufnahmen auf die Augen des Schauspielers gerichtet, um einen Reflex im Auge zu erzeugen, der das Auge lebendig wirken lässt. Heute dienen dazu alle möglichen Lichtquellen, die nicht unbedingt auf der Kamera montiert sein müssen, um einen Reflex im Auge zu erzeugen.
Available Light Das bereits am Drehort vorhandene Licht.

Baby Angelsächsischer Ausdruck für 500 W-Stufenlinsenscheinwerfer.

Belichtungsmessung Lichtmessung mit einer Fotozelle (s. dort), um den richtigen Blendenwert zu finden. Das Licht kann von der Kamera aus gemessen werden und direkt an Objekten. Zu unterscheiden ist zwischen dem einfallenden Licht (incident reading) und dem reflektierten Licht (reflective reading). Punktgenaue Messungen erlaubt ein Spotmeter. Man kann die Lichtmenge in unterschiedlichen Messeinheiten ausdrücken. Lux (Lumen pro m²), Lumen (Candela x Sterradiant, wobei 1 Candela der Strahlung einer Standardkerze entspricht), footcandle (Strahlung in einem Fuß Abstand von einer Standardkerze) sowie footcandle pro Quadratfuß; ein Lux entspricht grob 10 fc/f2. Der EV/exposure value bezeichnet eine Lichtmenge, der eine Reihe von Zeit/Blenden-Kombinationen entspricht.

Physikalisch nimmt die Intensität einer Lichtquelle mit dem Quadrat der Entfernung ab. Bei komplexen Lichtverhältnissen – und das ist beim Film fast immer so – erhält man abhängig von der Reflektion der Gegenstände sehr unterschiedliche Ergebnisse. Es gibt deshalb viele Kameraleute, die sich auf ihre Professionalität verlassen und die Licht/Schattenverteilung mit dem Auge bewerten, zumal das bewusste Spiel mit der Belichtung auch ein künstlerisches Mittel sein kann. Aber gerade wenn man sich in kritischen Bereichen der γ-Kurve (s. dort) bewegt, sollte dies kontrolliert geschehen.

Belichtungszeit. Die Belichtungszeiten beim Film sind notwendigerweise kurz; Film wurde überhaupt erst möglich, als die Belichtungszeiten von Fotomaterial kürzer wurden. Die Belichtungszeiten sind vom Öffnungswinkel der Umlaufblende (s. dort) abhängig, dieser wiederum von der Netzfrequenz, um eine flickerfreie Aufnahme mit diskontinuierlich leuchtenden Lampen wie HMI (s. dort) zu erreichen. Bei 24 Bildern pro Sekunde/24 frames per second (fps) und einer Umlaufblende mit einer Öffnung von 144° für 60 Hz Netzfrequenz ergibt sich z.B.: 144/360 x 1/24 Sekunde = 1/60 Sekunde.

In Europa mit der Netzfrequenz von 50 HZ sind 24 B/Sek. und 172,8 Grad-Sektor oder beim Fernsehen 25 B/Sek. und 180 Grad Sektoröffnung üblich. Die Belichtungszeiten betragen dementsprechend 1/50 Sek. Der bisher größtmögliche Öffnungswinkel beträgt 220 Grad (Panavision) ca.1/39 Sek. bei 24 B/Sek.

Belichtungszeiten von 1/50 oder 1/60 Sek. führen bei schnellen Bewegungen zu Unschärfen. Interessanterweise unterstützen diese leichten Unschärfen, dass die Einzelbilder im Hirn des Betrachters leichter verschmelzen. Die so genannte Verschmelzungsfrequenz ist von der Anzahl der Bilder/Sek. aber auch von der Belichtungszeit abhängig.

Die Belichtungszeit verändert sich auch mit der Laufgeschwindigkeit der Kamera. Darüber hinaus kann die Belichtungszeit mittels einer verstellbaren Sektorenblende verkürzt werden.

Bildformat/format/Bildverhältnis/aspect ratio Die Breite des Films beträgt klassisch 35mm. Im Dokumentarischen und im TV-Bereich oft auch 16mm. Todd-AO-Breitwandformat hat 70mm (Negativ 65 mm weil kein Platz für die Tonspuren benötigt wird). Ein anderes Format bedeutet immer auch eine andere optische Konstruktion der Objektive, da jede Optik auf ein scharfes Bild definierter Größe in einer definierten Entfernung zur Filmoberfläche ausgelegt ist. Zum Filmformat gehört auch ein definiertes Verhältnis von Höhe und Breite. Klassisch 1:1,33, klassischer Tonfilm 1:1,37 (beides Academy-Formate), heutiger Standard 1:1,85, in Europa teilweise noch 1:1,66, CinemaScope 1:2,35.

Für die anamorphotische Aufnahme wie Cinemascope oder anamorphotisches Panavision wird Normal 35 benutzt. Das Aufnahmeformat beträgt 22 x 19 mm, das Seitenverhältnis ca. 1:1,16, somit ist es die ideale Größe für anamorphotische 1:2 Komprimierung (Cinemascope 1:2,35, Panavision 1:2,4).

Die maximale Bildbreite von 25 mm zwischen der Perforation von Super 35 wird für unkomprimierte Breitwandformate wie Techniscope (Seitenverhältnis wie Cinemascope 1:2,35) genutzt. Die Bildfenstergröße beträgt 25 x 11,5 mm. Techniscope hat den Vorteil, dass nur die Hälfte des Materials gebraucht wird, weil die Bildhöhe von 2 Perforationslöchern ausreicht, um das Bild aufzunehmen. Es gibt dafür Greifersysteme mit kürzerem Greiferschritt. Einige der berühmten Italo-Western sind auf Techniscope gedreht worden. Techniscope wird durch einen Anamorphoten kopiert und das Positiv sieht wie ein normaler Cinemascopefilm aus und muss auch durch einen Anamorphoten vorgeführt werden.

Die volle Bildbreite von 25 mm nutzt auch das 3-Perf-System (Erfinder: Rune Ericson) für das 1:1,85 Format, ebenfalls für sphärische Objektive, wie bei Technovision, geeignet. Alle diese Formate müssen optisch umkopiert werde, da der Transportschritt der Projektoren jeweils 4 Perforationslöcher beträgt.

Bleach-bypass/ Bleichbadüberbrückung Laborverfahren, bei dem in der Entwicklungsmaschine das Bleichbad ganz oder teilweise überbrückt wird. Das bewirkt, dass das Bild nicht nur aus Farbstoffen, sondern auch, wie beim S/W-Film aus Silber gebildet wird, so dass der Film sehr kontrastreich wird mit tiefen Schwarztönen, desaturierten Farben und deutlicher Kornstruktur..

Blende/stop/diaphragm/Blendenöffnung/Öffnung/aperture Im optischen System jeder Kamera befindet sich eine Blende/Diaphragma, die sich annähernd kreisförmig (angestrebt) öffnen und schließen (stopping up/down) lässt. Dadurch wird die Lichtmenge, die auf den Film fällt, auf das zu einer korrekten Belichtung notwendige Maß dosiert. Bei großer Helligkeit, bzw. bei der Verwendung lichtempfindlicherer Materials, kann die Blende weiter geschlossen werden, wodurch eine größere Schärfentiefe erreicht werden kann.

Ausgedrückt wird die Lichtdurchlässigkeit des Objektivs in Blendenwerten/f-stops, die sich aus der Brennweite dividiert durch die Blendenöffnung errechnen.

So ist f: 5,6 ein mittlerer Blendenwert, f: 22 ist ein extrem kleiner Blendenwert und f: 1,3 ein extrem großer Blendenwert. Der Unterschied zwischen zwei Blendenwerten entspricht einer Verdopplung bzw. Halbierung der Lichtmenge (s. Irisblende).

Blendenwert/f-stop/T-stop (s. *Blende*). Ergänzend zu dem errechneten f-Wert wird zunehmend die T-Blende angegeben, die den tatsächlichen Lichtdurchgang unter Berücksichtigung aller Lichtverluste durch Reflektion in der Optik angibt. Hersteller wie Zeiss geben nur noch die realistischeren T-Werte an und gravieren ihre Objektive dementsprechend (s. Irisblende).

Blimp Ein Gehäuse, das die Kamera schalldicht umgibt, so dass das Kamerageräusch beim Tonfilm nicht stört. Anfangs schwere, unhandliche Konstruktionen. Heute gibt es fast nur noch ‹selbstgeblimpte› Kameras, d.h. die Konstruktion selbst schluckt das Laufgeräusch durch Trennung der inneren Mechanik mit Schall absorbierenden Materialen vom äußeren Gehäuse.

Blocking/Stellprobe Festlegung der Bewegungen der Schauspieler und der Kamera in der Szene und vor der Kamera, bevor gedreht wird. Besonders wichtig, wenn auch die Kamera bewegt wird. Vgl. auch Markierungen.

Blow up Vergrößerung des Bildformats. Der Film wird z.B. auf 16 mm-Film aufgenommen und im Kopierwerk auf 35 mm-Format vergrößert, was bei Low-Budget-Produktionen oder Dokumentarfilmen oft Sinn macht.

Blue Screen (elektronisches Verfahren) Eine Szene spielt vor blauem Hintergrund. In der Szene selbst darf kein Blau auftauchen, da alles, was blau ist, anschließend herausgefiltert und durch einen anderen Hintergrund ersetzt wird. Ein Schauspieler im Studio kann so z.B. vor einer Landschaft auftreten. Prinzipiell geht es mit jeder Farbe, aber die Möglichkeiten sind durch den Haut-Ton der Schauspieler eingeengt (s. Travelling Matte).

Bogenlicht/arcs Bogenlampen funktionieren mit zwei Kohlestäben, die so nah zueinander gebracht werden, dass bei einem hohen Gleichstrom (häufig 225 Amp. bei 75 Volt) ein sehr heller Lichtbogen entsteht. Sie waren lange Zeit die stärksten Lichtquellen überhaupt; deshalb auch Brute genannt. Gewöhnlich als Stufenlinsenscheinwerfer mit Fresnellinsen (s. dort). Es gibt unterschiedliche Kohlen: ‹white carbons› für tageslichtähnliches Licht von 5600°K und ‹yellow carbons› für Kunstlicht mit 3200°K. Arcs sind praktisch vollständig von den HMIs ersetzt worden (s. HMI).

Boom/Angel Galgenartige Vorrichtung, mit der das Mikrofon über der Szene und außerhalb des Kamerabildes gehalten wird.

Booster Großer Zusatzscheinwerfer.

Bounce light Reflektiertes, indirektes Licht, das abhängig vom reflektierenden Material mehr oder weniger weich und schattenlos ist.

B-Picture Im Gegensatz zu den teuren Hollywood-Produktionen, den A-Pictures, mit bescheidenem Etat in kurzer Zeit hergestellt. Ironisch spricht man auch noch von Z-Picture für extreme Billigproduktionen.

Brennweite/focal length Die Brennweite ist die Entfernung vom Linsenmittelpunkt bis zu dem Punkt in dem sich parallele Strahlen treffen. Eine klassische Brennweite (Normalbrennweite) für das 35 mm Format ist das 50mm-Objektiv. Allerdings hat sich die Bezeichnung Normalbrennweite im Laufe der Zeit verändert. Bezeichnete man früher das 50er und das 25er als Normalbrennweite für 35 bzw. 16 mm-Film, so ist es heute eher das 32er und das 16er. Für den 35 mm Film ist ein Objektiv mit einer Brennweite von 18mm ein starkes Weitwinkelobjektiv/wide angle lens, ein Objektiv mit einer Brennweite von 300 mm, ein starkes Teleobjektiv/telephoto lens. Weitwinkel und Teleobjektive führen zu merklichen Veränderungen des gewohnten Sehfeldes.

Eine Brennweite für ein bestimmtes Aufnahmeformat definiert einen bestimmten Bildwinkel. Dem Bildwinkel einer 50mm-Linse beim 35mm-Format entspricht beim 65 mm Format ein Objektiv von etwa 100mm Brennweite.

Broad Flutlicht zur Ausleuchtung einer Szene. Flächenlampe.
Brute/Arc/Kohlebogenlicht (s. *Bogenlicht*)
BSC British Society of Cinematographers.
Burn out-Effekt Das Filmmaterial weist durch Überbelichtung keinerlei Zeichnung auf, z.B. bei sehr starkem Gegenlicht in blondem Haar oder von Sonne beschienene Gardinen.
bvk Bundesverband Kamera. Bundesverband der bildgestaltenden Kameramänner und -frauen in der Bundesrepublik Deutschland e.V.

Candela (s. *Belichtungsmessung*)
CGI Computer generated images.
Chapman-Kran (s. *Kamerakran*).
Clapper loader (s. *Kameraassistent*).
Close-up Großaufnahme.
Color-fading Verblassen von Farbfilmen bei längerer Lagerung; hängt stark von der Stabilität der Farbstoffe ab. Die 3 S/W-Auszugsnegative von Technicolor sind dagegen sehr langzeitstabil und daher können heute noch Kopien in guter Qualität gezogen werden.
Commercial Werbefilm.
Continuity/Kontinuität Meint nicht nur die inszenatorische Kontinuität eines Films, sondern auch die Kontinuität des Bildes, der Farbe, des Schnitts, also des gesamten filmischen Flusses. Continuity nennt man auch die Person, die beim Dreh für die Anschlüsse verantwortlich ist.
Cookie/cucaloris Sammelbegriff für Scheinwerfer-Vorsätze, die Muster aus Licht und Schatten (Gitter, Streifen, Blattwerk usw.) auf die Szene werfen.
Covern Eine Szene wird mit mehreren Kameras aus verschiedenen Perspektiven und

in unterschiedlichen Größen aufgenommen, so dass beim Schnitt die jeweils geeigneten Teile zusammengefügt werden können.
Crab-Dolly (s. *Dolly*)
CRI (Color reversal internegative) Das CRI ist ein Umkehrmaterial, das vom Originalnegativ auf direktem Wege wieder ein Negativ liefert. Dieses Material hat sich nicht bewährt und wurde, auch aus Umweltschutzgründen (Entwickler) wieder vom Markt genommen. Heute verwendet man Intermediate-Film für ein Intermediate-Positiv, von dem wiederum ein Intemediate-Negativ gezogen werden kann. Trotz der zusätzlichen Generation ist die Qualität besser als beim CRI.
Cross light (s. *Seitenlicht*)

Day for night Eine Nachtaufnahme wird bei Tag gemacht, indem das Filmmaterial 2 ½ bis 3 Blenden unterbelichtet wird und ohne den Tageslichtkonversionsfilter oder mit speziellen Day for Night-Filtern auf Kunstlichtmaterial gedreht wird.
Dailies/rushes/Muster Die täglich angefertigten Musterkopien ohne große Korrekturen, die es der Filmcrew ermöglichen, am Abend die Produktion des Vortags zu begutachten.
Degradation Filmmaterial kann durch Vorbelichtung oder Manipulationen im Labor in einem gewünschten Prozentsatz an Kontrast verlieren, um z.B. den Effekt von alten Fotos oder Dokumentarfilmen zu erreichen.
Densitometrie/Densitometrische Kurve Verlauf der Dichte (s. dort) in Abhängigkeit zum lg der Belichtung.
Desaturierung/desaturation Bezieht sich auf die Farbentsättigung von Farbfilm. Die Farben erscheinen matt und ausgewaschen, im Extremfall Schwarz-Weiß.
DI (digital intermediate) / digitale Zwischenkopie Seit Ende der 1990er Jahre immer populäreres Verfahren für die Postproduktion. Wenn von einem Originalnegativ direkt eine Positivkopie gezogen wird, erhält man die beste Qualität. Sind aber Trickbearbeitungen zu bewältigen oder partielle Veränderungen im Bild vorzunehmen, lohnt sich die Qualitätsverschlechterung bei der heute üblichen 2K-Abtastung, weil bei der weiteren digitalen Bearbeitung keine weiteren Verluste mehr auftreten. Bei zukünftigen 4K wird auch das DI so gut, dass die Qualität des Negativs fast vollständig wiedergegeben werden kann. Bei 2K ist das noch nicht der Fall. Im Unterschied zur klassischen Farblichtbestimmung gibt es bei der Nachbearbeitung des Materials wesentlich mehr Korrekturmöglichkeiten. Man kann jede Einstellung separat behandeln, z.B. den Kontrast ganz unterschiedlich behandeln, außerdem ausgewählte Teile des Bildes bearbeiten und die hellen Bildanteile anders korrigieren als die dunklen usw.
Dichte/density Die Dichte wird im Densitometer gemessen und wird mit D bezeichnet. Dichten von 0.0–3.0 sind die Dichten in einem normalen Positiv, Beim Negativ

liegen die Dichten zwischen ca. 0.0 – 1,5. In den Darstellungen der Gammakurven gibt es zwei Achsen: Die senkrechte zeigt die Dichte (D) und die waagerechte die Belichtung (lg I·t). 0.15 lg I·t, das ist die übliche Abstufung auf einem Graukeil und entspricht einer halben Blende. Bei vielen Diagrammen werden auch Blendenwerte angegeben.

Diffusion Scheinwerferlicht kann mit Filtermaterial/scrim/frost/diffusion diffus gestreut werden. Jordan Cronenweth hat einen Scheinwerfervorsatz entwickelt, der ein gleichmäßiges und großflächiges diffuses Licht liefert (Croniecone). Die Chimera Lampenvorsätze liefern ebenfalls ein sehr weiches Licht und halten unerwünschtes Streulicht zurück.

Optiken können durch den Vorsatz von Diffusionsfiltern (Nebel, Low Contrast, Soft, Pro Mist, Suprafrost und vielen anderen), viskosen Substanzen wie Glycerin oder Linsen mit absichtlich großen Streufehlern Diffusionen erzeugen. Besonders subtile Diffusionen wurden früher durch Netzvorsätze, Damenstrümpfe u. ä. erzeugt. Weil ein solches Bild nie scharf fokussiert ist, spricht man von soft focus. Heute bietet die Filterindustrie dem DoP eine Auswahl von mehreren Hundert Filtern für jeden Verwendungszweck.

Dimmer/rheostat Durch Verringerung der Spannung lassen sich Lampen abdunkeln (dimmen); ein Problem ist beim Farbfilm die Absenkung der Farbtemperatur.

Diopter/Vorsatzlinse Ein Diopter ist eine Vorsatzlinse, die vor ein Objektiv geschraubt, eine nähere Aufnahmeentfernung ermöglicht. Diopter sind in unterschiedlichen Stärken und Qualitäten erhältlich, auch als Linsensystem (Zeiss).

Diorama Perspektisch gebautes Modell für Trickaufnahmen.

Director of photography / DoP bzw. DOP (englisch) / DP (amerikanisch) Begriff für einen Chefkameramann, lighting cameraman (lichtsetzender Kameramann), first cameraman, der einem ganzen Team von Assistenten, Beleuchtern und Grip vorsteht. Sinngleich auch in Frankreich und Italien: Directeur de la Photographie, Direttore della Fotografia oder Autore della Fotografia.

Direktton Der Ton wird parallel zum Bild separat an der Tonquelle aufgenommen und nachträglich im Schneideraum oder am Schnittplatz mit dem Filmmaterial synchronisiert.

Dolly/Kamerawagen Es gibt Dollies mit Schienenrädern, Luftreifen, Hartgummireifen für Studioböden und Kombinationen davon. Der Crab-Dolly besticht durch seine in der Regel vier unterschiedlich steuerbaren Räder (häufig Zwilligsräder). Alle Räder können miteinander verkoppelt und parallel gesteuert werden (Crab-Funktion). Dadurch kann der Dolly in jede Richtung fahren, ohne dass sich die Blickrichtung der Kamera ändert. Möglich ist auch die Steuerung von nur zwei Rädern, ähnlich einer Autosteuerung (von Vorteil bei Kreisfahrten). Die aktuellen Dollies verfügen meist über eine elektrohydraulische Säule, mit der die Kamera gehoben oder gesenkt werden kann. Durch die Montage eines Mini-Jib-Arms oder eines kleinen Krans, kann die Hubhöhe vergrößert werden. Der vierrädrige Westerndolly ist wesentlich größer, kann einen Studiodolly transportieren und aufgrund größerer Räder, je nach Luftdruck, auch auf rauem Untergrund (Pflaster, Kiesweg) fahren.

DoP/DP (s. *Director of Photography*)

Drehverhältnis Gibt das Verhältnis vom gedrehten zum später, im fertigen Film, verwendeten Material an.

3-D-Film Der Mensch sieht räumlich, weil er zwei Augen hat. Das Kinobild besitzt keine echte Plastizität, weil beide Augen dasselbe Bild sehen. Wenn man Aufnahmen mit zwei dem Augenabstand entsprechend versetzten Objektiven auf zwei Filmstreifen macht und dann jedem Auge ein separat projiziertes Bild liefert, kann man Dreidimensionalität simulieren: Objekte fliegen aus der Leinwand direkt in den Zuschauerraum. Dazu müssen aber die beiden Projektionen von den Augen getrennt aufgenommen werden (sonst sieht man nur ein unscharfes Bild). Dies ist z.B. möglich mit Polarisationsbrillen und entsprechend polarisierter Projektion oder mit Rot-Grünbrillen und entsprechend farbgefilterter Projektion; Letzteres funktioniert nur beim Schwarz-Weiß-Sehen, weil Rot und Grün bereits belegt sind und zusammen Schwarz-Weiß ergeben.

Dulling-Spray Eignet sich gut, um reflektierende Flächen stumpf zu machen. Meist transparent, aber auch farbig und schwarz erhältlich.

Dutch head Schwenkkopf, der neben der Möglichkeit horizontal und vertikal zu schwenken, auch den Schwenk um die optische Achse erlaubt.

Egg crates Schwarzes Gitter vor einer Softlight-Quelle, um unerwünschtes Streulicht einzugrenzen.

Einstellung/take/shot Die Aufnahme einer Filmkamera. Eine Einstellung kann eine feste Einstellung, ein Schwenk, eine Kamerafahrt, eine Kranfahrt, eine Flugaufnahme oder eine Steadicam-Einstellung sein oder Kombinationen aus diesen. Sie kann ein kurzes Insert sein oder eine lange Plansequenz.

Einstellungsgrößen

Totale	Long shot
Halbtotale	Medium (long) shot
Amerikanische	Medium shot
Halbnahe	Medium close up
Nahe	Close shot
Großaufnahme	Close up
Große Nahaufnahme	Big close up

Verwirrender Weise gibt es im Amerikanischen den Begriff *long shot* auch für Tele-Aufnahmen im Gegensatz zu *wide shot* für Weitwinkel.

Elemack Spider (s. *Dolly*, s. *Jonathan*) Italienischer Crab-dolly ab 1962, dessen Radträger vielfach beweglich waren und gefaltet werden konnten (Spider). Dadurch waren sehr viele Fahrwerkskonfigurationen möglich, die es z.B. erlaubten, durch sehr enge Türen zu fahren. Die Steuerung konnte von Vierrad- auf Zweiradsteuerung umgeschaltet werden. Die Mittelsäule war hydraulisch per Fußpedal in der Höhe verstellbar, allerdings nicht während der Aufnahme. Das war erst mit dem Nachfolgemodell Cricket möglich. Der Elemack Spider wurde mehr als 2500 Mal gebaut und war weltweit verbreitet. Er war Vorbild für moderne Dollies wie den ‹Panther› oder den Movietech Magnum.

Emulsion Die lichtempfindliche, fotochemisch sensible Beschichtung auf dem Filmstreifen.

ENR Nach Ernesto Novelli-Raimond, dem Laborchef von Technicolor/Rom, benanntes Verfahren. Durch ein zusätzliches S/W-Entwicklerbad wird der Silberanteil im Bild erhöht, was einen großen Kontrast, desaturierte Farben und starke Schwarztöne liefert. Ähnliche Verfahren sind das CCE (Color Contrast Enhancement) und NEC (Noir et blanc en couleur).

Erster Assistent / focus-puller / Schärfeassistent (s. *Kameraassistent*)

Establishing shot / opening shot Erste Einstellung einer Sequenz, die den Ort oder die Stimmung definiert. Oft auch eine Einstellung am Anfang eines Films, die das Gesamtmilieu charakterisiert.

Exposure value / Belichtungswert (s. *Belichtungsmessung*)

Fahne/flag/gobo/cutter/finger/target/shelf Diverse mit schwarzem Stoff bespannte Metallrahmen (Platten) unterschiedlicher Größe und Form, die außerhalb des Kamerabildes postiert, bestimmte Teile der Szene oder des Kamerabildes von einfallendem Licht abdecken.

Farbausgleich (s. *Lichtbestimmung*)

Farbfilter Sie funktionieren nach einem einfachen Prinzip: Ein gelber Filter filtert aus sichtbarem Licht seine Komplementärfarbe Blau; es bleiben – außer Gelb – Rot und Grün, die in additiver Farbmischung zusammen gelb erscheinen.

Farbgestaltung Farbe im Film kann auf vielfältige Weise beeinflusst werden: durch Kamerafilter, durch Farbfolien vor den Scheinwerfern, durch Bleichbadüberbrückung oder den ENR-Prozess (Farbentsättigung) durch Vorbelichtung (Pastelltöne) und fast unbegrenzte Möglichkeiten beim digitalen Colormatching. Farbgestaltung umfasst aber auch die Auswahl der Farben am Set und der Kostüme.

Farbsättigung / color saturation Stärke und Intensität eines Farbtons; Desaturierung wirkt dem entgegen (s. *bleach-bypass* und *Vorbelichtung*).

Farbtafel/Farbskala Farbpalette zum Testen des Filmmaterials. Wie die Grauskala (s. dort) ein wichtiges Kontrollinstrument für Kameraleute.

Farbtemperatur / color temperature Gibt die Farbe des Lichts in Grad Kelvin an. Leitet sich von einem schwarzen Körper ab, der beim Erhitzen sich erst verfärbt und schließlich weiß glüht (Platin bei 5000°K). Tageslicht hat eine Blaudominanz (5600° Kelvin), Kunstlicht eine Rotdominanz (3200° Kelvin).

Fiberoptik Mit Fiberglassträngen lässt sich auch in enge und verwinkelte Drehplätze Licht bringen. Gut geeignet zur Beleuchtung von Modellen.

Fill light / Füll-Licht / Aufhellung Dient zur Aufhellung der Schatten und soll nicht als Lichtquelle erkennbar sein. Daher verwendet man in der Regel, weiches schattenfreies Licht.

Fischauge/fisheye Extremes Weitwinkelobjektiv mit kreisförmiger Abbildung deren Verzerrung nicht mehr sinnvoll korrigierbar ist.

Flache Ausleuchtung / flat lighting Ein gleichmäßiges, schattenloses Licht, das z.B. durch reflektiertes Licht entsteht. Wirkt umso flacher je mehr es aus Richtung der Kamera kommt.

Flashing/preflashing/Vorbelichtung Das Filmmaterial wird diffus vorbelichtet (üblicherweise zwischen 10 und 30%), um bestimmte Effekte zu erzielen. Die Farben werden desaturiert, es entstehen Pastelltöne, die Schwärzen werden abgeschwächt. Schatten erhalten mehr Zeichnung. Wurde als Nachbelichtung von einigen Kopierwerken für Umkehrfilm, der zu sehr dichten Schatten neigt, standardmäßig angewandt.

Flicker circuit / flicker box Einrichtung, die unregelmäßige Schwankungen in der Spannung erzeugt, so dass z.B. eine elektrische Filmkerze künstlich flackert. Eine Fotozelle kann auch das Flackern einer echten Kerze registrieren und über die Flickerbox einen Scheinwerfer steuern, der das Kerzenlicht verstärkt (s. Kerzenlichtproblematik).

Floater Von einem floater spricht man, wenn eine zur Abdeckung oder Modellierung des Lichts verwendete Vorrichtung zusätzlich bewegt wird. Auch ein beweglicher Scheinwerfer.

Fluoreszenzlicht / fluorescent light Ein unter elektrischer Spannung fluoreszierendes Gas befindet sich in einer Röhre. Es gibt Varianten für Tageslicht und Kunstlicht. Eher schattenloses, technisch wirkendes Licht, wenn dieses kein ausgeglichenes Farbspektrum aufweist. Flickerprobleme kann es geben, wenn sich die Schwingungsfrequenz der Lampe mit der Lauffrequenz der Kamera überschneidet. Kinoflos (s.dort) vermeiden diese Probleme durch eine Frequenz von 400 Hz und haben ein ausgeglichenes Farbspektrum von 3200°K oder 5600°K.

Flying Moon / Helium Ballon Mondlicht ist viel zu schwach, um brauchbare Filmbilder zu liefern. Deshalb gibt es eine kugelförmige Lichtquelle die mit Mousseline überzogen ein schimmerndes Mondlicht liefert und auch in hohen Innenräumen (z.B. Kirchen) in denen keine Lampen montiert werden können, am Stromversorgungskabel in jeder gewünschten Höhe positioniert werden können. Z.B. bietet die Fa.

SOLARC mit dem ‹Airstar› vier verschiedene Modelle von 2,5 bis 5 Meter Durchmesser an, mit Leistungen von 2,4–7,5 kW Halogen-Kunstlicht und mit 32 kW (8x4 kW) HMI-Tageslicht.

Focus puller / Erster Assistent / Schärfenassistent (s. *Kameraassistent*)

Fogging/Verschleierung Fogging bedeutet verschleiern und bezieht sich auf das Filmmaterial. Das kann mehrere Ursachen haben: Lichteinfall durch unsachgemäße Behandlung des unentwickelten Materials, Überlagerung des Materials (erhöhter Grundschleier, s. Fog level), Einstrahlung in die Optik beim Dreh.

Fog level Dichte (s. dort) eines unbelichteten, aber im Labor entwickelten Films. Ein Maß für den Grundschleier der Emulsion. Jedes Filmmaterial weist auch unbelichtet eine gewisse Dichte auf. Diese kann bei überlagertem Material ansteigen und dazu führen, dass beim Kopieren kein sattes Schwarz zu erzielen ist. Dem Bild fehlt Kontrast und Brillanz.

Footcandle (fc) Lichttechnische Maßeinheit (s. *Belichtungsmessung*).

Forcierte Entwicklung / Überentwicklung / push processing / forced development Bezeichnet den Versuch, im Labor eine Unterbelichtung durch verlängerte Entwicklung oder Erhöhung der Entwicklertemperatur auszugleichen. Bei S/W-Film sehr gut möglich um den Kontrast zu steigern, verbunden mit größerem Korn. Obwohl nicht wenige Kameraleute es immer wieder versuchen, beim Farbnegativ sieht die Sache schlecht aus. In einer groß angelegten Versuchsreihe mit allen Materialtypen von Kodak und Fuji war lediglich bei dem nicht mehr hergestellten 7248 von Kodak eine Dichte zu gewinnen, die einer halben Blende entsprach. Bei allen anderen Typen betrug der Gewinn ca. 1/5 Blende, verbunden mit einer Farbentsättigung und gröberem Korn. Wenn man die drei Farbkurven betrachtet, sieht man, dass sie nicht mehr parallel verlaufen und sich sogar überkreuzen können. Dann handelt es sich um Farbfehler zweiter Ordnung, die nicht mehr korrigierbar sind (z.B. grüne Lichter und magenta Schatten).

Fotozelle Kernstück jedes Belichtungsmessers. In manchen chemischen Elementen (z.B. Se, Si, Ge) wird durch Lichteinfall ein Stromfluss ausgelöst, dessen Stärke ein Maß für das einfallende Licht ist.

Fresnellinse/Stufenlinse Bestandteil des Stufenlinsenscheinwerfers, mit dem das Licht annähernd gleichmäßig auf eine Fläche verteilt werden kann. Die konzentrischen Kreissegmente sind zwar nicht so perfekt wie geschliffene Linsen, aber deutlich flacher und leichter. Eine Stufenlinse bewirkt das gleiche wie eine herkömmliche Linse gleicher Größe und Brennweite, wenn die Abbildungsqualität keine große Rolle spielt. Die Stufenlinse kann bei den meisten Scheinwerfern zur Seite geschwenkt werden. Das geschieht zum Lampenwechsel, oder wenn man ein ganz hartes, scharfe Schatten projizierendes Licht benötigt. Stufenlinsen vermeiden weitgehend die Doppelschatten einfacher offener Lampen.

Frontprojektion Dient zur Kombination eines Vordergrundes mit einem projizierten Hintergrund, ähnlich der Rückprojektion. Im Gegensatz zur Rückprojektion wird das projizierte Bild nicht von hinten auf eine Leinwand sondern aus Kamerarichtung mit wenig Licht auf eine hoch reflektierende Fläche projiziert. Das Projektionslicht ist so schwach, dass man die Projektion auf den Schauspielern nicht wahrnimmt. Damit diese keine Schatten auf die Projektionsfläche werfen, wird das Bild des Projektors auf einen halbdurchlässigen Spiegel geworfen, der im Winkel von 45° vor dem Kameraobjektiv angebracht wird. So kommt das projizierte Bild aus der optischen Achse der Kamera und die Schatten fallen hinter die Schauspieler und sind somit unsichtbar.
 Beispiel für Frontpro: Die Szene mit den Knochen werfenden Affen in Kubricks 2001.
Führungslicht / key light Die Hauptlichtquelle einer Szene. Klassisch: schräg oberhalb der Kamera. Das Führungslicht kann aber auch von der Seite kommen (s. Seitenlicht/cross light) um starke Kontraste zu erzeugen.
Füll-Licht / fill light Zur Aufhellung der vom Führungslicht unbeleuchteten Schattenzonen benütztes, möglichst schattenloses Zusatzlicht.

Gaffer/Oberbeleuchter Chefelektriker, der die Elektriker und Beleuchter anleitet. Sein Assistent ist der Best Boy.
Galgen (s. *Boom*)
Gamma Kontrastpotential einer Emulsion. Wird durch den densitrometrischen Verlauf der Gamma-Kurve bestimmt (s. dort). Ein hohes, steiles Gamma bedeutet ein hohes Kontrastpotential. Umgekehrt bewirkt ein flaches Gamma eine feine Abstufung der Tonwerte. Ein Negativ-Material weist ein Gamma von ca. 0,6 und ein Positivmaterial von 2,7 auf. Entscheidend ist das Gamma-Produkt (Goldberg-Bedingung). Gamma 1 bedeutet tonwertrichtige Wiedergabe.
Gear head (s. *Kurbelkopf*)
Gel Eine Filterfolie für Scheinwerfer
Gelling Einsatz von Folien bei Scheinwerfern. Wichtig sind vor allem blaue und orange (Gele) Folien, um die Farbtemperatur von Tageslicht zu Kunstlicht und umgekehrt zu konvertieren. CTB (color to blue) ist ein blaues Gel, um Kunstlichtquellen für Tageslicht geeignet zu machen; CTO (color to orange) umgekehrt. Diese Folien sind auch in Abstufungen von ¾, ½, ¼, und für feinere Farbtemperatur-Veränderungen im Gebrauch.
Gewerkschaft/union (s. *IATSE*.) Unter dem Dachverband IATSE arbeiten diverse Gewerkschaften, z.B. ist Michael Ballhaus Mitglied der NABET (National Association of Broadcast Employees and Technicians). Um in Amerika arbeiten zu können, benötigt man entweder ein H1-B-Visum für eine begrenzte Erlaubnis oder die Green-Card, die man auch in einer Lotterie gewinnen kann.

Glasshots Reale Landschaften können mit Glasmalerei bei der Aufnahme kombiniert werden. Ein störendes Gebäude in einer Landschaft wird z.B. durch einen auf Glas gemalten Baum verdeckt. Die Glasscheibe muss groß genug sein, so dass das gesamte Bildfeld von ihr ausgefüllt wird. Es wird eine große Schärfentiefe (kleine Blende) benötigt, um die Scheibe, die relativ nah vor der Kamera stehen wird, und den Hintergrund scharf abzubilden.

Glühlampe / Wolfram-Vakuumlampe / incandescent lamp Glühlampen liefern Kunstlicht zwischen 2400° und 3400° Kelvin mit ausgeglichenem Spektrum und einem Ra – Wert > 90 (s. *Ra-Wert*).

Gofer/runner Produktionsassistent und Mädchen für alles (go for something…).

Goldberg-Regel Der Kontrast eines Bildes wird in γ-Werten gemessen. $\gamma = 1$ steht für eine tonwertrichtige Wiedergabe. Entscheidend für das Endergebnis ist das Produkt der γ-Werte.

Ein Negativ mit einem Gamma von 0,6 wird auf ein Positivmaterial mit einem Gamma von 2,5 kopiert. Das Produkt der Gamma-Werte 0,6 x 2,5 ergibt 1,5. Das ist ein realistischer Wert für eine Kinokopie, da es im Kino durch Streulichtverluste (Notausgangbeleuchtung, verschmutzte Projektionsfenster etc.) zu einer Kontrastminderung kommen kann, die durch den Überschuss an Gamma ausgeglichen werden kann.

Grading (s. *Lichtbestimmung, Farbausgleich, Color-Matching*)

Graduated filter / attenuator / Verlauffilter Filter, die – mit einem graduellen Übergang – nur bestimmte Bildteile filtern. Verlauffilter gibt es als Neutral-Dichte-Verlauffilter (ND-Verlauf) und als Farbverlauffilter. Die Übergänge vom hellen zum dunklen Teil des Filters können sehr unterschiedlich sein: von einem harten Übergang, bis zu einer ganz allmählichen Abdunklung über die gesamte Filterfläche (attenuator). Das ist notwendig, da diese Filter je nach Brennweite des Objektivs unterschiedlich wirken. Sie werden häufig eingesetzt, um zu helle Himmel abzudunkeln oder zu färben. Verlauffilter gibt es in verschiedenen Dichteunterschieden zwischen dem hellsten und dem dunkelsten Abschnitt des Filters.

Grautafel / grey scale / Grauskala Eine Tafel mit abgestuften Grautönen zwischen Weiß und Schwarz oder nur mit Weiß, ‹mittlerem› Grau und Schwarz. Für Kameraleute ein wichtiges Hilfsmittel, um Filmmaterial zu testen. Vgl. auch Farbskala. Genormte Reflektion: Schwarz 3%, mittleres Grau 18 %, Weiß 90 %.

Grip / Kamerabühnenmann bzw. -frau Dollyfahrer oder Dollygrip. Techniker, der dem Kameramann zuarbeitet, um die gewünschten Kamerabewegungen und -positionen zu ermöglichen. Die grips werden von einem key-grip angeleitet. In angelsächsischen Ländern sind grips auch Hilfen für die Beleuchter beim Aufbau von Abdeckfahnen etc.

Gyroskopische Stabilisierung Um die Kamera bei schwankendem Untergrund oder unruhiger Handkamera in stabiler Lage zu halten, kann sie mit einem Gyroskop, einem schnell drehenden Kreisel, auf Grund der Drehimpulserhaltung stabilisiert werden. Häufig werden Kameras mit zwei Kreiseln stabilisiert, wovon einer waagerecht und der andere senkrecht montiert wird (so Jost Vacano in DAS BOOT). Schwenkbewegungen sind schwierig, da die Kreisel aus ihrer Lage gezwungen werden müssen. Ein Nachteil ist der relativ hohe Geräuschpegel, ein Vorteil die Kompaktheit der Kamera verglichen mit Steadicam.

Head-room Der Raum, der im Kamerabild über dem Kopf der Schauspieler ins Bild kommt. Oft ist er durch Mikros, Scheinwerfer oder fehlende Decken stark eingeschränkt.

High angle Kamerawinkel von oben.

High key Das Verhältnis von Füll-Licht zum Führungslicht ist niedrig (1:2 bis 1:3), mit Dichten im oberen Bereich der γ-Kurve des Negativs, d.h. die Szene ist hell und wenig kontrastreich ausgeleuchtet (s. *Low key*).

Highlight/Spitzlicht/Glanzlicht Betonung eines Bildteils durch betonte Lichtgebung, meist durch Gegenlicht. Ein high light kann z.B. die Haare einer Schauspielerin separat ausleuchten. Man spricht dann auch von einem hair light.

Highspeed-shot / slow motion / Zeitlupe Aufnahme mit gegenüber der Normalgeschwindigkeit erhöhter Aufnahmefrequenz, z.B. 100 Bilder pro Sekunde. Durch die Projektion mit normaler Bildfrequenz (24 bzw. 25 B/Sek.) wird die aufgenommene Bewegung verlangsamt wiedergegeben.

Highspeed-Objektive Objektive mit besonders hoher Lichtdurchlässigkeit. Highspeed-Objektive gab es bereits seit den 1930er Jahren:

Zeiss Biotar   1:1,4 (1930)
Zeiss Sonnar   1:1,5 (1932)
Zunow   1:1,1 (1932)
Lee   1:1,1 (1934)
Canon   1:0,95 (1961)

Für die NASA baute Zeiss ein Planar 1:0,7/50mm, das Kubrick mit einem 0,7 x Vorsatz für die Kerzenlichtszenen in BARRY LYNDON verwendete.

Hinterlicht / back light / Spitze Gegenlicht. Licht, das hinter Personen und/oder Szenen aufgebaut ist, liefert helle Konturen vor dunklen Hintergründen. Ein Kicker/eine Kante ist ein seitliches Hinterlicht, entgegengesetzt zum Führungslicht.

HMI (hydrargium medium arc-light iodide) / Quecksilberdampf-Metall-Jodid-Lampen Langlebige Lampen, die exakt auf Tageslicht (5600° Kelvin) ausgelegt sind. Von 125 W bis 18 kW. Da sie gepulst sind, können Probleme auftreten, wenn sich die Stromfrequenz mit der Bildfrequenz überschneidet. Abhilfe: Flickerfreie Vorschaltgeräte.

Hydrokopf / fluid head Hydraulisch gedämpfter Schwenkkopf, der durch die Dämpfung ruckfreie Horizontal- und Vertikalschwenks ermöglicht (s. *Kurbelkopf / gear head und Dutch head*).

IATSE International Alliance of Theatrical and Stage Employees. Ein Dachverband der Theater und Filmgewerkschaften. Unter diesem Dach gibt es zahlreiche Einzelgewerkschaften wie Local 600 oder NABET (National Association of Broadcast Employees and Technicians bei der u. a. Michael Ballhaus Mitglied ist). Für Arbeitsgenehmigungen sind die ‹Unions› nicht zuständig, achten aber sehr darauf, dass bei einem Union-Film nur Union-Mitglieder beschäftigt werden. Sollte ein Produzent oder Regisseur auf einem Nicht-Union-Mitglied bestehen, dann muss zusätzlich ein Union-Mitglied in gleicher Funktion engagiert werden. Dieser darf aber nicht arbeiten, z.B. als Kameramann eine zweite Kamera bedienen. Dafür muss ein weiteres Union-Mitglied engagiert werden, weil sonst ein Arbeitsplatz verloren ginge.

ILM Industrial Light and Magic. Von George Lucas gegründete Firma für Special effects (s. dort).

Inkie / inky dinky Von incandescent light abgeleitet. Kleine Kunstlicht-Stufenlinsenscheinwerfer bis 250 W.

Intermediate Kopiermaterial um von einem Negativ ein Intermediate-Positiv herzustellen. Das gleiche Material dient zur Herstellung eines Intermediate-Negativs vom Intermediate-Positiv.

Interpositiv/IP/Lavendel Zwischenpositiv von einem Negativ um ein Internegativ oder Dup-Negativ herzustellen (S/W-Prozess).

Irisblende Blende im Objektiv um die Lichtmenge zu dosieren. Von Blende zu Blende verdoppelt bzw. halbiert sich die durchgelassene Lichtmenge. Blendenwerte sind: 1.0, 1.4, 2.0, 2.8, 4, 5.6, 8, 11, 16, 22, 32 etc. (s. *Blende* und *Blendenwert*).

Vorwiegend in der Zeit des Stummfilms wurde ein Diaphragma, wie die normale Blende auch, so vor dem Objektiv angebracht, dass es das sichtbare Bild kreisförmig öffnen und schließen konnte.

Japanese Lantern / Chinese Lantern / China-Ball Ein Papier – oder Seidenschirm mit einem Photoflood (s. dort) oder Haushaltsglühbirne, der ein sehr weiches Licht wirft. Schnelle und flexible Aufhellung.

Jonathan-Jib-Arm Kleiner Kamerakran für den Elemack-Dolly (s. dort).

Junior 2 KW Stufenlinsenscheinwerfer.

Kadrage/Kadrierung/Cadrage Festlegung dessen, was im Kamerabild zu sehen ist. Der ‹Cadreur› ist in Frankreich der Schwenker/Operator.

Kameraassistent/focus-puller/Schärfeassistent Zu unterscheiden sind Erster Assistent / focus puller und Zweiter Assistent / clapper loader.
Die Aufgaben des 1. Assistenten: Technische Überwachung und Testen der Kamera-Ausrüstung. Terminabsprachen mit den Geräteverleihern wg. der Anmietung von Geräten. Beim Dreh: Auf- und Abbau der Kamera, verantwortlich für alle Kameraeinstellungen incl. Schärfe, Objektiv- Filter- und Kassettenwechsel, Fussel- und Schrammenkontrolle, Beseitigung störender Lichteinfälle ins Objektiv, Kontakt zum Kopierwerk etc.
Die Aufgaben des 2. Assistenten: Verwaltung des Aufnahmematerials, Ein- und Auslegen der Kassetten, evtl. Aufstellung und Verkabelung der Monitore. Laden der Akkus, Klappe schlagen, Anlieferung des belichteten Materials mit den Negativberichten an das Kopierwerk.

Kamerafahrt/tracking/travelling/dollying Kamerabewegungen auf einem Kamerawagen/ Dolly.

Kamerakran Allgemeine Bezeichnung für Vorrichtungen, die die Kamera heben und schwenken können. Es gibt ganz unterschiedliche Ausführungen. Grundsätzlich unterscheidet man zwischen bemannten Kränen, bei denen die Kamera vom Kameramann/frau und Assistent/in bedient wird und unbemannten Kränen, bei denen die Kamera auf einem Remote-Head montiert ist und die Bewegung über Funk gesteuert wird. Ein Kran kann auf einem LKW-Chassis aufgebaut sein oder auf einem Spezial-Dolly, der auf Schienen oder auf einem Studioboden fahren kann. Zu den ersteren gehört der Chapman-Kran, ein Monster auf LKW Chassis, das die Kamera mit Besatzung 12 m hoch heben kann und das bei einer Fahrgeschwindigkeit bis zu 30 km/h. Die Nutzlast beträgt ca. 1200 kg, so dass auf die Plattform des Krans auch schon gelegentlich ein zweiter Kran z.B. eine Louma-Kran mit Remote head montiert wurde für besonders komplizierte Kamerabewegungen. Der Panther Galaxy kann auf verschiedene Längen aufgebaut werden und bietet mit zwei Mann Besatzung eine maximale Reichweite von 11,8 m, mit Remote-Head bis 17,3 m. Der kleine Louma-Kran und seine neueren Nachfolger mit Remote-Head können in Winkel und Ecken kriechen und die Kamera durch Fenster fahren lassen. Die kleinsten Kräne, auch für Innenräume geeignet, sind Aufsätze für Dollies: Der ‹Jonathan› für den Elemack und der ‹Super-Jib› für den Panther Dolly, der mittels der hydraulischen Säule auch vom Kameramann/frau selbst bedient werden kann. Eine besondere Spezialität ist der große Techno-Kran, dessen Arm teleskopierbar ist.

Kameraposition/camera set-up Position der Kamera/Kameras im Verhältnis zur Szene.

Kameratechnik Die Kamera als technisches Werkzeug. ‹Kameratechnik› wird in den Medien häufig nicht im Wortsinn benutzt, sondern auch dann, wenn es um Bildgestaltung, also um die urheberrechtlich relevante künstlerische Tätigkeit geht.

Kamerawinkel Die Kamera kann in drei Ebenen bewegt werden: horizontal, vertikal und um die optische Achse. Die Kamera kann von oben nach unten (Vogelperspektive), von unten nach oben (Froschperspektive), von oben senkrecht nach unten (Rodchenko-Perspektive) oder schräg gestellt (Dutch angle) filmen.
Kasch/Abkaschierung Abdeckung eines Bildteiles. Häufig gehört zum Kasch ein Gegenkasch (s. *Travelling Matte*).
Kerzenlichtproblematik Es gibt zwei Techniken für Kerzenlichtaufnahmen. Beide haben Vor- und Nachteile. Das Beleuchten einer Szene, ausschließlich mit Kerzenlicht (Barry Lyndon, John Alcott), hat den Vorteil natürlich wirkender Licht- und Schattenverteilung. Die Nachteile sind sehr rote Gesichter, da die Farbtemperatur der Kerzen für das Filmmaterial zu niedrig ist und sehr hell und weiß wirkende Flammen, da diese sehr stark überbelichtet werden müssen, um eine ausreichende Belichtung auf den Gesichtern zu erzielen.

Bei der zweiten Methode wird das Licht der Kerzen durch elektrisches Licht außerhalb des Bildes verstärkt (Casanova, Giuseppe Rotunno). Die Farbtemperatur kann so bemessen werden, dass die Hautwiedergabe der gewohnten Beleuchtung mit Kerzenlicht entspricht. Durch die Lichtverstärkung kann die Blende weiter geschlossen werden, sodass die Flammen der Kerzen wie gewohnt gelb erscheinen. Nachteile sind falsche Schatten von den verstärkenden Lampen, die vor allem, wenn sich die Schauspieler im Bild bewegen, oft schwer zu vermeiden sind. So kann ein kleiner Scheinwerfer u. U. den Schatten der Kerze in der Hand auf die Brust des Schauspielers projizieren.
Key light (s. *Führungslicht*)
Keystone effect / Trapezverzerrung / Stürzende Linien Vom spitz zulaufenden gotischen Schluss-Stein hergeleiteter Begriff. Bezieht sich auf Verzerrungen durch Weitwinkelobjektive oder stark gewinkelte Kamerapositionen.
Kicker/Spitzlicht Gegenlicht, knapp außerhalb der Bildgrenze.
Kinoflo Für Filmzwecke optimierte Leuchtstofflampen in zwei unterschiedlichen Längen und mit 5600° K oder 3200° K. Sie haben ein optimiertes Farbspektrum und eine Frequenz von 400 Hz, so dass Flickerprobleme nicht auftreten. Kinoflos werden als einzelne Röhren verwendet oder in Leuchten zu zwei, vier und mehr Röhren zusammengefasst. Relativ schattenfreies Licht und gut für Aufhellungen/Filllight geeignet.
Kontrast Der Dichteunterschied zwischen den hellsten und den dunkelsten Partien eines Bildes.
Kontrastmindernde Filter Es gibt eine Vielzahl von Filtern, die den Kontrast verringern. Eine Kontrastverstärkung durch Filter ist nicht möglich. Ein bekannter Filter zur dezenten Reduktion des Kontrastes ist der Black Pro-Mist Filter oder der Low Contrast Filter, der die Schatten stärker aufhellt aber auch die Lichter stärker über-

strahlen lässt. Grundsätzlich arbeiten alle diese Filter nach dem Prinzip der Schattenaufhellung, indem sie das auffallende Licht in die dunklen Bildanteile streuen. In den Lichtern entsteht je nach Filtertyp ein mehr oder weniger starker Überstrahlungseffekt. Alle Filter gibt es in mehreren Abstufungen.

Korn/grain Die Körnigkeit eines Filmmaterials ist durch die Größe der Silberpartikel bedingt, die beim entwickelten Film die Schwärzung bewirken. Großes Korn ist empfindlicher als kleineres Korn, daher sind hochempfindliche Filme grobkörniger. Durch die T-Grain-Technologie ist die Korngröße, auch die sehr hochempfindlicher Filme mit E.I. 500, in den letzten Jahren jedoch sehr reduziert worden. Manipulationen der Körnigkeit sind beim S/W-Film ein wichtiges Stilmittel.

Farbfilm hat nach der Entwicklung kein Korn. Die Farbkuppler die am Bromsilber angelagert waren, bleiben als dem Korn ähnliche Farbstoffpartikel auf dem Film zurück, während das Silber heraus gewaschen wird. Ausnahmen sind der ENR-Prozess und die Bleichbadüberbrückung, bei denen das Bild durch Farbstoffe und Silber gebildet wird.

Kreiselstabilisierung (s. *Gyroskopische Stabilisierung*)

Kurbelkopf / gear head Im Gegensatz zum Hydrokopf/fluid head, bei dem die Kamera mittels eines Schwenkhebels bewegt wird, dienen beim Kurbelkopf zwei Kurbeln, die auf unterschiedliche Übersetzungen eingestellt werden können, zur sehr präzisen Bewegung der Kamera. In den angelsächsischen Ländern sehr verbreitet, während die Mehrzahl der europäischen Kameraleute den Hydrokopf/fluid head bevorzugt (s. *Hydrokopf / fluid head*).

Latentes Bild Das noch nicht entwickelte und fixierte Bild auf dem belichteten Film.

Lichtbestimmung/Farbausgleich/timing/grading/printing Dient zur Farb- und Helligkeitskorrektur und zur «Fortführung der Lichtstimmung» (Raoul Coutard) in einer Bildsequenz. Beim Filmkopieren am Printer (Kopiermaschine) sind die drei Grundfarben Rot, Grün, Blau durch Lichtventile in ihrer Intensität separat steuerbar, so dass sich Farbunterschiede und die Dichte (s. dort) durch die Farbkorrektur angleichen lassen. Die Farbkorrektur (auch Helligkeitskorrektur) geschieht am Color-Analyzer. Die dort gefundenen Werte werden in die Kopiermaschine eingelesen, deren Lichtventile damit gesteuert werden. Kopiermaschinen können optische Printer aber auch Kontaktkopiermaschinen sein, die sich auch Durchlaufmaschinen nennen. Die schnellen Kontaktkopiermaschinen setzt man für Massenkopien ein, wenn das Format gleich bleibt. Optische Kopiermaschinen werden bei Formatänderungen verwendet, wie beim Blow-Up oder Verkleinerungen z.B. von 35 auf 16 mm.

Lightflex Lightflex besteht aus einem teildurchlässigen Spiegel, der im Winkel von 45° vor der Optik angebracht wird. Es verfügt über eine Beleuchtungseinrichtung mit der, während der Aufnahme, diffuses Licht in die Optik eingespiegelt werden kann. Das führt zu einem ähnlichen Resultat, wie die Vorbelichtung (s. *flashing*): Schatten werden aufgehellt, der Kontrast geringer. Die Farbtemperatur und die Intensität der Lichtquelle sind regelbar.

Lighting cameraman Englischer Begriff für Chefkameramann.

Lighting unit Lighting unit ist im Grunde jeder Beleuchtungskörper mit Lampe, Gehäuse, Linse und Kabel. Der Begriff steht auch für Beleuchtungskörper mit mehreren Lampen. Es gibt sie in vielfältigen Ausführungen mit 4 bis 48 Lampen, die häufig PARs (parabolic aluminized reflector) sind, aber nicht sein müssen. PARs sind versiegelte Reflektor-Lampen die nicht verstellbar, aber mit unterschiedlichen Lichaustrittswinkeln erhältlich sind: Super-Spot, Spot, Flood. Es gibt, abhängig von der Phantasie der Hersteller, eine ganze Reihe an Bezeichnungen für diese Beleuchtungskörper: Wendy-Light, Musco-Light, Dino-Light, Mini-Brutes, Maxi-Brutes etc. Die einzelnen Lampen sind meist nicht verstellbar, sondern in ‹Bänken› zusammengefasst, die jeweils schwenkbar sind, um den Abstrahlwinkel der ‹unit› zu verändern. Bei 12 Lampen z.B. 4x3. Die einzelnen Lampen haben meist zwischen 650 und 2000 Watt, überwiegend Kunstlicht, obwohl es auch blau gefärbte Lampen gibt, seltener HMIs (Musco-Light).

Loader / clapper loader / Zweiter Assistent Kassettenwechsler, Klappenbediener, verwaltet das Filmmaterial (s. *Kameraassistent*).

Location / on location / Motiv Aufnahme, die nicht im Studio, sondern an einem Originalschauplatz stattfindet. Die Abnahme einer geeigneten location (s. *location scouting*) gehört mit zu den wichtigen Vorarbeiten von Regie und Kamera.

Die eigentliche Suche der Motive wird von den Motiv-Scouts, im Auftrag des Szenenbildners, Architekten, Ausstatters und Produktionsleiters, der die Motivmieten kalkulieren muss, durchgeführt. Regisseur und Kameramann müssen entscheiden, ob das Motiv geeignet ist. Wenn nicht, muss eine Alternative angeboten werden.

Louma-Kran (s. *Kamerakran*)

Low angle Kamerawinkel von unten. Tiefer Kamerastandpunkt.

Low key Das Verhältnis von Füll-Licht zu Führungslicht ist oft aber nicht zwingend hoch, die Szene ist dunkel und die Dunkelheit wird häufig durch helle Akzente noch betont.

Lumen (s. *Belichtungsmessung*).

Lux (s. *Belichtungsmessung*).

Magic Hour Die kurze Phase vor und nach Sonnenaufgang bzw. vor und nach Sonnenuntergang, wenn das Licht gerade noch für eine Aufnahme reicht. Mit ‹magisch› sind die Violett-, Rot- und Orange-Töne gemeint, die man nur in dieser Zeit bekommt. Die Lichter sind vom westlichen Himmel orange und die Schatten sind vom übrigen Himmelslicht blau, aber das ‹Magische› sind die vielen Zwischentöne.

Markierungen/marks Die bei der Stellprobe/blocking festgelegten Positionen für Schauspieler und Dolly werden, wenn der Boden nicht im Kamerabild erscheint, z.B. bei einer amerikanischen Einstellung, mit Klebeband markiert. Die Markierungen dienen dazu, die erarbeitete Stellprobe für die Schauspieler (für eine optimale Lichtposition), die Kamera (Dollyfahrer) und für den Kameraassistenten (Schärfe) wiederholbar zu fixieren.

Master shot In der Regel eine Totale oder Halbtotale, die die ganze Szene zeigt.

Matching shot / Matching action Ein Begriff, der den engen Zusammenhang von gefilmtem Material und späterem Schnitt wiedergibt: Eine Anschlussaufnahme, die visuell eng an die vorhergehende anknüpft, so dass bei der Montage ein sog. unsichtbarer Schnitt entsteht. Bei matching action sind es ‹unsichtbare› Bewegungsschnitte.

Matte box / Kompendium Der Begriff ‹Matte box›, der ursprünglich von ‹Matte/Maske› herrührt, da man früher das Kompendium für Kaschs (Doppelgängertricks) etc. verwendete, bezeichnet ein Kompendium, das vornehmlich dazu dient, unerwünschtes Streulicht von der Optik fernzuhalten. Dazu gehören 2 verstellbare seitliche Tore und oben ein Abdeckblech, auf bayrisch das ‹Dacherl›. Es dient ferner dazu, je nach Konstruktion 1-4 Filter aufzunehmen.

Maxi-Brute Lampeneinheit mit 6 – 24 (Dino Light) 1 kW PAR – Lampen.

Mickey Mole 1 kW ‹open face› Scheinwerfer der Mole-Richardson Company.

Milo Schwerer Kamerakran für Motion Control, der mit äußerster Präzision Bewegungen computergesteuert wiederholen kann. Fährt auf für diesen Zweck besonders stabilen Schienen (s. *Motion Control*).

Mini-Jib-Arm Der kleinste ‹Kamerakran›. Der Mini-Jib wird auf einem Dolly montiert und das Gewicht der Kamera mit Gegengewichten aufgewogen. Der frei bewegliche Arm wird direkt vom Kameramann/frau bewegt.

Mini Mole / midget 200 W Stufenlinsenscheinwerfer der Mole-Richardson Company.

Modellierendes Licht / modelling light Ein seitliches Licht, das reliefartige Strukturen herausarbeitet.

Monochromatisches Licht Licht von einer einzigen Farbe.

Morphing Ein digitales Bild wird in ein anderes digitales Bild fließend überführt. Eine reine Rechenoperation: Der Computer errechnet aus zwei Bildern alle notwendigen Zwischenphasen.

Motion control Die Bewegung der Kamera wird im Computer gespeichert und kann danach exakt, durch Motoren gesteuert, wiederholt werden, um deckungsgleiche Negative für die Trickbearbeitung zu erzielen. Erforderlich ist neben einer guten Software, eine absolut stabile Hardware, Industrierobotern vergleichbar (s. *Milo*).

Motivation lighting Beleuchtung, die durch im Bild vorhandene Lichtquellen/practicals motiviert erscheint. Man spricht auch vom ‹Verlängern› des Lichtes der practicals.

Musco Lichteinheit der Musco Lighting Company, die auf einem fahrbaren LKW-

Kran mit 50 Meter Reichweite montiert ist und 6 bis 15 HMI-Lampen (s. dort) zu 6 kW umfasst. Eine sehr starke Tageslichtquelle bis zu 90 kW.

Negative fill Vermeidung von unerwünschtem Füll-Licht durch Fahnen (s. dort) u. ä. wie schwarz gestrichenen Styroporplatten. Häufig entsteht unerwünschtes oder zu starkes Füll-Licht durch weiße Wände, die das Hauptlicht reflektieren.

Neutralfilter / ND / Graufilter / neutral density Filter, die im Unterschied zu Farbfiltern keinen Einfluss auf die Farbe haben. ND-Filter werden eingesetzt, wenn bei großer Helligkeit, die ein starkes Abblenden des Objektivs erfordert, die Schärfentiefe eines Bildes verringert werden soll. ND-Filter gibt es in verschiedenen Dichten. ND3 entspricht einer Halbierung der Lichtdurchlässigkeit entsprechend einer Blende. Mit einem ND9 Filter wäre es möglich, ein Objektiv statt auf Blende 8 auf Blende 2.8 abzublenden, um eine unerwünscht große Schärfentiefe zu vermeiden.

Night für night Original-Nachtdreh im Unterschied zu day for night (s. dort).

Nooklite Eine sehr leichte offene Lampe mit 650, 1000 oder 2000 Watt, die sich in versteckten Ecken unterbringen lässt. Können mit 2 oder 4 Toren und Schutzgitter ausgerüstet werden.

Open eye Meint einen Scheinwerfer ohne fokussierende Fresnel-Linse (s. dort).

Opening shot (s. *establishing shot*)

Operator (s. *Schwenker*)

Orthochromatischer Film Frühes Filmmaterial mit überwiegender Empfindlichkeit im Bereich von Blau bis UV. Wurde Ende der 1920er Jahre vom panchromatischen Film abgelöst, der das sichtbare Spektrum gut wiedergibt.

Overhead Hoch stehende Sonne ist als Führungslicht für Gesichter häufig unvorteilhaft. Sie erzeugt lange Nasenschatten und dunkle Augenhöhlen. Es gibt deshalb Überspannungen des Sets, die vom schwarzen Tuch bis zur weißen Kunstseide reichen. Der Butterfly ist ein großes Netz, das bei Außenaufnahmen das Sonnenlicht weicher macht.

Panaglide Variante der Steadicam von Panavision.

Panfocus (Gregg Toland) / Deep Focus / Fix Fokus ‹Panfocus› ist Tolands Begriff für das in Deutschland gebräuchliche ‹Fix-Fokus›. Es bedeutet nichts weiter, als dass die Optik so weit abgeblendet wird, dass die Schärfentiefe, je nach Blende und Brennweite unterschiedlich, aber von relativ nah bis unendlich reicht. Billige Kameras, wie die alten 6x9 Box-Kameras hatten gar keine Möglichkeit, die Entfernung einzustellen. Die kleinste Blende war 11 oder 16 und das reichte von 1,5 m – ∞. In diesem Falle sprach man von Fix Fokus Objektiven.

In Schärfentiefentabellen kann man den Schärfentiefenbereich ablesen, abhängig von Blende, Brennweite und Entfernungseinstellung. Um möglichst weit abblenden zu können, ersann Toland eine Linsenvergütung, die die Lichttransmission verbesserte, aber das meiste hat er mit der Beleuchtung erreicht. Er benutzte Arcs im Studio um auf Blende 11 oder gar 16 zu kommen. Bei Blende 16 braucht man die 16 fache Helligkeit wie bei Blende 4! Die üblichen Blendenwerte der Kollegen lagen im Studio zwischen 2.3 und 3.5!

Panorama-Aufnahme/panoraming/pan Ein langer, horizontaler Schwenk.

Panther-Dolly (s. *Dolly*)

Parabolspiegel Das Licht wird bei Lampen mit verstellbarem Parabolspiegel durch Veränderung des Abstands zwischen Glühlampe und Spiegel unterschiedlich stark gebündelt (Spot bis Flood). Das betrifft ‹offene›/open eye Lampen und Stufenlinsenscheinwerfer. Bei einigen Lampen wird das Leuchtmittel an Stelle des Spiegels bewegt. Bei den PARs befindet sich der Parabolspiegel mit dem Leuchtmittel in einem Glaskolben eingegossen. PARs sind daher nicht fokussierbar. Der Abstrahlwinkel kann durch austauschbare Vorsatzlinsen verändert werden (s. *lighting unit*).

Parallaxe Vor der Durchsetzung der Spiegelreflexkameras (s. dort) waren Kameraoptik und Sucheroptik nebeneinander angeordnet, so dass das Sucherbild zum Aufnahmebild leicht verschoben war. Das verursachte entsprechende Probleme bei der Kadrierung (s. dort), vor allem im Nahbereich. Eine gewisse Verbesserung brachten Sucher mit Parallaxenausgleich, deren falscher Betrachtungswinkel aber auch nicht befriedigen konnte.

Period-film Historienfilm.

Photoflood Glühlampen, die mit Überspannung arbeiten und dadurch eine hohe Lichtausbeute mit einer Farbtemperatur von 3200°K und 3400°K liefern, aber schnell ausbrennen. Für langes Ausleuchten problematisch. Diese Lampen werden am normalen 240V Netz betrieben, sind aber so konstruiert, dass diese 240 V für sie eine Überspannung bedeuten, daher die kurze Lebensdauer von ca. 6 Stunden. Nur so kann die hohe, an Kunstlichtmaterial angepasste Farbtemperatur erreicht werden. Erhältlich mit 250 Watt unverspiegelt und mit 500 Watt als Reflektorlampe, auch mit blau eingefärbten Glaskolben mit ca. 5000°K.

Pilotton Steuersignal, das von der Kamera kommt, zur Synchronisation von Kamera und Tonaufnahmegerät über ein Pilottonkabel. Überholte Technik, da heute alle Geräte quartzgesteuert unabhängig voneinander arbeiten können.

Plansequenz Eine Sequenz, die ohne Schnitt, oft mit komplexen Bewegungen gefilmt wird.

Point of view / POV Wörtlich Blickwinkel. Es kann der subjektive Blick einer Person (Schauspieler) im Film sein. Letztlich ist es natürlich immer der Blickwinkel des Regisseurs, die filmische Perspektive.

Polarisationsfilter Licht, nach seiner Wellennatur betrachtet, ist immer polarisiert, d.h. es schwingt räumlich ausgerichtet (linear, zirkular oder elliptisch). Natürliches

Licht ist normalerweise eine Zufallsmischung unterschiedlicher Polarisation. Unter bestimmten Umständen ist aber eine Polarisation vorherrschend, z.B. bei Reflexionen von nichtmetallischen Oberflächen (Glas, Wasser etc.). Ein Polarisationsfilter kann dieses polarisierte Licht herausfiltern und ungewünschte Reflexe vermeiden. Ähnlich ist es beim Blau des wolkenlosen Himmels; mit einem Polarisationsfilter wird der Himmel dunkler, Wolken werden kräftiger. Beim Farbfilm lässt sich das Grün von Gras und Bäumen betonen, wenn blaue Reflexe vom Himmel herausgefiltert werden. Zwei Polarisationsfilter, die drehbar hintereinander angeordnet sind, funktionieren wie ein stufenloser Graufilter.

Poor man's process Ähnliche Aufnahmeanordnung wie bei der Rückprojektion (s. dort), nur dass die Rückprojektion fehlt. Wird häufig bei nächtlichen Aufnahmen im Auto verwendet. Statt der Rückpro wird das Licht hinterher fahrender Autos mit kleinen Scheinwerfern, die paarweise bewegt werden, simuliert.

Practicable/Praktikabel Erhöhte Plattform für die Kamera und den Kameramann oder für Lampen, üblicherweise für Außenaufnahmen. Zu Türmen stapelbar.

Practical Bezeichnung für eine in der Szene vorhandene Lichtquelle, die in die Lichtregie eingebaut und deren Licht durch einen Scheinwerfer ‹verlängert› wird, z.B. eine Tischlampe. Teilweise werden practicals aber auch als Hauptlichtquelle benutzt. Das ist leicht zu erkennen, da die Lampen meistens ungewöhnlich hell erscheinen (s. *Kerzenlichtproblematik*).

Prefogging Vorbelichtung des Films mit diffusem Licht definierter Stärke (s. *flashing/preflashing*).

Principal photography. Bezeichnet die eigentliche Arbeit des DOP und seiner Crew. Second unit und Trickaufnahmen gehören in der Regel nicht dazu.

Printing/Kopierprozess Bezeichnet alle Kopierprozesse, ob vom Negativ auf Positiv, oder auf Intermediate-Positiv und Intermediate-Negativ, bei S/W auf Lavendel und Dup-Negativ etc. Man unterscheidet zwischen Kontaktkopierung und optischer Kopierung, die bei Formatänderungen eingesetzt wird. Bei allen Kopierprozessen können die Kopierergebnisse über die Lichtbestimmung (s. dort) beeinflusst werden.

Punktlicht / punctual light source Ein Punktlicht ist eine möglichst kleine Lichtquelle, z.B. ein Blitzlicht oder eine Leuchtdiode. Ein Punktlicht wird benötigt, um scharfe Schatten zu projizieren. Bei Filmlampen wird für diesen Zweck die Fresnellinse aufgeklappt oder entfernt, damit lediglich die glühende Wendel als Punktlicht wirkt und nicht die gesamte Fläche der Fresnellinse.

Push processing (s. *Forcierte Entwicklung*)

Quartzlampen Glühlampen die sehr lange eine gleich gute Leistung liefern, da der Glühfaden sich über die Gasphase mit Jodid als Katalysator selbst regeneriert. Quartzlampen sind Kunstlichtlampen mit 3200°K und können mit CTB-Folie zu Tageslicht konvertiert werden.

Quecksilberdampflampen In der Zeit des blau empfindlichen orthochromatischen Films (s. dort) waren einfache Quecksilberlampen mit ihrem Blauanteil weit verbreitet. Sie verschwanden dann für Jahrzehnte, um mit ganz neuer Technik wie HMI oder Leuchtstoffröhren wieder Verwendung zu finden.

Rack-over (Mitchell) Die Mitchell-Kameras NC und BNC waren noch keine Spiegelreflexkameras. Zur Fokussierung durch das Aufnahmeobjektiv konnte jedoch bei stehender Kamera das Aufnahmeobjektiv mittels des Objektivrevolvers vor einen Fokussiersucher geschwenkt werden, der Ausschnittskontrolle und Schärfeneinstellung über eine Mattscheibe ermöglichte. Da sich das Objektiv beim Einstellen nicht in der Aufnahmeposition befindet, wird die Kamera für die Aufnahme auf dem Stativ mit einer kleinen Kurbel verschoben, um diese Differenz auszugleichen.

Ra-Wert Bezeichnet die Qualität der Farbwiedergabe auf einer Skala von 0–100. Entscheidend dafür ist, dass im Licht alle Farben des Spektrums in einem ausgeglichenen Verhältnis vorhanden sind. Um eine gute Farbwiedergabe im Film zu erreichen, benötigt man Lampen mit einem Ra – Wert von mindestens 90. Halogenlampen liegen nahe bei 100. Zum Vergleich: Kompaktleuchtstofflampen haben einen Ra Wert von 80–89, Natriumdampflampen zwischen 20 und 40.

Redhead Die berühmte und seit Jahrzehnten als Reportagelicht und auch bei szenischen Produktionen sehr beliebte fokussierbare Janebeam 800 Watt Quartzlampe ohne Fresnellinse von Janiro Italien. Redhead, weil sie ein rotes Gehäuse hat, im Gegensatz zur Yellowhead, ihrer größeren Schwester mit 2000 Watt.

Reflektor Im einfachsten Fall eine weiße Platte (Styropor ist sehr gut geeignet, da es rein weiß ist und dadurch die Farbtemperatur nicht verändert), die Licht reflektiert und indirektes, eher schattenloses Licht liefert; aufwändiger sind polierte Metallplatten, Spiegel oder spezial beschichtete Platten mit unterschiedlichen Reflektionseigenschaften. Es gibt eine Vielzahl von amerikanischen Bezeichnungen für Reflektoren: bead board, card board, bounce board, foamcore board, white card.

Reißschwenk Ein schneller Schwenk, bei dem das Bild durch Bewegungsunschärfe verwischt.

Rim light / halo Ein Hinterlicht, das gegenüber der Kamera nah am Bildrand platziert ist. Es ist die extremste Gegenlichtposition und gibt Stars eine Art Heiligenschein.

Rückprojektion / Rückpro / rear projection / process shot Auf eine transparente Leinwand im Hintergrund wird von der Rückseite eine Szenerie projiziert, die zusammen mit der Handlung im Studiovordergrund aufgenommen wird. Für gute Ergebnisse müssen der Bildstand von Projektor und Kamera sehr gut sein, damit es nicht zu Verschiebungen vom Vordergrund zum Hintergrund kommt. Die Lichtverhältnisse des Vordergrundes müssen denen der Rückprojektion angeglichen werden, damit eine glaubwürdige Bildkombination entsteht.

Die Laufgeschwindigkeit von Kamera und Projektor muss synchronisiert werden, damit in dem Moment, in dem die Kamera ein Bild aufnimmt, der Projektor auch ein Bild projiziert und sich nicht gerade in der Dunkelphase befindet oder umgekehrt. Rückpro wurde sehr häufig für Autofahrten eingesetzt mit oft mangelhafter Übereinstimmung von Lenkradbewegungen im Vordergrund und Straßenverlauf auf der Rückprojektion (s. Frontprojektion).

Rückwärtsdrehen Wenn eine Aufnahme rückwärts gedreht wird und dann vorwärts projiziert wird, läuft die Handlung rückwärts ab; Milch fließt wieder zurück in die Flasche usw.

Schärfentiefe Der Raum vor der Kamera, in dem Gegenstände scharf abgebildet werden. Die Schärfentiefe wird durch den Zerstreuungskreis definiert und hängt von der Brennweite des Objektivs und der Blende ab. Mit viel Licht, dadurch bedingt kleiner Blende und einem Weitwinkelobjektiv, kann man Bilder erhalten, die vom Vordergrund bis zum Hintergrund gestochen scharf sind (CITIZEN KANE). Je länger die Brennweite und je offener die Blende, umso geringer ist die Schärfentiefe.

Schärfenverlagerung / rack focus Erzähltechnik bei der die Schärfe innerhalb einer Szene verlagert wird, um die Aufmerksamkeit des Zuschauers zu lenken, z.B. von einer Person auf eine andere, die unterschiedlich weit von der Kamera entfernt sind.

Schärfenassistent / focus puller Vor allem bei Kamera- und Schauspielerbewegungen wichtige Funktion (s. *Kameraassistent*).

Schärfe/focus Der Punkt maximaler Schärfe. Bei Zoomobjektiven kann die optimale Schärfe am besten bei der längsten Brennweite eingestellt werden, da die Schärfentiefe hier am geringsten ist.

Schüfftan-Verfahren Von Eugen Schüfftan entwickeltes Trickverfahren zur Kombination realer Szenen mit kleinen Modellen: Vor der Realszene wird im 45°-Winkel zur optischen Achse ein Spiegel montiert. Ein seitlich im 90°-Winkel zur optischen Achse stehendes Modell wird über den Spiegel in die optische Achse der Kamera eingespiegelt. Soweit die Realszene sichtbar sein soll, wird der Umriss der Realszene aus der reflektierenden Schicht des Spiegels weggeschabt; notfalls sind auch noch kleine Retuschen möglich.

Schuss-Gegenschuss/crosscutting Aufnahme einer Szene mit zwei oder mehreren Schauspielern, die sich gegenüber stehen oder sitzen. Die Kamera steht relativ nah bei einem der Darsteller und ist auf sein Gegenüber gerichtet. Beim Gegenschuss wechselt die Kamera an die Seite des anderen Schauspielers. Es kann mit einer Kamera nacheinander oder mit zwei Kameras gleichzeitig gedreht werden, was die Ausleuchtung erschwert, aber die Bewegungsanschlüsse erleichtert. Die Position der Kamera kann variieren bis zum Maximum von 90 Grad zur Achse zwischen den Darstellern (Profil). Die Kameras müssen immer auf der einen Seite der Achse bleiben, da sich sonst die Blickrichtung der Darsteller ändert (s. Achsensprung).

Schwenker / operator / cadreur (franz.) Derjenige, der die Kamera physisch bewegt (second cameraman).

Scotchlight Extrem stark reflektierendes Material, das sich für Spezialeffekte mit Licht und als Projektionsfläche für die Frontprojektion eignet.

Second unit Zweites Kamerateam für Spezialaufnahmen.

Seitenlicht / cross lighting Licht, das von der Seite kommt. Es gibt der Szene Volumen, Kontrast und Plastizität.

Sektorenblende (s. *Umlaufblende*)

Senior 5 kW-Stufenlinsenscheinwerfer.

Sensitometrische Kurve Zeigt die Dichte (s. dort) und das Kontrastverhalten einer Emulsion (nach Entwicklung) als Ergebnis einer genormten Belichtung. Die Kurve sollte beim Negativ zwischen Über- und Unterbelichtung für eine gute Tonwert-Wiedergabe/latitude relativ flach (γ ca. 0,6) verlaufen und über eine möglichst lange Gerade verfügen. Nur in diesem Bereich ist eine richtige Farbwiedergabe gegeben. Die maximale Höhe der Kurve gibt die größte Dichte an. $\gamma = 1$ bezeichnet tonwertrichtige Wiedergabe. Da das Negativ ein niedrigeres Gamma aufweist, wird ein Positivmaterial mit höherem Gamma verwendet, denn entscheidend ist nach allen Kopiervorgängen das γ-Produkt (s. Goldberg-Regel).

Sequenz/sequence Inhaltlich zusammengehörende Szenenfolge, meist mit mehreren Schnitten, manchmal auch als Plansequenz (s. dort).

Set Drehort.

Shot Filmaufnahme, Einstellung.

Skypan Nicht fokussierte, indirekte Leuchte (2–10 kW) zur Ausleuchtung des Hintergrunds ganzer Sets.

Slow Motion (s. *High-Speed-Shot*).

Soft focus Weichzeichner.

Soft light Sammelbegriff für eher schattenlose, nicht fokussierte, oft auch gestreute Lichtquellen wie reflektiertes, indirektes Licht, Fluoreszenzlicht (Kinoflos), bounce light, etc. Grundsätzlich liefern große Leuchtflächen, abhängig von der Entfernung, ein weiches Licht.

Special effects / SFX Sammelbegriff für alle Arten von Trickaufnahmen.

Speed Change Abweichungen von der Standard-Filmgeschwindigkeit von 24 Bildern pro Sekunde innerhalb einer Einstellung. Da sich dadurch die Belichtungszeit ändert, muss das durch eine Veränderung der Irisblende oder des Öffnungswinkels der Spiegelumlaufblende kompensiert werden. Moderne Kameras wie die Arricam können dafür programmiert werden.

Spiegelreflexkamera / Reflexkamera / camera with a reflex viewfinding system Die Fa.

ARRI (Arnold & Richter, München) präsentierte erstmals 1937 eine Kamera, die das aktuelle Kamerabild über eine um 45° geneigte verspiegelte Umlaufblende in der optischen Achse in die Sucheroptik umlenkte, so dass keine Parallaxenfehler (s. dort) mehr auftraten. Dadurch ist auch das Einstellen der Schärfe auf der Einstellscheibe sehr erleichtert worden. Auch für dokumentarisches Drehen bedeutete das Spiegelreflexsystem eine erhebliche Verbesserung, da der Kameramann jederzeit die Kontrolle über Ausschnitt und Schärfe seines Bildes behielt.

Split-field-diopter / Split-Field-Linse Ein Split-field-diopter ist eine halbe Vorsatzlinse, die ermöglicht, einen nahen Gegenstand durch die halbe Linse scharf abzubilden, während gleichzeitig ein entfernter Gegenstand durch die freie Objektivhälfte ebenfalls scharf abgebildet werden kann. Die gerade Kante der Linse ist im Bild sichtbar und muss durch einen Gegenstand im Bild kaschiert werden. Daher sind fast nur statische Einstellungen ohne Bewegung der Objekte und der Kamera möglich.

Split screen Das Kinobild wird in verschiedene Felder aufgeteilt, z.B. zwei Personen die miteinander telefonieren, erscheinen nebeneinander.

Spot Allgemeine Bezeichnung für Lampen, die gebündeltes Licht erzeugen.

Stand-in Double eines Schauspielers zum Ausleuchten einer Szene.

Steadicam Tragevorrichtung für die Kamera mit gefederter Aufhängung, die der Handkamera völlig neue Möglichkeiten eröffnet. Die Kamera wird auf einen mechanischen Arm montiert, der dem menschlichen Arm nachgebildet ist und der an einer stabilen Weste vor der Brust des Operators befestigt wird. Von Garrett Brown 1976 erfunden.

Stellprobe/blocking (s. *blocking*)

Stock shots Alle industriell arbeitenden Studios verfügen über ein Archiv von Filmaufnahmen, die nur gemacht werden, um in anderen Filmen, z.B. durch Rückprojektion, kostengünstig eingesetzt zu werden. Das können Tieraufnahmen sein, Naturpanoramen, Aufnahmen bekannter und/oder historischer Gebäude, Stadtsilhouetten, Exotisches, spektakuläre Aufnahmen u. v. m.

Stopptrick Die Kamera stoppt mitten in einer Aufnahme und ein Objekt oder eine Person werden ausgetauscht oder in eine andere Position gebracht, so dass beim Weiterdrehen eine plötzliche Verwandlung auftritt. Meistens wird die Kamera dabei im Einzelbildmodus betrieben (Puppentrick). Typische Stop-Trick-Filme sind die Filme von Norman McLaren, der Menschen auf eine Strasse setzte und bei jedem Bild ein Stückchen weiterrücken ließ oder die WALLACE AND GROMIT-Filme mit den beliebten Knetfiguren.

Storyboard Drehbuch mit gezeichneten Bildern zur visuellen Auflösung der Szenen.

Synchronton Synchronton bezeichnet jeden zur Kamera synchron aufgenommenen Ton, das kann in oder außerhalb der Kamera geschehen und Licht–, Magnet- oder digitaler Ton sein.

Take Einstellung (s. dort).
Talking head Begriff, der ursprünglich vom Fernsehen kommt, und ein Bild beschreibt, in dem beständig nur ein redender Kopf zu sehen ist.
Drop/Hintersetzer Ein Hintersetzer ist ein gemalter oder fotografierter Hintergrund (Haus, Landschaft), der bei Studiobauten im Abstand von einigen Metern vor Fenster oder Türen gestellt wird. Hintersetzer die Stadtszenerien darstellen, werden für Nachtaufnahmen mit beleuchteten Fenstern ausgestattet.
Technicolor Ein Verfahren, bei dem die für ein Farbbild notwendigen drei Grundfarben separat auf drei S/W Farbauszugsfilmen/separationfilm aufgenommen und dann nacheinander mit Matrizen auf Film gedruckt werden. War vom Ende der 1930er bis Anfang der 1950er Jahre in den USA und England marktbeherrschend.
Techniscope Breitwandverfahren im gleichen Seitenverhältnis wie Cinemascope (1:2,35) aber nicht anamorphotisch. Kann mit sphärischen Objektiven aufgenommen werden und benötigt auf dem 35 mm Film nur die Höhe von 2 Perforationslöchern. Das Negativ wird anamorphotisch umkopiert, so dass das Positiv wie ein normales Cinemascope-Positiv aussieht und im Kino ebenfalls durch einen Anamorphoten projiziert wird, um das Bild wieder zu entzerren.
Tener 10 KW Stufenlinsenscheinwerfer.
Tiefenschärfe Tiefenwirkung durch Schärfentiefe; wird umgangssprachlich auch für Schärfentiefe verwendet (s. dort).
Timing (s. *Lichtbestimmung*).
Tonfilmatelier / sound stage Schalldichte Ateliers.
Tore / barn doors Klappen an den Scheinwerfern, die das Licht eingrenzen. Speziell zur kreisförmigen Eingrenzung des Lichts gibt es auch runde Vorsätze, snoots.
Translite Fotos als statische Hintergründe, die auf eine transparente Folie gedruckt und von hinten angestrahlt werden.
T-stop Die T-Blende gibt die tatsächliche, gemessene Lichtdurchlässigkeit/transmission eines Objektivs an, wodurch die Lichtverluste durch innere Reflektion berücksichtigt werden, während die f-Blende die errechnete Blende bezeichnet (s. *Blendenwert*).
Travelling (s. *Kamerafahrt*)
Travelling matte Beim Travelling Matte (bewegliche Maske) wird ein Vordergrund, z.B. ein Schauspieler vor einem blauen Hintergrund aufgenommen. Von dem so erzielten Negativ kann auf sehr hart arbeitendem S/W-Material durch einen Blaufilter eine Maske kopiert werden, die keinerlei Grautöne aufweist. Das Abbild des Schauspielers bewirkt eine Schwärzung, während der blaue Hintergrund auf der Maske durchsichtig erscheint. Von dieser Maske kann eine Gegenmaske kopiert werden, in der der blaue Hintergrund schwarz und der Schauspieler durchsichtig erscheint. Mit Hilfe der Masken kann der Schauspieler auf einen realen Hintergrund kopiert wer-

den. Der Hintergrund wird zunächst mit der Maske kopiert, auf der der Schauspieler schwarz erscheint, d.h. an dieser Stelle wird das Kopiermaterial nicht belichtet. In einem zweiten Arbeitsgang wird das Negativ des Schauspielers zusammen mit der Maske, in der der Hintergrund schwarz erscheint, auf das gleiche Kopiermaterial kopiert. Die Maske bewirkt, dass der Hintergrund nicht noch einmal belichtet wird. Durch den durchsichtigen Teil der Maske kann das Bild des Schauspielers auf den Kopierfilm kopiert werden. Es gibt eine Kopiermöglichkeit, ‹Aerial Image› genannt, bei der mit zwei Projektoren, beide Negative mit den jeweiligen Masken in einem Arbeitsgang über einen halbdurchlässigen Spiegel oder ein Prisma auf das Kopiermaterial kopiert werden können. Es ist darauf zu achten, dass ein Blau, das dem Hintergrundblau ähnelt, im Vordergrund nicht vorkommt, da an dieser Stelle ein ‹Loch› entstehen würde, durch das der Hintergrund zu sehen wäre.

Two-shot Einstellung mit zwei Personen.

Überentwicklung / push processing / pushing / forcing (s. *Forcierte Entwicklung*)

Überblendung Der Filmstreifen wird zweimal belichtet; erst mit einer Abblende, dann mit einer Aufblende, so dass ein Bild in das andere übergeht. Das ist eine antike Technik aus der Zeit der Handkurbelkameras: Dazu muss der Film nach der Abblende in der Kamera bis zum Beginn der Abblende zurücktransportiert werden um danach mit der Aufnahme der Aufblende beginnen zu können. Mit einigen Ausführungen der Mitchell-Kameras waren automatisierte Überblendungen möglich. Diese Blenden sind nicht mehr zu verändern, während man am Schneidetisch, Länge, Anfang und Ende der Blenden genau festlegen kann. Da die meisten modernen Kameras gar nicht in der Lage sind, eine genaue Anzahl an Einzelbildern rückwärts zu laufen, erledigt sich diese Methode von allein. Die Überblendung sollte nicht verwechselt werden mit Morphing (digitale Technik).

Überschulter-Aufnahme / over shoulder Die Kamera sieht (pseudosubjektiv) über die Schulter einer Person, was diese Person sieht, z.B. einen Gesprächspartner.

Umlaufblende/Sektorenblende Mit jedem belichteten Bild dreht sich die Umlaufblende einmal um 360°. Die Öffnung der Umlaufblende bestimmt die Belichtungszeit und dadurch auch die Zeit für den Filmtransport in der Dunkelphase. Je schneller der Filmtransport ist, desto größer kann die Öffnung der Umlaufblende und damit die Belichtungszeit (s. dort) sein.

Die Panavisionkamera hat einen Offensektor, der bis zu 220° einstellbar ist aber nur in Fällen schwindenden Lichtes verwendet werden soll. Da für den Filmtransport nur noch 140° Dunkelsektor zur Verfügung stehen, muss der Filmtransport beschleunigt werden, was das Filmmaterial stärker belastet. Flickerfrei ist die Öffnung von 220° bei 24 B/Sek. obwohl der ideale Sektor 216° wäre. Aber die Toleranzen lassen 220° zu.

Moderne Kameras verfügen über verstellbare Sektorenblenden um die Belichtungszeit zu verkürzen. Schnelle Bewegungen können dadurch schärfer abgebildet werden, z.b. die Rotorblätter eines Hubschraubers. Dadurch kann auch die Schärfentiefe verringert werden, da die kürzere Belichtungszeit durch eine größere Blendenöffnung kompensiert werden muss.

Aktuelle Kameras wie die Arricam können so genannte Rampen fahren, wobei eine Erhöhung der Laufgeschwindigkeit der Kamera durch eine Vergrößerung des Aufnahmesektors der Umlaufblende automatisch kompensiert wird, sodass die Gesamtbelichtung gleich bleibt.

Unterentwicklung / pull processing / pulling Verkürzte Entwicklung.

Video assist / Videoausspiegelung Moderne Kameras haben im Strahlengang des Reflexsuchers eine Videoausspiegelung, deren Bild auf einem Bildschirm von Regisseur und DOP betrachtet werden kann, sodass sie genau sehen können, was gerade im Bild ist.

Visual effects / VFX Sammelbegriff für alle Filmtricks die in der Postproduktion durch Nachbearbeitung, heute vorwiegend am Computer, hergestellt werden.

Vari-lite Moderne Theaterlichter, die einen starken Lichtstrahl über ein Spiegelsystem in jede Richtung lenken können; eingebaute Filter ermöglichen farbiges Licht. Für Filmzwecke im Normalfall ungeeignet; kommt nur bei Spezialaufnahmen mit starkem, farbigem Licht zum Einsatz.

Vertigo-Effekt Wird Alfred Hitchcock zugeschrieben. Eine Kamerafahrt wird durch eine gegenläufige Zoomfahrt kompensiert. Dadurch kann man eine Person in gleicher Größe halten, während sich der Hintergrund weitet oder verengt, je nachdem, in welche Richtung man fährt und zoomt.

Voice-over Ursprünglich aus dem Hörspiel übernommene Kommentarstimme im Film.

Vorbelichtung. Nachbelichtung/flashing Die Vor- und Nachbelichtung, dient dazu, die Empfindlichkeit des Materials in den tiefsten Schatten zu steigern. Das lichtempfindliche Bromsilberkorn der Filmemulsion benötigt etwa vier Photonen, um messbare Schwärzung zu erzielen. Durch die Vor- oder Nachbelichtung addieren sich die Photonen der Vorbelichtung und der Bildbelichtung und dadurch wird die Belichtungsschwelle eher überschritten. In stärkerem Maße eingesetzt, kann die Vor- oder Nachbelichtung, die auch durch eine Belichtungseinheit mit diffusem Licht in der Entwicklungsmaschine geschehen kann oder durch das Lightflex-System (s. dort), zu einer Kontrastminderung führen und zu Bildern, in denen kein Schwarz mehr vorkommt. Die Bilder bekommen einen High-Key-Effekt.

Western dolly (s. *Dolly*)

Wild walls / wild ceilings Bewegliche Wände / Decken von Studiobauten, die Kamerafahrten erleichtern.

Xenon/Xenonlampe Die Xenonlampe ist eine Gasentladungslampe und hat ein diskontinuierliches Spektrum. Ihr Licht ist mit 4200°K bis 6000°K tageslichtähnlich. Flickerfrei ist sie, weil sie mit einer Rechteckfrequenz von 400 Hz arbeitet. Dadurch ist sie für High-Speed-Aufnahmen geeignet.

Zeitlupe / slow motion Die Zeit wird gedehnt durch eine Aufnahme mit größerer Geschwindigkeit, mehr als die normalen 24 Bildern/Sekunde. Wird z.B. mit 48 Bildern/Sekunde gedreht und dann mit 24 Bildern/Sekunde projiziert, verlangsamt sich der gefilmte Vorgang auf die doppelte Zeit. Man spricht auch von Überdrehen/overcranking (s. *High-Speed-Shot*).

Zeitraffer/speeding up Funktioniert wie Zeitlupe, aber umgekehrt: Es werden deutlich weniger als 24 Bilder/Sekunde gedreht. Man spricht auch von Unterdrehen/undercranking.

Zip light Indirekte Flächenleuchte mit 2 kW.

Zoom Optische Kamerafahrt durch stufenlose Verlagerung der Brennweite vom Telebis zum Weitwinkelobjektiv oder umgekehrt. Wenn man sich mit der Kamera einer Person vor einem weit entfernten Hintergrund bis zur Großaufnahme nähert, wird sich die Abbildungsgröße des Hintergrundes kaum verändern. Bei einer vergleichbaren Annäherung an die Person mit einem Zoomobjektiv, wird sich der Hintergrund im gleichen Verhältnis vergrößern, wie die Person im Bild größer wird (vgl. *Vertigo-Effekt*).

Z-Picture (s. *B-Picture*)

Literaturauswahl

Henri Alekan: *Des Lumières et des ombres*. Paris 1993.

Henri Alekan: *Le Vécu et l'imaginaire*. Lyon 1999.

Nestor Almendros: *Un Homme à la camera*. Renens-Lausanne 1980.

John Alton: *Painting with Light*. New York 1954.

American Cinematographer. Hollywood 1920ff.

Artes de Mexico. Nr. 2/1988. Sondernummer über Gabriel Figueroa.

Helmut G. Asper (Hg.): *Nachrichten aus Hollywood, New York und anderswo*. Trier 2003.

Michael Ballhaus: *Das Fliegende Auge*. Berlin 2002.

Helga Belach, Wolfgang Jacobsen (Hg.): *CinemaScope*. Berlin 1993.

Benjamin Bergery: *Reflections*. Hollywood 2002.

Billy Bitzer: *His Story*. New York 1973.

Hans-Michael Bock (Hg.): *CINEGRAPH-Lexikon des deutschsprachigen Films*. München 1984ff.

Hans-Michael Bock (Hg.): *Lexikon Regisseure und Kameraleute*. Reinbek 1999.

Pascal Bonitzer: *Peinture et cinéma. Décadrages*. Paris 1985.

Thomas Brandlmeier: E. A. Dupont. In: Dietrich Scheunemann (Hg.): *New Perspectives on Expressionist Film*. New York 2003.

Thomas Brandlmeier: Filmtechnik. In: Hans-Michael Bock, Wolfgang Jacobsen (Hg.): *Recherche: Film*. München 1997.

Thomas Brandlmeier: Filmtechnik. In: Helmut Schanze (Hg.): *Metzler Lexikon Medientheorie Medienwissenschaft*. Stuttgart, Weimar 2002.

Thomas Brandlmeier: Grenzverletzungen. Fotografisches im Film. In: *Navigationen*, Nr. 2, 2003.

Thomas Brandlmeier: Von der Ausfahrt der Chinakrieger bis Varieté. In: Corinna Müller, Harro Segeberg (Hg.): *Mediengeschichte des Films, Band III*. München 2000.

Thomas Brandlmeier: Zeiträume. In: Jürgen Bretschneider (Hg.): *E. A. Dupont*. München 1992.

Blain Brown: *Cinematography. Theory and Practice*. Amsterdam u. a. O. 2002.

Kevin Brownlow: *The Parade›s Gone By*. New York 1968.

bvk (Hg.): *Camera Guide*. Jahrbücher seit 1983.

Russell Campbell: *Photographic Theory for the Motion Picture Cameraman*. London, New York 1970.

Close Up. Riant Chateau, Territet 1927–1933.

Brian Coe: *Farbfotografie und ihre Verfahren*. München 1979.

Brian Coe. *The History of Movie Photography*. London 1989.

William Darby: *Masters of Lens and Light*. Metuchen (N.J.), London 1991.

Achim Dunker: *Licht- und Schattengestaltung im Film*. München 1993.

Michael Esser (Hg.): *Gleißende Schatten. Kamerapioniere der zwanziger Jahre*. Berlin 1994.

Peter Ettedgui: *Filmkünste: Kamera*. Reinbek 2000.

Scott Eyman: *Five American Cinematographers*. Metuchen (N.J.), London, 1987.

Gian Luca Farinelli, Nicola Mazzanti Hg.): *Il Cinema Ritrovato*. Bologna 1994.

Filmmuseum Potsdam (Hg.): *Unsichtbare Schätze der Kinotechnik*. Berlin 2001.

Filmtechnik – Filmkunst. Halle 1925–1942.

Film & TV-Kameramann. München 1954 ff. (bis 1977: *Der deutsche Kameramann*).

Uwe Fleischer, Helge Trimpert: *Wie haben Sie's gemacht?* Marburg 2005.

Johannes Flügge: *Das Photographische Objektiv*. Wien 1955.

Vittorio Giacci: *Via col tempo*. Rom 1994.

Rolf Giesen (Hg.): *Special Effects*. Ebersberg 1985.

Christian Gilles: *Les Directeurs de la photo et leur image*. Paris 1989.

E. M. Goldowski: *Grundlagen der Breitwand-Verfahren*. Halle 1959.

Peter A. Hagemann (Hg.): *Der 3-D-Film*. München 1980.

Philipp Hahn: *Mit High Definition ins digitale Kino*. Marburg 2005.

Charles Higham: *Hollywood Cameramen*. London 1970.

IMAGO (Hg.): *Making Pictures: A Century of European Cinematography*. London 2003.

Norbert Jochum (Hg.): *Der Filmpionier Guido Seeber*. Berlin 1979.

Herbert T. Kalmus, Eleanore King Kalmus: *Mr. Technicolor*. Abecon (N.J.) 1993.

Frank Kessler, Sabine Lenk, Martin Loiperdinger (Hg.): *Oskar Messter. Filmpionier der Kaiserzeit*. Basel, Frankfurt/Main 1994.

Die Kinotechnik. Berlin 1919–1942.

Thomas Koebner, Thomas Meder (Hg.): *Bildtheorie und Film*. München 2006.

Kinotechnik und Filmtechnik. Halle 1943–1944.

V. D. Korovkin: *Die Pflege und Erhaltung von Kinofilmen*. Leipzig 1954.

Gert Koshofer: *Color. Die Farben des Films*. Berlin 1988.

Alexis Krasilovsky: *Women Behind the Camera*. London 1997.

Marko Kregel: *Jost Vacano*. Marburg 2005.

Walter Lassally: *Itinerant Cameraman*. London 1987.

Franz Paul Liesegang: *Die kinematographische Projektion*. Halle 1928.

Franz Paul Liesegang. *Handbuch der praktischen Kinematographie*. Düsseldorf 1919.

Franz Paul Liesegang: *Lichtbild- und Kino-Technik*. Mönchen Gladbach 1913.

Vincent LoBrutto : *Principal Photography*. London 1999.

Jacques Loiseleux: *La Lumière en cinéma*. Paris 2004.

Kris Malkiewicz: *Cinematography*. New York 1973.

Kris Malkiewicz: *Film Lighting*. New York 1986.

Leonhard Maltin: *The Art of the Cinematographer.* New York 1971.

Susanne Marschall: *Farbe im Kino.* Marburg 2005.

Joseph Massolle, Hans Vogt, Jo Engl: *Der sprechende Film.* Berlin 1924.

Hilmar Mehnert: *Das Bild in Film und Fernsehen.* Leipzig 1986.

Oskar Messter: *Mein Weg mit dem Film.* Berlin 1936.

Christian Mikunda: *Kino spüren. Strategien der emotionalen Filmgestaltung.* München 1986.

Hugo Münsterberg: *The Film. A Psychological Study.* New York 1970.

Steve Neale: *Cinema and Technology.* London 1985.

Vladimir Nilsen: *The Cinema as Graphic Art.* New York 1936.

Duncan Petrie: *The British Cinematographer.* London 1996.

René Prédal: *La Photo de cinéma.* Paris 1985.

Karl Prümm, Silke Bierhoff, Matthias Körnich (Hg.): *Kamerastile im aktuellen Film.* Marburg 1999.

Karl Prümm, Michael Neubauer, Peter Riedel (Hg.): *Raoul Coutard.* Marburg 2004.

Todd Rainsberger: *James Wong Howe.* San Diego, New York, London 1981.

Sidney F. Ray: *The Photographic Lens.* London, New York 1979.

Werner Reff, Istvan Vasarhelyi: *Filmtrick und Trickfilm.* Leipzig 1972.

Pauline Rogers: *Contemporary Cinematographers on Their Art.* Boston, Oxford, Johannesburg, Melbourne, New Delhi, Singapore 1998.

Pauline Rogers: *More Contemporary Cinematographers on Their Art.* Boston, Oxford, Auckland, Johannesburg, Melbourne, New Delhi 2000.

Barry Salt: *Film Style and Technology.* London 1983.

Dennis Schaefer, Larry Salvato: *Masters of Light.* Berkeley, Los Angeles, London 1984.

Guido Seeber: *Der praktische Kameramann. 1. Band. Arbeits-Gerät und Arbeits-Stätten des Kameramanns.* Berlin 1927.

Guido Seeber: *Der praktische Kameramann. 2. Band. Der Trickfilm.* Berlin 1927.

Helmut W. Sontag: *Sidi. Der Kameramann und Filmpionier Guido Seeber.* Berlin 1986.

Anna Kate Sterling: *Cinematographers on the Art and Craft of Cinematography.* London 1987.

Vittorio Storaro: *Writing with Light.* Martellago 2001.

Catherine A. Surowiec (Hg.): *The Lumiere Project.* Lissabon 1996.

Elisabeth Weis, John Belton (Hg.): *Film Sound.* New York 1985.

Weltwunder der Kinematographie. Berlin 1994ff.

Paul Wheeler: *Practical Cinematography.* Amsterdam u. a. O. 2000.

Heidi Wiese (Hg.): *Die Metaphysik des Lichts. Der Kameramann Henri Alekan.* Marburg 1996.

Frederick A. Young, Paul Petzold: *The Work of the Motion Picture Cameraman.* London 1972.

Personenregister

(Pseudonyme sind nur aufgeschlüsselt, wenn beide Varianten vorkommen)

A

Adams, Ansel 336
Adorno, Theodor W. 82
Agranenko, Sachar 390
Albers, Hans 324
Aldo, G. R. 125, 131, 214, 217, 346
Alekan, Henri 5, 25, 101, 117–124, 131, 162, 355, 356, 419, 500, 503
Alexander, Georg 213, 220
Aleksandrov, Grigorij 388, 390
Allégret, Yves 119
Allen, Nancy 461
Allen, Woody 335, 337, 446, 448
Allgeier, Sepp 223
Almendros, Néstor 5, 14, 23, 117, 121, 125–134, 189, 209, 293, 301, 500
Altman, Robert 196, 198, 348, 458, 460, 464
Alton, John 5, 25, 101, 117, 135–143, 500
Ames, Preston 142
Amin, Idi 128
Anders, Günther 268
Anderson, Gilbert M. 398, 399
Andrews, Dana 397
Antonioni, Michelangelo 14, 150, 213, 217–220, 230
Appia, Adolphe 11
Aristoteles 213, 220
Arkatov, Aleksandr 380
Armendáriz, Pedro 232, 236
Arnheim, Rudolf 73
Arzner, Dorothy 310, 314
Ashby, Hal 437, 439, 441
Asher, Jack 95
Astruc, Alexandre 189, 354
Atget, Eugène 281
Atsuta, Yushun 323
Auer, John H. 137
Autant-Lara, Claude 183

B

Baberske, Robert 237
Bachelet, Jean 305
Bachrach, Ernest 173
Bachtin, Michail 79, 80
Bacon, Francis 372, 373
Bacon, Kevin 415
Baecker, Otto 89, 344
Baker, Carroll 169
Baker, Roy 145, 148
Balázs, Béla 202, 203, 228
Balcon, Michael 86
Ballard, Lucien 5, 144–149, 160
Ballhaus, Michael 5, 14, 23, 117, 150–159, 408, 480, 483, 500
Barnes, George 391
Barrault, Jean Louis 186
Barrymore, John 206
Barrymore, Lionel 206
Basse, Wilfried 222
Barthes, Roland 203
Batista, Fulgencio 125, 126
Bau, Milli 221
Baudelaire, Charles 113
Baudissin, Christian 228
Bazin, André 148, 167, 168, 393, 397
Béart, Emmanuelle 294
Beatty, Warren 375

Becce, Giuseppe 66
Becker, Jacques 305
Beckett, Samuel 283
Beckmann, Max 115
Behn-Grund, Friedl 14
Beier, Lars-Olav 437
Belach, Helga 7, 25, 500
Bel Geddes, Barbara 251
Belton, John 28, 503
Benitz, Albert 223
Benton, Robert 131, 444, 446
Bergala, Alain 293
Berghahn, Wilfried 220
Bergman, Ingmar 11, 150, 331–335, 337, 398, 417, 448
Bergner, Elisabeth 251
Beria, Lawrenti 466
Berkeley, Busby 173, 405
Bernhardt, Curtis
Bernhardt, Kurt (= Curtis Bernhardt) 182, 268
Bernini, Gian Lorenzo 190
Berry, John 274, 276
Berto, Juliet 295
Bertolucci, Bernardo 14, 370–374, 376
Bertram, Hans 268, 289
Beylie, Claude 183, 308
Binding, Rudolf G. 327
Blackton, Marian 84
Blackton, Stuart 84
Böcklin, Arnold 238, 365
Böhm, Karlheinz 151
Böll, Heinrich 344
Boese, Carl 239
Boetticher, Budd 145, 146, 148, 167, 312
Bogart, Humphrey 272

Bogart, Paul 205, 207
Boleslavski, Richard 206
Bonaparte, Napoleon 58, 120
Bonitzer, Pascal 28, 500
Bonnaire, Sandrine 295
Boorman, John 258, 459, 460, 464
Borde, Raymond 55, 56
Borzage, Frank 168, 206, 253, 270, 392
Boyer, Charles 279
Bragaglia, Arturo 345
Brahm, Hans (= John Brahm) 86, 97
Brahm, John 144, 182
Brandes, Werner 85
Brando, Marlon 280, 283, 374, 444
Brassaï 281
Bredell, Woody 98, 101
Brenon, Herbert 270
Bresson, Robert 293, 295, 323
Bridges, Jeff 444
Brialy, Jean-Claude 128, 209
de Broca, Philippe 188
Brög, Wolfgang 228
Brooks, Richard 139, 142, 207, 258, 260
Brown, Barry 444
Brown, Clarence 131, 203, 204, 206, 249
Brown, Garrett 37, 375, 378, 495
Brown, Karl 161
Browning, Tod 244, 247
Brownlow, Kevin 84, 384, 500
Brun, Philippe 417
Brunner, Carl 325
Buache, Freddy 55, 56
Bunny, John 381
Buñuel, Luis 233, 235, 236, 305, 419, 422
Burks, Robert 14
Burton, Richard 437
Butler, Ivan 245

C

Cage, Nicolas 200
Cain, James M. 139
Calhoun, Rory 312
Campbell, Russell 28, 500
Camus, Albert 348
Canudo, Ricciotto 57
Cap, Franz 288
Capra, Frank 14, 174, 186
Caravaggio, Michelangelo Merisi da 48, 82, 120, 130
Cardiff, Jack 14, 91, 93, 110, 154, 456
de Carlo, Yvonne 102
Carlson, Richard 312
Carné, Marcel 86, 101, 119, 183, 184, 237, 354, 355, 359
Carol, Martine 209
Carradine, David 437
Carrol, Williard 467
Carstensen, Margit 151
Cartier-Bresson, Henri 281
Carter, Howard 248
Cavalcanti, Alberto 95
Cayatte, André 119
Cayrol, Jean 416
Cézanne, Paul 59, 113, 121, 123
Chabrol, Claude 14, 208–210, 212
Chaplin, Charles 13, 14, 186, 336, 398–406, 458
Chapman, Michael 36, 131, 149, 437, 473, 484
Chenal, Pierre 305
Chenu, Henri 305
de Chirico, Giorgio 420
de Chomon, Segundo 41, 42, 104
Chopin, Frédéric 327
Chrétien, Henri 35
Christie, Julie 452
Chruschtschow, Nikita 466
Cimabue (Cenni di Pepo) 22
Cimino, Michael 459, 462–464
Clair, René 12, 84, 294, 300, 354, 405
von Clausewitz, Karl 195
Clayton, Jack 95
Clement, René 117, 212
Cloquet, Ghislain 416
Clothier, William H. 5, 167–172
Clouzot, Henri Georges 305

Cochran, Steve 213
Cocteau, Jean 117, 118, 122, 305
Coe, Brian 25, 501
Cohn, Harry 136, 144
Collins, Ray 175
Comito, Terry 311
Comolli, Jean-Louis 293
Conrad, Joseph 257
Conway, Jack 271
Coppola, Francis Ford 14, 199, 200, 374, 375, 377, 444, 447
Corbeau, Roger 183
de Cordova, Frederick 311
Corman, Roger 126, 435
Cortez, Ricardo 173
Cortez, Stanley 5, 173–180, 279
Courtenay, Tom 453
Courant, Curt 5, 56, 86, 101, 136, 181–186, 356, 360
Courtade, Francis 55, 56
Coutard, Raoul 5, 14, 21, 23, 126, 150, 187–195, 209, 227, 293, 398, 486, 502
Cox, Jack 14, 91
Crispin, Janine 356
Cromwell, John 173, 272
Cronenweth, Jordan 5, 23, 196–200, 475
Crosby, Floyd 258
von Cserépy, Arzen 365
Cukor, George 110, 206, 450
Cutts, Graham 83, 110, 111, 172, 250, 272
Curtiz, Michael 17
Czinner, Paul 87

D

d'Arc, Jeanne 299–302
d'Annunzio, Gabriele 181
Daniels, William H. 5, 34, 201–207, 251, 363
Darnell, Linda 357
Dassin, Jules 102, 120, 122, 205, 206
Daumier, Honoré 385
Daves, Delmer 145
David, Constantin J. 181
David, Jacques-Louis 130

Personenregister

Davison, Grace 18
Davis, Bette 139, 396
Day, Josette 118
de Beauregard, Georges 188
Decaë, Henri 208–212
Delacroix, Eugène 106
Delannoy, Jean 305
Deleuze, Gilles 28
Delon, Alain 294, 347
Deltgen, René 340
DeMille, Cecil B. 270
Delaunay, Robert 112, 114
Delluc, Louis 186
Demme, Jonathan 196, 198
Demy, Jacques 188, 189
Deneuve, Catherine 419
Dennehy, Brian 420
Deppe, Hans 288
Deren, Maya 125
Desailly, Jean 194
Deutsch, Ernst 43
Dickson, William K. L. 160
Diederichs, Helmut H. 239, 364
Dieterle, Wilhelm (= William Dieterle) 27, 43
Dieterle, William
Dietrich, Marlene 144, 251, 301, 311, 346
Di Venanzo, Gianni 6, 14, 23, 213–220, 346, 436, 448
Dix, Otto 368
Dixon, Maynard 130
Dmytryk, Edward 97, 110, 310, 450
Döpke, Oswald 407
Doillon, Jacques 293
Donner, Richard 459, 466
Doolittle, Amos 166
Doré, Gustave 78, 118
Douarinou, Alain 305
Douglas, Gordon 172
Douglas, Kirk 312
Dovshenko, Aleksandr 386, 388
Doyle, Christopher 14
Dressler, Marie 206
Dreyer, Carl Theodor 191, 239, 299, 300–303
Duccio (di Buoninsegna) 22

Duca, Lo 231
Dürer, Albrecht 233
Düringer, Annemarie 292
Dufy, Raoul 143
Dulovits, Jenö 457
Dunn, Dorothy 18
Dunne, Irene 301
Dupont, Ewald André 22, 53, 71–74, 76, 78–82, 84, 86, 90, 124, 241, 347, 392, 500
Duras, Marguerite 417, 419
Duryea, Dan 102
Duvivier, Julien 101, 119, 173, 305
Dwan, Allan 137, 139, 141, 270
Dyhrenfurth, Günther Oskar 222, 226

E

Eastman, George 31, 34, 35, 37, 107, 110, 450
Eastwood, Clint 14
Edeson, Arthur 98, 391
Edison, Thomas Alva 24, 30, 160
Eichberg, Richard 43, 89, 324
Eichinger, Bernd 410
Eisenstein, Sergej 14, 22, 57, 105, 106, 230, 231, 369, 380–390, 398
Eisler, Hanns 86
Eisner, Lotte H. 54, 58, 68, 72, 182, 240, 241, 249, 265, 340, 355, 432, 433
Ellenshaw, Harrison 378
Eluard, Paul 257
Elvey, Maurice 86
Enright, Ray 249
Epstein, Jean 304, 306
Ertl, Hans 6, 23, 221–228
Ertl, Monika 228
Essex, Harry 139
Eustache, Jean 128
Everson, William K. 245

F

Fairbanks, Douglas 233
Falconetti, Marie 300
Fanck, Arnold 43, 221–223, 225, 227, 238, 364, 365, 369

Fanck, Matthias 228
Farinelli, Gian Luca 29, 501
Fassbinder, Rainer Werner 14, 151–153, 156, 157
Faulkner, William 257
Faure, Elie 59
Feher, Friedrich 86, 92, 354
Feld, Hans 55
Félix, Maria 232, 236
Fellini, Federico 14, 21, 214, 215, 218, 348, 349, 351, 352, 436, 448
Fernández, Emilio 14, 230–236
Fernau, Rudolf 325, 340
Feuerbach, Anselm 238
Feuillade, Louis 22, 131, 294, 381
Feuillère, Edwige 361
Feyder, Jacques 84, 206
Figueroa, Gabriel 6, 14, 18, 229–236, 272, 388, 392, 500
Fischer, Gunnar 331
Fischinger, Oskar 107
Fitzmaurice, George 83, 203
Flaherty, Robert J. 304
Fleming, Victor 14, 107, 108, 270
Foley, James 151, 155
Fonda, Jane 443
Fonda, Peter 459
Ford, John 131, 168, 169, 171, 229, 232, 234, 245, 392, 394, 397, 439, 450
Forde, Walter 86
Forman, Milos 439
Fosse, Bob 352
Foucault, Michel 78
Francis, Freddie 95, 456
Franju, Georges 305, 307, 354, 357, 361
Frank, Leonhard 243
Frankenheimer, John 279
Franklin, Sidney 131, 244, 249
Freed, Arthur 143
Fregonese, Hugo 174
Frentz, Walter 222
Freund, Karl 6, 11, 14, 16, 18, 22, 41, 43, 47, 48, 53–57, 59, 65–71, 74, 76, 101, 124, 136, 230, 237–249, 258, 268, 270,

288, 338, 339, 353, 360, 368, 391, 394, 426, 427
Friedrich, Caspar David 365
Fuentes, Carlos 229, 236
Fürst, Leonhard 269, 340
Füssli, Johann Heinrich 130
Fuglsang, Frederic 41
Fuller, Samuel 145, 171, 172, 174, 176, 177, 179, 270

G

Gable, Clark 148,
Gad, Urban 13, 41, 238, 239, 362, 363, 366
Galeen, Henrik 43, 364
Galvadón, Roberto 236
Gance, Abel 120, 183, 305
Gärtner, Heinrich 88, 89, 324
Garbo, Greta 202, 203, 206, 249, 251, 363
Gardner, Ava 310, 346
Garrel, Philippe 293
Garmes, Lee 6, 101, 144, 173, 250–256, 363, 398
Gaudí, Antonio 49
Gaudio, Tony 173
Genina, Augusto 119
George, Götz 292
Gérard, François 120
Gerron, Kurt 78
Gerlach, Arthur von 54, 426
Giacci, Vittorio 29, 501
Giesen, Rolf 25, 501
Gilbert, John 203
Gilliam, Terry 352
Giordano, Domiziana 294
Giotto (di Bondone) 22
Gish, Lillian 162, 163, 166, 175, 468
Gleason, Keogh 142
Glenn, Pierre-William 14
Gliese, Rochus 49, 239
Glyn, Elinor 84
Godard, Jean-Luc 14, 21, 150, 177, 188–195, 293–296, 398
Goebbels, Joseph 107, 223, 325, 330
Goethe, Johann Wolfgang 327

Göttler, Fritz 70, 124
Goetz, Curt 432
van Gogh, Vincent 78, 115, 143, 450
Goldwyn, Samuel 391, 392
Goulding, Edmund 252
Goya, Francisco 119, 233, 346
Graatkjaer, Axel 41, 49, 56, 288
Grafe, Frieda 112, 115, 142, 195, 209, 327
Granovsky, Alexander 382
Grant, Arthur 95
Grant, Cary 148
Grau, Albin 427, 430
Grauman, Walter 253, 259
Graziati, Aldo (= G. R. Aldo) 125, 131, 214, 345, 346
Greco, El 190
Green, Alfred E. 173, 250
Green, Guy 91
Green, Jack 14
Greenaway, Peter 14, 416, 419–421, 423
Greenbaum, Mutz (= Max Greene) 86, 101, 102
Greene, Max 86, 101, 102
Greer, Jane 102
Grémillon, Jean 305
Greville, Edmond T. 85
Griebe, Frank 14
Grierson, John 95
Gries, Tom 145
Griffith, David Wark 14, 22, 41, 57, 58, 131, 160, 161–166, 173, 175, 300, 365, 398, 405
Griffith, Richard 161
Grob, Norbert 364, 368, 369, 445, 448
Groll, Gunther 288, 289
Grosz, George 368
Grune, Karl 43, 54, 86, 426
Günther, Egon 70
Guerico, James William 259
Guevarra, Che 228
Guillermin, John 117
Guthrie, Woody 437

H

Haas, Ernst 187
Haas, Willy 57, 58, 69, 72, 432
Hädrich, Rolf 407
Häring, Hugo 239
Hagemann, Peter A. 25, 501
Hall, Conrad L. 6, 196, 257–262, 434, 444
Haller, Ernest 108, 258
Hallström, Lasse 336
Hals, Franz 421
Hammid, Alexander 282
Hansen, Miriam 374
Harlan, Veit 14, 107, 109, 324–328, 330
Harlow, Jean 206
Harris, Henry 91
Hartwig, Wolf C. 289
Hathaway, Henry 145
Hawks, Howard 131, 144, 172, 251, 253, 255, 270, 271, 310, 314
Hayward, Susan 174
Hayworth, Rita 301, 310
Hecht, Ben 250, 252
Hegel, Georg Wilhelm Friedrich 56
Heidegger, Martin 47
Heisler, Stuart 101, 174
Heller, Otto 85, 101, 360
Herlth, Robert 58, 59, 67, 68, 243, 265
Herzog, Werner 14
Heston, Charlton 311, 312
Heydrich, Reinhard 272
Heyme, Hansgünther 407
Hill, Bernard 421
Hill, George Roy 258, 261
Hill, Sinclair 86
Hiller, Arthur 442
Hitchcock, Alfred 14, 17, 81, 91, 152, 153, 182, 184, 251, 253, 300, 301, 498
Hobbema, Meindert 82, 421
Hockney, David 131
Hölderlin, Friedrich 56
Hoffmann, Carl 6, 44–49, 53,

Personenregister

55, 56, 74, 237, 263–269, 338
Hoffmann, Ernst Theodor Amadeus 113
Holden, William 456
Hooch, Pieter de 118
Hopkins, Stephen 467
Hopper, Dennis 439
Hopper, Edward 130, 444
Horberg, William 262
Howard, William K. 84
Howe, James Wong 6, 39, 84, 101, 174, 270–279, 322, 392, 405, 406, 435, 439, 456, 502
Huerta, Victoriano 425
Hughes, Howard 144
Huillet, Danielle 14, 121, 123, 293, 298
Hunte, Otto 338
Huston, John 93, 98, 131, 174, 232, 233, 249, 259, 312, 352

I

Ichikawa, Kon 323
Idziak, Slawomir 14
Ihering, Herbert 72, 365, 368
Illes, György 457
Illing, Werner 288
Inagaki, Hiroshi 318
Ince, Thomas H. 250
Ingraham, Lloyd 398
Ingram, Rex 250
Ingster, Boris 97
Iosseliani, Otar 14, 293, 295, 297, 298
Irmen-Tschet, Konstantin 344
Itzenplitz, Eberhard 407

J

Jacobs, Lewis 84, 161
Jacobsen, Wolfgang 25, 48, 73, 500
Jacoby, Georg 107, 181
Jaenzon, Julius 41, 42, 331
Jakob, Dennis 138
Jannings, Emil 59, 60, 66, 67, 69, 73, 78, 80, 181, 238, 240, 241
von Jaworsky, Heinz 222
Jarrott, Charles 333

Jennings, Humphrey 95
Jensen, Paul 245, 248
Jessner, Leopold 43, 54
Jewison, Norman 336, 438, 439, 442
Jones, F. Richard 391
Jordan, Louis 207
Joseph, Albrecht 79
Jünger, Ernst 227
Junghans, Carl 222

K

Käutner, Helmut 107, 110
Kalinke, Ernst W. 344
Kalmus, Natalie 91
Kandinsky, Wassili 113, 114
Kanin, Garson 300
Kant, Immanuel 80
Kanturek, Otto 86
Kappelhoff, Hermann 313, 317
Karloff, Boris 245
Kast, Pierre 188
Kaufman, Boris 6, 14, 280–286
Kaufman, Denis (= Dziga Vertov) 280
Kaufman, Michail 280
Kaufman, Philip 336
Kazan, Elia 14, 231, 280, 282, 284, 285, 287, 289, 435, 440
Keaton, Buster 239, 283, 298, 363
Kelly, Gene 450
Kemp, Philip 138
Kennedy, Burt 172
Kerenskij, Aleksandr Fëdorovič 385
Kertész, André 281
Kettelhut, Erich 48, 49, 338, 339
Kieslowski, Krzysztof 4, 14
King, Martin Luther Jr. 435
Klaren, Georg C. 330
Klein, Edouard 231
Klick, Roland 408, 412, 413
Kliess, Werner 215
Klöpfer, Eugen 43
Kloves, Steve 154, 157
Knowles, Bernard 14, 86, 91
Koch, Josef Anton 364

Koebner, Thomas 67, 70, 501
Kogon, Eugen 286
Korda, Alexander 299, 301
Korda, Zoltan 301
Korn, Karl 292
Korovkin, V. D. 29, 501
Kortner, Fritz 43, 86
Koshofer, Gert 25, 107, 501
Kovacs, Laszlo 457, 458
Kracauer, Siegfried 23, 68, 69, 72, 73, 114, 241, 353, 357, 428
Kramer, Stanley 347
Krampf, Günther 86, 88, 89, 92, 182, 237
Krasilovsky, Alexis 18, 501
Krasker, Robert 91, 93, 346
Krause, Georg 6, 287–292
Kreimeier, Klaus 54, 70
Krien, Werner 110
Kubrick, Stanley 128, 145, 146, 287, 289, 291, 292, 312, 417, 466, 480, 482
Kuhlbrodt, Dietrich 298
Kurant, Kurt (= Curt Courant) 181
Kurosawa, Akira 318–320
Kurowski, Ulrich 238, 287, 292
Kurtz, Rudolf 240, 263
Kyrath, Eckehard 344

L

Lachman, Harry 300
Ladd, Alan 101
Laemmle, Carl 244
Lamarr, Hedy 279
Lamprecht, Gerhard 289
Lancaster, Burt 102, 279
Lang, Fritz 20, 45–49, 54, 55, 59, 85, 105, 106, 174, 178, 182, 240, 241, 247, 263, 264, 267, 272, 276, 300, 338, 353, 364, 392, 426, 429, 431
Lang, Walter 207
Langlois, Henri 59, 125
Lantschner, Guzzi 222
Lantschner, Otto 222
Laske, Rüdiger 6, 7, 468

Lassally, Walter 93–96, 501
Lathrope, Philip 311
Laughton, Charles 174–176, 179
Lean, David 14, 91, 451, 453, 455
Leconte, Patrice 14
Leder, Dietrich 69, 70
Lee, Rowland V. 252
Leigh, Vivian 301, 311
Leisen, Mitchell 450
Leites, Nathan 301
Lelouch, Claude 177
Leni, Paul 43, 238, 263, 266
Lenin, Vladimir Iljitsch 385
Léon, Jean 421
Leonardo (da Vinci) 130, 231
Leone, Sergio 319
Lerner, Irving 148, 437
LeRoy, Mervyn 131
Lerski, Helmar 54
Levinson, Barry 152
Lewis, Jerry 112
Lewis, Joseph H. 135, 139, 140
Lewton, Val 84
Leyda, Jay 384, 388, 425
L'Herbier, Marcel 305, 355
Liebeneiner, Wolfgang 326
Liebermann, Max 239
Liesegang, Paul 25, 502
Ligabue, Antonio 371
Lilienthal, Peter 150, 151
Linder, Max 381
Liotta, Ray 153
Litvak, Anatole 97, 183
Löb, Karl 268
Löwenbein, Richard 324
Logan, Joshua 435
Lohmann, Dietrich 14, 151
Lollobrigida, Gina 346
Lombard, Carole 301
London, Kurt 73
Loren, Sophia 346
Lorentz, Pare 131
Losey, Joseph 120, 216, 217
Lubin, Arthur 173
Lubitsch, Ernst 47, 204, 206, 425, 426
Lubchantsky, William 298

Lucas, George 437, 483
Luft, Friedrich 220
Lumet, Sidney 14, 283, 284, 456
Lumière, Auguste 22, 24, 30, 365
Lumière, Louis 22, 24, 30, 365
Lund, Erik 181

M

MacArthur, Charles 252
MacDonald, Pierre 173
Macke, August 103
Mackendrick, Alexander 279
Maddow, Ben 435
Magnani, Anna 286
Magritte, René 121, 130
Maisch, Herbert 288
Malasomma, Nunzio 289
Malick, Terence 129, 130, 133
Malle, Louis 208, 209, 212, 335, 336
Maltin, Leonard 144, 148, 398, 502
Mamoulian, Rouben 206, 250, 391
Mankiewicz, Joseph L. 450
Mann, Anthony 137, 138, 141, 207
Mann, Daniel 272
Mann, Delbert 312
Mann, Heinrich 242
Marat, Jean-Paul 420
March, Frederic 397
von Marées, Hans 238
Marian, Ferdinand 325
Marischka, Ernst 330
Marker, Chris 416
Martin, Karlheinz 43, 263, 270, 318
Martelli, Otello 14, 214
Marton, Andrew 186
Marzanti, Nicola 29
Masson, André 72
Mastroianni, Marcello 349
Maté, Rudolph 6, 14, 101, 299–303
Matras, Christian 6, 117, 304–309
Mauch, Thomas 14

May, Joe 55, 181, 339, 341
Mayer, Carl 49, 59, 66, 68, 69, 240, 242, 243, 368
Mayer, Arthur 161
McCrea, Joel 149
McDonald, Joe 231, 463
McLaglen, Victor 172
McLuhan, Marshall 436
Meerson, Mary 126
Mekas, Jonas 125
Melchior, Ib 177
Méliès, Georges 22, 294
Melville, Jean-Pierre 119, 208–210, 212
Mendes, Lothar 86, 257
Mendes, Sam 259, 260
Meneux, Pierre-Damien 356
Menges, Chris 14
Meredith, Burgess 175
Messter, Oskar 12, 13, 25, 31, 32, 362, 501, 502
Metty, Russell 6, 14, 101, 119, 310–316
Meyer, Johannes 326
Michio, Takahashi 417
Mies van der Rohe, Ludwig 67
Mikunda, Christian 28, 502
Milestone, Lewis 119, 207, 244, 310
Miller, Arthur 83, 174
Miller, Coleen 312
Miller, David 84, 173, 177, 312
Miller, George 463
Milne, Tom 217, 239
Milner, Victor 144
Minnelli, Vincente 131, 139, 140, 142, 207, 246, 249, 450
Minter, Mary Miles 271
Mitchum, Bob 102, 175, 176
Mitta, Alexander 14
Miyagawa, Kazuo 6, 14, 318–323
Mizoguchi, Kenji 14, 318, 319, 321, 322
Moguy, Leonide 310
Mohr, Hal 173
Molotow, Wjatscheslaw 466
Mondi, Bruno 6, 14, 109,

324–330
Monet, Claude   189
Montand, Yves   418
Montgomery, Robert   310
Moorse, George   128
Moravia, Alberto   217
Moreau, Jeanne   209, 220
Morris, Oswald   93, 95
Mosjoukine, Ivan   361
Moskvin, Andrej   390
Moussinac, Léon   237, 238
Müller, Robert   138, 357
Münsterberg, Hugo   28, 502
Murnau, Friedrich Wilhelm   7, 11, 22, 43, 48, 49, 53–55, 57–59, 65–70, 73, 74, 82, 83, 105, 111, 114, 121, 131, 238–241, 247, 249, 263–266, 272, 325, 360, 391, 426, 429, 430, 461
Murphy, Robert   95
Musuraca, Nicholas   84, 99, 101, 102

N

Narizzano, Silvia   177
Neale, Steve   28, 502
Negri, Pola   87
Negulesco, Jean   97
Newman, Paul   152, 153, 158, 274
Nichols, Mike   134, 352, 436, 440
Nicholson, Jack   130, 463
Nielsen, Asta   41, 55, 181, 238, 239, 362–364, 368
Nietzsche, Friedrich   385
Nilsen, Vladimir   28, 383, 384, 502
de Niro, Robert   153
Noack, Frank   324, 327
Noll-Brinckmann, Christine   149
Normand, Mabel   405
Novalis   72
Novarro, Roman   203
Noyce, Philip   466
Nykvist, Sven   6, 11, 331–337,

398, 448

O

Oberon, Merle   145
Oertel, Curt   365
Ogier, Bulle   294
Ogier, Pascal   294
O'Keefe, Dennis   137, 138
de Oliveira, Manoel   421
Ophüls, Max   14, 86, 119, 130, 150, 155, 159, 183, 292, 305, 307–309, 354, 360, 361, 407
Ophuls, Max (= Max Ophüls)   253, 254, 305, 308, 359
Ordway, Margaret   18
Orozco, José Clemente   231
Oswald, Richard   47, 240
Ozep, Fedor   183
Ozu, Yasujiro   318, 321, 323

P

Pabst, Georg Wilhelm   14, 43, 51, 54, 55, 59, 85, 183, 242, 354, 367, 368, 426, 428, 429, 431
Pakula, Alan J.   130, 352, 443, 444, 446
de Palma, Brian   461, 465
Panofsky, Erwin   72
Paolin, Ajace   216
Parely, Mira   118
Parrish, Maxfield   130
Pascal, Gabriel   449
Passer, Ivan   463, 466
Pastrone, Giovanni   41, 42
Patalas, Enno   195, 212, 292
Peck, Gregory   312
Peckinpah, Sam   145, 146, 148, 172
Périnal, Georges   406
Petersen, Wolfgang   158, 409, 410, 413
Petrie, Duncan   91, 95, 452, 453, 456, 502
Petzold, Paul   29, 503
Pewas, Peter   287, 288, 290, 292
Pfeiffer, Michelle   154
Pflaum, Hans Günther   151, 152
Philippe, Gerard   305

Picasso, Pablo   125, 233
Piccoli, Michel   294
Pick, Lupu   43, 49, 50, 59, 60, 354, 365
Pickford, Mary   84, 144, 166
Piero (della Francesca)   131
Pinthus, Kurt   264
Pirandello, Luigi   294
Piranesi, Giovanni Batista   78, 120, 139, 361
Pirosh, Robert   139
Piscator, Erwin   242
Planer, Franz   56, 87, 100, 101, 102, 119
Plowright, Joan   421
Poe, Edgar Allan   82
Poelzig, Hans   49
Poitier, Sidney   439
Polanski, Roman   336
Pollack, Sidney   274, 278
Polonsky, Abraham   259
Pommer, Erich   59, 66, 69, 242, 299, 343, 344
Porter, Edwin S.   14, 104
Powell, Michael   91, 93, 107, 110, 154, 449, 454
Prédal, René   120, 167, 308, 309, 502
Pressburger, Emeric   91, 93, 107, 110
Prince (Rigadin)   381
Prinzler, Hand Helmut   70, 168, 169, 172
Prokofjew, Sergej   389
Prümm, Karl   191, 195, 355, 356, 411, 502
Pudovkin, Vsevolod   380
Purviance, Edna   405
de Putti, Lya   54, 73, 79–81
Pyle, Howard   166

Q

Queneau, Raymond   416

R

Rabier, Jean   14, 208
Rafelson, Bob   259, 336
Rahn, Bruno   366, 368

Ramsaye, Terry 91
Rappeneau, Elisabeth 293
Ray, Man 242
Ray, Nicholas 110
Ray, Sidney F. 29, 502
Reed, Carol 91, 93
Reed, John 375
Reinhardt, Max 43, 238
Rembrandt, Harmensz van Rijn 119, 130, 136, 190, 250, 256, 353
Remington, Frederic 130
Rennahan, Ray 84, 108, 110, 111
Renoir, Auguste 143
Renoir, Claude 14
Renoir, Jean 14, 46, 101, 110, 150, 183, 185, 304–306, 308, 327
Resnais, Alain 14, 112, 166, 398, 416–419, 422
Revere, Paul 166
Reynaud, Emile 103
Reynolds, Ben 201
Reynolds, Cecil 401
Richardson, Robert 14
Richardson, Tony 93, 94, 96, 436
Richie, Donald 323
Richter, Hans 125
Richter, Ludwig 364
Riefenstahl, Leni 221–224, 227, 238, 326, 365
del Rio, Dolores 236
Rippert, Otto 43, 44, 263
Ritt, Martin 270, 273–275, 277
Rittau, Günther 6, 54–56, 237, 341, 338–344
Rivera, Diego 231
Rivette, Jacques 14, 293–296, 298
Robbe-Grillet, Alain 121, 123, 417
Robinson, Bruce 262
Robinson, David 398
Robinson, George 392
Robison, Arthur 54, 85, 324, 426, 427, 430
Rodakiewitz, Henwar 282
Rodchenko, Alexander 485

Rodin, Auguste 118
Roeg, Nicholas 14, 456
Röhrig, Walter 59, 67, 68
Roger, Jean-Henri 295
Rohmer, Eric 14, 48, 126–134, 264, 265
Rosegger, Peter 344
Rosenberg, Stuart 258
Rosenthal, Alfred 48
Rosher, Charles 83, 84, 144, 173, 272
Rosi, Francesco 213–216, 219
Ross, Herbert 444
Rossellini, Roberto 130, 214, 217, 345
Rossen, Robert 158, 270, 273, 354, 358, 360
Rosson, Hal 84, 92, 450
Rotha, Paul 242, 428
Rotunno, Giuseppe 6, 14, 345–352, 485
Rouch, Jean 126
Rousseau, Henri 143, 349, 364
van Ruisdael, Jacob 421
Ruiz, Raúl 120, 121, 123, 419, 423
Russell, Charles Marrion 130
Russell, Harold 397
Russell, Jane 144
Russell, Ken 197
Ruth, Babe 442
del Ruth, Roy 116
Ruttmann, Walter 222, 242, 246, 247, 289, 392
Ryan, Robert 253
Rydell, Mark 463
Rye, Stellan 43, 364, 366

S

Salt, Barry 25, 428, 429, 502
Salvato, Larry 371, 372, 375, 444, 445, 448, 502
Sanders, George 357
Sandrich, Mark 116
Santell, Al 87
de Santis, Pasquale 216
Sarris, Andrew 139, 283
Sartov, Hendrik 166

Sauer, Fred 288
Saura, Carlos 14, 378, 379
Saville, Victor 86, 87
Sayles, John 439
Schacht, Roland 69
Schaefer, Dennis 371, 372, 375, 444, 445, 448, 502
Schaffner, Franklin J. 312, 437
Schamoni, Peter 407, 412
Schatzberg, Jerry 460
Schaub, Martin 209
Schilling, Niklaus 14
Schlasy, Adolf 87
Schlegel, August Wilhelm 364
Schlesinger, John 259
Schlöndorff, Volker 336, 408
Schmidt-Reitwein, Jörg 14, 312
Schmitz, Sybille 289
Schneider, Alain 283
Schneeberger, Hans 237, 339
Schoendoerffer, Pierre 187, 188
Schrader, Paul 97, 135
Schröder, Barbet 127
Schüfftan, Eugen 6, 14, 23, 25, 34, 46, 54, 56, 86, 87, 92, 101, 117, 118, 124, 158, 183, 186, 237, 241, 293, 338, 353–361, 493
Schünzel, Reinhold 181, 184
Schumann, Walter 176
Schuster, Harold 84
Schwab, Lothar 264, 364
Schwarz, Hanns 86, 181
Schwarzenberger, Xaver 14
Scorsese, Martin 14, 113, 130, 131, 151, 153–155, 157, 158, 461
Scot, Darrin 149
Scott, Randolph 148, 168
Scott, Ridley 197, 199
Seeber, Clemens 362
Seeber, Guido 6, 13, 25, 27, 30, 41, 49, 50, 55, 56, 74, 117, 237, 324, 362–369, 501, 502
Seelmann-Eggebert, Ulrich 232
Seitz, John 31, 83, 173
Sennett, Mack 389
Serra, Eduardo 14

Personenregister

Seurat, Georges 347
Seyrig, Delphine 417
Shakespeare, William 257, 421, 448
Shamroy, Leon 346
Sharaff, Irene 142
Sharif, Omar 451, 452
Shearer, Norma 206
Shelton, Ron 442
Sheridan, Ann 313
Sherman, George 137, 311
Sibelius, Jan 176
de Sica, Vittorio 214
Siegel, Don 139
Siemsen, Hans 72
Sierck, Detlef (= Douglas Sirk) 356
Signac, Paul 106
Signorelli, Luca 82
Simon, Michel 280
Sinclair, Upton 385, 388
Siodmak, Kurt 46
Siodmak, Robert 97, 98, 100, 102, 289, 291, 292, 340, 354, 358
Siqueiros, David Alfaro 231
Sirk, Douglas 14, 86, 205–207, 312, 313, 315–317, 325, 354, 356, 357
Sjöström, Victor 42, 84, 131, 388
Skladanowsky, Emil 365
Skladanowsky, Max 365
Skriabin, Alexander 114
Slide, Anthony 83, 84, 91
Slocombe, Douglas 95
Söhnker, Hans 340
von Sonjewski-Jamrowski, Rolf 364
Sonnenfeld, Barry 155, 158
Sparkuhl, Theodor 47, 54, 56, 85, 101, 237
Spielberg, Steven 460, 461
Spielhofer, Hans 426, 427, 429
St.Clair, Malcolm 250
Stahl, John 245
Stalin, Josef 388, 390, 457, 463, 466
Stanwyck, Barbara 142, 301
Stapenhorst, Friedrich 288

Starrett, Charles 145
Staudte, Wolfgang 14, 292, 325, 326, 328
Stegelmann, Jørgen 429
Steichen, Edward 173
Stein, Paul L. 86
Steinbeck, John 230
Steinhoff, Hans 181
Stemmle, Robert Adolf 289, 290, 325
von Sternberg, Josef 144, 251, 254
Sterneborg, Anke 120, 152, 153
Stevens, George 14, 212
Stevenson, Robert 206
Stone, Oliver 14
Storaro, Vittorio 6, 14, 23, 117, 258, 370–379, 445, 503
Stout, Archie 167
Stradling, Harry Sr. 84, 110
Straub, Jean-Marie 14, 121, 123, 293, 295, 298
Strauss, Oskar 308
Streisand, Barbara 271
Strindberg, Göran 331
von Stroheim, Erich 201, 204, 206
Struss, Karl 173, 406
Sturges, John 138, 145, 274
Sturges, Preston 186, 442
Subor, Michel 190
Surowiec, Catherine A. 29, 503
Surtees, Robert 258
Suschitzky, Wolfgang 95
Swanson, Gloria 392
Sylbert, Richard 461
Szekely, Steve 138

T

Taris, Jean 280
Tarkovskij, Andrej 336, 337
Taurog, Norman 274
Tavernier, Bernard 14
Taylor, Liz 437
Taylor, Robert 138
Theweleit, Klaus 70
Thienhaus Bettina 397
Thompson, Howard 311

Thorpe, Richard 450
Tintoretto, Jacobo 48, 89
Tissé, Eduard 6, 14, 28, 105, 272, 380–390, 398
Toffetti, Sergio 292
Toland, Gregg 6, 15–18, 35, 138, 174, 229, 230, 248, 253, 272, 300, 322, 355, 384, 391–397, 461, 489, 490
Toll, John 197
Tomicek, Harry 138, 139
Tonti, Aldo 214
Totheroh, Rollie 6, 14, 398–406,
Toulouse-Lautrec, Henri 134
de la Tour, Georges 121, 424
Tourneur, Jacques 99, 102, 145, 183
Towne, Robert 259
Townsend, Jeffrey 152
Traven, B. 233
Trenker, Luis 222–224, 230, 238, 364
Trintignant, Nadine 293
Troell, Jan 14, 196, 333
Truffaut, François 4, 127–129, 131, 133, 150, 177, 188, 189, 191, 193, 194, 208, 209, 211, 293, 295, 296
Turner, Kathleen 200
Turner, William 130
Tykwer, Tom 14, 26

U

Uccello, Paolo 22
Ucicky, Gustav 268, 432
Ulmer, Edgar G. 46, 357, 358
Urusevskij, Sergej 14, 390
Utrillo, Maurice 143

V

Vacano, Jost 5, 6, 10, 14, 190, 191, 407–415, 482, 501
Valli, Alida 251
Vandenberg, Gerard 128
Van Dyke, W.S. 270
Van Dyke, Williard 282
Van Dyke, ‹Woody› 135, 270
Varda, Agnès 293, 294

Veber, Francis 442
Veidt, Conrad 248, 449
Velásquez, Diego 119
Verhoeven, Paul (Paulus Joseph Verhoeven) 329, 330,
Verhoeven, Paul 14, 410, 411, 413–415
Vermeer, Jan 118, 130, 420
Verneuil, Henri 212
Vertov, Dziga 280, 380
Vidor, Charles 301, 302
Vidor, King 131, 251, 254, 300, 312, 450
Vierny, Sacha 6, 14, 398, 416–424
Viertel, Berthold 86, 92, 182, 242
Vigo, Jean 14, 280, 281, 282, 284
Viguier, Albert 356
Villa, Pancho 425
Virilio, Paul 112
Visconti, Luchino 150, 214, 346, 347, 348, 350
Vitti, Monica 217
Vollbrecht, Karl 338
von Baky, Josef 107
Vorhaus, Bernard 138
Vorkapich, Slavko 173, 188
Vuillard, Edouard 421

W

Wagner, Fritz Arno 6, 14, 49, 51, 54–56, 111, 237, 268, 425–433
Wagner, Richard 114
Walbrook, Anton (= Anton Wohlbrück) 305
Walker, Joseph 14
Walsh, Raoul 145, 147, 148, 171, 172, 270, 272, 273, 276, 311
Walters, Charles 116
Ward, Warwick 73

Wark, David S. 14, 41, 58, 164, 165, 336
Warm, Hermann 49
Warton, Edith 154
Watt, Harry 95
Wayne, John 168
Wechsler, Lazar 385
Wegener, Paul 41, 59, 239, 391, 432
Weihmayr, Franz Xaver 14, 330
Weihsmann, Helmut 54
Weinheber, Max 340
Weis, Elisabeth 28, 503
Weiß, Ferdl 288
Welles, Orson 15, 17, 28, 97, 174, 175, 178, 310, 311, 314, 346, 392, 393, 395, 396
Wellman, William 107, 167, 310
Wenders, Wim 110, 121, 123, 124, 131, 313
Wertmüller, Lina 216
West, Roland 391
Wexler, Haskell 6, 14, 189, 259, 434–442
Wicky, Bernhard 258, 260
Widmark, Richard 102
Wiene, Robert 43, 45, 59, 238, 248
Wilcox, Herbert 449
Wilder, Billy 46, 196
Wiles, Gordon 272
Williams, Billy 95
Williams, Tennessee 283
Willis, Bruce 461
Willis, Gordon 6, 14, 23, 200, 372, 443–448
Wilson, Richard 145
Windust, Bretaigne 97
Winkler, Irwin 467

Winters, Shelley 175, 176
Wise, Robert 131, 145
Witte, Karsten 371
Wohlbrück, Anton 305
Wolfenstein, Martha 301
Wolkoff, Alexander 181
Wolter, Konrad 365
Wong, Kar-Wai 14
Wood, Sam 272, 301, 449
Woroschilow, Kliment 466
Wottitz, Walter 183
Wray, Fay 110
Wrede, Caspar 336
Wright, Basil 95
Wyeth, Andrew 130
Wyler, William 119, 167, 170, 253, 300, 392, 394, 396, 397

Y

Yi, Pu 373
York, Susannah 456
Young, Freddie 6, 14, 29, 83, 84, 91, 449–456, 503
Young, Hal 83
Young, Harold 84, 92, 173
Young, Loretta 251

Z

Zadek, Peter 407
Zaillian, Steven 262
Zanussi, Krzysztof 14
Zappa, Frank 437
Zeplichal, Vitus 152
Zerlett, Hans H. 288
Zille, Heinrich 288
Zinnemann, Fred 46, 249
Zischler, Hanns 294
Zola, Emile 106
Zsigmond, Vilmos 6, 23, 378, 456–467